P

Michael Burleigh

Tod und Erlösung

Euthanasie
in Deutschland
1900–1945

Aus dem Englischen
von Christoph Münz

Pendo
Zürich München

Für Linden

Aufgabe 97:

Ein Geisteskranker kostet täglich 4 RM, ein Krüppel 5,50 RM, ein Verbrecher 3,50 RM. In vielen Fällen hat ein Beamter täglich nur etwa 4 RM, ein Angestellter kaum 3,50 RM, ein ungelernter Arbeiter noch keine 2 RM auf den Kopf der Familie. (a) Stelle diese Zahlen bildlich dar. – Nach vorsichtigen Schätzungen sind in Deutschland 300 000 Geisteskranke, Epileptiker usw. in Anstaltspflege. (b) Was kosten diese jährlich insgesamt bei einem Satz von 4 RM? – (c) Wieviele Ehestandsdarlehen zu 1000 RM könnten – unter Verzicht auf spätere Rückzahlung – von diesem Geld jährlich ausgegeben werden?

(Adolf Dörner [Hrsg.], Mathematik im Dienste der nationalpolitischen Erziehung mit Anwendungsbeispielen aus Volkswissenschaft, Geländekunde und Naturwissenschaft, Frankfurt am Main 1935, S. 42)

Unterstellt man einen durchschnittlichen Tagessatz in Höhe von 3,50 Reichsmark, ergibt dies im Ergebnis:

1. eine tägliche Einsparung von Reichsmark 245 955
2. eine jährliche Einsparung von Reichsmark 88 543 980
3. bei einer geschätzten Lebenserwartung von zehn Jahren Reichsmark 885 439 800

In Worten: achthundertundfünfundachtzigmillionenvierhundertneunundreißigtausendachthundert Reichsmark, d. h. diese Summe wird bzw. ist dann schon am 1. September 1951 eingespart durch die bereits bis heute durchgeführte Desinfektion von 70 273 Personen.

(T-4-interne Statistik, gefunden im Schloß Hartheim im Jahre 1945. National Archives Washington, T 1021, Heidelberger Dokumente, Rolle 18, Nr. 000–12–463, Beweisstück 39, S. 4)

Inhalt

Danksagung

Natürlich waren die Forschungsarbeiten zu und das Schreiben an diesem Buch eine mitunter recht bedrückende Angelegenheit, ohne daß man dies allzusehr in den Vordergrund rücken möchte. Es war mir ein großer Trost, daß viele deutsche Freunde und Kollegen, die zumeist selbst Experten in diesem Bereich sind, als auch Freunde in England so freundlich waren, meine amateurhaften Bemühungen innerhalb ihrer Disziplinen zu dulden oder aber die Arbeit an ihren eigenen Büchern zu unterbrechen, um das meine zu lesen. Mein herzlicher Dank gilt Staatsanwalt Willy Dressen, Ernst Klee, Jonathan Glover, Alice und Georg Herrnleben, Desmond King, Ludwig Rost, Armin Trus, Paul Weindling und Wolfgang Wippermann.

Stewart Lansley, Waldemar Januszczak, Joanna Mack, Karl Laabe, Georg Pahls und Richard MacQueen trugen mit ihren außerordentlich kreativen Fähigkeiten zur Arbeit an dem Film »Selling Murder« bei und prägten – mehr als ihnen bewußt ist – die Entstehung des gleichnamigen Kapitels in diesem Buch. Das Nazi-Film-Material neu zu schneiden lieferte mir einige wertvolle Erkenntnisse darüber, wie es ursprünglich entstanden ist.

Die British Academy, Leverhulme Trust, die London School of Economics sowie die Nuffield Foundation haben mich während der langwierigen Forschungen, auf denen dieses Buch basiert, großzügig unterstützt.

Das Personal der verschiedenen Archive, die in der Bibliographie aufgeführt sind, erleichterte meine Forschungen ebensosehr wie die Mitglieder der Royal Society of Medicine in London, die mir erlaubten, in ihrer hervorragenden Bibliothek zu arbeiten.

Schließlich bin ich noch einigen Menschen sehr persönlich zu Dank verpflichtet, wofür bloße Worte kaum hinreichen. Helmut Heinze, Klara Nowak, Paula S. und Josef Simon gewährten mir vertrauensvoll Einblick in ihre unbearbeiteten Erinnerungen. Ohne Josef Simons Hilfe wäre ich wohl kaum in der Lage gewesen, praktisch jeden in diesem Buch erwähnten Ort aufzusuchen, noch wäre es mir gelungen, mit den Verfolgern Interviews durchzuführen. Obwohl die zu Protokoll gegebenen eidlichen Aussagen und Zeugenaussagen mit jedem Verhör oder Interview immer detaillierter wurden (und einige der in diesem Buch behandelten Personen sind von der deutschen Polizei oder den Staatsanwälten bei nahezu zwanzig verschiedenen Gelegenheiten befragt worden), bin ich mir der Lücken und absichtlichen Unterlassungen in vielen wesentlichen Punkten durchaus bewußt. Die gleiche Mahnung gilt freilich für jeden historischen Bericht, bei dem ebenfalls nicht alles, was passiert ist, zu Papier gebracht wurde.

Aus rechtlichen Gründen, insbesondere aufgrund des in Deutschland geltenden Datenschutzgesetzes, sind die Nachnamen der Opfer und Täter nur durch ihre Initialen kenntlich gemacht, es sei denn, es handelt sich um Personen, deren Identität bereits so lange in der Öffentlichkeit bekannt ist, daß diese Vorsichtsmaßnahme überflüssig war. Anstatt mehrere hundert von Nachnamen zu erfinden, scheint mir dies im Interesse der Lesbarkeit eine zufriedenstellendere Lösung zu sein. Der abschließende bibliographische Essay samt seiner Diskussion des Quellenmaterials ist in erster Linie als Hilfe für diejenigen gedacht, die an diesen Themen weiterarbeiten wollen.

Besonders herzlich danke ich schließlich meiner Frau Linden, die mich während der über fünfjährigen Arbeit an diesem schrecklichen Thema gestützt und begleitet hat und der ich dieses Buch widme.

Zu guter Letzt gilt mein Dank zum einen Ernst Piper, der es ermöglichte, dieses Buch einem deutschsprachigen Publikum zugänglich zu machen, und zum anderen Christoph Münz für seine einfühlsame Übersetzung meines Originals.

Michael Burleigh
Dezember 2001

Einleitung

Dies ist ein umfangreiches Buch über ein trauriges Thema. Im Rahmen dieser kurzen Einführung will ich – vom Besonderen zum Allgemeinen schreitend – sowohl den historiographischen Kontext als auch die Ziele dieses Buches erläutern. Im Jahre 1988 veröffentlichte ich mein Buch *Germany Turns Eastwards*, eine Studie über verschiedene Hochschullehrer in Deutschland, die sich der Erforschung Rußlands und Osteuropas widmeten, und ihr Verhältnis zur nationalsozialistischen Diktatur. Danach war ich Koautor einer breit angelegten Studie über den nationalsozialistischen Versuch, ein rassisches Anti-Utopia zu errichten. Diese Studie verfolgte das Ziel, einige der theoretischen Exzesse in der Darstellung des Nationalsozialismus während der 60er und 70er Jahre des 20. Jahrhunderts zu korrigieren, indem sie sich bewußt wieder den Grundlagen zuwandte, was freilich auch unter Zuhilfenahme hervorragender, in den letzten beiden Jahrzehnten hauptsächlich in Deutschland entstandener Forschungsarbeiten geschah, Arbeiten etwa über die Zwangsarbeiter, die Verfolgung sozialer Randgruppen und die Rolle der Geschlechter und der Generationszugehörigkeit. Zum Teil verdankt sich mein Interesse an der vorliegenden Thematik dieser zweiten Studie über den nationalsozialistischen »Rassestaat«, die es zugleich überflüssig machte, die Entwicklung der Rassenideologie in diesem Buch erneut nachzuzeichnen.

Dieser Forschungsüberblick spiegelt in hohem Maße mein eigenes intellektuelles Unbehagen an dem Spektrum der Fragen wider, die im Laufe einer Epoche gestellt wurden, die man mittlerweile als klassische Moderne bezeichnet, insofern es um die Geschichtsschreibung über den Faschismus zwischen den beiden Weltkriegen und den Nationalsozialismus geht; Fragen, die auf Grundlage der einen oder anderen Spielart des (praktisch hinfälligen) Marxismus formuliert wurden. Am Ende einer Epoche, die von den radikaleren unter meinen Studenten als »Jahrhundert des gescheiterten Marxismus« bezeichnet wird, scheint es jenseits von Glauben und dogmatischer Verstockung keinerlei Grund zu geben, die Vergangenheit mit dem schnell rostenden Waffenarsenal des Marxismus zu erforschen. Gleichwohl sind wir noch nicht am »Ende der Geschichte« angekommen, denn diverse Formen eines Ersatz-Kommunismus sowie freiheitsfeindlicher Fremdenhaß und »ethnische Säuberung« feiern in gewissem Umfang eine Wiedergeburt; allerdings erleben wir möglicherweise einen jener seltenen Zeitpunkte, an denen die Menschen sich veranlaßt sehen, eine Reihe ganz neuer Fragen zu stellen.

Die im vorliegenden Buch aufgeworfenen Fragen spiegeln zudem ein gewisses Unbehagen an dem Einfluß wider, den »Marktzwänge« auf die historische Erkenntnis ausüben. Abgesehen von einigen bemerkenswerten Ausnahmen, insbesondere in Deutschland, wo es eine blühende »alternative« beziehungsweise institutionell ungebundene Geschichtskultur gibt (die nicht mit dem linksgerichteten akademischen Gegen-Establishment verwechselt werden sollte), betreiben Historiker in der Regel Forschung und Lehre zugleich. Auch wenn dies oft eine glückliche Verbindung darstellt, gibt es auch einige Nachteile. Immer häufiger erhalten die Studenten einen Zugang zur Geschichte, der ihnen diese lediglich als eine Reihe von Kontroversen, Debatten und Problemen präsentiert, die mal mehr, mal weniger im Blickpunkt stehen. Artikel und Bücher werden im Eilverfahren produziert, um den Markt zu bedienen. Dieser ist konsumorientiert und verlangt nach neuen »Kontroversen«, einschließlich solcher, deren Thematik von unbeteiligten Zuschauern als vollkommen unstrittig empfunden werden. Umgekehrt setzt diese Industrie die Maßstäbe für weitergehende Forschungen, die mitunter zu Recht einen guten wissenschaftlichen Ruf genießen, der im wesentlichen auf ihrem Beitrag zur Historiographie beruht. Obwohl diese Entwicklung gewiß weniger zirkulär, mechanistisch und selbstbezogen verläuft, als es die obigen Anmerkungen unterstellen, ist doch jeder Übertreibung ein Körnchen Wahrheit zu eigen. Im Fall des Dritten Reiches konzentrieren sich die schulmeisterlichen Belehrungen sehr stark auf die Frage nach den Ursprüngen der »Endlösung« oder darauf, ob das Regime einen gewollten oder unbeabsichtigten Effekt auf die Modernisierung der deutschen Gesellschaft ausübte. Auch wenn es sich hierbei nicht gerade um Bereiche handelt, in denen während der – grob genommen – letzten zehn Jahre die interessantesten Forschungsarbeiten entstanden sind, boten sie sich zwangsläufig dazu an, bestehende Dogmen zu verfestigen: Insbesondere gilt dies für Deutschland, wo Professoren bestimmte Schulen und eine weitverzweigte akademische Klientel repräsentieren, aber auch für England, wo Studenten dazu ermuntert werden, über die in Deutschland geführten Debatten ihr Urteil anhand nicht selten bruchstückhafter und aus zweiter Hand stammender Berichte zu fällen, Debatten zudem, an denen wiederum die außeruniversitäre Forschung über diese Periode kaum mehr teilnimmt.

Obwohl das »Euthanasie«-Programm in einer engen Beziehung zum Holocaust steht, will dieses Buch keinen Beitrag zur Kontroverse zwischen den Intentionalisten und Funktionalisten über die Ursprünge der »Endlösung« liefern, einer Debatte, die in den späten 70er Jahren ihren Höhepunkt hatte. In diesem Buch werden dem Leser verschiedene Zugänge zu diesem schrecklichen Thema vorgestellt, ohne es allzusehr zu vertiefen: Der Holocaust wird in diesem Buch nicht mehr als ungefähr ein Dutzend Seiten einnehmen. Diese bewußte Zurückhaltung hat teilweise damit zu tun, mein Vorhaben überhaupt durchführbar zu gestalten, teilweise damit, daß jeder Versuch überhaupt überflüssig wäre, die äußerst beeindruckenden Arbeiten von Yehuda Bauer, Gerald Fleming, Saul Friedländer, Raul Hilberg, Eberhard Jäckel, Helmut Krausnick, Michael Marrus oder Isaiah Trunk – den anerkanntesten Meistern auf diesem Gebiet – übertrumpfen zu wollen. Es gibt eine äußerst umfangreiche englischsprachige Literatur über den Holocaust, wohingegen das vorliegende Buch die erste umfassende Studie über das »Euthanasie«-Programm in englischer Sprache darstellt. Dieses wirft allein genügend verstörende und eigenständige Fragen auf, die nicht als bloße Vorgeschichte der später von Menschen absichtlich vorgenommenen, noch weitaus ungeheuerlicheren Grausamkeiten behandelt werden sollten.

Welche Fragen stellt *Tod und Erlösung*, auch wenn sie nicht immer und auf der Stelle beantwortet werden? Im engeren Sinne handelt es sich um den Versuch, den Zusammenhang von Psychiatriereform, Eugenik und der staatlichen Politik der Kostenreduzierung während der Weimarer Republik und des Dritten Reiches zu untersuchen. Wie wir alle wissen, waren eugenische Lösungen für tatsächliche oder angebliche soziale Übel bereits lange vor der Machtübernahme der Nazis weit verbreitet – und keineswegs auf Deutschland begrenzt. Da die Eugenik als modern, als »progressiv« und »wissenschaftlich« galt, fehlte es ihr nicht an begeisterten Anhängern innerhalb des gesamten politischen Spektrums. Ebenso wie auch viele andere innovative Züge der »Weimarer Kultur« – insbesondere in der Malerei – ihren Ursprung in der Zeit vor dem Ersten Weltkrieg hatten, so gingen auch die Anfänge einiger der grausamsten Maßnahmen der Nazis auf Entwicklungen zurück, die bereits während der Weimarer Republik eingesetzt hatten. So etwa im Falle der Diskussion darüber, ob es wünschenswert sei, zur Steigerung der nationalen Leistungsfähigkeit, die angesichts der mannigfachen Krisen infolge des Versailler Vertrages von neuem an Bedeutung gewonnen hatte, »toten Ballast« aus dem »Narrenschiff« über Bord zu schmeißen. Und ebenso im Fall der anfangs verheißungsvollen Verbindung zwischen Reformpsychiatrie und sozialer Problematik, einer Verbindung, deren Folgen man zunächst nicht vorausschauend erkannt hatte und die schließlich zu tiefem Pessimismus und einer drastischen Revision aller Ausgaben auf diesem Gebiet führte und viele Psychiater radikale eugenische Maßnahmen und die Tötung der Unheilbaren fordern ließ. Alle diese Entwicklungen gingen der nationalsozialistischen Regierungsübernahme voraus und demonstrieren die dunkle Seite dessen, was Detlev Peukert einst Weimars Experiment der klassischen Moderne nannte.

Auch wenn bereits der Beginn der nationalsozialistischen Herrschaft für die Menschen in den Heil- und Pflegeanstalten schlimme Folgen mit sich brachte – die Zustände verschlechterten sich, Patienten wurden zwangssterilisiert, und die Propaganda des Regimes sprach ihnen das Menschsein ab –, hatte doch die Entscheidung, Menschen zu töten, komplexe Ursachen. Das Programm der sogenannten »Kinder-Euthanasie« reflektierte zweifellos den Wunsch mancher Eltern, sich der »Last« ihrer schwerbehinderten Nachkommen zu entledigen, ein Aspekt, der in der einschlägigen Forschung gerne übersehen wird. Einige Eltern sahen ihre Kräfte schwinden und wollten diese lieber ihren anderen, gesunden Kindern widmen; andere wiederum wollten sich von jedem »Makel« reinwaschen, der die Reinheit ihres Familienstammbaums beeinträchtigte. Derartige Einstellungen kamen nicht überraschend, denn sie stimmen mit den Ergebnissen begrenzt durchgeführter Meinungsumfragen Mitte der 20er Jahre überein, die in der Tat aufzeigen, daß Eltern NS-Politik bereits bis ins Detail gedanklich vorweggenommen hatten. Vom Sicherheitsdienst (SD) durchgeführte Meinungserhebungen während der Durchführung des »Euthanasie«-Programms zeigen ebenfalls, daß diese Maßnahmen von der Bevölkerung keineswegs einmütig abgelehnt wurden.

Das »Euthanasie«-Programm für Erwachsene diente in hohem Maße dazu, in Deutschland für den kommenden Krieg klar Schiff zu machen. Hitler und seine Gefolgsleute schlitterten keineswegs aufgrund unvorhergesehener Umstände in das »Euthanasie«-Programm, noch können bürokratische Mechanismen mit einer ihnen eigenen Dynamik dafür verantwortlich gemacht werden, wie es nach Meinung einiger Historiker bei der »Endlösung« der Fall gewesen sein soll. Das »Euthanasie«-Programm war eine sorgfältig geplante und verdeckt durchgeführte Operation mit klar definierten Zielen. Die Verantwortlichen waren von der Notwendigkeit ihres Tuns überzeugt. Geistig und körperlich behinderte Menschen wurden getötet – sowohl im Rahmen der »Aktion T-4« als auch im Kontext der von der SS in Pommern und Polen durchgeführten Erschießungen sowie all der verschiedenen Fortsetzungen des »Euthanasie«-Programms –, um Gelder und Ressourcen einzusparen oder um Platz für repatriierte ethnische Deutsche und/oder verwundete Zivilisten oder Soldaten zu schaffen. Anders ausgedrückt spiegeln diese Maßnahmen eine nicht-medizinische Agenda wider, auch wenn einige Psychiater versuchten, ihnen nachträglich eine medizinische Legitimation zu verschaffen, um ihre kleinen, bedrohten Herrschaftsbereiche zu verteidigen. Die Idee einer »modernisierten« psychiatrischen Versorgung kam ihnen erst in den Sinn, nachdem sie bereits Zehntausende von Menschen kaltblütig ermordet und in den Heilanstalten für die Wiedergeburt »mittelalterlicher« Szenarien der Verwahrlosung gesorgt hatten, beispielsweise bis auf die Knochen abgemagerte Patienten, die auf Stroh lagen oder in Bunkern eingeschlossen wurden, in denen es vor Ungeziefer nur so wimmelte.

Man muß sich immer wieder vergegenwärtigen, daß die meisten der Betroffenen von ihren eigenen Familien in den Heilanstalten untergebracht wurden (staatlich verordnete Einweisungen waren die Ausnahme, sogar unter einem Regime, das von Krankheitsdefinitionen einen inflationären Gebrauch machte) und es nur wenig Anhaltspunkte dafür gibt, daß sie ihre Verwandten zu befreien suchten, selbst als völlig klar war, welches Schicksal sie zu erwarten hatten. Anstatt sich auf die mittlerweile allseits bekannten Beispiele individueller Gewaltexzesse zu konzentrieren, sollten Historiker lieber danach fragen, inwieweit nicht das stillschweigende Einverständnis mit dieser Politik der überwiegenden Mehrheit der betroffenen Familien eine Erleichterung verschaffte. Einer der Gründe, warum diese Problematik im Deutschland der Nachkriegszeit offensichtlich vernachlässigt wurde, ist möglicherweise darin zu suchen, daß die Wahrheit tief vergraben im Gewissen vieler normaler deutscher Familien ruht. Die Methoden, mit deren Hilfe der Staat und viele Angehörige des medizinischen Berufsstandes das Vertrauen derer mißbrauchten, die ihnen ihre Familienangehörigen in Obhut gaben, stellt leider nur die eine Seite der Medaille dar. Die schrittweise Verschärfung eines bestimmten moralischen Klimas – obwohl dies zugegebenermaßen eine eher nebulöse, wenngleich wichtige analytische Kategorie ist – und das langsame Einsickern einer post-christlichen und freiheitsfeindlichen Ideologie in die Köpfe und das Handeln der Allgemeinheit sind gewiß ebenso auffällige Aspekte. Warum tauschten so viele einfache Menschen die Sorge um die »Schwachen« gegen eine sozialdarwinistische Ideologie aus, die das Gesetz des Dschungels wieder ausrief? Glaubten sie, immer auf der Seite der Wölfe und Löwen stehen zu können? Warum fielen die Rechte des Individuums in sich zusammen in Anbetracht solch kollektivistischer Ziele wie dem Wohl der Wirtschaft, der Rasse oder der Nation? Welche Faktoren können erklären, warum einige Menschen dieser Ideologie so leicht erlagen und andere sie wiederum ablehnten?

Die bisherigen Ausführungen sollten deutlich gemacht haben, daß es sich hier nicht bloß um ein weiteres Buch über die moralische Leere bei Personen handelt, die man gemeinhin und snobistisch Profs, Seelenklempner und Eierköpfe nennt (ein Umstand, der in einer Kultur, die den Eigennutz zu einer akademischen Kardinaltugend erhoben hat, kaum überraschen kann), obgleich einige Dinge über den Zusammenhang zwischen sozialer Einstellung, Professionalisierung und der Abwesenheit moralischer Hemmschwellen zur Sprache kommen wird, Zusammenhänge, die manche als altmodisch betrachten mögen. Genausosehr, wenn nicht gar noch mehr, gilt unsere Aufmerksamkeit den höheren Beamten und Angestellten im Gesundheitswesen sowie den politischen Funktionären in Berlin und den Landeshauptstädten, wobei letztere Tätergruppe eine eher untergeordnete Rolle spielte. Diese Menschen rekrutierten ein Personal, das zur Arbeit im Rahmen eines Vernichtungsprogramms fähig war, suchten geeignete Orte aus, um das Programm durchzuführen, und förderten die Entwicklung ganz allgemein, indem sie auf das Personal Hunderter kirchlicher, privater und staatlicher Einrichtungen Druck ausübten. In diesem Zusammenhang möchte dieses Buch auch versuchen zu beleuchten, welche Reaktionen auf ein staatlich verordnetes Programm des Massenmords überhaupt möglich waren. Außerdem soll auch ein leidenschaftsloser Blick auf die Angehörigen niederer Ränge geworfen werden, die am Massenmord beteiligt waren. Leidenschaftslos, denn einige Historiker neigen zu einem tränenverschleiernden Blick, wann immer sie über die mit Schwielen an ihren Händen behafteten Söhne und Töchter harter Arbeit schreiben. Bei vielen der abartigsten und boshaftesten Individuen, die in diesem Buch auftauchen, handelte es sich gleichwohl um »normale« Angehörige der Arbeiterklasse, z. B. Landarbeiter, Maurer, Köche oder Lastwagenfahrer, von denen einige durch das »Euthanasie«-Programm in leitende Funktionen innerhalb der Vernichtungslager aufstiegen. Das ist gewissermaßen auch eine Art von sozialer Mobilität, vom Koch zum Lagerkommandanten. Schließlich wird es auch um Frauen als Täter gehen. Dieser Aspekt des Nationalsozialismus, die Gelegenheit, sich zum Herrscher oder zur Herrscherin über andere zu erheben, wird nicht selten vernachlässigt.

16

In jeder Gesellschaft gibt es Menschen, die sich beruflich mit Fragen des Rechts und der Moral befassen, insbesondere Rechtsanwälte, Richter und Geistliche, um nur die wichtigsten zu nennen. In vorliegendem Fall drückten die meisten dieser Personen ein Auge zu – oder noch schlimmer, waren aktiv beteiligt –, wenn es um die hier untersuchten Maßnahmen ging. Man kann das bereits an der Tatsache erkennen, daß beispielsweise die Hälfte der Opfer während der ersten Phase des »Euthanasie«-Programms aus kirchlichen Heilanstalten kam. In diesen Heil- und Pflegeanstalten ließen die verantwortlichen Bürokraten in einem gewissen Rahmen mit sich um das Schicksal einzelner feilschen. So steigerten sie einerseits den Grad der Verstrickung, taten aber auch etwas gegen gelegentliche Anflüge eines eigenen schlechten Gewissens. Der Protest der Kirchen kam zu spät, um noch etwas bewirken zu können, war leicht zu umgehen und erfolgte zeitgleich mit den Gesprächen, die zwischen der römisch-katholischen Hierarchie und den verschiedenen Ebenen des Netzwerks evangelischer Wohlfahrtsverbände einerseits und dem Regime andererseits darum kreisten, auf welche Weise die »Euthanasie« dem empfindlichen Gewissen der Kirchen schmackhafter gemacht werden könne. Ich habe keinerlei Hemmung, diese ach so gut dokumentierte Selbstquälerei sowie die Zusammenarbeit hochrangiger Geistlicher mit Männern, die nichts als Verachtung für sie übrig hatten, zu verurteilen. Es ist eine Verzerrung der Realität, ungewöhnliche Einzelfälle in den Mittelpunkt zu rücken wie beispielsweise Bischof Galen, der sich – zweifellos äußerst mutig – ungeachtet eventuell schwerwiegender Konsequenzen zum Widerstand in dieser Angelegenheit entschied. Aber solche Persönlichkeiten waren alles andere als repräsentativ.

Bei einem Buch dieser Thematik sollte der Standpunkt des Autors möglichst klar zum Ausdruck kommen. Deshalb will ich gleich zu Beginn sagen, daß ich angesichts der gegenwärtigen Diskussionen über die Euthanasie nicht mein eigenes Süppchen zu kochen gedenke, aber ähnlich vielen anderen empfinde ich ein großes Unbehagen sowohl gegenüber den Fanatikern der Sterbehilfe-Bewegung als auch gegenüber jenen, die lauthals ein »Recht auf Leben« verkünden und die Abtreibung mit dem Holocaust gleichsetzen. Ungeachtet der Thematik dieses Buches hege ich allerdings keinerlei spezielle Feindseligkeit gegen Psychiater, deren komplizierte und frustrierende Tätigkeit einem schlichten Historiker wie mir durchaus Respekt und Demut abringen.

Natürlich streitet dieses Buch nicht die Wirklichkeit geistiger Krankheit ab, noch versucht es, komplexe Zusammenhänge auf ein paar einfache, links eingefärbte Klischees zu reduzieren, denen zufolge die Psychiatrie eine intellektualisierte Variante eines im Namen der Mittelschicht agierenden Polizeiapparates ist – selbst wenn man unterstellt, daß Geisteskrankheiten auch klassenspezifische Aspekte aufweisen oder in einem Zusammenhang zur Industrialisierung stehen, wie es dieser in Verruf geratenen Konzeption automatisch zu eigen ist. Dieses Buch macht überdeutlich, daß es keine Form der »totalen« Psychiatrie à la Goffman gab, sondern eher ein vielfältiges Dickicht aus kirchlichen, privaten sowie staatlichen Heimen und Heilanstalten. Sie alle erhoben auf die eine oder andere Weise ihre Stimme zu der dargestellten Politik, allerdings ohne jede Wirkung. Mir ging es darum, die einzelnen Personen, die in diesen Institutionen lebten, arbeiteten und starben, zu studieren, und nicht so sehr darum, Machtstrukturen, ungebremstes Zweckdenken oder totalitäre Institutionen zu untersuchen oder mich all der anderen stumpfen analytischen Werkzeuge zu bedienen, mit denen einige sich dieser unendlich komplexen Realität nähern. In diesem Sinne habe ich sehr viel von jüngeren Studien in England gelernt – insbesondere von Roy Porter, der über die vielfältigen Versuche schrieb, in zurückliegenden Jahrhunderten mit Verrücktheit umzugehen und sie einzudämmen – und weniger von Foucault, Goffman und ihren diversen deutschen Schülern.

Jedes Buch über das nationalsozialistische Deutschland sollte sich mit den Opfern und Zuschauern ebensosehr wie mit den Tätern beschäftigen, obgleich diese üblich gewordene Triade nur wenig mit der komplexen Realität der deutschen Geschichtserfahrung zu tun hat. Viele der Opfer wurden zu Opfern, weil sich die Zuschauer durch sie überfordert fühlten oder sie nicht unter sich haben wollten. Ich vermag letztlich keinen Sinn darin zu sehen, die Details etwa der mörderischen Experimente am lebenden Subjekt zum wiederholten Male darzustellen oder aber zu schildern, wie es dazu kam, daß man einen Gaswagen oder eine Gaskammer baute, um diese Menschen zu ermorden und sich auf diese Weise ihrer zu entledigen. Eine solche Vorgehensweise zeugt von einer erschreckenden Armut an Vorstellungskraft und gleitet leicht in ein Fasziniertsein von der technischen Seite des Tötens ab. Dieses Buch versucht dementgegen die vereinzelten Spuren jener zusammenzutragen, die ermordet wurden. Vereinzelte Spuren sind es, weil die Opfer nur sehr vage in der Erinnerung fortleben beziehungsweise oft nur zufällig in die diversen Formen offizieller Dokumente Eingang gefunden haben. Nur gelegentlich vermag man anhand ihrer eigenen Korrespondenz ihre Stimmen selbst zu hören.

Es ist ein schwieriges Thema, bei dem ich mir nie sicher sein konnte, es wirklich zufriedenstellend behandelt zu haben. Der Besuch von Gedenkstätten in Deutschland hat mir die Gefahren einer erneuten »Auslese« der eigenen »Opfer« deutlich vor Augen geführt. Allzuoft werden die Ermordeten als »normal« dargestellt, als ob Normalität die Empathie fördere. Einige der in diesem Buch beschriebenen Menschen waren gewiß solche Nervensägen wie einige jener geistig verwirrten Individuen, denen man auch heute in den Straßen Londons oder New Yorks begegnen kann. Diese Tatsache habe ich nicht zu verleugnen (oder zu übertreiben) versucht, ohne freilich daraus Kapital für eine billige rechtskonservative Sichtweise schlagen zu wollen. Es soll dies nicht über Gebühr strapaziert werden, aber das Urteil über unsere Gesellschaft steht und fällt mit dem Maß an Toleranz, das wir den schwächsten oder notleidendsten ihrer Mitglieder entgegenbringen. Die geringfügigen Unannehmlichkeiten, die sie anderen bescherten, rechtfertigten in keiner Weise ihre Ermordung – und erst recht nicht durch jene, die dafür ausgebildet und bezahlt wurden, um sich ihrer anzunehmen. Daran zu zweifeln ist schlicht geschmacklos und alles andere als ein Zeichen intellektueller Radikalität. Gleiches gilt für einige der jüngsten »liberalen« philosophischen Positionen, die anhand von Spitzfindigkeiten, die auf die Fähigkeiten und »Rechte« von Tieren rekurrieren, unsere ererbte und instinktive Achtung vor dem menschlichen Leben in Frage stellen.

Ich brauche kaum zu erwähnen, daß ich nicht erwarte, dieses Buch könne die demokratische Wachsamkeit stärken oder gar einen sensibleren Umgang mit geistig oder körperlich Behinderten fördern, zwei Kategorien, die man nicht miteinander vermischen sollte. Jene, die über ganz Europa verteilt die Demokratie zu beschädigen trachten oder aber in Deutschland (einem Land, das – nebenbei bemerkt – über ein beneidenswert gutes soziales Netz für Behinderte verfügt) zu ihrem eigenen Vergnügen Behinderte in Rollstühlen die Treppen hinabstoßen, werden am Thema dieses Buches ebensowenig interessiert sein wie ein Verächter der Naturwissenschaften an den Theorien von Bohr oder Einstein. Alle Versuche, solche Leute davon überzeugen zu wollen, was »tatsächlich geschehen« ist, sind bestenfalls lächerlich, ist doch die Leugnung der Realität mit ihrer politischen Agenda verknüpft. Eine Lösung dieses Problems besteht nicht in einem Mehr an historischen Büchern – geschweige denn in einem Mehr an billigen und sensationsheischenden Filmen über Besuche in Auschwitz, bei denen Neofaschisten Holocaust-Überlebende anpöbeln –, sondern in adäquat verschärften Gesetzen und einer

Wählerschaft, die den Parteien, die solche Leute unterstützen, ihre Stimme verweigern.

Schließlich unterstreicht dieses Buch die Tatsache, daß die in ihm geschilderten Ereignisse sich nur im nationalsozialistischen Deutschland abspielten, obwohl auch das Vichy-Regime die Bewohner von Heilanstalten dezimierte. Natürlich ist die entwürdigende Behandlung Behinderter ein Zeichen unserer Zeit insgesamt. Um nur einige wenige typische Beispiele zu nennen: Erst kürzlich zeigten sich die griechischen Behörden gegenüber einem in fürchterlichem Zustand befindlichen Sammellager für Wahnsinnige auf der Insel Leros so lange gleichgültig, bis schließlich ein westeuropäischer Fernsehsender die Sache ans Licht brachte; und in England, wo sich die Gewerkschaften schützend vor faschistoide Gefängnisaufseher stellen, wurden Patienten geschlossener Abteilungen von Krankenhäusern beispielsweise in Ashworth oder Rampton regelmäßig und systematisch mißbraucht, insbesondere wenn es sich um Menschen afro-karibischer Herkunft handelte. Ebenso wissen wir alle, daß das Regime der ehemaligen Sowjetunion dafür berüchtigt war, politische Dissidenten für krank zu erklären und sie entsprechend schlecht zu behandeln. Gleichwohl haben wir es im Falle des nationalsozialistischen Deutschlands meines Wissens nach mit dem einzigartigen Versuch zu tun, Geisteskranke und körperlich Behinderte aus wirtschaftlichen und rassehygienischen Gründen zu ermorden.

1. Winterlandschaft:
Psychiatriereform und Sparpolitik während der Weimarer Republik

Während des Ersten Weltkrieges starben 140 234 Menschen in den psychiatrischen Heilanstalten Deutschlands.[1] Unterstellt man eine durchschnittliche Sterberate in Friedenszeiten von 5,5 Prozent pro Jahr, bedeutet dies, daß 71 787 Menschen infolge von Hunger, Krankheit oder Verwahrlosung starben, etwa 30 Prozent aller Insassen, die sich vor dem Krieg in den Heilanstalten befunden hatten.[2] In Anbetracht der staatlich verordneten Kriegsrationierungen beobachteten und notierten die Psychiater ohnmächtig Sterberaten, Gewichtsverlust und das Ansteigen epidemischer Krankheiten. Allein in den Heilanstalten Sachsens starben zwischen 1914 und 1918 6112 Menschen, verglichen mit 1784 zwischen 1911 und 1914. Um diese Statistik anschaulicher zu machen, sei bemerkt, daß etwa in der sächsischen Heilanstalt Colditz 560 Menschen während der vier Jahre des Krieges starben, verglichen mit einer Sterberate in Friedenszeiten vor dem Krieg von durchschnittlich 22 Sterbefällen pro Jahr.[3] In Emmendingen nahe Freiburg lag die jährliche Sterberate zwischen 1913 und 1915 bei 95 pro Jahr. Im Jahr 1916 stieg sie bis auf 162 und ein Jahr später auf 285, als eine Tuberkulose die Patienten der Heilanstalt dahinraffte.[4] Überfüllung förderte den Ausbruch ansteckender Krankheiten; Patienten, die sich regelmäßig selbst verunreinigten, ließ man auf Fluren liegen, die mit Sägemehl ausgelegt waren.[5] Die Ernährung war karg, unverdaulich und in der Regel ohne Getreide, Fleisch oder Fett. Natürlich hatten die Insassen der Heil- und Pflegeanstalten keinerlei Möglichkeiten, ihre Lebensmittel zu horten oder auf dem Schwarzmarkt zu erwerben, um so ihre Rationen zu vergrößern.[6] In Berlin-Buch sank der den Patienten zukommende Brennwert der täglichen Nahrung von 2695 Kalorien im Juli 1914 auf 1987 Kalorien im Januar 1918. Während im Laufe des Jahres 1913 302 Patienten gestorben waren, stieg die Zahl im Jahr 1917 auf 762.[7] Auf der Jahreskonferenz des Deutschen Vereins für Psychiatrie äußerte sich ihr Vorsitzender, Karl Bonhoeffer, zum Wandel des moralischen Klimas wie folgt:

Fast könnte es scheinen, als ob wir in einer Zeit der Wandlung des Humanitätsbegriffes stünden. Ich meine nur das, daß wir unter den schweren Erlebnissen des Krieges das einzelne Menschenleben anders zu bewerten genötigt wurden als vordem, und daß wir in den Hungerjahren des Krieges uns damit abfinden mußten, zuzusehen, daß unsere Kranken in den Anstalten in Massen an Unterernährung dahinstarben, und dies fast gutzuheißen in dem Gedanken, daß durch diese Opfer vielleicht Gesunden das Leben erhalten bleiben könnte. In der Betonung dieses Rechts der Gesunden auf Selbsterhaltung, wie sie eine Zeit der Not mit sich bringt, liegt die Gefahr der Überspannung, die Gefahr, daß der Gedanke der opfermütigen Unterordnung der Gesunden unter die Bedürfnisse der Hilflosen und Kranken, wie er der wahren Krankenpflege zugrunde liegt, gegenüber den Lebensansprüchen der Gesunden an lebendiger Kraft verliert.[8]

Bonhoeffer war und blieb eine umstrittene Figur, und diese Passage aus seiner Eröffnungsrede läßt durchaus mehrere Interpretationen zu. Etwa um die Jahrhundertwende leitete er einige dubiose Degenerationsstudien über Bettler und Landstreicher, bevor er Mitte der 30er Jahre Vorlesungen für jene hielt, die offiziell mit der Durchführung der von den Nationalsozialisten eingeführten Zwangssterilisationen befaßt waren.[9] Worum handelte es sich bei jener »Wandlung des Humanitätsbegriffs«, auf die Bonhoeffer in seiner Rede anspielte?

Bis zum Ende des 19. Jahrhunderts behielt der Begriff »Euthanasie« seine ursprüngliche, klassische Bedeutung im Sinne von »schöner« oder »sanfter« Tod bei, wie es einst in dem Bericht Suetons über den Tod des Augustus erläutert wurde. Im frühen 17. Jahrhundert modifizierte Francis Bacon, der für die lateinische Umschrift des Begriffs verantwortlich war, diese Vorstellung auf entscheidende Weise, indem er allein den Ärzten das Recht zusprach, das Leiden der Sterbenden zu mindern.[10] Freilich erstreckte sich dies nicht auf aktive oder passive Sterbehilfe. Oder wie es unmißverständlich in einer deutschen Medizinerdissertation aus den 40er Jahren des 18. Jahrhunderts hieß: *Mortem accelerare medico non licet*.[11] Mehrere deutsche Kommentatoren des 19. Jahrhunderts waren sich der inflationären Möglichkeiten bewußt, die eine Ausweitung der ärztlichen Machtbefugnisse auf die Euthanasie bedeutete[12] – etwas, das die Moralphilosophen von heute wohl als einen verhängnisvollen Weg bezeichnen würden. Um eines von vielen möglichen Beispielen zu nennen, sei eine

Bemerkung des berühmten Berliner Arztes Christoph Wilhelm Hufeland aus dem Jahr 1806 zitiert:

> [Der Arzt] soll und darf nichts anderes thun als Leben erhalten; ob es ein Glück oder Unglück sey, ob es Werth habe oder nicht, dies geht ihn nichts an, und maß er sich einmal an, diese Rücksicht in sein Geschäft mit aufzunehmen, so sind die Folgen unabsehbar, und der Arzt wird der gefährlichste Mensch im Staate; denn ist einmal die Linie überschritten, glaubt sich der Arzt einmal berechtigt, über die Nothwendigkeit eines Lebens zu entscheiden, so braucht es nur stufenweise Progressionen, um den Unwerth und folglich die Unnöthigkeit eines Menschenlebens auch auf andere Fälle anzuwenden.[13]

In den 90er Jahren des 19. Jahrhunderts wurde diese anerkannte Sichtweise zur Euthanasie durch den Polemiker Adolf Jost drastisch verändert, indem er sowohl das »Recht zu sterben«, d.h. freiwillige Euthanasie, propagierte als auch die Vorstellung von dem negativen Wert eines menschlichen Lebens, worunter er nicht nur die lebensverneinende Haltung eines Sterbenden verstand, sondern auch die inakzeptable Last, die unheilbar Kranke und geistig Behinderte für Familie und Gesellschaft darstellten. Jost war der Überzeugung, unheilbar Kranke könnten ungeachtet der Tatsache, daß sie mitunter nicht mehr fähig waren, ihren eigenen Willen zu äußern, getötet werden. Andere Autoren, wie etwa Wilutsky, der den geschmacklosen und in den nachfolgenden Debatten wiederholt auftauchenden Vergleich zwischen einem verlängerten menschlichen Leiden und der Art und Weise, wie man sich sterbender Tiere entledige, einführte, verwischte auch den Unterschied zwischen der freiwilligen Euthanasie und der unfreiwilligen Tötung jener, die er und andere als »lebensunwert« (vita non iam vitalis) betrachteten. Diese Ideen fielen bei dem Zoologen und Darwinschüler Ernst Haeckel auf fruchtbaren Boden, und so verband er die Vorstellung vom Gnadentod mit dem vulgär materialistischen Argument, ein solches Vorgehen bedeute eine erhebliche Entlastung für den privaten wie öffentlichen Geldbeutel.[14] Als begeisterter Anhänger der Idee, den natürlichen Ausleseprozeß steuern zu können, bedachte Haeckel die von den Spartanern angeblich verfolgte Praxis des selektiven Kindermordes mit großer Sympathie.[15] Am Vorabend des Ersten Weltkrieges wurde das offizielle Organ von Haeckels Monistischem Bund zum Forum für eine ebenso kurze wie intensive Debatte über die »Euthanasie«. Im Mai 1913 erschien in *Das Monistische Jahrhun-*

dert ein offener Brief von Roland Gerkan, der an einer Lungenkrankheit tödlich erkrankt war und kaum mehr atmen und schreiben konnte. Dementsprechend bemerkte er, die ganze Thematik sei für ihn alles andere als eine akademische Angelegenheit. Gerkans Entschluß, seinen Entwurf für ein Gesetz zur Euthanasie ausgerechnet im *Monistische(n) Jahrhundert* zu publizieren, erfolgte keineswegs willkürlich, denn die monistische Naturphilosophie hatte mit der »Zerschlagung« jeglichen Trostes durch ein Leben nach dem Tod aller religiösen Rechtfertigung für menschliches Leiden den Boden entzogen: »Warum verurteilt ihr uns zu so trostlosem, zwecklosem, überflüssigem Leiden? Warum laßt ihr uns nicht schon heute sanft sterben, sondern fordert, daß wir den langen Marterweg durchwandern, dessen sicheres Endziel ja doch derselbe Tod ist, den ihr uns heute versagt?«[16]

Gerkans Dilemma bestand darin, daß, während er im Sterben lag (und er sich bewußt war, daß ihn hinter der sanften Abschiedsformel »nach langer schwerer Krankheit in Frieden eingeschlafen« eine tödlich erstickende Wirklichkeit erwartete), sich nur einige Meter entfernt eine Apotheke befand, in der er für ein paar Pfennige die notwendigen Mittel hätte erwerben können, um endgültig »Frieden und Erlösung« zu finden: »Doch nein, das ist nichts für mich: Ich bin doch kein Haustier! Ich bin ein Mensch und muß ausharren bis zuletzt, weil das so üblich ist. Arzt und Richter lassen sich nicht bestechen.«[17]

Gerkan legte folgenden Gesetzentwurf zur Sanktionierung der Euthanasie vor:

§ 1 Wer unheilbar krank ist, hat das Recht auf Sterbehilfe (Euthanasie).

§ 2 Die Feststellung des Rechtes auf Sterbehilfe wird durch ein Gesuch des Kranken an die zuständige Gerichtsbehörde veranlaßt.

§ 3 Aufgrund des Gesuches verfügt das Gericht eine Untersuchung des Kranken durch den Gerichtsarzt im Verein mit zwei zuständigen Spezialisten. An der Untersuchung können auf Wunsch des Kranken auch weitere Ärzte teilnehmen. Diese Untersuchung hat nicht später als eine Woche nach Einreichung des Gesuches zu erfolgen.

§ 4 Bei der Protokollierung des Untersuchungsbefundes ist anzugeben, ob nach der wissenschaftlichen Überzeugung der untersuchenden Ärzte ein tödlicher Ausgang der Krankheit wahrscheinlicher ist als die Wiedererlangung dauernder Arbeitsfähigkeit.

§5 Wenn die Untersuchung die überwiegende Wahrscheinlichkeit eines tödlichen Ausgangs ergibt, dann spricht das Gericht dem Kranken das Recht auf Sterbehilfe zu. Im entgegengesetzten Falle wird das Gesuch des Kranken abschlägig beschieden.

§6 Wer einen Kranken auf dessen ausdrücklichen und unzweideutig kundgegebenen Wunsch schmerzlos tötet, bleibt straflos, wenn dem Kranken nach Paragraph 5 das Recht auf Sterbehilfe zugesprochen worden ist oder wenn die nachträgliche Untersuchung ergibt, daß er unheilbar krank war.

§7 Wer einen Kranken tötet, ohne daß dieser es ausdrücklich und unzweideutig gewünscht hat, wird mit Zuchthaus bestraft.

§8 Die Paragraphen 1 bis 7 finden auch auf Sieche und Verkrüppelte sinngemäße Anwendung.[18]

Binnen einer Woche nach Absendung seines Gesetzentwurfes starb Gerkan.[19]

Die darauf folgende Debatte handelte nicht nur von der erwünschten Möglichkeit der Euthanasie, sondern befaßte sich auch mit etwas, das der Vorsitzende des Bundes und Träger des Nobelpreises für Chemie, Wilhelm Ostwald, als dauerhaftes Projekt der »Kodifizierung einer weltlichen Ethik« bezeichnete:[20] ein für sich betrachtet durchaus respektables Unterfangen. Am vehementesten äußerte sich im Rahmen der monistischen Debatte um Gerkans Gesetzentwurf Wilhelm Börner. Börner konzentrierte sich auf den schwammig definierten und daher beliebig ausdehnbaren Geltungsbereich von Gerkans Vorschlägen und auf die Subjektivität des Leidempfindens. Menschen, die an einer Kolik, einer Neuralgie oder Gallensteinen leiden, mögen extreme Schmerzen empfinden, aber man werde ihnen deshalb wohl kaum ein Recht zu sterben einräumen. Gerkans nachdrücklicher Verweis auf mögliche Krankheitsfolgen sei gleichfalls problematisch, denn kein Krankheitsverlauf könne mit Gewißheit vorhergesagt werden. Mit Bedacht distanzierte sich Börner von der christlichen Maxime, ein jeder müsse sein eigenes Kreuz tragen, und argumentierte unter Verweis auf Sokrates und Giordano Bruno, die er als Beispiele einer »säkularisierten« und heroischen Form des Leidens nannte, eine an den Kranken orientierte monistische Ethik werde »das Promethidenhafte im Menschen erlösen«. Obwohl Börner Gerkans Gesetzentwurf für fundamental falsch hielt, gestand er Gerkan großmütig zu, sein Bemühen zeichne ihn als prototypischen Helden des Monismus aus.[21]

Wilhelm Ostwald, der Gerkans Vorschlag unterstützte, versuchte Börners Argumente systematisch zu widerlegen. Insbesondere entgegnete er: »Das Leid ist unter allen Umständen etwas, was zunächst eingeschränkt und zuletzt ausgetilgt werden soll. Alles Leid ist eine Einengung und Verminderung der persönlichen und sozialen Leistungsfähigkeit des Leidenden.«[22] Darüber hinaus sei Galileo ein besseres Vorbild als Giordano Bruno, da die »häretische« Lehre Galileos überlebt habe und für die menschliche Gesellschaft weitaus wichtiger sei als Brunos ablehnende Geste gegenüber der formalen Autorität der Kirche. Über diese bislang eher akademischen Bedenken hinausgehend, wiesen andere Kommentatoren auf das inflationäre und radikalisierende Potential von Gerkans Vorschlägen hin. Der Bielefelder Richter Alfred Bozi bemerkte, nichts stünde einer Ausweitung von Gerkans Entwurf auf jene Menschen entgegen, die ihren Willen nicht auszudrücken vermochten, beispielsweise unheilbar geistig Kranke, »die ohne eigenes Lebensbewußtsein und ohne Gewinn für die Allgemeinheit in den Irrenanstalten ihr Dasein fristen«. Dies käme einer Wiederbelebung alter kollektivistischer Rechtsvorstellungen gleich, denen zufolge die Interessen der Mehrheit die des Individuums übertrumpfen würden. Letztlich resultiere daraus eine Form des Staatsabsolutismus, für die – wie er leicht selbstgefällig behauptete – »heute keinerlei Boden ist«.[23] Der Arzt M. Beer stimmte dem zu und bemerkte:

Daß das der erste Schritt sein würde, glaube auch ich, ob aber der letzte, erscheint mir mindestens zweifelhaft.
Ist einmal die Scheu vor der Heiligkeit des Lebens vermindert, die freiwillige Sterbehilfe für die geistig gesunden Unheilbaren und die unfreiwillige für die Geisteskranken eingeführt, wer steht dann dafür, daß man dabei haltmacht, daß man nicht sehr bald das, was man heute noch in das Ermessen der Leidenden stellt, als ihre Pflicht gegen die andern gesetzlich fordern würde.[24]

Der bei weitem einflußreichste Beitrag im Rahmen dieser Euthanasiedebatte war ein 1920 veröffentlichtes Traktat von Karl Binding (1841–1920) und Alfred Hoche (1856–1944) unter dem Titel »Die Freigabe der Vernichtung lebensunwerten Lebens«, obwohl hier in vielerlei Hinsicht lediglich die Argumente von Jost aufgegriffen wurden. Unterdessen war das Thema nicht mehr eine bloß akademische Angelegenheit; Millionen von Menschen waren im erst kürzlich beendeten Krieg gestorben, und man hatte schwerwiegende Entscheidungen getroffen, was die zur Verfügung stehenden Ressourcen betraf. Die Tatsache, daß eine dieser Entscheidungen mit dem massenhaften Hungertod von Geisteskranken in Zusammenhang stand, blieb nicht nur unerwähnt, sondern wurde schlicht geleugnet. Es ist schwer zu entscheiden, ob dieser Traktat ein Katalog künftig anzuwendender Leitlinien oder aber lediglich eine quälende und vage Rechtfertigung bereits stattgefundener Ereignisse darstellt. Gestützt auf – zumindest was Binding betrifft – einige unanfechtbar liberale Grundsätze wiederholt der Traktat systematisch eine ganze Reihe illiberaler und vulgär materialistischer Argumente zugunsten der unfreiwilligen Euthanasie. Binding war der ältere der beiden Autoren, obgleich er nicht lange genug lebte, um die Früchte seiner Überlegungen noch zu erleben. Als einer von Deutschlands führenden Verfassungs- und Strafrechtlern zog er sich nach seiner Lehrtätigkeit an den Universitäten von Heidelberg, Freiburg, Straßburg und Leipzig nach Freiburg zurück.[25] Seine auf soziale Erfordernisse und historische Präzedenzfälle gestützte rechtspositivistische Theorie gewährte dem Staat enorme Rechte, die alle individuellen oder moralischen Ansprüche in den Schatten stellten. Alfred Hoche, Professor für Psychiatrie in Freiburg, war von eher mittelmäßigem Format und mehr für seine scharfen kritischen Einsprüche sowie seine stilistische Eleganz bekannt als für die wissenschaftliche Bedeutung seiner neuropathologischen Studien über die elektrische Leitfähigkeit des Rückenmarks bei Menschen, die enthauptet wurden.[26]

Sein einziger Sohn war in der Schlacht von Langemarck gefallen, und er schrieb leidlich schlechte Gedichte über seine Trauer.[27] Mit Sicherheit war Hoche ein schwieriger Charakter, und in einer ganzen Reihe von Nachrufen nutzte man die Gelegenheit, schlecht von ihm zu reden.[28] Aufgrund seiner Ehe mit einer Jüdin gab er seine Stellung in Freiburg vorzeitig auf, nachdem die Nationalsozialisten an die Macht gelangt waren. Ironischerweise stand er den nationalsozialistischen Rassegesetzen recht kritisch gegenüber und wies darauf hin, daß diese die (*inter aliis*) Geburt Goethes, Schopenhauers und Beethovens verhindert hätten; und er wandte sich gegen das »Euthanasie«-Programm, nachdem einer seiner Verwandten davon betroffen war, obwohl der Geist dieses Programms in nicht geringem Maße seinen eigenen Schriften entstammte.[29]

Binding ging von der Vorstellung aus, jedes Individuum könne nach eigenem Belieben uneingeschränkt über das eigene Leben verfügen, was ausdrücklich den Selbstmord mit einschloß.[30] Das einzige Argument, das er gegen die Rechtmäßigkeit des Selbstmordes gelten ließ, sah er im Verlust von Menschen, die für die Gesellschaft möglicherweise noch von Wert sein konnten.[31] Freilich verschärften sich die juristischen Probleme, wenn Menschen diese souveränen Rechte an Dritte weitergeben wollten, etwa damit diese Hilfe zum Selbstmord oder bei freiwilliger Euthanasie leisten konnten. Er hatte mit der Euthanasie in ihrer »reinen« Form keinerlei Probleme und betrachtete sie als eine »reine Heilhandlung« des Arztes, der sich künstlicher Hilfsmittel bediene, um einem Menschen beim Sterben zu helfen, damit diesem eine Verlängerung seines Leidens erspart bleibe. Nur ein »Pedant« würde dies als eine Verkürzung menschlichen Lebens in des Wortes sinnvoller Bedeutung werten; weit eher ging es um einen schmerzlosen, vorzeitigen Tod anstelle eines verlängerten Leidens.[32] Da Menschen häufig schon einige Zeit vor ihrem Ableben das Bewußtsein verlieren, war die Frage nach der Einwilligung des Patienten in den Augen Bindings ebenso akademisch wie nebensächlich. Unter Verweis auf andere (hauptsächlich Adolf Jost), die sich für eine Aufhebung des staatlichen Tötungsmonopols (begrenzt auf Krieg oder Todesstrafe) einsetzten, warf Binding schließlich die Frage auf, die ihn offensichtlich am meisten beschäftigte: »Gibt es Menschenleben, die so stark die Eigenschaft des Rechtsgutes eingebüßt haben, daß ihre Fortdauer für die Lebensträger wie für die Gesellschaft dauernd allen Wert verloren hat?«[33] Er forderte den Leser dazu auf, die mit Leichen junger Soldaten übersäten Schlachtfelder oder aber eine Bergwerksgrube nach einem schrecklichen Unfall mit der verschwenderischen Fürsorge zu vergleichen, die man den »Idioten« in den Heilanstalten angedeihen ließ, die er als »nicht nur absolut wertlose, sondern negativ zu wertende Existenzen« abqualifizierte.[34] Es könne keinerlei Zweifel daran bestehen, daß das Leben einiger Personen für den Staat, die Gesellschaft und die Betroffenen selbst eine Last darstelle. Sei das Leben solcher Personen schützenswert, oder solle man ihre Vernichtung erlauben?

In einem vorübergehenden Anflug liberaler Achtung vor den Rechten des einzelnen rang er sich die eher laue Mahnung ab, solche Maßnahmen bedürften eines Konsenses oder aber würden etwa im Falle schwachsinniger Personen, die sich ihres Lebens sichtlich erfreuten, untersagt werden.[35] Das neue Rechtsverfahren, das er vorschlug, zielte auf drei Gruppen von Personen ab. Erstens todkranke oder tödlich verwundete Personen, die eindeutig den Wunsch äußerten, ihren Tod zu beschleunigen. Der Aspekt der Hoffnungslosigkeit sollte dabei das ansonsten eher übliche Kriterium unerträglicher Schmerzen ergänzen. Zweitens die »unheilbar Blödsinnigen« – wobei er sich nicht weiter mit präzisen Kategorien aufhielt und es mithin gleichgültig war, ob die Idiotie angeboren oder erst jüngeren Ursprungs war. Da diese Personen angeblich über keinen Lebenswillen verfügten, könne ihre Tötung nicht als eine Verletzung ihres Willens interpretiert werden. »Ihr Leben ist absolut zwecklos, aber sie empfinden es nicht als unerträglich. Für ihre Angehörigen wie für die Gesellschaft bilden sie eine furchtbar schwere Belastung. Ihr Tod reißt nicht die geringste Lücke – außer vielleicht im Gefühl der Mutter oder der treuen Pflegerin.« Sie seien »das furchtbare Gegenbild echter Menschen ... und [erwecken] fast in jedem Entsetzen, der ihnen begegnet. In mutigeren Zeiten hätte der Staat keinerlei Skrupel, sie zu beseitigen.«[36] In einer Fußnote behauptet Binding tatsächlich, der Tod erspare den Idioten die entwürdigende Erfahrung, »zur Sehenswürdigkeit [zu] werden, und nicht selten in der unverschämtesten Weise begafft, ja vielfach unter spöttischen Redensarten verfolgt [zu] werden«.[37] Die dritte und letzte Gruppe bestand aus geistig gesunden Personen, die durch eine »sehr schwere, zweifellos tödliche Verwundung bewußtlos geworden sind« und bei Erwachen aus ihrer Bewußtlosigkeit mit Entsetzen ihres Zustands gewahr würden. An ihrer Stelle sollten andere entscheiden, und zwar nach der zweifelhaften Methode, sich vorzustellen, wie ihre eigene Reaktion in einer solchen Situation vernünftigerweise aussähe. Wer waren diese »anderen«, und wie stellte sich Binding die praktischen Konsequenzen einer erweiterten Skala erlaubten Tötens vor? Über das weitere Vorgehen sollte entweder die betroffene Person selbst, ein Verwandter oder der Arzt befinden. Dann würde eine vom Staat bestellte Expertengruppe entscheiden, ob die betreffende Person im Sterben läge beziehungsweise unheilbar geistig krank sei. Im ersten Fall würde dieses Gremium – bestehend aus einem Arzt, einem Juristen und einem Psychiater unter Leitung eines nicht stimmberechtigten Vorsitzenden – ermitteln, ob der Wunsch der betreffenden Person dem eigenen und freien Willen entspringe oder lediglich Ausdruck einer vorübergehenden Verzweiflung sei. Daraufhin würde das Gremium gegebenenfalls feststellen, einer Tötung der Person stehe nichts im Wege; der Akt der Tötung sollte von einem Arzt unter Verwendung hochwirksamer Betäubungsmittel durchgeführt werden. Der »Freigebungsausschuß« war verpflichtet, detailliert Bericht zu erstatten.[38] Die Möglichkeit eines Irrtums wurde mit der Bemerkung hinweggewischt: »Das Gute und das Vernünftige müssen geschehen trotz allen Irrtumsrisikos ... die Menschheit verliert infolge Irrtums so viele Angehörige, daß einer mehr oder weniger wirklich kaum in die Waagschale fällt.«[39]

Hoche wies unter Berufung auf Jahrzehnte praktischer Erfahrung – die er vermutlich auf anderen Feldern als dem der Untersuchung des Rückgrates hingerichteter Krimineller gesammelt hatte – zu Beginn seiner »ärztlichen Bemerkungen« zunächst mit Nachdruck darauf hin, daß es praktisch keinen Korpus ärztlicher Ethik gebe, aus dem sich eine »moralische Dienstanweisung« ableiten ließe. Medizinethische Richtlinien seien *ad hoc* und informell entstanden, im Grunde nur so etwas wie die Sammlung von Erfahrungsschätzen, die man während der langen Ausbildung zum Mediziner von seinen Lehrern übermittelt bekomme. Dabei wurde notgedrungen auch in manchen Fällen vom Hippokratischen Eid abgewichen, insbesondere bei der Abtreibung eines Kindes, wenn für die Mutter Lebensgefahr bestehe. Alles sei relativ, auch die ärztliche Sittenlehre, die »nicht als ein ewig gleichbleibendes Gebilde anzusehen [ist]«.[40]

Wie schon sein Kollege wandte sich auch Hoche rasch dem Thema der unheilbar geistig Kranken zu. Hoche unterschied zwischen jenen, deren geistige Schäden angeboren waren, und jenen, die sie erst später in ihrem Leben erworben hatten. Erstere seien mit einem »regellos herumliegenden Haufen Steine« vergleichbar, an die niemals je eine schöpferische Hand gerührt hat, während letztere dem Schutthaufen eines plötzlich zusammengebrochenen Gebäudes glichen. Die erstgenannte Gruppe verfüge über keinerlei emotionale Bindungen weder zu ihrer Umwelt noch zu anderen Personen; die zweite Gruppe könne hingegen eine beträchtliche emotionale Wirkung auf andere Menschen ausüben. »Vollidioten« stellten für die Gemeinschaft, ihre Angehörigen und den Staat eine beträchtliche Last dar. Es handele sich um »geistig Tote«, die über keine eigene Persönlichkeit und keinerlei Selbstbewußtsein verfügten, und befänden sich daher »auf einem intellektuellen Niveau, das wir erst tief unten in der Tierreihe wieder finden«.[41] Mitleid sei in diesen Fällen völlig fehl am Platze, denn »wo kein Leiden ist, ist auch kein mit-Leiden«. Rasch ging er dann vom Aspekt der Personalität zu Kostenfragen und Zahlenwerk über. Diese vulgär-ökonomistischen Argumente dürfen allerdings nicht mit einem philosophischen Utilitarismus verwechselt werden. Hoche behauptete, er habe mit jeder Heilanstalt in Deutschland Kontakt aufgenommen und auf diese Weise die durchschnittlichen jährlichen Kosten in Höhe von 1300 Reichsmark für die Pflege eines jeden Schwachsinnigen ermittelt. Ohne sich beim Rechnen groß abzumühen, behauptete er ferner, daß bei einer Gesamtzahl von 20 000 bis 30 000 Schwachsinnigen und einer durchschnittlichen Lebenserwartung von fünfzig Jahren leicht zu ermessen sei, »welches ungeheure Kapital in

Form von Nahrungsmitteln, Kleidung und Heizung, dem Nationalver-
mögen für einen unproduktiven Zweck entzogen wird«.⁴² Und hierbei
seien die indirekten Kosten für Personal, Zinsbelastungen im Falle privater Heilanstalten und anderes mehr noch nicht einmal eingerechnet. In
diesen Zeiten der nationalen Krise sei das Problem der »Ballast-Existenzen« von akuter Bedeutung. Die Nation gleiche einer schwierigen Expe-
dition, bei der es keinerlei Spielraum für »halbe, Viertels- und Achtels-
Kräfte« geben könne.

In einer Schlüsselpassage behauptete Hoche, die Menschen würden angeblich den Staat nicht mehr als Organismus begreifen und hätten mithin
den Gedanken preisgegeben, daß ein jeder Teil des »Ganzen« sei und
man daher schädlich oder unnütz gewordene Teile entfernen müsse. Es
würde wohl eine Weile dauern, um diese neuen ethischen Perspektiven in
die Köpfe aller hineinzubekommen. Nur einige wenige, herausragende
Persönlichkeiten seien bereits jetzt schon in der Lage, in diesen Begriff-
lichkeiten zu denken. Die Art von Einstellung, die zum Allgemeingut
werden müsse, könne am besten am Beispiel des Entdeckers Greely erläutert werden, der einen seiner Kameraden hinterrücks in den Kopf
schoß, weil dieser heimlich mehr als die ihm zustehende Nahrungsration
zu sich genommen hatte und dadurch kräftiger als seine Kameraden war;
oder Scott, der stoisch zuschaute, als einer seiner Expeditionsteilnehmer
zugunsten seiner Kameraden das Zelt verließ, hinaus in den Schnee und
damit in den sicheren Tod ging.⁴³ Diese Beispiele von Entscheidungen in
Extremsituationen, in die sich die Entdecker freiwillig begeben hatten,
mußten somit als Legitimation herhalten, um unnützen Ballast aus dem
»Narrenschiff« über Bord zu werfen. Hoche meinte, nur ein Laie könne
sich darüber Sorgen machen, daß es bei wesentlichen Fällen zu schwerwiegenden Irrtümern kommen könne. Ärzte hingegen hätten keinerlei
Zweifel, daß »diese Auswahl mit hundertprozentiger Sicherheit zu treffen ist«. Er schloß mit Goethes Metapher von der Zivilisation als einer beständig aufsteigenden Spirale. So wie die Gegenwart frühere Jahrhunderte, in denen das Töten behinderter Kinder nahezu allgemeiner Brauch
war, als barbarisch verdamme, ebenso würden künftige Generationen die
gegenwärtigen »Forderungen eines überspannten Humanitätsbegriffes
und einer Überschätzung des Wertes der Existenz schlechthin« als ihre
eigene barbarische Vergangenheit betrachten.⁴⁴ Ähnlich den Kritikern
»rational-totalitärer« Bestrebungen, verkörpert in den modernen Gefängnissen, glaubte Hoche, daß der Fortschritt in einer Rückkehr zu ein-
facheren Zuständen liege.

Die nachfolgende intensive Debatte, an der sich Ärzte, Rechtsanwälte und Theologen beteiligten, zog sich mehr oder weniger die gesamten 20er Jahre hindurch. Einige der Hauptpositionen seien hier kurz vorgestellt. Der Tübinger Psychiater Robert Gaupp wies in seinem Kommentar des Traktats ausdrücklich auf Zusammenhänge hin, die seiner Meinung nach zwischen dem Gemetzel während des Ersten Weltkrieges und dem »wirtschaftlichen Gefängnis«, zu dem Deutschland durch den Versailler Vertrag verkommen sei, bestünden sowie der Notwendigkeit, eine entsprechende Anpassung normativer ethischer Werte vorzunehmen. Gaupp, der während des schrecklichen Hungerwinters 1916/1917 als Psychiater in einer Heil- und Pflegeanstalt gearbeitet hatte, plagte sich schon des öfteren mit der Frage, warum er sich die Mühe machen solle, für seine Patienten zu sorgen, während draußen in der Welt »wertvolle Leben« des Hungers stürben. Sein einziger Vorwurf an die Autoren lautete, sie seien in der unmittelbaren Konfrontation mit ihren christlichen Kritikern zu ängstlich umgegangen.[45] Eine weitere wohlmeinende Reaktion auf Binding und Hoche kam von dem Berliner Richter Karl Klee, der sich in einer Vorlesung vor der Gesellschaft für forensische Medizin im November 1920 im Interesse der Gesellschaft für eine Ausweitung der Todesstrafe auf alle »parasitären Existenzen« aussprach, was aufgrund des unterschwellig vorhandenen Wunsches nach Befriedigung von Rachegelüsten durchaus umstritten war.[46] Er empfahl einen Mittelweg zwischen den barbarischen Gebräuchen der Antike bzw. primitiver Völker der Gegenwart und dem »abstrakt christlichen Extrem«, wie es in der Doktrin von der Heiligkeit menschlichen Lebens zum Ausdruck komme.[47]

Andere Kommentatoren versuchten wiederum die praktischen Vorschläge von Binding und Hoche zu präzisieren. Während einige Autoren (beispielsweise F. Pelckmann) der freiwilligen Euthanasie und der »Vernichtung lebensunwerten Lebens« gleichermaßen viel Aufmerksamkeit schenkten, stand allein letzteres im Mittelpunkt eines Gesetzentwurfes, den der Liegnitzer Stadtrat Borchardt vorlegte. Sein Motiv lag in den unverhältnismäßig hohen Kosten, die von »unheilbar Schwachsinnigen« verursacht würden. Mit bemerkenswerter Penetranz und einer statistischen Rigorosität, die der von Hoche in nichts nachstand, rechnete Borchardt vor, daß die Unterhaltskosten von 15 000 »unheilbar Schwachsinnigen« etwa 115 Millionen Reichsmark ausmachten. Eigenartigerweise schlug er vor, dieser Betrag solle lieber für Altenheime, Behinderteneinrichtungen, Schulen und Waisenhäuser ausgegeben werden. Des weiteren plädierte er auch für eine veränderte und erweiterte Zusammensetzung des von Binding und Hoche vorgeschlagenen »Freigebungsausschusses«: Dieser sollte den höheren Gerichten in den Universitätsstädten angegliedert werden; zur Entscheidungsfindung reiche eine relative Mehrheit statt der absoluten aus; und last but not least sollte es den Wohlfahrtsorganisationen erlaubt sein, »Euthanasie«-Verfahren durchzuführen, da sie kostengünstiger arbeiten könnten und emotional nicht so sehr beeinträchtigt seien wie die nächsten Verwandten betroffener Personen.[48]

Gerhard Hoffmann (alias Ernst Mann) bediente sich der literarischen Form, um seine eugenischen Anti-Utopien zu entfalten, in deren Rahmen mobile Ärztekommissionen, ausgestattet mit polizeilichen Befugnissen und durch Denunziation unterstützt, entsprechend unbrauchbare Personen aussonderten, um sie zu töten, einschließlich jener, die an organischen Krankheiten wie Krebs oder Tuberkulose litten. Im Jahre 1922 sandte er folgende kryptische Forderungen an den Reichstag: »1. Vernichtung der Geisteskranken, 2. Sterbehilfe für Todkranke, 3. Sterbehilfe für Lebensmüde, 4. Tötung verkrüppelter und unheilbar kranker Kinder.«[49] »Euthanasie« war für ihn gleichermaßen »Gnade« wie auch ein Mittel eugenischer Prophylaxe und nicht zuletzt eine Gelegenheit, die Wirtschaft zu entlasten. In den 20er Jahren war dies noch eine extreme und abwegige Sichtweise – doch bereits ein Jahrzehnt später offizielle Politik.

Freilich gab es auch zahlreiche kritische Stimmen zu den Standpunkten von Binding und Hoche und darüber hinaus jenen von Borchardt und Mann. Einige machten aus ihrer Verachtung für die in jenem Traktat deutlich gewordene »Krämermentalität« keinen Hehl,[50] obwohl dies den utilitaristischen Philosophen sicher nicht gerecht wurde. Andere sorgten sich über das verhängnisvolle und explosive Potential, das dem ganzen Unternehmen zu eigen war. Einige wenige äußerten Bedenken hinsichtlich der Mehrdeutigkeit und Bösartigkeit, die den Werturteilen über die Qualität menschlichen Lebens inne waren. Der in Berlin-Buch ansässige Psychiater Waschkuhn, der sich mit verschiedenen Vorstellungen von Unheilbarkeit beschäftigte, merkte ironisch an, die beiden Autoren marschierten unter der Flagge einer »tiefen Menschheitsliebe«, um eine wehrlose Armee von geistig kranken Patienten zu vernichten.[51] Andere wiederum verwiesen eher pragmatisch auf den blanken Terror (und verstärkten Verfolgungswahn), der bei regulären Einweisungen in die Heil- und Pflegeanstalten zu erwarten sei.[52]

Die wohl eindringlichste Widerlegung der von Binding und Hoche sowie Borchardt und Mann vorgetragenen Argumentation konnte man in einem 1925 veröffentlichten Buch unter dem Titel »Das Problem der Abkürzung lebensunwerten Lebens« finden, das der Direktor des Katharinenhofs, einer sächsischen Heilanstalt in Großhennersdorf, Ewald Meltzer, geschrieben hatte. In leicht verständlicher Form und angenehmem Stil verfaßt, ist dieses Buch sowohl ein Zeugnis der literarischen, philosophischen und wissenschaftlichen Kultur des deutschen Bürgertums als auch ein humanistischer und bedeutsamer Beitrag zur Euthanasiedebatte insgesamt. Meltzer war Manns genug, um die überfällige Frage nach dem »*ubi sunt?*« zu stellen. Ganz offensichtlich empfand er die Argumente Bindings und Hoches als eine Provokation gegen alles, wofür er einstand.

Meltzer verurteilte nicht nur das uferlose und totalitäre Potential, das Manns Vorschlägen eigen war, sondern bestritt zudem energisch die Behauptung, Menschen mit geistiger Behinderung hätten jegliche Merkmale menschlicher Personalität verloren, und betonte statt dessen ihre Fähigkeit und ihren Willen, das Leben zu genießen.[53] Am stärksten jedoch wandte sich seine Kritik gegen den Vorwurf, seine und die Arbeit anderer Kollegen seien zwecklos und stellten eine Vergeudung nationaler Ressourcen dar. Er bestritt die heroische Qualität, die Binding und Hoche für ihre neue Moral in Anspruch nahmen, und beurteilte es als »viel heroischer, sich dieser Wesen nach Kräften anzunehmen, Sonne in ihr Leben zu bringen und dabei der Menschheit zu dienen«, statt aus utilitaristischen Erwägungen heraus zu töten.[54] Unter Verweis auf Plutarch bestritt er die angebliche spartanische Praxis der Tötung behinderter Kinder, bezeichnete sie als einen historischen Irrtum und stellte zugleich ihre Effektivität als künstliches Mittel der Selektion in Frage.[55] Mit einem ansehnlichen Aufgebot namhafter Quellen, einschließlich Carlyle, Dostojewskij, Hellenbach, Kant, Kropotkin, Novicow und Rousseau, zeigte er auf, daß der Altruismus zu den wesentlichen Merkmalen der Menschheit gehöre und somit das von Binding und Hoche diskutierte »Problem« »nicht mit ein paar Zeilen abgetan werden kann«.[56] Pflegeanstalten für Behinderte seien nicht nur wertvolle Zentren wissenschaftlicher Forschung, sondern auch klare Manifestationen christlicher Nächstenliebe.[57] Ungeachtet irgendwelcher oberflächlicher Gefühle des Abscheus, könnten die Besucher von Pflegeanstalten lebhafte Eindrücke eines praktizierten Altruismus gewinnen.[58] Meltzer begrüßte ausdrücklich Oswald Bumkes These, alle »Entartungen« seien sozialen Ursprungs, und kritisierte leidenschaftlich den zeitgenössischen Materialismus, indem er vorschlug, die Industrieunternehmen sollten ihre fragwürdig erworbenen Gewinne zur Instandhaltung von Heil- und Pflegeanstalten abführen, zumal diese voll von Kindern ihrer eigenen unterbezahlten Arbeiterschaft seien. Viele soziale Probleme könnten durch einen größeren Gemeinschaftssinn, Gesundheitssteuern, akzeptable Löhne und eine gerechte Verteilung von Arbeit gelöst werden.[59] Veranlaßt durch die Veröffentlichung von Bindings und Hoches Traktat, begann Meltzer die Eltern seiner im Katharinenhof untergebrachten, geistig behinderten Schützlinge zu befragen, welche Haltung sie in diesen Fragen einnähmen. Dabei verblüffte ihn die Tatsache, daß deren außerordentlich starke emotionale Bindung an ihre Kinder für sie keineswegs unvereinbar mit einer »positiven« Einstellung hinsichtlich ihrer Tötung war. In der naiven Annahme, jegliche künftige Gesetzgebung in diesem Bereich sei an eine elterliche Zustimmung gebunden, beschloß Meltzer, eine formale Meinungsumfrage unter der Elternschaft seiner Heimbewohner durchzuführen.[60] Die Fragen, die er entweder per Brief oder den Vätern bei Besuchen in der Heilanstalt direkt stellte, lauteten:

1. Würden Sie auf jeden Fall in eine schmerzlose Abkürzung des Lebens Ihres Kindes einwilligen, nachdem durch Sachverständige festgestellt ist, daß es unheilbar blöd ist?
2. Würden Sie diese Einwilligung nur für den Fall geben, daß Sie sich nicht mehr um Ihr Kind kümmern können, z. B. für den Fall Ihres Ablebens?
3. Würden Sie die Einwilligung nur geben, wenn das Kind an heftigen körperlichen oder seelischen Schmerzen leidet?
4. Wie stellt sich Ihre Frau zu den Fragen 1–3?

Offensichtlich fühlte er sich genötigt, in einer Anmerkung hinzuzufügen: »Ihr Kind selbst ist soweit gesund und munter. Sollten Sie durch die vorstehenden Fragen etwa Sorge um das Leben Ihres Kindes haben, so sei Ihnen zur Beruhigung gesagt, daß den hier verpflegten Kindern auch weiterhin die gleiche gewissenhafte Pflege zuteil wird wie bisher.«[61]

Daß diese Befragung dennoch nicht sehr vertrauenerweckend wirkte, sah man daran, daß eines der Kinder von seinen Eltern sofort aus der Heilanstalt genommen wurde und in zwei weiteren Fällen einflußreiche Gruppierungen von dritter Seite sich veranlaßt sahen, die Heilanstalt zu kontaktieren, um sicherzustellen, daß vor dem Hintergrund von Meltzers Umfrage kein Unheil zu erwarten war.[62]

Meltzer, der sich der Willkürlichkeit statistischer Beweisführungen durchaus bewußt war, begann am repräsentativen Charakter der von ihm

Befragten zu zweifeln und verwies auf die allgemeine ökonomische Lage und die politischen Unsicherheiten sowie auf lokale Probleme einer industrialisierten und dichtbesiedelten Region wie Sachsen. Zwischen den Reaktionen auf die Umfrage und der politischen Orientierung der Befragten war praktisch keinerlei Zusammenhang zu erkennen, mit Ausnahme von Anhängern der katholischen Zentrumspartei, die im überwiegend protestantischen Sachsen eine Minderheit darstellten. Zudem spiegelte sich in den Umfrageergebnissen ein Zeitraum wider, in dem man intensivst über Fragen der Euthanasie diskutiert hatte, während sich nun, da das Buch schließlich veröffentlicht wurde, die Meinungen nach Meltzers Ansicht möglicherweise erneut geändert haben könnten.[63] Nichtsdestotrotz stellten die Umfrageergebnisse für den Autor zweifellos eine Überraschung dar. Von den 200 Befragten antworteten 162. Von diesen wiederum antworteten 119 (bzw. 73%) auf sämtliche Fragen mit »Ja« und 43 (bzw. 27%) mit »Nein«.[64] Zu den Gründen, mit »Ja« zu votieren, gehörte die Sehnsucht, von der Last eines behinderten Kindes befreit zu werden, wobei viele Eltern wünschten, dies möge ohne ihr Wissen geschehen. Einige Eltern wollten in der Tat regelrecht betrogen werden, etwa indem man ihnen erzählen sollte, ihr Kind sei an »einer x-beliebigen Krankheit gestorben«, ganz so wie es später der Praxis im Rahmen des nationalsozialistischen »Euthanasie«-Programms entsprechen sollte.[65]

Meltzer druckte zwei Briefe ab, um die Denkweise derer zu illustrieren, die mit »Ja« gestimmt hatten. Der erste Brief stammte von einem Industrieangestellten mit schwachsinnigen Zwillingen; er bemerkte, diese Fragen würden unter den Leuten weitaus intensiver diskutiert, als es den Fachleuten bewußt sei. Er zollte der Idee einer Gesetzesänderung beinahe unumschränkt Beifall und vertrat den »Standpunkt, daß für alle diese Kinder der Tod eine Wohltat bedeutet«.[66] Ein Bergarbeiter und seine Frau sprachen sich ebenfalls entschieden dafür aus, mit unheilbar kranken Menschen genauso zu verfahren, wie man es mit kranken Tieren mache. Diese »geistig Toten« seien »eine Last für Staat und Gesellschaft ... als auch für ihre Angehörigen«.[67] Sie waren der Meinung, nur jene, die selbst über unmittelbar persönliche Erfahrungen im Großziehen behinderter Kinder verfügten, seien berechtigt, ihre Ansichten in dieser Frage zu äußern. Nur 20 jener 43, die mit »Nein« gestimmt hatten, lehnten die allen vier Fragen zugrundeliegenden Behauptungen ab. Beispielsweise befürworteten zehn der Befragten die Tötung ihrer Kinder im Falle ihres eigenen Ablebens. Ironischerweise wollten einige Eltern nur dann uber eine Totung ihres Kindes nachdenken, wenn eventuell eine Verlegung ihres Kindes in eine andere Anstalt anstehe.[68] Die meisten derer, die die Fragen mit »Nein« beantwortet hatten, taten dies weder aufgrund einer starken emotionalen Bindung zu ihrem Kind noch aufgrund ihrer ethischen oder religiösen Überzeugung. Nur einige wenige wollten ihr Kind weiter am Leben erhalten sehen, schlicht um auch künftig von den Zuwendungen profitieren zu können, die ihnen als Eltern behinderter Kinder zustanden.

Meltzer selbst trat keineswegs uneingeschränkt für die Rechte geistig behinderter Menschen ein. Seine eigene Überzeugung war weder fundamentalistisch noch eindeutig. Im Jahre 1934 bekannte er öffentlich, daß er – ähnlich wie der sächsische »Apostel der Sterilisation«, Boeters – Sterilisationen zu einer Zeit veranlaßt hatte, als diese noch verboten waren. An anderer Stelle schrieb er, es sei falsch, wenn ein Arzt bei geistig behinderten Personen, die ernsthaft erkrankten, eingreife. Bei einer Konferenz der Inneren Mission zum Thema »Rassenhygiene« im Jahre 1937 räumte Meltzer ein, wenn man aufgrund von Lebensmittelrationierungen oder benötigter Betten für Kriegsverletzte von einem nationalen Notstand sprechen könne, dann müsse auch »der Patient seinen Beitrag fürs Vaterland leisten«, etwa durch eine bestimmte Form des »Gnadentods«.[69] 25 der 250 im Katharinenhof untergebrachten Behinderten überlebten das »Euthanasie«-Programm.[70]

In medizinischen und psychiatrischen Fachkreisen führte die Diskussion über solche Fragen dazu, daß sich die Mehrheit gegen eine Sanktionierung sowohl der freiwilligen Euthanasie als auch der Vernichtung »lebensunwerten Lebens« aussprach. Auf dem Karlsruher Ärztetag im Jahre 1921 wurde die Legalisierung der Euthanasie diskutiert und schließlich abgelehnt.[71] Im Sommer 1922 war dieses Thema Gegenstand einer der Konferenzsitzungen der Gesellschaft für forensische Psychiatrie in Dresden. Im Zusammenhang mit dem Antrag »Sollten Ärzte töten?« argumentierte Hans Haenel, man solle die Gelder, die man zur Behandlung Schwachsinniger aufwende, lieber zur Verhütung der Tuberkulose bei Kindern einsetzen. Wo es keinen subjektiven Leidensdruck gebe, sei Mitleid unangebracht.[72] Dem widersprach Ganser, indem er davor warnte, einen derart verhängnisvollen Weg einzuschlagen, und wies auf die Gefahren für die öffentliche Moral hin, sollte die Tötung geistig Kranker erlaubt werden. Andere Redner, die in ihrer Mehrheit den Antrag ablehnten, beriefen sich im wesentlichen auf den Hippokratischen Eid oder aber befürchteten für den Fall, daß die vorgeschlagenen Maßnahmen realisiert würden, eine mögliche Brutalisierung oder Korrumpierung des Pflege-personals in den Anstalten.[73]

Abgesehen von den Rechtsanwälten und Ärzten, denen bislang unsere Aufmerksamkeit galt, waren von diesen fundamentalen Fragen natürlich auch jene Teile der öffentlichen Meinung berührt, die sich naturgemäß nicht nur für die Bewahrung der Doktrin von der Heiligkeit des Lebens einsetzten, sondern auch selbst ein weitverzweigtes Netz von Fürsorge-einrichtungen unterhielten. Beide große Kirchen verfügten über Dachor-ganisationen, in denen sich eine stark gewachsene Laienfrömmigkeit (und in gewissem Umfang deren kontrollierte Einbindung) widerspiegelte; in ihnen setzte man sich mit der »sozialen Frage« auseinander, was sich in einer ganzen Reihe laikaler Bruderschaften manifestierte, die sich in der Krankenpflege, in Jugendorganisationen und Einrichtungen für so-zial Benachteiligte engagierten. Die Kontrollorgane waren zum einen der Centralausschuß für die innere Mission der deutschen evangelischen Kir-che und zum anderen die Caritas innerhalb der katholischen Kirche Deutschlands.[74] Die Meinungen über Bindings und Hoches Arbeit waren unter den Theologen und Leitern der kirchlich getragenen Heil- und Pflegeanstalten keineswegs so eindeutig, wie man vermuten möchte. Für einige Theologen, wie etwa den Direktor der Heil- und Pflegeanstalt von Magdeburg, Martin Ulbrich, waren die Ideen von Binding und Hoche In-dizien für einen allgemeinen moralischen Verfall, der in reinen Egoismus zu münden drohte.[75] Es war Gottes, nicht des Menschen Sache, die gott-gegebene Lebensuhr eines Menschen anzuhalten.

Erneut ist es Ewald Meltzer zu verdanken, daß wir über eine äußerst kluge Untersuchung zur Stimmung unter den Theologen verfügen, denn er selbst unternahm es, mehrere protestantische Denker zu kontaktieren, um ihre Ansichten in diesen Fragen einzuholen. Einige vertraten die Mei-nung, durch die allgemeine Vernachlässigung des spirituellen Lebens sei die gesamte Personalität des Menschen bedroht, oder in anderen Worten, die geistig Behinderten seien lediglich eine *massa carnis*. Professor Karl Weidel aus Magdeburg wagte sich noch weiter vor, indem er die Fürsorge um geistig behinderte Kinder mit der Praxis bestimmter antiker Wüsten-asketiker verglich, die bewußt abgestorbene Äste einpflanzten und be-wässerten, um sich täglich die Vergeblichkeit allen irdischen Bemühens zu vergegenwärtigen.[76] Weidel lehnte den fundamentalen Pessimismus Bindings und Hoches ab und schlug statt dessen vor, man möge »positi-ven« eugenischen Maßnahmen mehr Aufmerksamkeit zollen, zu denen er eine verbesserte Schwangerschaftsvorsorge zählte sowie steuerliche

Erleichterungen für Familien mit Kindern, die Sterilisation von Erbkranken und eine strengere Kontrolle der Eheschließungen. Der Reli-
gionspädagoge Karl Ernst Thrandorf, den Meltzer hilflos als Schüler der
Leibniz-Herbartschen Schule des pluralistischen Realismus (!) beschrieb,
versuchte im wesentlichen Weidels Kriterium vorhandenen oder fehlenden spirituellen Bewußtseins mit neuropathologischen Kriterien zu verschmelzen. Seiner Meinung nach schloß beispielsweise ein Hirnschaden
die Existenz spirituellen Bewußtseins aus.[77] Diejenigen Theologen, die
Bindings und Hoches Ideen ablehnten, neigten entweder dazu, vor einer
drohenden allgemeinen moralischen Brutalisierung zu warnen oder zu
betonen, die Behinderten seien von Gott geschaffen, um uns an die Folgen
der Sündhaftigkeit zu erinnern.[78] Keiner von ihnen schien fähig oder willens gewesen zu sein, die von Binding und Hoche verwendeten Stereotypen in bezug auf geistig Behinderte in Frage zu stellen; im Gegenteil, viele
bedienten sich entweder der gleichen Sprache oder benutzten biblische
Bilder – »Ihr sollt die Perlen nicht vor die Säue (lies: Schwachsinnigen)
werfen« –, um den gleichen Gefühlen Ausdruck zu verleihen.[79]

Nach ungefähr einem halben Jahrhundert institutionellen Wachstums,
in dem die Zahl öffentlicher Heilanstalten von 93 im Jahre 1877 auf 226 im
Jahre 1913 angestiegen war, sahen sich die Psychiater plötzlich mit finanziellen Kürzungen konfrontiert. Über hundert private Einrichtungen
mußten geschlossen werden. Andere wiederum wurden in Rehabilita-
tionsanstalten, Flüchtlingsunterkünfte oder Tuberkulosesanatorien umgewandelt. Die Zahl der behandelten Patienten, die von 47 228 im Jahre
1880 auf 239 583 im Jahre 1913 gestiegen war, fiel extrem zurück auf 172 870
im Jahre 1919.[80] Ganze Gebäude standen leer oder wurden statt von Patienten überwiegend vom Pflegepersonal bewohnt, das aufgrund des gesetzlich festgeschriebenen Acht-Stunden-Arbeitstages zahlenmäßig stark
angewachsen war.[81] Die Ausgaben für die Heil- und Pflegeanstalten wurden zugunsten anderer medizinischer Bereiche gekürzt, in denen eine
Heilung der Patienten zu erwarten war beziehungsweise es möglich erschien, sie rasch wieder dem Arbeitsprozeß zuführen zu können. Die Bedingungen in den Anstalten waren entsetzlich. Vor dem Krieg erhielten
die Patienten mitunter zweimal täglich Mahlzeiten mit Fleisch oder doch
wenigstens mit Wurst oder Käse. 1922 waren Fleischmahlzeiten zu einem
sonntäglichen Luxus geworden. Vor dem Krieg bekamen die Patienten
täglich fünfhundert Gramm Brot; 1922 konnten sie froh sein, die Hälfte,
und dann auch noch aus verunreinigtem Korn, zu erhalten. Kartoffeln,
mit denen man das Kaloriendefizit hätte ausgleichen können, gab es

nicht. Die schlechte Ernährungslage drückte auf die Stimmung der Patienten; die Atmosphäre war angespannt. Alte Bettwäsche und Kleidung wurden nicht durch neue ersetzt, und die Hygiene fiel dem Zwang zum Opfer, Brennstoff und Seife einsparen zu müssen. Die Ausgaben für Medikamente, ärztliche Instrumente und medizinische Fachzeitschriften sowie Bücher waren allerorten drastisch gekürzt worden. Dringend notwendige Renovierungsmaßnahmen wurden verschoben; unbehandeltes Holz verrottete, und die Anstaltsflure schrien nach Bohner und Wachs. Überalterte Heizungen und ineffiziente Küchenausstattungen wurden lieber mehrfach repariert anstatt auch nur einmal ersetzt.[82]

Der Verfall der Gebäude ging mit einem zunehmend kritischen Klima in der Öffentlichkeit gegenüber der Psychiatrie einher. Bereits während der 80er Jahre hatte sich eine lautstarke psychiatriefeindliche Lobby entwickelt, der sowohl ehemalige Psychiatriepatienten angehörten als auch so bekannte Persönlichkeiten wie der Hofprediger Adolf Stöcker: Diese Lobby setzte sich im wesentlichen für eine Ausgabenkürzung im Gesundheitsbereich sowie die Einschränkung bürgerlicher Freiheitsrechte ein. Am 9. Juli 1892 wetterte die konservative *Kreuzzeitung*, »auf keinem Gebiete unseres Rechtslebens ist dem Irrtum, der Willkür und der bösen Absicht ein solcher Spielraum gewährt als auf dem der Irrsinnserklärung«. Es entstand eine ganze Reihe von Vereinen, die sich für eine Reform der gesetzlichen Grundlagen des Gesundheitswesens einsetzten. Der Erste Weltkrieg, in dessen Verlauf Psychiater die Opfer von Kriegsneurosen systematisch gepeinigt hatten, sowie das explosive Klima in den Revolutionsjahren 1918/19 ließen den Ruf nach Reformen noch lauter werden. Deutsche Psychiater wurden als »käufliche Huren« gebrandmarkt, die bereitwillig jeden aus dem Verkehr zogen, der dem Staat lästig fiel. Im August 1919 präsentierte der Bund für Irrenrechtsreform der Regierung eine Liste von Forderungen: Man verlangte eine Revision des Gesundheitsgesetzes als auch verschärfte Kriterien für eine Einweisung in eine Anstalt, härtere Strafen bei fälschlich vorgenommenen Einweisungen und bei Mißhandlungen, die Abschaffung forensischer Gutachten, die Schließung privater Einrichtungen und die Schaffung einer handlungsfähigen Aufsichtsbehörde.[83] Abgesehen davon, daß manche Mitglieder der Arbeiter- und Soldatenräte die Patienten kurzerhand aufriefen, die Heilanstalten zu verlassen, wurde durchaus ernsthaft darüber diskutiert, wie die Patienten mehr Rechte bis hin zum Wahlrecht erhalten könnten. Darüber hinaus kam es unter der Ärzteschaft und beim Pflegepersonal zu einer bis dato nicht gekannten Militanz.

Anerkannte Psychiater, insbesondere Emil Kraepelin, antworteten darauf mit einer psychiatrischen Variante der »Dolchstoßlegende«. Ihr zufolge galten die erschöpften, hysterischen und beeinflußbaren Massen als willkommene Beute für psychopathische oder sexuell abartige Revolutionsführer, so etwa im Fall der revolutionären Rädelsführer der Münchner Räterepublik Erich Mühsam und Robert Eglhofer, die man als »fanatische Psychopathen« beziehungsweise »antisoziale Psychopathen« abqualifizierte; oder aber die Reporterin der »Roten Fahne«, Hilde Kramer, die von der Psychiaterin Helenfriderike Stelzner als ein »zwei Meter langes Mannweib mit kurz geschnittenem Haar« charakterisiert wurde.[84]

Psychiater mit einer etwas nachdenklicheren, wenn nicht gar »progressiveren« Überzeugung, insbesondere Gustav Kolb in Erlangen (1870–1938), versuchten der populären Gleichsetzung der Heilanstalten mit Gefängnissen entgegenzutreten, indem sie einen Ausbau der ambulanten Behandlungen vorschlugen, um eine Art Dialog zwischen Heilanstalt und Gesellschaft in Gang zu bringen. Auf diese Weise könnten dann Ärzte eher als »Freunde und Helfer« statt als »Gefängniswärter« angesehen werden. Es sollten besondere Gerichte, die auch mit Laien und einer Alibifrau zu besetzen seien, geschaffen werden, um die Rechte der Kranken zu schützen und die Anstalten zu kontrollieren.[85] Das Ganze hatte etwas von einem Präventivschlag; und dabei kann man Kolb noch nicht einmal als reformwilligen Einzelkämpfer bezeichnen, der gegen die Interessen eines zunehmend verhärteten konservativen Berufsstandes gekämpft hätte. Er selbst hatte an Patienten mit »Kriegsneurose« ziemlich dubiose Therapien durchgeführt und an der psychiatrischen Beurteilung der Münchner Revolutionäre mitgewirkt.[86] Seine Reformvorschläge wurden von den Kollegen abgelehnt, da sie den allgemeinen Vorstellungen von individuellen Bürgerrechten einen höheren Stellenwert einräumten als dem Kompetenzbereich des Arztes in Sachen Diagnose und Behandlung und mithin dessen Einschätzung, wann ein Patient die Rechte anderer beeinträchtige. Denn damit wäre an dem ärztlichen Monopol über die Definition von Verrücktheit gerüttelt worden.[87] Als in den frühen 20er Jahren die Sorge um steigende öffentliche Ausgaben es immer schwieriger machte, Menschen in Heil- und Pflegeanstalten einzuweisen, wandte man sich diesmal mit einem anderen Blick erneut den Vorschlägen Kolbs zu. Infolge der öffentlich erhobenen Forderungen, nur noch jene Personen einzuweisen, die eine Gefahr für die öffentliche Ordnung darstellten, erkannten die Psychiater sehr schnell die Vorteile von Kolbs Idee einer weitverzweigten, offenen Fürsorge. Daß dies vergleichsweise billig war, ließ sich an der Tatsache erkennen, daß die »Fürsorge- und Beratungsstelle für Geisteskranke«, die als Außenstelle der Heilanstalt Eglfing-Haar 1924 in München gegründet wurde, jährlich allgemeine Unkosten in Höhe von 2000 Reichsmark zu einer Zeit aufwies, als die Unterbringung allein eines Patienten in einer Anstalt 1277 Reichsmark pro Jahr kostete.[88]

Ökonomische Zwänge und professionelles Eigeninteresse spiegelten sich gleichermaßen in einer Bemerkung Hans Römers wider: »Ein verarmtes Staatswesen kann sich eine Irrenanstaltsfürsorge, wie sie sich in den meisten Gebieten Deutschlands, vor dem Kriege in breiter Ausdehnung entwickelt hatte, künftig nicht mehr leisten … Auf jeden Fall erwächst dem Irrenarzt aus der gegenwärtigen allgemeinen Lage die Aufgabe, an der dringlichen Vereinfachung der Irrenfürsorge von vornherein mitzuarbeiten, damit eine solche *mit* ihm und nach seinem sachverständigen Gutachten und nicht *ohne* oder gar *gegen* ihn zustande kommt«.[89] Die Tatsache, daß lokale Behörden mitunter dazu übergingen, ohne Beteiligung von psychiatrischer Seite selbständig Einrichtungen zu gründen, steigerte das Interesse der Psychiater an Kolbs Vorschlägen noch zusätzlich.

Kolb hatte das Konzept der offenen Fürsorge kurz vor dem Krieg in Erlangen entwickelt.[90] Andernorts, beispielsweise in der Heilanstalt von Emmendingen, war bereits Jahrzehnte zuvor hauptsächlich aufgrund der Überbelegung der Anstalt eine ambulante Versorgung erprobt worden.[91] In Erlangen übernahm 1922 Valentin Faltlhauser die Gesamtverantwortung für die ambulante Betreuung, wozu unter anderem die Aufsicht über zwei hauptberufliche Gemeindeschwestern für Geisteskranke gehörte, die in den Industriestädten Nürnberg und Fürth ihren Dienst taten. Für gewöhnlich waren es Familien, die darum baten, daß ihre Verwandten in die ambulante Pflege übernommen wurden, kam es doch einem Stigma gleich, wenn ein Familienmitglied in einer Anstalt untergebracht war. Zunächst wurde eine genaue Überprüfung der Familienverhältnisse vorgenommen, bevor ein Patient für eine dreimonatige Probezeit in die offene Fürsorge entlassen wurde. »Geistig Abnormale«, die bislang noch nicht in einer Anstalt untergebracht waren, wurden von den Behörden gleich an die ambulanten Dienste verwiesen. 1922 hatte es Faltlhauser mit 682 ambulant betreuten Patienten zu tun, worunter die manisch Depressiven (24,7 %), die Schizophrenen (19,2 %) und die »Psychopathen« (25 %) die größten Gruppen bildeten.[92] Die offene Fürsorge bestand im wesentlichen aus einer Art psychiatrischer Sozialarbeit, die den Graben zwischen Heilanstalt und Gesellschaft überbrücken sollte. Um geeignete Räumlichkeiten zu erhalten und in Sachen Öffentlichkeitsarbeit war man auf die Mithilfe lokaler Behörden angewiesen; dasselbe galt auch bezüglich der Bereitschaft der örtlichen Arbeitgeber, ehemaligen Patienten einen Arbeitsplatz zu geben. Frauen versuchte man in der Regel als Hausangestellte unterzubringen, Männer bei Firmen wie M.A.N. Schuckert.[93] Angesichts der allgemein feindseligen Stimmung gegenüber der Psychiatrie achteten die Ärzte sorgfältigst darauf, jeden Anschein von Zwang oder Einmischung zu vermeiden: »Wir sehen unsere Aufgabe nicht darin, Wächter und Spione zu sein, wann der Kranke wieder anstaltsreif ist, sondern Freunde für den Kranken und seine Familie zu sein, die ihm helfen, außerhalb der Anstalt zu bleiben, solange nicht irgendwie höherstehende Interessen gefährdet werden«.[94] Die ambulante Betreuung der Patienten verlangte Taktgefühl und Diskretion. Im ländlichen Baden, wo ehemalige Patienten in kleinen Dörfern, in denen neugierige Blicke aus den Fenstern und auf den Straßen zum Alltag gehörten, untergebracht werden mußten, kostete es die Psychiater einige Mühe, nicht unangenehm aufzufallen: Beispielsweise zögerten sie, sich nach dem Weg zu erkunden, oder vermieden es, ihre Autos unmittelbar vor den Wohnungen ihrer Patienten zu parken. Sie taten ihr Bestes, um die »mittelalterlichen« Vorstellungen von geistiger Krankheit unter den Verwandten ihrer Patienten zu überwinden, und versuchten, dem Bild psychiatrischer Heilanstalten menschlichere Züge zu verleihen.[95]

Es ist oft gesagt worden, daß die steigenden Ausgaben im Sozial- und Gesundheitssektor in der Weimarer Republik ein Janusgesicht trugen: eine umfassende und vor allem medizinische Variante jener im 19. Jahrhundert noch ernsthafter betriebenen, in ihrer Wirkung freilich noch stärker begrenzten Bemühungen, ansteckende Krankheiten als auch die öffentliche Sitte und Moral unter Kontrolle zu bekommen.[96] Die damit verbundene Ambivalenz spiegelt sich exemplarisch in den hier diskutierten Maßnahmen. Die ambulante Betreuung vergrößerte unweigerlich die Zahl der Menschen, die in das Blickfeld der Psychiater gerieten, fanden sie doch überall in den Familien ihrer Patienten psychologische Auffälligkeiten vor.[97] Dies veranlaßte sie, psychiatrische Genealogien zu erstellen, wie sie erstmals von Ernst Rüdin in München entwickelt worden waren.[98] Anders formuliert, der vermehrte Kontakt der Psychiater mit dem Milieu ihrer Patienten führte keineswegs zu einer Verminderung der sozio-ökonomischen Deprivation (wie sollte es auch, denn – entgegen Foucault – verfügten sie in ihrer bloßen Funktion als Fachärzte über keinerlei Macht), sondern mündete eher in die Erkenntnis, daß die Patienten in den

Heilanstalten lediglich die Spitze eines Eisbergs darstellten. Geistes-krankheit galt nun nicht mehr als Folge einer individuellen organischen Dysfunktion, sondern als Dysfunktion einer gesamten Gruppe von Menschen. Die psychiatrische Beratung etwa in Fragen der Partnerwahl oder der Fortpflanzung stieß auf taube Ohren und wurde heftigst abgelehnt. Obwohl Ärzte wie Faltlhauser zu Recht stolz auf die offene Fürsorge waren, schien der Kontakt mit dem sozialen Milieu der Patienten das Spektrum an Geisteskrankheiten nur zu vergrößern und die prophylaktische Kraft der ambulanten Betreuung vollends in Frage zu stellen.[99]

Psychiater, die im Rahmen der ambulanten Betreuung tätig waren, wurden im wesentlichen mit zwei Problemen konfrontiert, die ihr Verständnis von geistiger Krankheit wesentlich beeinflußten. Im Zuge ihrer Bemühungen, ihren Patienten in einem oftmals feindselig gestimmten Gesellschaftsklima Unterkunft und Arbeit zu verschaffen, sahen sie sich zum ersten genötigt, dem gesamten sozio-ökonomischen Kontext mehr Aufmerksamkeit zu widmen als dem kranken Individuum selbst. Da es sich hierbei um ein Umfeld handelte, auf das sie keinen wesentlichen Einfluß nehmen konnten – so etwa die konjunkturelle Lage –, beschränkten sie sich ausschließlich auf medizinische Erklärungen geistiger Störungen. Zwar hätten sie dafür sorgen können, daß einzelne Schizophrene weniger Unsinn produzierten, aber – und das wird von Medizinhistorikern mit verengtem Blick gerne übersehen – solch minimale Eingriffe hätten die entscheidenden politischen Kräfte, die für die ökonomischen Parameter des Landes verantwortlich waren, nur unwesentlich beeinflussen können. Zweitens, durch ihre ehemaligen Patienten entdeckten sie eine neue Bandbreite »schwer abnormer Menschen..., die trotz langer Krankheitsdauer niemals in einer Anstalt gewesen sind«.[100] Gerade aufgrund des Ausmaßes und der schwer zu handhabenden Natur des Problems verhalf der soziale Aspekt der offenen Fürsorge der Beobachtung und Registrierung, oder anders formuliert: in der Hauptsache den Kontrollmechanismen, zum Durchbruch.[101] Einige Psychiater begannen, weitaus konsequenter in Kategorien der Vorbeugung zu denken, denn (wie es oft der Fall ist, wenn es um Kosten geht) die Natur glaubt man eher in den Griff bekommen zu können als die Köpfe der Menschen.

Im Jahre 1928 versammelten sich etwa zweihundert Psychiater und Beamte auf einer Konferenz der Gesellschaft für Geistige Hygiene, die drei Jahre zuvor gegründet worden war. In einer Absichtserklärung, die in der neugegründeten *Zeitschrift für psychische Hygiene* abgedruckt wurde (und fürderhin als Supplement der bedeutenden Fachzeitschrift *Allge-*

meine Zeitschrift für Psychiatrie erschien), verkündete die Gesellschaft eine weitreichende Agenda, die die Einführung prophylaktischer eugenischer Maßnahmen zur Verhinderung von Alkoholismus, Geisteskrankheiten und Kriminalität in der Gesellschaft insgesamt umfaßte als auch die Reorganisation des Anstaltsnetzes zum Zwecke der Integration ambulanter Einrichtungen. Ebenso konnte man enthusiastische Lobeshymnen auf die sowjetische Geistes- und Sozialhygiene-Bewegungen vernehmen. Anders ausgedrückt, der Verband war eine Art Forum für rivalisierende (und tatsächlich sich überschneidende) Reformbemühungen im Umgang mit Geisteskrankheiten: Ansätze, die von autoritärem oder liberalem Geist waren, nicht selten aber (wie viele Reformversuche auf diesem Gebiet) eine ambivalente Synthese von beidem darstellten. Das wurde nirgends so deutlich wie an der Tatsache, daß die im Rahmen der offenen Fürsorge gewonnenen Familiendaten systematisch an die Genealogen weitergegeben wurden.[102]

Zwischen 1924 und 1929 stieg die Zahl der Psychiatriepatienten in dramatischer Weise von 185 397 auf über 300 000 an. Damit ging jedoch keine entsprechende Steigerung der Bettenzahlen einher, denn während vierzig Heilanstalten neu eröffnet wurden, mußten achtzehn private Anstalten ihre Pforten schließen. Im gleichen Zeitraum verringerte sich die durchschnittliche Aufenthaltsdauer der Patienten in den Heilanstalten von 215 Tagen im Jahre 1923 auf 103 Tage im Jahre 1929. Freilich wurde dies nicht durch wirksamere Therapieformen erreicht, sondern schlicht durch einen schnelleren »Durchlauf«, d. h. durch eine beschleunigte Entlassung. Gleichwohl verbarg sich hinter den bloßen Zahlen ein stetiger Anstieg der Langzeitpatienten; so wuchs (beispielsweise) in Erlangen der Anteil der Schizophrenen an der Gesamtzahl der Patienten von 41,9 Prozent im Jahre 1925 auf 55,8 Prozent im Jahre 1929.[103] In Anbetracht der starken ökonomischen Zwänge, die dem institutionellen Wachstum enge Grenzen setzten, lag der einzige Weg, eine allmähliche Versumpfung des Systems zu verhindern, darin, sowohl die offene Fürsorge auszubauen als auch Therapieformen zu übernehmen, die eine schnellstmögliche Rückführung der Patienten in ihre gewohnte Umgebung zu gewährleisten versprachen.

Eine mögliche Lösung für das letztgenannte Problem wurde erstmals umfassend von Hermann Simon (1867–1947), dem ebenso pragmatischen wie sympathischen Direktor der Provinzialheilanstalt Gütersloh, beschrieben. In einer Serie ausführlicher Artikel legte Simon das von ihm entwickelte Konzept der »aktiven Therapie« dar – obgleich er, bescheiden wie er war, solchen Vorreitern wie dem französischen Reformer Pinel und Koeppe in Altscherbitz seinen Tribut zollte. [104] Bewußt verzichtete er darauf, sein Vorgehen als »System« zu bewerten, da dieser Begriff exakt jene Art von Rigidität heraufbeschwor, die seine flexible Art der Therapie gerade zu vermeiden suchte. Simon beschrieb zunächst die schrecklichen Zustände, die er verändern und bewußt aufbrechen wollte:

Unvergeßlich ist mir ein Bild, das sich beim Besuch einer großen Anstalt vor vielen Jahren darbot: Die Nähe der Großstadt bringt dort starken Zugang aufgeregter Kranker; sie sammeln sich naturgemäß auf der entsprechenden Wachabteilung. Isolierung war streng verpönt. Als ich mit dem mich führenden Kollegen in die Nähe der Wachabteilung für unruhige Frauen kam, hörte man schon großen Lärm, lautes Lachen, Quietschen, Schreien. Beim Betreten des Wachsaals (ausschließlich Bettbehandlung!), bot sich uns das Bild einer Winterlandschaft mit Schneegestöber und Neuschnee im ganzen Lokal: Mehrere jüngere, aufgeregte Kranke hatten unter sich eine Schlacht mit ihren Kopfkissen inszeniert; dabei waren die Federkissen aufgegangen; das weitere optische Bild ergibt sich von selbst; das akustische ist leicht zu ergänzen: der Kampf wurde mit lautem Schreien, Lachen, tollem Umherspringen (die ganze Gesellschaft war im Hemd) begleitet. Andere Kranke heulten, schrien, schimpften von ihren Betten aus, teils die Kämpfenden aufmunternd, teils gegen den Lärm protestierend. Die Pflegerinnen standen völlig machtlos dabei. Unmittelbar anstoßend befand sich das Dauerbad mit einigen besetzten Wannen. Auch hier wieder eine Schlacht, aber zur Abwechslung eine Seeschlacht, die mit Wassergüssen ausgefochten wurde, natürlich unter entsprechendem Schlachtgetöse. In der Mitte stand hilflos, angetan mit langem Gummimantel und Badehaube, die Pflegerin. Der ganze Betrieb hatte im Grund nichts Abstoßendes; es war bis zu einem gewissen Grade sogar lustig; und wäre ich ein halbwüchsiger Junge gewesen, so hätte ich wohl auch gern mich an dem lustigen Spiele beteiligt. [105]

Infolge seines eigenen Ansatzes stolperte Simon beinahe zufällig über den Begriff »aktive Therapie«:

Als wir 1905 die ganz nach meinen Wünschen erbaute Anstalt Warstein zu belegen begannen, rechneten wir noch mit einem erheblichen Prozentsatz bettbehandelter Kranker, weshalb auch dafür geeignete Wachsäle und Dauerbäder in üblicher Ausdehnung vorgesehen waren (für etwa 15% des Krankenbestandes). Nun hatten wir das Anstaltsgelände in einem sehr unfertigen und wüsten Zustande übernommen, und dabei war der Krankenbestand zuerst nur gering. Das Bestreben, bei der noch im Bau befindlichen Anstalt die umfangreichen Erdarbeiten, die Herstellung der Parkanlagen, Wege usw. neben der großen Gutswirtschaft mit eigenen Kräften zu erledigen, drängte dazu, unter den noch auf der Abteilung herumsitzenden und im Bette liegenden Kranken immer wieder neue Aushebungen für die Arbeit zu veranstalten, und allmählich auch immer kühner auf recht zweifelhafte, unruhige und störende Elemente zurückzugreifen. Das Ergebnis überraschte insofern, als bald eine auffallend günstige Veränderung des ganzen Anstaltsbildes eintrat: es wurde viel ruhiger und geordneter, als es vorher gewesen war, und die gewohnten häßlichen Krankheitsbilder verschwanden allmählich. Die Befürchtung, es möchten sich durch die mit der Arbeit notwendig verbundene größere Bewegungsfreiheit und die Ausrüstung bedenklicher Kranker mit allerlei Werkzeug Gewalttätigkeiten und Unfälle häufen, erwies sich als unbegründet. Im Gegenteil traten gerade die vorher bedenklichen Eigenschaften vieler Kranker, besonders die große Reizbarkeit und die Neigung zu brutalen Gewalttätigkeiten, sehr zurück und verschwanden bei manchen vorher geradezu gefürchteten Kranken ganz. Andere, die vorher immer laut, ablehnend, unzugänglich gewesen waren, wurden freundlich und umgänglich; die Regsamkeit vorher stumpfer Kranker hob sich und mit ihr auch die Arbeitsleistung ganzer Arbeitskolonnen. Bis zu meinem Weggang aus Warstein (1914) waren wir allmählich dazu gelangt, neun Zehntel unserer Kranken regelmäßig zu beschäftigen, und gleichzeitig war es in der Anstalt so gut wie völlig ruhig geworden; das ging 1910 schon so weit, daß z. B. ein ausländischer Psychiater, nachdem er zwei Stunden lang durch die damals schon auf über 1000 Kranke angewachsene Anstalt, und zwar gerade durch die schwierigsten Abteilungen, geführt worden war, schließlich den Wunsch aussprach, nun auch noch die »Irrenanstalt« kennenzulernen, nachdem er das »Sanatorium« gesehen habe, und daß es bei der Schwierigkeit der sprachlichen Verständigung kaum gelang, ihm klarzumachen, daß er ja seit zwei Stunden die Irrenanstalt besichtige.[106]

Simon ging davon aus, daß die Behandlung von Geisteskrankheiten der Sozialisation eines Kindes oder – immerhin war er ein überzeugter Darwinist – jenem Prozeß ähnlich war, in dessen Verlauf Tiere entweder ihr Verhalten anpaßten oder von der Bildfläche verschwanden. Die Erziehung des Kindes ziele darauf ab, einerseits jene Instinkte zu unterdrücken, die für die Ordnung der Gemeinschaft bedrohlich waren, und andererseits jene Kräfte und Talente zu fördern, die zum Wohlergehen der Gemeinschaft beitrugen. Anhand der Analogie zu einem Kind, das in der Nacht unaufhörlich schreit, werde deutlich, wie wichtig es sei, dem Individuum zu vermitteln, daß die Gemeinschaft – in diesem Fall die schlaflosen Eltern – nicht bereit sei, unsoziales Verhalten zu dulden; an diesem Beispiel sei ersichtlich, »daß alle Erziehung im Grunde genommen Kampf sein muß: Kampf um die Einfügung des biologisch-widerstrebenden Einzelwesens in die Notwendigkeiten des Gemeinschaftslebens«.[107] Dem vergleichbar gehe es in der psychiatrischen Therapie darum, den Patienten mit den »Notwendigkeiten des Daseins« in Einklang zu bringen.[108] Zur »aktiven Therapie« gehöre die sorgfältige Identifizierung der Möglichkeiten, über die ein Individuum verfüge, und die Beseitigung aller Umwelteinflüsse innerhalb der Heilanstalt, die der Genesung des Patienten abträglich seien. Dies verlange vom Direktor als auch vom Personal die Fähigkeit zur Selbstkritik sowie ein rigides Vorgehen im Falle eines jeden Patienten, der den Frieden innerhalb der Institution störe. Die Rechtfertigung von Simons Methoden lag schlicht darin, daß sie zu funktionieren schienen. Nur ein kleiner Prozentsatz der Patienten lasse sich nicht durch die »aktive Therapie« erreichen, werde aber zumindest daran gehindert, noch tiefer in »menschenunwürdige Zustände« abzusinken, wie es dem üblichen Verfallsprozeß im Rahmen ihrer Krankheit entspreche.[109]

Eine der wichtigsten Bestandteile von Simons in erster Linie pädagogischer Methode war die Beschäftigungstherapie: »Erfolgreiche Betätigung schafft Befriedigung, innere und äußere Ruhe, untätiges Umherlungern schafft üble Laune, Verdrießlichkeit, Gereiztheit; diese führen wieder zu häufigen Konflikten mit der Umgebung, zu Streit in Worten und Tätlichkeiten, zu anhaltendem lautem Schimpfen und Perorieren.«[110] Jede Therapie sollte zum Ziel haben, den Patienten wieder in das Leben der Gemeinschaft zurückzuführen, indem man die Restbestandteile seines ehemals gesunden Wesens aktivierte. Leben bedeutete buchstäblich Aktivität; deshalb sollten auch alle Patienten zur Aktivität angeregt werden. Diese sollte zweckgerichtet sein; Verrückte, die sich für Könige hielten, sollten nun nicht mehr ihre eigenen Kronen basteln dürfen.[111] Je nachdem wurde ihnen direkt eine Arbeit mit steigendem Schwierigkeitsgrad und wachsender Eigenverantwortlichkeit zugeteilt. Stufe eins beinhaltete das Befördern von Gegenständen oder den Transport mit Schubkarren unter strenger Aufsicht oder aber schlicht mechanische Aktivitäten wie das Flechten von Strohmatten. Dann schritt der Patient zur zweiten Stufe voran, die das Verteilen von Kompost auf den Beeten, Hausarbeit oder das Verschließen von Briefumschlägen beinhalten konnte. Zur nächsten Stufe gehörten Nähen, Gemüse schälen und waschen, Bügeln und ähnliches; die vierte Stufe umfaßte fortgeschrittene Gartenarbeiten (Pflanzarbeiten, Arbeit in den Gewächshäusern), Mäharbeiten, Bürotätigkeiten. Die letzte Stufe sollte schließlich einer Anstellung im freien Arbeitsmarkt gleichkommen, d. h. Tätigkeiten umfassen wie beispielsweise Botengänge, Telefondienste, die Überwachung von Patientenarbeitsgruppen oder Pförtnerdienste, die in voller Eigenverantwortlichkeit des Patienten durchgeführt werden sollten.[112] Nach ihrer Morgenvisite teilten die Ärzte gemeinsam mit dem Pflegepersonal die Patienten in die jeweiligen Stufen ein und ordneten sie den entsprechenden Arbeitsgruppen zu. Auf einer Wandtafel wurden dann die Namen der Patienten den entsprechenden Bereichen zugeordnet. Die bessergestellten Privatpatienten wurden angehalten, Hobbys wie Gartenarbeit, Musik, Malerei, Fotografie oder dem Erlernen von Sprachen nachzugehen.[113] Erledigten alle Gruppen ihre Arbeit zufriedenstellend, gab es zur Belohnung Süßigkeiten, Tabak oder größere Bewegungsfreiheit bei weniger strenger Überwachung. Die Anstaltsatmosphäre sollte von Ruhe und Ordnung geprägt sein. Zum alltäglichen Umgang mit dem Patienten gehörte es, alle Manifestationen geistiger Krankheit zu unterbinden. Zwang wurde durch eine Art offensiver Vernunft ersetzt, denn »die einzige Waffe, auf die sich der Psychiater wirklich und in allen Lagen verlassen kann, ist – seine persönliche Überlegenheit, die er nie preisgeben darf«.[114] Die Verabreichung von Sedativa und die kurzzeitige Verbannung in Isolationsräumen galten als letzte Mittel der Sanktion. Das Motto lautete »Beobachten – Denken – Handeln«.

Dieser alles andere als unsinnige Ansatz bedeutete beispielsweise, daß, wenn eine schizophrene Frau darauf bestand, Simon solle einen ihrer Briefe voll mit unlogischem Gerede abschicken, er sich mit den Worten weigerte, »sie möge einen anderen Brief schreiben über ihre eigenen Angelegenheiten und nicht wie eine Geisteskranke, sondern wie eine ordentliche Frau«. Eine andere Schizophrene, die Simon nicht wiedererkannte und deren zusammenhanglose Rede die Worte »Fritz« und »Onkel« enthielten, bot man eine Tasse heiße Schokolade an, wenn sie die Frage beantworten konnte »Annemarie, wer bin ich?«. Prompt folgte die Antwort »Doktor Simon«.[115] Sogar ältere Patienten, deren gewohnheitsmäßiges Rülpsen, Stöhnen oder Husten andere störten, wurden nicht als »liebe arme Alte« toleriert, sondern in leere Räume geführt, wo sie so lange bleiben mußten, bis auch sie verstanden hatten, worum es ging.[116]

Insgesamt läßt sich sagen, Simons Reformen bedeuteten eine Normalisierung des Lebens in der Heilanstalt und eine Erweiterung der Freiheiten und Verantwortlichkeiten für jene, die sich einfügten. Notwendigerweise verringerten sie den (metaphorischen) Abstand zu den Verrückten und verlangten eine Unterordnung der individuellen Rechte zugunsten jener der Anstaltsgemeinschaft. Darüber hinaus führten sie die Arbeitsfähigkeit als einen Indikator für die Genesung ein – oder in anderen Worten: Es gab nun reale bzw. potentiell reale Kategorien, die es erlaubten, innerhalb der Anstaltsgemeinschaft verschiedene Grade menschlicher Werthaltigkeit zu ermitteln. Simons erstmals 1924 auf einem Psychiatriekongreß in Stuttgart öffentlich vorgestellte Reformvorschläge erhielten von mittelmäßigen Kollegen, denen es allein darum ging, ihm einen Mangel an Originalität nachzuweisen, nur lauwarmen Beifall: »Was an ihnen gut ist, ist nicht neu; und das Neue an ihnen ist nicht gut.« Drei Jahre später waren die Reaktionen bereits positiver, wie ein Psychiater formulierte: »Es ist kein Zweifel, daß die praktische Psychiatrie – dank Simon – heute in tiefumgestaltenden Wandlungen begriffen ist. Endlich sind wir Psychiater in den Anstalten einmal wieder das, was unser Name sagt: Psychotherapeuten geworden.«[117] Dies klang freilich eher zu optimistisch. Denn im Zuge ihrer weiteren Verbreitung führten Simons »Reformen« lediglich zu einer bestimmten Form von »Modernisierung«, d. h. zu einer ökonomisch motivierten Forderung nach verstärkter Effektivität und Rationalisierung.

Die wirtschaftliche Depression verstärkte die anhaltende Debatte darüber, inwieweit die üppigen Wohlfahrtsausgaben der Weimarer Republik die nationalen Ressourcen über Gebühr strapazierten. Konservative Kritik, die sich sowohl an willkürlich erteilten Wohlfahrtsleistungen entzündete, da diese das Verantwortungsgefühl des einzelnen untergrüben, als auch an anonymer Bürokratie und »Professionalisierung« Anstoß nahm, ging Hand in Hand mit einer erneuten Betonung der kollektiven nationalen Interessen und einem Votum für prophylaktische Lösungen, die als die billigere Option galten.[118] Die von einer Reihe dirigistischer Regierungen durchgeführten öffentlichen Kosteneinsparungsprogramme verschaltten solch negativen eugenischen Maßnahmen wie der Sterilisation oder einer »gezielt eugenischen« Form der Unterstützung eine verstärkte Aufmerksamkeit.[119] Der Ausbruch der wirtschaftlichen Depression setzte auch den Reformvorstellungen Kolbs und Simons enge Grenzen. Gleichwohl muß betont werden, daß eine Ära der Reform nicht schlicht durch eine der Eugenik und »Euthanasie« abgelöst wurde. Tatsächlich handelte es sich um eine sehr viel komplexere Entwicklung, insbesondere hinsichtlich der schrittweisen Verschmelzung einer reformerischen Dynamik, der (wie wir gesehen haben) viele ökonomische und selektive Züge zu eigen waren, mit einer bislang relativ marginalen Bewegung, die radikal eugenischen Lösungen den Vorzug gab. Es geht hier also weniger um einen Kontrast zwischen schwarz und weiß, sondern eher um subtile Graustufen.

Die allgemeine ökonomische Notlage führte dazu, daß die Heil- und Pflegeanstalten mehr und mehr Patienten in Vollzeitpflege aufnehmen mußten, da deren Familien nicht mehr länger in der Lage waren, sich selbst um sie zu kümmern.[120] Dies bedeutete das Ende aller reformerischen Träume einer zügigen Fluktuation durch Aufnahmen und Entlassungen sowie einen Rückfall der Heil- und Pflegeanstalten in Aufbewahrungsstätten für »Unheilbare«. Dies spiegelte sich in dem offiziellen Bild von den Anstalten wider, das alle reformerischen Anstrengungen ignorierte, die psychiatrischen Institutionen den normalen Krankenhäusern anzugleichen. So hieß es beispielsweise in einem Gutachten des Reichssparkommissars über die Heil- und Pflegeanstalten:

> Die Tätigkeit der Ärzte und des Pflegepersonals in einer Heil- und Pflegeanstalt unterschiede sich ganz wesentlich von der Tätigkeit im Krankenhause. Da es eine Behandlung von Geisteskranken nicht gebe, könnte man auch von einer ärztlichen Tätigkeit kaum reden. Sie erschöpfe sich in einer gewissen Gleichförmigkeit. Außer Verabfolgung von Dauerbädern, Bestrahlungen und Massagen (für Geisteskranke, wohlverstanden!), Beruhigungsmitteln und einer gelegentlichen Malariabehandlung, die als ein gewöhnlicher Heilfaktor zu erwähnen sei, komme kaum eine Tätigkeit für Ärzte und Pflegepersonal in Betracht.[121]

Die pure Aufbewahrungsfunktion der Anstalten wurde durch 1931 und 1932 erlassene Verordnungen unterstrichen, in denen das exklusive Recht der Polizei, im Interesse der öffentlichen Sicherheit Personen in Anstalten einzuweisen, bekräftigt wurde.[122] In nahezu allen Landesteilen kam es zu Ausgabenkürzungen. In Brandenburg wurden alle Budgetposten mit Ausnahme der Arzneimittel um 20 Prozent gekürzt; in Oberschlesien reduzierte man die Kleiderausgaben pro Patient von 60 auf 45 Reichsmark pro Jahr; die täglichen Lebensmittelkosten pro Patient sanken von 0,75 auf 0,50 Reichsmark. In Sachsen wurden die Gebäudeinstandhaltungskosten um zehn Prozent, Kleiderausgaben um acht Prozent und Lebensmittelkosten um vier Prozent gekürzt. In Pommern erhielten die Patienten zum Frühstück Ersatzkaffee, Margarine und ein kleines Stück Brot; Patienten, die Salvarsan [Syphilismittel; Anm. d. Übers.] oder andere Arznei benötigten, mußten diese selbst bezahlen. In Westfalen kürzten die Behörden alle Nebenkosten um 20 Prozent, einschließlich der Heiz-, Strom- und Wasserkosten. Überall wurden die Ausgaben eingefroren, und Personal wurde abgebaut.[123] In Anbetracht der nicht zuletzt durch ihre Willkür verheerend wirkenden Kürzungen versuchten die Psychiater einige der in den zurückliegenden Jahren durchgeführten Reformen durch eigene Sparvorschläge zu retten. Sie stritten die Notwendigkeit von Einsparungen keineswegs ab, wollten jedoch sicherstellen, daß diese nicht die Früchte ihrer Reformbemühungen gefährdeten. Im Jahre 1931 schrieb der Deutsche Verein für Psychiatrie einen Essaywettbewerb aus zu dem Thema »Wie kann die Anstaltsbehandlung psychiatrischer Kranker billiger gestaltet werden?«. Der erste Preis ging an Emil Bratz (1868–1934), Direktor der Wittenauer Heilstätten in Berlin, einem Spezialisten auf dem Gebiet des Alkoholismus und Autor einer Sammlung von Witzen neurologischer und psychiatrischer Natur.[124] In Berlin hatte Bratz den Vorsitz eines weitläufigen Netzwerks ambulanter und stationärer Behandlungszentren inne, das unter dem Namen »Wittenauer Staffelsystem« oder einfach »Staffelsystem« bekannt war und aus Spezialkliniken etwa für Alkohol-, Kokain- und Morphiumabhängige bestand.[125] Den zweiten Preis erhielt Erich Friedländer, Direktor des Lindenhauses in Lippe. Friedländer hatte bereits ein Jahr zuvor in einem Artikel davor gewarnt, die Reformen durch Kosteneinsparungen zu gefährden und damit das Kind mit dem Bade auszuschütten. Er wies die Vorstellung kategorisch zurück, die Psychiatrie könne im Falle von Geisteskrankheiten so gut wie gar nichts ausrichten beziehungsweise erfolgte Genesungen seien entweder dem Zufall geschuldet oder eine Folge des natürlichen Verlaufs einer Krankheit.[126] Ebenso wie Friedländer wollte sich auch Bratz in einer Zeit des nationalen Notstandes nicht auf ökonomische Streitfragen einlassen. Pedantisch führte er detaillierte Einsparmöglichkeiten in verschiedenen Bereichen an. Anstatt daß die Heilanstalten zur Endstation einer unüberschaubaren Armee von Ausgestoßenen würden, so wiederum Friedländer, sei es Aufgabe der Ärzte, zwischen heilbaren und unheilbaren Patienten zu unterscheiden sowie einen Ausleseprozeß im Rahmen eines mehrfach abgestuften Systems aus Fürsorge und Therapie zu gewährleisten. Einige Kranke würden vom medizinischen Fortschritt profitieren, während andere (deren bloße Existenz den Fortschritt in Frage stellten) von den Wohltaten des Fortschritts in jeglicher Hinsicht ausgeschlossen sein würden. Dies bedeutete, ein psychiatrisches Gegenstück zu der Unterscheidung zwischen Krankenhaus und Hospiz zu schaffen und für eine konzeptuelle Struktur zu sorgen, anhand deren zumindest versucht werden könne, die Zahl der »unheilbaren« Patienten zu reduzieren. Interessanterweise stellten Psychiater, die eine solche Unterteilung der Patienten befürworteten, ausdrücklich einen Zusammenhang her zwischen der Zuordnung der Patienten in die Kategorien »heilbar« und »unheilbar« und der Entscheidung der Ärzte, ob ein Patient nur vorübergehend krank sei oder schwere Leiden zu ertragen hatte:

> Wer will sich nun erkühnen, auch bei einer schon einige Jahre bestehenden schizophrenen Verblödung das endgültige seelische Todesurteil zu sprechen und die Versetzung in die Pflegeanstalt zu verfügen? Das wäre wahrlich eine ebenso schwierige und folgenschwere Entscheidung für den Kranken selbst und für seine Familie, wie das vielumstrittene ärztliche Konsilium bei der Vernichtung des lebensunwerten Lebens oder bei der Tötung auf Wunsch bei unheilbaren körperlichen Erkrankungen![127]

Friedländers Kollegen waren der Meinung, die Versorgung von chronisch kranken oder alten Patienten stelle »für Deutschland einen unerträglichen Luxus« dar. Eine finanziell belastete Nation sei drauf und dran, sich »zu Tode zu fürsorgen«.[128] Als die Ausgaben für die Heilanstalten gekürzt wurden, bot sich die eugenische Sterilisation als ein – freilich radikaler – Weg an, um der Gefahr zu begegnen, die angeblich von körperlich und geistig Behinderten ausging. In den frühen 20er Jahren setzte Heinrich Boeters, der sächsische »Apostel der Sterilisation« und Medizinalbeamter in Zwickau, die Sterilisation mit einem Paukenschlag auf die Tagesordnung, als er öffentlich bekannte, daß er bereits Sterilisationen verordnet und von dem Chirurgen Heinrich Braun habe durchführen lassen. Boeters, eine zwanghafte Natur und vermutlich geistig nicht ganz zurechnungsfähig, formulierte eine Reihe von Vorschlägen, die als *Lex Zwickau* bekannt wurden und in denen er die Zwangssterilisation der (unter anderem) Schwachsinnigen, Blinden, Taubstummen und ledigen Mütter mit geringem eugenischen Wert sanktionierte.[129] Auch wenn dies die Behörden in mehreren deutschen Landesteilen dazu veranlaßte, ernsthaft über die Sterilisation nachzudenken, wurden Zweifel an den wissenschaftlichen Grundlagen dieser Vorschläge laut, und der Widerstand von Juristen sowie Staatsbeamten führte dazu, daß diese erste Welle von Vorschlägen verebbte. Unter Psychiatern wurde die Frage der Sterilisation eingehend von Robert Gaupp aus Tübingen anläßlich einer Zusammenkunft des Deutschen Vereins für Psychiatrie im September 1925 in Kassel thematisiert. Gaupp begann mit einem Loblied auf den modernen, pionierhaften Geist Boeters' und die auf diesem Gebiet bereits erzielten Fortschritte in den Vereinigten Staaten von Amerika (wo Mears, Ochsner und Sharp die Vasektomie und Sterilisation durch Röntgenstrahlen entwickelt hatten) und in der Schweiz, wo es bereits entsprechende gesetzliche Regelungen gab. Die Juristen als auch die aus den späten 60er und frühen 70er Jahren des 19. Jahrhunderts stammende Gesetzgebung müßten die jüngsten Tendenzen in der Eugenik zur Kenntnis nehmen, insbesondere was die vom Ersten Weltkrieg verursachte, unter eugenischen Gesichtspunkten kritische Situation betreffe.[130] Der Versailler Friede habe in Deutschland zu einer beeinträchtigten ökonomischen Basis für eine immer noch wachsende Bevölkerung geführt. Mit Hilfe zusammengewürfelten Beweismaterials aus Chicago, England, Rostock und New York behauptete Gaupp, bei den unteren und oberen Gesellschaftsklassen gebe es unterschiedliche (und mithin schädliche) Fruchtbarkeitsraten; auch für Deutschland treffe die Tatsache zu, »daß die Fruchtbarkeit der geistig und sittlich Minderwertigen höher [ist] als die der Gesunden und Vollwertigen«.[131] Dies träfe insbesondere auf die weniger ernsthaften Fälle geistiger Verwirrung zu, die von den Heilanstalten erst gar nicht erfaßt würden. Es sei an der Zeit, sich von der »Belastung… durch die geistig und sittlich Minderwertigen« zu befreien, die der Nation hohe Kosten verursachten, wie er mit Hilfe entsprechenden Zahlenmaterials eindrücklich demonstrierte. Diese »statistischen« Ergebnisse wurden mit düsteren Anekdoten untermauert, beispielsweise über einen sexuell Straffälligen, der sich selbst als »Bestie in Menschengestalt« bezeichnete und gelobte, bei seiner Entlassung erneut sexuell straffällig zu werden, oder über einen »homosexuellen Knabenschänder«, der drohte, sich auf der Türschwelle Gaupps zu erschießen, wenn dieser ihn nicht kastrieren würde.[132] Gesellschaftsbedingte Faktoren krimineller Straftaten und das Risiko von Fehldiagnosen wurden ebenso vom Tisch gefegt, wie die Erfordernis wissenschaftlicher Belege hinsichtlich erblich bedingter Faktoren etwa im Falle des Alkoholismus oder bei psychopathologischen Störungen übergangen wurde. Obwohl es keinerlei unumstößlichen Beweis für die langfristigen biologischen Folgeschäden von Alkoholismus gab, sollte den Frauen von Alkoholikern die Sterilisation erlaubt werden, sei doch »das Säufermilieu ... meist ein schlimmer Boden für die Aufzucht von Kindern«.[133] Nachdem er abschließend auf Fragen der praktischen Durchführung entsprechender Maßnahmen einging, entließ er sein Publikum mit der Aufforderung, über ein Zitat Herbert Spencers nachzudenken: »Eine gute ererbte Anlage zu haben ist die erste Bedingung für einen Menschen, um im Leben mit Erfolg zu bestehen; und ein Volk von gut erblich veranlagten Menschen zu sein ist die erste Bedingung für das Gedeihen der Nation.«[134]

Vor dem Hintergrund des schwierigen ökonomischen Klimas der späten 20er und frühen 30er Jahre markierten diese Vorstellungen einen neuen Höhepunkt und schienen an Dringlichkeit gewonnen zu haben. Mehrere Psychiater begannen eine Synthese aus Eugenik und den hier im einzelnen vorgestellten Reformansätzen zu befürworten. Dabei löste ein Ansatz den anderen nicht einfach ab, sondern sie gingen vielmehr ineinander über. Obwohl Hans Luxenburger bemerkte, daß »für die Rasse ... die ungünstige Prognose ... ein Segen« sei, würde sie doch am wirkungsvollsten zu einer »Ausmerze der entarteten Anlagen« führen, versuchte er trotzdem Individualtherapie mit kollektiv eugenischen Maßnahmen zu verbinden. Die Sterilisation sollte gewährleisten, daß das »persönliche Heil« des einzelnen letztlich nicht »zum Unheil für die Rasse wird«.[135] Das von Emil Bratz im Interesse einer verbesserten Wirtschaftlichkeit vertretene Anliegen einer schnellstmöglichen Rückkehr der Patienten in die Gesellschaft wurde durch Forderungen ergänzt, »erblich« belastete Oligophrene [erblich bedingter oder früh erworbener Schwachsinn; Anm. d. Übers.] und Schizophrene vor ihrer Entlassung zu sterilisieren. Bratz kalkulierte damit, der Reichskommissar werde mit Hilfe ökonomischer Argumente die politischen und moralischen Hindernisse auf dem Weg zur angestrebten gesetzlichen Regelung überwinden können.[136] In einem in der *Allgemeinen Zeitschrift für Psychiatrie* 1932 veröffentlichten Aufsatz unter dem Titel »Die Ausschaltung der Minderwertigen in der Gesellschaft« wiederholte der Erlanger Berthold Kihn die von Gaupp vorgetragenen Argumente in einer verschärft ökonomistischen Form. Die Last übertriebener Wohlfahrtsleistungen sei den Schultern schwer gebeutelter Steuerzahler aufgebürdet worden, die zudem einer Nation angehörten, deren grundlegende Ressourcen durch den Versailler Vertrag untergraben waren.[137] Während für eine Minderheit verantwortungsbewußter Menschen mit jedem neuen Tag das große Zittern von vorne anfange, gingen andere schlicht stempeln und vermehrten sich achtlos in der Gewißheit, das soziale Netz werde schon für die Kosten ihrer Nutzlosigkeit aufkommen. Die kontraproduktiven Ausleseprozesse der modernen Medizin würden zudem »bisweilen auch Lebewesen [erhalten], deren Wert für die Gesellschaft zum mindesten stark umstritten ist«.[138] Es gebe vier mögliche Wege, um die Qualität der Population zu verbessern: eugenische Eheberatung und »Eheverbot an Untaugliche«; die »Vernichtung lebensunwerten Lebens«; Männer und Frauen, die man zur Fortpflanzung für untauglich hielt, sollten in »Asylen« konzentriert und isoliert untergebracht werden; Kastration und Sterilisation jener, deren eventuelle Nachkommenschaft im Interesse der Gesellschaft nicht erwünscht sei.[139] Die erstgenannte Möglichkeit versprach wenig zu bewirken, da es nicht die Masse der Bevölkerung, sondern zumeist »überängstliche Vollwertige« seien, die eine Beratung in Anspruch nähmen. Außerdem könne ein Heiratsverbot keineswegs garantieren, daß es nicht doch zu eugenisch unerwünschtem Geschlechtsverkehr käme. Die Ausgabenkürzungen schlossen einen zahlenmäßigen Zuwachs an Anstaltsinsassen aus, und in jedem Fall war es sehr unwahrscheinlich, daß weniger verantwortungsbewußte Personen und mithin die aus eugenischer Sicht schädlicheren Fälle durch eine solche Maßnahme erfaßt würden.[140] Die Finanzkrise der öffentlichen Hand lasse keine andere Möglichkeit zu »als die radikaleren Vorgehens gegen die Minderwertigen«. Hoche zitierend war Kihn der Meinung, daß Ausgaben für »Ballast-Existenzen« unnötig seien. Die dreißigtausend in Anstalten untergebrachten Schwachsinnigen kosteten das Reich fünfundvierzig Millionen Reichsmark im Jahr. Er schätzte die Gesamtausgaben für alle Geisteskranken ungefähr auf weitere einhundertfünfzig Millionen Reichsmark. Eine Tötung dieser Menschen würde den Steuerzahler von einer großen Last befreien und beachtliche Reserven an Arbeitskräften freisetzen, die bislang durch die Pflege dieser Personen gebunden waren. Nachdem er ein paar »Beispiele« aus dem Altertum anführte, wandte Kihn sich rasch den Vorstellungen Bindings und Hoches hinsichtlich der Tötung chronisch Geisteskranker zu. Es gebe da einige praktische Probleme. Die Entscheidungskommissionen würde man wohl allzuschnell als »Mord-Kommissionen« abstempeln, und ihre Tätigkeit erhielte in der Öffentlichkeit den gleichen verruchten Ruf wie »die psychiatrische Gummizelle und ... [der] hypnotische Blick des Irrenarztes«. Im gegenwärtigen ethischen und juristischen Klima erschien diese Option alles in allem nicht realisierbar: »Ich halte uns von der Durchführbarkeit dieser Forderungen noch weit entfernt, und ich glaube nicht, daß wir für die nächste Zeit eine Wendung in der Rechtslage und in dem wohl für solche Fälle etwas überzüchteten ethischen Empfinden werden erwarten dürfen, und aus diesem Grunde muß man auch diese Frage mit größter Skepsis betrachten.«[141] Übrig blieb die »relativ humane« Option der eugenischen Sterilisation. Aber würde sie auch die erwünschte Wirkung erzielen? Im Falle der Schizophrenie sei dies aufgrund rezessiver Erbmuster sehr unwahrscheinlich; und in Anbetracht des Alters, in dem sich die Krankheit manifestiere und der bei vielen damit einhergehenden sexuellen Lustlosigkeit komme die Sterilisation einem Kampf gegen Windmühlen gleich. Ähnliche Probleme gebe es auch im Fall der Epilepsie, über deren erblich bedingte Natur nach damaligem Stand der Wissenschaft keinerlei sichere Aussagen möglich waren. Da viele Schwachsinnige entweder unfruchtbar seien, offenbar kein sexuelles Verlangen verspürten oder aber dauerhaft in Anstalten untergebracht seien, erscheine eine Sterilisation völlig irrelevant. Ebenso mache es keinerlei Sinn, Menschen zu sterilisieren, die an manischer Depression litten, da deren Nachkommen sich oftmals als äußerst begabt erwiesen. Übrig blieben Personen mit minderschwerem Schwachsinn, die nicht in den Anstalten lebten und damit »die Wurzel vielen Elends [sind] und für unsere Zukunft eine immense Gefahr [bedeuten]«.[142] Die außerordentlich große Spannweite an Abnormalitäten, die man der Kategorie »psychopathisch« zuordnete, mache eine Sterilisation in großem Stil unmöglich, es sei denn, es handele sich um Kriminelle, Prostituierte oder sexuell Perverse. Bei diesen Einzelfällen scheine es demzufolge angebrachter, die Betroffenen durch Beratung für eine freiwillige Sterilisation zu gewinnen. Ungeachtet dieser wenig ermutigenden Bedenken schloß Kihn seine Überlegungen mit einer eher optimistischen Grundnote ab:

Im Kampf gegen die Minderwertigkeit ist jede Maßnahme erlaubt, die billig erscheint und wirksam ist. Feste Normen des Rechtes und der Humanität, nach denen zu verfahren ist, wird es auch hier nie geben. Die Erfahrung formt das Recht und die Humanität ebenso oft wie umgekehrt das Recht die Erfahrung. Und wenn uns heute der aus unseren Bemühungen fließende soziale Gewinn auch klein erscheint, so klein, daß es sich fast nicht verlohnt – meine Herren, wir wissen nicht, was die Zeit und ein anderes Geschlecht im Laufe von Jahren daraus machen wird, ob nicht aus einem kleinen Versuche doch einmal die Not eine gewaltige Maßnahme macht, vor deren Erfolg all unser Besserwissen schweigt.[143]

Es wäre irrig anzunehmen, daß diese Vorstellungen von allen Psychiatern geteilt worden wären. Auf der zweiundfünfzigsten Konferenz bayrischer Psychiater im Juli 1931 diskutierte man ausführlich über die Frage der Sterilisation. Valentin Faltlhauser machte im wesentlichen drei Lager aus: jene, die die Sterilisation aus ethischen oder theoretischen Gründen ablehnten; dann Psychiater, die nach wie vor von den wissenschaftlichen Grundlagen negativer eugenischer Maßnahmen überzeugt waren; und schließlich »die bejahende Gruppe, die Gruppe der auf dem Grunde ihrer Forschungen wirklich Wissenden«, denen klar sei, daß viele Geisteskrankheiten (einschließlich der Chorea Huntington [Veitstanz; Anm. d. Übers.]) sowie bestimmte Formen der Schizophrenie, der manischen Depression, Epilepsie, psychopathischer Störungen, des Alkoholismus und der »Anlagekriminalität«(!) grundsätzlich erblich bedingt seien.[144] Da hier weitere Bedenken überflüssig seien, »müssen [wir] Wege suchen, das schlechte Erbgut auszuschalten«. Geschickte Propagandakampagnen sollten einer rechtlich abgesicherten Form der freiwilligen Sterilisation den Weg ebnen, obgleich Faltlhauser im Falle angeborenen Schwachsinns oder bei Kriminellen eine Zwangssterilisation nicht ausschloß. In der nachfolgenden Diskussion warnte Oswald Bumke, der Kraeplins Nachfolger auf dem Lehrstuhl für Psychiatrie in München und Kritiker der Rassentheorie war, daß (etwa im Falle der Eheberatung) lediglich Intellektuelle oder Menschen mit einem ausgeprägten moralischen Verantwortungsgefühl eine freiwillige Sterilisation in Erwägung ziehen würden. Die gewünschte Wirkung könne man letztlich nur durch Zwangssterilisation erreichen.[145] Ebenso zog er den Sinn vereinzelter Sterilisationen von Schizophrenen, Epileptikern und manisch Depressiven aufgrund rezessiver Erbmuster in Zweifel. Eine undifferenzierte Sterilisation aller Familien, die von diesen Krankheiten betroffen seien, würde eine Welt zurücklassen, die – wie er lakonisch bemerkte – von »ein paar vertrockneten Bürokraten – und Schizophrenen« bevölkert wäre. Seiner Ansicht nach waren die einzigen Gruppen von Kranken, bei denen eine Sterilisation eine gewisse Wirkung haben könne, Fälle erblich bedingten Schwachsinns und asozialer psychopathischer Störungen. Der Rest seines Beitrages zeugte in beeindruckender Weise von politischem Spürsinn, Verantwortungsgefühl und – wie sich zeigen sollte – einer bemerkenswerten Fähigkeit zur Voraussicht. Dort stand ein kluger und international anerkannter Wissenschaftler mit einer national-konservativen Weltanschauung, der exakt registrierte, in welche Richtung die Entwicklung tendierte, und der seine Kollegen dazu aufforderte, bestimmte ethische Entscheidungen zu treffen. Fragen wie die der Sterilisation, so mahnte er, seien zu komplex, um über sie unter dem Druck willkürlicher wirtschaftlicher Bedingungen zu entscheiden:

Wenn wir durch die Sterilisierung das Auftreten von Geisteskrankheiten verhüten können, so sollen wir es ganz gewiß tun – aber nicht weil der Staat Geld spart, sondern weil jede Geisteskrankheit ein unendliches Leid für den Kranken und seine Angehörigen bedeutet. Wirtschaftliche Gesichtspunkte wären hier nicht nur unangemessen, sondern geradezu gefährlich. Man braucht doch den Gedanken, daß man aus finanziellen Gründen alle im Augenblick entbehrlichen Menschen beseitigen sollte, nur zu Ende zu denken, um zu einem ziemlich ungeheuerlichen Ergebnis zu kommen: Wir müßten dann nicht bloß alle Geisteskranken und Psychopathen, sondern alle Krüppel einschließlich der Kriegsverletzten, alle alten Jungfern, die keinen Beruf ausüben, alle Witwen, die keine Kinder mehr zu erziehen haben, alle Rentner und alle Pensionäre totschlagen. Das würde uns gewiß Geld sparen, aber wir werden es vermutlich nicht tun.[146]

Bumke bemerkte ebenfalls, daß die gegenwärtige politische Atmosphäre, die von einer politischen Instrumentalisierung »wissenschaftlicher Theorien« der Rasse geprägt sei, kaum dazu tauge, diese Fragen in Ruhe zu bedenken. Mit einem politischen Bewußtsein und einer Selbstbeherrschung, an denen es seinen Kollegen völlig fehlte, führte er aus:

Trägt man die Diskussion über die Sterilisierung heute in die Arena der politischen Kämpfe hinein, so wird man wahrscheinlich bald ziemlich wenig von Geisteskranken, aber um so mehr von Ariern und Nichtariern, von der blonden germanischen Rasse und minderwertigen Rundschädeln reden. Daß dabei etwas Positives herauskommt, ist gewiß nicht wahrscheinlich; wohl aber würden die

Wissenschaft im allgemeinen und die Genealogie und Eugenik im besonderen einen Schaden erleiden, den man nicht leicht wiedergutmachen könnte.[147]

Bedenkt man, wie sehr unsere zeitgenössische Diskussion zum Thema Genetik von den Grausamkeiten der Nazis überschattet ist, wird die außergewöhnliche Voraussicht deutlich, die hinter diesen Worten steckte. Oder wie ein führender Genetiker unlängst zum gesamten eugenischen Projekt bemerkte: »Ihre [der Eugenikbewegung] dunkle Vergangenheit bedeutet für die Humangenetik, daß sie mit dem Makel ihrer eigenen Geschichte behaftet ist.«[148] Allerdings gehörte auch Bumke zu jenen prominenten Persönlichkeiten, die schließlich ihre eigenen Warnungen in den Wind schlugen, denn kaum ein Jahrzehnt später war er zu einem begeisterten Vertreter der nationalsozialistischen Rassegesetzgebung geworden. Und dies, obwohl das Wissen um die ursächlichen Zusammenhänge von Vererbung und psychiatrischen Störungen im gleichen Zeitraum um kein Jota vorangeschritten war.[149] Während Bumke seinerzeit noch einen warnenden Ton in die Debatte einbrachte, war es Hans Luxenburger, der wohl den eigentlichen Geist der Zeit verkörperte. Jegliche wissenschaftliche Zweifel an den erblich bedingten Ursprüngen verschiedener Geisteskrankheiten und mithin jede Möglichkeit einer ernsthaften Fehldiagnose ordnete er den Interessen der rassischen Gemeinschaft unter:

> Vorerst lassen sich gelegentliche Fehlgriffe nicht vermeiden, sie können aber angesichts der großen Notlage, in welcher sich unsere Rasse augenblicklich befindet, in Kauf genommen werden. Daß durch die Sterilisierung der Kranken die Weitergabe rezessiv gehender Anlagen nicht völlig verhindert wird, ist klar; sie wird jedoch sicherlich ganz erheblich eingedämmt, und es ist nicht einzusehen, warum man die Hände in den Schoß legen soll, nur weil eine radikale Ausmerze entarteten Erbguts heute noch nicht möglich ist. Man begnügt sich bei der Bekämpfung der Syphilis und der Tuberkulose heute noch mit Teilerfolgen in der Hoffnung, daß die Zukunft hier weiterhilft.[150]

In einem Moment besonders unheilvoller Vermessenheit bemerkte Luxenburger, ein handfester Beweis des erblichen Charakters bestimmter Krankheiten sei ohnehin eine rein akademische Angelegenheit; vielmehr gelte es, sich vor Augen zu halten: »Die Eugenik darf vor einer gewissen

Naivität der Betrachtungsweise nicht zurückschrecken, wenn sie ihre Forderungen nicht ad kalendas graecas vertagen will.«Die Propaganda werde schon dafür sorgen, die Bevölkerung von der eugenischen Sterilisation zu überzeugen, so daß der allgemeine Wille schließlich in eine entsprechende Gesetzgebung münden werde. Schon bald würden die Ärzte »die Vollstrecker des eugenischen Willens der Nation sein«.[151] Die Thematik der psychiatrischen Eugenik bestimmte auch die Zweite Deutsche Tagung für psychiatrische Hygiene in Bonn im Mai 1932. In seiner Eröffnungsansprache bestand Ernst Rüdin darauf: »Menschen, die selbst geisteskrank oder erblich schwachsinnig sind, sollen keine Nachkommen haben!«[152] Und Luxenburger rief nach Gesetzesveränderungen, die eine eugenische Sterilisation erlaubten.[153] Rainer Fetscher brüstete sich öffentlich damit, er habe im Rahmen seiner eugenischen Beratungen dreiundfünfzig Menschen dazu überredet, sich freiwillig sterilisieren zu lassen, und wies darauf hin, daß die dabei angefallenen Operationskosten lediglich 120 bis 150 Reichsmark betragen hätten, während es 10 000 bis 12 000 Reichsmark brauche, um ein taubstummes Kind aufzuziehen.[154] Die Haltung der evangelischen Kirche wurde von Hans Harmsen vorgetragen, dem Vorsitzenden der »Evangelischen Fachkonferenz für Eugenik« der Inneren Mission. Harmsen verkörperte protestantischerseits die Zustimmung zur Erbbiologie. Diese verspreche über ein gewisses kostensenkendes Potential zu verfügen, da sie es der Inneren Mission ermöglichen könne, eine umfassende Fürsorge durch biologisch definierte, selektive Wohltätigkeiten zu ersetzen.[155] Zwar lehnte Harmsen, der zugleich auch Direktor der von der Inneren Mission betriebenen Heilanstalten war, utilitaristische Argumente ab, nannte allerdings die Sterilisation »eine moralische Verpflichtung, die als eine Form der Nächstenliebe und Verantwortung gegenüber zukünftigen Generationen verstanden werden kann«.[156] Anders formuliert, für Protestanten sollte nicht mehr die begriffliche Kategorie vom Menschen als einer individuellen Schöpfung Gottes im Mittelpunkt stehen, sondern eher die des Kontinuums künftiger Generationen. Es war nicht das erste und sollte nicht das letzte Mal bleiben, daß eine Institution, die sich mit dem Ewigen beschäftigte, ihre Haltung der vorherrschenden säkularen Ideologie anpaßte.

Obwohl es auch einige Katholiken gab, die die Vorstellung verlockend fanden, soziale Probleme mit eugenischen Mitteln zu lösen – erwähnenswert hier vor allem der ehemalige Jesuit Professor Hermann Muckermann, der am Kaiser Wilhelm Institut für Anthropologie, Humangenetik und Eugenik für letztere verantwortlich war, bevor man ihn entließ, weil er Hitler einen »Verrückten« nannte –, stellte die 1930 verkündete päpst-liche Enzyklika *Casti connubii* gewissermaßen ein Hindernis für nega-tive, wenn nicht sogar auch für positive eugenische Maßnahmen dar. In diesem Fall erwiesen sich die autoritären und totalitären Eigenschaften des römischen Katholizismus einmal als heilsam und gnädig. Die Beto-nung des Familienlebens und der individuellen Erlösung sorgten dafür, daß eine Übergewichtung solch irdischer Kollektivgrößen wie Rasse, Na-tion und Staat auf Ablehnung stießen.[157] *Casti connubii* hinderte freilich einzelne römisch-katholische Persönlichkeiten nicht daran, ihre abwei-chende Haltung zum Ausdruck zu bringen. Der Paderborner Theologe und Herausgeber der Zeitschrift *Caritas*, Joseph Mayer, der im Kontext des »Euthanasie«-Programms eine umstrittene Rolle spielen sollte, zitierte zwar die Enzyklika als offizielle Stellungnahme des Vatikans in Sachen Sterilisation, wies aber zugleich darauf hin, daß die Kirchen in Dänemark, der Schweiz und in den Vereinigten Staaten von Amerika nichts gegen derlei Maßnahmen unternommen hätten.[158] Seine Schriften, in denen er die Zwangssterilisation zu rechtfertigen suchte, indem er die spirituellen Segnungen der Ehe und nicht ihren auf Fortpflanzung ausge-richteten Charakter in den Vordergrund stellte oder aber auf die Vorzüge der Sterilisation für die Gemeinschaft hinwies, erhielten alle die kirchliche Imprimatur, obwohl sie im Gegensatz zur kirchlichen Lehre standen.[159]

Die amtliche Sichtweise wurde auf der Konferenz im Jahre 1932 von einem Dr. Struve, Mitglied des preußischen Staatsrates, vorgetragen. Er sagte:»Unsere staatliche Fürsorge muß differenziert werden; wir dürfen für Hoffnungslose nicht ein Mehrfaches ausgeben wie für Gesunde. Wir sind ein armes Volk geworden, viel ärmer, als wir es uns heute schon ein-räumen.«[160] 1932 wurde die Frage der Sterilisation vom preußischen Ge-sundheitsministerium ausgesetzt. Ein Jahr später brachten die National-sozialisten jene Aspekte des preußischen Gesetzentwurfs, über die Einigkeit herrschte, zu Fall und veränderten stillschweigend das Gesetz, das den tätlichen Übergriff regelte.[161] Das Gesetz zur Verhütung erb-kranken Nachwuchses wurde am 14. Juli 1933 dem Kabinett vorgelegt und am 26. Juli veröffentlicht – sechs Tage nach der Unterzeichnung des Konkordats mit dem Vatikan.[162]

2. Hoffnung und schwere Zeiten:
Die Heil- und Pflegeanstalten in den 30er Jahren

Mitte der 30er Jahre glichen viele der Heil- und Pflegeanstalten Deutschlands einem allseits einsehbaren Glashaus, ein Zustand, den man bewußt
herbeigeführt hatte, um ein größeres Publikum mit den negativen eugenischen Maßnahmen unmittelbar vertraut zu machen. Überspitzt
formuliert könnte man sagen, die Anstalten wurden zwangsweise zu
Gruselkabinetten umfunktioniert. 1935 berichteten die Behörden im
Rheinland, mehr als 2000 Menschen seien als Besucher durch die Heil-
und Pflegeanstalten des Landes geströmt: unter ihnen Mitglieder der
SA und SS, leitende Funktionäre der Hitlerjugend und des Bundes deutscher Mädel (BdM), Ärzte, Hebammen, Krankenpflegepersonal, Rechtsanwälte und Lehrer.[1] In Eglfing-Haar bei München wurden ab 1934 regelmäßig Gruppen von über 100 Personen durch die Anstalt geführt. Im
Bemühen, sich bei ihren Geldgebern ein wenig einzuschmeicheln, schrieb
die Anstaltsverwaltung, diese Besuche seien Ausdruck eines öffentlichen
Interesses an den Heilanstalten, das unmittelbar durch die Rassegesetzgebung des Regimes hervorgerufen worden sei.[2] 1936 wurde die Anstalt
unter anderem besucht von: 40 Personen der Reichsführerschule der SA;
200 Rasseexperten der Höheren SS-Abteilung München-Süd; 50 Führern
und Ausbildern der SS-Standarte »Julius Schreck« und mehreren Gruppen der Deutschen Arbeitsfront. Der vorgesehene Besuch einer 38köpfi-
gen Abordnung der Hitlerjugendeinheit »Hochland« wurde untersagt,
da ihnen einige Jugendliche unter 18 Jahren angehörten.[3] Zwischen 1933
und 1939 nahmen allein in Eglfing-Haar über 21 000 Menschen an geführten Besichtigungen teil. Von diesen waren an die 6000 Besucher Mitglied
in der SS.[4] Höhepunkt einer jeden Besichtigung war ein Vortrag der Anstaltsleitung, in dessen Verlauf die Symptome psychiatrischer Krankheiten am lebenden Objekt demonstriert und damit die vom Regime ergriffenen negativen eugenischen Maßnahmen in ihrer Notwendigkeit
unterstrichen wurden. Dies verschaffte den Direktoren und Ärzten der
Anstalt die Gelegenheit, ihren eigenen Stellenwert im Rahmen des ständigen Kampfes »um Rasse und Nation« hervorzuheben. Das öffentliche
Interesse wurde zudem von einer sensationslüsternen Presse angefacht.
Im Februar 1934 wurde die Münchner Presse vom bayrischen Reichspropagandaministerium zu einem Besuch Eglfing-Haars eingeladen, und

zwar ausdrücklich zum Zwecke der Verbreitung rassehygienischer Propaganda in größerem Stil.[5] Im Rahmen einer äußerst scharfen Kritik an der populären Tendenz, Witze über die »Klapsmühle« zu reißen, bemerkten die *Münchner Neuesten Nachrichten*, das Leben in den Heilanstalten sei alles andere als zum Lachen, vielmehr »sucht [man] vergebens nach einem Ausdruck für das, was [man] hier erlebt«.[6] In einem Artikel unter der Überschrift »Lebendig und doch tot!« mangelte es einem anderen der Besucherjournalisten nicht an – zumeist schrillen – Worten, um den Lesern der *Münchener Zeitung* seine Eindrücke mitzuteilen:

> Stiere Augen starren aus verzerrten Gesichtern. Andere erglühen im fieberhaften Glanz. Grinsende Fratzen, die mit Menschenantlitz fast keine Ähnlichkeiten mehr haben. Gellende Zurufe überfallen lähmend den Eintretenden. Angstschreie und wirres Lachen. An einer Wand hat sich um einen Tisch eine Gruppe Irrer zusammengedrückt wie eine Herde verscheuchter Tiere. Persönliche Beziehungen zur Außenwelt scheinen mitunter vollkommen unterbrochen. Die Bewegungen sind zwecklos, sinnlos. Typische Fälle von Schizophrenie. Verkrümmte und verkrampfte Hände in tollen Bewegungen. Innere Erregungszustände scheinen nur dumpf und verworren empfunden zu werden. Epileptiker mit Krampfanfällen, mit zuckenden Körpern. Man durchschreitet einen Saal mit liegenden Kranken, siechen Irren. Oft sind es nur mehr mit Haut überzogene Skelette. Andere liegen in unmöglichen Stellungen, lallen traumhaft, verworren. Dämmern, vegetieren in den Tag hinein, in die Nacht hinüber. Was ist ihnen Zeit, was Raum? Vorstellung, Handeln, Willen, alles ist verschoben. Ideenverbindungen haben aufgehört. Ein Tobsüchtiger donnert gegen eine eiserne Türe … Man sieht auch freundlichere Bilder. Säle, in denen Halbgenesene sich ihrer Arbeit hingeben. Sie machen den Eindruck von vollkommen Normalen. Die Anstaltsumgebung, der Aufenthalt unter ihresgleichen, haben hier bessernd gewirkt. Dem freien Dasein wieder zurückgegeben, würden viele wieder rückfällig werden.[7]

Die nationalsozialistischen Veröffentlichungen gingen Stück um Stück von einer deskriptiven in eine präskriptive Darstellung über. Der *Völkische Beobachter* überschüttete den Leser mit rhetorischen Fragen, um utilitaristische Begründungen für die Sterilisation der Patienten zu propagieren, und wandte sich zugleich gegen christliche, humanitäre und rechtliche Einwande, die sich dem entgegenstellten.[8] Das SS-Organ *Das Schwarze Korps* veröffentlichte im März und Juni 1937 ein paar aus dem Leben gegriffene Geschichten, die ausdrücklich als Plädoyer für den »Gnadentod« der geistig Kranken und Behinderten gedacht waren. Die erste dieser Geschichten unter dem Titel »Ein mutiger Schritt« beinhaltete den Lobpreis eines Bauern, der seinen geistig behinderten Sohn des Nachts erschossen hatte. Mit der Verurteilung des Bauern zu drei Jahren Haft unter Anrechnung der bereits abgeleisteten Untersuchungshaft hätten die Richter eine große Sensibilität gegenüber dem gesunden Volksempfinden gezeigt, statt einer engen Auslegung der Buchstaben des Gesetzes zu folgen. Natürlich sei es untragbar, wenn sich ein einzelner die Rolle des »Richters über Leben und Tod« anmaße; der in diesem Fall vom Gericht gefällte historische Kompromiß zwischen Volksempfinden und »Paragraphenlogik« stelle lediglich eine vorübergehende Lösung für derlei Fälle dar. »Künftige Generationen, die die Gesetze des Lebens von den Überbleibseln eines falschen Glaubens an das Schicksal bereinigt und von einer liberalen humanistischen Dummheit gesäubert haben werden, werden zu anderen Lösungen kommen.«[9] In einem eine Woche später erschienenen Leserbrief zum Thema »Gnadentod« ging es schließlich um die Frage der Tötung behinderter Kinder sowie die Schaffung der erforderlichen rechtlichen und humanen Grundlagen, um das zu tun, was ja auch die Natur selbst angeblich tun würde.[10]

Über die Reaktionen der Besucher der Heilanstalten gibt es nur sehr spärliche Informationen. Laut einem Psychiater namens Enge von Strecknitz legten jüngere Leute gegenüber den geistig und körperlich Behinderten eine besonders bösartige Haltung an den Tag. Ebenso meinten viele, ihren »rassischen Heldenmut« dadurch unter Beweis stellen zu müssen, daß sie sich für die »Vernichtung der Geisteskranken als lebensunwertem Leben« aussprachen.[11] Schulkinder, die 1938 die Heilanstalt Emmendingen besuchten, drückten anschließend in Schulaufsätzen die Erwartung aus, die Nation werde sich bald von diesen »Menschenruinen mit tierischem Instinkt« zu befreien wissen, weshalb auch »der Arzt bald überflüssig sein wird«. Nur eine Minderheit nahm daran Anstoß, Menschen wie Ausstellungsobjekte zu behandeln, oder verwies auf die Zustände in den Heilanstalten, die selbst dazu beitrügen, solche Wahnsinnigen hervorzubringen.[12] In Eglfing-Haar hielt man das Ziel dieser Besichtigungstouren offenbar dann für erreicht, wenn einige der Besucher mutig fragten, warum man diese Patienten denn überhaupt am Leben erhalte. Ein junger SS-Offizier aus Bad Tölz erntete bei einem solchen Besuch ein anerkennendes Lächeln des Direktors von Eglfing-Haar, Hermann Pfannmüller, nachdem er bemerkt hatte, man könne doch ebensogut ein Maschinengewehr am Eingang der Anstalt aufstellen, um die Insassen auf diese Weise zu beseitigen.[13] Daß Pfannmüller seine Fühler bereits in diese Richtung ausgestreckt hatte, belegt ein Bericht Ludwig Lehners, der einen Besuch in Eglfing-Haar im Herbst 1939 rückblickend beschrieb; aus dem Bericht geht darüber hinaus deutlich hervor, daß es in Anbetracht der Zustände auch zu kritischen Reaktionen kam, auch wenn im vorliegenden Fall die von einer weiblichen Besucherin geäußerten Schlußfolgerungen für sich genommen bereits mehr als verstörend sind:

Das öffentliche Publikum hatte damals Gelegenheit, Irrenhäuser zu besuchen. Da ich 1934/35 in meiner Berufsausbildung Psychologie studierte und somit einige Fachkenntnisse besitze, interessierte mich natürlich der Betrieb eines Irrenhauses besonders. Aus diesem Grund schloß ich mich einer solchen Führung durch die Irrenhäuser an.

Nach dem Besuch einiger anderer Krankenstationen führte uns der Anstaltsleiter mit Namen Pfannmüller in eine Kinderstation. Dieser Raum machte einen sauberen, gepflegten Eindruck. In etwa 15–25 Kinderbettchen lagen ebenso viele Kinder zwischen dem Alter von ca. 1–5 Jahren. Pfannmüller explizierte in dieser Station besonders eingehend seine Ansichten. Folgende zusammenfassende Ansprache durch Pfannmüller ist mir dem Sinne gemäß erinnerlich: »Diese Geschöpfe (gemeint waren besagte Kinder) stellen für mich als Nationalsozialisten natürlich nur eine Belastung unseres gesunden Volkskörpers dar. Wir töten (er kann auch einen umschreibenden Ausdruck für dieses Wort töten gebraucht haben) nicht durch Gift, Injektionen usw., da würden die Auslandspresse und gewisse Herren in der Schweiz (gemeint war wohl das Rote Kreuz) nur neues Hetzmaterial haben. Nein, unsere Methode ist viel einfacher und natürlicher, wie Sie sehen.« Bei diesen Worten zog er unter Beihilfe einer mit der Arbeit in dieser Station betrauten Pflegerin ein Kind aus dem Bettchen. Während er das Kind wie einen toten Hasen herumzeigte, konstatierte er mit Kennermiene und zynischem Grinsen so etwas wie: »Bei diesem z. B. wird's noch 2–3 Tage dauern.« Den Anblick des fetten, grinsenden Mannes, in der fleischigen Hand das wimmernde Gerippe, umgeben von den anderen verhungernden Kindern kann ich nimmer vergessen. Weiterhin erklärte

der Mörder dann, daß nicht plötzlicher Nahrungsentzug angewandt werde, sondern allmähliche Verringerung der Rationen. Eine
Dame, die ebenfalls an der Führung teilnahm, fragte mit kaum un-
terdrückter Empörung, ob denn nicht wenigstens eine raschere Tötung mit Injektionen usw. barmherziger wäre. Pfannmüller rühmte
darauf seine Methode nochmals als praktischer im Hinblick auf die
Auslandspresse. Die Offenheit, mit welcher Pfannmüller die oben
erwähnte Behandlungsmethode offenbarte, ist mir nur als Ausfluß
von Zynismus oder Tölpelhaftigkeit erklärlich. Pfannmüller machte weiterhin kein Hehl daraus, daß, unter den nach der vorher geschilderten Methode zu ermordenden Kinder, auch Kinder sich
befanden, welche nicht geisteskrank waren, nämlich Kinder von jüdischen Eltern.[14]

Die Ärzte und Psychiater leisteten ihre Arbeit innerhalb von Parametern,
die ihnen (unter anderem) von den Politikern, Gesundheits- und Finanz-
beamten vorgegeben wurden. Manch offiziellen Ämtern waren nicht nur
die Versorgungskosten für die Psychiatrien ein Dorn im Auge, sondern
man begegnete ihnen darüber hinaus insgesamt mit einer gehörigen Portion Zynismus. Im August 1933 meinte beispielsweise ein Beamter des
Finanzministeriums von Württemberg mit Blick auf die Frage der Ko-
stensenkung in diesem Bereich:

Für die Heilanstalten in Württemberg werden Summen ausgegeben, die in gar keinem Verhältnis zum Zweck und Sinn der Anstalten stehen. Man hat den Eindruck, daß hier das persönliche Interesse, hauptsächlich der Ärzteschaft, weit mehr in den Vordergrund
gerückt wird als das Interesse der Allgemeinheit. Die Psychiatrie als
solche steckt noch vollständig in den Kinderschuhen, und es dürfte
schwer sein, auch nur einen Fall nachzuweisen, in welchem es den
Ärzten gelungen wäre, einen Geisteskranken gesund zu machen. In
allen Fällen, in welchen eine Gesundung eintrat, war der natürliche
Verlauf der Krankheit schuld.

Er empfahl, die Heilanstalten wieder in »Bewahrungsanstalten« rück-
zuverwandeln und die Ausgaben sowohl für die Patienten als auch für das
Personal drastisch zu kürzen.[15] Mit Blick auf die Gründe für den Mangel
an Psychiatern schrieb der Direktor von Eglfing-Haar, Fritz Ast, im
Jahre 1936, in »maßgebenden Kreisen« habe sich rasch die Ansicht ver-

breitet, daß die Betreuung der Geisteskranken Zeitverschwendung und hinausgeworfenes Geld sei, weil man die Patienten für »minderwertige, nutzlose Ballastexistenzen« halte.[16] Bei der Untersuchung von Angehörigen eines Berufsstandes ist es häufig recht einfach, sie durch die Brille ihres eigenen Selbstverständnisses zu sehen und die keineswegs unwichtige Sichtweise derer zu übersehen, die ihnen ihre Löhne bezahlen.

Die Idee, Geisteskranke tatsächlich zu töten, wurde in den späten 30er Jahren unter denjenigen höheren Provinzbeamten eingehend erörtert, die unmittelbar für die Verwaltung der Heilanstalten insgesamt verantwortlich waren. Laut Dr. Wilhelm Hinsen, der 1938 von seinem Posten als Direktor der Landesheilanstalt Eichberg nahe Eltville zurücktrat, wurden solche Gedanken sowohl von Wilhelm Traupel, Landeshauptmann von Kassel und Wiesbaden, geäußert als auch von Fritz Bernotat, der für die Anstalten in der Region Wiesbaden verantwortlich war:

> Der Landeshauptmann Traupel hat im Jahre 1936 oder 1937 mindestens zweimal, vielleicht auch dreimal zu mir gesagt, in Wendungen, die nicht ganz präzis greifbar waren, es sei doch besser, wenn ein Gesetz bestünde, daß man die Geisteskranken tötete, denn sie seien doch nur Ballastexistenzen, etwa in diesem Sinne. Es kann auch schärfer formuliert worden sein. Das hat Traupel gesagt zwei- oder dreimal. Ich habe bei der Gelegenheit widersprochen. Auf einer Direktoren-Konferenz im Schloß Dehrn, die etwa Ende 1936 gewesen sein muß, sagte Bernotat im Kreise der versammelten Direktoren: Wenn ich ein Arzt geworden wäre, ich würde diese Kranken umlegen. Ich habe ihm im selben Kreis offen erwidert: Da kann sich die deutsche Medizin gratulieren, daß Sie nicht Arzt geworden sind. Daraufhin war eine verlegene Pause.[17]

Während einer Konferenz von Anstaltsdirektoren am 24. September 1937 faßte Bernotat die Auswirkungen seiner Maßnahmen auf die Anstalten in Hessen-Nassau zusammen. Als einzig entscheidendes Kriterium galt fortan: »All unsere Arbeit hat dem deutschen Volke zu dienen.« Zu diesem Zweck habe er – wie er bescheiden formulierte – wirtschaftliche Maßnahmen ergriffen einschließlich einer radikalen Rationalisierung bestehender Einrichtungen. Einige dieser Institutionen, unter anderem eine Anstalt in Waldmannhausen, ein Heim für Taubstumme in Camberg und eine Blindenschule in Wiesbaden, wurden geschlossen und ihre Patienten und Schüler auf andere Orte verteilt. Die Gebäude waren entweder ver-

kauft oder an Organisationen verpachtet worden, die sich in der Jugend-
arbeit engagierten. Um die Kosten für Geisteskranke auf ein absolutes
Minimum zu reduzieren, war Bernotat eifrig bemüht, die »veralteten Anschauungen über höchste Belegungsmöglichkeiten« aufzugeben: »Als
drastisches Beispiel hierfür darf ich anführen, daß in der Heilanstalt Weilmünster, deren ›Höchstbelegung‹ in der Vorkriegszeit auf etwa 1000
Kranke festgesetzt war, heute fast 1500 Kranke untergebracht sind.« Freilich wurde dies nicht von einem entsprechenden Zuwachs an Personal
begleitet, denn laut Bernotat lag das gewünschte Verhältnis zwischen
Ärzten und Patienten bei eins zu 300 und das zwischen Pflegepersonal
und Patienten bei eins zu neun oder eins zu zehn. Auch was die Pro-
Kopf-Ausgaben für die Patienten betraf, sei eine gewisse Wirtschaftlichkeit erreicht worden. Der pro Patient und Tag vorgesehene Kostenbetrag
war von 2,80 Reichsmark im Jahre 1933 ein Jahr später auf 2,55 Reichsmark gesunken und stieg 1935 nur geringfügig auf 2,60 Reichsmark
wieder an. Bernotat wies darauf hin, daß diese Summen nicht nur die unmittelbar für den Patienten ausgegebenen Beträge, sondern alle Nebenkosten, einschließlich der Verwaltungs- und Gebäudeinstandhaltungskosten enthielten.[18]

Bernotats Kritiker und Gegner hegten den Verdacht, diese rigorosen
wirtschaftlichen Maßnahmen seien in Wirklichkeit bloß ein Vorwand,
um »Geschäfte zu machen«. Die Grenze zwischen Ideologie und Eigeninteresse war schmal. Am 15. Oktober 1943 nutzte Dr. Friedrich Mennecke, der zu diesem Zeitpunkt bereits für die Ermordung Tausender im
Rahmen der Euthanasie verantwortlich war, während eines Krankenhaus-
aufenthaltes die Gelegenheit, die Entstehungsgeschichte eines alles andere als unerheblichen Streites zwischen ihm und Bernotat aufzuzeich-
nen. Ausgangspunkt dieser Auseinandersetzung war zum einen der
Wunsch Menneckes, eine Abteilung zur Behandlung des Schüttelkramp-
fes einzurichten, und waren zum anderen die Vorwürfe, er habe sein
Auto für dienstfremde Reisen mißbraucht und im Falle eines Krankenpflegers, dem man sexuelle Nötigung eines Patienten vorwarf, nicht angemessen reagiert. Obwohl diese Auseinandersetzung eindeutig der Kategorie »Wer im Glashaus sitzt, soll nicht mit Steinen werfen« zuzurechnen
war, widersprach Mennecke Bernotats laienhafter Verunglimpfung aller
geisteskranker Patienten als »Idioten« und kritisierte Bernotats offenbar
vollständiges Desinteresse am Wohl und Wehe der Patienten beziehungsweise ihrer Behandlung. Bernotat wolle schlicht und einfach, daß »so viele
wie möglich von ihnen sterben«. Begierig lauerte Mennecke auf das erste

Anzeichen eines Fehltritts und griff daher Bernotats Bemühungen auf, die Heilanstalten Hessen-Nassaus in den Jahren 1937 und 1938 nicht nur mit Patienten aus kirchlichen oder privaten Einrichtungen aufzufüllen, sondern auch mit Patienten, die aus dem Rheinland oder gar aus dem Saarland stammten. Bei Pro-Kopf-Ausgaben für die Patienten in Höhe von vierzig bis fünfundvierzig Pfennigen konnte Bernotats Büro die Differenz zu den 1,20 bis 2,50 Reichsmark, die sie den Behörden der anderen Länder für die Unterbringung der Patienten in Rechnung stellten, in die eigene Tasche stecken.[19] Ein Pfennig gespart bedeutete ein Pfennig verdient. Während seines Prozesses erinnerte sich Mennecke daran, daß Bernotat auf seinen – Menneckes – Protest gegen die Überfüllung der Anstalten mit den Worten reagiert hatte:»Schlagt sie doch alle tot, dann habt ihr wieder genug Platz.«[20]

Die aus dieser Politik resultierende Überfüllung der Anstalten wird anhand der nachfolgenden Zahlen deutlich, die die durchschnittliche Patientenzahl pro Jahr in der Landesheilanstalt Eichberg für die Jahre zwischen 1934 und 1940 wiedergeben: 793 (1934); 825 (1935); 891 (1936); 890 (1937); 963 (1938); 1137 (1939); 1236 (1940). In ungefähr dem gleichen Zeitraum verschlechterte sich die Relation Arzt – Patient von eins zu 162 im Jahre 1935 auf eins zu 300 in 1938.[21] Dabei wurde dem Umfang an Ab- und Zugängen keinerlei Rechnung getragen. Wie Dr. Hinsen feststellte: »Der Patient, der aufgenommen und entlassen wird, macht natürlich weit mehr Arbeit als ein älterer Patient, der längere Zeit da ist. Das Verhältnis 1:150 halte ich für tragbar.«[22] Ähnliche Sparmaßnahmen und Überbelegungen waren auch in den anderen Anstalten der Region zu verzeichnen. In Hadamar bei Limburg, wo eines der maßgeblichen Zentren der Ermordung von Patienten entstehen sollte, sanken die tatsächlichen Ausgaben pro Patient und Tag von 0,47 Reichsmark im Jahre 1936 auf 0,44 Reichsmark pro Tag im Folgejahr.[23] Bis Mai 1939 war die Anstalt in der Regel mit sechshundert Patienten belegt, ungeachtet der Tatsache, daß man drei Jahre zuvor eine maximale Belegungsquote von 379 Patienten festgelegt hatte.[24] In Weilmünster waren im Jahre 1938 1515 Patienten in Gebäuden untergebracht, die 1934 lediglich 656 Patienten beherbergt hatten.[25] Zwischen 1937 und 1938 wurden gut 385 Patienten aus einem halben Dutzend privater und kirchlicher Heime in staatliche Einrichtungen in Haina und Merxhausen verlegt. Dabei hatten diese beiden Heilanstalten bereits enorme Schwierigkeiten, mit den etwa 900 Patienten pro Anstalt zu Rande zu kommen, was die Behörden nicht an der Forderung hinderte, die Kapazitäten durch zusätzliche Unterbringung von je zweihun-

dert weiteren Patienten zu steigern. Eine Reihe kleinerer und spezieller
Einrichtungen wurde im Interesse einer effektiveren Auslastung der staatlichen Anstalten »wegrationalisiert«. Schritt um Schritt wurden die Le-
bensmittelausgaben in den staatlichen Einrichtungen gekürzt. In Haina
sank die Summe der Ausgaben für Lebensmittel pro Patient und Tag von
0,69 Reichsmark im Jahre 1932 auf 0,56 Reichsmark 1933, 0,55 Reichsmark 1934 und schließlich auf 0,54 Reichsmark im Jahre 1935. Diese
Summen sollten den Ausgaben in der Zeit vor der Depression in Höhe
von 0,93 Reichsmark im Jahre 1931 und dem Nachkriegsbetrag von
1,50 DM 1954 gegenübergestellt werden.[26]

Um nicht dem Irrglauben zu erliegen, diese Maßnahmen seien unwil-
ligen Anstaltsverwaltungen aufgezwungen worden, genügt ein Blick in
die Jahresberichte oder anderweitige Veröffentlichungen der Verwaltungen. Darin kommt eine geradezu begeisterte Komplizenschaft zum Ausdruck. So feierte beispielsweise die Verwaltung der Heilerziehungsanstalt
für zurückgebliebene Jugendliche in Idstein 1936 lautstark die Erfolge
von »drei Jahre[n] nationalsozialistische[r] Leitung«. Graphiken verdeut-
lichten den Anstieg der Auszubildenden von 614 im Jahre 1933 auf 737
in 1935, während zwei Jahre später die Ausgaben pro Patient und Tag
von 2,38 Reichsmark 1932 auf 1,83 Reichsmark reduziert werden konnten. Dies hatte in der besagten Zeitspanne eine Nettoersparnis von
312 524 Reichsmark zur Folge, die für »erbgesunde Menschen frei« wurden. Für die Unterbringung des Pflegepersonals brachte man enorme Beträge auf, und die Anstaltsschulden wurden um 109 400 Reichsmark
gesenkt.[27] Die Psychiater investierten eine Menge geistiger Energie, um
auszuarbeiten, was die Anstalten im Zuge der »Schlacht um Lebensmittel« oder der vom Vier-Jahres-Plan vorgegebenen Sparprogramme einsparen konnten.[28]

Die von den beiden Kirchen verwalteten Wohlfahrtsorganisationen
wurden unterrichtet, daß die Verlegungen in staatliche Einrichtungen
»lediglich aus Gründen der erhöhten Wirtschaftlichkeit ... und nicht aus
irgendwelchen politischen oder anderen Gründen« erfolgt seien, wobei
letzteres wohl kaum sehr vertrauenerweckend klang. Man forderte sie
auf, das »Führer-Prinzip« zu übernehmen, was in diesem Falle bedeutete,
die unmittelbare Autorität der regionalen Gesundheitsbehörden anzuer-
kennen oder andernfalls ihre Schützlinge preisgeben zu müssen.[29] Für
das SS-Organ *Das Schwarze Korps* stellten die Verlegungen einen Konflikt zwischen gegensätzlichen Zielen dar. Während die katholischen
Wohltätigkeitsorganisationen ihr Ziel darin sahen, »Menschen zu Kin-

dern Gottes zu erziehen«, war es in den Augen der Regimeanhänger –
wie beispielsweise Traupel –»das höchste Ziel, Menschen zu Deutschen
zu erziehen«. Keine Rede davon, daß ihre Pro-Kopf-Ausgaben niedriger
als in den staatlichen Institutionen waren; daß ihre Institutionen Boll-
werke gegen den Bolschewismus darstellten; daß sie sich für die Einführung der Zwangssterilisationen eingesetzt hatten; oder daß sie»Nun
danket alle Gott« sangen, um Hitlers Annexion des Sudetenlandes zu feiern – nichts von alledem half, den beabsichtigten Zugriff des Staates auf
ihre Schützlinge abzuwehren.[30]
　　Welche Auswirkungen hatten diese Sparmaßnahmen auf das Alltags-
leben und die Gesundheit der Patienten? Professor Kleist, Ordinarius für
Psychiatrie in Frankfurt am Main, der die Heil- und Pflegeanstalten Hessen-Nassaus und des Rheinlandes bislang einmal jährlich inspiziert hatte,
führte im Jahre 1938 eine letzte Inspektionsreise durch. Kleist mußte erst
seinen Rücktritt androhen, bevor man ihm erlaubte, seinen gesetzlichen
Aufgaben als Inspekteur nachzukommen. Infolge eines allzu deutlichen
Streites mit Bernotat während dieser Inspektion wurde dem Professor
schließlich die Rückkehr an seinen Arbeitsplatz verwehrt. In Eichberg,
das er im März 1938 besuchte, zeigte er sich entsetzt in Anbetracht eines
Arzt-Patient-Verhältnisses von eins zu 446, was eine ernsthafte Bedrohung für die Gesundheit der Patienten darstellte. Theoretisch veran-
schlagte man die lächerliche Summe von 0,49 Reichsmark für die tägliche
Lebensmittelration pro Patient. Die unhygienische Lagerung in Strohbetten entsprach allgemeiner Praxis. Es gab keinerlei Anzeichen für die
Anwendung der neuen aktiven Therapien.[31]
　　In Herborn und Weilmünster standen die Dinge nicht viel besser.
Kleist stellte fest, daß die kürzlich wiedereröffnete Heilanstalt in Weilmünster mit chronisch Kranken aus kirchlichen Einrichtungen belegt
worden war. Hier kam ein Arzt auf 503 Patienten. Dem standen neun Verwaltungsangestellte gegenüber. Die an chronischem Schwachsinn leidenden Patienten wurden ohne jegliche Untersuchung und Therapie sich
selbst überlassen. Im vorhergehenden Jahr waren 157 Patienten gestorben, darunter 24 Personen an Tuberkulose. Kleist bemerkte, daß Bett-
zeug und Kleidung auffällig sauber waren, als ob man sie extra für diese
Inspektion gereinigt hätte. Bernotat, der ihn begleitete, schwärmte in
höchsten Tönen von den Heimen der Privaten und der Wohlfahrtsorganisationen für chronisch kranke Patienten, in denen auf einen Arzt 900 Patienten kamen. Kleist hielt dies für unverantwortlich. Als Kleist beim Anblick der Strohbetten zornig wurde, wies Bernotat auf ein benachbartes

Arbeitslager hin, in dem selbst die Offiziere ähnlich untergebracht seien. Nicht minder ärgerte es den Professor, daß Bernotat ständig von »Idioten« und »Asozialen« sprach.[32]

Die drastischen Spar- und die Rationalisierungsprogramme waren allerdings nur zwei von mehreren Maßnahmen, die sich während der nationalsozialistischen Herrschaft auf die Heil- und Pflegeanstalten auswirkten. Hinzu kam die Einführung des »Führerprinzips«, d. h. die unverhohlene Politisierung des institutionellen Lebens, die in einigen Fällen mit erzwungenen Personalveränderungen ihren Anfang nahm. In der Anstalt Kalmenhof bei Idstein, eine Gründung aufgeklärter Kleriker und jüdischer Philanthropen, hatte die Einführung des »Führerprinzips« die Entlassung des Direktors Emil Spornhauer zur Folge sowie den Austausch wohlgesonnener Sponsoren im Trägerverein der Anstalt durch ortsansässige nationalsozialistische Fanatiker aus den unteren Schichten. Bewerkstelligt wurde dies durch eine Herabsenkung des Mitgliedspreises im Trägerverein von 20 auf eine Reichsmark, was wiederum die Wahl des allgegenwärtigen Fritz Bernotat zum Vorsitzenden des Vereins erleichterte.[33] Spornhauer wurde von einer Gruppe SS-Männer hinausgeworfen, während der neue Direktor, Müller, bezeichnenderweise mit einem Revolver in der Hand zuschaute.[34] Eine der ersten Amtshandlungen Müllers bestand darin, die Bestimmungen des Gesetzes zur Wiederherstellung des Berufsbeamtentums einzuführen und eine Reihe neuer »Betriebsgrundsätze« zu erlassen. Im Abschnitt »Aufgaben des Betriebs« wurde das Personal angewiesen: »Die vornehmste Aufgabe des Betriebes ist es, so zu wirtschaften, daß die Aufwendungen des nationalsozialistischen Staates für die Fortpflanzung nicht geeigneter Volksgenossen auf ein Mindestmaß gesenkt werden können. Das ist bei stärkster Belegung und größter Sparsamkeit in allen Häusern möglich.« Jüdische Ärzte, Krankenpfleger und -pflegerinnen wurden entlassen, der Hitler-Gruß galt fortan als obligatorisch, und das Personal erhielt die Anweisung, sich einer Gliederungen der nationalsozialistischen Arbeiterorganisation anzuschließen sowie an den Paraden und Feiern der Nationalsozialisten teilzunehmen.[35]

Auch in den kirchlichen Heimen schlug sich die im ganzen Land herrschende Stimmung nieder. Von der protestantischen Anstalt in Stetten, Württemberg, wurde berichtet: »Die Feierlichkeiten im Gefolge der nationalen Revolution gehörten für uns zu den schönsten Ereignissen dieses Jahres: sowohl unsere Kleinsten als auch die Großen fanden am Flattern der Fahnen sowie dem freudigen Treiben großen Gefallen.« Der Direktor der Anstalt in Schwäbisch-Hall meinte: »Wir können nicht genügend dafür danken, daß wir einen Führer haben, der seine Autorität vor dem Volk und der ganzen Welt so eindrucksvoll demonstriert hat.« Der Alltag in diesen Anstalten nahm mehr und mehr militärische Züge an. In Mariaberg marschierten die Körperbehinderten an den Sommerabenden »in gepflegter Ordnung durch den Anstaltshof hinaus ins Freie. Von da an folgte ein Hitler-Lied dem anderen, bis der Einbruch der Nacht dem Singen eine Ende setzte.« Besucher wurden in den Klassenräumen mit einem lautstarken »Heil Hitler« begrüßt, denn die Schüler wollten »wahrhafte Anhänger der Hitler-Jugend sein«. Selbst die »Schwächsten« gaben sich alle Mühe, ihre Arme zum deutschen Gruß zu erheben.[36]

Das medizinische Personal in den kirchlichen Heilanstalten setzte sich zunehmend aus Personen zusammen, deren Einstellung zu geistig oder körperlich Behinderten alles andere als christlich war. Im Jahre 1937 hielt Dr. Rudolf Boeckh, NSDAP-Mitglied seit 1932 und ab 1936 Chefarzt der lutherischen Heilanstalt in Neuendettelsau, eine Rede vor der Ortsgruppe der NSDAP über die »Vernichtung lebensunwerten Lebens«. Nachdem er kurz auf den angeblichen Hang primitiver Völker, der Chinesen und der Spartaner einging, »Idioten« bereits bei der Geburt zu töten, kam er auf die vorgebliche Kostenexplosion der staatlichen Wohlfahrtsausgaben zur Versorgung der Kranken in Deutschland während des 19. Jahrhunderts zu sprechen. Er erläuterte, während des Ersten Weltkrieges sei für den Aufenthalt einer Person in einer Heilanstalt mehr Geld ausgegeben worden als für die Versorgung eines Soldaten an der Front.

Er verdammte eine »individualistische« Mentalität, die sich in der »übertriebenen Fürsorge« der staatlichen Einrichtungen niederschlage, und pries die spröden Vorzüge kirchlicher Wohlfahrtseinrichtungen als eine Form von »Einfachheit«, die seitens jener staatlichen Inspektoren bedroht werde, die sich mit solch akademischen Angelegenheiten wie der Frage befaßten, wieviel Kubikmeter Raumluft für jeden Patienten erforderlich sei. Die kirchlichen Einrichtungen hingegen verstünden es, die Leute sehr viel kostensparender in ihre Räumlichkeiten hineinzuzwängen. Dann entfaltete Boeckh sein zentrales Argument, indem er behauptete, der einfache Mann von der Straße, dem die Ausgaben für Geisteskranke ein Dorn im Auge seien, stelle sich die Frage: »Warum vernichtet man dieses für die Allgemeinheit unwerte, ja die Allgemeinheit belastende Geschöpf nicht im Interesse des gesunden Teiles des Volkes?« Boeckh meinte, ein jeder Arzt habe solche und ähnliche Fragen immer und immer wieder zu hören bekommen. Auf diese verständlichen Fragen habe der nationalsozialistische Staat nun eine angemessene Antwort gefunden, deren Kern ideologisch auf »das Positive, Gesunde, Ertragreiche, Lebens-bejahende« ausgerichtet sei und alles »Kranke, das nicht wieder der Gesundung zugeführt werden kann« als »Last« betrachte. Die Entscheidung über die »Vernichtung lebensunwerten Lebens«, die bislang in den Händen Gottes gelegen habe, liege nun ausschließlich in den Händen seines Stellvertreters auf Erden, d. h. in den Händen des »Führers«. Boeckh skizzierte sodann, auf welche Weise der Plan einer umfangreichen Erfassung entsprechender Fälle, die Einrichtung einer Art Erbgesundheitsgerichts sowie die Schaffung eines mit medizinischen und juristischen Fachleuten besetzten Beratungsgremiums realisiert werden solle. Da die Familienangehörigen der zur Tötung vorgesehenen Patienten ja irgendwie mit einbezogen werden müßten, sei es sicher nicht verkehrt, die Öffentlichkeit insgesamt ein wenig vorzubereiten, indem man die genetisch schädlichen Folgen insbesondere für Familien hervorhebe, in deren Reihen ein oder mehrere »Idioten« vorkämen. In Vorwegnahme möglicher Einwände von seiten religiös denkender Menschen schloß Boeckh mit einem in verstiegenem Deutsch formulierten Gedanken, der die Sprache der Genetik mit der Welt der Bibel zu versöhnen suchte:

Den weltanschaulichen Bedenken gegenüber wird man sagen können, daß der Schöpfer zwar Krankheit dem Menschen schicksalsmäßig auferlegt hat, daß aber die schwerste Idiotie und der völlige groteske Zerfall der Persönlichkeit nichts mehr mit dem Ebenbild Gottes zu tun hat und daß der Schöpfer uns in unserem lebensbejahenden Empfinden eine Mahnung ins Herz gegeben hat, diese Verzerrung des menschlichen Antlitzes nicht in einer übertriebenen und darum falschen Barmherzigkeit zu erhalten, sondern dem Schöpfer zurückzugeben.[37]

Obwohl die Anstaltsbehörden die etwas abweichende Meinung vertraten, so etwas wie »lebensunwertes Leben« gebe es nicht, kamen sie ihrem Kollegen Boeckh doch auf halbem Wege entgegen, indem sie anerkannten, daß es »von Natur aus Leben von geringerem Wert« gebe, das zu sterilisieren im Interesse der Gesellschaft liege. Der Staat war eine der welterhaltenden Kräfte, und die Lutheraner sollten daher den Anordnungen des Staates Folge leisten. In Anbetracht dieser Mentalität kann es kaum überraschen, daß die Boeckhs dieser Welt freie Bahn erhielten und 1911 der 2137 Insassen von Neuendettelsau 1941 dem Tod preisgegeben wurden. In vielen Heil- und Pflegeanstalten wurde die Freiheit der Direktoren, ihr Pflegepersonal selbst auszuwählen, mehr und mehr beschnitten. Direktor Hinsen erinnerte sich beispielsweise, ihm sei 1936 in Eichberg mitgeteilt worden, er »werde in Zukunft nur noch SS-Ärzte bekommen; die wissen am besten, wie man mit einer Spritze umgeht«.[38] Dies traf in erster Linie auf Dr. Friedrich Mennecke zu, dessen steile medizinische Karriere im Gleichschritt mit seinem Aufstieg in der SS verlief. Innerhalb von zwei Jahren hatte Mennecke Hinsen verdrängt und sich selbst samt seiner jungen Frau Eva in den Direktoratsräumlichkeiten von Eichberg eingenistet.

Die Psychiatrie galt noch nie als ein medizinischer Teilbereich, der auf intellektuelle Überflieger eine besondere Anziehungskraft ausgeübt hätte oder Personen attraktiv erschienen wäre, die Erfolg mit hohen Verdiensten in der Allgemeinmedizin oder im öffentlichen Gesundheitswesen gleichsetzten. Psychiater galten nicht selten als Ärzte zweiter Klasse.[39] Selbst innerhalb der Profession war die Meinung verbreitet, die Psychiatrie habe es mit Abschaum zu tun. Anhaltende Nachwuchsprobleme, die mit der abgeschiedenen Lage der meisten Heil- und Pflegeanstalten sowie den internen autoritären Karrierestrukturen in Zusammenhang standen, wurden durch die unbarmherzig negative eugenische Propaganda der Nationalsozialisten noch verstärkt. Man betrachtete die Psychiater als gesellschaftliche Versager, die hilflos und isoliert Seite an Seite mit Menschen zusammenlebten, die offiziell stigmatisiert waren. In einem Artikel über die Schwierigkeiten der Nachwuchsrekrutierung schrieb Direktor Ast, die Psychiatrie werde mehr und mehr zum Sammelbecken von »Elemente[n]…, die sich selbst zum Daseinskampf im freien Beruf nicht tauglich genug fühlen«.[40]

Gleichwohl wäre es völlig irreführend, das neue Klima innerhalb der Anstalten einem Wandel des Zeitgeistes, der politischen Lage oder aber dem intellektuellen Profil der Verantwortlichen zuzuschreiben. Die alte Garde hatte nur wenig Schwierigkeiten, sich den neuen Verhältnissen anzupassen. Fritz Ast (1872–1956), dessen Ansichten wir bereits kennengelernt haben, war von 1931 bis 1937 Direktor der Anstalt in Eglfing-Haar. Nach dem Studium in München, Wien und Berlin arbeitete Ast seit 1899 ständig in Heil- und Pflegeanstalten mit Ausnahme einiger kurzer Unterbrechungen, während der er den geisteskranken König Otto von Bayern betreute und später als Militärarzt im Ersten Weltkrieg an der Front tätig war. Als Mitglied jedes einschlägigen Verbandes, Vorstandes und Komitees war Ast zu seiner Zeit einer der angesehensten Anstaltspsychiater in ganz Bayern.[41] Sein Nachfolger, Pfannmüller, der einst ein Kind einem toten Hasen gleich herumzeigte, räumte in seinem ersten Jahresbericht seinem berühmten Vorgänger mit einer an lobenden Worten überreichen Abschiedsrede viel Platz ein. Ast war ein engagierter Anhänger von Simons Arbeitstherapie und von Kolbs in München und Umgebung praktiziertem Modell der offenen Fürsorge. Er hatte Einrichtungen zur Durchführung der Insulin-Koma-Therapie geschaffen, damit die Schizophrenen »nicht dauernd Anstaltsinsassen und damit teure Ballastexistenzen sein müßten«. Im Jahre 1931 führte er mit Erfolg die Verschmelzung von Eglfing-Haar zu einem einzigen großen Anstaltskomplex durch. Mit der veränderten Situation nach 1933 freundete er sich an, ohne seine ethischen Kräfte überstrapazieren zu müssen.»Ast war ein überzeugter Verfechter für die Notwendigkeit rassischer Gesetzesmaßnahmen, und die Einführung der Erbgesundheitsgesetze stellten ihn vor neue Herausforderungen, die er auf vorbildhafte Weise meisterte.« Pfannmüller, ein wenig drum herum redend, kommentierte:»Die Erbkranken innerhalb der Anstalt wurden zügig in einer Kartei registriert und den Bestimmungen des Gesetzes entsprechend behandelt.« Im Klartext bedeutete dies, daß eine neue chirurgische Abteilung eingerichtet worden war, in der Patienten sowohl aus Eglfing-Haar als auch den umliegenden privaten Anstalten und Wohlfahrtseinrichtungen sterilisiert wurden. Ast wurde auch »aufgefordert«, als Richter am Münchener Erbgesundheitsgericht tätig zu werden. 1935 ergriff Ast die Initiative zur Schaffung einer Abteilung, die die Erbgesundheit seiner Patienten und darüber hinaus die ihrer Verwandten systematisch kontrollierte. Von seinen Kollegen geachtet, galt er auch unter seinen Patienten als »mitfühlender und geschätzter väterlicher Berater«. Pfannmüller wünschte seinem hochgeachteten Vorgänger:»Möge doch dem Arzte nach arbeitsreichem Schaffen ein langes und ungetrübtes *otium cum dignitate* beschieden sein, in dem er fern von des Dienstes Sorge und Mühe sich ganz seinen persönlichen Neigungen als Wissenschaftler und Mensch hingeben kann.«[42]

Die Veränderungen innerhalb des medizinischen Personals waren von einem Zustrom ungeeigneter Personen in die pflegerischen Berufe gekennzeichnet. Auch hier trat der verheerende Einfluß der neuen Machthaber zutage. Wirtschaftliche Not und politische Patronage entschieden über die Besetzung von Stellen. Die Anstalten wurden unter Druck gesetzt, arbeitslosen Mitgliedern nationalsozialistischer Verbände wie der SA oder des BDM Arbeitsplätze zur Verfügung zu stellen.[43] In Strecknitz wurden aktive Mitglieder der Gewerkschaft oder der SPD von einem auf den anderen Tag entlassen und durch Angehörige der SA ersetzt.[44]

Detaillierte Untersuchungen des Pflegepersonals in den Heil- und

Pflegeanstalten lassen vermuten, daß die Krankenschwestern und Krankenpfleger alles andere als jenen hochmotivierten, idealistischen jungen Menschen entsprachen, wie sie in den nationalsozialistischen Propagandafilmen präsentiert wurden. Die Krankenschwestern stammten zumeist aus kleinbürgerlichen Verhältnissen und waren zwischen Schulabschluß und dem Beginn ihrer Krankenschwesterkarriere als Haushälterinnen oder Industriearbeiterinnen beschäftigt. Solange sie noch nicht verheiratet waren, schien ihnen die Krankenpflege einen gesicherten Arbeitsplatz zu bieten.[45] Die Krankenpfleger waren oft älter, stammten aus den unteren sozialen Schichten und landeten im Beruf des Pflegers, nachdem sie zuvor etwa als Zimmermann, Landarbeiter und Lastwagenfahrer gearbeitet hatten. Die meisten von ihnen waren von der Wirtschaftsdepression hart getroffen. Der Beruf des Krankenpflegers bedeutete für sie einen Ausweg aus Langzeitarbeitslosigkeit und sozialer Deklassierung, wobei die Mitgliedschaft in der NSDAP als eine Art Arbeitsgarantie betrachtet wurde, die eine gesicherte und dauerhafte Beschäftigung im öffentlichen Dienst zu gewährleisten versprach.[46] Nur äußerst selten verfügten sie über spezielle Fähigkeiten, die ihnen in irgendeiner Weise für die Krankenpflege hätte von Nutzen sein können. In den Anstalten putzten sie und besorgten den Abwasch, weil sie es zu nichts anderem gebracht hatten. Eine ehemalige Krankenschwester erinnerte sich:

Mein Vater war Kaufmann. Er hatte ein Kolonialwarengeschäft mit Gastwirtschaft und betrieb daneben etwas Landwirtschaft. Er ist 1918 verstorben. Nach dem Kriege wurde meine Heimat polnisch, wir optierten für Deutschland. Meine Mutter mußte dann verkaufen, und ich habe die nächsten drei Jahre in einem Flüchtlingslager in Sachsen verlebt, bin dort auch in die Schule gegangen. Das war in den Jahren 1921 bis 1924. Dann kamen wir in die Gegend von Ingolstadt, wo ich die Schule bis zum Abschluß besuchte. Anschließend war ich zwei Jahre in München an einer Haushaltungsschule der Diakonissen und wurde dann Haushaltsgehilfin. An sich wäre ich gerne Lehrerin geworden. Wir hatten aber unsere ganzen Ersparnisse verloren, und meine Mutter verdiente nur wenig, so daß ich mir die Ausbildung nicht leisten konnte. Ich bin deshalb bis 1936 im Haushalt tätig gewesen. Als dann auch mein Bruder ausgelernt hatte, zog meine Mutter mit uns nach Norddeutschland. Sie pachtete in der Nähe von Neuruppin ein Geschäft. Dort habe ich geholfen. Der Laden rentierte sich jedoch nicht, meine Mutter hat ihn nach zwei Jahren wieder aufgegeben. Ich stand damit vor der Notwendigkeit, mich wieder im Beruf zu betätigen. An sich wäre ich gerne in ein Krankenhaus gegangen. Die Bedingungen waren aber zu ungünstig. Da las ich zufällig eine Zeitungsnotiz, die für die Laufbahn einer Pflegerin warb; die Ausbildung sei dort kostenfrei, man bekomme im Gegenteil sofort ein Taschengeld. Das bewog mich, mich in der Heil- und Pflegeanstalt Neuruppin zu bewerben. Ich habe meinen Dienst dort am 01.01.38 angetreten.[47]

Paul R. wurde 1907 in Wolfenhausen geboren und trat nach seinem Schulabschluß eine Lehre als Gärtner an. Die heraufziehende Wirtschaftsdepression wirkte sich auf die Löhne in diesem Sektor besonders negativ aus und zwang Paul R., eine Stelle als Landarbeiter anzunehmen. Bis Weihnachten 1930 arbeitete er für einen Bauern im nahe gelegenen Dörfchen Flach. Als Paul R. im gleichen Jahr nach Hause zurückkehrte, nahm er Gelegenheitsarbeiten im Rahmen eines staatlichen Arbeitsbeschaffungsprogramms an. 1930 trat er der NSDAP in der Absicht bei, seine Chancen auf dem Arbeitsmarkt zu verbessern. Nach mehreren Jahren der Gelegenheitsarbeit beziehungsweise Arbeitslosigkeit begann er 1936 in der Heilanstalt Weilmünster eine Ausbildung zum Krankenpfleger.[48]

Auf besondere Weise traf das nationalsozialistische Gesetz zur Verhütung erbkranken Nachwuchses diejenigen Personen, die sich entweder als Patienten innerhalb einer Anstalt befanden oder aber aus ihr entlassen worden waren. Wie wir im vorangegangenen Kapitel gesehen haben, stimmte das Kabinett in der Sitzung vom 14. Juli 1933 diesem Gesetz zu, das dann am 1. Januar 1934 in Kraft trat. Es erlaubte die Zwangssterilisation von Menschen, wenn diese unter einer der folgenden, für erblich gehaltenen Krankheiten litten: angeborener Schwachsinn, Schizophrenie, manisch-depressive Psychose, erblich bedingte Epilepsie, Huntington Chorea, angeborene Blindheit, angeborene Taubheit, schwere körperliche Mißbildungen.[49] Zwischen 1934 und Mai 1945 wurden etwa 400 000 Menschen tatsächlich sterilisiert – etwa ein Prozent der gesamten Bevölkerung im fortpflanzungsfähigen Alter.[50] Ungefähr 220 Erbgesundheitsgerichte wurden eingerichtet, ein jedes bestehend aus einem Richter und zwei Ärzten samt einigen Erbgesundheitsobergerichten, die sich mit Berufungen und Revisionen zu befassen hatten.[51] Diese Gerichte prüften schlicht die Beweislage und fällten Urteile; es handelte sich dabei keineswegs um Gerichtsverfahren im üblichen Sinne, in denen die juristischen Argumente pro und contra ausgetragen wurden. Die Anwesenheit desjenigen, um dessen Sterilisation es ging, wurde als nicht notwendig erachtet.[52] Die Ärzte, die diesen Gerichten angehörten, waren keineswegs zwingend Neurologen oder Psychiater, sondern konnten ebensogut Dermatologen oder Chirurgen sein, die über keinerlei spezielle Kenntnisse psychiatrischer Krankheitsverläufe verfügten.[53]

Im Falle der Anstaltsinsassen, aus deren Reihen 30 bis 40 Prozent der zwischen 1934 und 1936 Zwangssterilisierten stammten, ging die Initiative vom medizinischen Personal der entsprechenden Einrichtung aus und damit von jenen, die häufig auch in den Kommissionen saßen, die über die Sterilisationen zu entscheiden hatten. So gehörte beispielsweise auch Valentin Faltlhauser, der die Sterilisation seiner Patienten in Kaufbeuren-Irsee initiierte, dem Erbgesundheitsgericht in Kempten an, das für diese Fälle zuständig war.[54] Auf diese Weise steigerte sich der Interessenkonflikt zu einem vollständigen Bruch mit allen Regeln medizinischer Vertraulichkeit. Liest man jedoch Faltlhausers Schriften, scheint es, als seien ihm derlei ethische Aspekte niemals in den Sinn gekommen. Die Sterilisationsanträge waren in der Regel lediglich mit zusammengeschusterten Auszügen medizinischer Berichte versehen, die freilich zu gänzlich anderen Zwecken entstanden waren. Auch im Falle ehemaliger Patienten griff man auf die eugenische Weisheit von Laien zurück, stützten sich die Behörden doch auf die »Fachkenntnisse« von Personen, die Bürgermeister, Fürsorger oder Lehrer waren.

Die Amtsärzte beziehungsweise Anstaltsdirektoren, die die Anhörungen in Sachen Sterilisation veranlaßten, waren verpflichtet, anhand eines elfzeiligen »Merkblatts« die betroffene Person über Sinn und Zweck der Operation in Kenntnis zu setzen und ihr zu versichern, daß für ihre allgemeine Gesundheit einschließlich der Libido keinerlei schädliche Folgen zu erwarten seien.[55] Paragraph zwölf erlaubte den Einsatz der Polizei, um die Opfer in den Operationssaal zu schaffen.[56] Im Juni 1935 wurde der Zeitraum, innerhalb dessen Berufung eingelegt werden konnte, von einem Monat auf 14 Tage reduziert.[57] Die Operation selbst bestand aus der Abbindung der Eileiter bei Frauen und der Vasektomie bei Männern.[58]

In Eglfing-Haar wurden die Eingriffe von einem Chirurgen und einem Gynäkologen durchgeführt, die aus München herbeigeholt wurden und für ihren Einsatz eine großzügige Entlohnung erhielten. Oft sterilisierten sie unter örtlicher Betäubung beziehungsweise Vollnarkose bis zu fünf Frauen oder zwölf Männer an einem Vormittag.[59] Patienten aus Kaufbeuren-Irsee wurden im städtischen Krankenhaus sterilisiert. Mehr und mehr galt es allgemein als sicher, bei Einweisung in eine Heilanstalt auch sterilisiert zu werden.[60] Im Februar 1936 wurde bei Frauen die Sterilisation per Radium und Röntgenbestrahlung (»Strahlenbehandlung«) eingeführt, sofern sie über 38 Jahre alt waren oder eine Abbindung der Eileiter als lebensgefährlich erschien.[61]

Für gewöhnlich schwankte die Zeit der Rekonvaleszenz zwischen einer Woche und 14 Tagen. Seit 1935 kam es in Eglfing-Haar immer wieder zu Komplikationen und Todesfällen. Von den 350 in jenem Jahr sterilisierten Patienten starben zwei Frauen – 36 und 40 Jahre alt – an den Folgen des Eingriffs, wobei die ältere von beiden bei dem unverantwortlichen Versuch, die Sterilisation mit einer Abtreibung per Kaiserschnitt zu verbinden, an Blutverlust starb.[62] Im Jahre 1936 starb eine 31jährige schizophrene Frau eine Woche nach ihrer Operation an bronchialer Lungenentzündung.[63] Es überrascht kaum, daß die jährlichen Berichte über die Sterilisationsquoten keinerlei Anmerkungen über die nachteiligen psychologischen Folgen bei den Patienten enthalten, Folgen, die man nur indirekt beispielsweise aus der Tatsache folgern kann, daß sich 1933 ein Patient »aus Furcht vor der Sterilisation« mit einem Brotmesser selbst zu kastrieren versuchte.[64] In Kaufbeuren-Irsee litten im ersten Jahr der Durchführung dieser Maßnahmen zwei Patienten unter schweren postoperativen Komplikationen, und ein weiterer Patient beging kurz nach seiner Operation Selbstmord. Etwaige Zusammenhänge wurden in beiden Fällen tunlichst geleugnet.[65] In Artikeln, die sich mit den Folgewirkungen der Zwangssterilisationen beschäftigten und in angesehenen psychologischen Fachzeitschriften publiziert wurden, hieß es, die Operation führe zu keinerlei schädlichen Folgen, ja, »die meisten Erbkranken [stehen] der Sterilisierung gleichgültig, gelegentlich sogar euphorisch gegenüber«.[66]

Die Patienten, an denen diese Operation vorgenommen wurde, erinnern sich freilich weder an Gleichgültigkeit noch an »Euphorie«, sondern vielmehr an einen schmerzlichen Eingriff in ihren Körper und an langwierige physische und psychische Probleme. Der nachfolgende Abschnitt ist ein Auszug aus einem 1991 durchgeführten Interview mit Klara Nowak, der Präsidentin des Bundes der »Euthanasie«-Geschädigten und Zwangssterilisierten, die 1941 selbst zwangssterilisiert wurde:

FRAGE: Hatten Sie Schmerzen?
NOWAK: Ja, sicher. Am Anfang schmerzte die Wunde sehr, und ich erinnere mich auch daran, daß ich kurz nach dem Eingriff, ich glaube, es waren vierzehn Tage, wieder arbeiten mußte. Ich erinnere

mich sehr genau daran, daß meine Beine einknickten, als ich in die Straßenbahn einsteigen wollte. Es war sehr merkwürdig, etwas Ähnliches war mir vorher nie passiert. Ich war immer gewohnt, viel zu laufen, war immer unternehmungslustig.

FRAGE: Hat die Operation ihre Einstellung verändert?

NOWAK: Nun, da gab es nicht viel, was hätte verändert werden können. Man konnte nichts dagegen machen, man mußte irgendwie mit den Dingen zurechtkommen. Natürlich, es war sehr deprimierend. Es gab einige kritische Augenblicke, in denen einem das alles richtig bewußt wurde, daß sie es getan hatten. Freilich konnte man nichts daran ändern.

FRAGE: Wurden Ihre Pläne beeinflußt?

NOWAK: Ja, ganz bestimmt. Ich hatte mir immer eine große Familie gewünscht. Ich habe immer darüber nachgedacht, was ich bei der Erziehung meiner Kinder besser, anders machen würde, als es meine Eltern getan haben. Das war mein innigster Wunsch, eine liebe, große Familie zu haben.

FRAGE: Sie wollten damals eine eigene Familie haben?

NOWAK: Selbstverständlich, das war ein ganz normaler Wunsch; deshalb stimmte ich meine beruflichen Pläne auf meine Familienpläne ab. Ich wollte Gemeindekrankenschwester werden und einen Bauern heiraten.

FRAGE: Wie stehen Sie heute zu dieser Operation?

NOWAK: Nun, ich habe immer noch eine ganze Reihe Beschwerden. Bei jedem Eingriff, den ich in der Folge hatte, kam es zu Komplikationen. Ich mußte mit 52 Jahren in Frührente gehen – und der psychologische Druck blieb stets vorhanden. Wenn mir heute meine Nachbarn, ältere Frauen, von ihren Urenkel- und Enkelkindern erzählen, tut mir das sehr weh, denn ich habe weder Kinder noch Enkel, ich bin allein und muß ohne Hilfe anderer zurechtkommen.

FRAGE: Haben Sie noch Träume?

NOWAK: Ich hatte lange Zeit Träume. Jetzt bin ich fast siebzig und habe sie alle begraben. Wie sollte ich heute noch ein neues Leben beginnen? Dafür ist es schlicht und ergreifend zu spät.[67]

Nach dem Krieg arbeitete Klara Nowak überwiegend als Krankenschwester in der Psychiatrie.

Neben der Gelegenheit, sozial oder sexuell determinierte Vorurteile zu formulieren (was in den Originaldiagnosen häufig geschah) sowie ungeachtet der zusätzlichen Beweise, die etwa von Arbeitgebern, Schullehrern und Fürsorgern (ganz zu schweigen von den Erbgesundheitsgerichten selbst) beigesteuert wurden, wiesen die im Gesetz und in nachfolgenden Kommentaren zu findenden Kriterien, anhand deren Menschen als »erbkrank« eingestuft wurden, eine ganze Reihe besorgniserregender Aspekte auf. Die meisten dieser Kriterien tauchten auch in der zeitgenössischen psychiatrischen Literatur wiederholt auf, wenngleich sie hier eher in der Absicht angeführt wurden, Fluchtwege abzuschneiden und nicht um Fehlurteile dieser merkwürdigen Form von »Justiz« zu vermeiden.

Viele dieser Probleme sind darauf zurückzuführen, daß der erbbedingte Charakter all dieser im Gesetz spezifizierten Krankheiten im Grunde eine Frage des Glaubens war und kein Ausdruck wissenschaftlicher Gewißheit; oder aber es lag daran, daß die herangezogenen Begriffe – insbesondere »Schizophrenie« und »Oligophrenie« – als Worthülsen benützt wurden, um bequem eine große Zahl bislang unerforschter menschlicher Phänomene sprachlich zu umreißen. Waren aber erst einmal alle rechtlichen Schutzvorkehrungen aus dem Weg geräumt, war freilich keiner der Experten mehr daran interessiert, auch nur leise Zweifel anzumelden.[68]

An dieser Stelle seien nur einige besonders eklatante Widersprüche hervorgehoben, denn wollte man diese Literatur erschöpfend behandeln, würde das die Geduld des Lesers auf unzumutbare Weise strapazieren. Abgesehen von der Tatsache, daß die Hämophilie [Bluterkrankheit; Anm. d. Übers.], eine der wenigen in der Tat unzweifelhaften Erbkrankheiten, stillschweigend unberücksichtigt blieb, wurden eine Reihe von eklatanten terminologischen Taschenspielertricks angewandt, um den wissenschaftlichen Aberwitz des gesamten Unterfangens zu kaschieren.[69] Obwohl der Alkoholismus nicht als Erbkrankheit galt, betrachtete man seine »chronische« Erscheinungsform als »Beweis geistiger und moralischer Minderwertigkeit«, die eine Sterilisation rechtfertigte.[70] Tautologische Interpretationen mußten dafür herhalten, um die Sterilisation von Menschen zu rechtfertigen, die nur mäßige Trinker waren, sich zur Abstinenz bekehrten oder aus Familien stammten, in deren Krankengeschichte keinerlei erblich bedingte Schäden zu verzeichnen waren:

Der Sinn des Gesetzes würde richtig erfaßt sein, wenn gerade die alkoholintoleranten, vielfach kriminellen oder sonst wie asozialen Psychopathen sterilisiert werden, auch wenn sie nicht immerzu trunksüchtig sind und im Einzelfall die Menge des genossenen Alkohols verhältnismäßig gering ist … Gewiß: Wenn etwa nachgewiesen werden kann, daß Vater und Großvater (oder andere nähere Blutsverwandte) auch schon chronische Trinker waren, mag das als sinnfällige Stütze für das Urteil dienen. Andererseits spricht das Fehlen jeglicher »erblicher Belastung« oder das Vorkommen andersartiger seelischer Abnormität in der betreffenden Sippe keineswegs gegen die Annahme einer überwiegend anlagemäßig bedingten Trunksucht.[71]

Aus purer Bequemlichkeit betrachtete man den Alkoholismus als Beleg für eine unterschwellig vorhandene asoziale oder psychopathische Störung, obwohl in der Rechtsprechung selbst weder »asozial« noch »psychopathisch« genauer definiert waren.

Bei dem Begriff »Schizophrenie« unterließ man die nähere Charakterisierung als »erblich«, um sich die Sterilisation von Menschen offenzuhalten, bei denen die Ursachen exogener Natur waren. Daß die Krankheit bei diesen Patienten typischerweise oft nachließ, stellte keinen Grund dar, von ihrer Sterilisation abzusehen. Das gleiche galt im Falle der Zyklothymie [regelmäßige Stimmungsschwankungen; Anm. d. Übers.] oder der manischen Depression, bei denen ein Abklingen der Symptome oder eine Besserung vom rassehygienischen Standpunkt aus als »höchst gefährlich« beurteilt wurden, eine Einstellung, die zur Sterilisation vieler bereits entlassener ehemaliger Anstaltsinsassen führte.[72]

Wie wurde eine »schwerwiegende physische Mißbildung« definiert? Gehörten Menschen mit angeborenem Hüftleiden dazu?[73] War das Kind einer blinden Mutter, das aufgrund eines kindlichen grauen Stars nur über eine eingeschränkte Sehfähigkeit verfügte, erbkrank? Handelte es sich bei einer Frau, die nur 1,40 Meter groß war, oder bei Menschen mit einer Hasenscharte beziehungsweise Gaumenspalte um Fälle einer »schwerwiegenden physischen Mißbildung«? Was hatte man von einem vierundachtzigjährigen, an Muskelschwund leidenden Mann zu halten, für den der Geschlechtsverkehr wahrlich nicht mehr möglich war? Alle diese Fälle wurden als ernsthafte Mißbildungen eingestuft, und die betroffenen Personen wurden sterilisiert, in letztgenanntem Fall mit der Begründung, daß eine eventuelle Partnerin des Mannes ihm die Ausübung des Geschlechtsverkehrs erleichtern könne – obgleich man freimütig eingestand, daß seine Chancen, eine Partnerin zu finden, verschwindend gering waren.[74]

Im Falle des Schwachsinns wurde der Begriff »erblich« durch »angeboren« ersetzt, um solche Fälle mit einschließen zu können, bei denen eine erbliche Ursache nicht mit Sicherheit festzustellen war. In Gesetzeskommentaren argumentierte man, da die Krankheit »angeboren« sei, müsse sie erblich bedingt sein, obgleich sogar anerkannte Psychiater erklärten, »es sei nicht ganz sicher, ob es eine im eigentlichen Sinne ererbte Imbezillität oder richtiger Debilität überhaupt gibt«.[75] Gelang es Patienten, die Fragen eines Intelligenztestes, mit dem ihr »Schwachsinn« belegt werden sollte, zufriedenstellend zu beantworten, scheiterten sie in der Regel dennoch, und zwar aufgrund solch subjektiver Gründe wie dem ihres Lebenswandels oder eines angeblich »moralischen Schwachsinns«; oder aber man bediente sich einer indirekten Begründung, indem man auf das gehäufte Auftreten von »Schwachsinn« innerhalb der jeweiligen Familie verwies.

Ein recht offensichtlicher Trick, um die Grenze zwischen gewöhnlicher Dummheit und den verschiedenen Kriterien, die man unter dem Begriff »Schwachsinn« zusammenfaßte, zu markieren, wird in den Worten des stellvertretenden Reichsärzteführers Fritz Bartels deutlich, die er im Kontext einer Debatte äußerte, in der es um die Frage ging, ob etwas naiv gestrickte Gemüter, die Mitglied in der nationalsozialistischen Partei waren, sterilisiert werden sollten oder nicht – Debatten, die den anfänglichen Enthusiasmus für solcherlei Maßnahmen dämpften.[76] Geriet einer der eigenen Leute ins Fadenkreuz, erhielten die Argumente überraschenderweise eine »umgebungsbedingte« Note:

Wenn z.B. ein Bauernjunge aus Masuren, der kaum die Schule richtig erlebt hat, weil er immer nur auf dem Felde arbeiten mußte, nach Berlin kommt und dort in irgendeine Formation eintritt, und dann in der Trunkenheit irgendeine Dummheit gemacht hat, dann kommt bald ein Antrag auf Untersuchung zwecks eventueller Sterilisierung. Dann gibt es den berühmten Fragebogen, wann z.B. Kolumbus geboren sei, und der Junge sagt dann zu allem nein, das weiß ich nicht, dann tut er das, weil er keine Möglichkeit hatte wahrscheinlich, diese Dinge zu lernen. Aber der Arzt, der ihn einmal untersucht, kann daraus bestimmt kein endgültiges Urteil zusammenfassen, er kann daraus nicht schließen, daß der Betreffende erbminderwertig sei, weil seine Anlagen vielleicht nie zur Geltung kommen konnten. Wenn hier und da versucht wird, diese Momente außer acht zu lassen, die in der Beurteilung doch sehr maßgebend sind, so muß ich feststellen, daß damit die guten Absichten der Bewegung mißbraucht werden.[77]

Den Psychiatern war klar, daß die Intelligenztests praktisch wertlos waren. Eine Studie über »normale« und »zurückgebliebene« Schulkinder im Samland bei Königsberg, Ostpreußen, offenbarte bei beiden Gruppen dasselbe Maß an Unkenntnis die Person Bismarcks betreffend oder bezüglich der Frage, wer Amerika entdeckte. 60 Prozent der »normalen« Schulkinder konnten nicht ausrechnen, welcher Ertrag eine dreiprozentige Verzinsung von 300 Reichsmark über einen Zeitraum von drei Jahren einbringt (aus der Gruppe der »Zurückgebliebenen« schaffte dies einer) und nur 7 Prozent waren in der Lage, den Unterschied zwischen einem Rechtsanwalt und einem Staatsanwalt zu erklären (aus der Gruppe der »Zurückgebliebenen« vermochten dies zwei Kinder).[78]

Etwa 30 bis 40 Prozent der zwischen 1934 und 1936 sterilisierten Personen waren Patienten einer Heil- und Pflegeanstalt. Mit Blick auf das bloße Zahlenwerk und die weitgefaßten Kategorien stellt sich zunächst die Frage, wer denn in erster Linie von den Maßnahmen betroffen war. Die Anstalt in Eglfing-Haar wies am 19. September 1933, dem Stichtag der Erfassung aller zur Sterilisation vorgesehenen Kandidaten, eine Gesamtzahl von 2264 Patienten auf. Gut 1552 Patienten wurden von der Sterilisation ausgeschlossen, da sie entweder an einer Krankheit litten, die im Gesetz nicht genannt war (224 Patienten), weil sie zu alt waren (444 Patienten) oder aber ihre Entlassung als äußerst unwahrscheinlich galt (884 Patienten). Verblieben 712 Menschen, etwa ein Drittel aller Patienten, die zur Sterilisation vorgesehen waren, eine Tatsache, die den Anstaltsbehörden als Beleg dafür galt, »in wie hohem Maße die Anstalten doch die Sammelbecken der Erbkranken sind«.[79] In Kaufbeuren-Irsee, das eine sehr große Zahl an Schizophrenen beherbergte, entschied der radikale Anhänger der Sterilisation Faltlhauser, daß 82,04 Prozent der 1409 Patienten erbkrank im Sinne des Gesetzes seien, und stellte im ersten Jahr nach Inkrafttreten des Gesetzes 208 Anträge auf Sterilisation.[80]

Von den 150 Menschen, die 1934 in Eglfing-Haar sterilisiert wurden, waren 79 Männer und 53 Frauen. Von diesen litten angeblich 108 an Schizophrenie, 22 an angeborenem Schwachsinn, sieben an Depression, neun an Epilepsie, drei an Alkoholismus und eine Person an ererbter Blindheit. Diese Relationen blieben über die Jahre hinweg in etwa konstant. 146 der sterilisierten Patienten waren jünger als 40 Jahre, obgleich 20 Männer und drei Frauen im Alter zwischen 41 und 60 Jahren sowie ein Mann über 60 Jahre ebenfalls sterilisiert wurden. Zwei Drittel der Betroffenen war zum Zeitpunkt ihrer Sterilisation weniger als ein Jahr in der Anstalt gewesen, was bedeutet, daß die Patienten mit der günstigsten Prognose am meisten gefährdet waren, der Sterilisation anheimzufallen. Tatsächlich sind zwei Drittel der 1934 Sterilisierten 1935 entlassen worden, über die Hälfte von ihnen innerhalb von drei Monaten nach ihrem Eingriff.[81] In Eichberg gab es eine ähnlich hohe Entlassungsrate sterilisierter Patienten, d.h. 78,6 Prozent aller im Laufe des Jahres 1938 operierten Personen.[82] Das Verfahren wurde rasch systematisiert. Neuankömmlinge in Eglfing-Haar wurden zwangsweise als »E0« (nicht mehr in der Lage, Kinder zu empfangen), »E1« (frühe Entlassung wahrscheinlich, beschleunigter Antrag auf Sterilisation), »E2« (keine Entlassung absehbar, aber dem Regelfall für Sterilisationen entsprechend) und »E?« (keine abschließende Einstufung) kategorisiert.[83]

Infolge dieser Gesetze übernahmen die Ärzte eine Reihe von neuen inner- und außerfachlichen Funktionen. Wie die meisten Fachleute stöhnten sie zwar über die wachsende Arbeitslast, wußten allerdings die damit verbundene Stärkung ihres fragilen Selbstbewußtseins zu genießen. Als akademische Nobodys schienen sie auf diese Form einer äußerlichen Anerkennung angewiesen zu sein. Man möge dies nicht als plumpe »antipsychiatrische« Bemerkung mißverstehen, sondern eher als eine Beobachtung über das Wesen der Professionalisierung insgesamt auffassen. Die Eugeniker träumten von der Möglichkeit, die gesamte Bevölkerung mit Hilfe eines Datennetzes zu erfassen, dessen Knotenpunkte weit über die bisherigen, lokal gesammelten Erbdatenbestände hinausreichten. Einige dieser Datenbestände, wie etwa die von Astel oder Kranz erstellten, deckten ganze Regionen ab.[84] Seit 1936 war jeder Anstalt ein Einzugsgebiet zugewiesen, in dem eine speziell zusammengestellte Gruppe von Mitarbeitern erbbiologische Untersuchungen in solchen Familien durchführen mußte, in denen es bereits eine als »erbkrank« eingestufte Person gab. Obwohl ein paar Enthusiasten in einigen Anstalten (beispielsweise Friedrich Panse in den Wittenauer Heilanstalten) bereits seit den späten 20er Jahren solches Datenmaterial gesammelt hatten, hatte die Einführung dieser staatlich unterstützten Erbdatenerfassung beim medizinischen Personal zur Folge, daß die Zahl derer, die sich unmittelbar um die Patienten kümmern konnten, weiter abnahm.[85] Die ärztliche Praxis wurde von einer rücksichtslosen Bürokratie zunehmend marginalisiert.

Im vorangegangenen Kapitel untersuchten wir die Ausweitung der ambulanten Pflege und das in ihr angelegte Potential sozialer Kontrolle. Diese Tendenz verschärfte sich unter der Herrschaft der Nationalsozialisten. Der Kampf um die Ausrottung erblich bedingter Krankheiten glich dem »Kampf gegen eine Hydra«: Kaum war eine Person dingfest gemacht, tauchten in ihrem Umfeld um so mehr auf.[86] Die Aufspürung anomaler Personen blieb nicht mehr länger dem Zufall überlassen, sondern wurde zu einer Angelegenheit systematischer Erforschung, so wie auch die Sorge um den einzelnen von der Sorge um die Rassereinheit des Kollektivs abgelöst wurde.[87] In Kaufbeuren-Irsee war der uns bereits bekannte Hermann Pfannmüller für die ambulante Pflege verantwortlich; er legte in seinem Dienstwagen, einem Hanomag, bei seinen Touren in die Umgebung gut 21000 Kilometer pro Jahr zurück. In der Zeit zwischen seinen Inspektionsfahrten leitete Pfannmüller ein eugenisches Beratungszentrum in Augsburg und hielt vor verschiedenen nationalsozialistischen Gliederungen Vorträge über Eugenik. In Übereinstimmung mit der Ideologie des Regimes, »nämlich daß derartige defekte Menschen, die an der Grenze des psychisch Normalen stehen, keine ärztlichen Betreuungsobjekte sein können«, verringerte Pfannmüller die Zahl seiner Klientel, indem er »asoziale Trinker, Querulanten, widerspenstige Parasiten und arbeitsscheue Psychopathen« kurzerhand in Konzentrationslager abschob.[88] Was den Rest betraf, so waren es sowohl Ärzte als auch Jugend- und Wohlfahrtsverbände, die dem ambulanten Dienst entsprechende Fälle meldeten, woraufhin Pfannmüller dann ihre zwangsweise Sterilisation veranlaßte. Die Bürgermeister waren begeisterte Anhänger dieser Maßnahmen, weniger weil sie fanatische Nationalsozialisten waren, sondern weil ihnen daran lag, zu verhindern, daß beispielsweise alleinstehende Mütter mit ihren unehelichen Kindern dem kommunalen Haushalt zur Last fielen.[89] Genauer betrachtet spottet die amoralische Heimtücke der eugenischen ambulanten Pflege jeder Beschreibung. Man halte sich beispielsweise den Fall einer 23jährigen Frau vor Augen, die aufgrund ihrer Neigung, uneheliche Kinder in die Welt zu setzen, sterilisiert wurde. Ihr Verfahren am Erbgesundheitsgericht von Kempten veranlaßte Pfannmüller zu der Vermutung, in ihrer Familie könnten noch weitere abnormale Mitglieder zu finden sein:

In wochenlanger Arbeit fand ich in der Sippe eines schwachsinnigen Alkoholikers als Vater obenerwähnter Kranken und in zugehörigen Seitenlinien 21 Fälle von erbdegenerativem Schwachsinn, kombiniert mit Sprachfehlern und teilweise Schwerhörigkeit, die ich karteimäßig festlegte. Zehn Fälle mußten sofort als äußerst bedenklich begutachtet werden, da mittelbare Fortpflanzungsgefahr bestand.[90]

Um die wahren Absichten dieser Art von »Forschung« zu verschleiern (in römisch-katholischen Gegenden rieten beispielsweise die Pfarrer den Lehrern, auf keinen Fall geistig behinderte Kinder zu melden), empfahlen die Beteiligten, entsprechende Projekte in besänftigende Worte zu kleiden und als psychiatrische Forschungsprojekte oder schlicht als eine Art Volkszählung auszugeben.[91] In einigen Regionen versuchten die ambulant tätigen Psychiater die Schullehrer dafür zu gewinnen, bei der »vitalen« Aufgabe einer systematischen Erfassung ihrer Schüler zu kooperieren.[92] Die Lehrer wiederum sollten ihre Schüler ermuntern, die Stammbäume ihrer Familien zu rekonstruieren – ein Versuch, diese wahrlich unschuldigen Opfer in die eugenische Sterilisation ihrer eigenen Familien zu verwickeln.[93] Die Schulen, ausgestattet mit Behörden- und Registrierbüros, wurden zu Wachposten im Kampf gegen Erbkrankheiten.[94]

Bisher haben wir die Zwangssterilisation überwiegend anhand von Zahlen und Kategorien betrachtet. Bliebe die Diskussion jedoch auf diese Kategorien beschränkt, hieße das, genau in jene entmenschlichte Welt abzugleiten, in der sich die Täter selbst bewegten. Wie aber, so ist vielmehr zu fragen, stellte sich die Zwangssterilisation aus der Sicht der Betroffenen dar?

Für Alfred N. begann das Sterilisationsverfahren 1936. Es wurde vom Direktor der Heilanstalt in Johannistal veranlaßt und vor dem Erbgesundheitsgericht Krefeld verhandelt. Alfred N. war 35 Jahre alt. Nach einer durchwachsenen Schulkarriere trat er eine Ausbildung als Kürschner an. Er war 13mal straffällig geworden, u. a. wegen Diebstahls, Unterschlagung, Betrugs und Amtsanmaßung. Im November 1931 wurde er mit der Begründung, er stelle eine Gefahr für die Gemeinschaft dar, von der Polizei zur psychiatrischen Beobachtung in die Anstalt Johannistal eingeliefert. Er begann, »paranoide Ideen« zu entwickeln. So hatte er etwa das Gefühl, von Personen beobachtet zu werden, die ihm feindlich gesonnen waren. Er erhob gegen die Menschen in seiner Umgebung »unhaltbare Anschuldigungen«, verdächtigte sie des Komplotts, der Intrige und der Verschwörung. Alfred N. glaubte, seine »Konkurrenz« sei für die Einweisung verantwortlich, »um ihn unschädlich zu machen«.[95] Im Dezember wurde er mit der Begründung entlassen, er sei zwar ein unheilbarer Psychopath, aber nicht geisteskrank. Dennoch wurde er im Juni 1933 erneut in die Anstalt eingewiesen, und zwar unmittelbar nach Verbüßung einer Haftstrafe. Offenbar hatte ihm ein Gefängniswärter gesagt,»daß Leute wie er im Dritten Reich umgebracht würden, daß ihm giftige Pulver, und zwar hauptsächlich in den ihm gereichten Nahrungsmitteln verabfolgt würden«. Verständlicherweise beschlich ihn Todesangst, und er machte einen völlig verstörten Eindruck. Auch verhielt er sich »reichlich uneinsichtig, deutlich läppisch und zeitweise ausgesprochen verschroben«. Er arbeitete unregelmäßig und unzuverlässig. Dabei stand er unter dem Zwang, allem, was er beobachtete, eine übertragene Bedeutung beizumessen. Obwohl man kaum mehr zu ihm durchdringen konnte, schrieb er gleichwohl Briefe voller religiöser Betrachtungen. Das Erbgesundheitsgericht entschied, Alfred N. sei ein paranoider Schizophrener und müsse daher sterilisiert werden.[96] Nach erfolgloser Berufung beim Erbgesundheitsobergericht in Düsseldorf sowie einer vergeblichen Eingabe beim Stellvertreter des Führers wurde Alfred im Juli 1937 im städtischen Krankenhaus in Wuppertal-Barmen sterilisiert.[97]

Anna V. wurde 1916 im Ruhrgebiet geboren und kam im Alter von neun Jahren in ein Waisenhaus in Essen. Nach ihrem regulären Schulabschluß nahm ihre wiederverheiratete Mutter sie 1933 erneut zu sich nach Hause. Kurze Zeit später wurde sie in ein Heim eingewiesen, da sie sich mit Jungen herumtrieb und kleinere Diebstähle begangen hatte. 1936 hatte sie mit der Polizei Ärger, weil sie sich eine Gonorrhö zugezogen hatte. Im September 1937 kam sie im Alter von 21 Jahren als Patientin in die psychiatrische Anstalt Hadamar. Nicht einmal einen Monat nach ihrer Einweisung – die ursprüngliche Diagnose lautete auf »angeborener Schwachsinn« – beantragte die Anstalt ihre Sterilisation. Sie sei eine »sexuell haltlose, arbeitsscheue Schwachsinnige«. Im Rahmen einer mündlichen Verhandlung kam das Erbgesundheitsgericht in Frankfurt am Main jedoch zu dem Schluß, Anna V.s Intelligenz sei »ausreichend«, und befand, sie leide nicht an einer Erbkrankheit, auch wenn sie keinen besonders erfolgreichen Lebenslauf aufzuweisen habe.[98] Unzufrieden mit diesem Ergebnis versuchte der Anstaltsdirektor im Dezember 1937 den Urteilsspruch zu Fall zu bringen. In einem Brief an das Gericht vom 28. Dezember 1937 lenkte er die Aufmerksamkeit auf die »Tatsache«, daß Menschen, die mehrere Institutionen durchlaufen hätten, alte Hasen im Umgang mit Intelligenztests seien, und lieferten mithin »ein Resultat, das in keiner Weise der Wirklichkeit entspricht«. Der Direktor machte sich das Konzept des »moralischen Schwachsinns« zu eigen, stützte sich in diesem Zusammenhang auf die Überlegungen von Rüdin und Gütt und wies darauf hin, die »Beweise für das Bestehen eines angeborenen Schwachsinns sind hier: Die Unfähigkeit, in einem geordneten Berufsleben seinen Unterhalt zu verdienen, sich sozial einzugliedern, die Kritiklosigkeit in bezug auf das Handeln, die Willensschwäche, die Abstumpfung der ethischen Gefühle und grobe Charakterdefekte«.[99] Diese Argumentationslinie zahlte sich in zweiter Instanz aus, so daß das Erbgesundheitsgericht den Fall erneut verhandeln mußte. Anna V. hatte eine Reihe weiterer Intelligenztests abzulegen, die sie sehr schwach abschloß. Die Tatsache, daß Anna V. zum Zeitpunkt der zweiten Testreihe schwanger war, blieb gänzlich unberücksichtigt, so daß »ihre intellektuelle Minderleistung, wie sie sich aufgrund der heutigen eingehenden Untersuchung darstellt, als ausreichend angesehen werden [muß], um die Annahme eines erbbedingten anlagemäßigen Schwachsinns zu begründen«.[100] Am 15. April 1938 brachte Anna V. ein Mädchen zur Welt, das in Pflege gegeben wurde. Anna V. selbst wurde im Mai 1938 in der Anstalt Herborn sterilisiert.

Zwar gibt es reichlich Studien über einzelne Einrichtungen, jedoch stellten darin Zwangssterilisation und »Euthanasie« alle anderen Aspekte in den Schatten, und so wurde die Erforschung des Alltagslebens der Patienten während der 30er Jahre weitgehend vernachlässigt. Aus Mangel an Autobiographien der Geisteskranken oder ähnlich anschaulichem Material müssen die Informationen über das, was Erving Goffman das »Unterleben« öffentlicher Institutionen genannt hat, den Interviews mit ehemaligen Krankenpflegern und -pflegerinnen und Patienten sowie schriftlichen Quellen wie den Jahresberichten der Anstalten und den Krankenblättern entnommen werden – jenen heterogenen Papieren mithin, die nur sporadische Einblicke in den Werdegang einzelner innerhalb der Anstalten gewähren.[101] Wie wir bereits wiederholt in diesem Kapitel sehen konnten, erzählen uns die Jahresberichte eine ganze Menge über den äußeren Ablauf des Lebens in den Heil- und Pflegeanstalten, allerdings unter dem maßgeblichen Vorbehalt, daß diese Berichte für die Öffentlichkeit bestimmt waren. Daher sind sie genauso viel oder wenig von Nutzen wie etwa der detaillierte Geschäftsbericht eines Unternehmens. Über die Patienten selbst sagen sie eher wenig aus, es sei denn, es ging um Vorfälle, bei denen sie sich selbst oder anderen einen Schaden zufügten. Gleichwohl liefern sie hinsichtlich der sozialen Herkunft und Krankheit der Patienten ab dem Zeitpunkt ihrer Einlieferung in die Anstalt bemerkenswert umfangreiche statistische Angaben.

Eglfing-Haar beispielsweise nahm 1933 etwa 500 Menschen auf und entließ im Laufe des Jahres 395. Von den Entlassenen wurden einer als »geheilt«, 292 schlicht als »gebessert« beschrieben. Etwa 369 der Neuankömmlinge stammten aus München, weitaus weniger kamen aus anderen Einrichtungen Bayerns oder ganz Deutschlands. Die große Mehrzahl der Neuaufnahmen geschah auf Veranlassung der psychiatrischen Klinik in der Münchener Nußbaumstraße oder der psychiatrischen Abteilung des Krankenhauses Schwabing.[102] Verantwortlich für die erstmalige Einweisung in eine psychiatrische Institution waren entweder die eigene Familie (in 258 Fällen) oder die Behörden (in 217 Fällen), die von ihrem gesetzlich verbrieften Recht auf Einweisung Gebrauch machten, um Gefahr von den Betroffenen selbst oder anderen abzuwenden. Nur eine Person hatte in jenem Jahr freiwillig um Aufnahme in Eglfing-Haar gebeten.[103] Was die Alterszusammensetzung betraf, so waren 40,6 Prozent 30 bis 40 Jahre alt, 23,6 Prozent zwischen 60 und 70 und 25,6 Prozent zwischen 45 und 60 Jahren. Über die Hälfte der Neuaufgenommenen waren unverheiratet. Die größte Berufsgruppe stellten die Handwerker dar, obgleich es auch eine bemerkenswerte Zahl an Angestellten und akademisch gebildeten Patienten gab sowie einige kleinere Geschäftsleute und Arbeitslose. Relativ unterrepräsentiert waren Arbeiter und Bauern. Die vorherrschende Krankheit war Schizophrenie, die bei 1527 der 2325 Patienten diagnostiziert wurde. Mit beachtlichem Abstand zu dieser Gruppe folgten Personen, die an manischer Depression (142), Alkoholismus (68), Epilepsie (118), fortgeschrittener Paralyse (109) oder Schwachsinn (116) litten.[104]

Die Beweggründe von Familien, einzelne Angehörige in Anstalten unterzubringen, waren mal mehr, mal weniger von aufrichtiger Natur. Das Zusammenspiel von Krankheit einerseits und der angespannt ökonomischen Lage andererseits kann man beispielsweise am Fall Hedwig S. erkennen. Familie S. war in einem kleinen Ort namens Giersdorf, nahe Wartha in Schlesien, ansässig, etwa 20 Kilometer von der tschechoslowakischen Grenze entfernt. Josef S. stammte aus einem kleinen Dorf namens Kamnitz in der Nähe von Glatz und arbeitete als einfacher Forstarbeiter auf dem Gut des Grafen Wollny. Seine Frau Hedwig kam aus ähnlichen Verhältnissen. Die Familie (mit zwei Söhnen, Alfred und Josef, wobei von letzterem die hier wiedergegebenen Informationen stammen) fristete ein äußerst bescheidenes Dasein und lebte mitunter davon, an Feiertagen eingesammeltes Holz gegen Nahrungsmittel einzutauschen. Die Kinder wurden sehr religiös erzogen und dienten als Ministranten in der imposanten Barockkirche von Wartha. Zur Belohnung erhielten sie solch luxuriöse Dinge wie Kakao fürs Frühstück.

Im Jahre 1928 erkrankte die 29jährige Hedwig S. an Meningitis und wurde zur Beobachtung in die etwa 130 Kilometer entfernte, römisch-katholische Psychiatrie in Leubus bei Breslau eingewiesen. Die große Entfernung machte Besuche schwer und teuer. Da die wirtschaftliche Depression das magere Familieneinkommen weiter schmälerte, wurde aus dem anfänglichen normalen Krankenhausaufenthalt ein langwieriger institutionalisierter Daueraufenthalt. Hedwig S. verrichtete in Leubus einfache Arbeiten in Garten und Küche, bis sie plötzlich mit unbekanntem Ziel verlegt wurde, was im Klartext ihren Tod – wegen »Paralyse« – in der »Euthanasie«-Anstalt Sonnenstein bedeutete.[105]

Die Beweggründe für die Einweisung der Damenschneiderin Klara S. waren weit weniger rechtschaffen. Stillschweigend duldete der Vater ihre Einlieferung in die Anstalt in Herborn, hauptsächlich, weil er ihr Erbe dazu nutzen wollte, um die Schulden seines Sohnes abzulösen.[106] Habsucht war – und in einigen Ländern ist es das noch immer – ein ziemlich häufig anzutreffendes Motiv, Mitglieder der eigenen Familie in Institutionen unterzubringen und damit der Hilflosigkeit preiszugeben.

Auch die Umstände, unter denen Behörden die Einweisung von Personen betrieben, waren ähnlich vielfältig. Fritz N. beispielsweise wurde zum Opfer jener allgegenwärtigen Helfershelfer, die sich um das Wohl der nationalsozialistischen Volksgemeinschaft sorgten. Nachdem Fritz N. eine Lehre zum Einzelhandelskaufmann abgebrochen und die Handelsmarine verlassen hatte, meldete er sich schließlich zur Marine. Seine lässige Disziplin, die er gegenüber den dortigen strengen Regeln an den Tag legte, führte schließlich zu einer zeitweiligen Unterbringung in der psychiatrischen Krankenabteilung der Marine und schließlich seiner Entlassung aus dem Dienst. Wieder zu Hause, mündeten seine erotischen Fixierungen, die ihn seit der Kindheit plagten, in eine Obsession, die sich tragischerweise ausgerechnet auf eine nationalsozialistische Gemeindeschwester ausrichtete. Diese informierte einen Anstaltspsychiater, der Fritz N. mit der Begründung einwies, er stelle »eine Gefahr für die Gemeinschaft« dar. Bis 1945 verbrachte er fast drei Jahre in Heilanstalten und entkam nur mit knapper Not ein Jahr vor Kriegsende dem Tod im Vernichtungszentrum in Obrawalde.[107]

Lina C. wurde im April 1941 wegen Störung der öffentlichen Ordnung und Sicherheit von einem Verkehrspolizisten in Haft genommen. Sie hatte in Niederlahnstein Passanten attackiert und beleidigt, worauf sich rasch eine Menschenansammlung bildete. Die Polizei rief einen Arzt hinzu, der ihr ein Beruhigungsmittel verabreichte und erklärte, sie sei »eine Gefahr für die Gemeinschaft«. Lina C., die bereits eine geraume Zeit auf der Straße gelebt hatte, befand sich in einem beklagenswerten Zustand. Im ersten Bericht nach ihrer Zwangseinweisung in Eichberg hieß es, »sie ist körperlich vernachlässigt und unglaublich schmutzig. Der Dreck liegt fingerdick (!) auf dem ganzen Leib. Die Kleider sind unglaublich schmutzig und zerrissen. Sie schlägt die Hände überm Kopf zusammen und schreit ununterbrochen. Gibt keine Antwort, reagiert auf nichts. Das Gesicht ist blau gedunsen vom ständigen Toben und Schreien.«[108] Nach einem Zwangsbad, das mehr ihrer Beruhigung als ihrer Reinigung dienen sollte, brachte man sie in einem Krankenzimmer unter. Sie sprach wenig, saß herum und »arbeitete nicht«. Die auf »Meldebogen 1« vorgenommenen Einträge kamen einem Todesurteil gleich. Unter der Rubrik »Hauptsymptome« schrieb ihr Arzt: »Sie lärmt, schimpft, tobt unglaublich, zerreißt alles, ist total verschmutzt, trieb sich tagelang im Walde umher. Verursachte Auflauf, vernachlässigte sich, jetzt: noch ablehnend, einfältig, jedoch ruhiger.« Sie stelle eine Gefahr für die Gemeinschaft dar und sei eine Langzeitpatientin.[109] Folglich starb sie im Juni 1942 an »Herzversagen«.[110]

Ein weiteres Beispiel illustriert den Ablauf im Falle einer Einweisung durch ein Gericht. Wilhelm B. wurde 1866 geboren und hatte als Verpacker gearbeitet. 1937 verbüßte er eine neunmonatige Gefängnisstrafe aufgrund pädophiler Vergehen an kleinen Jungen. 1934 hatte er einen Vierzehnjährigen unter dem Vorwand, ihm seine Zigaretten-Sammelbilder zu zeigen, in seine Wohnung gelockt, um ihn sexuell zu mißbrauchen. 1937 wiederholte er ähnliches mit einem elfjährigen Jungen. Zwei Jahre später versuchte er mit einer Zufallsbekanntschaft, die er in einer Kneipe aufgelesen hatte, zum Geschlechtsverkehr zu kommen. 1941 schließlich landete er aufgrund ähnlicher Vergehen vor dem Gericht in Wiesbaden. Ein 18jähriger Gärtner hatte ihn um Feuer gebeten. Wilhelm B. antwortete, er habe zwar keine Streichhölzer bei sich, wolle sie ihm aber am folgenden Tag dorthin bringen, wo der junge Mann arbeitete. Nachdem es tatsächlich zu dieser seltsamen Verabredung kam, bot Wilhelm B. dem jungen Mann drei Zigaretten an, wenn dieser ihn in den Wald begleite, um dort Brennholz zu sammeln. Dort erkundigte sich der Angeklagte danach, ob der junge Mann schon einmal ein Mädchen hatte und »ob er bereits herum gehurt« habe. Danach begann Wilhelm B. sich zu entblößen, bis er sein sonderbares Vergnügen abrupt unterbrechen mußte, da ein Bauer des Wegs kam. Das Gericht, das im Rahmen seiner Urteilsfindung sowohl die vorangegangenen Vergehen als auch die medizinischen Berichte berücksichtigte, in denen von seniler Demenz die Rede war (Wilhelm B. war zu jenem Zeitpunkt 75 Jahre alt), verurteilte ihn zu vier Monaten Gefängnis wegen des Verstoßes gegen Paragraph 179 des Reichsgesetzbuches.[111] Das Unbehagen des örtlichen Bürgermeisters, einen ortsbekannten und wiederholt rückfällig gewordenen Homosexuellen und Pädophilen in seiner Gemeinde zu wissen, führte dazu, daß Wilhelm B. zur Ableistung seiner Strafe in eine Heilanstalt eingewiesen wurde. Dort starb er kurze Zeit später an »Herzversagen«.[112]

Viele Fälle von Zwangseinweisungen in Bayern sind auf politische Motive zurückzuführen. Maria Z. war die Hauslehrerin der Tochter des Prinzen von Löwenstein. Sie verliebte sich in einen der Jäger des Prinzen, der sie aber offenbar nicht zur Kenntnis nahm. Maria Z. verdächtigte daraufhin den Jäger, ihre Schülerin zu verführen. Sie begann ein bizarres Verhalten an den Tag zu legen und tauchte etwa auf einem der Empfänge des Prinzen splitternackt auf. Maria Z. wurde erstmals 1916 nach Eglfing-Haar eingewiesen, weil sie eine recht ungewöhnliche Erklärung für den Ausbruch des Ersten Weltkriegs kundgetan hatte: Sie glaubte, in der nackten Frau auf einem Gemälde in einer Münchner Galerie ihre Schülerin wiedererkannt zu haben. Nun hatten die Löwensteins häufig Diplomaten zu Gast, und Maria Z. bildete sich ein, die Diplomaten gelüstete es nach der Tochter des Hauses. Schließlich seien sie über sie hergefallen, und deshalb sei der Weltkrieg ausgebrochen.

Im Jahre 1917 hatte sie den Prozeß eines Sexualstraftäters verfolgt. 1933 stellte sie nun in einem Brief an einen Arzt zwischen jenem Straftäter und dem deutschen Führer recht merkwürdige Zusammenhänge her. Unsittlichkeit, so schrieb sie, sei die Wurzel allen Übels. Die Behörden allerdings waren nicht weniger verrückt als sie selbst, glaubten sie doch, daß jeder, der den Ausbruch des Ersten Weltkriegs auf »ein Sittlichkeitsverbrechen einer jungen Fürstin« zurückführt, ein »Pazifist« sein müsse, und »wer glaubt, daß das deutsche Volk von einem Sittlichkeitsverbrecher regiert wird, ... zwangsweise ein Gegner der Regierung sein muß«. Ihre Einweisung nach Gabersee wurde mit der Auflage verknüpft, ihre künftige Entlassung von der Beurteilung durch die Gestapo abhängig zu machen. Im November 1940 lehnte die Gestapo ein entsprechendes Entlassungsgesuch von ihr mit der Begründung ab, sie sei eine »fanatische Pazifistin«, deren Freilassung »eine außerordentliche Gefahr für die Sicherheit des Staates bedeuten würde«.[113]

In den meisten Heil- und Pflegeanstalten, wie beispielsweise Eichberg oder Eglfing-Haar, wurden die Patienten nach Geschlecht und Schweregrad ihrer Krankheit auf mehrere Gebäude und Stationen verteilt. Es gab spezielle Stationen für Patienten, die ein besonders hohes Maß an Aufmerksamkeit verlangten, für Patienten, die akut krank waren oder sich selbst verunreinigten, oder für solche, die tobten oder schwiegen; schließlich gab es auch offene Abteilungen sowie geschlossene für jene, die als besonders gefährlich galten.[114] In Anbetracht der weiter oben dargestellten, drastischen Sparmaßnahmen verbrachten die Patienten die meiste Zeit des Tages – und wahrscheinlich auch manche Stunden in der Nacht – mit dem Gedanken an Essen. Die uns vorliegenden Informationen über die Versorgung mit Lebensmitteln läßt auf skandalöse Mängel schließen, ein Zustand, der mit Ausbruch des Krieges lebensbedrohliche Ausmaße annahm. In Eichberg sah die tägliche Versorgung mit Lebensmitteln wie folgt aus: »Morgens gab's so ein Rübenkraut auf das Brot. Das hatten wir den Abend vorher schon auf das Brot geschmiert, und ist dann über Nacht eingedrungen. Und eine Tasse Kaffee in einer Blechtasse, kein Zucker, keine Milch. Um zwölf dann Mittagessen. Wieder Steckrüben, ohne Fett gekocht. Immer dasselbe. Es gab noch drei Pellkartoffeln, mit Schalen. Einmal gab es die Woche rote Beete. Um drei gab's dann Kaffee, Brot mit Sirup. Und abends wieder ein bißchen Brot.« Patienten, die einer Arbeit nachgingen, erhielten mitunter zusätzlich ein Stück Wurst.[115]

Abgesehen von Besuchen und Briefen, deren Empfang von der Laune der Behörden abhing, gab es nur wenig Abwechslung in der quälenden Monotonie des Anstaltslebens. Ab und an wurden Konzerte veranstaltet, leichte Unterhaltung angeboten oder Ausgang gewährt. In Eglfing-Haar hielt 1932 ein Arzt für seine Patienten einen Lichtbildervortrag über seine Reisen. Auch gab es Theateraufführungen, ein Konzert mit Zither-Musik, eine Aufführung von Haydns *Schöpfung* durch Anstaltschor und -orchester unter Beteiligung einiger Solisten aus München sowie den Besuch eines Zauberkünstlers. In der Regel wurden dreimal im Jahr Tanzabende veranstaltet, an Fasching, am ersten Mai und an Kirchweih.[116] In späteren Jahren waren ein Zirkus oder aber ein Bauchredner zu Gast, und natürlich gab es die an Weihnachten üblichen Festlichkeiten und Gottesdienste, die von einem der Ortskapläne durchgeführt wurden.[117] Letzteres mag durchaus eine größere Rolle im Leben der Patienten gespielt haben, als es die formalen Berichte vermuten lassen.

Wie in vielen »totalen Institutionen«, so unterlagen die Patienten auch hier einer informellen, aber nicht minder realen Kategorisierung in sauber oder schmutzig, angenehm oder widerspenstig, arbeitswillig oder faul und so weiter. Privilegien wie etwa die weniger anstrengende Küchen-arbeit (mit der Aussicht auf eine Extraportion Essen), das Schreiben und Empfangen von Briefen, Besuche, bescheidene persönliche Besitztü-mer und Ausgang hingen von derlei Verhalten ab, wobei die Kriterien mehr und mehr ökonomisch definiert wurden, so daß schließlich die Lei-stungsfähigkeit – und nicht ein bloßes So-Tun-als-Ob – über Leben oder Tod entschied. Die Kriterien eines genehmen Patientenverhaltens können nachfolgenden Eintragungen über Wilhelm E. entnommen werden, eines ehemaligen Medizinstudenten, der seit 1921 Patient in Hadamar war:

... seit 1928 besorgt er die Ausgänge der Anstalt, macht die Boten-gänge, ist stets der Ausläufer.
1933 beschäftigt er sich mit Zitherspielen und Zeichnen, versorgt seinen Affen und geht mit ihm spazieren.
1935 macht trotz kleiner Eigenheiten und Spielereien einen ganz vernünftigen Eindruck. Besorgt nach wie vor die Botengänge, vor allem die Besorgungen in der Apotheke. Fühlt sich zufrieden, kör-perliches Wohlbefinden, ist stolz, wenn man ihm beim Zitherspie-len zuhört, in dem er eine gewisse Fertigkeit zeigt.
1937 Botengänge in aller Treue, dabei zuverlässig und bescheiden. Bewertet seine musikalischen und zeichnerischen Kenntnisse sehr hoch. Kritik in dieser Richtung verträgt er nicht. In letzter Zeit ty-pisch senile Beeinträchtigungen.
1939 verrichtet seine Botengänge, ist dabei wohl umständlich, aber sehr zuverlässig. In der Freizeit beschäftigt er sich mit der Malerei und der Abfassung von Geschichten. Hat seit einigen Tagen eine fieberhafte Unterschenkelentzündung, sein seelischer Zustand stark depressiv verändert, er glaubt, er muß sterben, er fühle schon den Tod in seinen Gliedern, ist jedoch sorgfältig auf die Pflege seines Beines bedacht. Heilungsverlauf scheint günstig. Temperatur ist zurückgegangen.
1940 zeitweise sehr erregt, schimpft über die Engländer, verträgt sich schlecht mit den Kranken im Schlafzimmer, ist leicht vergeß-lich. Im Dezember 1940 keine Veränderung, macht weiterhin Bo-tengänge für die Anstalt ...[118]

Wilhelm E. war in vielerlei Hinsicht ein vorbildlicher Patient. Er war ak-tiv, zuverlässig, vertrauenswürdig, willig und bedurfte keiner übermäßi-

gen Beaufsichtigung. Bei seinen Botengängen außerhalb der Anstalt kam
es zu keinerlei Schwierigkeiten, ja, er war sogar in der Lage, das Personal
zu unterhalten. Da tolerierte man problemlos auch einmal eine kurz
andauernde Krankheit, einen einzelnen Depressionsanfall oder ein paar
persönliche Allüren, vorausgesetzt natürlich, es hielt sich alles im Rahmen. Hätte sein behindertes Bein dazu geführt, daß er keine Botengänge
mehr hätte machen können, oder hätten seine Depressionen länger angehalten, hätte man über Wilhelm E.s Überlebenschancen in diesem An-
staltsklima keine Wette abschließen mögen.

Weniger anpassungsfähige Patienten wurden einer Reihe von Zwangs-
maßnahmen unterworfen, die von offener Brutalität bis hin zu mehr
oder weniger therapeutisch kaschiertem Sadismus reichten. In Eichberg
nutzten zwei Patienten ihre Arbeit außerhalb der Anstalt zu einem Rendezvous mit BdM-Mädchen aus und wurden erwischt. Man steckte sie
für eine Woche in Badewannen voll lauwarmen Wassers, versah diese
mit Abdeckungen, die allein den Kopf freiließen, und kürzte den Delin-
quenten unterdessen ihre Nahrungsrationen. Anschließend kamen sie
noch in den »Bunker«, ein Gebäude mit Einzelzellen, die ursprünglich
der Unterbringung gefährlicher, geisteskranker Krimineller dienen sollten.[119] Sie waren feucht, unbeheizt und voller Ungeziefer.[120] Bald wurden sie generell dafür verwendet, aufsässige Patienten zu maßregeln. Ein
Patient, der sich beispielsweise für drei Tage auf und davon machte,
wurde für acht Tage ohne Lebensmittel und Wasser in den »Bunker« gesteckt.[121]

In den Gerichtsverhandlungen nach dem Krieg hoben die ehemaligen
Patienten wiederholt die brutale und inhumane Behandlung durch die
Ärzte und das Pflegepersonal hervor. Die Patienten wurden verbal erniedrigt (»Hier könnt ihr alle eine Hure sehen und wie sie vor die Hunde
geht!«);[122] man verprügelte und schlug sie mit Gegenständen wie etwa
einer Scheuerbürste.[123] Zwischen Disziplinierungstechniken und Thera-
pien einerseits sowie dem offenen Mißbrauch andererseits verlief eine
dünne Linie. Zu den entsprechenden Praktiken gehörte ein verlängerter
Zwangsaufenthalt in den oben erwähnten, lauwarmen Bädern sowie der
»Packsack«, was bedeutete, daß Patienten für längere Zeit in nasse Laken
und Decken eingewickelt wurden.[124] Obwohl wir auf die klinische
Schocktherapie später noch detailliert eingehen werden, muß in diesem
Kontext die *ad hoc* angewandte Variante erwähnt werden, bei der vier
Aufseher einen Patienten mit der Absicht in die Höhe hoben, ihn dann
plötzlich und unerwartet zu Boden fallen zu lassen.[125]

Die jährlichen Berichte aus Eglfing-Haar enthielten in der Regel im Kapitel »Besondere Vorkommnisse« einen Abschnitt, in dem recht detailliert einige extrem deprimierende Fälle geschildert wurden, etwa Patienten, die geflohen waren, sich verstümmelt oder selbst getötet hatten. 1933 starben zwei Patienten, nachdem sie vorsätzlich einen Löffel beziehungsweise eine zehn Zentimeter lange Matratzenfeder verschluckt hatten. Ein schizophrener Patient versuchte sich selbst zu töten, indem er ein Fenster zerschlug und mit einer Glasscherbe seine Pulsadern aufschnitt.[126] Im darauffolgenden Jahr lief ein 31jähriger »Pfropfhebephrener« [Form jugendlicher Schizophrenie; Anm. d. Übers.], der seit zweieinhalb Jahren in der Anstalt lebte, auf den Zuggleisen herum. Ein 25jähriger Patient hängte sich im Wald auf. Ein 49jähriger Mann erhängte sich an einem Kleiderhaken im Badezimmer; eine 65jährige Frau nutzte die Gelegenheit einer über Nacht offenstehenden Verandatür und hängte sich ebenfalls auf. 48 Patienten versuchten zu fliehen.[127] In jedem Jahr kam es regelmäßig zu Selbstmordversuchen u. a. durch Aufhängen, Sprünge aus Fenstern und von hohen Gebäuden oder in einigen wenigen Fällen durch Selbstverbrennung. In den Berichten war auch häufig detailliert von gewalttätigen Angriffen auf das Personal oder Mitpatienten die Rede sowie von versuchten Selbstverstümmelungen. Berichte über gewalttätiges Vorgehen des Personals gegen die Patienten sucht man freilich vergebens.

Um etwas von den Patienten selbst und über ihre Wahrnehmung der Alltagsroutine in den Anstalten zu erfahren, muß man sich auf die Informationen in ihren Krankenberichten stützen. Die meisten dieser Berichte sind derart oberflächlich, daß sie im Grunde nutzlos sind. Auf einige wenige trifft das allerdings nicht zu. Hinter dem oberflächlichen Geschreibsel der Ärzte und des Personals kann man gelegentlich die Stimmen einzelner Patienten vernehmen, auch wenn diese Äußerungen aufgrund ihres fragmentarischen Charakters – ähnlich der verkratzten Schallplattenaufnahme einer berühmten Opernarie – nur bedingt authentisch sind. Paul S. wurde am 31. Oktober 1913 in Niederroßbach, Kreis Westerburg, geboren. Er starb am 7. Juli 1941 gegen 20.15 Uhr angeblich an Tuberkulose in der Anstalt Eichberg, wohin er im Februar des Jahres überwiesen worden war.[128] Die Krankenakte, die ihn seit seinem Aufenthalt in der Anstalt Scheuern begleitete, enthält drei Fotografien. Eines der Bilder zeigt ihn nackt und auf Krücken gestützt, denn seine Beine waren gelähmt. Sein Blick versucht soviel Würde zu wahren, wie es unter diesen Umständen nur möglich ist. Zwei kleinere Paßbilder aus dem Jahr 1937 zeigen ihn bekleidet mit Hemd und Schlips, den Blick direkt in die Kamera gerichtet. Von 1921 bis Oktober 1930 war er im Krüppelheim in Bad Kreuznach, anschließend in Scheuern. Seine Diagnose lautete auf »Schwachsinn«,[129] dessen Ursache als erblich galt. Eine Schwester seines Vaters, der 1924 bei einem Kohlengrubenunglück ums Leben gekommen war, war taubstumm. Eine Cousine war ebenfalls in Scheuern, sie litt an »Idiotie und Epilepsie«. Nicht erblich bedingte Gründe für seine »Imbezillität«, wie etwa Rachitis, wurden nur beiläufig erwähnt. Bei seiner Einweisung hatte Paul S. eine stark gekrümmte Haltung und konnte nur wenige Augenblicke ohne Hilfe frei stehen. Er war auf zwei Krücken angewiesen, mit denen er sich langsam fortbewegen konnte, wobei er seine Füße in einer Kreisbewegung über den Boden hinweg schleifte. Er sprach normal, und sein »Gesichtsausdruck verrät keinen geistigen Defekt«. Ihm war klar, warum er sich in einer Heilanstalt befand: Er sollte dort ein Handwerk erlernen. Obwohl er nur mit Mühe zu lesen vermochte, schnitt er in den Intelligenztests, die er bei seiner Ankunft in Scheuern ablegen mußte, recht gut ab: Wenn »x + 5 = 12, x = 7«; er konnte zwischen Lüge und Irrtum unterscheiden; und er war in der Lage, ein passables Bild von einem Haus zu zeichnen, dessen Bild man ihm zuvor für fünfzehn Sekunden gezeigt hatte, auch wenn die Fenster arg weit in die Ecken unterm Dach geraten waren.[130]

Zwischen 1930 und 1941 schrieben die zuständigen Ärzte viermal im Jahr einen Bericht, der über Paul S.' Fortschritte Auskunft gab. Es gab einige Erfolge, insbesondere was die Besserung seiner Bewegungsfähigkeit betraf. Er begann, mit Hilfe seiner Krücken Treppen zu bewältigen. Er erlernte die Korbflechterei und reparierte zunächst Stühle. Da er für sein Alter offensichtlich recht reif war, unterhielt er sich lieber mit dem Personal als mit anderen Patienten seines Alters. Anhand einer Vielzahl entsprechender Vermerke läßt sich rückschließen, daß sie wohl gerne mit ihm Karten spielten. Er las die Zeitung und liebte es, über Politik und aktuelle Ereignisse wie etwa die Reichstagswahlen 1930 zu diskutieren. Am Abend spielte er gerne Halma, Skat und Herzskat; oder aber er schwelgte in Erinnerungen, wie es Menschen in derlei Einrichtungen gerne tun, dachte an Ereignisse vor seiner Klinikzeit wie beispielsweise an seinen Versuch, sich einer Blaskapelle anzuschließen. Seine größte Leidenschaft aber war der Fußball. Und dies so sehr, daß er seine Lahmheit einem frühen Mißgeschick auf dem Spielfeld zuschrieb. Obwohl er selbst nicht spielen konnte, war er doch zu einem »fanatischen Anhänger« geworden und scheute nicht davor zurück, eine halbtägige Tour zu Fuß zum Sportplatz von Nassau auf sich zu nehmen, um seinen Lieblingsverein nach Kräften zu unterstützen. Begierig las er die Sportseiten in der Zeitung, und sonntags abends konnte er seine Aufregung kaum im Zaum halten, wenn im Radio die Spielergebnisse bekanntgegeben wurden. »Er sagt nie, daß er gern mitspielen möchte, beklagt sich nie über sein Leiden, das ihm das Spielen unmöglich macht. Er erträgt seinen Zustand gut, ist munter. Er bewegt sich geschickt und sicher, kann mit einem Stock treppauf und treppab gehen, benutzt dabei das Geländer, nimmt manchmal zwei Stufen auf einmal. Auf ebenem Boden kann er schnell gehen.« Was das Essen betraf, wurde er im Lauf der Zeit ein bißchen pingelig, und er rauchte sehr viel; die kleinen Geldbeträge, die ihm von seiner Mutter oder Schwester aus Berlin zugesandt wurden, gingen sozusagen unmittelbar in Rauch auf. Bis zu diesem Zeitpunkt hatte er keinerlei sexuelles Interesse am anderen Geschlecht gezeigt.

Etwa 1935 hatte er sein bisheriges Interesse an Politik verloren. Er wußte um die Wiederaufrüstung – »kommt für mich ja nicht in Frage, weil ich nicht laufen kann« – und kannte die Namen der wichtigsten Regierungsmitglieder. Seines Erachtens waren die Hauptprinzipien des Dritten Reichs »Ordnung, daß die Arbeitslosigkeit aufhört, daß alles nach Maß und Ziel geht, daß nicht der eine viel und der andere wenig hat, daß gerecht gehandelt wird«. Andernfalls sei die Politik »wertlos«. Im April jenes Jahres bat er angeblich darum, sterilisiert zu werden, da ihm dies die Möglichkeit verschaffen würde, die Anstalt öfter und länger für Besuche zu Hause verlassen zu können. Dies klingt, als ob er einem Eingriff zugestimmt habe. Obwohl er als »sexuell harmlos« galt, begann 1937 sein Interesse an Frauen zu erwachen, worüber er – wie verlautet – immer dann sprach, wenn sich keine Schönheit in seiner Nähe befand beziehungsweise wenn seine Gesprächspartner nicht selbst einen »Liebling« ihr eigen nannten. Der Kontakt mit seiner Familie fand auf dem Briefweg statt – wobei er sich nicht getraute, die Briefe selbst zu adressieren – oder durch gelegentliche Besuche zu Hause. Ganz offensichtlich wünschte er sich, mehr Zeit zu Hause zu verbringen, obgleich seine Familie wohl nicht darauf erpicht war, ihn in dieser Hinsicht zu ermutigen. Über einen längeren Zeitraum hinweg ließen sie seine Briefe unbeantwortet, schickten ihm aber Lebensmittelpakete, ein Kartenspiel und an Weihnachten Kleidung.

Im Sommer 1938, nach Wiederaufnahme seiner Besuche zu Hause, änderte seine Mutter ihre Einstellung. Paul hatte sich beschwert, in der Anstalt nicht genügend zu essen zu bekommen, und obwohl seine Mutter mit Schwierigkeiten rechnete, wollte sie, daß er wieder zu Hause lebte. Pauls Entlassung wurde von seiner Einwilligung zur Sterilisation abhängig gemacht. So lautete die Entscheidung des Erbgesundheitsgerichts in Limburg vom 21. Juli 1938, das ihn (auf Grundlage zweier Krankheitsvorfälle in seiner Familie) als »erbkrank« eingestuft hatte. Die Operation wurde im September des gleichen Jahres in der Psychiatrie Herborn durchgeführt. Er »sprach nicht gern über seine Operation«, obgleich er das Essen während seines Aufenthaltes in Herborn wohl mochte und den Eingriff selbst als »Kinderspiel und gar nicht so schlimm« bezeichnete. Er wurde nicht entlassen. Als 1940 bereits viele der Krankenpfleger einberufen worden waren, leitete er die Korbflechterei und lernte zwei unter seiner Aufsicht stehende jüngere Patienten an. Seinen eigenen psychologischen Einsichten über die Jugend folgend, gelang es ihm sogar, den schwierigeren der beiden jungen Männer zu zähmen, indem er ihn jedesmal mit 20 Pfennigen belohnte, wenn dieser sich anständig benahm, denn »man muß wissen, wie man den wohl behandeln müsse«.[131] Im Januar 1941 klagte Paul S. über eine Reizung in seiner Kehle und rasselnde Geräusche in seiner Brust. Als sich sein Zustand verschlechterte, wurde er samt seinem Sonntagsanzug, zehn Hemden, seiner Mütze, Handschuhe, Gürtel, Hosenträger, Uhrkette und 18,44 Reichsmark in bar in die Tuberkulose-Station nach Eichberg verlegt, wo er sechs Monate später starb.[132]

Die Krankenberichte zweier anderer schizophrener Langzeitpatienten machen uns mit Menschen vertraut, die weit weniger zugänglich und unkompliziert waren als Paul S. Die Akten dieser beiden Patienten umfassen mehrere hundert Seiten, im zweiten Fall wohl auch deshalb, weil Wilhelm D. unter dem inneren Zwang stand, selbst die Rückseiten der Briefumschläge mit Worten, Zeichnungen und Skizzen zu versehen. Beide Krankenakten illustrieren, wie nach einem anfänglich wohlwollenden Interesse schrittweise zunächst eine Einstufung als unheilbar erfolgte und am Ende schließlich die vollständige medizinische Vernachlässigung stand. Sie handeln von versäumten Chancen, Rückschlägen, geistiger Verwirrung und den inneren Grenzen der psychiatrischen Arbeit.

Johanne B. wurde am 16. Dezember 1885 in Hannover geboren und starb am 28. Mai 1941 in Eichberg, angeblich an Pneumonie und Herzversagen.[133] Johanne B. war seit 1907 mit einem Bahnschaffner verheiratet und Mutter von fünf Kindern, von denen zwei taubstumm waren. Nachdem sie die Schule, wo sie eigenen Angaben zufolge »immer eine der Besten« war, verlassen hatte, arbeitete sie als Haushaltshilfe und später in einer Marmeladenfabrik. Sie sei immer ein »fröhlicher Mensch« gewesen, sozial eingestellt und habe ohne viel Nachdenkens »das Leben genommen, wie es den Menschen zukommt«. Wie sie selbst berichtete, war ihre Ehe nicht gerade glücklich, da ihr Mann dazu neigte, das Haushaltsgeld mit Berufskollegen, die sie für Schönwetterfreunde hielt, zu vertrinken. Sie mißgönnte ihm keineswegs das übliche Glas Bier, »aber er brauche doch nicht saufen«. Ihr ältester Sohn hatte nach einer Streiterei, bei der es um Geld ging, das Haus verlassen, und die verheiratete Tochter überließ ihr die Pflege ihres unehelichen Kindes. Ihre jüngere Tochter war in einer Schule für Taubstumme in Hildesheim untergebracht, und ihr Sohn wurde konfirmiert. Sie hatte viel um die Ohren, und »alle Last lag allein auf ihren Schultern«. Mit Sicherheit hatte sie viele Gründe, sich über ihre Ehe zu beschweren: »wenn sie nicht so viele Kinder gehabt hätte, dann wäre sie schon lange vom Manne davongelaufen«. Nun war sie dafür zu alt. Sie hatte versucht, eine Ausbildung zur Krankenschwester zu absolvieren, aber »das alles war ihr wohl ein bißchen viel geworden«. Ihre Eltern hatten sie seinerzeit daran gehindert, diesen beruflichen Weg zu verfolgen.

Im Jahre 1931 wurde sie zur Beobachtung in die Heilanstalt Langenhagen eingewiesen, wo sie einräumte, sie sei »ein wenig nervös« und höre Stimmen. Sie litt unter Verfolgungswahn. In ihrer Wohnung höre sie Stimmen hinter den Vorhängen. Diese Stimmen sagten zu ihr: »Du altes Schwein. Du bist verrückt. Du gehörst nach Langenhagen.« Sie sei mit elektrischen Strahlen verbrannt worden, was sie mit heißen und prickelnden Gefühlen am ganzen Körper erfüllt habe. Ein Mann aus dem Nachbardorf namens Seifert sei in ihrer Wohnung gewesen und habe sie intim berührt, ihr Gesicht und ihre Beine mit einer Lampe verbrannt. Starke chemische Gerüche hätten ihr das Atmen schwergemacht, so daß sie von zu Hause weglaufen mußte. Die Gemeindeschwester brachte sie nach Langenhagen, von wo sie mit der Diagnose chronischer Paranoia in die geschlossene Abteilung nach Hildesheim überführt wurde.[134]

In den darauffolgenden Jahren versuchten die Ärzte in Hildesheim immer wieder ihren Wahn zu ergründen, wobei sie ihr mitunter vorsichtig rationale Erklärungen für die Stimmen vorschlugen. Außer diesen periodisch stattfindenden Gesprächen gibt es keinerlei Anzeichen für irgendeine weitere Form von Behandlung. Nach den Aussagen von Johanne B. waren die Stimmen allgegenwärtig. Gelegentlichen Zweifeln an der Realität der Stimmen begegnete sie gegenüber den Ärzten mit dem Hinweis auf die Begleitphänomene der elektrischen Strahlen und aufwallend heißen Empfindungen in ihrem Körper. Die Stimmen beziehungsweise Seifert sagten: »Ich kriege sie doch, wir haben sie bald, wir wollen sie verbrennen.« Manchmal waren die Stimmen sanft und sympathisch, dann wieder laut und feindselig. Wenn sie vor lauter Verzweiflung woanders zu schlafen versuchte, folgten ihr die Stimmen und sagten: »Ach wie schön, guck mal hin, wie schön sie stillhält.« Die Stimmen weckten sie mit einem fürchterlichen Lärm in ihren Ohren und riefen »O welch ein Pech, sie ist aufgewacht«. Auch an ihren Mann wandten sich die Stimmen: »Herr B., du mußt es mit deiner Frau tun.« Sie weigerte sich, die Stimmen als Produkt ihrer Einbildung zu verstehen, denn wie ließen sich dann jene schrecklichen Hitzewallungen in den erogenen Zonen ihres Körpers erklären? »Alles, was sie im Hause erlebt hat, das sei Tatsache gewesen, sie würde es doch nicht sagen, wenn es nicht so gewesen sei.« Schließlich räumte sie ein, daß sie durchs offene Fenster ein Gespräch gehört und falsch verstanden haben mochte. Allerdings wisse sie nicht, wer oder was für die Hitzewallungen in ihrem Körper verantwortlich sei, »aber heutzutage kann man mit Elektrizität ja alles machen«. Manchmal seien die Wände zu Hause so heiß gewesen, daß sie sich ihre Finger an ihnen verbrannt habe. Nachts störte sie mit ihrem irren Gerede die anderen Patienten, bedrohte sie und wurde manchmal tatsächlich handgreiflich. Eines Nachts riß sie unter dem zwanghaft-eingebildeten Einfluß Seiferts eine Lampe von der Decke. Letzterer gab ihr Zigarren eines Psychiaters, die sie so wütend machten, daß sie mit ihrer Hand eine Fensterscheibe durchschlug. Seifert sprach mit ihr durch eine Glühbirne. Unterdessen hatte ihr Ehemann vergessen, ihr zum Geburtstag oder zur Silbernen Hochzeit zu schreiben. Auch hierin meinte Johanne B. den unheilvollen Einfluß von Seifert zu erkennen: »Der haltet mit dem Mann zusammen wie Pech und Schwefel.« Schließlich tauchte Seifert in einem der Räume hinter einem Schrank auf, denn natürlich hatte er einen Schlüssel für jede Tür in der Anstalt. Des Nachts sah sie Männer umherwandern, die wegen ihr gekommen waren. Sie verfluchte Männer, von denen sie glaubte, sie wollten sie sexuell belästigen, und sie fühlte sich von anderen Patienten verfolgt, die ihr entgegenkamen, hinter ihr hergingen oder sich schlicht in den Fluren aufhielten. Und im Schlaf, so ihr Eindruck, werde sie geschwängert.[135]

In Hildesheim, wo sie bis zu ihrer Verlegung nach Eichberg im Jahre 1941 war, hielt sie zäh an ihren obsessiven Wahnvorstellungen fest. Im Januar 1933 war der allgegenwärtige Seifert immer noch dabei, ihr Herz mit elektrischem Strom zu bearbeiten, um sie krank zu machen.[136] Böswillige Menschen reizten nach wie vor ihre intimen Körperteile. Ständig stritt sie sich mit anderen Patienten, und nachts stand sie mitunter auf, um aus dem Fenster zu schreien oder laut zu fluchen. Obwohl sie auch ruhige Phasen durchlebte und für Putzarbeiten im Ärztehaus eingesetzt werden konnte, so tauchte doch früher oder später Seifert wieder auf. (Es scheint, als sei Seifert ein ehemaliger Vorgesetzter ihres Ehemanns gewesen, auf den sie ein Auge geworfen hatte). Autos trafen ein, beladen mit »Apparaten«, mit denen man sich an ihrem Herz zu schaffen machen wollte; manchmal warf sie dem Arzt vor, sie mit den »Hunden und Mördern« gemeinsam zu quälen. Nach einem fehlgeschlagenen Fluchtversuch im November 1936 kam sie in eine geschlossene Abteilung, wo sie sich zusehends beruhigte und leichte Näharbeiten verrichtete.[137] 1938 gibt es kaum mehr Einträge über sie, so als ob die Ärzte jegliche Hoffnung aufgegeben und nichts mehr zu sagen hatten. Kurz vor ihrer endgültigen Verlegung findet sich ein letzter Eintrag: »Pat. [Patient] arbeitet noch recht fleißig in der Nähstube. Im übrigen ist der Zustand unverändert. Es handelt sich um eine Schizophrenie bei angeborenem Schwachsinn. Ich selbst habe zwei Kinder der Pat. in der gehörlosen Schule zur Betreuung gehabt, die beide ebenfalls leicht schwachsinnig waren.«[138] Man hatte sie abgeschrieben. Am 22. April 1941 wurde sie in einem Gruppentransport nach Eichberg überführt. Der nächste Eintrag lautete: »Pat. arbeitet seit Jahren fleißig, mit zeitweisen Unterbrechungen ruhig. Zu allen Hausarbeiten zu gebrauchen. Sie hat sieben Kinder zur Welt gebracht, jedoch darunter Schwachsinnige und Taube!«[139] Sechs Tage später war sie tot.

Es wäre irreführend, wollte man aus diesen Darstellungen der Behandlung geistig Kranker während der 30er Jahre die Schlußfolgerung ziehen, daß therapeutische Maßnahmen vollkommen vernachlässigt worden seien. Im letzten Kapitel sahen wir die weitverbreitete Anwendung der von Simon entwickelten Arbeitstherapie. Laut den Jahresberichten der Heil- und Pflegeanstalten ging bis Mitte der 30er Jahre die überwiegende Mehrheit der Patienten einer zumeist unentgeltlichen Arbeit nach, eine Tatsache, die ganz und gar der permanent wiederholten Behauptung widerspricht, gesunde »Volksgenossen« hätten die Bürde unproduktiver, in sogenannten »Luxusheimen« lebender »Ballast-Existenzen« zu tragen. In Kaufbeuren-Irsee leisteten über 80 Prozent aller Patienten eine Arbeit, für die sie im Gegenzug ein Taschengeld, Süßigkeiten oder Tabakwaren erhielten.[140] Die so gut wie unentgeltliche Arbeit der Patienten ermöglichte es den Heilanstalten, auf bezahlte Büroangestellte oder Telefonistinnen zu verzichten, umfassende landwirtschaftliche Projekte zu realisieren (Eglfing-Haar besaß 458 691 Hektar kultiviertes Land) und

Aufträge – wie beispielsweise die Herstellung von Zigarren – von regional ansässigen Firmen anzunehmen.[141] Wie Berichte aus Eglfing-Haar (wo über 80 Prozent der Patienten einer Arbeit nachgingen) zudem zeigen, konnten durch die Arbeitstherapie Ausgaben für Beruhigungsmittel eingespart werden, denn die von der Arbeit körperlich ermüdeten Patienten waren in der Regel nicht mehr so widerspenstig.[142]

Wie wir im vorangegangenen Kapitel sahen, war es ein impliziter Bestandteil der Arbeitstherapie, den arbeitsfähigen und -willigen Weizen von der therapieresistenten Spreu zu scheiden und mithin die zur Produktivitätssteigerung notwendige Disziplin zu fördern. Für die Glücklichen, die zur Arbeit ausgewählt wurden, trat die Erschöpfung an die Stelle des langsamen Dahinvegetierens, welches das Los jener blieb, die sich jeglicher Form von Behandlung widersetzten.[143] Die Idee, die »Unheilbaren« zu ermorden, nistete sich schleichend in den aufkommenden therapeutischen Strategien ein. In einem 1935 publizierten Schlüsseltext äußerte sich Karl Knab zum Schicksal von Insassen solcher Pflegeanstalten, die gänzlich damit beschäftigt waren, den Unheilbaren eine Grundversorgung zu gewährleisten:

> In diesen geistigen Ruinen, deren Hundertsatz trotz allen therapeutischen Bemühens nicht unbeträchtlich ist, haben wir auch neben den tiefstehenden Idioten erst dasjenige Krankenmaterial vor uns, welches als nur kostenverursachender Ballast auf dem Wege schmerzloser Tötung auszumerzen, die Finanzpolitik eines um seine Existenz ringenden Volkes aus Gründen der Selbsterhaltung berechtigt ist, ohne das Fundament seines kulturellen Aufbaues zu erschüttern.[144]

Hier finden wir in einem, wenn auch kompliziert verschachtelten Satz, exakt jene Strategie wieder, die für das Denken derjenigen Psychiater charakteristisch war, die sich am »Euthanasie«-Programm beteiligten.

Mehrfach konnten wir im ersten Teil dieses Kapitels beobachten, daß die Psychiatrien von den Trägern der politischen Macht mit Geringschätzung bedacht wurden; darüber hinaus verschlechterte sich das Bild der Psychiatrie in der Öffentlichkeit immer mehr, und zwar sowohl aufgrund der grobschlächtigen Nazi-Propaganda als auch wegen der weitverbreiteten Ängste, die aus der Kollaboration der Psychiatrie mit den Nationalsozialisten und deren eugenischen Maßnahmen resultierte. Die Vorstellung, in eine Psychiatrie oder Heil- und Pflegeanstalt eingewiesen zu werden, versetzte die Menschen buchstäblich in Angst und Schrecken.

Der Kernpunkt der politischen Kritik stützte sich – im Unterschied zur öffentlichen Kritik – auf die vermeintliche Ohnmacht der psychiatrischen Medizin gegenüber mysteriösen Krankheitsbildern. Wenn man jene Teile der Jahresberichte der Anstalten aus den frühen 30er Jahren liest, die sich mit den tatsächlich angewandten Behandlungsformen beschäftigen, scheint diese Kritik gerechtfertigt. Abgesehen von einem gewaltigen Glauben an den Nutzen der Arbeitstherapie, bestand eine Behandlung in der Verabreichung von Pyrifer und Sufrogel bei Schizophrenie, von Cardiazol und Opium bei endogener Depression und aus Wagner-Jaureggs Malaria-Behandlung bei fortgeschrittener Paralyse. Auch griff man ständig auf alte Hilfsmittel zurück wie etwa den durch Drogen herbeigeführten Tiefschlaf, die Therapie mit kalten Bädern, Isolation und den Gebrauch von Zwangsjacken sowie das Einwickeln in feuchte Tücher.[145]

Mitte der 30er Jahre wurden diese eher wirkungslosen Methoden durch eine Reihe neuer somatischer Therapien verbessert. Der Wiener Psychiater Manfred Sakel (1900–1957) entwickelte und systematisierte die Behandlung von Schizophrenen mit großen Dosen Insulin.[146] Bei der Insulin-Koma-Therapie wird dem Zentralnervensystem die im Blut zirkulierende Glucose entzogen, was selbst über einen kurzen Zeitraum hinweg nicht durch körpereigen produzierte Ersatzstoffe ausgeglichen werden kann; den Tod des Patienten verhinderte man, indem dem Körper erneut Glucose zugeführt und somit ein zu kritischer Abfall des Blutzuckerspiegels verhindert wurde. Die sehr arbeitsaufwendige und gefährliche Insulin-Koma-Therapie führte bei jenen, die aus dem Koma wieder erwachten, zu einigen Augenblicken luzider Klarheit.[147] Die moderne Forschung konnte freilich nachweisen, daß die Besserungsrate bei schizophrenen Patienten, die auf diese Weise behandelt werden, identisch ist mit der jener Patienten, die mit Barbituraten in einen Tiefschlaf versetzt und mit Hilfe von Dextroamphetaminen wieder aufgeweckt werden. Anders gesagt, das Insulin erwies sich nicht als ein spezifisch therapeutischer Wirkstoff.[148] Das relativ hohe Patienten-Pfleger-Verhältnis mit ein bis zwei Schwestern für zwei bis sechs Patienten und die bei dieser Risikobehandlung erforderliche konstante Betreuung mochte die Patienten zu dem Glauben verleitet haben, es handele sich hier um eine besonders wirkungsvolle Therapie.

Der Nutzen einer Insulintherapie war aus Sicht ihrer deutschen Anhänger nicht nur ein medizinischer. In den Augen einer skeptischen Regierung und Öffentlichkeit untermauerte sie den wissenschaftlichen Charakter der Psychiatrie und stärkte mithin indirekt das schwach ausgeprägte Standesbewußtsein der Psychiater selbst. Die Stimmen der Zweifler und Kritiker, die in der Psychiatrie lediglich eine Einrichtung zum Füttern und Waschen unheilbar Kranker sahen, wurden leiser. Die Insulintherapie demonstrierte einer größeren Öffentlichkeit, daß die Heilund Pflegeanstalten durchaus den Krankenhäusern gleichzustellen waren.[149] Nicht minder wichtig war die Tatsache, daß die etwa zwei Monate dauernde Behandlung rund 50 Reichsmark kostete und damit ein gutes Stück billiger war als ein unabsehbar langer Daueraufenthalt.[150] Die Anstaltsleitung in Eglfing-Haar, wo diese Behandlung in großem Stil durchgeführt wurde, wies stolz darauf hin, man habe bei 20 schizophrenen Patienten die durchschnittliche Aufenthaltsdauer in der Anstalt durch die Insulinschock-Therapie glatt halbieren können: »Wenn nur 10 bis 20 Prozent Schizophrene mehr durch die Behandlung entlassungs- und berufsfähig werden, so wäre dies eine Sparmaßnahme, die alle bisher auf dem Gebiet der Personal- und Sachpolitik versuchten, im Erfolg zum Teil recht fragwürdigen Sparmaßnahmen in den Schatten stellen würde«.[151]

Auch Hans Roemer in Illenau zeigte sich von dem Einsparungspotential bei Anwendung dieser Form von somatischer Therapie begeistert:

Am 31.12.1935 waren nach der letzten Statistik in 256 öffentlichen und privaten psychiatrischen Anstalten rund 160000 Insassen vorhanden; nach der sehr vorsichtigen Schätzung des Berichterstatters könnten durch eine allgemeine und zielbewußte Durchführung der Behandlung etwa 10%, das sind 16000 Plätze, eingespart und bei einem täglichen Verpflegungssatz von 2 Reichsmark 10 bis 12 Millionen Reichsmark jährlich an Verpflegungskosten erübrigt werden.[152]

In Eglfing-Haar wurde die speziell eingerichtete Insulin-Abteilung zum obligatorischen Ausflugsziel für Psychiater, wenn sie an einer Konferenz in München teilnahmen. Ganze Busladungen von ihnen trotzten allen möglichen Widrigkeiten, um mit den Patienten, deren Psychose sich infolge der Insulingabe vorübergehend gebessert hatte, bei Kaffee und Kuchen zusammenzusein.[153] Die Insulin-Koma-Therapie wurde in Eglfing-Haar bei akuter Schizophrenie angewendet, also in jenen Fällen, bei denen man noch am ehesten mit einer anhaltenden und soliden Besserung rechnen konnte.[154] Eine Behandlung dauerte etwa zwei bis drei Monate und konnte aus zehn bis 66 einzeln verabreichten »Schocks« bestehen, wobei die Durchschnittszahl bei 36 lag.[155] Die Behandlung begann um sieben Uhr in der Frühe mit einer intramuskulären Injektion. Die Dosis hing von der individuellen Verträglichkeit ab: Mitunter zeichnete sich in der Verabreichung des Insulins ein Zickzackmuster hoher und niedriger Dosen ab, bis man im konkreten Fall den Grad der Verträglichkeit ermittelt hatte.[156] In den darauffolgenden Stunden begann der Patient zu schwitzen, aus dem Mund zu sabbern und im Gesicht hellrot anzulaufen, bis er schließlich ins Koma fiel. Es folgten Krämpfe, die bis zu einer Stunde lang anhalten konnten und von einer Intensität waren, daß der Körper, nur mehr auf Hinterkopf und Fersen gestützt, sich zu einem Bogen aufbäumte, bevor er wieder in eine eher stabile Lage zurückfiel. Patienten, die sich dieser Behandlung unterzogen, erlebten extreme Hungergefühle (man verwendete geringe Dosen, um Anorexia nervosa zu behandeln), Kopfschmerzen, Bewegungsschwierigkeiten, Sehstörungen, Desorientierung und ein Gefühl der Erlösung nach dem Ende der Behandlung.

Die als geheilt eingestuften Patienten schilderten, während der Behandlung habe sich plötzlich ein Gefühl der Befreiung von ihrer Krankheit eingestellt, ein Gefühl, das nur jene zu schätzen wissen, die die bedrückende Isolation kennen, die eine geistige Krankheit zur Folge hat. Eine im Mai 1936 in Eglfing-Haar eingelieferte und als schizophren diagnostizierte junge Frau wurde im November desselben Jahres mit einer Insulin-Koma-Therapie behandelt. Zunächst sträubte sie sich energisch gegen die Behandlung, versuchte wiederholt den Raum zu verlassen, zog sich aus und beschmierte sich mit ihren eigenen Exkrementen. Nach einer dreiwöchigen Behandlung wurde sie reinlicher und ruhiger und beschäftigte sich mit Näharbeiten. Nach sieben Wochen wurde sie in eine offene Krankenstation verlegt und war einer vernünftige Unterhaltung zugänglich. Rückblickend erzählte sie: »Ich habe gar nicht glauben können, daß ich so krank war. So mitten in der Kur fühlte ich mich wieder frei. Es ging ganz rasch besser; ich kann fast sagen, plötzlich fühlte ich mich gesund.« Am 24. Januar 1937 wurde sie entlassen.[157] Daß sich die Dinge auch auf drastische Weise in die falsche Richtung entwickeln konnten, zeigt das Beispiel von Karl H. in Eichberg, dessen Krankenakten detaillierte Angaben über den Verlauf seiner Insulin-Koma-Therapie enthalten.

Karl. H. war Mathematikstudent an der Universität Frankfurt, wo er 1931 zunächst einen Monat und im März 1937 ein zweites Mal in der psychiatrischen Klinik der Universität behandelt wurde, bevor man ihn schließlich in Weilmünster einwies. Sein erster Krankheitsausbruch wur-

de durch eine Mischung aus Überarbeitung und intellektueller Hybris –
er versuchte in einer Doktor-Arbeit die Theorien Einsteins zu widerlegen – ausgelöst. Dieser Aufgabe waren Karl H.s Fähigkeiten jedoch nicht
gewachsen; wie einer seiner Professoren es formulierte, »einen der alten
Herren könne man nicht angreifen«. Karl begann Stimmen zu hören, insbesondere hörte er in seinem Ohr, wie jemand zu ihm sagte: »Du bist der
verlorene Sohn.« Er litt unter Verfolgungswahn, sammelte Sand, um ihn
in das Gesicht seiner Verfolger werfen zu können, und legte sich ein Pi-
stole zu. Er bildete sich ein, andere wollten seine Arbeit stehlen. Schließlich versuchte er es mit einem abstrusen Selbstheilungsversuch, indem
er seinen Körper mit Fetten, Ölen und Zinksalben einrieb und einen Ta-
lisman auf seinen Bauch legte, den er aus Talg und einem Taschentuch
hergestellt hatte. Schlußendlich versuchte er, seine Pulsadern mit einer
Schere aufzuschneiden.[158]

Während langer Therapiesitzungen bemerken die Ärzte, daß er nicht
in der Lage war, sich an seinen eigenen Namen zu erinnern; er behauptete, Geographie zu studieren, wußte nicht, wo er war, und äußerte sich
hinsichtlich Einstein wie folgt: »Nein, das habe ich nie verstanden, gedacht,
geträumt habe ich davon, das habe ich nie verstanden, was eigentlich mit
Einstein los ist.«[159] Auch Pythagoras wurde ihm zum Mysterium:
»Mein Gott, ich versteh' es nicht, alles ist weg.« Nach seiner Sterilisation
am 10. Oktober 1936 wurde er entlassen. Laut seiner Mutter verhielt er
sich fortan »scheußlich« und mußte erneut in eine Klinik eingewiesen
werden. Er glaubte, immer mehr Stimmen zu hören, und begann schließlich durchzudrehen und seine Mutter anzugreifen. Im Krankenhaus
schrie er nach seiner Mutter und wiederholte ständig: »Ich muß sterben,
ich muß sterben, ich sterbe.« In den Behandlungsraum bekam man ihn
nur unter Anwendung handgreiflichen Zwangs: »Nein, ich will da nicht
rein, ich will nach Hause.« In bestimmten Abständen schlug er immer
wieder gegen die verschlossene Tür und wiederholte einzelne Worte, die
er sich aus den ihm zuvor gestellten Fragen herauspickte. Er glaubte, sein
Psychiater sei Gott; daß er aus Argentinien stamme; von sich selbst sprach
er in der dritten Person und urinierte auf den Boden, ohne sich dessen bewußt zu sein.

Im April 1937 begann man, Karl H. mit Insulin zu behandeln. Zwischen dem 6. und 26. April verabreichte man ihm täglich zwischen 20 und
70 Insulineinheiten. Die ersten vier Tage zeigte er ein unberechenbares
Verhalten: Er sprang aus seinem Bett und verlangte ein anderes, das er
früher einmal einem anderen Patienten weggeschnappt hatte. Er rief laut:

»Ich bin der Herrgott. Adieu. Adieu, lieber Gott, Adieu, Adieu.«[160] Mit
steigender Dosis überkamen ihn heftige Schweißausbrüche, oder aber
er verfiel in extreme Ruhe. Am 19. April wollte er aufstehen, so daß es
erheblicher Anwendung von Gewalt bedurfte, um ihn im Bett festzuhal-
ten. Ein ärztlicher Eintrag vom 23. des Monats berichtet von Karl H.s
offensichtlicher Qual:»Adieu, ich sterbe nun, ihr habt mich umgebracht.
Lieber Gott, hilf mir. Ich will hier raus.«[161] Drei Tage später wurde die
Behandlung abrupt abgebrochen. Aus seiner Haut und seinen Augen-
höhlen trat Blut aus. Dies war ein klinisches Novum. Einer der Ärzte erkannte darin rasch eine Gelegenheit, seine Publikationsliste zu erweitern.
Und wozu nun das alles? Sein Bedürfnis, davonzulaufen, nahm etwas
ab, und er hörte mit seinem monotonen Stöhnen auf. Aber »im wesentlichen hat es sicher keine Beeinflussung«.[162] Er wurde nach Weilmünster
eingewiesen, wo er, verängstigt und hilflos, praktisch nicht mehr kom-
munikationsfähig war. Er zog sich eine Tuberkulose zu und wurde hu-
stend und allerlei Verwünschungen von sich gebend nach Eichberg gebracht, wo er von Dr. Mennecke und seinen Kollegen noch am Tag seiner
Einlieferung ermordet wurde.[163]

Die Insulin-Schock-Therapie wurde um Ladislaus von Medunas Heil-
krampf-Behandlung erweitert, einer somatischen Therapie, die auf dem
biologischen Antagonismus zwischen Epilepsie und Schizophrenie ba-
sierte. Im wesentlichen bestand sie aus der Injizierung eines zerebralen
Stimulans, dem Cardiazol, von dem man wußte, daß es in toxischer Dosis
zu epileptischen Anfällen führte. Bis beim Patienten Bewußtlosigkeit eintrat, litt er unter extremen Angstzuständen, ähnlich dem schrecklichen
Gefühl, von einem hohen Gebäude in die Tiefe gestürzt und erst von
einem im letzten Augenblick aufgespannten Sicherheitsnetz aufgefangen
zu werden.[164] Die Anfälle selbst waren mitunter von solcher Heftigkeit,
daß Oberschenkel- und Kieferbrüche die Folge waren.[165] Was als Behandlung akuter Schizophrenie begann, wurde rasch zu einer Methode, mit
deren Hilfe die am meisten verhaltensgestörten und widerspenstigsten
Patienten diszipliniert werden konnten, was zugleich eine willkommene
Einsparung von Seditativa und eine Entlastung anstrengender Betreu-
ungspflichten auf den Stationen der Verhaltensgestörten mit sich brachte.[166] In den späten 30er Jahren wurden diese Techniken schließlich durch
die von Ugo Cerletti und Lucio Bini entwickelte Elektroschock-Therapie
ergänzt. Braunmühl von der Anstalt Eglfing reiste gar nach Sondrio in
Norditalien, um die Methode aus erster Hand zu erlernen. Sie war schnell
und leicht anzuwenden, bedurfte nicht der Suche nach einer brauchbaren

Vene und führte beim Patienten sofort zur Bewußtlosigkeit.[167] Allerdings konnte sie auch zu Kopfschmerzen, Gedächtnisverlust und Angstzuständen sowie zu Knochenbrüchen führen, wenn die erforderlichen Regeln zur Positionierung des Behandelten nicht eingehalten wurden. Die Einführung dieser neuen somatischen Therapien wurden von einer Flut von Artikeln in den einschlägigen psychiatrischen Fachzeitschriften begleitet. Liest man sie, verspürt man eine neue Aufbruchstimmung und Begeisterung für das Projekt Psychiatrie, eine erneute Bekräftigung des medizinischen und wissenschaftlichen Charakters der Disziplin sowie die Gelegenheit, unter Beweis zu stellen, daß die Psychiatrie doch tatsächlich etwas auszurichten vermochte. Auch die mit diesen Therapien behandelten Patienten registrierten eine Veränderung ihrer Gemütsverfassung, die ihnen wie ein wissenschaftliches Wunder erschienen sein muß. Eine 1938 wegen akuter Paranoia in Eglfing-Haar eingelieferte junge Frau schilderte ihren damaligen Zustand wie folgt:

> Ich schlafe heute nacht nicht, ich bemühe mich, wach zu bleiben, es wird etwas Schreckliches passieren. Vom Kinderheim (wo Patient in Stellung war) hat man mich unter SA-Bewachung nach Hamburg gebracht; auch im Heckerschen Heim stand ich unter SA-Bewachung. Ich merke doch, daß sich etwas ereignen muß. Ich werde verfolgt. Man sagt mir etwas: daß ich jemand ermordet habe, »indirekt ermordet«. Warum stehe ich hier unter Volksbewachung? Was die Damen doch alle sagen – ich merke es doch, man sagt mir, ich sei eine Mörderin; ich kann aber doch nicht sagen, daß ich jemand umgebracht habe, wenn ich es nicht getan habe. – Es muß etwas Furchtbares passieren.

Nach einer achtwöchigen Behandlung mit Insulin und Cardiazol war sie ein vollkommen veränderter Mensch. In einem Brief an ihre Familie schrieb sie:

> Meine liebe Mutter, liebe Großmutter! Einen Tag wollte ich doch abwarten, ob das »Einschnappen« meines Geistes auch hoffentlich von Dauer ist. Jetzt will ich Euch aber doch wieder als alte Hilde schreiben! Denke Dir Mutti, Samstag abend im Bett, mitten drinnen hat es nach einer Aussprache mit den anderen gedämmert und jetzt ist es so wie früher, unberufen. Essen tu ich natürlich jetzt auch, das hat eben alles dazu gehört, der Verfolgungswahn, das

Nichtessen. Ihr könnt Euch das Gefühl gar nicht vorstellen, von allen Ängsten befreit zu sein. Man ist sozusagen neugeboren. Jetzt freue ich mich schon so auf Sonntag und Dich, liebe Mutti. Eher hätte es »einschnappen« müssen, dann hättest Du auch schon etwas davon gemerkt, aber wir können auch so nicht mehr wie recht zufrieden sein. Wie geht es Euch denn? Ich bin ja so glücklich.[168]

Paradoxerweise steigerten diese therapeutischen Erfolge, sofern es denn wirklich Erfolge waren, die Verlegenheit der Psychiatrie gegenüber jenen Patienten, für die sie nichts zu tun vermochte. Akute Fälle behandelte man mit Arbeitstherapie oder mit einer der zur Verfügung stehenden somatischen Therapien, die hier vorgestellt wurden. Die Gefahr, die von Krankheit und Patient für die Erbgesundheit von Rasse und Nation ausgingen, konnte mit der Zwangssterilisation gebannt werden. Was übrigblieb, war die Problematik der unheilbaren und widerspenstigen Patienten, auf die diese Therapien keinen Einfluß ausübten und deren Versorgung gleichwohl immer noch Geld kostete. Liest man einen Bericht des Direktors von Eglfing-Haar vom 1. November 1939, dann handelte es sich bei dieser letztgenannten Gruppe von Patienten um einen buchstäblich entbehrlichen Kreis von Menschen, hielt er sich doch

für verpflichtet, eine wirkliche Sparmaßnahme aufzuzeigen, die geeignet ist, die Lage der Anstalten wirtschaftlich günstig zu beeinflussen. Zwei Gruppen schwer defekter, geistig gestörter Menschen sind dabei in Betracht zu ziehen: Die völlig verblödeten, gänzlich asozialen, absolut pflegebedürftigen, chronischen Zustandsbilder, die an Idiotie heranreichen und die wir in allen Krankheitsgruppen und Lebensaltern finden, und daneben die hochgradig verbrecherisch veranlagten, gesellschaftsfeindlichen Elemente, die jetzt meist als »Sicherungsverwahrte«, in zunehmendem Maße die Anstalten untragbar verantwortlich belasten und überfüllen. Diese Kranken sind es, die besonders hohe Unkosten an Pflegepersonal, ärztlicher Betreuung, Medikamenten, Wäsche usw. verursachen ... Sie belasten dadurch, daß ihnen jede eigene Verantwortung für den Kampf ums Dasein durch Anstaltsbetreuung abgenommen ist, auf lange Dauer räumlich und wirtschaftlich die Anstalt und schädigen durch den hohen Aufwand, den sie verursachen, die Förderung der Lebenstüchtigen. Die Kranken dieser Gruppen sind auch fast durchweg auf öffentliche Kosten in den Anstalten verwahrt. Das Problem, solches

113

Krankenmaterial ... unter den primitivsten Bedingungen zu verwahren oder überhaupt auszumerzen, ist nunmehr ernstlich diskussionsreif geworden.[169]

Wie wir mehrfach beobachten konnten, wurden die Unheilbaren und Widerspenstigen an die Ränder des psychiatrischen Interesses abgedrängt. Die Kehrseite dieser selektiv therapeutischen Intensität war ein Prozeß, in dessen Verlauf diejenigen Patienten, denen die Psychiatrie nicht zu helfen vermochte, aus den Augen und aus dem Sinn gerieten. Warum also sollte man sie nicht einfach töten? Dieses Paradigma entfaltete sich innerhalb einer Psychiatrie, die in jeder Hinsicht von der eugenischen Ideologie durchdrungen war, und fügte sich ein in das Interesse eines amoralischen und rassistischen Regimes, das im Rahmen der Konzentration nationaler Ressourcen für den Krieg sowie des stetigen Bemühens um Rassereinheit jeglichen »Ballast« über Bord zu werfen gedachte. Es waren nicht gerade wenige Psychiater, die sich bei dem Gedanken recht wohl fühlten, ihr neues therapeutisches Paradigma mit kaltblütigem Mord zu verbinden.

Dies war die Richtung, in die sich die Dinge entwickelten. Kehren wir zurück zu Professor Kleists Inspektionsreise durch die Heil- und Pflegeanstalten im Jahre 1938. Nach dem Krieg äußerte Kleist die Überzeugung, er halte Bernotat persönlich für verantwortlich. Dieser sei ein »kleiner Bürohengst« gewesen, der »nur von Idioten und lebensunwertem Leben geredet« habe. Seine »ganze Haltung zielte darauf ab, sie schlecht zu behandeln. Das war der Geist, aus dem schließlich die Idee ihrer Ermordung erwuchs.« In seinem Bericht über Herborn vermerkte Kleist den willkürlichen Gebrauch solcher Phrasen wie »eine unproduktive Last für die nationale Gemeinschaft« und das begriffliche Ineinswerfen aller Patienten der Anstalt. Hatten Leute wie Bernotat denn nie davon gehört, daß es zwischen einzelnen epileptischen und schizophrenen Anfällen oder bei Krankheiten, deren Ursachen exogener Natur waren, Phasen der Besserung gibt, und mußten alle Patienten als ›unheilbar‹ abgeschrieben werden? Bernotats Maßnahmen sparten im Grunde nichts. Kleist, der für vermehrte Ausgaben zur Anwendung der aktiven Therapie und einer angemessenen Pflege der chronisch Kranken plädierte, meinte: »Was ich heute ausgebe, spare ich morgen und den darauffolgenden Tag ein.« Und außerdem, so schloß er mit Blick auf die chronischen Patienten, »diejenigen, die nicht gerettet werden können, haben das Recht auf eine Form von Pflege, die ihr Dasein erträglich macht, solange es kein Gesetz für die

Vernichtung unwerten Lebens gibt. Die Ausgaben für diese Unglücklichen dürfen nicht unter ein erträgliches Minimum fallen.«[170] Zwei Jahre vor Beginn des »Euthanasie«-Programms hatte diese bemerkenswerte Persönlichkeit die grauenvolle Logik erkannt, von der sowohl die Sparmaßnahmen des Regimes als auch das Denken vieler Psychiater durchdrungen war. Wie dieses Gemisch schließlich in den Massenmord mündete, davon handeln die nachfolgenden Kapitel.

3. »Räder müssen rollen für den Sieg!«
Die Kinder-»Euthanasie« und die »Aktion T4«

Im Winter 1938/39 wandte sich ein Elternpaar namens Knauer mit der
Bitte an Hitler, er möge ihnen dabei behilflich sein, ihr mißgebildetes
Baby zu töten. Die Großmutter des Kindes habe die Eltern zu diesem
Schritt ermutigt. Vermutlich war dies kein Einzelfall. In einem derartigen
politischen Klima vermengten sich durchaus verständliche, menschliche
Ängste vor ernsthaften Behinderungen von Kindern, tödlichen Krankheiten und schwerwiegenden Schäden mit dem Fanatismus der NS-Ideo-
logie. Auch eine Frau mittleren Alters, die an Krebs zu sterben drohte,
sowie ein Mitarbeiter des Arbeitsdienstes, der durch einen Sturz in eine
Zementmischmaschine schwer verletzt worden und erblindet war, stellten Gesuche auf »Euthanasie«.[1] An Hitler gerichtete Bittschreiben wurden von einer Unterabteilung der Kanzlei des Führers bearbeitet, einer
Einrichtung, die ursprünglich dem Zweck dienen sollte, das Image Hitlers als eines Führers zu pflegen, der für die Klagen und Bitten einfacher
Parteimitglieder immer ein offenes Ohr hat.[2] Seit 1934 wurde die Kanzlei
des Führers (KdF) von Reichsleiter Philipp Bouhler (1899–1945) geleitet.
Bouhler, in München geboren, war als Nationalsozialist ein »alter Kämpfer« mit literarischen Ambitionen, gesegnet mit einer attraktiven Frau
und den nichtssagenden Gesichtszügen eines selbstgefälligen Univer-
sitätsdozenten.[3] Während der 30er Jahre behielt die KdF ihren volksna-
hen Auftrag bei (wenngleich man sich nicht mehr nur um die Anliegen
von »Parteikameraden« kümmerte, sondern um die von »nationalen
Kameraden« insgesamt) und weitete zudem ihren Einfluß auf normative
Regierungsangelegenheiten aus, beispielsweise im Zusammenhang mit
Gnadengesuchen, für die das Justizministerium zuständig war. Es wurde
mehr Personal eingestellt und eine Reihe von Hauptämtern geschaffen.
Hauptamt II unter Leitung von Oberdienstleiter Viktor Brack und seinem Stellvertreter Werner Blankenburg war mit Angelegenheiten von
Staat und Partei betraut; Amt IIa wurde von Amtsleiter Hans Hefelmann
geleitet, der insbesondere für eingehende Bittgesuche an Hitler verant-

wortlich war.[4] Laut Hefelmann trafen bis zu zweitausend Gesuche pro Tag ein.[5] Die Aufgabe von Amt IIb bestand darin, Probleme einfacher Leute mit dem Staat oder Parteigliederungen auf informelle und unbürokratische Weise zu regeln. Vor allem die letztgenannte Aufgabenbestimmung sowie die Art der eingehenden Anfragen waren dafür verantwortlich, daß Bouhlers Amt im Rahmen des »Euthanasie«-Programms eine führende Rolle spielte.

Die genauen Ursprünge des »Euthanasie«-Programms sind komplexer Natur, und über ihren Beginn gibt es mehrere Versionen. Abhängig von der jeweils eigenen intellektuellen Neigung kann man entweder die Bedeutung Hitlers hervorheben, die der Ideologie oder der bürokratischen Strukturen. Hitlers Begleitarzt Karl Rudolf Brandt (der Hitlers Adjutant und Nichte nach einem Autounfall wieder zusammengeflickt hatte und als medizinischer Berater für den Fall von Attentatsversuchen fungierte) bezeugte in Nürnberg, was mit dem Knauer-Baby geschah:[6]

> BRANDT: Der Vater eines verunstalteten Kindes wandte sich an den Führer und bat darum, daß dieses Kind beziehungsweise diese Kreatur getötet werden sollte. Hitler gab die Angelegenheit an mich weiter und wies mich an, sofort nach Leipzig zu fahren, um die Sache auf der Stelle zu überprüfen. Es handelte sich um ein Kind, das blind zur Welt gekommen war, ein Idiot – zumindest schien es ein Idiot zu sein –, und es fehlte ihm ein Bein und ein Teil seines Armes.
> FRAGE: Zeuge, Sie sprachen von der Leipziger Angelegenheit, über dieses verunstaltete Kind. Was genau hat Hitler ihnen befohlen zu tun?
> BRANDT: Er befahl mir, mit den Ärzten zu reden, die sich um das Kind kümmerten, um herauszufinden, ob die Behauptungen des Vaters der Wahrheit entsprachen. Wenn sie richtig waren, dann sollte ich die Ärzte in seinem Namen anweisen, eine Euthanasie durchzuführen. Das Wichtige an der Sache war, daß sich die Eltern infolge dieser Euthanasie zu einem späteren Zeitpunkt nicht beschuldigt fühlen sollten – daß die Eltern nicht den Eindruck haben sollten, sie selbst seien für den Tod dieses Kindes verantwortlich. Außerdem wurde mir befohlen deutlich zu machen, daß im Falle irgendwelcher rechtlicher Verfahren gegen die Ärzte aufgrund dieser Maßnahme, solche Verfahren auf Befehl Hitlers niedergeschlagen werden würden. Martin Bormann wurde damals angewiesen, Gürtner, den Justizminister, in diesem Fall entsprechend zu unterrichten.

FRAGE: Was haben die beteiligten Ärzte gesagt?

BRANDT: Die Ärzte waren der Meinung, es gebe keine Rechtfertigung dafür, dieses Kind am Leben zu lassen. Es wurde darauf hingewiesen, daß es in den Schwangerschaftsabteilungen unter gewissen Umständen für die Ärzte ganz normal sei, in solchen Fällen eine Euthanasie durchzuführen, ohne darüber viel Worte zu verlieren. In dieser Hinsicht gab es keine präzisen Instruktionen.

FRAGE: Wurde dieses Problem von Mißbildungen noch andernorts behandelt?

BRANDT: Über das Problem der Mißbildungen wurde möglicherweise schon vor dem Leipziger Fall gesprochen. Allerdings wurde es im Laufe des Sommers etwas konkreter behandelt, insbesondere zunächst vom Innenminister. In diesem Fall nahm Dr. Linden als spezieller Berater teil, wahrscheinlich als Vertreter von Dr. Conti – der nach dem Tode seines Vorgängers Wagner Reichsgesundheitsminister und dann später Staatssekretär im Innenministerium wurde.[7]

Das Kind, dem diese hochrangigen Bemühungen galten, wurde in die pädiatrische Klinik der Universität Leipzig gebracht, deren Direktor Professor Werner Catel war. 1962 erinnerte sich Catel an den Ablauf der Ereignisse und sagte, er habe die Sache damals mit dem Vater besprochen, der sich um die Auswirkungen sorgte, die das Kind auf die Verfassung seiner Frau haben könnte, und hätte darum gebeten, es möge in die Klinik eingewiesen werden, um es »zum Einschlafen zu bringen«. Catel ging danach in Urlaub. Als er zurückkehrte, informierte man ihn, daß einer seiner Untergebenen, ein gewisser Dr. Kohl, während einer Kaffeepause der Krankenschwestern dem Kind eine tödliche Injektion verabreicht hatte.[8] An die daran anschließende Zeit wollte sich Catel wohl aus strategischen Gründen nicht mehr erinnern, bis auf einige merkwürdige Ereignisse im Herbst 1940, die doch zumindest andeuten, daß er über eine blühende Phantasie verfügte. Im Leipziger Zoo sei ein Schimpansenbaby geboren worden, dessen Mutter neun Tage nach der Geburt gestorben sei. Catel habe den Affen in seine Klinik geholt und ihn dort auf einer Veranda mit menschlicher Muttermilch ernährt. Diese Verschwendung kostbarer Ressourcen habe ihm angeblich den Vorwurf eingebracht, er sei ein »Volksparasit«, und führte zu einer Intervention des Oberbürgermeisters von Leipzig. Letzterer habe Catel vorgeschlagen, er solle einen Posten als Experte im neu gebildeten Reichsausschuß zur Bekämpfung angeborener Krankheiten und Erbkrankheiten antreten. Nachdem er die Sache mit einem seiner akademischen Lehrer besprochen habe, sei er zu dem Schluß gekommen, das Angebot anzunehmen, um zu verhindern, daß die »Euthanasie« in »unrechtmäßige und radikale Hände« falle.[9] Sowohl Brandt als auch Catel hoben – was kaum überrascht – übereinstimmend die entscheidende Bedeutung des Knauer-Falls hervor und betonten, die darauf folgenden politischen Maßnahmen seien *ad hoc* entwickelt worden. Diese Sicht der Dinge paßt genau zu der modernen, mittlerweile orthodoxen »struktur-funktionalistischen« Auffassung von der Entwicklung nationalsozialistischer Politik, d. h. einer Sichtweise, der zufolge die Vernichtungspolitik der Nationalsozialisten beiläufig, an Ort und Stelle sowie anfänglich aus einem spontanen Impuls, wenn nicht gar aus Ehrgeiz heraus entstanden sei.[10] Diese Interpretation übersieht jedoch geflissentlich einige wichtige Aspekte. Zum ersten, Hans Heinrich Lammers, Chef der Reichskanzlei, erinnerte sich, daß Hitler bereits 1933, als es um das Gesetz zur Verhütung erbkranken Nachwuchses ging, über die Tötung geisteskranker Patienten nachgedacht hatte.[11] Zweitens erinnerte sich Brandt, Hitler habe 1935 zu Wagner, dem Reichsärzteführer, gesagt,

daß, wenn ein Krieg sein soll, er diese Euthanasiefrage aufgreifen und durchführen werde, weil der Führer der Meinung war, daß ein solches Problem im Kriege zunächst glatter und leichter durchzuführen ist, daß offenbare Widerstände, die von kirchlicher Seite zu erwarten wären, in dem allgemeinen Kriegsgeschehen nicht diese Rolle spielen würden wie sonst.[12]

Drittens erinnerte sich ebenfalls Brandt an ein Treffen mit Hitler am Obersalzberg kurz nach Ende des Polenfeldzuges:

Ich wurde aus irgendeinem Grund, an den ich mich nicht mehr erinnere, zu ihm gerufen, und er sagte mir, daß er aufgrund eines Dokumentes, das er von Reichsleiter Bouhler erhalten hatte, in der Euthanasie-Frage eine endgültige Lösung herbeiführen wolle. Er gab mir einige allgemeine Anweisungen, wie er sich das vorstellte, wobei die Grundzüge darin bestanden, daß unheilbare Personen, die sich in einer Verfassung befänden, die ihnen eine bewußte Teilnahme am Leben unmöglich mache, durch den Tod erlöst werden sollten. Dann folgten allgemeine Instruktionen für die an ihn gerichteten Petitionen, und er sagte mir, ich solle selbst mit Bouhler in dieser Angelegenheit Kontakt aufnehmen. Das tat ich noch am gleichen Tag auf telefonischem Weg und unterrichtete anschließend Hitler über mein Gespräch mit Bouhler ... Aber das war nicht der Grund, warum das Euthanasie-Programm begonnen wurde. Schon in seinem Buch *Mein Kampf* hatte Hitler in bestimmten Kapiteln davon gesprochen, und das »Gesetz zur Verhütung erbkranken Nachwuchses« ist ein Beweis dafür, daß Hitler sich mit diesen Problemen auf jeden Fall schon früher beschäftigt hatte.[13]

Brandts Darstellung erweist Ehre, wem Ehre gebührt. Bouhler scheint sich um die praktischen Fragen der Ausführung gekümmert zu haben, aber es war Hitler, der den Startschuß gab, den Fahrplan bereits im Kopf hatte und – grob gesagt – für die moralischen und politischen Voraussetzungen sorgte. Diejenigen Mitarbeiter innerhalb der KdF, die sich mit den eingehenden Petitionen befaßten, erkannten in der Art und Weise, wie Hitler auf die Bitten nach »Euthanasie« antworte, ein bestimmtes Muster; jede von Hitler gefällte Entscheidung bestätigte sie in dem Glauben, daß es das war, was er wollte.[14] In anderen Worten, Motive wie etwa die bürokratische Ausdehnung der KdF wurden nicht erwähnt und müssen daher als zweitrangig betrachtet werden – außer in den Augen jener, wie Lammers, die sich beruflich mit Fragen der bürokratischen Zuständigkeit befaßten.[15] Und selbst er bestritt, wie wir sehen werden, keineswegs die entscheidende Rolle Hitlers bei diesen ganzen Vorgängen. Es besteht keinerlei Grund, dem wachsenden Bürokratismus den Status eines primären Motivs zuzuerkennen und erst recht nicht zu Lasten der Rolle Hitlers oder einer gemeinsamen ideologischen Überzeugung. Die am stärksten ins Auge springende Tatsache – und dies kann nicht genügend betont werden – ist, daß wir es hier mit einer Gruppe von Menschen zu tun haben, die von der Redlichkeit ihres Tuns überzeugt waren, auch wenn ihnen wenig daran gelegen war, hierfür von einer konfusen, traditionsbestimmten Masse irgendeine offizielle Zustimmung zu bekommen. Wie wir sehen werden, handelten sie konspirativ, vorsätzlich und methodisch, um ihre Ideen zu verwirklichen. Die Vorstellung, diese Politik sei *ad hoc*, beiläufig oder auf reaktive Weise entstanden, ist absurd. Nach dem Krieg war dies allerdings genau die übliche Form der Rechtfertigung.

Es gibt noch eine Reihe weiterer Quellen, die daran zweifeln lassen, daß die zur Durchführung der »Euthanasie« notwendigen administrativen Vorgänge *ad hoc* entstanden seien. 1936/37 hatte Artur Gütt beschlossen, einen obersten »Reichs-Erbgesundheitsgerichtshof« zu schaffen, der als höchste Instanz in Sterilisationsfällen fungieren sollte. Obwohl dieses Gericht nie Wirklichkeit wurde, ein geheimer »Reichsausschuß für Erbgesundheitsfragen« wurde es. Um dessen wissenschaftlichen Charakter zu betonen, wurde er kurzerhand umgetauft in »Reichsausschuß zur wissenschaftlichen Erfassung von erb- und anlagebedingten schweren Leiden«.[16] Dieser der KdF eingegliederte Reichsausschuß, der (logischerweise) viele Bittgesuche oder Beschwerden von der Basis erhielt, stützte sich auf breitgefächerte medizinische und psychiatrische Fachkenntnisse. Zwischen Februar und Mai 1939 diskutierten die dort involvierten Akademiker mehrfach mit höheren Mitgliedern der KdF über das Thema »Euthanasie«. Im Sommer 1939 verbrachte Hitlers Arzt, Theo Morell, sehr viel Zeit damit, alle seit dem 19. Jahrhundert verfaßten Texte zum Thema »Euthanasie« zu sammeln, wobei ihm eine beträchtliche Menge dieses Materials von dem eben erwähnten Ausschuß zur Verfügung gestellt wurde. Morell wertete dieses Material für ein Memorandum aus, das einem eventuellen Gesetz über die »Vernichtung lebensunwerten Lebens« als Vorlage dienen sollte. Das Memorandum stellte wahrscheinlich auch die Grundlage eines Gesprächs dar, das er in dieser Angelegenheit mit Hitler führte.[17]

Der Gesetzentwurf sah die Tötung von Menschen vor, die an schweren angeborenen geistigen oder körperlichen »Mißbildungen« litten, da diese einer besonders langwierigen Pflege bedürften, bei ihren Mitmenschen »Schauder« hervorriefen und im übrigen auf »niedrigster tierischer Stufe« stünden. Die entscheidende Frage lautete, ob diese Tötungen auf Grundlage eines neuen, zu veröffentlichenden Gesetzes oder durch eine »amtsgeheime Anordnung« durchgeführt werden sollten. Die sorgfältige Lektüre von Ewald Meltzers Buch und insbesondere seiner Umfrage unter betroffenen Eltern veranlaßten Morell zu dem Schluß, den Eltern wäre es lieber, man würde ihnen mitteilen, ihr Kind sei dieser oder jener Krankheit erlegen. Was den *modus operandi* betraf, so konnten die Verfahren von Amtsärzten und einem Vormund in Gang gebracht werden, während den Anstaltsärzten lediglich eine Rolle als Gutachter zufiel. Später entschied Morell, eine gewisse Zwangsregistrierung von Geburt an Kranker könne den Ärzten beim formellen Beginn der Tötungsaktionen von Nutzen sein. Über die Tötungsmethode als auch den Zeitpunkt, an dem die Familie zu informieren sei, herrschten noch Unklarheit. Zu den »philosophischen« Grundlagen dieser Maßnahmen gehörte es – in einer für Hitler typischen Mixtur aus Banalität, Unmenschlichkeit und bizarren »historischen« oder »natürlichen« Fakten –, die Idee der individuellen Menschenrechte, wie sie – so behauptete er – in der Französischen Revolution ihren Ursprung hatten, abzulehnen und kollektive Werte dem individualistischen Egoismus der »satten Spießer« vorzuziehen, was »am ehesten der wirtschaftlichen Vorsorge eines Kaufmanns für den Gedeih seines Unternehmens« vergleichbar sei. Ernst Mann zitierend, lenkte Morell die Aufmerksamkeit auf die kontraselektiven Folgen der modernen Wohlfahrt und Sozialhilfe; unter Verweis auf Meltzer behauptete er, es sei mit nur sehr geringem Widerstand von seiten der Eltern zu rechnen. In früheren Zeiten hätten die ausgiebige Anwendung der Todesstrafe sowie epidemische Krankheiten für eine Auslöschung der Geisteskranken und Straffälligen gesorgt. Etwas verunsichert wandte sich Morell der »Angst vor dem Exzeß« zu und bemerkte, so wie heutzutage niemand aufgrund eines Irrtums hingerichtet werde, ebenso sei auch noch niemand – trotz der »romantischen Phantasien, wie sie deutschem Denken leider naheliegen (Kaspar Hauser)« – fälschlicherweise in eine Psychiatrie eingewiesen worden. Das entscheidende Argument in seinen Ausführungen aber lautete:

> 5000 Idioten mit Jahreskosten von je 2000 Reichmark = 100 Millionen jährl. Bei 5% Verzinsung entspricht dies einem reservierten Kapital von 200 Millionen. Das sollte auch für diejenigen etwas sein, deren Zahlenbegriffe seit der Inflation etwas durcheinandergeraten sind. Dabei muß noch das Freiwerden von Nahrungsmitteln eigener Erzeugung und das Sinken gewissen Einfuhrbedarfs besonders bewertet werden.[18]

Im Rahmen dieses Memorandums wurde nicht nur jener rüde kollektivistische Materialismus à la Binding und Hoche aktualisiert, um den seit 1920 veränderten ökonomischen Bedingungen im Jahre 1938/39 gerecht zu werden, sondern darüber hinaus damit begonnen, die fürchterlichen praktischen Fragen einer Ermordung der geistig und körperlich Behinderten zu thematisieren. Einige Probleme, etwa die Institutionalisierung des Tötungsvorgangs, waren zu dem Zeitpunkt, als Morell über sie nachdachte und schrieb, in Wirklichkeit bereits gelöst, andere wiederum, wie etwa die Frage nach der Tötungsmethode oder dem passenden Zeitpunkt einer Unterrichtung der Hinterbliebenen, standen immer noch zur Diskussion. Im August übersandte die Strafrechtskommission zur Reform des Strafgesetzbuches der KdF den Entwurf eines Gesetzes zur Sanktionierung der »Euthanasie«. In ihm schlugen die Rechtsanwälte die Entkriminalisierung der Tötung auf Verlangen vor und ergänzten dies unbekümmert mit der Legalisierung einer administrativ angeordneten Tötung psychiatrischer Patienten:

§ 1 Wer an einer unheilbaren, sich oder andere stark belästigenden, oder sicher zum Tode führenden Krankheit leidet, kann auf sein ausdrückliches Verlangen mit Genehmigung eines besonders ermächtigten Arztes Sterbehilfe durch einen Arzt erlangen.

§ 2 Das Leben eines Menschen, welcher infolge unheilbarer Geisteskrankheit dauernder Verwahrung bedarf, und der im Leben nicht zu bestehen vermag, kann durch ärztliche Maßnahmen unmerklich schmerzlos für ihn vorzeitig beendet werden.[19]

Am 18. August 1939 führte der Reichsausschuß die Zwangsregistrierung aller »mißgestalteten« Neugeborenen ein, worin sich sowohl die Sprache als auch die Methoden von Morells Memorandum widerspiegelten. Gegen Entlohnung von zwei Reichsmark pro Fall waren Ärzte und Hebammen verpflichtet, alle Neugeborenen zu melden, bei denen einer der folgenden medizinischen Befunde festzustellen war: Idiotie und Down-Syndrom; Mikrozephalie [abnorme Kleinheit des Kopfes; Anm. d. Übers.]; Hydrozephalus [Wasserkopf; Anm. d. Übers.]; physische Deformationen wie beispielsweise das Fehlen von Gliedmaßen oder Spaltbildungen des Kopfes und der Wirbelsäule sowie Formen der spastischen Paralyse. Die Meldungen gingen zunächst an die Amtsärzte, die sie wiederum an den Reichsausschuß in Berlin, Postfach 101, weiterleiten mußten.[20] Alle diese Maßnahmen, so soll hier erwähnt werden, gingen der flüchtigen und außergesetzlichen Sanktionierung, die Hitler schließlich erteilte, um mehrere Monate voraus.

Die Entscheidung über die Tötung dieser Kinder wurde von drei Gutachtern getroffen: Professor Catel, Hans Heinze in Brandenburg-Görden (einer Anstalt 20 Minuten außerhalb der Stadt gleichen Namens) und der Kinderarzt Ernst Wentzler. Wentzler, Sohn eines wohlhabenden Lederfabrikanten, Autor eines Buches mit dem Titel »Das pädiatrische Krankenhaus der Zukunft« und Erfinder eines Brutkastens für Frühgeborene, die sogenannte Wentzlersche Wärmewanne, unterhielt neben der Arbeit an der Charité noch eine exklusive Privatpraxis. Er behandelte

Edda Goering wegen Masern in Karinhall; auch behandelte er das Kind des Landwirtschaftsbarons Darré und die Kinder von Viktor Brack, dem wir noch öfter begegnen werden.[21] Wentzler berichtete in seiner Aussage im Jahre 1963, er sei eines Tages plötzlich von Brandt besucht worden, der ihm dargelegt habe, warum Hitler sich entschieden hätte, dieses besonders »heiße Eisen« anzupacken, und habe ihn gebeten, als Gutachter tätig zu werden. Wentzler, der ein Anhänger von Binding und Hoche war und deren Traktat er in beiden Auflagen gelesen hatte, rief Brandt ein oder zwei Tage später zurück und sagte zu.[22] Bei einer Zusammenkunft unter dem Vorsitz von Viktor Brack in Berlin erklärte man den drei Sachverständigen, worin ihre Aufgabe liege. Eine Woche später erhielt Wentzler eine erste Sendung bestehend aus 80 bis 100 Meldebögen. Bis zum Ende des Krieges trafen praktisch jeden Tag neue Meldebögen bei ihm ein. Für diese besondere Tätigkeit erhielt er 240 Reichsmark pro Monat.[23] 1963 erinnerte er sich: »Ich hatte das Gefühl, daß ich etwas Positives tat und daß ich einen kleinen Beitrag zum Fortschritt der Menschheit leistete.«[24]

Hans Heinze war der Sohn eines Geschäftsmannes und stellvertretenden Bürgermeisters von Elsterberg im Vogtland. Da er aufgrund eines steifen Arms vom Militärdienst ausgemustert worden war, hatte er sich dem Roten Kreuz angeschlossen und in Leipzig Medizin studiert. Im Jahre 1934 wurde er Direktor der Heil- und Pflegeanstalt in Potsdam und 1939 Direktor von Görden, »der modernsten Anstalt in Brandenburg«.[25] Werner Catel, der zum Zeitpunkt seiner Aussage im Jahre 1962 soeben den Lehrstuhl für pädiatrische Medizin an der Universität Kiel aufgegeben hatte (!), war erstmals in seiner Funktion als Assistent an der pädiatrischen Klinik in Leipzig mit schwerbehinderten Kindern in Kontakt gekommen. Eine ältere Krankenschwester erzählte ihm, sein Vorgänger habe dazu geneigt, diese »bloßen Existenzen« von ihrem Leben »unterhalb des geistigen Niveaus eines Tieres« zu »erlösen«. Die Lektüre von Binding und Hoche habe ihn schließlich zu einem überzeugten Anhänger der Tötung solcher Kinder werden lassen.[26] Catel, der gewiß nicht auf den Kopf gefallen war, behauptete, niemals den Hippokratischen Eid geschworen zu haben, und verwies darauf, daß dieser Eid auf jeden Fall aus der Zeit vor dem stoischen Konzept der »Euthanasie« stamme. Christliche Einwände könne er nicht ernst nehmen, habe doch schon der Historiker Ranke die Ermordung von 20 000 Hugenotten geschildert; und war nicht auch die auf Hiroshima abgeworfene Bombe von einem Priester gesegnet worden?[27]

Ohne die Kinder je zu Gesicht bekommen zu haben, prüften diese Männer die Meldebögen und markierten sie mit einem »+«, wenn das betreffende Kind sterben sollte, mit einem »–«, wenn es weiterleben durfte, und in einigen (wenigen) Fällen mit einem »?«, wenn weitergehende Überlegungen erforderlich waren. Dergestalt waren sie äußerst abhängig von den Diagnosen der Hebammen und Ärzte. Wer auch immer von den dreien als letzter einen Meldebogen in die Hand bekam, konnte das Urteil der beiden vorhergehenden Sachverständigen mit berücksichtigen. Der Reichsausschuß schrieb sodann an das zuständige Gesundheitsamt und erteilte die Weisung, die Kinder in eine der dazu vorgesehenen pädiatrischen Kliniken einzuweisen. Dies konnte durchaus unter Zwang geschehen, etwa indem man der Mutter drohte, sie zum Arbeitsdienst einzuziehen. Ursprünglich handelte es sich bei den entsprechenden Kliniken um jene in Brandenburg-Görden, Leipzig, Niedermarsberg, Steinhof und Eglfing-Haar. Im Laufe des Krieges kamen eine ganze Reihe weiterer Kliniken hinzu: Waldniel bei Andernach, Ansbach, Berlin, Eichberg, Hamburg, Kalmenhof, Kaufbeuren, Hadamar, Großschweidnitz, Loben, Lüneburg, Meseritz-Obrawalde, Schleswig, Schwerin, Stadtroda, Stuttgart, Uchtspringe bei Wien.[28] Da bevölkerungsreiche Zentren wie beispielsweise Hamburg oder Leipzig häufig über zwei solcher Kliniken verfügten, dürfte die vollständige Zahl etwa bei 30 gelegen haben.

Es ist schwer, allgemeine Aussagen darüber zu machen, auf welche Weise diese Kinder (von denen viele in Wirklichkeit bereits Teenager beziehungsweise junge Erwachsene waren) dem Mordapparat zugeführt wurden. Urteilt man anhand von Fotografien, die vom medizinischen Personal in Eglfing-Haar aufbewahrt wurden – wobei man ganz offensichtlich nur an der Dokumentation der schlimmsten Fälle interessiert war –, waren einige dieser Kinder mit schweren physischen Mißbildungen geboren worden, darunter Kinder mit fehlenden Gliedmaßen oder einer Spalte an Stellen, wo normalerweise ein Gesichtsorgan ist.[29] Die betroffenen Eltern hatten meist noch weitere kleine Kinder oder lebten in schwierigen wirtschaftlichen Verhältnissen, die häufig durch die Einberufung des Vaters zur Wehrmacht noch prekärer wurden. Ihre Kraft und Geduld waren von den kostspieligen und fruchtlosen Rundreisen zu Ärzten und Kliniken aufgezehrt. Meist hatten sie bereits alle Möglichkeiten ausgeschöpft, als ihnen versprochen wurde, ihrem Kind eine kostenlose Spezialbehandlung in einer der angeblich exklusiven Kliniken zukommen zu lassen, die unter der Verwaltung des verheißungsvoll klingenden Reichsausschusses standen.[30] Der Reichsausschuß legte großen Wert darauf, seine pädiatrischen

Kliniken von den gewöhnlichen Anstalten zu unterscheiden, die häufig im gleichen Gebäude untergebracht waren.[31] 1941 waren die Heil- und Pflegeanstalten bei der Bevölkerung zum Gegenstand allgemeinen und berechtigten Mißtrauens geworden, so daß es notwendig war, eine trügerische Distanz zwischen diesen und den Kliniken herzustellen.[32]

Die Initiative, das eigene Kind eine dieser Kliniken zu übergeben, ging mitunter von den Eltern selbst aus, von denen einige, wie beispielsweise die 25jährige Mutter eines blinden und geistig behinderten fünfjährigen Jungen, schon immer der Meinung waren, es wäre besser für ihr Kind gewesen, wenn es schon bei der Geburt gestorben wäre.[33] Die Mutter der vierjährigen Klara E. war sieben Monate schwanger, hatte vier weitere gesunde Kinder und war völlig überfordert, mit ihrem »idiotischen« Kleinkind zurechtzukommen, und zudem auch nicht der Aufgabe gewachsen, während der Abwesenheit ihres zum Kriegsdienst eingezogenen Mannes den Bauernhof zu bewirtschaften. Das Mädchen konnte sich weder bewegen noch sprechen und war demzufolge auch unreinlich. Zwei Monate nach ihrer Einweisung in die pädiatrische Klinik von Kaufbeuren starb das Mädchen an »Lungenentzündung«.[34] Die Mutter von Christel F. war die Frau eines höheren Beamten der Deutschen Arbeitsfront. Obwohl dies bedeutete, daß sie selbst nicht zu arbeiten brauchte, machte sie die Pflege ihrer Tochter Christel, die stundenlang auf ihrem Töpfchen saß, um sich schließlich doch selbst zu beschmutzen, völlig »krank«. Sie brachte Christel nach Eichberg, wo man ihr einen Raum voll spielender Kinder zeigte. Sechs Wochen nach ihrer Aufnahme starb Christel plötzlich.[35] Nur wenige Eltern äußerten ihre Absichten so deutlich wie eine Frau, von der in einem Brief des Gesundheitsamtes in Husum zu lesen war, sie hätte in einem Schreiben an das Innenministerium darum gebeten, ihre zwei »idiotischen Kinder« in die Anstalt nach Schleswig zu bringen, damit dort an ihnen »Euthanasie durchgeführt« werden könne.[36] Bei einer nicht näher bekannten Zahl von Fällen haben wir es wahrscheinlich mit einer Tötung zu tun, die in gegenseitigem Einvernehmen stattfand.

Andere Eltern wurden von ihrem Hausarzt, den Gesundheitsämtern oder von nationalsozialistischen Krankenschwestern, die regelmäßig Hausbesuche bei Familien machten beziehungsweise in den Diensten von Mütterberatungseinrichtungen standen, zu einer Trennung von ihrem Kind überredet. Das nationalsozialistische Deutschland war für eine ganze Riege von Gesundheits- und Fürsorgeschnüfflern verschiedener Provenienz zum Paradies geworden.[37] Am 17. April 1939 schenkte Maria H. ihrer Tochter Elsa das Leben. Elsas Augen sollten sich niemals öffnen, und ihre Zunge ragte »auf lustige Weise« aus ihrem Mund heraus. Der Hausarzt meinte, das Kind könne in der pädiatrischen Klinik von Eglfing-Haar eine bessere Behandlung erhalten. Dort wurde es im April 1941 aufgenommen. Vier Wochen später erhielt die Mutter zunächst einen Brief und kurz danach ein Telegramm; im Brief wurde ihr mitgeteilt, ihre Tochter Elsa leide an einer bronchialen Lungenentzündung, das Telegramm enthielt die Nachricht von ihrem Tod.[38] Eine andere Familie mit einem gelähmten Kind hatte sich hilfesuchend an die Universitätsklinik in Tübingen gewandt. Bei der Entlassung des Kindes empfahlen die Klinikärzte, das Kind nach Eglfing-Haar zu schicken, der »besten Heil- und Pflegeanstalt in Deutschland«. Eine Frau des zuständigen Gesundheitsamtes in Biberach befürwortete diesen Ratschlag mit großem Nachdruck. Zehn Tage nach seiner Ankunft in Eglfing-Haar war das Kind tot.[39] Auf seiten der Eltern vorhandene Bedenken wurden geschickt neutralisiert, indem man eine Spezialbehandlung versprach, deren Anwendung risikoreich und deren Ausgang ungewiß sei. In anderen Worten, es werde alles unternommen, was möglich sei.[40]

Urteilt man anhand der umfangreichen Dokumente mehrerer Gerichtsverfahren aus der Nachkriegszeit, waren die Bedingungen in den pädiatrischen Spezialkliniken weit von jenem modernen Standard entfernt, mit dem der Reichsausschuß und seine örtlichen Handlanger warben. Kinder aus Bayern wurden in der pädiatrischen Abteilung von Haar konzentriert. Zwischen November 1940 und Mai 1945 starben dort 332 Kinder, die man entweder bewußt verhungern ließ, oder man verabreichte ihnen eine Überdosis eines starken Sedativs namens Luminal.[41] Dieses wurde jeden Morgen und jeden Abend portionsweise (zu 0,5 Gramm für die unter Zehnjährigen) dem Essen beigemischt.[42] Nach einigen Tagen der Bewußtlosigkeit kam es bei den Kindern zu Lungenentzündung, Bronchitis und anderen schwerwiegenden Atemstörungen. Manchmal wurde ihnen auch eine tödliche Morphin-Injektion verabreicht.

Die exakte Anzahl der Todesfälle, die in den Jahresberichten für 1941 und 1942 ohne Erläuterung veröffentlicht wurden, lauten:

November und Dezember 1940: 5
1941: 34
1942: 62
1943: 100
1944: 100
Januar bis Mai 1945: 31

Über die Hälfte der Ermordeten war zwischen sechs und 15 Jahren alt, einschließlich zweier Erwachsener im Alter von 35 beziehungsweise 45 Jahren.[43]

Einige dieser Kinder wurden vom Reichsausschuß als »E«-Fälle eingestuft und somit kurz nach ihrer Ankunft getötet. Andere wurden als »B«-Fälle klassifiziert und standen somit zunächst unter Beobachtung, bevor das medizinische Personal beim Reichsausschuß um die Genehmigung ihrer Tötung ersuchte.[44] Der Direktor, Pfannmüller, schrieb an den Ausschuß, legte einen Krankenbericht anbei und erhielt im Gegenzug die kryptische Nachricht, daß einer »Ausführung nichts im Wege steht«. Pfannmüller, dem wir bereits mehrfach im letzten Kapitel begegnet sind, benötigte nur wenig Ermutigung. Er war überzeugter Nationalsozialist, brutal und launisch.[45] Wenn sich Zeugen seiner erinnerten, fielen schnell Worte wie »drastisch«, »impulsiv« oder »manisch«.[46] Ein ehemaliger Militärrichter erinnerte sich, daß Pfannmüller während eines Vortrags über Rassenhygiene den Besuch bei einer Frau mit einem neugeborenen, kranken Kind schilderte. Er habe das Kind an einem ungeschützten Ort ausgesetzt, um es sterben zu lassen. Anschließend teilte er einem Staatsanwalt mit, was er getan hatte, und fragte: »Was werden Sie nun unternehmen?« Der Staatsanwalt antwortete, er werde ihn des Mordes anklagen, woraufhin Pfannmüller in Erinnerung an seine früheren Erfahrungen mit Alkoholikern in Augsburg entgegnete: »Herr Staatsanwalt, bevor Sie das tun können, werden Sie in Dachau landen.«[47] Rüde und aggressiv pflegte er zu den Patienten zu sagen: »Es wäre besser, du wärst woanders hingekommen«, d. h. vergast worden.[48] Als Bewunderer von Binding und Hoche (den er persönlich kennengelernt hatte) betrachtete Pfannmüller seine Opfer als »menschliche Hülsen«. Er behauptete, Briefe von Eltern zu besitzen, in denen sie ihm für die Tötung ihrer behinderten Kinder dankten.[49]

Auch wenn Pfannmüller an der Ermordung der vom Reichsausschuß ausgewählten Kinder aktiv beteiligt war, lag die alltägliche Arbeit in der pädiatrischen Abteilung in den Händen von Dr. Gustav Eidam und einem kleinen Stab an Krankenpflegern und -pflegerinnen. Pfannmüllers Wunschkandidat, der Kinderarzt Dr. Friedrich Hölzel, hatte einen verregneten Urlaub dazu genutzt, um über Pfannmüllers Angebot, die Tötungsaktionen zu leiten, noch einmal nachzudenken. Begleitet von erheblichem Unbehagen prallten hier menschliches Mitgefühl und intellektuelles Verständnis für die »Notwendigkeit« der vom nationalsozialistischen Staat ergriffenen »Maßnahmen« aufeinander:

Schwarzsee bei Kitzbühel   8. August 1940

Lieber Herr Direktor,

die schweren Regenfälle während der ersten Hälfte meines Urlaubs
haben mir genügend Muße zum Nachdenken verschafft, und ich
bin Ihnen sehr dankbar für Ihre großzügige Freundlichkeit und
Rücksicht, mir diese Zeit gewährt zu haben, um mir über die Angelegenheit im klaren zu werden. Die neuen Maßnahmen sind so
überzeugend, daß ich glaubte, persönliche Überlegungen beiseite
lassen zu können. Aber es ist eine Sache, die staatlichen Maßnahmen aus voller Überzeugung zu begrüßen, und eine andere, sie in
letzter Konsequenz selbst auszuführen. Das erinnert mich an den
Unterschied zwischen einem Richter und einem Scharfrichter. Ungeachtet aller vernünftigen Einsicht und allen guten Willens meinerseits kann ich mich daher der Wirklichkeit nicht verschließen,
daß ich mich gemäß meiner persönlichen Natur für diese Aufgabe
nicht eigne. Sosehr es auch mein lebhafter Wunsch ist, den natürlichen Lauf der Dinge in vielen Fällen zu verbessern, so sehr ist es
mir gleichermaßen zuwider, dies nach kaltblütiger Erwägung und
gemäß objektiven wissenschaftlichen Prinzipien und ohne ein Gefühl zu den Patienten als eine systematische Maßnahme auszuführen. Was mir an der Arbeit in der pädiatrischen Abteilung so viel
Freude macht, ist nicht das wissenschaftliche Interesse, sondern der
Wunsch des Arztes, inmitten unserer oftmals fruchtlosen Arbeit
helfen und in vielen Fällen wenigstens eine Verbesserung bewirken
zu können. Die psychologische Bewertung und der therapeutische
und pädagogische Einfluß lagen mir immer mehr am Herzen als
anatomische Kuriositäten, wie interessant auch immer diese sein
mögen. Und so hat es sich ergeben, auch wenn ich sicher meine volle
Objektivität bewahren und meinen fachmännischen Rat erteilen
kann, daß ich mich irgendwie den Kindern als ihr ärztlicher Beglei-
ter emotional verbunden fühle und ich glaube, vom Standpunkt
eines nationalsozialistischen Arztes ist dieser emotionale Kontakt
nicht notwendigerweise ein Zeichen der Schwäche. Allerdings hin-
dert es mich daran, diese neue Pflicht mit jenen, die ich bereits vorher erfüllt habe, zu verbinden.
Sollten Sie sich dadurch gezwungen sehen, die Arbeit in der pädiatrischen Abteilung in andere Hände zu legen, wäre dies sicher ein

schmerzlicher Verlust. Aber es scheint mir besser, bereits vorher zu erkennen, daß ich für diese Aufgabe zu schwach bin, als daß ich Sie später enttäuschen müßte.

Ich weiß, daß Ihre Anfrage Ausdruck eines besonderen Vertrauens in mich war, und ich kann dieses Vertrauen nicht besser belohnen als durch absolute Aufrichtigkeit und Offenheit.

Heil Hitler!

Hochachtungsvoll Ihr,
F. Hölzel[50]

Auch wenn Hölzel später zugunsten von Eidam verzichtete, geschah dies doch erst, nachdem er mehrere Krankenschwestern in ihre verhängnisvolle Aufgabe eingeführt hatte.[51] Eidam war ein widerspenstiger Untergebener. Wiederholt bat er um seine Versetzung zum Militär und wurde nur durch Pfannmüllers Drohungen und explosives Temperament wieder zurückgepfiffen. Die Leitung des Pflegepersonals oblag einer Krankenschwester namens Emma D., die gemeinsam mit zwei ihrer jüngeren Kolleginnen, Emma L. und Maria S., einen Loyalitätseid ablegen mußte, der unter Androhung der Todesstrafe die Verpflichtung enthielt, über alles, was in der Klinik geschehe, auf immer Stillschweigen zu bewahren.[52]

Zu Beginn waren sie davon überzeugt, ihr Tun sei wissenschaftlich von Bedeutung, und führten die hohe Sterblichkeit auf so etwas wie Betriebsunfälle zurück. Obgleich sie manchmal um Versetzungen baten und ihre Arbeit zweifellos als aufreibend empfanden, betrachteten sie ihr Tun nichtsdestotrotz als notwendig, um die ihrer Pflege anvertrauten »bedauernswerten Kreaturen« von ihren Leiden zu »erlösen«.[53] Wie viele andere Krankenpfleger und -pflegerinnen, die in solchen Kliniken arbeiteten, erhielten sie eine zusätzliche Entlohnung in Höhe von 25 Reichsmark pro Monat, ein Betrag, der abwertend als »Schmutzgeld« tituliert wurde; die Ärzte erhielten mitunter einen Weihnachtsbonus in Höhe von 250 Reichsmark.[54] In einigen Kliniken (ganz besonders in Kalmenhof bei Idstein) reagierte man die nervliche Anspannung im Weinkeller ab und begoß jede fünfzigste Tötung mit reichlich Wein und Apfelwein.[55]

Wenn der Tötungsvorgang eines Kindes sich seinem Ende näherte, teilte man den Eltern mit, ihr Kind sei ernsthaft erkrankt, und die Todesnachricht wurde üblicherweise verschickt, bevor die Eltern einen Besuch abstatten konnten, wobei sich die Abgeschiedenheit der Tatorte zusätzlich als vorteilhaft erwies. Eglfing-Haar beispielsweise war noch recht einfach zu erreichen, sofern man denn in München lebte; aber eine Reise über Eltville nach Eichberg an den Hängen des Rheingaus war freilich eine gänzlich andere Sache. In einigen Heil- und Pflegeanstalten machte man es sich insofern leicht, als daß man Besuche schlicht überhaupt verbot. Der Direktor des Kalmenhofs bei Idstein, Großmann, benutzte einen standardisierten Brief, in dem er besorgte Eltern mit der Parole abspeiste: »Räder müssen rollen für den Sieg!«. Des weiteren schrieb man ihnen, sie möchten doch bitte die Verwaltung von »unerfüllbaren« schriftlichen Anfragen verschonen.[56] Mitunter benutzte man Telegramme, um der Nachricht den Anschein von Dringlichkeit zu verleihen; die Kosten dafür wurden zusammen mit der anschließenden Beerdigung abgerechnet. Offensichtlich gab es einige Eltern, die sich nur ungern von ihren Kindern trennten und sich nach dem aktuellen Stand ihrer Behandlung erkundigten. Margot E., geboren am 28. Januar 1941, war auf Anraten des Bezirksarztes und einer Krankenschwester des Gesundheitsamtes in Leonberg nach Kaufbeuren eingewiesen worden.[57] Der Mutter sagte man, sie solle ihr Kind die ersten fünf bis sechs Wochen nicht besuchen, damit es sich an die neue Umgebung gewöhne. Nach mehreren brieflichen Anfragen informierte Direktor Valentin Faltlhauser die Mutter, Margot sei verstört und weine ständig; dann, am 3. November 1942, schrieb er, Margot könne die Worte »Mama« und »Papa« sagen und zeige sich recht spielfreudig. Im nächsten Abschnitt ebnete er den Weg für das, was unvermeidlich kommen mußte:

Im ganzen kann ich aber für die Zukunft keine guten Aussichten geben. Kinder, die an der Entwicklungsstörung wie Ihr Kind leiden, bleiben geistig immer zurück. Im allgemeinen lehrt auch die Erfahrung, daß 90 Prozent dieser Kinder infolge ihrer hochgradigen Anfälligkeit gegenüber Infektionskrankheiten nicht alt werden.

Etwas gereizt beendete Faltlhauser den Brief:

Ich bin leider außerstande, Ihnen alle 14 Tage Nachricht zu geben. Wenn Sie bedenken, daß wir 1300 Patienten haben und in jedem Falle Auskunft geben müßten, dann hätten wir für nur ärztliche Tätigkeiten überhaupt keine Zeit mehr übrig.[58]

Fünf Tage später war das Kind tot.⁵⁹ Als die Mutter in der Anstalt eintraf, nannte man ihr keine Todesursache, gleichwohl bemerkte sie aber, daß man den unterernährten Körper ihrer Tochter einer Autopsie unterzogen hatte.[60]

Die Eltern des vierjährigen Friedrich S. wurden überredet, ihren Sohn der Anstalt Eichberg anzuvertrauen, da er an schweren zerebralen Krämpfen litt, die gewöhnlich im Vorfeld einer Meningitis auftauchen. Am 3. September schrieb der Direktor von Eichberg an die Mutter:

> Ihrem Söhnchen Friedrich geht es gesundheitlich ganz gut. Es handelt sich um eine Gehirnschädigung, deren Ursache noch nicht einwandfrei geklärt werden konnte, hierfür ist die Zeit der Beobachtung zu kurz gewesen. Wenn sich irgend etwas weiter feststellen läßt, bzw., wenn das Kind krank werden würde, sollen Sie sofort Nachricht haben, Sie brauchen sich daher nicht zu beunruhigen. Vorerst haben wir eine medikamentöse Behandlung begonnen.[61]

An seinem vierten Geburtstag, dem 21. Oktober 1941, besuchten die Eltern ihren Sohn in Eichberg. Er war unterernährt und mit Blutergüssen übersät. Der Arzt verbat den Eltern, den Sohn mitzunehmen, die Behandlung sei noch nicht abgeschlossen. Sie sollten in einem Monat wiederkommen, hieß es. Nach zwei Wochen schrieb der Vater einen Brief an die Anstalt. Die Antwort stammte vom 14. November 1941 und enthielt die Nachricht, daß »ihr kleiner Sohn Friedrich« bereits tot sei.[62] Es ist kaum verwunderlich, daß sich beispielsweise einige Eltern fragten, wie es sein konnte, daß ihr Kind bei einem Besuch am Mittwoch gesund und am darauffolgenden Freitag tot war.[63] Eltern, die sich in Anbetracht einer grobschlächtig durchgeführten Autopsie beschwerten oder die zwei und zwei zusammenzählten, wenn selbst die Priester mit betretenem Gesichtsausdruck vom Grab ihres Kindes hinwegschlichen, erhielten von den lokalen Behörden auf derlei Protest hin nur sehr unzufriedenstellende Auskünfte. Den Behörden selbst erging es freilich nicht viel besser. Im Dezember 1941 schrieb der Bürgermeister von Oberjesingen nach Eichberg und erkundigte sich nach dem Schicksal von Ernst W., von dem es gerüchteweise hieß, er sei in der Anstalt gestorben. In seiner Antwort vom 29. des Monats behauptete der Direktor des Eichbergs, Schmidt, es komme öfter vor, daß »idiotische Kleinkinder« an Masern stürben und daß sich die Mutter »unkontrollierbar verhalten« habe, als sie in der Anstalt zu Besuch war und ihren Jungen mit sich nehmen wollte. Er habe dies aufgrund der möglichen Ansteckungsgefahr abgelehnt; dem Bürgermeister gab er den Rat, der Frau klarzumachen, daß ihre Sicht der Dinge unzutreffend sei.[64]

Bis an diese Stelle haben wir uns vor allem mit den Ärzten und Eltern beschäftigt. Vor uns liegt nun die unweit schwierigere Aufgabe, die Lebensumstände der Opfer selbst zu rekonstruieren. Da wir es in den meisten Fällen mit kleinen Kindern zu tun haben, die weder sprechen noch schreiben konnten, sind wir weitestgehend von der Sichtweise anderer – mochten sie gutartig oder bösartig gesinnt sein – sowie zwangsläufig von indirekten Berichten abhängig. Anna Maria R. wurde am 30. Januar 1935 in Kassel geboren. Sie starb am 27. Juni 1941 in Eichberg an »bronchialem Asthma und Herzversagen, ein Fall von Idiotie«. Anna Maria hatte die meiste Zeit ihres Lebens in Pflegeeinrichtungen zugebracht, erstmals im Oktober 1937 in Hephata, Treysa (hier gibt es ein Foto, das sie einen Tag nach ihrer Ankunft zeigt), und dann seit September 1938 in einer Anstalt in Marburg. Ihre Diagnose lautete auf angeborenen »Schwachsinn höchsten Grades«. Ihre Eltern schrieben ihr und besuchten sie unentwegt, wobei sie Anna Maria (beziehungsweise Annemarie, wie sie von ihren Eltern meist gerufen wurde) mitunter – nach Ablauf der neunmonatigen Eingewöhnungsphase – für ein paar Tage über Ostern mit nach Hause nahmen. Jedesmal, wenn Anna Maria sich eine Erkältung zuzog oder beim Hinfallen einen Knochenbruch erlitt, erkundigten sich die Eltern schriftlich nach dem Befinden ihrer Tochter und erhielten die Versicherung, daß »ihre liebe Annemarie bei guter Gesundheit und in Ordnung ist«. Sie schickten ihr Kleidung, Schokolade und Süßigkeiten; sie wünschten, daß das Haar ihrer Tochter entgegen dem üblichen Anstaltsbrauch auf eine bestimmte Weise geschnitten würde. Jedesmal erhielten sie eine wohlbedachte und höfliche Antwort. Beide Seiten bedienten sich einer Sprache, wie man sie eben benutzt, wenn man über kleine Kinder spricht. Als Anna Maria in Hephata eintraf, war sie derart schwach, daß sie weder laufen noch sprechen konnte. Im Oktober 1937 informierte der Chefarzt die Eltern, daß »sich Ihre liebe Annemarie recht gut bei uns eingelebt hat. Sie ist immer frisch und fröhlich und hat nicht die Spur von Heimweh gezeigt. Die Nahrungsaufnahme ist gut, sodaß sie schon ein Kg zugenommen hat. Ich hoffe zuversichtlich, daß Ihr liebes Kind noch laufen lernt, wie weit sich die Sprache entwickeln wird, läßt sich allerdings noch nicht sagen.« Die Eltern versprachen, nichts zu unterlassen, was dem Fortschritt ihrer Tochter dienen könne. 1938 wurde sie in einem Gruppentransport überraschend nach Marburg verlegt.

Der dortige Direktor äußerte sich zu Annemaries weiterer Entwicklung weitaus pessimistischer:

> In der Berichtszeit unverändert. Unsauber. Kann nicht stehen. In den Armen sehr stark. Appetit sehr gut, nimmt aber nicht gut auf. Schreit sehr viel, besonders nachts. Liegt sehr still zu Bett. Wendet den Blick zu, wenn man an ihr Bett kommt, zeigt aber keinerlei mimische Veränderung, öfters lächelt sie – sagt nur »Ah«, sonst nichts. Hat sich in keiner Weise weiter entwickelt. Unverändert – liegt stumm im Bett. Kann nur sitzen.[65]

Anna Maria starb am Tag ihrer Überführung nach Eichberg.

Die pädiatrische Klinik in Brandenburg-Görden galt als Juwel in der Krone der etwas über 30 Kliniken des Reichsausschusses. Brandenburg-Görden war der Ort, an dem die verantwortlichen Ärzte der anderen Kliniken (mehr grundlegend) lernten, wie man Kinder mit Tabletten und Injektionen ermordete.[66] In der Regel ging es hier so emsig wie in einem Bienenschwarm zu; zahllose Rorschach- und Binet-Simon-Tests wurden durchgeführt, Röntgenbestrahlungen und Autopsien, die man im Auftrag von Wissenschaftlern in einer Reihe ausgewählter Universitäten vornahm, wobei einige der Forscher und Wissenschaftler ihren Eifer im Gebrauch der mit Formaldehyd gefüllten Gläser kaum zu bremsen vermochten. Horst L., ein elfjähriger Junge mit einem Wasserkopf, wurde am 1. Oktober 1942 in Görden aufgenommen. Er hatte bereits die Hälfte seines Lebens in Kliniken und Heimen zugebracht, zuletzt wegen Diphtherie in der Berliner Charité. Die dortigen Ärzte hatten für seine Überweisung nach Görden »gesorgt«. Die täglichen Berichte des Pflegepersonals zeichnen das Bild eines vergnügten Jungen, der gerne Geschichten erzählte und viele Lieder sang. Es gibt Röntgenaufnahmen und Fotografien von ihm in mehreren Positionen. Sein Leben zu Hause schilderte er wie folgt:

> HORST L.: Meine Mutti braucht doch eine Helferin, sie hat doch soviel zu tun mit der Küche, kochen, Kuchen backen, und darum braucht man doch ...
> FRAGE: Ist sie alt oder jung?
> HORST L.: Die ist noch jung.
> FRAGE: Ist sie nett?
> HORST L.: Ja. Die wascht mich morgens, dann gibt sie mir Kaffee,

dann tut sie immer die Krümeln rausmachen, tut sie das Bett machen. Zu Hause mußte ich immer im Bett bleiben.

FRAGE: Weißt du warum?

HORST L.: Weil mich Tante Haag nicht mehr tragen konnte.

FRAGE: Warum?

HORST L.: Ja, aber ich bin doch so schwer.

Ausführlich erzählte er von den Heldentaten seines Vaters bei der Rotwildjagd, auch wenn der Vater offenbar eher wenig mit ihm sprach. Er war eindeutig ein Muttersöhnchen. Er erinnerte sich an das kleinste Detail in seinem Elternhaus, insbesondere was das Grammophon und das Radio betraf, die für ihn, der ständig ans Bett gefesselt war, eine ungeheure Bedeutung gewonnen hatten. Horst kannte sich besonders gut mit dem Programm des Radiosenders Breslau aus und war in der Lage, die Abschiedsformel des Senders wiederzugeben: »Wir beenden nun unser heutiges Programm. Wir empfehlen unseren Zuhörern, das Programm des Deutschen Radios einzustellen.« Am 10., 25., 27. und 30. November sowie am 3. Dezember wurde er einer Reihe von Tests unterzogen. Die Tests schienen kein Ende zu nehmen, obgleich Horst sich auf sie zu freuen schien. Er hatte Bilder zu identifizieren: Löffel, Enten, Schuhe, Äpfel, Segelschiffe, Lokomotiven, Schubkarren, Eimer, Autos, Kaffeemühlen, Pilze, Pferde, Kirschen, u.s.w. Er mußte die Finger seiner Hände und die Knöpfe an seinem Hemd zählen; zwei Dreiecke zu einem Rechteck zusammenfügen; mit Holzklötzchen Gebäude bauen und mit Stäbchen geometrische Figuren nachlegen. Er mußte Sätze mit einer bestimmten Anzahl von Silben wiederholen: Aus »Der Hund fürchtet die Katze, weil sie scharfe Krallen hat« wurde »Der Hund fürchtete die Katze, aber sie hat schwarze Krallen«; aus »Die Schnecke bewegt sich sehr langsam, aber das liegt daran, weil sie ihr ganzes Haus auf ihrem Rücken mit sich trägt« wurde »Die Schnecke bewegt sich sehr langsam und nimmt ihr ganzes Haus mit ...«. Des weiteren hatte er Zahlenreihen zu wiederholen: »3681:3681«, »93718:9 ... 3,718«, »25084 ... 298«. Selbst der Krieg mußte für weitere Fragen herhalten: »Warum gibt es Krieg?« oder »Warum wird geschossen?«. Seine Antwort lautete: »Ich werde meine Mutti fragen, wie lange der Krieg dauern wird.« Als seine Aufmerksamkeit während der Rorschach-Tests ermüdete – er verfügte auf beiden Augen über eine nur verminderte Sehkraft –, verlor der Arzt seine Geduld und drohte ihm mit einem Stock in der Hand.

Diese endlose Fragerei, die jedermanns Nerven strapaziert hätte –

wenngleich Kinder in diesen Dingen eine erstaunliche Geduld an den Tag legen –, wurden gelegentlich durch eine Pause unterbrochen. Während einer dieser Unterbrechungen unterhielt sich Horst mit einer Sekretärin:

> HORST L.: Fräulein D., ich habe geträumt... vom lieben Gott.
> FRAGE: Was hast du denn geträumt?
> HORST L.: Er sollte schönes Wetter machen.
> FRAGE: Und es ist doch auch ganz schön.
> HORST L.: Ja, es ist nicht so einfach!... Es geht alles vorüber...
> FRAGE: Was ist denn nicht so einfach?
> HORST L.: Man hat es nicht im Leben so einfach... Ich kann es dir nicht sagen, warum. Nein, das kann ich nicht.
> FRAGE: Aber dir geht es doch ganz gut?
> HORST L.: Fräulein D., hier ist es doch besser wie in... Ich weiß, wie es ja da ist, und zu Hause auch, da hat meine Mutti Arbeit. – Vielleicht bekomme ich morgen Besuch, vielleicht kommt morgen Tante Muschi und Horst. Vielleicht bringt mir Tante Muschi morgen etwas Schönes mit. Auf der anderen Station war ja Tante Muschi auch gekommen, da hat sie mir auch Birnen mitgebracht, Schnecken und Kugeln, so Kugeln aus Glas. Mehr hat sie nicht gehabt, bloß ein Paar womit Horst wohl schon mal gespielt hat, wo er klein ist. Lieber wäre Horst zu Hause, aber jetzt muß man noch hier bleiben. Ich weiß ja, die Schwestern hier sind nett. Gestern hat Schwester Lotti zu mir gesagt, wo sie mich getragen hat, »Nun, Horst, du bist ja nicht so schwer, tragen können wir dich schon noch«. Da hat Schwester Lotti auch recht – es ist ja so schön hier.

Am 12. Januar 1943 diktierte der Neurologe Dr. Schumacher einen Brief über Horsts Zustand an den Reichsausschuß. Horsts unübersehbare Wißbegierde, Freude und Vorstellungskraft wurden geflissentlich verschwiegen. Jetzt war er nur noch ein einfältiger, elfeinhalbjähriger Junge mit der Intelligenz eines Fünfeinhalbjährigen. Es bestehe keine Aussicht, daß sich sein Zustand verbessere, und er werde niemals in der Lage sein, »sozial wertvolle Tätigkeiten« auszuüben. Der Arzt empfahl eine »Behandlung gemäß der Anweisung des Innenministeriums«. Horst starb am 5. März 1943 um zehn Uhr. In einem verdächtig langen Eintrag in seinem Krankenbericht vom gleichen Tage versuchte man, die Geschichte eines allmählichen Verfalls zu konstruieren. Er habe an Gewicht verloren, mit dem Spielen aufgehört und rede nicht mehr mit den Erwachsenen,

sitze mit starrem Blick in die Luft da. All dies soll sich scheinbar innerhalb eines Tages abgespielt haben. Als Todesursache wurde »bronchiale
Lungenentzündung« angegeben, aber die Autopsie ergab keinerlei Befund seiner Lungen. Der Schädel, so hieß es weiter in dem Bericht, »ist
ausgesprochenermaßen größer als der Rest seines Organismus«.[67] Das allerdings war beileibe nicht Horsts Problem.

Dieses Kapitel begann mit den ersten zögerlichen Schritten, ein Programm zur Euthanasie der Kinder durchzuführen, und ist nun – lange
nach Hitlers vorgeblichem »Stop«-Befehl vom August 1941 – an einen
Punkt angelangt, an dem – etwa 1942/43 – die Ermordung von Kindern,
Heranwachsenden und jungen Erwachsenen systematisch betrieben
wurde und zur Routine geworden war. Wir haben gesehen, daß dieser
Weg sehr bewußt eingeschlagen wurde, als ein Akt moralischer und intellektueller Überzeugung seitens einer fest verschworenen Gruppe Gleich-
gesinnter. Es zeugt von dogmatischem, phantasielosem und perversem
Geist, wenn man die Entscheidungen intelligenter und erwachsener
Menschen nur als das Funktionieren eines Bürokratieapparats begreift.
An die 6000 Kinder starben, wenn auch die Zahl derer, die im Rahmen
des »Euthanasie«-Programms für Erwachsene den Tod fanden, noch
größer war.[68] Gleichwohl war die Ermordung behinderter Kinder nur ein
Mosaikstein innerhalb der weitaus breiter angelegten Strategie, die Patienten in den Heil- und Pflegeanstalten insgesamt zu dezimieren, was
wiederum ebenfalls nur ein Mosaikstein jener Sehnsucht darstellte, alles,
was fremd oder unvollkommen war oder von der Norm abwich, zu töten.[69] Der Rest dieses Kapitels wird sich auf das konzentrieren, was mit
dem Decknamen »Aktion T 4« belegt wurde, d. h. der systematischen Ermordung von hauptsächlich erwachsenen Patienten.

Eine geraume Zeit vor dem Juli 1939 berief Hitler Staatssekretär Leonardo Conti, Martin Bormann und den Chef der Reichskanzlei, Hans
Heinrich Lammers, zu sich und wies Conti an, ein »Euthanasie«-Pro-
gramm in die Tat umzusetzen. Lammers erinnerte sich 1947 an die Worte
Hitlers:

> Er betrachte es als rechtens, sich der wertlosen Leben der schwer
> geisteskranken Patienten zu entledigen. Die Frage, ob es nicht bes-
> ser sei, schwer Geisteskranke, die auf Stroh lagern oder sogar ihren
> eigenen Kot aßen, den Gnadentod zu schenken, ist schon vor dem
> Krieg gelegentlich bei Tischgesprächen kurz erläutert worden, ohne

daß sie vertieft und ohne daß eine Absicht Hitlers erkennbar wurde. Weiterhin sage er, daß es rechtens sei, wenn das wertlose Leben solcher Kreaturen ein Ende hätte und daß dies im Ergebnis gewiß zu Einsparungen für die Krankenhäuser und hinsichtlich des Ärzte- und Schwesternpersonals führen könnte.[70]

Wagners Presseoffizier, Helmut Unger, der selbst Verfasser eines Briefromans war, in dem eine erzwungene Euthanasie verteidigt wurde, teilte das Ergebnis dieser Versammlung Hans Hefelmann mit. Dieser wiederum erzählte es Brack, der daraufhin schnurstracks zu Karl Brandt und Philipp Bouhler eilte.[71] Bouhler, der hier ein Gebiet bedroht sah, das er selbst in Beschlag zu nehmen gedachte, schaffte es, Conti an den Rand zu drängen, so daß die KdF gewissermaßen als einzige Instanz die Kontrolle über die »Euthanasie«-Maßnahmen ausübte. Bouhler war offensichtlich besorgt, Bormanns Handlanger, Conti, könnte das Netz für die Opfer zu weitmaschig knüpfen. Außerdem wünschte er die zentrale Herrschaftsgewalt über die Tötungsaktionen zu behalten, da andernfalls einzelne Gauleiter solche Aktionen nahezu willkürlich hätten durchführen können.[72] Laut Lammers versuchte der junge und ehrgeizige Bouhler seinen mangelnden Einfluß bei Hitler dadurch zu kompensieren, daß er in Lammers' Territorium eindrang, um die Geschäfte der Reichskanzlei bisweilen in die Richtung seiner eigenen Abteilung umlenken zu können.[73] Hitler teilte schließlich Bouhler und Brandt mit, »daß er nun eine bestimmte Lösung der Frage Euthanasie durchführen wolle«.[74] Zu diesem Zweck stellte er ihnen auf seinem persönlichen Notizblock eine lakonische Bevollmächtigung aus:

> Reichsleiter Bouhler und Dr. med. Brandt sind unter Verantwortung beauftragt, die Befugnisse namentlich zu bestimmender Ärzte so zu erweitern, daß nach menschlichem Ermessen unheilbar Kranken bei kritischster Beurteilung ihres Krankheitszustandes der Gnadentod gewährt werden kann.[75]

Obwohl dieser Eintrag das Datum des 1. September trägt, wurde er in Wirklichkeit erst einen Monat später verfaßt und rückdatiert. Laut Blankenburgs Sekretärin, die das Dokument später tippte, diskutierten zehn Personen – darunter kein einziger Arzt – über diesen kurzen Text, dessen Original in Bouhlers Safe wanderte.[76] Diese Notiz hatte nicht den Rang eines Gesetzes, denn bis zum 26. April 1942, als der Reichstag Hitler das

Recht zuerkannte, eigenständig Gesetze zu erlassen, mußten solcherart Vorschläge und Anträge öffentlich verkündet werden.[77] Wir wollen an dieser Stelle ganz präzise sein: Schon allein um den Rang einer offiziellen Anweisung zu erhalten, hätte die Notiz auf einem Papier mit dem Briefkopf »Der Führer und Reichskanzler« getippt, von Hitler und Lammers gegengezeichnet, mit dem Reichssiegel versehen und im Amtsblatt des Reiches veröffentlicht werden müssen.[78] Nichts von alledem wurde getan. Auch deckte die Notiz nicht die Schaffung eines verdeckt operierenden, privilegierten bürokratischen Apparats mit dem Ziel ab, Zehntausende von Psychiatriepatienten auf einer völlig disparaten Grundlage zu ermorden. Daher ist diese Notiz ein charakteristisches Beispiel für die Art und Weise, in der Hitler es bewerkstelligte, daß seine Wünsche indirekt als Befehle interpretiert wurden. In keinerlei Hinsicht verschaffte es dem, was geschehen war oder noch geschehen sollte, eine legale Grundlage.

Der erste Schritt zur Bereitstellung geeigneter Mittel für die Ausführung dieser Maßnahmen bestand in einer Verstärkung jenes mit drei Gutachtern besetzten Gremiums, das wir bereits im Rahmen des »Euthanasie«-Programms für Kinder kennengelernt haben. Zusammen mit Herbert Linden vom Innenministerium (das offiziell für die staatlichen Heil- und Pflegeanstalten verantwortlich war) beriefen Bouhler und Brandt eine Reihe seriöser und hervorragender Akademiker und Anstaltsdirektoren in dieses Gremium. Zu ihnen gehörten Max de Crinis aus Berlin, Carl Schneider aus Heidelberg, Berthold Kihn aus Jena und Werner Heyde aus Würzburg. Zusätzlich zu Catel, Heinze und Wentzler bestand die Kerngruppe des weiteren aus den Anstaltsdirektoren Pfannmüller von Eglfing-Haar, Paul Nitsche vom Sonnenstein in der Nähe von Pirna und Bender von Berlin-Buch.

Werner Heyde wurde 1902 in Forst, Lausitz, geboren. Nach Abschluß der Schule kämpfte er im Freikorps in Estland und anschließend in Cottbus im Vorfeld des Kapp-Putschs. Zwischen 1920 und 1925 studierte Heyde Medizin in Berlin, Freiburg, Marburg, Rostock und Würzburg und jobbte in Häfen, Bergwerken und einer Glasfabrik, denn sein Vater hatte durch die Inflation sein gesamtes Vermögen verloren. Nach seinem Studium erhielt er eine Reihe von Stipendien und arbeitete vorübergehend als Assistent an der Universität Würzburg, bis er 1932 einen Lehrstuhl erhielt. 1933 bat man Heyde, ein psychologisches Profil des SS-Offiziers Theodor Eicke zu erstellen, den Gauleiter Bürckel durch Abschiebung in eine Psychiatrie zum Schweigen bringen wollte. Heyde lehnte es ab,

Eicke (unzutreffenderweise) als Psychopath zu beschreiben, was ihm bei Himmler einen hervorragenden Eindruck verschaffte. Die Begegnung mit dem »Reichsarzt-SS«, Grawitz, brachte ihm kurze Zeit später eine Tätigkeit als Gutachter in Konzentrationslagern ein. Berufsverbrecher gaben in seinen Augen »wundervolles Forschungsmaterial« ab.[79] Mitte der 30er Jahre wurde die KdF auf seine Fähigkeiten aufmerksam, die er als Fachgutachter in Sterilisationsfällen sowie als Gutachter für die Gestapo und durch seine zweimal wöchentlich in den Konzentrationslagern geleistete Arbeit unter Beweis gestellt hatte. Gegen Ende 1939 erhielt er eine Professur. Obwohl die Fakultätsmehrheit lieber eine prominentere Person berufen hätte – da Heyde zuviel für die SS arbeitete, konnte er keine lange Publikationsliste vorweisen –, bedurfte es lediglich einer Reihe von Telefonaten aus dem Erziehungsministerium und seitens Philipp Bouhlers, um die Angelegenheit zu regeln.[80]

Heyde war seit 1933 Mitglied der NSDAP und seit 1936 Hauptsturmführer in der SS. Die SS war für ihn vor allem aufgrund ihres elitären Renommees von Interesse.[81] Bis 1941, als er durch Nitsche ersetzt wurde, war Heyde oberster Gutachter und medizinischer Leiter der »Aktion T 4«. Ersetzt wurde er, weil ihn die dunkle Seite seines erfolgreichen Lebens einholte. Heyde war als 15jähriger Junge von einer älteren Freundin der Familie auf eine Weise verführt worden, die bei ihm ein Trauma hinterlassen hatte. Während seiner Teilnahme im estnischen Freikorps hatte er schließlich seinen homosexuellen Neigungen nachgegeben und mit jungen Soldaten gemeinsam Onanie betrieben. Auch hatte er eine Psychotherapie machen wollen. In Würzburg gehörte er einem Kreis wohlhabender Homosexueller an und verführte mitunter seine eigenen Studenten. Diese vernichtenden Informationen waren dem SD bekannt; die Tatsache, daß er 1927 geheiratet hatte, war unerheblich. Als Brack die Arroganz des Professors leid war, brauchte er lediglich von diesen Informationen Gebrauch zu machen, um Heyde seines Amtes zu entheben.[82] Heyde ließ sich wie auch viele andere von seinesgleichen vom Glanz der Macht betören. Sie verlieh diesem unauffällig agierenden, schwachen Mann eine zweifelhafte Respektabilität. Die KdF war ein »Symbol des Staates«, durch das die Macht des Führers und seiner Komplizen auf ihn, einen provinziellen und homosexuellen Universitätsprofessor, abstrahlte.[83]

Carl Schneider wurde 1891 in Gubnitz, Posen, geboren. Nachdem sein Vater die Leitung einer wenig erfolgreichen Privatschule aufgegeben hatte, wanderte er nach Amerika aus, wo er sich als Wandermusiker durchzuschlagen versuchte. Später kehrte er als gebrochener Mann zurück und bat seinen einzigen Sohn um Unterstützung. Er starb in einem Armenheim. Schneider wuchs bei seiner Mutter auf, die ein Kurzwarengeschäft in einer kleinen Stadt namens Pegau bei Leipzig führte. Wie es bei vielen Akademikern der Fall ist, war die Intelligenz Schneiders einziges Kapital, das er für den sozialen Aufstieg investieren konnte. Er erhielt ein Stipendium zum Besuch eines Elite-Internats und studierte später in Würzburg Medizin. Während des Krieges arbeitete er in Militärkrankenhäusern in Ostgalizien und an der Westfront, wo er im Mai 1915 in der Nähe von Yres verwundet wurde. Im gleichen Frontabschnitt leistete der Maler Max Beckmann seinen Dienst als Sanitäter ab. Beckmann und sein Zeitgenosse Otto Dix porträtierten die Schrecken des Krieges; Schneider hingegen machte Fotografien, die das Gemetzel auf eine Weise ästhetisierten, die an den Schriftsteller Ernst Jünger erinnert. Später in der Weimarer Republik sollte er Dix wegen dessen grell schockierender Porträts von versehrten Veteranen und halbseidenen Damen an den Pranger stellen.

Nach dem Krieg wurde Schneider Assistent des exzellenten Psychiaters Oswald Bumke in Leipzig. Als Schneider 1920 heiratete, verließ er die Universität, um eine Stelle als Anstaltsarzt anzutreten, die ihm mehr Sicherheit zu bieten schien. Er produzierte eine Unmenge an akademischen Publikationen und arbeitete 1930 gemeinsam mit Paul Nitsche an einer Hygieneausstellung in Dresden.[84]

Von 1930 bis 1933 war Schneider Chefarzt in Bethel, einer protestantischen Heil- und Pflegeanstalt für Epileptiker und Landstreicher in der Nähe von Bielefeld. 1932 schloß er sich der NSDAP an und übernahm ein Jahr später einen Lehrstuhl für Psychiatrie und Neurologie in Heidelberg. Es handelte sich dabei nicht um eine politisch motivierte Berufung, obwohl die Stelle frei geworden war, weil man seinen Vorgänger wegen Beleidigung Görings und Hitlers entlassen hatte.[85] Als Leiter der Universitätspsychiatrie war Schneider ein begeisterter Anhänger von Hermann Simons individualisierter Arbeitstherapie und setzte sich dafür ein, Berührungsängste zwischen Anstalt und Außenwelt abzubauen. Im Jahre 1939 veröffentlichte Schneider ein vielgelobtes Buch, »Die Behandlung und Prävention von Geisteskrankheiten«, das erste psychiatrische Lehrbuch, das sich mehr mit Formen der Behandlung als mit Fragen der Diagnostik oder der nosologischen Problematik beschäftigte.[86] Als nationalsozialistisches Parteimitglied leitete Schneider das rassepolitische Büro in Baden. Seit Sommer 1940 stand er schließlich in den Diensten der

KdF. Wie wir sehen werden, war das Hauptmotiv seiner Gutachtertätigkeit die damit verbundene Gelegenheit, an den Opfern Autopsien durchführen zu können.

Max Friedrich Alexander de Crinis (1889–1945) war Sproß einer österreichischen Medizinerdynastie. Als Student der Medizin in Graz und Innsbruck schloß er sich einer nationalistischen schlagenden Verbindung an und galt als erklärter Gegner des römischen Katholizismus. Im Jahre 1914 wurde er Assistent an der Psychiatrischen Klinik der Universität Graz. Hier konnte er sich aus erster Hand dem Studium von Kriegsneurosen widmen, lag doch Graz ganz in der Nähe des österreichisch-italienischen Schlachtfelds.[87] Während der frühen und späten 20er Jahre war er Mitglied des Steirischen Heimatschutzes und kämpfte gegen marodierende Slowenen und aufständische Kommunisten; die meisten Berichte über ihn zeugen davon, daß er auch ein »fanatischer Antisemit« war. 1931 glitt er einen weiteren Schritt nach rechts ab, indem er die Mitgliedschaft im Steirischen Heimatschutz mit jener in der NSDAP verband. Während der »klerikal-faschistischen« Diktatur unter Dollfuß wurde er schließlich 1934 in Zusammenhang mit nationalsozialistischen Terroranschlägen (wie beispielsweise dem Sprengstoffanschlag auf eine Telefonzelle) verhaftet. Das Unterrichtsministerium entzog ihm daraufhin die Lehrberechtigung für die Universität. Kurz vor dem nationalsozialistischen Putsch gegen Dollfuß im Juli 1934 floh er aus Österreich und versorgte Verwundete in jugoslawischen Flüchtlingslagern.[88] Verdächtig schnell erhielt er eine Professur für Psychiatrie an der Kölner Universität, die aufgrund der Emigration ihres jüdischen Vorgängers vakant war. Er veröffentlichte zahlreiche Publikationen, u. a. über Gehirntumore und ein Lehrbuch zur forensischen Psychiatrie. Im Jahre 1934 wurde er Führer des Verbandes der Lehrenden an der Kölner Universität und schloß sich zwei Jahre später der SS an. 1938 wurde er Nachfolger von Karl Bonhoeffer sowohl in dessen Funktionen als Professor für Psychiatrie und Neurologie in Berlin sowie als Direktor der psychiatrischen Klinik an der renommierten Charité. Die Studenten und das Personal begrüßten die Ersetzung des düsteren Bonhoeffer durch einen charmanten und geselligen österreichischen Nazi. Seinen Laborassistenten erlaubte er, mit seinem Boot, das nahe seiner Villa auf dem Wannsee vor Anker lag, zu segeln (und es zu säubern!). De Crinis stattete die Klinik mit einer Hitler-Büste aus und ließ sie mit Hakenkreuzflaggen schmücken; seine Antrittsvorlesung unter dem Titel »Die deutsche Psychiatrie«(!) gab die neue intellektuelle Marschrichtung vor.[89] Nachdem er die Vorzüge der anatomisch-

143

pathologischen Methode erläutert hatte, goß er Hohn und Spott aus über jene »undeutschen, fremdrassigen, sogenannten Fachkollegen, die in Wien und anderen deutschen Städten bis in die letzte Zeit hinein ihr Unwesen treiben konnten«, womit er vor allem Sigmund Freud meinte. Eine ganze Reihe von Rollen fielen dem Professor zu. Er wurde Mitglied im Kuratorium des Kaiser-Wilhelm-Instituts für Hirnforschung, Ministerialreferent für medizinische Fragen im Reichsministerium für Wissenschaft, Kunst und Volksbildung sowie leitender Berater in militärpsychiatrischen Angelegenheiten. Auf Vermittlung seines Freundes Walter Schellenberg vom SD spielte de Crinis sogar eine kleine Lockvogelrolle als »Oppositionsführer«(!), um einige Agenten des britischen Geheimdienstes in Venlo zu überführen. Für seine hinterlistigen Fähigkeiten verlieh ihm Hitler das Eiserne Kreuz 1. und 2. Klasse.[90] Ähnlich einigen törichten Akademikern in anderen Ländern war auch de Crinis von der Welt der Spione und Agenten fasziniert. Bald schon war er an den Planungen für ein »Euthanasie«-Programm beteiligt und fungierte vermutlich zusammen mit Heyde als maßgeblicher Sachverständiger.[91]

Gegen Ende Juli kamen diese Männer – deren ideologischer Eifer und moralische Skrupellosigkeit damit zweifelsfrei belegt sein dürften – in Berlin mit Bouhler zusammen. Dieser teilte ihnen mit, es sei notwendig, einen Teil der Psychiatriepatienten zu töten, um für die verwundeten Soldaten Platz zu schaffen, mit denen demnächst zu rechnen sei. Das in der Folge überschüssige Pflegepersonal könne dann in Wehrmachtskrankenhäusern eingesetzt werden. Auch wenn aus außenpolitischen Gründen keine gesetzliche Regelung getroffen werden könne, wurde den Anwesenden versichert, daß ihr Tun keinerlei Strafverfolgung nach sich ziehen werde. Abgesehen von de Crinis, der sich aufgrund zu vieler anderer Verpflichtungen entschuldigte, erklärten sich alle Anwesenden damit einverstanden, an der Aktion teilzunehmen. Später stellte Conti die Männer dann Innenminister Frick vor. Danach begaben sich die Anstaltsdirektoren auf den Heimweg, um in den Reihen ihres Anstaltspersonals nach dienstwilligen Komplizen zu suchen. Nachdem man solch rüde Lösungen wie »Unfälle«[92] per Bus oder Bahn verworfen hatte, wurde das Problem einer hochgradig effektiven Tötung möglichst vieler Menschen von Chemikern gelöst, die in Diensten der Kriminalpolizei standen. Dr. Albert Widmann, der verantwortliche Leiter der Chemieabteilung, traf sich in Anwesenheit seines Vorgesetzten, des Chefs der Reichskriminalpolizei Arthur Nebe, mit einem Vertreter der KdF. Das Gespräch verlief wie folgt:

»Widmann, kann das Kriminaltechnische Institut in größeren Mengen Gift beschaffen?«

»Wozu? Zum Töten von Menschen?«

»Nein.«

»Zum Töten von Tieren?«

»Nein.«

»Wozu dann?«

»Zum Töten von Tieren in Menschengestalt, und zwar von Geisteskranken, die man nicht mehr als menschliche Wesen ansprechen kann, bei denen eine Heilung unmöglich ist.«

Widmann erklärte sich zur Mitarbeit bereit. Das Kriminaltechnische Institut sollte als eine Art Tarnorganisation im Auftrag der KdF nach toxischen Substanzen suchen; der Name des Führers wurde in diesem Zusammenhang an keiner Stelle erwähnt.[93] Nachdem die Entscheidung für Kohlenmonoxyd gefallen war – Widmann hatte einst einen Fall zu rekonstruieren, bei dem zwei Menschen in einer Berliner Wohnung an einer Rauchvergiftung gestorben waren –, erteilte Brack Widmann die Genehmigung, 50 Zylinder von Mannesmann Stahl zu erwerben, die dann mit Gas aus den Fabriken des in Ludwigshafen angesiedelten Chemiekonzerns der I.G. Farben gefüllt wurden. Die Zylinder wurden alle zwei Monate neu aufgefüllt. Sämtliche Rechnungen gingen an die Adresse des kriminaltechnischen Instituts.[94]

Nachdem nun das erforderliche Werkzeug zur Hand war, machte sich die KdF an die Fragen nach dem »Wo?« und »Wer?«. Die Frage nach dem »Wo« wurde gelöst, indem man Linden – dessen Rolle in der gesamten Operation nur schemenhaft hervortritt – entsandte, um sich mit dem Leiter des Württembergischen Gesundheitsdienstes, Dr. Egon Stähle, zu treffen, der im übrigen selbst der festen Überzeugung war, man gebe ja auch »jedem Haustier, das einem nicht mehr nützt, den Gnadentod«. Linden sagte, er brauche eine kleine und abgelegene Einrichtung; Stähle schlug die Samariterstiftung für Krüppel in Grafeneck vor, eine Einrichtung der Inneren Mission, hoch oben in der Schwäbischen Alb. Selbstherrlich statteten sie der Anstalt einen Kurzbesuch ab.

Grafeneck, ein Renaissanceschloß in unmittelbarer Nähe des weltberühmten Marbacher Gestüts, war von der Inneren Mission 1929 erworben worden.[95] Es ist auch heute noch ein Heim für geistig behinderte Menschen mit vielen Werkstätten, einem umfangreichen Viehbestand, kleinem Eierhandel und einem recht guten Honig. Stähle und Linden eilten durch die Anstalt, nahmen die Räumlichkeiten in Augenschein, notierten ihre Größe und die Bettenkapazität. Grafeneck erschien ideal. Es war abgelegen und verfügte dennoch über Straßen- und Bahnverbindungen, die entlang der dichtbewaldeten Höhen unterhalb des Schlosses verliefen; umgeben von Wäldern, Wiesen und Wehranlagen, von denen aus man die Zugänge zum Schloß gut einsehen konnte. Und besonders vorteilhaft, die Patienten konnten in eine andere samaritanische Stiftung in Obersontheim bei Schwäbisch-Hall verlegt werden.[96] Im Laufe des Oktober begaben sich mehrere Besucher auf die einsame Reise in dieses Heim, das am zwölften des Monats der Inneren Mission entrissen und beschlagnahmt wurde. Die Besucher nahmen unter falschem Namen in der Gaststätte Marbach am Ende des Tals Quartier und reagierten auf alle Anfragen mit der Auskunft, sie würden in dem ehemals fürstlichen Schloß und Krüppelheim ein Quarantänekrankenhaus einrichten. Zu diesen Inkognito-Besuchern gehörten Brack, alias »Jennerwein« (einem berühmten Wilderer aus dem 19. Jahrhundert), Gerhard Bohne, Werner Heyde und Reinhold Vorberg, alias »Hintertal«. Wenige Wochen später traf ein Bus voller SS-Männer der Totenkopfeinheit »Brandenburg« in Grafeneck ein, die als Zivilisten getarnt, aber dennoch bewaffnet, mit Hilfe von 15 einheimischen Handwerkern begannen, die Heimstatt für Krüppel in ein Vernichtungszentrum zu verwandeln. Sie richteten Büros ein, stellten hölzerne und mit Stacheldraht versehene Zäune sowie Warnschilder auf, die vor der Gefahr ansteckender Krankheiten warnten, und errichteten Wachtürme. Einige hundert Meter vom Schloß entfernt bauten sie auf einem Gelände, das heute für einen Hühnerstall und einen Maschinenpark genutzt wird, eine Gaskammer mit Krematorium.[97]

Während man in Grafeneck derlei Vorbereitungen traf, installierte die KdF eine Reihe verdeckt operierender Subbürokratien. Hierzu gehörte die Reichsarbeitsgemeinschaft Heil- und Pflegeanstalten unter Leitung des Juristen Bohne, die für die Erfassung potentieller Opfer verantwortlich war, sich um deren persönliche Habe kümmerte und die Registrierstellen beaufsichtigte, deren Aufgabe es war, gefälschte Angaben zur Todesursache der Opfer zu machen. Die Gemeinnützige Stiftung für Anstaltspflege, die offiziell das Personal einstellte, das die Tötungen ausführen sollte, kümmerte sich um die Instandhaltung der Gebäude, besorgte das Gas und verwertete die Goldzähne und den Schmuck der Opfer. Und schließlich gab es die Gemeinnützige Krankentransport GmbH (»Gekrat«), geleitet von Bracks Cousin Reinhold Vorberg und später von Bracks altem Skikameraden Hermann Schweninger, die für den Trans-

port der Patienten aus den Heil- und Pflegeanstalten in die Vernichtungszentren zuständig war. Die Bezeichnung als GmbH stellte den steuerbe-
freiten Status sicher. Im April 1941 wurden diese Abteilungen ergänzt
durch die Zentralverrechnungsstelle Heil- und Pflegeanstalten unter der
Leitung von Hans-Joachim Becker (dessen Spitzname »Millionen-Bek-
ker« auf die Fülle seines unrechtmäßig erworbenen Reichtums zurück-
ging), die weiterhin Pflegegelder von ermordeten Patienten einzog, deren
Todestag nachdatiert wurde.[98]

Am 1. Dezember 1940 beschloß diese Ansammlung von Bürokraten,
renommierten Professoren und Gescheiterten aus Filmindustrie, Wirtschaft und Handel, von der KdF in vier Räume im Columbus-Haus am
Potsdamer Platz umzuziehen. Im April wechselten sie schließlich in eine
düster wirkende, »arisierte« Villa in der Tiergartenstraße 4 in Charlottenburg, von der sich der Deckname des »Euthanasie«-Programms ablei-
tete: »Aktion T4«. Das Haus trug keinerlei Namensschild. Heute verweist eine ungewöhnlich deutliche Gedenktafel am Boden gegenüber der
Berliner Philharmonie auf den ehemaligen Standort der Villa.[99] Mit der
Wahl exzentrischer Orte und wohltönender Firmennamen wollte man
jegliche Spuren verwischen, die zur KdF hätten zurückführen können.

Bis zu diesem Punkt haben wir einige detaillierte Einzelheiten über die
Professoren erfahren, die am »Euthanasie«-Programm mitwirkten; weit
weniger wissen wir über ihre bürokratischen Vorgesetzten. Leider begingen die Hauptakteure dieser Ereignisse später entweder Selbstmord
(Hitler, Bouhler) oder wurden von den Alliierten hingerichtet (Brandt,
Brack), wobei sich dies alles so schnell vollzog, daß schlicht an keine Informationen mehr heranzukommen war. Die Kriegsverbrecherprozesse
ahndeten Vergehen gegen Angehörige anderer Nationen oder Verbrechen
gegen die »Menschlichkeit« (z. B. am jüdischen Volk), und die bei diesen
Verfahren angewandten Methoden – wie etwa das Kreuzverhör – dienten
eher zur Abklärung der Schuldfrage im gerichtsverwertbaren Sinne als
der Untersuchung von Motiven und persönlichen Hintergründen, wie es
später bei Verfahren in Westdeutschland schon eher der Fall war.

Viktor Brack wurde 1904 in Haaren als Sohn jenes Arztes geboren, bei
dem dereinst Himmlers Frau in Behandlung sein sollte. Als gelernter
Volkswirt (ein Handwerk, das ihm bei seinen später durchgeführten
Maßnahmen recht hilfreich war) trat er 1929 sowohl in die NSDAP als
auch in die SS ein. Nachdem er gelegentlich Himmler als Chauffeur
diente, wurde er 1932 von Bouhler nach München geholt; beide teilten ein

gemeinsames Faible für Autorennen. Zwei Jahre später ging er nach Berlin und übernahm 1936 das Hauptamt II der KdF.[100] Neben Brandt und Linden gehörte Brack eindeutig zu jenen Männern, die für das »Euthanasie«-Programm verantwortlich waren, zusammen mit Bouhler, der sich mehr mit den politischen Fragen auf höherer Ebene beschäftigte. Angestellte, die in der Tiergartenstraße arbeiteten, erinnerten sich, in dem Augenblick, in dem Brack auftrat, »hatte man den Eindruck, der Herrgott kommt persönlich«.[101] Einer von Bracks dienstältesten Untergebenen, Dietrich Allers, erinnerte sich an das Verhältnis zwischen Brack und den Professoren Heyde und Nitsche wie folgt: »Praktisch jedoch war der Leiter Brack, denn die Professoren, die nach außen hin Leiter waren, führten nur das aus, was Brack ihnen ins Ohr flüsterte. Dies bezieht sich allerdings nicht auf die rein medizinischen Angelegenheiten, die selbstverständlich von ihnen entschieden wurden.[102]

Glaubt man dem umfangreichen Korpus späterer Zeugenaussagen, so kamen die meisten Angestellten durch persönliche Beziehungen zu T4. Hermann Schweninger beispielsweise, der zunächst für den Transport der Patienten zuständig war und später Filme für die Organisation drehte, kannte Brack seit seinem 16. Lebensjahr.[103] Ähnlich verdankte Dietrich Allers seine Tätigkeit einer Zufallsbegegnung zwischen seiner Mutter und seinem alten SA-Kameraden Werner Blankenburg, der dabei half, Allers von seinem Militärdienst zu entbinden.[104] Adolf Kaufmann folgte seinem Bruder Reinhold; Robert Lorent und Tillmann kannten Brack aus gemeinsamen alten Tagen; andere, wie Gerhard Bohne, gerieten durch ihre Arbeit als Anwälte für andere Behörden und Organisationen in das Blickfeld der KdF.[105] Ein Großteil dieser Männer kam aus kaufmännischen Bereichen: Bankangestellte oder Verkäufer, deren Amoralität und Geschäftssinn dafür sorgten, daß alles reibungslos verlief und ein beträchtlicher Profit für sie übrigblieb. Juristen wie Bohne wurden in dem Augenblick Teil der Maschinerie, als Brack und Bouhler erkannt hatten, daß man nicht so einfach Zehntausende von Menschen verschwinden lassen konnte, ohne dabei zu riskieren, daß das eigene Tun womöglich von Versicherungsgesellschaften, gerichtlichen oder politischen Behörden sowie Wohlfahrtsorganisationen aufgedeckt würde.[106]

Auf allen Ebenen herrschten Vetternwirtschaft und persönliche Kumpanei. Eine Telefonistin wurde von ihrer Schwester rekrutiert, die wiederum selbst Tillmanns Sekretärin war.[107] Kurt M., der die Zentralkartei von T4 leitete, war ein alter SA-Kumpel Blankenburgs.[108] Das Erholungsheim für die Angestellten von T4 am Ammersee in Bayern wurde von Kaufmanns Frau geführt.[109] Diese Männer und Frauen organisierten kaltblütig und kalkuliert den Mord an Tausenden von Menschen. Es macht wenig Sinn, sie distanzierend als »Schreibtischtäter« zu bezeichnen, befanden sich doch selbst in den Büros der Sekretärinnen jene faulig riechenden Behälter voll mit Goldzähnen und nahmen sie doch Diktate entgegen, in denen alles fein aufgelistet wurde: »eine Brücke mit drei Zähnen«, »ein einzelner Zahn« und so weiter.[110] Um das moralische Niveau, auf dem sich diese Leute bewegten, in diesem Kontext zu verdeutlichen, sei erwähnt, daß sich alle T-4-Angestellten einer kostengünstigen Zahnbehandlung erfreuen durften, indem sie das Zahngold ihrer Opfer verwerteten.[111]

Die Männer und Frauen, die an vorderster Front arbeiteten, waren aufgrund ihrer ausgewiesenen Brutalität und ideologischen Hingabe sorgfältig ausgewählt worden. Den niedrigeren T-4-Rängen gehörten mehrere Personen an, die später von dort in die Todeslager der »Aktion Reinhardt« und weiter zur Ermordung von Juden und Partisanen in Triest wechselten. Josef Oberhauser, der schwer durchschaubare Barmann in Lanzmanns Film *Shoah*, war ein SS-Unteroffizier, der als »Brenner« für die Krematorien in Grafeneck, Brandenburg und Bernburg engagiert wurde.[112] Zusammen mit Oberhauser wurde der SS-Koch Kurt Franz rekrutiert (der vor einigen Jahren nach Verbüßung einer dreißigjährigen Haftstrafe entlassen worden ist); er stieg vom Koch in Buchenwald zum Leiter eines Vernichtungslagers auf. Franz erinnerte sich, Brack habe der Gruppe einen Film über geisteskranke Patienten vorgeführt, der so schockierend gewesen sei, daß er ihn nicht habe ansehen können.[113] Der ehemalige Straßenbahnschaffner Erich Bauer, der als Chauffeur bei T 4 die Ärzte in ganz Deutschland herumfuhr, brachte es bis zu einem Posten in Sobibor.[114]

Jene Personen, die nicht zentral angeworben wurden, erhielten eine Einführung in ihre künftige Arbeit. Diejenigen, die die Neueinstellungen durchführten, nahmen dabei kein Blatt vor den Mund. Ein der SS angehörender ehemaliger Metzger, dem bei seiner Arbeit – er mußte Knochen zermahlen – schlecht wurde, erhielt kurzerhand ein Paar Asbesthandschuhe und die Antwort: »Du wirst dich daran gewöhnen.«[115] In Hartheim machten die Anfänger mit der schaurigen Person von Christian Wirth Bekanntschaft, einem ehemaligen Stuttgarter Kriminalbeamten mit dem Aussehen eines Bullen, der später die Todeslager der »Aktion Reinhard« überwachen sollte. Wirth begrüßte sie mit den Worten:

Kameraden, ich habe euch heute da zusammengerufen, um euch die jetzige Lage hier im Schloß zu erklären, was jetzt passieren wird. Ich habe den Auftrag bekommen von der Reichskanzlei, das Weitere hier im Schloß zu leiten. Ich als Hauptmann habe alles unter mir. Wir müssen hier ein Krematorium bauen, um die Geisteskranken von der Ostmark zu verbrennen. Es sind fünf Ärzte bestimmt, die die Geisteskranken untersuchen, um festzustellen, was zu retten und was nicht zu retten ist. Was nicht zu retten ist, kommt ins Krematorium und wird verbrannt. Die Geisteskranken sind eine Last für Deutschland, und wir wollen nur gesunde Menschen. Die Geisteskranken sind ja nur eine Last für den Staat. Einige Männer werden bestimmt, welche im Krematorium zu arbeiten haben. Vor allen Dingen heißt es, Schweigen bei Todesstrafe. Wer nicht schweigt, kommt ins KZ oder wird erschossen.[116]

Die Arbeit für T4 bot diesen Leuten schlicht ein Sprungbrett zum sozialen Aufstieg. Sie waren von jeher brutal und gefühllos: grobe und trinkfeste Männer niederer sozialer Herkunft, die ohne Probleme um eine Leiche herum eine Party feiern konnten oder aber betrunken weinten, wenn sie an den Öfen der Vernichtungslager schwermütige Lieder über ihre Heimat sangen. Man hat es bei ihnen mit solchen durchtriebenen Lügnern zu tun, die ihren politischen Fanatismus und ihre niederträchtige Gerissenheit erst erkennen lassen, wenn man längere Zeit mit ihnen zu tun hat: entweder persönlich oder über das Quellenstudium.

Informationen darüber, wie T4 jene Ärzte auswählte, die das Gasventil aufdrehten – offenbar bedurfte es einer höheren Ausbildung auf Kosten des Steuerzahlers, um solches tun zu können –, sind spärlich, können aber aus den Berichten herausgefiltert werden. Herbert Linden vom Innenministerium mit seiner Kenntnis der staatlichen Heil- und Pflegeanstalten war in diesem Zusammenhang der Hauptakteur.[117] In Baden erkundigte er sich beispielsweise bei Ludwig Sprauer, dem Leiter der regionalen Gesundheitsbehörde, der ihm den Namen von Dr. Josef Schreck nannte.[118] In Bayern befragte er Sprauers Kollege, Professor Walter »Bubi« Schultze, der ihm Pfannmüller empfahl.[119] Obwohl er es später leugnete, warf auch Werner Heyde ein Auge auf geeignete Studenten und erörterte die Sache mit Aquilin Ullrich, der zunächst ins Zuchthaus nach Brandenburg ging und bei seiner Rückkehr von Brack das Angebot erhielt, Menschen zu ermorden.[120] Ein weiterer »Talentsucher« war der SS-»Reichsarzt« Grawitz, der sich darum bemühte, den ehemaligen Arzt von Buchenwald, Werner Kirchert, zu engagieren.[121] Obwohl ihm doppeltes Gehalt versprochen und Lockangebote wie zusätzlicher Alkohol, Bücher und ein Radio gemacht wurden, lehnte Kirchert ab – denn Hefelmanns Idee, Zugunglücke mit massenhafter Todesfolge zu arrangieren, erschien ihm zu radikal. Statt dessen empfahl er jedoch seinen alten Freund aus Studententagen Horst Schumann.[122] Diese Leute waren alles andere als »gewöhnliche Männer«, und sie wurden gerade aufgrund ihres bereits einschlägig bekannten politischen Fanatismus ausgewählt. Dieses Muster zieht sich – wie wir sehen werden – durch die gesamte Hierarchie von T 4.

Gleichzeitig mit der Gründung dieser bürokratischen Tarnorganisationen und der Umwandlung von Heil- und Pflegeanstalten wie jener in Grafeneck begann man auch mit der Definition möglicher Opfergruppen. Am 9. September schrieb Conti an alle staatlichen Regierungsbehörden einen Brief mit der Bitte, ihn mit umfassenden Angaben über alle außerhalb Preußens befindlichen öffentlichen und privaten Heil- und Pflegeanstalten zu versorgen. (Informationen über Preußen lagen bereits vor). Jede Anstalt erhielt sodann einen »Meldebogen 2«, in dem detaillierte Angaben über Region, Finanzbudget und Personalzusammensetzung zu machen waren, sowie einen »Meldebogen 1«, in dem Angaben zu jedem Patienten vervollständigt werden sollten.[123] Als Zweck dieser Erhebung wurden »wirtschaftliche Planungsgründe« genannt; dem Anstaltsdirektor und seinem Personal standen drei bis zehn Wochen zur Verfügung, um die Patienten bestimmten Kategorien zuzuordnen. Laut der erläuternden Bemerkungen handelte es sich um (1) Patienten, die an Schizophrenie, Epilepsie, Altersdemenz, therapieresistenter Paralyse, Schwachsinn, Enzephalitis und Chorea Huntington litten oder zu nichts anderem als mechanischen Arbeiten in der Lage waren; (2) Patienten, die bereits länger als fünf Jahre in einer Anstalt waren; (3) geisteskranke Kriminelle, Angehörige fremder Nationen und »Rassefremde«.[124] Damit keiner Probleme hatte, genauer zu definieren, wer zu jenen gehörte, »die zu nichts anderem als mechanischen Arbeiten in der Lage sind«, machte Linden deutlich, daß hier alle Patienten, die Gemüse schälten und Pappkartons zusammenfalteten, mit einzuschließen seien. Sie sollten »eher zu viele als zu wenige« registrieren.[125] Einige Ärzte schöpften Verdacht. Der Direktor der Landesanstalt Göttingen, Professor Ewald, versuchte aufkommende Bedenken unter seinem Personal zu zerstreuen, indem er erklärte, in Kriegszeiten könne davon ausgegangen werden, daß jene Patienten, die über eine größere Heilungschance verfügten oder arbeitsfähig seien, besser als die unheilbaren Patienten ernährt würden und die

Formulare lediglich einer besseren Definition und Unterscheidung dieser beiden Kategorien dienen sollten.[126] Andere Anstaltsdirektoren, denen daran gelegen war, arbeitsfähige Patienten zu behalten, und die hinter den Meldebögen eine Art Einberufung zum Arbeitsdienst vermuteten, begingen den fatalen Fehler, die Arbeitsfähigkeit ihrer Patienten bewußt niedrig anzusetzen, und dies ausgerechnet in einem politischen (und psychiatrischen) Umfeld, in dem man Arbeit zu einer Kardinaltugend erhoben hatte.[127] Nur wenige Ärzte und Verwaltungsangestellte in den Anstalten scheinen bedacht zu haben, was wohl hinter jenen Fragen nach Nationalität, Rasse oder Anzahl der Besuche, die ein Patient erhielt, stand. Auch fragten sie sich offenbar nicht, was wohl in den links unten befindlichen Kasten geschrieben werden sollte, der mit dem Vermerk »Dieser Platz ist leer zu lassen« versehen war. Die ausgefüllten Bögen mußten an die Hauptämter von T4 zurückgeschickt werden, wo von jedem dieser Meldebögen fünf Kopien erstellt wurden. Drei dieser Kopien gingen an die Fachgutachter.[128] Wir können den Weg dieser Pakete mit Meldebögen im Falle des Direktors von Eglfing-Haar sehr gut zurückverfolgen.

Die Pakete kamen von Werner Heyde bei der Reichsarbeitsgemeinschaft. Die nachfolgende Liste gibt die Daten, die Menge und die ursprüngliche Anstalt an, von der die Meldebögen kamen:

12. November	1940: 300 Meldebögen:	Dueren/Warstein
15. November	1940: 300 Meldebögen:	Hinsbeck/Johannistal
19. November	1940: 300 Meldebögen:	Neuss/Telgte
20. November	1940: 258 Meldebögen:	Arnsdorf/Ursberg/
		Idstein/Stadtroda
25. November	1940: 300 Meldebögen:	Lüneburg
28. November	1940: 300 Meldebögen:	Schleswig
9. April	1941: 11 Meldebögen:	Andernach
9. April	1941: 200 Meldebögen:	versch. Anstalten
16. April	1941: 200 Meldebögen:	Würzburg/Günzburg
16. April	1941: 200 Meldebögen:	Obrawalde/Lüneburg
23. April	1941: 200 Meldebögen:	Steinhof/Obrawalde
23. April	1941: 3 Meldebögen:	Zwiefalten/Andernach
29. April	1941: 21 Meldebögen:	versch. Anstalten
30. April	1941: 201 Meldebögen:	versch. Anstalten
3. Mai	1941: 217 Meldebögen:	versch. Anstalten
15. Mai	1941: 200 Meldebögen:	versch. Anstalten
29. Mai	1941: 200 Meldebögen:	versch. Anstalten.[129]

In einem Brief vom 22. April 1947 an seine Frau behauptete Pfannmüller, er sei »stets fleißig, korrekt, nie lässig, als Gutachter bekannt und anerkannt tüchtig und objektiv, sorgfältig und peinlich, in meiner Arbeit ging ich für andere auf ohne Eigennutzen zum Wohle der mir anvertrauten Kranken«.[130] Die Geschwindigkeit, in der sich dieser virtuose Diagnostiker durch die 3000 Meldebögen arbeitete, könnte mit seiner Vorliebe erklärt werden, an jedem Wochenende zu arbeiten und abends einen aufgeräumten Schreibtisch zu hinterlassen. Ein Staatsanwalt in Nürnberg, der darauf aus war, dem Laienpublikum die Geheimnisse des medizinischen Handwerks zu erläutern, ermittelte, daß Pfannmüller pro Tag Hunderte dieser Meldebögen mit einer durchschnittlichen Arbeitszeit von fünf Minuten pro Meldebogen hätte durchackern müssen.[131] Pfannmüllers Sekretärin erinnerte sich, er habe die Meldebögen »ziemlich schnell« durchgeblättert.[132] Obwohl der Rekord bei 15 000 Meldebögen in einem Monat lag und von einem Arzt mit dem (insofern durchaus passenden) Namen Dr. Josef Schreck gehalten wurde, betrachteten Heyde und Brack die Anzahl von 3500 Meldebögen als vernünftige Norm. Schnelligkeit zahlte sich aus, denn die entlohnte Stückrate lag bei 100 Reichsmark für 500 Meldebögen pro Monat, 200 Reichsmark für bis zu 2000 Bögen; 300 Reichsmark für 3500 Bögen, und äußerst ertragreiche 400 Reichsmark für über 3500 Meldebögen.[133] Die mit einem »+« und somit mit einem Todesurteil versehenen Meldebögen wurden vermutlich vom Obergutachter Heyde überprüft und in Namenlisten übertragen, die dann an die Gemeinnützige Krankentransport GmbH weitervermittelt wurden. Es ist nun an der Zeit, das Ziel dieser Bus- und Zugtransporte, die Anstalten und Vernichtungszentren, zu untersuchen. Zuvor allerdings müssen wir den Blick auf das nordöstliche Deutschland und besetzte Polen richten, wo sich die »Psychopathen« der SS nicht erst lange mit solch einer pseudomedizinischen Camouflage des Massenmordes aufhielten.

4. »Der Club der Psychopathen«

Die ersten Massentötungen psychiatrischer Patienten wurden im Nordosten Deutschlands und im besetzten Polen durchgeführt. Obwohl diese Morde wenig mit T4 zu tun hatten – es gab keinerlei Versuche, diese Morde medizinisch zu verbrämen –, muß auf sie näher eingegangen werden, denn es waren just diese separaten Entwicklungen des Jahres 1941 und die an ihnen beteiligten Fachleute, die schließlich auch für die Durchführung der »Endlösung« von entscheidender Bedeutung sein sollten. Am 3. Juli 1939 ordnete SS-Brigadeführer Schäfer die Bildung einer speziellen SS-Einheit namens Wachsturmbann Eimann an, die nach ihrem Führer, SS-Sturmbannführer Kurt Eimann, benannt war. Eimann, 1899 geboren, war ein ungelernter Arbeiter, der sich 1932 der SS angeschlossen und es bei Ausbruch des Krieges bis zum Rang eines Sturmbannführers gebracht hatte – ein weiteres Beispiel für einen raschen sozialen Aufstieg, der in Eimanns Fall auf seiner absoluten Ergebenheit und vollkommenen Skrupellosigkeit beruhte.[1] Die Einheit, bestehend aus vier Hundertschaften und einer Kraftfahrstaffel, hatte unter anderem ursprünglich die Aufgabe, die regulären Polizeikräfte zu verstärken, »Kriminelle« zu transportieren und Danzig während des Angriffs auf Polen zu »beschützen«. Eine ihrer ersten Handlungen bestand in der Hinrichtung jener polnischen Postbeamten, die sich nach der vergeblichen Verteidigung des Danziger Hauptpostamtes schließlich ergeben mußten. (Unter den Ermordeten war auch ein Cousin der Mutter von Günter Grass, der das Vorbild für die Figur von Jan Bronski in der *Blechtrommel* lieferte).[2] Nach der militärischen Niederlage Polens wurde etwa die Hälfte der Einheit zur Bewachung der Kriegsgefangenen- und Konzentrationslager in Neufahrwasser, Stutthof und Grenzdorf eingesetzt. Der verbleibende Teil hatte mannigfache Aufgaben zu erledigen, einschließlich der Auslöschung mehrerer Tausender von Psychiatriepatienten.[3] Im Oktober 1939 erhielt Eimann die »undankbare Aufgabe«, Patienten mehrerer Anstalten in Pommern zu ermorden, was Teil eines Abkommens zwischen dem Gauleiter und Reichsverteidigungskommissar für die preußische Provinz Pommern Franz Schwede-Coburg und dem Reichsführer SS Heinrich Himmler war, der die Anstaltsgebäude als Kasernen und Militärlazarette nutzen wollte.[4] Ursprünglich erwog Schwede-Coburg, die leerstehenden Gebäude auch als Unterkünfte für repatriierte ethnische Deutsche aus dem Baltikum zu nutzen, was eines von mehreren Indizien sein könnte, daß das »Euthanasie«-Programm in Zusammenhang mit den ethnischen Säuberungen der Nazis gestanden haben mochte.[5] Eimann sagte später, sein Beitritt zur SS sei mehr oder weniger der Logik von »Wer A sagt, muß auch B sagen« entsprungen: Was immer die SS von ihm zu tun verlangte, habe er nicht ablehnen können. Eine einfache Sache: Hatte man sich erst einmal verpflichtet, war man zu allem bereit.[6]

Die Patienten wurden mit der Bahn von Stralsund, Lauenburg, Ückermunde und Treptow nach Danzig-Neustadt gebracht. Häufig unter dem Einfluß von Medikamenten oder in Zwangsjacken und Handschellen wurden sie gegen neun oder zehn Uhr morgens aus den Zügen heraus in Lastwagen verfrachtet. Draußen in den Wäldern nahe Piasznicz wurde jeder Patient von zwei SS-Männern – zwanglos plaudernd – weggeführt, bis man außer Sichtweite war, wo Eimann, der gemütlich hinter ihnen hergeschlendert war, dem Patienten ins Genick schoß und ihn in eines der Gräber stieß, die von einer Gefangeneneinheit aus Stutthof ausgehoben worden waren. Das Geräusch des Schusses war zugleich das Signal, die nächste Person in den Wald zu führen. Einige der auf ihren Tod wartenden Patienten nahmen den Lärm offenbar mit leichter Belustigung auf.[7] Im Laufe des Tages wechselten alle Beteiligten – mit Ausnahme der Opfer – ihre Rollen in diesem makabren Szenario, vermutlich um eine Art komplizenhaftes Gemeinschaftsgefühl herzustellen.[8] Die Lastwagen kehrten gegen drei Uhr nachmittags zum Bahnhof zurück, beladen nur noch mit den Kleidungsstücken der Patienten. Einige Wochen später war es an der Zeit, sich möglicher Zeugen zu entledigen, eine Vorgangsweise, die in den später errichteten Vernichtungslagern zur Routine werden sollte. Die Gefangenen von Stutthof, alles Männer zwischen 20 und 35 Jahren, die die Gräber ausgehoben hatten, wurden von SS-Männern weggefahren und mit Schnaps versorgt. Dabei bemerkten sie nicht, daß der ihnen angebotene Schnaps mit Schlafmitteln versetzt worden war. Nachdem sie in Schlaf gefallen waren, wurden auch sie in Gräben gelegt und erschossen. Danach wurde alles mit Sand, Erde und Gehölz bedeckt.[9] Obwohl niemand die genaue Anzahl an Patienten kennt, die von dieser Einheit ermordet wurden, spricht der Bericht der Einheit im Januar 1941 von über 3000 Getöteten.[10] Für dieses Verbrechen erhielt Eimann eine vierjährige Haftstrafe.

In Ostpreußen wurden auf Befehl des Höheren SS- und Polizeiführers SS-Gruppenführer Wilhelm Koppe 1558 Patienten aus Allenberg, Kortau und Tapiau von einer in Soldau stationierten SS-Einheit ermordet, die unter dem Befehl Herbert Langes stand.[11] Diese Morde fanden zwischen dem 21. Mai und 8. Juni 1940 statt.[12] Jeweils 40 Patienten wurden in Lastwagen verfrachtet – einschließlich eines Lastwagens mit der Aufschrift »Kaiser-Kaffee-Geschäft« – und mit Giftgas getötet, das einem Zylinder im Innern des Wagens entströmte. Dr. Hans Renfranz, der die beteiligten Männer bei ihrem Tun beobachtete und sah, wie sie die Patienten zusammenschlugen oder ortsansässige Juden zwangen, Kleidung für sie herzustellen, bemerkte, die Männer hätten ausgiebigst Alkohol zu sich genommen und keinerlei Anstalten gemacht, vor den Patienten (oder allen anderen) zu verbergen, daß man sie zu töten gedenke. Renfranz und seine Frau bezeichneten Lange und seine Männer treffend als »Club der Psychopathen«, d.h. Männer, die ihre Vernichtungswut regelrecht genossen.[13] Diese Mordaktionen geschahen vor dem Hintergrund, daß das Sonderkommando Lange während seines 17 Tage dauernden Aufenthalts in Ostpreußen für jeden getöteten Patienten eine Kopfgeldprämie in Höhe von zehn Reichsmark erhalten sollte, auszuzahlen durch den Höheren SS- und Polizeiführer von Königsberg, Friedrich Wilhelm Rediess. Das wissen wir schlicht und einfach deshalb, weil Rediess und sein Nachfolger Sporrenberg säumige Zahler waren und es daher zu einem Hin und Her von Forderungen und Gegenforderungen an Gruppenführer Wolffs Personalabteilung kam.[14] Wolff wandte sich daraufhin telefonisch an Viktor Brack mit dem Ergebnis, daß die Finanzabteilung von T4, die über große Rücklagen verfügte, Lange schließlich ausbezahlte.[15] Schließlich gingen sie doch alle dem gleichen Geschäft nach. Obwohl dieses Buch ausdrücklich nicht vom Holocaust handelt, soll bemerkt werden, daß Langes Einheit, die nach einem Aufenthalt in Berlin noch vergrößert wurde, anschließend (Anfang Dezember 1941) von Posen nach Chelmno [Kulmhof] weiterzog, um dort das erste Massenvernichtungslager im Rahmen der »Endlösung der Judenfrage« zu betreiben.[16] Hier ermordeten sie 145 000 Menschen. Die Mordaktionen in Soldau hatten gezeigt, daß eine Vernichtung in dieser Größenordnung machbar war.

Zwischen 1939 und 1944 töteten die deutschen Machthaber – unter Beteiligung des zivilen Anstaltspersonals – 12 850 polnische Psychiatriepatienten.[17] Es existieren mehrere Berichte von Angehörigen des polnischen Pflegepersonals, die bezeugen, was ihren Patienten angetan wurde. Das Heil- und Pflegeheim in Owinka, Provinz Posen, war eine große (1100 Patienten) und altehrwürdige Einrichtung, die 1938 ihr 100jähriges Bestehen gefeiert hatte. Sie wurde von 30 Mitgliedern der SS-Totenkopf-Standarte unter ihrem Offizier Sache in Beschlag genommen. Diese als

»laut und vulgär« beschriebenen – immerhin gehörten sie ja der »Herrenrasse« an –, uniformierten Verbrecher zerstörten die Kapelle und verbrannten 2000 der seltenen Bücher der Anstaltsbibliothek. Aus ihrer Haltung gegenüber den Patienten machten sie keinen Hehl: »Es wird nicht lange dauern und ihr werdet alle an die Wand gestellt und erschossen.« Schließlich trafen deutsche Zivilisten ein und »begutachteten« die Patienten oberflächlich. Als erstes wurden geisteskranke Kriminelle ausgesondert, die man mit auf dem Rücken verbundenen Händen in Lastwagen verfrachtete. Dann wurden die SS-Männer mit Gewehren und Spaten ausgerüstet. Als sie mit den leeren Lastwagen (von ihrer laut Tachometer etwa 50 Kilometer langen Fahrt) zurückkehrten, waren die Spaten verdreckt und mit Blut befleckt. Den Anwesenden erzählten sie, sie hätten die Räder aus dem Schlamm ausgraben müssen. Zu den Blutflecken äußerten sie sich nicht. Es verwundert kaum, daß die verbliebenen Patienten in Angst und Schrecken gerieten, da ihnen ziemlich schnell klar wurde, was hier vor sich ging. Um sie ruhigzustellen, setzte man Medikamente ein. Als im November schließlich auch die Kinder abtransportiert wurden, war die Anstalt leer.[18] Etwa 900 Patienten waren ermordet worden.[19]

Diese Ereignisse in Polen spielten sich parallel zu den Vorbereitungen des »Euthanasie«-Programms für Erwachsene im Reich ab. Die Fachkenntnisse, die man sich im Rahmen dieser beiden separaten Vorgänge aneignete, verwandte man schließlich im Rahmen der Vernichtung des europäischen Judentums. Die personellen Veränderungen und technischen Abläufe beschleunigten sich. An Weihnachten 1939 bestellte Viktor Brack den SS-Oberscharführer August Becker (den man aufgrund seiner Haarfarbe den »roten« Becker nannte und der nicht mit dem uns bereits bekannten »Millionen-Becker« identisch ist) vom Reichssicherheitshauptamt in die KdF ein. Das Treffen war von Reichsführer-SS Heinrich Himmler arrangiert worden, der sich stets in bedrohlicher Nähe zu den hier geschilderten Ereignissen befand, auch wenn er (wie Hitler) immer einen gewissen Sicherheitsabstand zu wahren wußte.[20] Brack erläuterte Becker, man sei im Begriff, ein »Euthanasie«-Programm für Erwachsene durchzuführen, dessen Ziel die »Vernichtung aller Idioten und geisteskranker Patienten« sei. Der Chemiker Widmann habe eine geeignete Methode – Kohlenmonoxyd – entwickelt. Becker, von Beruf Chemiker, wechselte zur KdF und verbrachte zusammen mit Widmann eine gewisse Zeit damit, Mäuse und Ratten zu töten. Mitte Januar ging Becker zur BASF nach Ludwigshafen, um Gaszylinder zu besorgen, die er dann in das ehemalige Zuchthaus beziehungsweise Arbeitslager in Brandenburg bei Berlin brachte. Dort hatte sich bereits eine recht große Mannschaft versammelt, einschließlich Widmann, Brack, Brandt, Heyde, Nitsche, der Kripobeamte Wirth (der die Verwaltung in Hartheim innehatte) und die Anstaltsdirektoren Irmfried Eberl (Brandenburg) und Horst Schumann (Grafeneck). Wirth, Eberl und Schumann sollten bei der »Aktion Reinhard« und in Auschwitz eine führende Rolle spielen. Man führte 15 bis 20 nackte Männer in einen Raum, der von Ingenieuren des Reichssicherheitshauptamtes zu diesem Zweck als Gaskammer umgebaut worden war. Nach ein bis zwei Minuten – so Becker – »kippten sie um und lagen auf den Bänken«. Widmann war unterdessen damit beschäftigt, weiteren acht Patienten tödliche Giftinjektionen zu verabreichen (was darauf hindeutet, daß es wohl eher Becker war, der die Vergasung durchführte), die aber – weil sie nicht schnell genug starben – ebenfalls noch vergast wurden. Laut Heyde wurden diese Morde von Brandt und Conti ausgeführt, um damit die Beteiligung der höchsten medizinischen Autoritäten symbolisch zum Ausdruck zu bringen.[21]

Dieser Probelauf, der offenbar in einem klärenden Vergleich einen Meinungsstreit zwischen den Befürwortern tödlicher Injektionen und der Vergasung beilegen sollte, wurde später noch einmal wiederholt, wobei diesmal Dr. Eberl Hand an das Gasventil legte. Becker, der sich selbst zutreffend als »Gasexperte« bezeichnete, mußte Eberl hilfreich zur Seite springen, als es zu kleinen Problemen mit dem Druck kam. Als Fazit teilte Brack der versammelten Mannschaft mit, daß künftig »diese Aktion ausschließlich von Ärzten durchgeführt wird, getreu dem Motto, die Spritze gehört allein in die Hand des Doktors«.[22] Offenbar bedurfte es zweier akademischer Grade, um ein Ventil im Uhrzeigersinn aufzudrehen. Es ist beinahe überflüssig anzumerken, daß keiner, der an diesen Aktionen beteiligt war, gegenüber den Opfern jemals auch nur einen Hauch des Bedauerns geäußert oder gar Abscheu empfunden hätte angesichts eines Tuns, das die meisten Menschen als unmenschlich, schäbig und bestürzend bezeichnen würden. In den darauffolgenden Wochen reiste Becker nach Grafeneck, Hartheim (wo Wirth für die Anleitung von Dr. Renno verantwortlich war) und Sonnenstein bei Pirna, um die Gaszylinder zu verteilen und ihren Gebrauch zu demonstrieren.[23]

Während das Personal von T4 sich darin übte, wie man Tausende von Menschen töten könne, wurde der Kreis derer, die wußten, was hier vor sich ging, immer größer. Das ist ein sehr wichtiger Aspekt, denn es können nicht Tausende von Menschen einfach ohne weiteres vom Erdboden verschwinden, ohne daß dies nicht von anderen bemerkt würde. In modernen Gesellschaften sind wir alle, ob krank oder gesund, fest in bürokratische Zusammenhänge eingebunden.

Am allerwichtigsten war es, unter den regionalen Landesregierungen Komplizen zu finden, denn die Heil- und Pflegeheime außerhalb Preußens unterstanden zumeist nicht der Verwaltungskontrolle des Innenministeriums, sondern derjenigen der regionalen Gesundheitsbehörden. Freilich fiel es auch hier nicht sonderlich schwer, unter den höherrangigen Funktionären auf Fanatiker zu stoßen. Im vergangenen Kapitel lernten wir Fritz Bernotat kennen, der von seinem Büro aus, das im enteigneten Gebäude des ehemaligen Landesparlaments in Wiesbaden untergebracht war, als strenger Herrscher über die von ihm kontrollierten Einrichtungen wachte. Folgt man seinen Angaben, kam es bei der Dezimierung der Psychiatriepatienten zu keinerlei Schwierigkeiten. In Württemberg war Dr. Egon Stähle der Leiter des Gesundheitsdienstes sowie Direktor der Gesundheitsdienste im badischen Innenministerium, und eine gewisse Zeit war er auch NSDAP Reichstagsabgeordneter.[24] Wir erinnern uns, daß Linden im Herbst 1939 Stähle besuchte, um einen angemessenen Ort für die Ermordung geisteskranker Patienten zu finden. Stähle wiederum wies seinen Untergebenen Otto Mauthe, den für die Heil- und Pflegeanstalten unmittelbar verantwortlichen Beamten, in die Vorgänge ein. Jede Anweisung – beispielsweise das Verbot von Patientenentlassungen, die Aufforderung an etwas zögerliche Anstaltsdirektoren, den »Meldebogen 1« auszufüllen, oder der Transfer von Patienten in eine andere Anstalt – ging von diesen beiden Männern aus.[25] Somit waren sie für diejenigen Anstaltsdirektoren (und Verwandten), die einzelne Patienten zu retten versuchten, gewissermaßen die erste und letzte Appellationsinstanz.[26] In Oberbayern war es Walter »Bubi« Schultze, höherer Medizinalbeamter des bayerischen Innenministeriums, das sich in einem jener eleganten, pastellfarbenen Gebäude in der Nähe von Münchens Ludwigstraße befand, der die Angelegenheiten zwischen T4 und den Heil- und Pflegeanstalten regelte. Schultze, Absolvent der Münchner Ludwig-Maximilians-Universität, hatte aufgrund einer Kriegsverletzung eine Karriere als Chirurg aufgegeben. Seit 1928 war er Mitglied der NSDAP, wurde 1933 zum Leiter des Gesundheitswesens im bayerischen Innenministerium ernannt und erhielt ein Jahr später eine Honorarprofessur an der Universität München.[27] Schultzes Einstellung gegenüber psychisch Kranken wird in einer Rede deutlich, die er anläßlich der Eröffnung einer zweiten Staatsmedizinischen Akademie in München 1933 hielt. Entschieden

wandte er sich gegen die »Hochpäppelung körperlich und geistig hoffnungslos Wertloser« und rühmte die Vorzüge der Konzentrationslager
im Kampf gegen Untaugliche und Abweichler.[28] 1936 hatte er bereits über
die Idee der Tötung unheilbar geistig kranker und »idiotischer« Kinder
im Kreise seiner Freunde diskutiert, zu denen Gerhard Wagner, Reichsärzteführer, und Walter Groß, Leiter des Rassepolitischen Amts der
NSDAP, gehörten.[29]

Es wäre irreführend zu glauben, daß man überall in den Gesundheitsverwaltungen auf die gleiche Bereitschaft zum Mord an den Insassen der
Heil- und Pflegeanstalten gestoßen wäre, wie es bei Bernotat, Stähle oder
»Bubi« Schultze der Fall war. Das gesamtdeutsche Bild präsentiert sich etwas differenzierter und weist einige Verwaltungsbeamte auf, die schwere
rechtliche oder moralische Zweifel an dem hegten, was man von ihnen
verlangte. In zwei Regionen Deutschlands, namentlich dem Rheinland
und Hannover, scheinen die Behörden gewisse Anstrengungen unternommen zu haben, um entweder die Auswirkungen des »Euthanasie«-
Programms abzumildern oder aber die eigene Beteiligung daran möglichst
gering zu halten. In Hannover war der für die Heil- und Pflegeanstalten
zuständige Beamte der Jurist Dr. George Andreae. Er hatte die Ge-
samtaufsicht über die Anstalten in Wunsdorf, Hildesheim, Göttingen,
Lüneburg und Osnabrück inne. Er war überzeugter Christ und seit Mai
1933 Mitglied der NSDAP. Im Sommer 1940 trafen sich Andreae und die
unter seiner Aufsicht stehenden Anstaltsdirektoren, um über den »Meldebogen 1« zu reden. Sie waren wenig erfreut über die Schnelligkeit, in
der das Verfahren über die Bühne gehen sollte, insbesondere weil sich
noch viele Ärzte im Urlaub befanden. Andreae sprach sodann über die
Angelegenheit mit Dr. Ludwig Gessner, dem Leiter der Landesverwaltung. Gessner waren über die Vorgänge in Deutschland Gerüchte zu
Ohren gekommen, und außerdem wußte er von den Erschießungen und
Vergasungen in Pommern. Anschließend fuhr Gessner nach Berlin, wo
Hefelmann von der KdF ihn ins rechte Bild setzte. Sowohl Hefelmann als
auch Linden gelang es nicht, Gessner von der Rechtmäßigkeit der Vorgänge zu überzeugen. Zurück in Hannover, wies er Andreae an, ein Memorandum an das Reichsinnenministerium zu entwerfen, dessen Ziel es
war, Hannover aus dem »Euthanasie«-Programm herauszunehmen.
Andreae nahm mit Professor Gottfried Ewald in Göttingen Kontakt auf,
dem einzigen Akademiker, der es abgelehnt hatte, an der Begutachtung
von Patienten teilzunehmen. Andreae stand außerdem mit Professor
Walter Creutz in Kontakt, seinem Amtskollegen im Rheinland, der zwar

auch an der Rechtmäßigkeit des gesamten Unternehmens zweifelte, jedoch daran teilnahm. Als die Transportlisten eintrafen, fuhr Andreae zu Heyde nach Berlin und vertrat den Standpunkt, den Reichsbehörden stünde es nicht zu, sich in einen Bereich einzumischen, der den Landesverwaltungen unterstellt sei. Heyde versuchte dies zu entkräften, indem er eine Kopie von Hitlers Ermächtigung an Brandt und Bouhler vorlegte und auf die höherstehenden Machtbefugnisse der Reichsverteidigungskommissare und deren Recht verwies, den Transfer von Patienten anzuweisen. In Anbetracht von Argumenten, die sich auf militärische Notwendigkeiten stützten, kapitulierten Gessner und Andreae. Letzterer teilte den Anstaltsdirektoren mit, sie sollten sich den Befehlen fügen; Gessner hielt sich von diesem Treffen fern, um keine persönliche Verantwortung übernehmen zu müssen. Andreae blieb auf seinem Posten zum einen in der Hoffnung, hier und da mit Ausnahmeregelungen den Schaden in Grenzen halten zu können, und zum anderen in dem Wissen, daß er bei einem Rücktritt von seinem Posten durch einen »robusten Nationalsozialisten« ersetzt würde. Andreae stellte die Transferbefehle zusammen, und Gessner ließ sie tagelang auf seinem Schreibtisch liegen, bevor er sie abzeichnete. Insgesamt wurden 1669 Patienten aus den Heil- und Pflegeanstalten Hannovers abtransportiert, von denen eine nicht bekannte Anzahl ermordet wurde.[30]

Andreaes Amtskollege im Rheinland war Professor Walter Creutz (1889–1971). Nachdem er während seiner Wehrmachtszeit vom »Euthanasie«-Programm erfahren hatte, sandte er ein Memorandum an Heinz Haake, den Leiter der Landesverwaltung im Rheinland. Da ethische Einwände bei Haake, der der erste NSDAP-Gauleiter im Lande gewesen war, wenig Sinn gemacht hätten, konzentrierte sich Creutz auf die angeblich unzulänglichen Kriterien im Rahmen der Patientengutachten, betonte die Wahrscheinlichkeit öffentlicher Feindseligkeiten gegenüber den Anstalten, wies auf eine mögliche Panik unter den Patienten sowie die latente Gefahr der Ausuferung des gesamten Programms hin und hob schließlich die zweifelhafte Rechtsgrundlage für das Vorgehen der beteiligten Ärzte hervor. Diese Argumentationstaktik schien zumindest insoweit zu greifen, als daß Haake sich jedem Versuch von T4 widersetzte, ein Vernichtungszentrum im Rheinland zu etablieren. Es bedurfte des Besuches einiger Leitfiguren von T4 – Heyde, der einmal mehr die Kopie der Ernennung Brandts und Bouhlers durch Hitler bei sich trug, Vorberg und Tillmann –, um Haake die Erlaubnis abzuringen, wenigstens Andernach und Galkhausen als Durchgangsanstalten für Patienten aus dem

Rheinland auf ihrem Weg nach Hadamar zu benutzen. Haakes Stellvertreter, Wilhelm Kitz, lehnte jegliche Beteiligung an diesen Maßnahmen ab; der Direktor von Galkhausen, Georg Beyerhaus, starb offenbar an einem Herzinfarkt auf dem Bahnsteig des Düsseldorfer Bahnhofs, nachdem er erfahren hatte, was auf seine Anstalt zukommen sollte. Creutz verblieb auf seinem Posten und ermutigte andere, seinem Beispiel zu folgen – angeblich, um die Auswirkungen des »Euthanasie«-Programms möglichst in Grenzen zu halten –, schickte jedoch trotzdem etwa 1000 Menschen in die zwei Durchgangsanstalten und damit schlußendlich nach Hadamar.[31]

Es ist an der Zeit, daß wir uns aus den Höhen der Verwaltungen in die Niederungen derjenigen Heil- und Pflegeanstalten begeben, deren Patienten dem »Euthanasie«-Programm zugeführt wurden. Auch hier war die Bandbreite der Reaktionen so vielfältig, wie die Institutionen unterschiedlich waren. Der »Meldebogen 1« stellte den ersten formellen Kontakt zwischen den beteiligten Machthabern, die die Aktion T 4 ausführten, und den Hunderten von privaten, kirchlichen und staatlichen Heil- und Pflegeanstalten Deutschlands dar. In Schussenried beispielsweise glaubte der Chefarzt, es handele sich dabei um eine rein statistische Erhebung.[32] Schon mehr auf der Linie des zeitgenössischen psychiatrischen Klimas befand sich Dr. Josef Wrede von Rottenmünster, der meinte, man plane wohl, die chronischen Patienten in kostengünstiger operierenden »Pflegeanstalten« zu konzentrieren, wo sie zwar eine gewisse Pflege, aber keine Behandlung mehr erhalten würden.[33] Ähnlich war Johannes Recktenwald in Andernach der Überzeugung, daß die Bögen Teil einer ökonomischen Strategie darstellten.[34] Dr. Gebhard Ritter, Chefarzt in Liebenau, wurde hinsichtlich des Zwecks dieser Erhebung mißtrauisch, als er auf die Frage nach der Zahl der Besuche stieß, die die Patienten erhielten. Er erinnerte sich: »Ich fürchtete, irgendwas steckt hinter diesen Bögen.«[35] Verzögerungen, absichtlich vorgetäuschte Unfähigkeiten oder eine extreme Pedanterie beim Ausfüllen der Bögen stellten keine möglichen Auswege dar.[36] Einige wenige Anstaltsdirektoren weigerten sich schlicht und ergreifend, die Bögen auszufüllen, nachdem sie erfahren hatten, worin ihr eigentlicher Zweck lag.[37] In der Sache änderte das wenig, denn T 4 schickte kurzerhand mobile Einsatzteams von Sachverständigen auf den Weg, die schnell und zuverlässig arbeiteten. Ärzte und Sekretärinnen fuhren gruppenweise umher und überließen die eigentliche Aufgabe der Begutachtung jungen Assistenten und Studenten, während sie selbst Ausflugstouren unternahmen. Das

Personal in Schönbrunn, das vom Neuendettelsauer Kaplan mit Tränen in den Augen vorgewarnt wurde, beschrieb den Besuch dieser Männer aus Berlin: »Es war grad, als wenn ein Leichentuch über die Anstalt gebreitet war.«[38]

Nachdem man mit der Verlegung der Patienten an andere Orte begonnen hatte, kamen allmählich einzelnen Anstaltsleitern in Medizinerkreisen kursierende oder von den Hinterbliebenen der Toten stammende Gerüchte zu Ohren, daß die abtransportierten Patienten ermordet worden seien, ein Verdacht, den die Anstaltsleiter auch selbst schon hegten. Die Reaktionen auf diese Erkenntnis waren so unterschiedlich wie die Anstalten selbst. Aktiver Widerstand war selten; passiver Widerstand in Form von Schadensbegrenzung oder diversen Verzögerungstaktiken waren dagegen recht verbreitet. Fatal war, daß man dabei – wie wir noch sehen werden – das Spiel nach den Regeln der Gegenseite spielte, indem man den Faktor Arbeit als entscheidendes Ausnahmekriterium zugrunde legte. Natürlich war dies ein Gedanke, der den Psychiatern sehr nahe lag, hatten sie doch selbst den Faktor Arbeit lange vor Beginn des »Euthanasie«-Programms zum therapeutischen Prinzip ersten Grades erhoben. Einige Anstalten, wie etwa Attl, Schönbrunn und Ursberg, unternahmen ihr möglichstes, um Patientenakten zu verfälschen, zu unterdrücken oder Patienten, deren Krankheitskosten zu Lasten der Allgemeinheit gingen, als Privatpatienten umzuklassifizieren.[39] An einigen Orten, wie etwa in Schweinspoint, nahmen einzelne Patienten bei Eintreffen der Transportbusse vorübergehend Reißaus und versteckten sich, bis die Busse wieder abgefahren waren.[40] Vereinzelt mochten abenteuerlustige Patienten auf diese Weise dem sicheren Tod entgangen sein, der überwältigenden Mehrheit war dies jedoch nicht möglich.

Das Privatsanatorium Christophsbad in Göppingen bei Stuttgart wurde von den Stuttgarter Behörden dazu genutzt, um überzählige Patienten aus den staatlichen Anstalten in Württemberg unterzubringen. Die Kosten wurden zwischen den lokalen Wohlfahrtseinrichtungen und dem Innenministerium in Stuttgart geteilt. Etwa 265 dieser staatlichen Patienten gehörten zu den ersten, die zwischen dem 17. April und 14. Oktober 1940 von Christophsbad aus in staatlich getragene Anstalten »rückverlegt« wurden. Für Christophsbad bedeutete dies den drohenden finanziellen Ruin. Nachdem die Ärzte der Klinik erfahren hatten, daß ein Großteil dieser Leute tot war, entschlossen sie sich, den für die Heil- und Pflegeanstalten zuständigen Mann im Stuttgarter Innenministerium, Mauthe, aufzusuchen, um der Sache auf den Grund zu gehen. Man legte ihnen nahe, nicht auf »Gerüchte und Märchen« zu hören, und wies darauf hin, solcherlei Gerede sei strafbar. Schließlich bat die Stuttgarter Behörde die Klinik, ihre Privatpatienten zu registrieren. Dr. John selbst suchte daraufhin mehrere umliegende Industriebetriebe auf, um dort sogar für schwerstkranke Patienten einen Arbeitsplatz zu organisieren. Er war eine Art Oskar Schindler der Psychiatrie. Als kurze Zeit später Dr. Schmalenbach vom Innenministerium die Klinik besuchte, konnte man darauf verweisen, daß 80 Prozent der eigenen Patienten einer Arbeit nachgingen. Als Schmalenbach darauf bestand, trotzdem einige dieser Patienten abzutransportieren, fragte man ihn frank und frei, ob es um eine Verlegung in staatliche Heime ginge oder um den Transport direkt den Ort ihrer Vernichtung, wo auch immer das sei. Die Anstaltsleitung schrieb gar an den Innenminister von Württemberg unter Beifügung von Referenzen jener Firmen, bei denen die Patienten angestellt waren, um damit zu demonstrieren, daß »der Wert dieser Leben durch ihre Leistungsfähigkeit bewiesen worden ist«.[41] Am 27. März 1941 wurden 28 Patienten in die staatliche Heil- und Pflegeanstalt nach Weinsberg überführt. Im November traf eine weitere mobile Kommission ein. Die Anstaltsärzte konnten die Kommission davon überzeugen, daß die 74 vom Abtransport bedrohten Patienten in der Tat wertvolle Arbeiter seien.[42] Verfügte man über das entsprechende moralische Format und blieb im Angesicht launischer Autoritäten standhaft, vermochte man mitunter bescheidene Erfolge zu erzielen.

Die Mannschaft von T 4 war auf die Komplizenschaft der Anstaltsleitungen angewiesen, denn wie sonst hätten sie Hunderte kranker Menschen für die Transporte der Gekrat reisefertig bekommen können? In Hessen beispielsweise trafen sich die Direktoren von Haina, Marburg und Merxhausen am 23. April 1941 in Kassel, um die Verlegung ihrer eigenen Patienten in die Zwischenstationen Eichberg und Herborn und schließlich in die Vernichtungseinrichtung Hadamar zu beschleunigen.[43] Während einer jeden Phase dieses Prozesses war es möglich, in Einzelfällen abmildernde Übereinkommen zu erzielen. Insgesamt jedoch scheint jedermann die Rigidität der ursprünglichen Selektionskriterien anerkannt zu haben. Dennoch hatten in jeder Phase die höherrangigen Mitarbeiter einen gewissen Entscheidungsspielraum – ohne daß dies freilich an dem übergeordneten Ziel auch nur ein Jota geändert hätte. Für jede gerettete Person mußte eine andere in den Tod gehen. Feilschen und Schachern mochte indes manch besorgtes Gewissen beruhigen und konnte später dann als »Widerstand« ausgegeben werden.

In einigen Anstalten, wie etwa in Mariaberg in Württemberg, ging die evangelische Anstaltsleitung systematisch die Transportlisten der Patienten durch und erstellte für jeden Betroffenen ein Profil seiner Arbeitsfähigkeit, das in Prozentzahlen ausgedrückt wurde. Diese neuen Listen bildeten dann die Grundlage eilig durchgeführter Verhandlungen mit den regionalen Behörden, die die Transferbefehle von T 4 übermittelten. Sie betrieben schlicht ihre eigene Art der Selektion und präzisierten die Zufallsauswahl von T 4: »Es waren die uns anvertrauten Betreuten, alle bunt durcheinandergewürfelt, treu mitarbeitende Zöglinge, dann wieder schwer Pflegebedürftige und Epileptische.«[44] In anderen Worten, mit Ausnahme der Fälle, bei denen die Rasse das ausschlaggebende Kriterium war, fügte sich der vorherrschende therapeutische Trend nahtlos in den kruden Materialismus ein, der dem »Euthanasie«-Programm unterschwellig zugrunde lag. Eine Psychiatrie, für die das Ziel völliger Genesung in der Arbeitstauglichkeit des Patienten außerhalb der Anstaltsmauern lag, verfügte kaum über genügend Widerstandskraft gegenüber einer Politik, die den Faktor Arbeit zum entscheidenden Kriterium über Leben und Tod stilisierte. Arbeit (und Rasse) definierten die Identität in Gänze. »Proteste«, wenn man sie denn so nennen möchte, wurden daher in exakt der gleichen Sprache formuliert, deren sich das Regime bediente. Im August 1940 wurden der Anstaltsleitung in Markgröningen die Namen von 91 Patienten mitgeteilt, die für den Abtransport vorzubereiten seien. Da zwölf von ihnen entweder schon tot oder bereits entlassen waren, blieben noch 79 Patienten übrig. Am 2. September schrieb der Anstaltsdirektor an die Gesundheitsbehörde in Stuttgart und bat um Streichung mehrerer Patienten von der Liste. Zu diesen gehörten:

Laufnummer 8: Ernst D., geboren am 22. 1. 1883 in Stuttgart, untergebracht in einer offenen Station. Hat sonntags Ausgang; in den Ferien alleine in Stuttgart. *Als Anstaltsgärtner erspart er der Anstalt die Kosten, jemand anderen einzustellen. D. ist ein guter Arbeiter und unverzichtbar für diese Anstalt.*

Laufnummer 16: Gustav F., geboren am 15. 1. 1879 in Vaihingen, untergebracht in einer offenen Station, zeigt nicht die leisesten Anzeichen einer Krankheit. *Er arbeitet das ganze Jahr über als ein fleißiger und pünktlicher Feldarbeiter und kann auch ohne Überwachung eingesetzt werden.*[45] (Hervorhebungen durch den Vf.).

Als die Gemeinnützige Krankentransport GmbH eintraf, versuchte der Wirtschaftsverwalter der Anstalt Scholder weitere Ausnahmen auszuhandeln. Er sagte, einige der auf der Liste befindlichen Patienten seien wertvolle Arbeiter; zynisch schlug der Leiter des Transports vor, sich doch beim Arbeitsamt um Ersatz zu kümmern. Scholder wollte die Freistellung von elf Patienten erreichen, aber der Transportleiter bestand auf dem Abtransport von 75 Patienten. Schließlich wurden die gewünschten elf Patienten von der Liste gestrichen, jedoch mußten acht andere Personen an deren Stelle treten. Einer der Patienten, der wußte, was ihm bevorstand, mußte unter Zwang aus dem Gebäude getragen werden.[46]

Strenge Kontrollen ließen den Ärzten nur einen geringen Spielraum, einzelne Patienten vom Abtransport auszunehmen, und so blieb nur das Feilschen im Einzelfall übrig oder die keineswegs ungefährliche Möglichkeit, Patienten schlicht aus der Anstalt zu entlassen. Gefährlich war dies, weil die regionalen Behörden einen Entlassungsstopp verhängt und Verlegungen von Patienten genehmigungspflichtig gemacht hatten.[47] Dr. Hugo Götz in Schussenried erhielt die Mitteilung, er könne 10 Prozent der zum Abtransport vorgesehenen Patienten einbehalten. Ordnungsgemäß verschonte er einen Patienten, dessen Aufgabe es war, Besucher durch die barocke Bibliothek zu führen, sowie den Sohn eines höheren Beamten, dessen Familie vermutlich für Ärger gesorgt hätte. Ebenso war es möglich, eine schizophrene Frau in die Obhut ihres Sohnes zu entlassen, ungeachtet der Tatsache, daß ihr Ehemann ausdrücklich nicht bereit war, sie aufzunehmen.[48] Versuche, Patienten in den sicheren Schoß ihrer Familien zu entlassen, scheiterten oft an deren fehlender Bereitschaft. Der Direktor von Hephata, Adolf Nell, erinnerte sich, »daß es nicht immer einfach war, mit den Eltern der Patienten zurechtzukommen. Wir hatten es ständig mit einem mangelnden Mitgefühl zu tun, was die Frage betraf, diese Patienten mit nach Hause zu nehmen.«[49] Die Anstaltsleitung in Mariaberg versuchte Otto G. in die Obhut seines Bruders zu entlassen. Am 2. Dezember 1940 antwortete daraufhin der Bruder: Seine Frau habe ein schwaches Herz, sein Sohn sei in der Wehrmacht, im Haus seien zwei Soldaten einquartiert, die 97 Jahre alte Schwiegermutter sei halb blind, gerade sei ein Neffe aus Köln mit seinen drei Kindern zu Gast, zwei Kinder seien ständig zu Hause, und außerdem hätten sich Besucher aus dem Norden angekündigt. Nein, er habe nun wirklich keinen Platz mehr. Natürlich wolle er sich nicht seiner Verantwortung entledigen, und die Anstalt könne »versichert sein, Otto soll nie vergessen sein«. Bald sei Weihnachten, und Otto würde bestimmt ein kleines Geschenk erhalten. Doch für Weihnachtsgeschenke sollte Otto keine Verwendung mehr finden, denn er wurde am 13. Dezember nach Grafeneck überführt und starb am selben Tag.[50]

Weder die privaten noch die kirchlichen Heil- und Pflegeanstalten waren in der Lage, dem Regime aus einer Position der Stärke heraus gegenüberzutreten. Private Einrichtungen wie das oben erwähnte Christophsbad standen vor dem finanziellen Ruin, da die Kosten der meisten ihrer Patienten mit öffentlichen Geldern beglichen wurden. Die Verantwortlichen kirchlicher Einrichtungen fühlten sich in Anbetracht eines Regimes, das sowohl in Deutschland als auch in Europa auf dem Gipfel seiner Macht stand, ohnmächtig, und man befürchtete zudem, kurzerhand säkularisiert zu werden sowie das Stiftungsvermögen zu verlieren.[51] In der Heil- und Pflegeanstalt Scheuern hatte man engagierte evangelische Laien und Geistliche aus dem Leitungsausschuß entfernt und durch politische Gewährsmänner ersetzt. Die Anstalt schuldete den Gesundheitsbehörden in Wiesbaden einfach zu viel Geld, um ihnen die Stirn bieten zu können.[52] Über welchen Verhandlungsspielraum hätte auch beispielsweise eine kleine religiöse Gemeinschaft wie jene in einer Wohlfahrtseinrichtung für Männer in Schweinspoint gegenüber einem Regime verfügen können, dessen Handlanger den Patienten jahrelang Schokolade geschenkt hatten, um sie dazu anzustiften, gegen die Brüder, von denen sie gepflegt wurden, den fragwürdigen Vorwurf sexuellen Fehlverhaltens zu erheben?[53] Und – hält man sich die konspirative Struktur von T4 vor Augen – an welche Tür hätten sie anklopfen sollen?[54]

Obwohl ihre Einrichtungen Teil eines verzweigten Netzwerkes christlicher Wohlfahrt waren, mußten sich diese frommen Seelen von den Spitzen ihrer Organisationen im Stich gelassen und oft sehr isoliert fühlen. Und dennoch gab es Mitarbeiter, die sich einer Kooperation verweigerten. Ludwig Schlaich, Direktor von Stetten, einer Einrichtung der Inneren Mission, erhielt die Aufforderung, 92 Patienten für den Abtransport im Oktober 1940 bereitzuhalten. Mit der so typischen Zweischneidigkeit argumentierte Schlaich, der 80jährige stellvertretende Anstaltsleiter, der die Meldebögen ausgefüllt habe, sei mit der Aufgabe völlig überfordert gewesen und mithin bei seiner Auswahl von falschen Voraussetzungen ausgegangen. Dieses Vorgehen hatte freilich zur Folge, daß ein Arzt aus Berlin geschickt wurde, der alle 199 Patienten binnen weniger Stunden erneut begutachtete. Die Gemeinnützige Krankentransportgesellschaft traf dann pünktlich ein, um die 92 Patienten abzutransportieren. Unter Umgehung von Ministerpräsident Stähle telefonierte Schlaich mit Linden in Berlin, um seinem Protest Ausdruck zu verleihen. Freilich konnte dies für die 92 Patienten nichts bewirken. Schlaich weigerte sich daraufhin rundheraus, dem Leiter der Transportgesellschaft bei der Identifizierung der 92 Patienten zu helfen. Unter anderem argumentierte er, viele wüßten ganz genau, was auf sie zukäme, da ehemalige Transportbegleiter abfällige Bemerkungen gemacht hätten wie »Dort, wo die hingehen, werden sie weder Kleidung noch Essen brauchen«, oder aber daß es bald 57 »blöde Dackel« weniger auf der Welt geben werde. Obwohl der Direktor jede Kooperation standhaft verweigerte, half schließlich eine Assistenzärztin bei der Identifizierung der Opfer. Acht Patienten gelang es, sich zu verstecken. Unter jenen, die gehen mußten, spielten sich herzzerreißende Szenen ab. Sie weinten, bettelten darum, bleiben zu dürfen, und versuchten sich zu wehren. Einer der Männer bat jeden Anwesenden um Vergebung, sagte zu seiner älteren Schwester, sie würden sich gewiß bald im Himmel wiedersehen, und schrie weinend dem Transportpersonal ins Gesicht: »Unser Blut schreit nach Rache.« Andere schrien: »Ich will doch nur leben, ich will doch nur leben.«[55] Patienten, die von Merxhausen in Hessen abtransportiert wurden, schrien auf dem Bahnhof in Sand aus dem Zug heraus: »Alles Gute, wir werden niemals mehr zurückkehren; wir werden alle umgebracht.«[56] Im Elisabethstift in Lauingen, Schwaben, führte der Anstaltspriester am Vorabend des ersten Transports einen Bußgottesdienst mit einer Generalabsolution durch. Eine der Patientinnen lief daraufhin durch die Kirche und schrie: »Wir werden umgebracht!«[57] In Sigmaringen unterbrach ein Patient, dem es gelungen war, sich dem Transport zu entziehen, das Mittagessen mit der Bemerkung: »Die, wo da weggekommen sind, werden alle vergiftet und verbrannt.«[58]

Mochten die Patienten, die man als erste abtransportiert hatte, noch glauben, man mache mit ihnen nur einen Ausflug, und verabschiedeten sich die in Stetten zuerst abtransportierten Patienten noch mit einem freudigen Winken, während die Zurückgebliebenen ihnen neidvoll nachschauten, machten sich Patienten späterer Transporte keine Illusionen mehr über ihr Schicksal. Man lese etwa den Brief von Helene M., den sie am 1. Oktober 1940 an ihren Vater schrieb:

Liebster, geliebter Vater!
Leider kann es nicht anders sein. Heute muß ich Dir diese Abschiedsworte schreiben, da ich dieses irdische Leben verlasse, um in ein ewiges Heim zu gehen. Das wird Dir und Euch viel Herzweh verursachen. Aber denke daran, ich muß als Märtyrer sterben und

daß dies nicht ohne den Willen meines himmlischen Erlösers geschieht, nach dem ich mich so viele Jahre gesehnt habe. Vater, guter Vater, ich möchte mich nicht von Euch trennen, ohne Dich und all meine lieben Brüder und Schwestern um Vergebung zu bitten für alles, was ich in meinem ganzen Leben versäumt habe. Möge der liebe Herrgott meine Krankheit annehmen und dieses Opfer als eine Buße dafür.

Bester Vater, nimm Deinem Kind, das Dich so tief geliebt hat, nichts übel; denke immer daran, daß ich in den Himmel gehe, wo wir dereinst alle mit Gott und all unseren lieben Fortgegangenen wieder vereint beisammen sein werden. Lieber Vater, ich gehe fest entschlossen und in Vertrauen auf Gott, niemals in Zweifel an seinen guten Taten, mit denen er uns prüft, was wir aber leider nicht begreifen, solange wir hier sind. Wir werden unsern Lohn am Jüngsten Tag empfangen. Von Gott verfügt! Bitte sag dies meinen Brüdern und Schwestern. Ich will nicht klagen, sondern werde sehr glücklich sein ...

Ich umarme Dich in unsterblicher Liebe und mit dem festen Versprechen, das ich Dir bei unserer letzten Verabschiedung gab, daß ich in Tapferkeit bestehen will.
Dein Kind Helene.
Am 2. Oktober 1940. Bitte bete viel für den Frieden meiner Seele.
Guter Vater, bis wir uns im Himmel wiedersehen.

Dies war der letzte von zwei Briefen, die Helene, eine an Epilepsie leidende Frau, aus der Anstalt schmuggeln konnte. Nachdem sie im ersten Brief von Patienten berichtet hatte, die abtransportiert und ermordet wurden, war ihr Bruder (der Vater, ein pensionierter Arzt, hatte ein schwaches Herz) bei den Gesundheitsbehörden in Stuttgart vorstellig geworden, um sich zu erkundigen, was es mit diesen Vorwürfen auf sich habe. Sofern man solche Schritte unternommen habe (!), so wurde ihm versichert, seien Epileptiker nicht davon betroffen. Der Vater besuchte daraufhin die Anstalt, wo man ihm empfahl, mit den zuständigen Verantwortlichen Kontakt aufzunehmen, um seine Tochter von der Transferliste streichen zu lassen. Er hatte Erfolg, aber leider zu spät. Der Brief mit der Bestätigung, die Tochter nicht abzutransportieren, traf kurz nach einem anderen Brief ein, in dem die Familie über den Tod Helenes informiert wurde. Sie sei in Brandenburg an »Atemproblemen« gestorben.[59]

Solche Bemühungen waren keinesfalls die Regel, obwohl aus vielen Berichten hervorgeht, daß Familienangehörige entsetzt waren, als sie vom Abtransport und der Ermordung ihrer Angehörigen erfuhren. Dr. Paul Morstatt aus der Anstalt Schussenried erinnerte sich, daß neben einigen Familien, die sich tief betroffen zeigten, andere wiederum »gleichgültig« blieben und den Tod ihrer Verwandten als Lauf des »Schicksals« hinnahmen. Wieder andere begrüßten den Tod ihrer Familienmitglieder, mit denen sie keinerlei menschliche Beziehung mehr teilten, oder fühlten sich erleichtert, keine Pflegegelder mehr zahlen zu müssen.[60] Einige wenige waren sich völlig darüber im klaren, was hier geschehen war, so etwa ein Mann, dessen Bruder an »Influenza, erschwert durch Meningitis«, in Grafeneck oder Hartheim starb; allerdings zeigte sich der Bruder lediglich darüber verärgert, daß die Heil- und Pflegeanstalt Mariaberg ihn nicht entsprechend informiert hatte: »Ich wäre mit jedem Vorgang einverstanden gewesen, jedoch als Bruder hätte man mich davon verständigen dürfen.«[61]

Bis zum Herbst 1940 fuhren die Patiententransportbusse und -züge direkt zu den Orten der ersten Generation sogenannter »Reichsanstalten«, d. h. nach Brandenburg, Grafeneck, Hartheim bei Linz und Sonnenstein bei Dresden. Diese Mordzentren wurden ergänzt, teilweise ersetzt, durch Bernburg und Hadamar. Den Zeitraum, in dem diese als Massenvernichtungsanstalten fungierten, kann man folgender Tabelle entnehmen:

Brandenburg an der Havel	Januar 1940 – September 1940
Grafeneck bei Munsingen	Januar 1940 – Dezember 1940
Hartheim bei Linz	Januar 1940 – 1944
Sonnenstein bei Dresden	April 1940 – August 1943
Bernburg bei Halle	November 1940 – April 1943
Hadamar bei Limburg	Januar 1941 – August 1941

Über 70 000 Menschen wurden in diesen Anstalten ermordet. Jede dieser Anstalten war für die Ermordung von Patienten eines bestimmten Einzugsgebietes zuständig. In Hadamar beispielsweise, wo die Massentötungen im Januar 1941 begannen, wurden Patienten aus Hessen-Nassau, Hannover, Hessen, Westfalen, dem Rheinland und – in Ablösung von Grafeneck – Baden-Württemberg ermordet.[62] Um sowohl den exakten Ort, an den die Patienten gebracht wurden, als auch die Zahl der »Zugänge« für die Mordaktionen zu verschleiern, hatte man um jede dieser Anstalten herum einen Ring an Auffangzentren und Zwischenstationen gebildet, der sich aus Anstalten zusammensetzte, an dem die Opfer relativ nahe zum Ort ihrer Ermordung vorübergehend untergebracht werden konnten. Deshalb wurden Patienten aus dem Rheinland zunächst nach Andernach oder Galkhausen gebracht, jene aus Baden vorerst nach Wiesloch, aus Württemberg zuerst nach Weinsberg und Patienten aus Hessen oder weiter entlegenen Orten wie Göttingen oder Lüneburg vorläufig nach Eichberg, Herborn, Idstein, Scheuern oder Weilmünster.[63] Diese Praxis ermöglichte es T 4, sich jegliche Unannehmlichkeiten zu ersparen und gleichzeitig Transport, Ermordung und Entsorgung in den Krematorien logistisch exakt zu staffeln. Ähnlich den Außenlagern der Konzentrationslager oder der Struktur des sowjetischen Archipel Gulag haben wir es hier mit einem breitgefächerten und dichtgewobenen Universum der Entwürdigung von Menschen zu tun, auch wenn sich dieses Universum inmitten einer Gesellschaft befand, die, rein geographisch betrachtet, über keinerlei arktische oder sibirische Steppen verfügte, um Menschen diskret ermorden zu können.

Die Gemeinnützige Krankentransport GmbH benutzte ursprünglich rote Postbusse mit blau übermalten Fenstern,[64] denn diese Fahrzeuge konnten kostengünstig in einem reichsweit ausgebauten Werkstattnetz repariert werden. Später wurden diese Busse mit grauer Tarnfarbe überstrichen, jener Farbe, die insbesondere den Augenzeugen in der Erinnerung haften bleiben sollte. Verfolgen wir den Weg eines dieser Fahrzeuge, so wie es aus dem Bericht eines dem Transportpersonal angehörenden Pflegers von Hadamar hervorgeht:

Vom 21. Januar 1941 an begleitete ich zehn Krankentransporte aus den verschiedensten Anstalten nach Hadamar. Wir fuhren u. a. nach Weilmünster, Scheuern bei Katzenellnbogen, Eichberg, in die Gegend von Weinsberg und nach Kalkhausen bei Köln. Wir fuhren i. d. R. mit drei Omnibussen, die anfangs von der Reichspost gestellt waren; später fuhren wir Busse, die einen grauen Anstrich hatten und aus Berlin gekommen sein müssen. Alle diese Busse hatten nur Sitzplätze und keine Liegeplätze. Sie enthielten auch keine Toilette. Wie viele Sitzplätze die einzelnen Busse hatten, weiß ich heute nicht mehr genau. Ein Transport, bestehend aus drei Bussen, umfaßte aber ungefähr 60 bis 70 Patienten; es können auch mal 80 gewesen sein. Auf unseren Fahrten machten wir keine Pausen, damit die Kranken austreten konnten. Die Fahrten dauerten nie allzu lange. Meine weiteste Fahrt war der Weinsberger Transport. Auch er wurde ohne eine Pause durchgeführt. Die Kranken hatten in der Abgabeanstalt zu essen bekommen, ich nehme das jedenfalls an. Reiseproviant hatten sie nicht mit. In jedem Bus saßen von uns ein Pfleger und eine Schwester. Uns voran fuhr jeweils der Transportleiter in einem PKW ...[65]

Heute ist Hadamar ein kleines, abseits gelegenes Städtchen inmitten einer Mittelgebirgslandschaft nördlich der Bistumsstadt Limburg. Abgesehen von vereinzelten Zügen, die mit Pendlern besetzt über die Schienen rattern, ist es in dem Örtchen eher ruhig. Kleine Kapellen und Opferstöcke an den Wegrändern weisen diskret auf den hier verbreiteten, ländlich geprägten römischen Katholizismus hin. Die Anstalt, die an einem bergigen Hang oberhalb des Stadtzentrums gelegen ist, besteht aus einer Reihe von Gebäuden aus dem 19. Jahrhundert, die sich nahe den Resten eines kleinen Klosters aus dem 17. Jahrhundert befinden. Letzterem verdankt das gesamte Gelände seinen Namen: »Mönchberg«. Es gibt einige später entstandene, moderne Gebäude, einschließlich einer Sicherheitsstation für Straffällige, die mit verschlossenen Türen und Videoüberwachungskameras ausgestattet ist. Ein steiler, mit Stufen versehener Weg führt hinauf zum Friedhof, von wo aus man einen guten Blick auf die im Tal liegende Stadt hat. Auch heute noch befindet sich hier eine Klinik für psychisch kranke Menschen, in der sowohl Langzeitpatienten, die mit nervösem Blick darauf achten, daß Besucher auch tatsächlich wieder aus den Kellergebäuden herauskommen, als auch straffällig gewordene Jugendliche und Drogenabhängige untergebracht sind.

Die Anstalt wurde 1906 in Gebäuden eröffnet, die seit 1886 als Arbeitshaus gedient hatten. Im Jahre 1920 wurde ein zusätzlicher Flügel errichtet, um 60 junge weibliche »Psychopathen« zu beherbergen, unter denen sich viele Prostituierte aus dem Frankfurter Raum im Alter zwischen 14 und 24 Jahren befanden. Sieben Jahre später erwarb die Anstalt einen Bauernhof im nahe gelegenen Schnepfenhausen, wo – wie damals üblich – ausgesuchte Patienten in den Genuß unbezahlter Arbeitstherapie kamen, die dem wirtschaftlichen Wohle der Anstalt diente.[66] Im Jahre 1930 beherbergte Hadamar 320 Patienten sowie weitere 229, die sich verstreut in bezahlter Familienpflege befanden. Die meisten der Patienten kamen aus einem sozial benachteiligten Umfeld: ungelernte Männer und Frauen, von denen weniger als 10 Prozent über eine abgeschlossene Grundschulausbildung verfügten.[67] Ab dem Herbst 1939 wurden die meisten der Hadamarer Patienten auf andere Anstalten in der Region verteilt mit

Ausnahme einer kleinen Zahl, die weiterhin auf dem Bauernhof in Schnepfenhausen arbeiteten, um von dort die Anstalt zu beliefern. Dann wurde Hadamar als Militärlazarett für deutsche Soldaten und verwundete polnische Gefangene genutzt. Am 1. November 1940 ging die administrative Verantwortung der Anstalt von der regionalen Gesundheitsbehörde in Wiesbaden auf die in Berlin ansässige Gemeinnützige Stiftung für Anstaltspflege über.

Hadamar verfügte über einige Voraussetzungen, die es als Vernichtungszentrum prädestinierten. Der Großteil des Personals und der Patienten war bereits entfernt worden, um für ein Militärlazarett Raum zu schaffen. Darüber hinaus lag die Anstalt inmitten eines Rings anderer Einrichtungen, die als Zwischenstationen genutzt werden konnten. Die Verkehrsverbindungen waren mit der nahe gelegenen Autobahn und einem kleinen Bahnhof als gut zu bezeichnen. Die Anstalt selbst war umgeben von Hügeln, und unterhalb des Haupteingangs führte eine Straße direkt durch den Ort. Das Gelände in Hadamar war – anders als andere Anstalten wie beispielsweise Eichberg – nicht von hohen Mauern umgeben.

Nachdem die Gemeinnützige Stiftung für Anstaltspflege – ein Ableger von T4, der eigentlichen Kraft hinter dieser Tarnorganisation – die Anstalt angemietet hatte, beauftragte man Handwerker und Installateure, die im rechten Flügel der Anstalt gelegenen Kellerräume in eine Gaskammer und ein Krematorium umzubauen. Zu den Installateuren gehörte auch Bernotats Schwager, Fritz Scherwing. Das Einstellungsgespräch fand in Bernotats Jagdhütte statt, die in den Wäldern oberhalb der Heil- und Pflegeanstalt Weilmünster gelegen war. Dort erhielt Scherwing aus den Händen Kaufmanns detaillierte Pläne für das Projekt. Danach begann er, Rohre zuzuschneiden und zusammenzubauen. Da es Leute gibt, die mit der Wirklichkeit ihre Probleme haben, sei es sehr präzise beschrieben: Im zweiten Raum, den man von den Kellertreppen aus erreicht, brachten er und seine Kollegen eine Reihe von Duschköpfen an der Decke an und befestigten eine dreiviertel bis ein Zoll starke Gasleitung 75 cm oberhalb des Bodens. In dieses Rohr bohrten sie 50 bis 60 Löcher mit vier Millimeter Durchmesser, verbargen das Rohr hinter Holzbänken, bauten luftdichte Türen ein und installierten einen Ventilator.[68] Das Rohr wurde in einer Nische außerhalb des Raumes an Gaszylinder angeschlossen. Diese Gaskammer war so perfekt als Duschraum getarnt, daß die Opfer manchmal Seife und Waschlappen dorthin mitnahmen.[69] Ein verstärktes gläsernes Sichtfenster erlaubte es jedem, der sich in besagter Nische aufhielt, in den Raum hineinzusehen. Eine ganze Menge

Leute taten dies auch, aus purem voyeuristischem Zwang heraus. Die Leichen wurden schließlich entlang des Flurs in die Krematorienräume geschleppt.

In Hadamar arbeiteten 25 Personen, die aus den Reihen des ursprünglichen Personals kamen beziehungsweise aus Anstalten der näheren Umgebung stammten. Ein wichtiger Aspekt, zeigt dies doch, daß die Ermordungen nicht notwendigerweise von einem speziellen Mordkommando durchgeführt wurden. Dem Personal gehörte auch der Verwaltungschef der Anstalt, Alfons Klein, an. Der Rest bestand aus Krankenschwestern und -pflegern, Köchen, einem Gärtner, einem Zimmermann und einem Pförtner. Diese Gruppe wurde durch bereits erfahrene Mordgesellen wie Dr. Ernst Baumhardt und Günther Hennecke, die von Grafeneck oder direkt aus Berlin kamen, verstärkt. Zwischen dem ortsansässigen Personal und den sogenannten »Berlinern« beziehungsweise dem »Stiftungspersonal« (von dem man dachte, es habe die Anstalt übernommen) kam es mitunter zu internen Spannungen, die sich auf den reibungslosen Ablauf des Vernichtungsprogramms allerdings nicht auswirkten. Letztlich arbeiteten zwischen 57 und 100 Menschen in der Anstalt. Die wichtigsten Arbeitsgruppen waren zum einen die Transportabteilung, in der sieben Personen arbeiteten, dann etwa 25 Personen, die unmittelbar an den Tötungsaktionen beteiligt waren und für die Beseitigung der Leichen sorgten, die Verwaltung mit etwa 20 Personen, deren Aufgabe darin bestand, Totenscheine mit fingierten Todesursachen sowie oberflächliche Kondolenzschreiben an die Familien zu verfassen, und schließlich die Wirtschaftsabteilung, die sich um die alltägliche Versorgung des Personals kümmerte.[70]

Da es in diesem Buch um Massenmord geht, ist es erforderlich, in besonderer Weise auf das Verbrechen selbst einzugehen. Niemand vermag sich das Leiden der Ermordeten vorzustellen, hier tritt Schweigen an die Stelle von Berichten; gleichwohl verfügen wir in Hülle und Fülle über Zeugnisse, die von der Grausamkeit des Mordens selbst berichten. Die Beteiligten stimmen darin überein, daß es sich buchstäblich, und nicht nur metaphorisch, um eine »schmutzige Arbeit« handelte, ungeachtet der keimfreien Darstellungen, wie sie in den Propagandafilmen der Nazis präsentiert wurden. Nach der Ankunft in Hadamar – entweder vom Bahnhof kommend oder von auswärts – fuhren die Busse in mehrere hölzerne Garagen, die erst kürzlich in Gestalt eines Traktorschuppens eines nahe gelegenen Bauernhofes wiederentdeckt wurden. Dort verließen die Patienten den Bus und wurden durch einen speziell gebauten, hölzernen

Korridor an der Seite des Gebäudes entlang in einen großen Raum im Erdgeschoß geführt. Hier wurden sie entkleidet und mit Kitteln aus Militärbeständen ausgestattet. Ein Verwaltungsangestellter überprüfte die Identität eines jeden einzelnen, und ein Arzt begutachtete sie von Kopf bis Fuß, um in Relation zu Alter und körperlicher Verfassung des Betreffenden eine plausible Todesursache zu eruieren. Der Arzt verfügte über eine Liste von 61 möglichen Todesursachen samt dazugehöriger Symptome und Behandlungsmöglichkeiten. Die Patienten wurden sodann gewogen und für eine Fotosammlung geistig kranker Patienten fotografiert. Wer während der unvermeidlichen Wartezeiten Ärger machte, wurde mit einer Spritze ruhiggestellt. Jeder Patient wurde mit einer Nummer versehen und mit einem entsprechend beschrifteten Pappkarton ausgestattet, in den er seine später wieder ausgehändigte Kleidung hätte hineinlegen sollen. Einige wurden darüber hinaus noch mit Kreide oder Tinte durch ein Kreuz auf ihrem Rücken markiert. Das Transportpersonal begleitete die Patienten dann zum Eingang der Kellerräume, wo sie von Pflegern übernommen wurden. Diese Arbeitsteilung diente der psychologischen Fiktion, daß im Grunde nur eine Handvoll bösartiger Personen dort unten an der Ermordung beteiligt seien.

Die Patienten gingen in Gruppen zu sechst das gute Dutzend Treppen hinab und wurden in der Gaskammer eingeschlossen. Ein Arzt, der sich außerhalb in der Nische befand, drehte sodann den Hahn auf, und das Gas strömte durch die von Scherwing verlegte Leitung. Alles andere als ein »sanfter Tod«, durchlitten doch die Opfer extreme Ängste und zeigten alle Symptome einer Kohlenmonoxydvergiftung. Nach einer Stunde herrschte Ruhe. Die Ventilatoren leiteten das restliche Gas ab, und nun betraten die »Brenner« und »Desinfekteure« (so die authentischen Bezeichnungen) den Raum, um die ineinander verschlungenen Körper zu entwirren. Diejenigen, die man zuvor markiert hatte, weil sie von potentiell wissenschaftlichem Interesse waren, wurden aussortiert und in einen nahe gelegenen Autopsieraum gebracht. Ihre Gehirne würde man an die Universitätskliniken nach Frankfurt und Würzburg weiterschicken. Nachdem man den Leichen die Goldzähne ausgebrochen hatte, brachte man sie den Flur entlang in die beiden Krematorienräume. Ihre Asche wurde entweder weggeworfen oder auf Urnen verteilt. Es wurde sehr darauf geachtet, nicht zu viel Asche in eine Urne zu legen, insbesondere wenn es sich angeblich um die Überreste eines Kindes handeln sollte.[71] Die Knochen wurden in einem Mahlwerk zermalmt oder mit einem Hammer auf einem Holztisch zerkleinert.

Augenzeugen, die in der Stadt wohnten, erinnerten sich, daß kurz nach Ankunft eines jeden Transports dicke dunkle Rauchwolken den Anstaltsschornsteinen entstiegen.[72] Ging man nach Hadamar, wurde man rasch gewahr, was hier vor sich ging. Fritz Neumann, ein junger Arzt aus einem Bonner Krankenhaus, war nach Hadamar gekommen, um sich selbst vor Ort ein Bild zu machen. Er kehrte in einem der örtlichen Lokale ein, von dem aus man einen guten Blick auf die Anstalt hatte. Die Inhaberin der Kneipe verweigerte allerdings jede Auskunft. Als Neumann mit seinen Fragen nicht lockerließ, sagte sie, es sei nur richtig, daß man diese »Idioten« töte, um den »gesunden Volksgenossen« unnötige Opfer zu ersparen. Sie beklagte lediglich den entsetzlichen Geruch der verbrannten Leichen. Als Neumann sich daraufhin kritisch äußerte, griff sie zum Telefonhörer und benachrichtigte das Anstaltspersonal, dem viele ihrer Stammgäste angehörten.[73]

Nach jedem Verbrennungsvorgang wurde die Asche eingesammelt und willkürlich in Urnen verteilt. Wünschte die Familie des Opfers die Asche zu erhalten, schickte man sie ihnen unter der Absenderangabe »Krematorium II Wiesbaden« zu; lag ein solcher Wunsch nicht vor, wurden die Urnen an einen Friedhof in der Nähe des Familienwohnortes gesandt. Im ehemaligen Klostergebäude war das Verwaltungspersonal untergebracht, unter ihnen viele jüngere Frauen, aber auch die ehemaligen Kriminalbeamten Christian Wirth und Gottlieb Hering, die es beide noch zu Lagerkommandanten bringen sollten, der eine, Hering, in Belzec, der andere, Wirth, in Belzec, Sobibor und Treblinka.[74] Diese Bürokratenschar fälschte Todesscheine, verfaßte standardisierte Kondolenzschreiben und kümmerte sich um die Finanzen, einschließlich der Einforderung von Pflegegeldern für Patienten, die längst tot waren. An der Wand hing eine Landkarte, damit man nicht einer kleinen Ortschaft eine verdächtig hohe Todeszahl nannte. Mit Hilfe farbiger Stecknadeln, die jeweils für einen Monat standen, konnten sie die schlechten Botschaften gestaffelt versenden, oder aber sie schickten – um die Sache zu vereinfachen – die Informationen an die Registrierstelle eines anderen Vernichtungszentrums, so daß eine Person, die in Hadamar ermordet worden war, im Register von Bernburg oder Sonnenstein auftauchte, als ob sie dort verstorben wäre.[75]

Wie wir weiter oben gesehen haben, verfügten die Ärzte über eine Liste mit 61 potentiellen Todesursachen, die sie den Patienten jeweils nach deren Alter, Geschlecht und körperlicher Verfassung zuwiesen, bevor sie vergast wurden. Jede dieser in Frage kommenden Todesursachen wurde anhand des ihr zugehörigen Krankheitsverlaufs, ihrer Symptome, der Behandlung und möglicher Komplikationen akribisch charakterisiert. Jede Darstellung schloß mit einer Betrachtung über die Vor- und Nachteile hinsichtlich einer Nutzung als möglicher Todesursache ab:

Meningitis
Abszesse am Gehirn sind an sich sehr selten und bedürfen einer langen Entwicklungszeit, so daß diese Krankheit nur in sehr außergewöhnlichen Fällen von uns in Betracht gezogen werden kann. Es ist nützlich, wenn bereits eines der Symptome vorhanden ist, wie etwa das Ausströmen von Eiter aus den Ohren, der Nase oder den Nasennebenhöhlen ... Jede Altersgruppe kann von dieser Krankheit betroffen sein.

Pneumonie
Pneumonie ist für unser Vorhaben eine ideale Todesursache, denn die Bevölkerung betrachtet es weithin als eine kritische Krankheit, was bedeutet, daß ihr lebensbedrohlicher Charakter plausibel erscheinen wird ... Pneumonie kann in jeder Altersgruppe unter beiden Geschlechtern auftauchen. Im Falle junger und kräftiger Personen muß man lediglich eine etwas längere Dauer ansetzen als im Falle älterer und gebrechlicher Patienten.

Schlaganfall
Diese Todesursache eignet sich besonders bei älteren Leuten im Alter von mindestens vierzig oder mehr Jahren; im Falle junger Leute ist er so selten, daß man keinen Gebrauch von ihm machen sollte. Als Todesursache eignet er sich deswegen so sehr, da er plötzlich, ohne spezielle vorangehende Symptome eintritt und zu einem relativ schmerzlosen Tod für den Patienten führt. Diese Todesursache erscheint den Hinterbliebenen immer als sehr einleuchtend, und sie glauben gerne daran. Es ist auch immer sehr glaubhaft, daß der Patient ohne vorhergehende Symptome gestorben ist.[76]

Im Briefwechsel mit den Angehörigen hielt man sich an die Regeln einer Verdunkelungstaktik, die dafür sorgte, daß jene immer einige Schritte hinter dem tatsächlichen Verbleib des Patienten hinterherhinkten. Man teilte ihnen den Abtransport mit, nachdem dieser bereits vollzogen war, und berichtete von der Ankunft in einem der Zwischenlager zu einem Zeitpunkt, als der Betroffene längst tot war, denn üblicherweise wurden die Patienten am Tag ihrer Ankunft ermordet. Diese Methode sollte die Familien verwirren, deren Nachfragen immer in schriftlicher Form zu erfolgen hatten, während Besuche acht Tage im voraus beantragt werden mußten. Das verschaffte den Anstalten genügend Spielraum, um einen Brief mit der Nachricht vom Tod des Patienten abzuschicken, noch bevor die Verwandten vor Ort eintreffen konnten. Tauchten Besucher unerwartet in der Anstalt auf, wurden sie vom bewaffneten Wachpersonal abgewiesen oder vom Verwalter energisch weggeschickt.

Die Familien erhielten nachfolgend zitiertes Kondolenzschreiben, das im Grunde immer die gleiche Geschichte enthielt und lediglich mit einzelnen Details angereichert wurde, wie dem hier erwähnten Ehering:

Landes- Heil- und Pflegeanstalt
Hadamar   25. März 1941

Sehr geehrte Frau U.!
Am 13. März 1941 wurde auf Grund einer ministeriellen Verfügung gemäß Weisung des Reichsverteidigungskommissars Ihr Mann, Herr Ernst U. in unsere Anstalt verlegt. Diese Maßnahme steht im Zusammenhang mit den augenblicklichen militärischen Ereignissen.
Zu unserem Bedauern müssen wir Ihnen nun mitteilen, daß der Patient plötzlich und unerwartet am 24. März 1941 an einer akuten Hirnhautentzündung verstorben ist.
Da Ihr Mann an einer schweren, geistigen unheilbaren Erkrankung litt, müssen Sie seinen Tod als eine Erlösung auffassen.
Da unsere Anstalt nur als Zwischenanstalt anzusehen ist und der Aufenthalt unter anderem der Feststellung dient, ob sich unter den Kranken Bazillenträger befinden, die ja – wie die Erfahrung lehrt – bei Geisteskranken immer wieder auftreten, ordnete die Gesundheitspolizei zur Verhütung übertragbarer Krankheiten die sofortige Einäscherung des Leichnams an. Einer besonderen Zustimmung Ihrerseits bedurfte es in diesem Falle nicht.
Wenn Sie den Wunsch haben, die Urne mit den sterblichen Überresten auf Ihrem Heimatfriedhof oder sonst in einer Familiengrabstätte beisetzen zu lassen, so wollen Sie bitte eine Bescheinigung über den Erwerb bezw. den Besitz einer Begräbnisstätte innerhalb

von 14 Tagen hierher reichen. Die Übersendung der Urne an den betreffenden Friedhof erfolgt dann kostenlos. Andernfalls würden wir die Urne anderweitig beisetzen lassen.

Die Kleider des Patienten mußten aus oben angeführten Gründen desinfiziert werden. Sie haben bei der Desinfektion stark gelitten. Sollten Sie uns Ihre Erbberechtigung nachweisen, so stehen die Kleider und der Nachlaß – letzterer besteht aus einem Ehering – gerne zu Ihrer Verfügung, soweit nicht der bisherige Kostenträger Anspruch darauf erhebt. Sollten wir innerhalb von 14 Tagen nicht im Besitz einer Bescheinigung über Ihre Erbberechtigung sein, so übergeben wir die Kleider mit Ihrem Einverständnis armen und bedürftigen Kranken der Anstalt.

Wir bitten auch andere Angehörige von dem Tod des Patienten zu benachrichtigen, da wir keine weiteren Anschriften besitzen.

Zwei Sterbeurkunden, die Sie für eine etwaige Vorlage bei Behörden sorgfältig aufbewahren wollen, fügen wir bei.

Heil Hitler

Dr. Fleck [Aliasname, den Dr. Hennecke benutzte]

Anlage:
2 Sterbeurkunden[77]

Nachdem wir die Mordmethoden und ihre Verschleierung geschildert haben, ist es an der Zeit, die unmittelbaren Täter etwas näher in Augenschein zu nehmen. Da ist beispielsweise Dr. Bodo Gorgass, dessen Fotografie kurz nach seiner Festnahme im Jahre 1946 entstand. Nach seiner Kleidung zu schließen, muß es sehr kalt gewesen sein. Er ist unrasiert, und sein eindringlicher Gesichtsausdruck zeugt von einer angespannten Situation. Er sieht wie ein von Sorgen geplagter Mensch aus, wozu er auch allen Grund hatte. 1909 in Leipzig als Sohn eines Eisenbahninspekteurs geboren, studierte Gorgass in seiner Heimatstadt Medizin und spezialisierte sich auf die Psychiatrie. Möglicherweise hatte diese Wahl mit der Tatsache zu tun, daß sowohl beide Elternteile als auch seine Schwester wegen Depressionen behandelt werden mußten. Offensichtlich tauchte während seiner Ausbildung zum Arzt die Frage nach der »Euthanasie« immer wieder einmal auf. Zwischen der Sterbehilfe für einen Patienten, der an chronischen Schmerzen litt, und der zwangsweisen Ermordung von geisteskranken Patienten, deren »Erlösung vom Leben ein Akt der Gnade bedeutet«, sah er keinen moralischen Unterschied.[78]

In Anbetracht seiner umfangreichen praktischen Erfahrung in der Ermordung von über 1000 Menschen meinte Gorgass 1947, geisteskranke Menschen stellten eine finanzielle und psychologische Last für ihre Verwandten dar. Weil letztere emotional zu befangen seien, müsse der Staat an ihrer Stelle die Entscheidung zur Tötung treffen.[79] 1936 kam Gorgass nach Eichberg und arbeitete an der Seite des berüchtigten Mennecke; zwei Jahre später, im Alter von 29 Jahren, trat er die Stelle des Chefarztes im Kalmenhof bei Idstein an. Er mag dies seiner Mitgliedschaft in der SA (1933) und NSDAP (1937) verdankt haben, doch noch plausibler ist die Annahme, daß er schlicht einer jener gut ausgebildeten jungen Männer war, die auf der Karriereleiter allein deswegen rasch nach oben klettern, weil sie dank ihrer Mittelmäßigkeit und ihres Mangels an Persönlichkeit bei niemandem anecken. Außerdem hatte er immerhin in Leipzig studiert, das als Zentrum für Pädiatrie über einen exzellenten Ruf verfügte.[80]

Im Dezember 1939 wurde Gorgass zur Wehrmacht einberufen und nahm im darauffolgenden Sommer am Frankreichfeldzug teil. Im April 1941 wurde er als Reservist entlassen. Er meldete sich in Wiesbaden bei Bernotat zurück, der ihn zu Viktor Brack in die KdF nach Berlin schickte.[81] Als er in seiner feschen SA-Uniform »in einem der wichtigsten Gebäude Deutschlands« auftauchte, teilte ihm Brack mit, er gehöre zu jenen »besonders vertrauenswürdigen« Ärzten, die man ausgewählt habe, um geistig kranke Patienten zu töten. Gorgass behauptete, bei dieser Mitteilung habe es ihm die Sprache verschlagen.[82] Man räumte ihm keinerlei Bedenkzeit ein und erklärte kurzerhand, daß er Dr. Lohnauer in Hartheim bei Linz Bericht erstatten solle. In Hartheim betonte Lohnauer, als Opfer kämen lediglich Personen in Betracht, bei denen »alle therapeutischen Maßnahmen ausgeschöpft waren, jene, die sich im letzten Stadium ihrer Krankheit befinden, für die es keine weitere Behandlung mehr gibt«.[83] Anschließend verlas Lohnauer die Liste ausgewählter Persönlichkeiten, die ebenfalls an dem Programm beteiligt seien: Heyde, Nitsche, Schneider und so weiter. Dies habe Gorgass »natürlich beruhigt«. Tatsächlich tauchte Nitsche noch persönlich in Hartheim auf, um die Bedenkenlosigkeit der Maßnahmen von T 4 zu unterstreichen und Gorgass mit der Überprüfung von Diagnosen zu betrauen. Dieser verbrachte in Hartheim vier oder fünf Wochen damit, durch ein kleines Fenster in die Gaskammer zu spähen, in der die zwei- bis dreimal pro Woche per Transport eingetroffenen Patienten ermordet wurden.[84] »Der Tod«, so seine Worte, »trat sehr friedlich ein. Es war im wahrsten Sinne des Wortes ein schlichtes Einschlafen. Die Leute wurden mude, verloren jegliches Gefühl für ihre Umgebung und schliefen ein.«[85]

Nachdem er dergestalt in seine Arbeit eingeführt worden war, entsandte man ihn für ein oder zwei Tage nach Sonnenstein, wo er unmittelbar in der Handhabung der zur Vergasung benötigten Gerätschaften unterwiesen wurde. In Hadamar mußte er vor Berner einen Schwur auf seine Verschwiegenheit ablegen und wurde darauf hingewiesen, er sei nun einem Offizier vergleichbar, der seine Soldaten in den sicheren Tod schicken müsse. Gorgass' moralische Schmerzschwelle war unterdessen derart herabgesunken, daß er nicht mehr nur geisteskranke Patienten zu töten imstande war, sondern auch die gelegentlich »extreme Unannehmlichkeit« meisterte, wenn es beispielsweise um die Vergasung einer schwangeren Frau ging. Nachdem er zunächst Mennecke zu überreden versuchte, die Frau wieder zurück nach Eichberg zu schicken, führte er den aus Berlin eintreffenden Befehl zur Tötung der Frau aus, indem er einem Pfleger befahl, sie mittels einer Injektion zu töten.[86]

In Hadamar wie auch andernorts standen die Ärzte in vorderster Front derer, die direkt oder indirekt am Massenmord beteiligt waren. Über ihre Motive – die schlichten wie die »idealistischen« – und über die psychologischen Prozesse, die dazu führen, daß aus augenscheinlich gewöhnlichen Menschen skrupellose Gewohnheitsmörder werden, liegt eine Unzahl an Studien vor.[87] Es gibt keine Zauberformel, mit der diese Fragen in einem Wurf beantwortet werden könnten. Diese Fragen, so zeigt vielmehr das Beispiel von Gorgass, betreffen eine Vielzahl von Faktoren: Sie beziehen sich bei diesem Täter auf die Einstellung und die Eindrücke, die er während seiner Ausbildung zum Mediziner gewonnen hat; sie haben mit der sozialen Unsicherheit und Beeinflußbarkeit durch große Namen an bedeutsamen Orten zu tun (d.h. den üblichen Begleiterscheinungen kleinbürgerlich akademischer Ambitionen); und schließlich mit der unbegrenzten Fähigkeit zum Selbstmitleid, verbunden mit einem vollständig mangelnden Einfühlungsvermögen für das Leid, das man anderen zufügt. Ich zweifle sehr daran, ob Männer wie Gorgass ihre Tage als gespaltene Persönlichkeiten zugebracht haben, wie es einige Psychiater behaupten, die sich mit diesen Fragen befassen.[88]

Bedauerlicherweise beschäftigen sich die psychologischen Betrachtungen über die Verfolger kaum mit den einfachen Krankenschwestern und Krankenpflegern. In Hadamar bestand das Krankenpflegepersonal – wie wir gesehen haben – zum einen aus recht erfahrenen Personen, die aus Grafeneck kamen, zum anderen aus einem Rest von der früheren Anstalt übernommener Personen oder solcher, die aus den nahe gelegenen Anstalten Weilmünster oder Herborn stammten. Die Frauen waren zumeist zwischen 35 und 38 Jahren alt, unverheiratet und kleinbürgerlicher Herkunft. Unter den sogenannten »Berliner Schwestern«, d. h. den Frauen aus Grafeneck, war die Mitgliedschaft in der NSDAP eher die Regel als bei ihren hessischen Kolleginnen. Die männlichen Pfleger waren häufig älter (mit einem Durchschnittsalter von 41 Jahren), Kinder des Kaiserreichs, deren bescheidene Hoffnungen durch die Instabilität der Weimarer Republik zunichte gemacht wurden. Meist waren auch sie einfache Leute: Gärtner, Lastwagenfahrer, Klempner oder ähnliches, oft mit jahrelanger Arbeitslosigkeit im Rücken. Viele von ihnen gehörten der NSDAP oder einem ihrer zahlreichen, bereits vor der »Machtergreifung« existierenden Verbände an, eine Mitgliedschaft, die in solcherart deklassierten Kreisen als Garantie für eine Grundversorgung galt.[89]

Paul R., dem wir bereits im vorangegangenen Kapitel begegnet sind, wurde in Weilmünster zum Krankenpfleger ausgebildet. Er war ein früher Anhänger der Partei und nahm regelmäßig an den Massenversammlungen in Nürnberg teil, um Goebbels und all die anderen zu bestaunen. 1940 diente er für kurze Zeit als Soldat in Polen, bevor er im Oktober desselben Jahres zurück nach Weilmünster geschickt wurde. Im Juli 1941 erfolgte die Versetzung nach Hadamar. Er arbeitete beim Transportpersonal, half den Patienten, sich zu entkleiden, und begleitete sie zum Eingang des Kellers. Später verabreichte er mindestens 20 Patienten eine tödliche Injektion und hob die Gräber für unweit mehr Patienten aus. Heute (1993) ist er ein untersetzter, rotbäckiger, über 80jähriger Diabetiker. Er lebt als Witwer in einem kleinen Dorf unweit von Hadamar in Nachbarschaft seines Sohnes, zu dem er eine keineswegs spannungsfreie Beziehung hat. Wie in den meisten deutschen Städten und Dörfern spielt sich das Leben hier in einem dichten Netzwerk von Vereinen ab. Die Vereinsmitglieder treffen sich regelmäßig in einer Gaststätte, wo sie ihrem teutonischen Überschwang Luft machen können. Paul R. ist Ehrenpräsident des Taubenzüchtervereins in W. und ein respektierter Bürger seiner Gemeinde. Wie es bei älteren Menschen häufig der Fall ist, nimmt die Vergangenheit in seiner Erinnerung einen größeren Raum ein als die Gegenwart, die mit Besuchen beim Arzt, Sportveranstaltungen und dem Fußball im Fernsehen ausgefüllt zu sein scheint. Trotz dieser Errungenschaften des 20. Jahrhunderts ist Paul R. im Grunde seines Herzens ländlich-vormodern geblieben. Von einem Versteck aus beobachtet er das Rotwild, ißt gerne Hausmacherwurst und kann stundenlang von den

Gaunerbanden erzählen, die hier im 16. oder 17. Jahrhundert ihr Unwesen getrieben haben. Er legt Wert auf Pünktlichkeit, trinkt gerne einfachen Schnaps und ist darüber verbittert, daß er aus einer Hadamarer Kneipe (jener bereits weiter oben erwähnten) geschmissen wurde, damit niemand an ihm Anstoß nehme, und dies von demselben Besitzer, der dem T-4-Personal einst freudig zu Diensten war, als diese Leute ihr Bier dort tranken und über ihr mörderisches Tagwerk redeten.[90] Als Zeitzeuge befragt, erzählt er recht lebhaft von der Vergangenheit; kommt das Gespräch jedoch auf seine eigene Rolle im Rahmen der Ermordung von Menschen zu sprechen, beginnt er sichtlich zu zittern.

Während der »Aktion T4« lebte und schlief Paul R. in einem großen Zimmer im Hauptgebäude, das in mehrere Schlafräume aufgeteilt war. Die Gemeinschaftskantine war in der Regel gut besucht. Jeden vierten Sonntag hatte er dienstfrei und besuchte seine Frau und seine Kinder; ansonsten lebte er während dieser Phase des Mordprogramms ständig am Ort des Geschehens. Er war unmittelbar verantwortlich für die Entkleidung der Opfer, wobei er ihnen stets versicherte, daß »sie zum Baden gingen«.[91] Bei passender Gelegenheit äußerte er dem zuständigen Arzt gegenüber den Wunsch, einmal bei einer Vergasung zusehen zu dürfen (diese makabre Neugier scheint allgemein üblich gewesen zu sein), und spähte durch die kleine, in der Wand eingelassene Öffnung, um die Ermordung von »etwa 30« Personen zu beobachten.[92] Das einzige Mal, daß er sich genötigt sah, die Personen, die er zu töten half, als Menschen wahrzunehmen, scheint in dem Augenblick gewesen zu sein, als er in einem der Patienten den Sohn eines Bauern wiedererkannte, bei dem er einst vor zehn Jahren in Diensten gestanden hatte. Sie wechselten ein paar Worte miteinander, bevor der junge Mann weggeführt wurde. Es wäre nicht klug gewesen, irgend etwas zu unternehmen.

Im Unterschied zu anderen Vernichtungszentren, in denen freizügig Alkohol umging und das Personal zur »Erholung« an die Seen in Oberbayern fuhr, bestand das Leben des Hadamarer Personals allein aus Drill, Sport und gelegentlichen Besuchen der Ortskneipe. Jenes berüchtigte Fest, das der Ermordung des zehntausendsten Opfers folgte, versäumte Paul R., da er an dem betreffenden Tag dienstfrei hatte, und so erhielt er am folgenden Tag lediglich eine Flasche Bier, die bei diesem makabren Saufgelage noch übriggeblieben war. Während dieses Festes lag der Leichnam eines Enzephalitikers auf dem Tisch, als Gottlieb Hering, einem Priester gleich maskiert, zur Erheiterung der Saufgesellschaft eine blasphemische Zeremonie abhielt.[93]

Im Jahre 1943 war es Paul R. schließlich überdrüssig, für »läppische 40 Mark« verfaulende Leichen den Hügel hochzuschleppen (eine Erfahrung, die ihm böse Träume beschert habe), und sagte dem Verwalter Klein: »Mach doch den Scheißjob selbst.«[94]

Paul R.'s Begründung für das, was er getan hatte, war einfach. In der Gerichtsverhandlung gegen ihn sagte er aus, der Arzt, der ihn in seine Arbeit in Hadamar eingewiesen hatte, habe ihm mitgeteilt: »Das ist ein Befehl des Führers, und Befehle des Führers haben wir auszuführen.«[95] Während seiner Krankenpflegerausbildung in Weilmünster sei ihm regelrecht eingepaukt worden, den Anweisungen der Ärzte bedingungslos zu folgen.[96] Andere Angehörige des Pflegepersonals erklärten, sie hätten die »Götter in Weiß«, von denen sie ihre Befehle erhielten, geachtet und verehrt. Auf diese Weise die Verantwortung abzuschieben war ein Muster, das in den Gerichtsprozessen ständig zum Tragen kam. Vor kurzem äußerte sich Paul R. ein wenig freizügiger über die Atmosphäre in jenen Tagen. Er erzählte, man habe ihm gesagt, bei den Opfern habe es sich um »lebensunwertes Leben« gehandelt, und die Gelder, die man für sie benötigte, könnten besser zum Bau von Wohnhäusern für »kinderreiche Familien« ausgegeben werden, und daß es außerdem »Patienten waren, die schon seit 30 oder 40 Jahren in einer Anstalt lebten, ... was Tausende von Mark kostet, das ist es, was sie sagten«.[97] Solche Argumente kennen wir bereits aus wesentlich früheren Zeiten; im Jahre 1941 waren sie von diesem hessischen Landarbeiter bereits verinnerlicht worden.

Im Gegensatz zu Paul R. gehörte Pauline K. zum »Stiftungspersonal«, d. h., sie war aus Grafeneck nach Hadamar gekommen. Sie wurde im Jahre 1900 in der Ukraine in eine große, deutschstämmige Familie hineingeboren, die aus dem Schwarzwald nach Odessa ausgewandert war. Später waren sie vor den Bolschewiken geflohen und lebten in ärmlichen Verhältnissen auf einem kleinen Bauernhof in Westfalen.[98] 1934 wurde der Bauernhof verkauft, und der Vater trat eine Stelle als Eisenbahner an. Anders als viele ihrer T-4-Kolleginnen befand sich Pauline K. eher auf dem absteigenden denn dem aufsteigenden Ast, als sie ihre Näharbeiten aufgab und den Beruf der Krankenschwester ergriff. Sie arbeitete für verschiedene kirchliche und private Einrichtungen in Duisburg, bevor sie in den staatlichen Dienst wechselte und eine Stelle in der Heil- und Pflegeanstalt Berlin-Buch antrat. 1937 schloß sie sich der NSDAP an und wurde zwei Jahre später Funktionärin in einer nationalsozialistischen Frauenvereinigung, was sie mit ihrem sängerischen Engagement in einem evangelischen Kirchenchor zu verbinden wußte. Im Dezember 1939 berief man sie in das Columbushaus, dem Hauptquartier von T 4, zu einer Versammlung ein. Blankenburg legte dar, man suche nach erfahrenen Krankenschwestern zur Durchführung eines »Euthanasie«-Programms. Man gab den Versammelten einige Minuten Zeit, um über dieses Angebot nachzudenken, was bedeutete, daß sie auch hätten ablehnen können. Keine der Anwesenden sagte nein, und »keine von uns hatte moralische Bedenken«. Im Unterschied zu vielen anderen, die von sich behaupteten, nur zufällig oder unter Druck diese Arbeit angenommen zu haben, gestand Pauline K. ein: »Es war für alle der dort Versammelten absolut freiwillig, sich mit der Teilnahme einverstanden zu erklären.«[99] Was sie in Grafeneck zu sehen bekam, schockierte sie, und von den Täuschungsmanövern, mit denen das gesamte Programm verschleiert wurde, war sie nicht eben begeistert. Das unbarmherzige und routinemäßige Morden ging ihr an die Nerven. Aber nach einer 15jährigen Erfahrung als psychiatrische Krankenschwester war Pauline K. ebenfalls davon überzeugt, daß den Patienten nichts mehr an ihrem Leben liege und der Tod eine Art Erlösung für sie sei.[100] Obwohl wir Pauline K. auch im nächsten Kapitel noch einmal begegnen werden, soll ihre weitere Karriere an dieser Stelle kurz erzählt werden. Nach ihrer Arbeit in Grafeneck verbrachte die fließend Russisch sprechende Pauline K. zusammen mit Paul R. und vielen ihrer anderen T-4-Kolleginnen eine gewisse Zeit in einem Feldlazarett in der Nähe von Minsk. Was sie dort in unmittelbarer Nähe schwerverletzter deutscher Soldaten getan haben, bleibt eine offene Frage. Anschließend kehrte sie zurück nach Weilmünster, wurde nach Bernburg versetzt und kam schließlich 1942 nach Hadamar, wo sie als stellvertretende Oberschwester andere im Töten anlernte und selbst tödliche Dosen von Sedativa verabreichte. Sie erwies sich als äußerst geschickt, wenn es darum ging, den Familienangehörigen von Patienten, die sie selbst soeben ermordet hatte, auf freundlichste Art zu versichern, es stünde gut um die Gesundheit ihrer Lieben. 1944 wurde sie nach Kaufbeuren-Irsee versetzt, wo der Massenmord ein letztes Mal kulminieren sollte. Im Jahre 1948 wurde sie zu drei Jahren und einem Monat Gefängnis verurteilt, ein Jahr später jedoch aus der Haft entlassen.[101]

Diese drei Personen – Gorgass, Paul R. und Pauline K. – sind typische Vertreter jener Leute, die den Massenmord ausführten. Zusammen mit ihren Kollegen und Kolleginnen in den anderen Vernichtungszentren und angeleitet vom Mitarbeiterstab des T-4-Hauptquartiers waren diese eher ganz gewöhnlichen Menschen für die Ermordung Zehntausender verantwortlich. Zwischen Januar und August 1941 wurden in der Gaskammer von Hadamar 10 072 Menschen ermordet. Weitere 4000 Patienten wurden in den nachfolgenden drei Jahren mit anderen Mitteln ermordet, auf eine Weise, die wir in einem späteren Kapitel noch kennenlernen werden. In Grafeneck wurden zwischen Januar und Dezember 1940 9839 Menschen ermordet. In Bernburg waren es zwischen Februar und September 1940 9722 Menschen, die man vergast hat. Und 18 269 Menschen starben in Hartheim bei Linz zwischen Mai 1940 und August 1941.[102] Insgesamt wurden im Laufe der »Aktion T4« 70 273 Menschen ermordet.

Wir wissen dies, weil die Alliierten im Juni 1945 eine Reihe von statistischen Tabellen in einem stählernen Aktenschrank in Hartheim entdeckt haben. Diese Tabellen enthielten die monatliche »Tötungsrate« von vier mit B, C, D und E bezeichneten Anstalten, statistische Angaben, die auch in einer Grafik als farbige Verlaufskurven dargestellt wurden.[103] In diesen von T4 angefertigten Tabellen wurden exakt die langfristigen ökonomischen Folgen der »Desinfizierung« von 70 273 Menschen berechnet. Bei einer angenommenen durchschnittlichen Lebenserwartung von zehn Jahren pro Patient würde sich die gesamte eingesparte Summe bis zum 1. September 1951 auf 885 439 800 Reichsmark belaufen.[104] Tabellen, Diagramme und Grafiken gaben die eingesparten Mengen samt des finanziellen Gegenwertes solcher Nahrungsmittel wie Eier, Marmelade und Kartoffeln wieder. Man ging beispielsweise davon aus, daß jeder der ermordeten Patienten 700 Gramm Marmelade pro Monat verbraucht hätte. Durch deren Tod ergebe sich nun eine Einsparung von 5 902 920 Kilogramm Marmelade, und da ein Kilo Marmelade 1,20 Reichmark koste, würde man über einen Zeitraum von zehn Jahren 7 083 504 Reichsmark einsparen.[105] Die Einsparungen an Käse beliefen sich auf 1 054 080 Reichsmark, beim Brot errechnete man 20 857 026 Reichsmark, beim Fleisch 36 429 588 Reichsmark und so weiter. Auf welche Weise die Psychiatrie durch dieser »Ersparnisse« hätte »modernisiert« oder »reformiert« werden sollen, davon freilich war an dieser Stelle nicht die Rede.

5. »Gentlemen's Agreements«?
Reaktionen auf das »Euthanasie«-Programm

Bestandteil des »Euthanasie«-Programms war der heimlich durchgeführte Massenmord. Die Villa, in der die »Aktion T 4« organisiert wurde, trug kein eindeutiges Namensschild.[1] Sogar die Sekretärinnen, die hier arbeiteten, wußten, daß die Organisation und ihre Unterabteilungen als eine Art Sichtblende fungierten, um die Verbindungen zur KdF zu verbergen.[2] Insbesondere Reichsleiter Bouhler legte größten Wert auf Geheimhaltung.[3] Es wurden enorme Anstrengungen unternommen, die Operationen von T 4 verdeckt durchzuführen. Wann und wo auch immer sich ein Spalt auftat, mit dem die T-4-Leute nicht gerechnet hatten, beeilten sie sich – wie wir in diesem Kapitel sehen werden –, ihn schnellstmöglich wieder zu schließen. Dies galt insbesondere im Zusammenhang mit den weitreichenden rechtlichen Auswirkungen, die die Ermordung von Anstaltspatienten zur Folge hatte.

Auf welche Weise Informationen nach außen durchsickerten, ist schwer zu beschreiben. Die Menschen, die in der Nähe von Vernichtungszentren lebten, sahen regelmäßig die eintreffenden Transporte und konnten kurz danach in ihren Häusern und auf den Straßen unerträgliche Gerüche wahrnehmen. Und dann war da das Personal der Vernichtungszentren, das in den örtlichen Kneipen zum Trinken einkehrte. In Grafeneck führten exzessive Trinkgelage zu einem Alkoholverbot, was wiederum Proteste und einen Streik der »Brenner« zur Folge hatte. Ein Belegschaftschor war eben doch keine zufriedenstellende Alternative. Schließlich wurden Betriebsausflüge zu den großzügig ausgestatteten Kantinen der Konzentrationslager organisiert, wo man gemeinsam mit den noch geübteren (und an Heimweh leidenden) Mördern trinken, singen und weinen konnte. Manchmal wurde den Männern und Frauen von T 4 zur Erholung Ausgang gewährt, und sie begaben sich in Wirtshäuser wie jenem, das auf halbem Weg zwischen Grafeneck und dem Marbacher Gestüt lag, wo man am Stammtisch bei steigendem Alkoholgenuß redselig wurde. So geschah es auch in Hadamar. Diese Arbeiter waren rauhe Burschen mit einem derben Humor und neigten daher, ebenso wie ihre weiblichen Begleiterinnen, dazu, mit übertriebenen Zahlenangaben zu prahlen und Witze über den bestens gedüngten Ackerboden zu reißen.[4] Die ortsansässigen Händler in Hadamar, Pirna oder Munsingen profitierten von steigenden Verkaufszahlen – von Milch über Bücher bis hin zu Strümpfen. Im Falle von Grafeneck war beispielsweise eine Person dafür verantwortlich, in den Geschäften sämtliche Einkäufe zu erledigen und anschließend nach Stuttgart oder Tübingen weiterzufahren, um die mit Asche gefüllten Urnen per Post aufzugeben. Aufgrund der guten Beziehungen zu den Geschäftsinhabern wurde dann auch in deren Auftrag so mancher Botengang in den Städten gleich miterledigt.

Insofern überrascht es kaum, daß die Vorgänge in den Heil- und Pflegeanstalten bald schon allerorten bekannt waren. Schließlich ging dies so weit, daß Bahnarbeiter, die unterhalb der Anstalt Grafeneck Gleise reparierten, ihre Mützen absetzten und schweigend verharrten, wenn ein Transportzug mit Patienten vorbeifuhr. Das für den Abtransport der Patienten verantwortliche Anstaltspersonal stieß zunehmend auf Schwierigkeiten. Als einige Pfleger von Weißenau an einem Marktstand ein paar Kirschen kaufen wollten, sagte die Marktfrau zu ihnen: »Von eurem Haufen bekommt keiner was von meinen Kirschen, geht woanders hin! Wir verkaufen euch nichts, solange ihr unsere Nachbarn derart behandelt und sie einfach wegschickt, damit sie erschossen werden!«[5] Manchmal führte die unverfrorene Vorgehensweise auch zu öffentlichem Aufruhr. Anfang 1941 fuhren mehrere Busse unter Leitung eines Professors aus Erlangen auf dem Markplatz von Absberg vor. Anstatt in den Innenhof des Ottilienheims zu fahren, begann das Transportpersonal vor den Augen der Stadtbewohner etwa 100 an Schwachsinn leidende Patienten in die Busse zu verladen. Die Patienten wehrten sich heftig und mußten gewaltsam in die Busse getrieben werden. Der Anstaltspriester hatte zur Erhitzung der Gemüter in dieser sehr katholischen Gegend noch zusätzlich beigetragen, da er die Patienten am Vorabend ihres erzwungenen Abtransportes zu einem Buß- und Kommunionsgottesdienst in die Stadtkirche gebracht hatte. Rasch bildete sich eine Menge weinender Menschen, unter ihnen auch einige Parteimitglieder, die ihrem Zorn über einen Staat freien Lauf ließen, der in einer derart üblen Verfassung zu sein schien, daß er es zur Finanzierung der Kriegsausgaben für nötig befand, behinderte Menschen zu töten.[6]

Manchmal rief das bloße Ausmaß an Todesfällen Mißtrauen hervor. So etwa bei einem Beamten im Rheinland, der plötzlich ganze Stapel doppelt ausgefertigter Todesbescheinigungen zur Ablage für seine Akten erhielt. Obwohl ihn niemand über die Existenz eines »Euthanasie«-Programms in Kenntnis gesetzt hatte, war es ihm, wie er sich ausdrückte, »als ob es die Spatzen von den Dächern pfiffen, daß nämlich die Patienten keines

natürlichen Todes starben«. Er legte einen geheimen Bericht über diese
Fälle an.[7] Einige Leute nahmen mit befreundeten Personen höheren Orts
Kontakt auf. Else von Löwis aus Menar wandte sich an die Ehefrau von
Walter Buch, dem Vorsitzenden des Obersten Parteigerichts der NSDAP.
Sie schrieb, es sei ja vollkommen klar, was in Grafeneck geschehe, »ein offenes Geheimnis«, und daß die Opfer keineswegs unheilbare Idioten
seien. Je schneller ein Gesetz verabschiedet würde, um so besser. Einfache
Gemüter ließen sich nur vorübergehend von der bequemen Vorstellung
beruhigen, der Führer wisse gar nicht, was da alles geschehe.[8] Buch
schrieb daraufhin einen Brief an seinen »lieben Parteikameraden Himmler«. Er habe in seinem Leben, so schrieb er, das Glück gehabt, auf drei
große und eindrucksvolle nordische Göttinnen gestoßen zu sein: Karin
Göring, Else von Löwis und ihre Schwester, deren Vater Justizminister
von Baden gewesen war. Wenn diese zusammen mit ihren Brüdern auf-
stünden – sie alle waren zwischen 1,80 und 1,90 Meter groß – schien jedermann vor Ehrfurcht zu erzittern. In »grenzenlosem Vertrauen zu
meinem Reichsführer-SS« gab er die Einschätzung Elses wieder, die er als
leidenschaftliche Anhängerin der Partei beschrieb. Gewiß müßten Männer heutzutage für das ewige Wohl ihrer Nation Dinge tun, die eine Frau
erschaudern ließen. (Offenbar bewegte er sich nicht in den gleichen Kreisen, in denen Pauline K. in Grafeneck verkehrte.) Deshalb müßten diese
Dinge noch geheimer gehalten werden, als dies offenbar der Fall zu sein
schien. Himmler weihte Buch daraufhin in das Geheimnis ein – der Führer habe alles veranlaßt – und betonte, die SS sei an diesen Vorgängen nur
minimal beteiligt. Im übrigen sei er gerade im Begriff zu empfehlen, Grafeneck zu schließen.[9] Interne Sicherheitsfachleute der SS sandten detaillierte Berichte an ihre Vorgesetzten, aus denen hervorging, wie verheerend
sich das »Euthanasie«-Programm auf die öffentliche Moral auswirkte
und sogar das Vertrauen in Hitler schmälerte. Die Leute befürchteten,
diese Maßnahmen könnten auf Alte, Invaliden oder geistig verwirrte Soldaten ausgedehnt werden. Arbeiter, die in ihren besten Jahren waren,
lasse man wie »lästigen Ballast« fallen. Die Menschen seien verärgert, daß
das Regime aus einem angeblichen Angriff englischer Flieger auf die Anstalt Bethel bei Bielefeld (in einer Nacht, in der nirgends in dieser Gegend
britische Bomber unterwegs waren) Kapital zu schlagen versuche,
während man Hunderte von Patienten aus anderen Anstalten abtrans-
portiere und töte. Dann folgte eine entsetzenerregende Auflistung von
Einzelfällen. Einer betraf den Sohn eines ehemaligen Staatsministers im
Verteidigungsministerium, der im Ersten Weltkrieg das Eiserne Kreuz

erhalten hatte und seit 1928 als Privatpatient in einer Heil- und Pflegeanstalt untergebracht war, bis er im August 1940 in Hartheim an »Blutver-
giftung« gestorben war.[10] Seine Mutter schrieb einen leidenschaftlichen
Brief an den Innenminister in Stuttgart, hoch verärgert darüber, daß man
sie nicht zur Verlegung ihres Sohnes (dessen Pflegekosten sie bezahlte) in
eine Anstalt (Grafeneck) befragt habe, in der offensichtlich ein erhöhtes
Ansteckungsrisiko vorhanden sei. Ungeachtet der Frage, »wie er zu Tode
gekommen ist«, hoffte die Mutter, ihr Brief könne dazu beitragen, anderen Eltern ähnliches Leid zu ersparen.[11]

Je mehr die Nerven blank lagen, um so öfter bemerkten die Familienangehörigen schwerwiegende Verwaltungsfehler. In einem Fall erhielt
eine Familie eine Urne, die angeblich mit der Asche ihres Sohnes gefüllt
war, obwohl sie ihn einige Wochen zuvor aus der Anstalt zu sich nach
Hause geholt hatten.[12] Eine andere Familie bekam zwei Urnen geschickt,
obwohl sie nur einen Angehörigen in einer Anstalt hatte; in der Asche
von Männern befanden sich Haarnadeln; und es gab Patienten, die an
einer akuten Blinddarmentzündung starben, obwohl ihnen dieses Organ
bereits Jahre zuvor entnommen worden war.[13] Selbst Familienangehörige,
die überzeugte Nationalsozialisten waren und schon seit Jahren den
Wunsch hegten, daß solches mit ihren Verwandten geschehen möge, zeigten sich wenig erfreut über die Täuschungsmanöver oder die Illegalität,
die damit einhergingen. In Sonnenstein starben zwei Schwestern im Abstand von zwei Tagen. Die dritte, außerhalb der Anstalt lebende, gesunde
Schwester merkte kritisch an, daß ihre beiden Schwestern doch an völlig
verschiedenen Krankheiten gelitten hätten und zudem altersmäßig neun
Jahre auseinanderlägen. Sie habe sich oftmals gewünscht, daß beide tot
seien (!), aber sie könne sich nicht vorstellen, daß ihre geheimsten Wünsche innerhalb von zwei Tagen in Erfüllung gegangen sein sollten. Sie
habe keine Einwände gegen den Tod der Schwestern, allein die Tatsache,
daß man sie belogen habe und keinerlei rechtliche Grundlage vorhanden
sei, störe sie. Sie versprach Stillschweigen zu wahren, falls man ihr mit-
teile, was denn nun wirklich geschehen sei.[14] Dr. Schumann schrieb an
Heyde, ironischerweise seien beide Schwestern tatsächlich eines natürlichen Todes gestorben! Blankenburg informierte Linden, der den örtlichen Parteivorsitzenden Heinrich Sellmer bat, die politische Zuverläs-
sigkeit der Frau zu überprüfen. Schlußendlich teilte man ihr mit, was
geschehen war.[15]

Familien, die die Art und Weise des Ablebens ihrer Angehörigen nicht
unkommentiert lassen wollten, bauten in den Text der Todesanzeigen in

ihrer Lokalzeitung entsprechende Anspielungen ein. Ein Beispiel für diese Haltung war in der Fränkischen Zeitung zu lesen, wo es hieß: »... wurde uns durch ein tragisches Schicksal entrissen«.[16] Nicht minder bizarr mutete es an, daß einige auf einen Appell an die oberste Autorität setzten, d. h., sie sandten auf dem Weg über die KdF Bittschreiben an Hitler und verknüpften den Anlaß, ihm zum Geburtstag zu gratulieren, mit einer Anfrage nach dem Schicksal ihrer Kinder.[17] Um exakt herauszufinden, was mit ihren Familienangehörigen geschehen war, trotzten andere wiederum mutig der Gefahr, in Kriegszeiten längere Reisen zu unternehmen und einer Bürokratie gegenüberzutreten, die nur Lügen für sie übrig hatte. Elsbeth R.s Mutter war angeblich im Juli 1940 in Hartheim an Herzversagen gestorben. Ihre in Berlin lebende Tochter fuhr nach Linz, weiter nach Alkhoven und begab sich schließlich zu Fuß in das Schloß. Ein Polizist am Eingang rief seinen Vorgesetzten (Wirth?), der ihr mitteilte, sie möge den Arzt in der Anstalt Niederharth aufsuchen. Er selbst sei nicht in der Lage, ihr den genauen Ort der Einäscherung mitzuteilen. Darauf merkte die Tochter sarkastisch an, eine so große Auswahl an Krematorien könne es ja wohl hier in der Gegend nicht geben. Er versprach, ihr entsprechende Informationen nach Berlin zu schicken, die freilich nie ankommen sollten. Vom Personal des Krematoriums in Steyr erhielt sie die Auskunft, man habe es dort mit sehr vielen vergleichbaren Fällen zu tun, könne aber versichern, daß, wo auch immer die betreffenden Personen eingeäschert wurden, es nicht in ihren Einrichtungen gewesen sei. Die Tochter wandte sich schließlich in Berlin an einen Rechtsanwalt, um ein Verfahren einzuleiten; der Anwalt aber gab ihr zu verstehen, daß dies unweigerlich zu ihrer Festnahme und Einweisung in ein Konzentrationslager führen würde. Daraufhin gab sie ihren Kampf auf.[18]

Wie üblich waren Angehörige der Mittelschicht eher als andere in der Lage, ihre Rechte geltend zu machen. Sie ließen sich nicht so leicht verscheuchen, hatten Kontakte, konnten sich artikulieren und waren streitbarer. Dr. Wilhelm F. hatte einen älteren schizophrenen Onkel im Philippshospital in Goddelau, dessen Vormund er war. Als der Onkel plötzlich nach Weilmünster verlegt wurde, setzte sich Wilhelm F. sofort mit beiden Anstalten telefonisch in Verbindung. In Weilmünster teilte man ihm mit, seinem Onkel gehe es gut. Da Dr. F. den Verdacht hegte, daß man Patienten ermorde, fuhr er selbst nach Weilmünster und forderte, mit dem zuständigen Arzt zu sprechen. Er sagte dem Arzt, er wisse, was vor sich ginge und daß er im Falle einer ungesetzlichen Tötung Anzeige erstatten werde. Der Arzt räumte zwar ein, daß tatsächlich Patienten getötet würden, allerdings geschehe dies auf gesetzlicher Grundlage. Hieraus entwickelte sich eine längere Diskussion über das Wesen des Rechts im Dritten Reich. Der Arzt behauptete, es gebe Gesetze, die nicht veröffentlicht worden seien; Dr. F. erwiderte, daß die Publizierung ein unverzichtbarer Bestandteil eines jeden Gesetzes sei und daß er Anzeige wegen Mordes erstatten werde. Vier Wochen später wurde der Onkel nach Goddelau zurückverlegt.[19]

Allgemein verbreitete Ängste verschmolzen allmählich mit der Tatsache, daß die Hälfte der Opfer des »Euthanasie«-Programms aus kirchlich getragenen Einrichtungen stammte. Allein die evangelische Innere Mission verfügte über 512 Anstalten und Heime mit einer Bettenzahl von über 35 125.[20] Wie wir in Kapitel 1.1 gesehen haben, waren einige der für dieses Netzwerk von Einrichtungen verantwortlichen Personen, insbesondere Hans Harmsen, zu Verfechtern des neuen erbbiologischen Zeitalters geworden, was dazu führte, daß die uneingeschränkte und grundsätzliche Fürsorge für die Armen und Schwachen von einer eher weltlichen Sorge abgelöst wurde, in deren Mittelpunkt solch verhältnismäßig abstrakte Aspekte wie Kosten oder das biologische Wohl der Nation standen, und sich mithin ein moralischer Verfall bemerkbar machte. Eine der wenigen führenden Persönlichkeiten der Inneren Mission, die sich von der vermeintlich frohen Botschaft dieses Zeitalters nicht blenden ließen, war Pastor Gerhard Braune von Lobetal.

Braune – der selbst den Befehl erhalten hatte, 25 an Schwachsinn leidende Mädchen, die sich in Lobetal unter seiner Obhut befanden, für den Abtransport bereitzuhalten – suchte zwischen Mai und Juni 1940 Regierungsministerien und das Oberkommando der Wehrmacht auf, um genauer zu erkunden, was hier vor sich ging. Er gewann die Unterstützung des äußerst einflußreichen Pastors Friedrich von Bodelschwingh (1877–1946) von den weltberühmten Einrichtungen in Bethel bei Bielefeld. Nachdem sie schließlich bei der richtigen Adresse gelandet waren, wurden sie von Brack und Linden empfangen. Letzterer leugnete schlicht die Existenz irgendwelcher Maßnahmen und begann die beiden zu bedrohen, nachdem ihn die Geistlichen mit unwiderlegbaren Beweisen konfrontiert hatten. Da sie hier nichts ausrichten konnten, wandten sich die zwei – diesmal gemeinsam mit dem hervorragenden Chirurgen Sauerbruch – an Justizminister Gürtner. Braune entschied sich, alle Berichte, die er in Sachen »Euthanasie«-Programm erhalten hatte, zu sammeln und in einem formellen Memorandum zusammenzufassen, das er an Hitler sandte.[21] Bei den hier geschilderten Ereignissen, so seine Worte, könne es sich wohl kaum um zufällige Vorkommnisse handeln. Sie seien vielmehr ein Beleg für den Versuch, Gelder einzusparen und die deutsche Nation »aufzuarten«. Dem finanziellen Argument hielt Braune entgegen, die Tötung eines von tausend Patienten könne für die Kriegswirtschaft wohl kaum von erheblichem Belang sein, und außerdem hätten die Anstalten bereits Tausende von Betten für militärische Zwecke frei zur Verfügung gestellt. Die Unantastbarkeit menschlichen Lebens sei eines der Fundamente der Herrschaft des Rechts. Braune schilderte sodann den detaillierten Ablauf des »Euthanasie«-Programms und fügte genaue Belege bei. Er schloß mit der Warnung: »Mögen die führenden Männer dafür sorgen, daß der Staat keinen Schaden erleide!«[22] 14 Tage später erhielt Braune die Auskunft, Hitler habe sein Memorandum gelesen, könne aber die Tötungen nicht stoppen, sondern allenfalls zusichern, ihre Durchführung sorgfältiger zu überprüfen. Am 12. August wurde Braune von Angehörigen des Reichssicherheitshauptamtes verhaftet und für drei Monate in »Schutzhaft« genommen.[23]

Eine Handvoll höherer Geistlicher folgten Braunes Beispiel und protestierten privat bei höheren Stellen. Als Angehörige des alten Establishments war dies für sie die bevorzugte Vorgehensweise. Am 19. Juli 1940 schrieb der evangelische Landesbischof Theophil Wurm in Württemberg an Innenminister Frick. Ähnlich wie Braune stützte auch er sein Anliegen auf Beweise, die er von Familien, deren Angehörige ermordet worden waren, erhalten hatte. Anders als Braune aber schien er der Haltung des Regimes auf gewisse Weise Verständnis entgegenzubringen. Er erwies dem militärischen Sieg über Frankreich seine ehrerbietige Referenz und würdigte das im nationalsozialistischen Parteiprogramm erwähnte »positive Christentum«. Er habe den Eindruck, daß die fragwürdigen Maßnahmen auf atheistische Kreise, die in Verbindung mit dem SS-Blatt *Das Schwarze Korps* stünden, zurückzuführen sein mußten und darauf abzielten, den christlichen Glauben von der christlichen Ethik zu entkoppeln.[24] Soweit er wisse, stehe Hitler nach wie vor hinter dem positiven Christentum, das auf der Barmherzigkeit mit den leidenden »Volksgenossen« basiere. Nun, es sollte noch schlimmer kommen. Da er als Seelsorger einst selbst in einer staatlichen Heil- und Pflegeanstalt gearbeitet habe, könne er »selbstverständlich« verstehen, wenn Menschen zu der Ansicht gelangten, es wäre besser, »einem solchen Dasein« ein Ende zu setzen. Die Massensterblichkeit von Patienten während des Ersten Weltkriegs sei »eine natürliche Folge des Krieges« und eine »Schickung Gottes« gewesen. In einem pathetischen Appell zur Bewahrung der sozialen Ordnung sagte Wurm weiter, wenn der Staat die Lehre von der Heiligkeit des menschlichen Lebens preisgebe, werde die Jugend diesem Beispiel bald folgen, was zu einer allgemeinen Verrohung der Gesellschaft führe. Entweder akzeptiere der nationalsozialistische Staat die von Gott gesetzten Grenzen, oder aber er sei für den Zusammenbruch der öffentlichen Moral verantwortlich.[25] In mehreren folgenden Briefen hielt Wurm an der Fiktion fest, das »Euthanasie«-Programm stelle eine Art Entgleisung eines einstmals reinen Nationalsozialismus dar und werde gewiß ohne Hitlers Wissen durchgeführt.

Braunes Mitstreiter Bodelschwingh war eine ähnlich ambivalente Persönlichkeit. Obwohl er in den späten 20er Jahren die eugenische Sterilisation befürwortet hatte, war er dennoch ein Gegner der »Euthanasie«. Diese würde das allgemeine Vertrauen in die Heil- und Pflegeanstalten untergraben, und der bürokratische Apparat, den es zu ihrer Ausführung bedurfte, koste den Staat und die Nation das Dreifache dessen, was man einspare.[26] Anfangs mahnte er seine Belegschaft in Bethel, das T-4-Programm in keiner Weise – etwa durch die Registrierung von Patienten – zu unterstützen. Karsten Jaspersen, Chefarzt von Bethel-Sarepta, einst ein »alter Kämpfer« der Nazis, machte sich nun dadurch verdient, daß er rasch die Patientenkrankenblätter überarbeitete, um die am meisten gefährdeten Patienten zu retten, und setzte tatsächlich seine Kollegen in anderen Anstalten und Psychiatriekliniken der Universitäten in Kenntnis – sowie Bischof Galen, auf dessen Reaktion wir bald zu sprechen kommen.

Bodelschwingh empfand es als lächerlich, daß das Regime von ihm erwartete, einen – wie bereits früher erwähnt – angeblichen Angriff britischer Bomber zu verdammen, während dasselbe Regime die massenhafte Entfernung seiner Pflegebefohlenen betreibe. Der Begriff »Masse« scheint das entscheidende Stichwort gewesen zu sein. Denn in einem Brief an Innenminister Frick vom 28. September 1940 begann Bodelschwingh seine entschiedene Ablehnung des »Euthanasie«-Programms zu modifizieren. Er habe viel Verständnis für die »harten Notwendigkeiten des Krieges«. Von Pastor Constantin Frick, dem Präsidenten des Centralausschusses der Inneren Mission, habe er erfahren, das Programm sei dahingehend verändert worden, daß künftig nur Kranke, die »zu keiner menschlichen Gemeinschaft mehr fähig« wären, betroffen seien.[27] Zwar erlaube er es seinem Personal nicht, sich an diesen Maßnahmen zu beteiligen, aber Vertretern des Staates werde man keine Hindernisse in den Weg legen oder den Zugriff auf medizinische Berichte verweigern.

Offenbar war es Pastor Frick, der dem Direktor von Bethel den Boden unter den Füßen weggezogen hatte. In geheimen Verhandlungen mit dem Reichsgesundheitsführer Conti willigte Frick ein, die Meldebögen unter der Bedingung auszufüllen, daß man bei der Fortführung des »Euthanasie«-Programms umsichtiger vorgehen werde. Wie wir noch sehen werden, haben auch hochrangige Angehörige der römisch-katholischen Kirche sich in Diskussionen mit den Machthabern zu arrangieren gewußt. Zurückhaltend formuliert war es wohl diese nicht zustande gekommene gemeinsame Front, die Bodelschwingh veranlaßte, dem Staat die Entsendung von Gutachtern in seine Anstalten zu gewähren. Schon schwieriger zu erklären war seine Entscheidung, die eigenen Ärzte anzuweisen, Patienten gemäß ihrer Arbeitsfähigkeit zu klassifizieren, mit anderen Worten, den Behörden die Arbeit der Selektion abzunehmen. Die notwendigen Kriterien wurden von Dr. Gerhard Schorsch entwickelt; sie unterteilten die Patienten in sieben Kategorien, die von »vegetatives Dasein« bis hin zu »sehr gute Leistungen« reichten.[28] Schließlich traf eine große und hochkarätige T-4-Mannschaft ein, zu der die Professoren Brandt, Heinze, Heyde, Kihn und Pohlisch ebenso gehörten wie auch der allgegenwärtige Viktor Brack. Letzterer versicherte Schorsch, er sei »kein Verbrecher«. Da Bodelschwingh von den »Berliner Herren« mit Samthandschuhen angefaßt wurde, versuchte er die Gelegenheit beim Schopf zu packen und Verzögerungen und Sicherheitsüberprüfungen zu erreichen. »Aktion T 4« endete indes, noch bevor Bodelschwinghs dezentraler Widerstand durch scheinbare Gefälligkeit hätte greifen können.[29]

In den meisten Gesellschaften sind geistig Gesunde und Kranke in irgendeiner Form in das Rechtssystem eingebunden. Dabei mag es um die Menschenrechte der geistig Kranken recht unterschiedlich bestellt sein, aber in der Regel ist man immer sehr sensibel, wenn es um Fragen der Vererbung geht oder darum, wann eine Person für ihre Taten als beschränkt verantwortlich gelten kann oder gar eine Bedrohung für andere Menschen darstellt. Im vorliegenden Fall mußte der Staat die Erfahrung machen, daß privilegierte Institutionen recht schnell auf dem Gebiet normativer Regelungen eingriffen.

Für Angehörige der juristischen Zunft, die in Erfahrung bringen wollten, was hier eigentlich vor sich ging, stellte das Justizministerium die erste Anlaufstelle dar. Am 8. Juli 1940 erhielt Minister Gürtner einen dringlichen Bericht des Brandenburger Amtsgerichtsrats Lothar Kreyssig. Im Jahre 1898 geboren, gehörte Kreyssig zu den Teilnehmern des Ersten

Weltkriegs und war Träger des Eisernen Kreuzes, das er für seine Tapferkeit erhalten hatte. Bei seinen Vorgesetzten galt er als ein »offener, ehren-
hafter Charakter, stets verantwortungsbewußt und gewissenhaft; vertritt
mannhaft seine Meinung gegenüber jedermann«. Wie wir sehen werden,
verfügte er über eine unbeirrbare Entschlossenheit, enormes Selbstver-
trauen und eine starke moralische und religiöse Überzeugung, so daß er
sich so schnell von niemandem einschüchtern ließ. Hier handelte es sich
nicht um einen ehrgeizigen, im kleinbürgerlichen Denken verhafteten
Professor, den man mit Uniformen und Titeln beeindrucken konnte oder
der durch das, was Heyde den »Nimbus der Macht« nannte, korrumpier-
bar gewesen wäre, sondern vielmehr um einen integren Mann mit Überzeugungen und moralischen Grundsätzen. Kreyssig war Mitglied der
Bekennenden Kirche und erregte die Aufmerksamkeit der nationalsozialistischen Machthaber erstmals in Sachsen, wo seine Karriere begann:
Während der Enthüllung eines Hitlerporträts ging er spazieren, und bei
einem Empfang murmelte er lediglich einmal »Heil Hitler« (statt es wie
erforderlich dreimal laut zu schreien). 1937 erwarb er ein kleines Grundstück etwa 13 Kilometer außerhalb von Brandenburg und bat um seine
Versetzung. Er wollte seine drei Söhne auf dem Lande aufwachsen sehen,
weit entfernt vom städtischen Chaos. Auch dachte er bereits daran, sich
in den Ruhestand versetzen zu lassen.[30] 1939 geriet er erneut in Schwierigkeiten, diesmal weil er die Predigt eines Anhängers der Deutschen
Christen (einer Bewegung, die den Lutherischen Glauben mit dem Nationalsozialismus verband) behinderte und sich für einen Pastor der Bekennenden Kirche aussprach. Bevor diese Angelegenheit jedoch eskalie-
ren konnte, erhielt er seine Einberufungspapiere.

Nachdem Kreyssig jedoch aufgrund seines Alters und wegen der Be-
wirtschaftung eines Bauernhofes ausgemustert wurde, dauerte es nicht
lange, bis er bemerkte, daß aus der Anstalt Brandenburg-Görden Patienten abtransportiert und ermordet wurden. Unter ihnen befanden sich
auch Personen, die unter seiner Vormundschaft standen. Am 8. Juli verfaßte Kreyssig ein Protestschreiben an Minister Gürtner, in dem er sich
über die völlig ungesetzlichen Tötungen beschwerte. Freunde und Verwandte von Patienten, die unter seiner Vormundschaft standen, hatten
ihn mit Informationen versorgt. Hinzu kamen seine religiösen und philosophischen Einwände gegenüber Ideen (er zitierte Binding und Hoche)
und einer Politik, die sich willkürlich und widerrechtlich in Gottes ver-
borgene Pläne einmischten.[31] Einige Tage nachdem Gürtner den Brief
Kreyssigs erhalten hatte, empfing er in seinem Haus in Berlin-Grune-

wald Pastor Braune, Bodelschwingh und den berühmten Chirurgen Sauerbruch. Laut Braune war Gürtner über das Ausmaß dessen, was die drei Männer schilderten, entsetzt und habe kommentiert: »Es ist für einen Reichsjustizminister eine fatale Angelegenheit, wenn ihm von glaubwürdigster Seite gesagt wird: In Deinem Reich wird am laufenden Band gemordet, und Du weißt nichts davon!« Er erinnerte sich, daß vor einigen Monaten Bouhler und Conti ihre grundsätzlichen Ansichten über eine erzwungene Euthanasie erläutert hatten.[32] Gürtner war in diesem Punkt vermutlich nicht aufrichtig, denn Angehörige von T 4 erinnerten sich an Gespräche, die mit offiziellen Vertretern des Justizministeriums bereits vor dem Krieg und somit vor dem Beginn der Tötungsaktionen stattgefunden hatten.[33] Möglicherweise war es nicht die Tatsache der Tötungen selbst, sondern eher deren Ausmaß, was Gürtner erschreckte.

Am 12. Juli 1940 erreichte ihn eine ähnliche Nachricht vom Stuttgarter Generalstaatsanwalt sowie die Aufforderung, eine Untersuchung durch die Gestapo (!) einzuleiten. Der Generalstaatsanwalt nannte die Zahl der Verlegungen von Illenau und Rottweil und war besorgt, die Bevölkerung könne den Glauben an die Justizbehörden verlieren, wenn es diesen nicht gelinge, solchen Maßnahmen Einhalt zu gebieten, zumal das Gerücht umgehe, daß es als nächstes die alten Menschen treffe.[34] Auch der Generalstaatsanwalt von Graz äußerte sich ähnlich beunruhigt über den zu befürchtenden Vertrauensverlust in der Bevölkerung, der das gesamte Rechtswesen in Mitleidenschaft ziehe. Viele Rechtsanwälte in verschiedenen Teilen Deutschlands begannen recht unbeholfen pragmatische Fragen zu stellen, die mit Erbschafts- und Vormundschaftsangelegenheiten oder mit Personen in Zusammenhang standen, die sich auf Grundlage von Paragraph 42b StGB vorübergehend in psychiatrischer Beobachtung befanden.[35] Des weiteren erkundigten sie sich, was sie denn tun sollten, wenn Klienten unter Verweis auf die Rechtslage von ihnen verlangten, bei Todesfällen mit verdächtigen Begleitumständen Nachforschungen zu veranlassen, oder ob sie diejenigen, die von einem »Euthanasie«-Programm sprachen – das es ja offiziell nicht gab –, wegen »böswilliger Gerüchte« rechtlich belangen sollten. Was den letzten Punkt betraf, riet das Justizministerium, lieber keine schlafenden Hunde zu wecken und den Betroffenen nicht die Möglichkeit zu geben, ihre Vorwürfe über etwas, das es offiziell gar nicht gab, zu wiederholen. Obwohl T 4 von all diesen Anfragen profitierte – halfen doch die vom Justizministerium weitergeleiteten Informationen, bestehende Schlupflöcher innerhalb der Operation zu stopfen (!) –, war doch klar, daß das gesamte Rechtssystem in akute Verlegenheit geraten war, denn kein Vorgesetzter war sich sicher, inwieweit er untergeordnete Stellen in Kenntnis setzen sollte.

Was Kreyssig betraf, so wurde er von Staatssekretär Roland Freisler zu einem Gespräch unter vier Augen nach Berlin vorgeladen. Freisler war in guter Stimmung. Er sagte, er hätte mit der KdF Kontakt aufgenommen, die ihm versichert habe, daß man dort gemäß den Weisungen Hitlers vorgehe. Als Kreyssig bat, dies in schriftlicher Form zu sehen, habe ihm Freisler geantwortet, daß »der erklärte Wille des Führers Recht schaffe« und daß er daran arbeite, diese Maßnahmen auf eine legale Grundlage zu stellen.[36] Kreyssig wollte sich damit nicht zufriedengeben und kündigte an, er werde die Heil- und Pflegeanstalten in seinem Gebiet daran hindern, ihre Patienten auszuliefern. Bei einem weiteren Treffen etwa sechs Wochen später sah sich Freisler genötigt, schon ein wenig mehr über T4 preiszugeben, und erwähnte, daß Bouhler der offiziell Verantwortliche sei. Erneut ließ sich Kreyssig nicht so ohne weiteres abspeisen und drohte damit, die Verantwortlichen des Mordes anzuklagen. Freisler schien bei dieser Bemerkung aufzuhorchen (er hatte für Bouhler wenig übrig) und schlug hilfreich vor, Kreyssig solle sich doch an den Staatsanwalt im nahe gelegenen Potsdam wenden. Dieser aber schenkte der Sache wenig Beachtung und reagierte wenig überzeugend. Kreyssig begab sich daraufhin in die Anstalt Brandenburg-Görden und rief das Personal zusammen, um ihm mitzuteilen, das »Euthanasie«-Programm entbehre jeder rechtlichen Grundlage und sei Ergebnis eines Mißverständnisses, einer falschen Interpretation von Hitlers Absichten. Man werde es entweder vollständig einstellen oder aber eine legale Grundlage herstellen. Auch sprach er von den Meinungsverschiedenheiten zwischen Bouhler und Freisler.[37]

Ende August schrieb er an alle Anstaltsdirektoren in seinem Amtsbereich und warnte sie vor rechtlichen Konsequenzen, sollten sie es wagen, einen unter seiner Vormundschaft stehenden Patienten zu verlegen. Dies führte prompt dazu, daß er ein weiteres Mal ins Justizministerium zitiert wurde, wo er sich Gürtner gegenübersah. Gürtner präsentierte ihm eine Kopie von Hitlers Notiz aus dem Jahre 1939, in der er Brandt und Bouhler zur Euthanasie ermächtigte; Kreyssig sah, daß die Unterschrift ein Faksimile war, und bestritt deren Rechtsgültigkeit. Des weiteren war weder von Freisler noch von einer rückwirkenden Legalisierung die Rede. Wütend erklärte Gürtner das Treffen für beendet und meinte zu Kreyssig, mehr könne er auch nicht sagen.[38] Er fügte noch hinzu, Kreyssig müsse mit seiner Zwangsversetzung in den Ruhestand rechnen, was dann im Dezember auch geschah.[39] Kreyssig war einer der wenigen, der diese Ereignisse ohne Beschädigung der eigenen Integrität überstand.

Auch einige der unmittelbar am T-4-Programm Beteiligten machten sich über dessen mangelnde rechtliche Absicherung Gedanken. Insbesondere traf dies auf einige jener Ärzte zu, die die Gashähne aufdrehten.[40] Unterschiedliche Gesetzentwürfe wurden beispielsweise von Lammers und einem Team erarbeitet, das aus Brack, Hefelmann, Heinze, Heyde, Linden und Wentzler bestand. Sekretärinnen, die in der KdF arbeiteten, erinnerten sich daran, daß sie ein und denselben Text hundertmal abtippen mußten.[41] Man denke auch an jenen früheren Gesetzentwurf von Theo Morell, den wir zu Beginn dieses Kapitels erwähnten.[42] Eine in diesem Zusammenhang unerwünschte Einmischung erfolgte durch den Chef von SD und Sicherheitspolizei, Heydrich, dessen Adlaten ein umfassendes »Gesetz über die Sterbehilfe für Lebensunfähige und Gemeinschaftsfremde« wünschten.[43] Im Juli 1940 wurde der gemeinsam abgestimmte Text eines Gesetzentwurfs an etwa 30 Personen verschickt, einschließlich der T-4-Ärzte und Professoren, Gutachter, Angehörigen des Reichssicherheitshauptamts und Schlüsselpersonen in den regionalen Gesundheitsverwaltungen. Die einzig erhalten gebliebene Antwort ist die von Dr. Irmfried Eberl aus Brandenburg, auch wenn wir gleichwohl wissen, daß der Vorschlag von allen Empfängern mit Begeisterung begrüßt wurde. Eberl erklärte die Arbeitsfähigkeit, einschließlich jener, die man zu einem früheren Zeitpunkt besessen hatte, zum allein gültigen Kriterium für »Euthanasie« und bestand darauf, auch jene Patienten mit einzubeziehen, die nur marginalen landwirtschaftlichen Tätigkeiten nachgingen, ganz zu schweigen von allen Kriminellen und jenen, die an Altersdemenz litten.[44]

Auch wollte er nicht zwischen freiwilliger und unfreiwilliger »Euthanasie«, sei es bei allen geistig Kranken, sei es bei Todkranken, unterscheiden. Eberl dachte, ein publizierter Kommentar zu dem Gesetzentwurf ähnlich jenen von Gütt, Rüdin und Ruttke entwickelten Richtlinien für die Sterilisation könne bei den zahlreichen Dienststellen in Partei und Staat, die an der Ausführung der entsprechenden Maßnahmen beteiligt seien, jegliche Zweifel beseitigen.[45]

Immer mehr Gesetzentwürfe machten die Runde, bis schließlich eine Konferenz einberufen wurde, die im Juni 1940 stattfand und an der fast alle Professoren und Gutachter von T 4 teilnahmen sowie Heydrich und Vertreter der regionalen Gesundheitsbehörden, wie zum Beispiel Schultze, Sprauer und Stähle. Die jungen Mediziner, die sich als Gasmörder betätigten, waren vertreten durch Eberl, Renno, Schumann und Ullrich, die älteren durch Faltlhauser und Pfannmüller. Die Frage, wie man das Gesetz bezeichnen sollte, scheint mehrere Minuten der Diskussion wert gewesen zu sein; des weiteren ging es um die Frage, ob man ein unteres Alterslimit von 20 oder 25 Jahren setzen solle.[46] Letzten Endes kam das Gesetz niemals über den Status eines Entwurfs hinaus. Hitler setzte dem Vorhaben mit der Begründung ein Ende, ein solches Gesetz sei Wasser auf die Mühlen der Feindpropaganda. Einige Forscher hegen den Verdacht, der wahre Grund dafür, daß ein solches Gesetz nie verabschiedet wurde, könne darin liegen, daß eine pedantische Genauigkeit des Ausleseprozesses Sand ins Getriebe des reibungslos verlaufenden Tötungsprozesses gestreut hätte und mithin an die Stelle eines breiten und willkürlichen Zugriffs auf die Patienten abbremsende Faktoren wie Fachwissen, Präzision und normative Kriterien getreten wären.[47]

Während also die Bemühungen um ein Gesetz im Sande verliefen, stand das Justizministerium immer noch vor dem Problem, wie es auf die Anfragen der Anwälte, Richter und Staatsanwälte reagieren sollte. Gürtners Nachfolger, Schlegelberger, nahm im März mit Bouhler Kontakt auf und erhielt von Brack ein Dossier mit Material über die »Euthanasie«. In anderen Worten, T4 und das Justizministerium begannen miteinander zu kooperieren; von nun an wurden alle an das Ministerium gerichteten Beschwerde- und Protestschreiben dazu genutzt, um Fehler im »Euthanasie«-Programm zu beseitigen. Das Justizministerium wiederum widmete sich der vermutlich delikaten Aufgabe, die untergeordneten Stellen mit einem Mindestmaß an Informationen über das »Euthanasie«-Programm zu versehen. Ende April 1941 lud Schlegelberger die Generalstaatsanwälte und die Präsidenten der Oberlandesgerichte zu sich nach Berlin ein, um »Aufschlüsse zu geben, die für die Amtsführung … notwendig sind«: Es waren Gespräche, die letztlich alles und nichts besagten. Nach einer Schweigeminute zum Gedenken des verstorbenen Gürtner ging man zu gegenseitigen, weitschweifigen Beweihräucherungen über, wie sie bei solchen Anlässen üblich waren. Nach einer halben Stunde derart unsinnigen Geschwätzes war es an der Zeit, die beiden vorgesehenen Gastredner und Fachleute anzuhören: Viktor Brack und Werner Heyde.[48] Brack, der in SS-Uniform erschienen war, las den anwesenden Richtern den Gesetzentwurf vor und erwähnte beiläufig, daß die Zeit noch nicht reif sei, um ein Gesetz zu verabschieden und zu verkünden. Diese geringfügige Unstimmigkeit fiel nicht weiter ins Gewicht, da (laut Schlegelberger, der das Treffen arrangiert hatte) keiner der Richter und Anwälte an der Legalität des »Euthanasie«-Programms zweifelte.[49] Brack erläuterte anschließend detailliert das Programm, wobei er eine Reihe von Sicherheitsvorkehrungen erwähnte, die in Wirklichkeit aber nur selten angewandt wurden. Auch gingen Fotografien von geisteskranken Patienten um, die man sich zu Gemüte führte, um dann weiter fortzufahren.[50] Ähnlich wie bei den Fälschungen von Todesursachen verstand Heyde es auch in diesem Kontext, seine Zuhörer mit wissenschaftlichen Bemerkungen zu blenden.[51] Es gab keinerlei Diskussion. Nachdem nun also ein Volkswirt ausführlich darüber gesprochen hatte, wie die Morde organisiert wurden, und man einem obskuren Professor zugehört hatte, der freimütig zugab, selbst Menschen getötet zu haben, verharrte diese »eingeschworene Gemeinde«, bestehend aus den angesehensten Rechtsvertretern Deutschlands, in Schweigen. Das Reden überließ man diskret den unteren Chargen des Rechtswesens. Fortan wurden alle Schwierigkeiten nach oben weitergereicht in die gähnende moralische Leere von Schlegelbergers Ministerium.

Neben den Diskussionen der KdF mit den Rechtsgelehrten kam es sporadisch auch zu geheimen Gesprächen mit Vertretern der römisch-katholischen Kirche. Hierbei handelt es sich um eine komplexe Problematik, bei der Apologetik oder Antiklerikalismus oft das Urteil der Menschen vernebelt. Erschwerend kommt hinzu, daß Beweisstücke von entscheidendem Gewicht verlorengegangen sind. Zudem haben viele der Beteiligten vermutlich gelogen (sowohl damals als auch später) oder glaubten tatsächlich an das, was ihnen ihre doppelzüngigen Gesprächspartner mitteilten. Ungeachtet des mutigen Handelns einzelner Geistlicher ist der entscheidende Punkt darin zu sehen, daß einige wenige römisch-katholische (oder protestantische) Geistliche zu einem Zeitpunkt öffentlich protestierten, im August 1941, als T4 bereits über 70 000 Menschen ermordet hatte. Die Hälfte – ich wiederhole: die Hälfte dieser Opfer waren Patienten aus kirchlichen oder privaten Einrichtungen. Die Konzentration auf einige wenige heldenhafte Einzelpersönlichkeiten überdeckt nicht selten diese lange Periode öffentlichen Schweigens. Zudem führt es auch dazu, daß einer ganzen Reihe von Verhandlungen, die hinter verschlossenen Türen stattfanden, zu wenig Aufmerksamkeit geschenkt wird.

Ähnlich wie in den Reihen der evangelischen Kirche sickerten die Informationen über das »Euthanasie-Programm« auch innerhalb der katholischen Kirche von den Laien ausgehend über die Priester bis schließlich in höhere Kreise des Episkopats durch. Als ein Überbleibsel von

Deutschlands altem Establishment bedienten sich die Bischöfe standesgemäßer Methoden, um ihre Sorge oder ihre Mißbilligung zum Ausdruck zu bringen: Sie bündelten die ihnen zur Verfügung stehenden Informationen und wandten sich schriftlich – manchmal unter Beifügung detaillierter Memoranden – und vertrauensvoll an jene, die sie als die zuständigen und legalen Machthaber ansahen. Als Angehörige einer Gruppe, die sich durch konfessionelle Zugehörigkeit definierte, neigten sie dazu, sich auf Personen wie etwa Gürtner zu konzentrieren, der selbst ebenfalls römisch-katholisch war. Aus dem gleichen Grund schrieb daher auch Erzbischof Gröber von Freiburg am 1. Juni 1940 an den badischen Innenminister und zwei Monate später an Lammers in der Reichskanzlei.[52] Freilich war dies ein vergebliches Unterfangen, da die mit der Durchführung des »Euthanasie«-Programms beauftragten Stellen verdeckt arbeiteten und das Programm selbst illegal war.

Am 22. August entschied die Bischofskonferenz in Fulda, ein Protestschreiben an die Regierung zu verfassen. Insbesondere verlangten sie von der Regierung, ihr Tun zu unterlassen und – ein sehr entscheidendes »und« – die Wünsche der Eltern und Verwandten zu berücksichtigen sowie die katholischen Pflegeanstalten aus dem »Euthanasie«-Programm herauszunehmen.[53] Darüber hinaus beauftragten sie Bischof Heinrich Wienken, seit 1937 geistlicher Leiter des Caritasverbandes, ihre Bedenken an höchster Stelle persönlich vorzutragen. Wienken wurde daraufhin zu Gesprächen ins Innenministerium eingeladen. Dort traf er auf Linden, dem sich später noch Hans Hefelmann anschloß. Wir verfügen über Wienkens spätere Aufzeichnungen und kennen Hefelmanns eigene, alles andere als unproblematische Darstellung, die in etwa aus der gleichen Zeit im Jahre 1960 stammt. Laut Wienken gingen seine Gesprächspartner nach dem Austausch allgemeiner Höflichkeitsfloskeln zu einer langen Rechtfertigung der Tötung »lebensunwerten Lebens« über. Sie hätten den Kostenfaktor betont und darauf verwiesen, daß man Arbeitskräfte und Material zur Versorgung verwundeter Soldaten benötigt habe. Sie hätten behauptet – zweifellos Meltzers Umfrageergebnisse im Hinterkopf –, das Pflegepersonal und die Familienangehörigen haben diesen Maßnahmen weitgehend zugestimmt. Wienken habe hingegen unter Verweis auf das fünfte Gebot den Abbruch des Programms gefordert und mit öffentlichen Protesten der Kirchen gedroht. Offenbar nahm man Wienken sehr ernst, denn wenige Tage später wurde er erneut ins Ministerium eingeladen, wo man ihm das baldige Ende des Programms in Aussicht stellte.

Hefelmann sprach über die gleiche Verhandlungsrunde in zehn seiner zahlreichen Verhöre, die Staatsanwaltschaft und Polizei zwischen 1960 und 1964 mit ihm führten. Vorweg sollte erwähnt werden, daß Hefelmann sich selbst als kleinen Fisch darzustellen versuchte – abgesehen davon, daß er die Autorschaft des Madagaskar-Plans, der Ansiedlung der Juden auf ebendieser Insel, für sich in Anspruch nahm – und jegliche Beteiligung an der »Euthanasie« der Erwachsenen abstritt. Seine Aussagen sind daher nur mit höchster Vorsicht zu genießen.

Zunächst ist es jedoch notwendig, diese Gespräche in einen etwas weiteren Kontext einzubetten. In Kapitel 1.1 sahen wir, daß gewisse Kreise in beiden großen Kirchen die Zwangssterilisation begrüßten. Zu ihnen gehörte der katholische Professor für Moraltheologie Joseph Mayer (1886–1967). Im Jahre 1966 behauptete Albert Hartl, ein ehemaliger katholischer Priester, der sich aufgrund seiner Beziehung zu Himmler 1934 dem SD angeschlossen hatte, er sei vor Beginn des »Euthanasie«-Programms beauftragt worden, die Position der katholischen Kirche in dieser Frage zu sondieren. Hartl, selbst nicht mehr im Kirchendienst, habe zunächst einen Priester, einen Cousin Himmlers, befragt (äußerst bizarr), bevor er sich an Mayer gewandt habe, der ihm schließlich ein 100 Seiten umfassendes Papier – das nie gefunden wurde – ausgehändigt habe, in dem er das Für und Wider einer solchen Maßnahme diskutiert habe, ohne freilich zu einem endgültigen Urteil gelangt zu sein.[54] Hartl hatte mit Mayer Kontakt aufgenommen, weil dieser sich einst positiv zur Sterilisation geäußert hatte und ihm darüber hinaus gelegentlich kirchlichen Schnickschnack für das Geschäft, in dem Hartl arbeitete, zukommen ließ. Hartl leitete das Papier an Hitler weiter, der (so Hartl) seinen Vorschlag gebilligt habe, Kardinal Bertram, Bischof Wienken, Bischof Berning und den päpstlichen Nuntius Cesare Orsenigo über die aktuellen Pläne in Kenntnis zu setzen.[55] Er selbst habe daraufhin einen Priester kontaktiert, der im Kirchenministerium arbeitete, während Bouhler angeblich die Bischöfe informierte. Gitta Sereny kommt im Zuge ihrer Darstellung dieser Ereignisse zu der Schlußfolgerung, daß die Kirche somit vorab über das »Euthanasie«-Programm unterrichtet worden sei und es schweigend gebilligt habe.[56]

Bevor wir uns vorschnell dieser Schlußfolgerung anschließen, müssen eine Reihe von Anmerkungen gemacht werden. Mayer sprach nicht im Namen der Amtskirche, und als bekanntem SD-Informanten begegnete man ihm in höheren Kirchenkreisen mit Skepsis.[57] Hartl war ein abtrünniger Priester, dessen Aufgabe innerhalb des SD in der Bespitzelung seiner ehemaligen Mitbrüder lag. Er behauptete, er habe sich erfolgreich vor der Leitung einer der Einsatzgruppen in Rußland drücken können – eine Aufgabe, die man ihm angetragen habe, weil er bekanntermaßen als »Schwächling« galt –, taucht aber gleichwohl an der Seite von solchen Leuten wie Paul Blobel auf, der ihn in die Schlucht von Babi Yar mitnahm und stolz verkündete: »Da liegen sie, meine Juden.«[58] Hartl kann gewiß nicht als verläßlicher Zeuge betrachtet werden, wenn es um die Vorstellungen und Strategien der Kardinäle und Bischöfe geht.

Mayers Papier erfüllte allerdings eine entscheidende Funktion. Als Linden und Hefelmann 1940 ihre Gespräche mit Wienken führten, war Linden nämlich bestens gewappnet, um den moralischen und theologischen Bedenken des Bischofs zu entgegnen.[59] Eine sorgfältige Lektüre der Berichte Hefelmanns über diese Zusammenkünfte lassen vermuten, daß er und Linden versuchten, ein »Gentlemen's agreement« zu erreichen. Sie waren bereit, das von T4 praktizierte Vorgehen in die Länge zu ziehen, indem man (beispielsweise) in den pädiatrischen Spezialkliniken längere Beobachtungsphasen einführen würde, wenn die Kirche im Gegenzug auf ihre Proteste verzichtete.[60] Offenbar stimmte Wienken zu und sagte: »Ja, das sind sehr sorgsam bedachte Maßnahmen.«[61] Am 30. Januar 1960 äußerte Hefelmann, Wienken habe sich einverstanden erklärt, das »Euthanasie«-Programm innerhalb neugefaßter Parameter zu »dulden«.[62] Erneut ist es unabdingbar, diese Gespräche in einen größeren Kontext zu setzen. Wie aus dem Schriftverkehr zwischen Wienken und Kardinal Faulhaber in München hervorgeht, war Wienken in Verhandlungen mit T4 allzu nachgiebig. Er fixierte sich auf solche Details wie die Freistellung kranker Priester vom »Euthanasie«-Programm (!), was »zu der Schlußfolgerung führen könnte, daß die Kirche zu einer Vereinbarung gekommen ist hinsichtlich der Anwendung dieser Maßnahmen auf andere Personen«.[63] Nicht zum ersten Mal wurden die Verhandlungen mit Massenmördern auf Kosten erstrangiger moralischer Prinzipien geführt. In einem Brief an Wienken, datiert auf den 18. November 1940, ließ Faulhaber an der Argumentation Wienkens, die ihm von einem Priester im Namen Wienkens mitgeteilt worden war, kein gutes Haar. Urteilt man anhand Faulhabers Antwort, muß sich Wienken fast wie einer der Männer von T4 und als gelehriger Theologieschüler Joseph Mayers angehört haben. Faulhaber meinte, es müsse schon weit gekommen sein, wenn nun »Engländer und das Mittelalter« – eine Anspielung auf Thomas Morus – herhalten müßten, um diese Politik zu rechtfertigen. Unter indirekter Bezugnahme auf Meltzer und hinsichtlich einer angeblichen Übereinkunft kommentierte Faulhaber, es werde immer Leute geben, die bereit seien, die »chinesisch-heidnische« Sitte zu übernehmen und weibliche Kinder nach der Geburt auszusetzen. Ausdrücklich teilte er Wienken mit, es gehe nicht um die Freistellung von Opfern dieser oder jener Kategorie, »sondern um die Tatsache, daß man inländische Volksgenossen aus dem Wege räumt, um ausländischen Volksgenossen Raum zu schaffen«.[64] Laut Hefelmann scheiterten die Gespräche, weil Hitler es Innenminister Frick nicht gestattete, die abgemilderten Maßnahmen, wie vom Bischof gewünscht, schriftlich zu fixieren. Insbesondere glaubte Hitler, die katholische Kirche in Deutschland möge sich zwar weiterhin ruhig verhalten, könne aber die Kirchen in Spanien oder Italien indirekt dazu ermuntern, Proteste einzulegen.[65] Die andere Seite der Geschichte ist möglicherweise darin zu sehen, daß die katholische Hierarchie selbst damit begonnen hatte, sich – ähnlich wie Faulhaber – entschieden von ihrem eigenen Repräsentanten zu distanzieren. In ihrer Haltung wurden sie durch die unzweideutige Verdammung der »Euthanasie« noch bestärkt, die der Heilige Stuhl am 2. Dezember 1940 verkündete.[66] Nichtsdestotrotz glaubte Pius XII., nicht allzu »provokativ« vorgehen zu dürfen, und ersetzte das Wort »ermorden« durch »töten«.

Nur wenige katholische Geistliche wagten es, der »Euthanasie« öffentlich zu widersprechen. Einer von ihnen war der Münsteraner Bischof Clemens August Graf von Galen (1878–1946). Galen stammte aus einer katholisch-aristokratischen Familie in Oldenburg, deren Stammsitz ein idyllisch gelegenes Schloß in Dinklage war. In Feldkirch besuchte er eine österreichische Jesuitenschule, die eine ganze Reihe von Prinzen, Marquisen, Herzöge und Barone zu ihren Schülern zählen konnte. Anschließend absolvierte er eine jesuitisch neo-thomistische Ausbildung an der Universität Innsbruck. Obgleich ihm eine an Stammesdünkel reiche, snobistische und völlig unliberale Mentalität zu eigen war, wurde ihm als erste Pfarrstelle, die er als Priester antrat, eine Gemeinde in Berlin zugewiesen. Insbesondere war er für ein katholisches Heim für wandernde Gesellen verantwortlich, die man davon abhalten wollte, in Kneipen und billigen Hotels einzukehren.[67] 1929 kam er nach Münster, wo er 1933 zum Bischof ernannt wurde. Seine Osterpredigten im Jahre 1934 setzten ein erstes Fanal gegen ein Regime, das er als neuheidnisch bezeichnete und in dem er eine Bedrohung der katholischen Laienorganisationen, um die er sich kümmerte, erkannte.[68] Öffentlich sprach er sich gegen Versammlungen in Münster aus, bei denen das »neuheidnische« Sprachrohr der Nationalsozialisten, Alfred Rosenberg, zu reden gedachte. Im *Völkischen*

Beobachter und im *Schwarzen Korps* erschienen vermehrt gegen ihn gerichtete, feindselige Artikel und Karikaturen. Freilich hinderte ihn dies in den Folgejahren keineswegs daran, gegen die Auflösung katholischer Arbeiter- und Jugendverbände zu protestieren.

Liest man seine in kurzer Abfolge vorgetragenen Angriffe auf die Politik der Nationalsozialisten (wobei für ihn die zweite Hälfte des Parteinamens alles andere als eine Fiktion war), erkennt man, daß es nicht nur das neuheidnische Element war, an dem er sich stieß. Aus einer Ansprache aus dem Jahr 1937 geht hervor, wie sehr Galen die Art und Weise verachtete, in der Personen, die in seinen Augen soziale Emporkömmlinge und Fremde waren, sich anmaßten, ihm und seinesgleichen vorschreiben zu wollen, worin die Eigenschaften des deutschen Wesens lagen. Er bedurfte keinerlei Belehrung in diesen Dingen von Leuten, die aus »Riga, Reval oder Kairo oder gar Chile« stammten, womit er sarkastisch (unter anderem) auf Rosenberg, Hess und Darré anspielte.[69]

Die Entscheidung der Gestapo, Jesuiten aus einem ihrer Landgüter in Münster zu vertreiben, nahm Galen im Juli 1941 zum Anlaß, während einer Predigt in der Lambertikirche einen Staat zu brandmarken, der regelmäßig seine Gegner in die Keller der Gestapo oder in Konzentrationslager verschleppte. Dies mag mit dazu beigetragen haben, daß er nun entschlossen war, die seit dem 25. Juli 1940 bei ihm eingehenden Informationen über das »Euthanasie«-Programm an die Öffentlichkeit zu bringen.[70] Als er dies erstmals im August 1940 in Erwägung gezogen hatte, hatte ihn Kardinal Bertram aufgrund der möglicherweise weitreichenden Folgen davon abgeraten. Ein direkter Angriff auf jenen Orden aber, von dem er seine Ausbildung erhalten hatte, veranlaßte ihn nun zum Handeln.

Am 3. August 1941 stieg der hünenhafte Galen in der überfüllten Lambertikirche die Stufen zur Predigtkanzel hinauf. In einer langen Predigt enthüllte Galen detailliert alles, was er über die Ermordung von Patienten wußte, einschließlich ihrer Registrierung, ihres Transports und der Täuschung der Verwandten. Zweifellos artikulierte er weitverbreitete Ängste hinsichtlich der weiteren Konsequenzen, die womöglich im »Euthanasie«-Programm angelegt waren, indem er fortfuhr:

> Wenn man den Grundsatz aufstellt und anwendet, daß man den »unproduktiven« Mitmenschen töten darf, dann wehe uns allen, wenn wir alt und altersschwach werden! Wenn man die unproduktiven Mitmenschen töten darf, dann wehe den Invaliden, die im Produktionsprozeß ihre Kraft, ihre gesunden Knochen eingesetzt,

geopfert und eingebüßt haben! Wenn man die unproduktiven Mitmenschen gewaltsam beseitigen darf, dann wehe unseren braven Soldaten, die als Schwerkriegsverletzte, als Krüppel, als Invaliden in die Heimat zurückkehren! ... Wehe den Menschen, wehe unserem deutschen Volke, wenn das heiligste Gottesgebot: »Du sollst nicht töten«, das der Herr unter Donner und Blitz auf Sinai verkündet hat, das Gott, als Schöpfer, von Anfang an in das Gewissen der Menschen geschrieben hat, nicht nur übertreten wird, sondern wenn diese Übertretung sogar geduldet und unbestraft ausgeübt wird![71]

Es sei seine gesetzliche Pflicht, so sagte er, gegen die verantwortlichen Mörder Anzeige zu erstatten. Eine Antwort habe er allerdings noch nicht erhalten.

Galens Predigt wurde danach in vielen Kirchen im Sinne einer Pastoralbotschaft verlesen. Die Reaktion der nationalsozialistischen Machthaber zeigt, wie sehr sie sich getroffen fühlten. Ihre charakterlose Verbrechermentalität aber gewann rasch die Oberhand. Gauleiter Meyer empfahl, Galen solle inhaftiert und in ein Konzentrationslager gesteckt werden. Walter Tiessler vom Propagandaministerium schlug vor, Galen hinzurichten, ein Urteil, das auch Bormann für angemessen hielt.[72] Hitler entschied sich entgegen seines instinktiven Drangs dafür, von einer endgültigen Abrechnung zunächst abzusehen, möglicherweise weil Goebbels ihn gewarnt hatte, ein radikales Vorgehen könne dazu führen, daß Westfalen den Nazis verlorengehe. In seiner für ihn typisch verbrecherischen Art merkte Hitler an:

Ich bin mir sicher, daß ein Mann wie der Bischof von Galen weiß, daß ich ihm nach dem Krieg auf Heller und Pfennig alles vergelten werde. Und daß, wenn er es nicht bis dahin geschafft hat, sich in das Collegium Germanicum in Rom abzusetzen, er versichert sein kann, daß nach Begleichung unserer Abrechnung kein Stein mehr auf dem anderen bleibt.[73]

Galen wurde kein Haar gekrümmt, obwohl sogar auch noch britische Flieger Kopien seiner Predigt über ganz Deutschland abwarfen. Jene Priester und gewöhnlichen Leute aber, die Galens Predigt verteilten oder darüber diskutierten, verloren ihre Arbeit, wurden in Konzentrationslager gesteckt oder hingerichtet. Paula S., eine junge Frau, pendelte täglich von Hadamar an ihre Arbeitsstelle ins nahe gelegene Limburg. Am Bahnhof hatte sie die Patienten ankommen sehen und etwa eine Stunde später den beißenden Rauch bemerkt, der dem Schornstein der Anstalt entwich. Auf ihrer Arbeitsstelle wurde sie von zwei Kollegen gefragt, deren Vater während einer Arbeitspause in Schnepfenhausen plötzlich gestorben war, ob es wahr sei, daß in der Anstalt Patienten getötet würden. Sie bestätigte das und erwähnte, sie sei im Besitz einer Kopie der Predigt Galens. Sie wurde denunziert, angeklagt und verhaftet. Die Kopie der Predigt fand man bei einer Hausdurchsuchung. Nach vierwöchiger Einzelhaft in Frankfurt wurde Paula S. in das Frauenkonzentrationslager nach Ravensbrück gebracht. Eine Verhandlung gab es nicht. Heute vermag sie noch immer nicht zu beschreiben, was sie während ihres sechsmonatigen Aufenthalts im Lager erlebt hat. Nach ihrer Entlassung mußte sie feststellen, daß man ihr gekündigt hatte, und in Hadamar wurde sie von den Einheimischen geschnitten.[74]

Viele Leute glauben, Hitlers Entscheidung, die Massenvergasungen »anzuhalten« – nicht: zu »beenden« –, sei eine Folge von Galens Predigt gewesen. Mit Sicherheit spielt dieser angebliche Zusammenhang in der Literatur eine größere Rolle als die Verhandlungen von Heinrich Wienken oder das lange offizielle Schweigen der beiden Kirchen über das »Euthanasie«-Programm. Tatsächlich behauptete Wienken sehr viel später, er hätte Galen aufgesucht, um ihm mitzuteilen, daß dank seiner geheimen Verhandlungen Galens Predigt bereits überflüssig gewesen sei.[75] Hitler hat mit Sicherheit Brandt mündlich angewiesen, das »Euthanasie«-Programm »anzuhalten«, woraufhin Brandt mit Bouhler telefonierte, der die Anweisung wiederum an Brack weiterreichte.[76] Dies betraf nicht die »Kindereuthanasie«, die ja dann auf Erwachsene ausgedehnt wurde. Hefelmann erinnerte sich, Brack habe Hitlers Anordnung einer einstweiligen Unterbrechung weitergeleitet. Hefelmann hatte sich danach erkundigt, ob die Anweisung auch für die »Kindereuthanasie« gelte. Brandt fragte bei Hitler an. Dieser verneinte.[77] Mindestens zwei ebenso zwingende Gründe mögen dafür verantwortlich gewesen sein, das T-4-Programm anzuhalten und die T-4-Organisation zu bremsen. Zum ersten hatte das »Euthanasie«-Programm im Sommer 1941 seine ursprünglich anvisierte Zielgröße, nämlich auf 1000 Bewohner Deutschlands einen chronisch kranken Patienten zu töten, schon leicht überschritten. Zweitens dachte Viktor Brack bereits im Sommer 1941 im Auftrag des Reichsführers SS darüber nach, wie man es bewerkstelligen könne, eine große Anzahl von Juden zwangsweise zu sterilisieren und sich ihre Arbeitskraft zu bewahren.[78] Im Herbst befand sich das T-4-Personal auf dem Weg nach Riga, um dort an der Konstruktion von Gaswagen zu arbeiten und anschließend weiter nach Lublin zur Unterstützung von Odilo Globocnik, dem Organisator der »Aktion Reinhard«. Sie sollten sich mit den Millionen von Juden beschäftigen, deren Arbeitswert zunehmend als entbehrlich galt. Das »Euthanasie«-Programm wurde nicht wegen ein paar regionaler Schwierigkeiten mit einer Handvoll von Bischöfen angehalten, sondern weil man eine Mannschaft erprobter Mörder brauchte, die im Osten eine vom Regime intensiv anvisierte Aufgabe von unweit gewaltigerem Ausmaß bewältigen sollte.

6. Mord im Angebot:
Der Film als Mittel der Propaganda fürs Töten

Die Macher des Dokumentarfilms *Erbkrank* (1936) beabsichtigten, geistig und körperlich Behinderte zu kriminalisieren, zu entwürdigen und zu entmenschlichen. Der Film entstand unter der Schirmherrschaft des Rassenpolitischen Amts der NSDAP. Im Vorspann des Films war das Emblem des Rassenpolitischen Amts, zwei Pferdeköpfe, zu sehen, die von Vitalität und bester Zucht zeugten und gegenüber den nachfolgenden 20 Minuten des Films merkwürdig deplaziert wirkten. Auch die Funktionäre des Amtes tauchten sporadisch im Film auf: vertrauenerweckende, wohlgenährte Männer zwischen 30 und 40 Jahren, sauber rasiert und gepflegt, einen weißen Arztkittel tragend. Obwohl diese Männer nicht im Mittelpunkt des Films standen, verdienen sie unsere besondere Aufmerksamkeit, ähnlich dem »leeren« Zwischenraum in einem Gemälde oder den Pausen in einem Musikstück; schließlich lieferten sie zu allem, was man in dem Film sah, die Begleitmusik. In weißen Kitteln und glänzenden Stiefeln schritten sie hinter den Krankenschwestern einher, die eine Reihe schwerstbehinderter Kinder an der Kamera vorbeiführten. Sie winkten Patienten zum Kameramann oder führten mit ihnen ein Gespräch, dessen Inhalt wir nicht hören können, denn *Erbkrank* ist ein Stummfilm. Die Männer geben den Patienten einen aufmunternden Klaps oder schütteln sie, um ihnen ein Lächeln, ein paar Worte oder eine Bewegung zu entlocken. Sie stützen Patienten ab, die Probleme mit ihrer Wirbelsäule haben, um deren hilflose Unbeweglichkeit besser demonstrieren zu können und um zu verdeutlichen, daß diese Patienten bei der geringsten Bewegung unweigerlich zu Fall kämen – all dies wurde in einer derart ungeschönten Brutalität gezeigt, wie es für Filme, die man zur Ausbildung von Ärzten einsetzte, im Deutschland jener Tage typisch war. Diese Männer agieren dabei wie Bühnenarbeiter oder Souffleure, die die Szene in einem Theater ins rechte Licht rücken.

Einige Patienten stimmen in diese Begleitmusik mit ein. Ein acht- oder neunjähriges Mädchen hält den Kopf ihrer Schwester stützend in die Kamera. Flüchtig huscht ein unsicheres Lächeln über ihre Lippen. Wir wissen, daß es sich um Geschwister handelt, denn die Untertitel teilen dem Zuschauer mit, was es den Staat kostet, beide am Leben zu erhalten. Die Patienten wirken vor der Kamera eher schüchtern denn verärgert. Möglicherweise war die Ankunft des Kamerateams für sie ein großes Ereignis, brachte frische, unbekannte Gesichter und neue Aktivitäten in ihren eintönigen Alltag. Wenn sie reden, blinzeln sie nervös oder richten ihre Augen starr auf den Boden. Die Männer nehmen ihre Mützen oder Hüte ab, schließlich befinden sich Respektspersonen in ihrer Gegenwart. Einige wenige Kinder machen Schwierigkeiten vor der Kamera. Auf ein blindes und auf ein im Bett liegendes, an Muskelatrophie leidendes Kind trifft dies freilich nicht zu. Jemand fordert das zweite Kind auf, es solle seine Gliedmaßen, die schon lange aufgehört haben sich zu rühren, bewegen. Doch der Versuch führt lediglich zu einem schmerzverzerrten Gesicht.

Sieht man den Film, hat man nicht nur mit einem Gefühl der Abscheu gegenüber seinen Machern zu kämpfen, sondern auch gegenüber der Gleichförmigkeit, die sich in Anbetracht der kahlrasierten Köpfe beziehungsweise (im Fall der Frauen) der stümperhaften und primitiven Frisuren einstellt; und durch die triste Kleidung – die kragenlosen Hemden der Männer, die von Essensresten verschmutzten Jacken und Mäntel, die mit Blumenmotiven bedruckten billigen Kleider und unförmigen Strickjacken, Holzpantinen und verschrammten Schuhe. Selbst wenn es sich nicht um einen Schwarzweißfilm handelte, blieben die Menschen in ihm farblos. Natürlich gab es jemanden, der all diese Szenen ausgewählt und gefilmt hat: ein Mann namens Herbert Gerdes vom Rassenpolitischen Amt. Geschwind schrieb er ein paar Symptome auf, addierte die bisherige Aufenthaltsdauer in einer Anstalt zusammen, setzte sie in Beziehung zu den Nahrungs- und Kleidungskosten, und fertig war die besondere »Last«, die ein jeder dieser einzelnen Patienten der »Volksgemeinschaft« aufbürdete. Vermutlich war es ein anstrengender Tag. Die Behinderten taten einem nicht eben den Gefallen, auf Kommando stillzustehen oder in die Kamera zu blicken. Gerdes rundete den langen Tag mit einigen Aufnahmen von der Umgebung ab: großflächige Aufnahmen der beeindruckenden Gebäude aus dem 19. Jahrhundert sowie Panoramaaufnahmen einer Welt voller Farben und Düfte – verunreinigt, so will es der Film glauben machen, von den grauen Gestalten der Heilanstalt. Gerdes überarbeitete das Material, fügte neues hinzu und untertitelte den Film – alles mit dem Enthusiasmus eines Amateurfilmers. Die dazugeschnittenen Sequenzen zeigten verdreckte »normale« Kinder, die in verkommenen städtischen Hinterhöfen vor großen, grauen Wänden Fangen spielten. Ein grinsender SA-Mann taucht als Sinnbild der nahenden Rettung auf. Es folgen Filmszenen aus der Welt der Arbeit, des Ackerns und Pflügens: in anderen Worten, einer Welt, die nicht nur anders ist als die der Anstaltspatienten, welche stets nur »gefüttert« werden (und niemals »essen«) und (mit Wollknäuel und Uhren) »spielen«, sondern die ihr ausdrücklich überlegen ist. Die Untertitel sind schlicht, weiße Buchstaben auf schwarzen Karten, schmuckloser noch als die Schlagzeilen eines Boulevardblatts. Fett unterstrichene Worte und Ausrufezeichen sorgen für den erforderlichen Nachdruck. Ein greller Schimmer ist ihnen immer dann unterlegt, wenn ein Begriff wie »Lustmord« benutzt wird, um beispielsweise die Taten eines Sexualstraftäters zu beschreiben; skrupellos verwischt der Film die Grenze zwischen Gefängnissen und psychiatrischen Einrichtungen und spielt auf diese Weise vorhandenen Vorurteilen in die Hände. Wenn sich der Film auf seine unvermeidliche Schlußfolgerung hinbewegt, werden die Untertitel rhetorisch immer schriller. »Soll es so weiter gehen?« Und die Antwort lautet: »Nein! Nein! Nein! Niemals!«[1]

Verschaffen wir uns einen Eindruck vom Tenor und von der Argumentationsweise dieses Films, der Hitler so gefiel, daß er persönlich eine in ihrer Infamheit noch ausgeklügeltere Fassung mit Ton in Auftrag gab:

Erbkrank
Abseits vom Lärmen und Rasen des Alltags – in reizvoller Landschaft – liegt eine Anstalt für unheilbare Geisteskranke.
Was Laster und Leichtsinn zerbrachen, was Gedankenlosigkeit und Gewissenlosigkeit vererbten, wird hier behütet und gepflegt.
Manche Irre müssen gefüttert oder sogar künstlich ernährt werden.
Nur wenige Geisteskranke sind zu nutzbringender Arbeit anzuhalten.
Die Meisten sind stumpf gegen ihre Umgebung und dem Ablauf des Tages.
Erbliche Fallsucht!
Schizophrenie, erbkrank!
Durch ärztliche Kunst und aufopfernde Pflege werden Idioten am Leben erhalten, die zeitlebens nicht sprechen oder sich verständlich zu machen lernen.
Besondere Schutzkleidung verhindert manche Kranke ihrer Umgebung oder sich selbst Schaden zuzufügen.
Erblich taubstumm und geisteskrank.

Zwei Brüder, beide Sittlichkeitsverbrecher mit Klauenbildung, der Jüngere beging einen LUSTMORD.

Raubmörder wegen seiner »Unzurechnungsfähigkeit« wurde er früher nicht bestraft.

Bei nahrhafter guter Kost und gesunder Unterbringung erreichen sehr viele Irre ein hohes Alter.

In der Freiheit, im gottgewollten Kampf ums Dasein – wären sie frühzeitig zugrunde gegangen.

Ein sinnloses Spiel – ihr Tagewerk.

Entgegen allen Naturgesetzen wurde das Ungesunde übermäßig betreut und gehegt – das Gesunde wurde vernachlässigt.

Alte Männer und Frauen mußten nach arbeitsreichem Leben darben.

Junge Menschen fanden keine Arbeit – und verkamen!

Erbgesunde Familien mußten in lichtlosen, halbverfallenen Wohnungen hausen.

Vor ihrer Unterbringung in einer Anstalt hatten sehr viele Irre Kinder gezeugt und so ihr Leid auf Nachkommen vererbt.

Erbkranker Vater von drei Kindern.

Diese schwachsinnige Frau hatte fünf uneheliche Kinder.

Völlig verblödeter erbkranker Vater von drei schwachsinnigen Kindern.

Die Sünden der Väter werden heimgesucht an ihren Kindern!

Selbst schuldlos zerbrochen an Leib und Seele – sich selbst und anderen zur Last!

Auf Lebenszeit ans Bett gefesselt.

Idiotischer Negerbastard aus dem Rheinland. Wie sich körperliche Merkmale vererben, so auch geistige. Was von den Vorfahren ererbt ist, wird weiter vererbt.

Großvater Sittlichkeitsverbrecher. Beide Eltern liederlich. Von zehn Kindern leben sieben, von ihnen jetzt schon vier in Anstalten.

Drei Geschwister dieser Sippe.

Schwachsinniges Mädchen mit geisteskranker Mutter. Großvater nervenschwach, Vater geisteskrank, ein Bruder schwachsinnig.

Die Sippe kostete den Staat bisher RM 62 300.

Mutter und Sohn. Zusammen 26 Jahre in Anstalten. Bisherige Kosten RM 29 016.

Zwei Brüder. Ein weiterer Bruder Alkoholiker und arbeitsscheu. Zusammen 28 Jahre Anstaltsaufenthalt. Bisherige Kosten RM 30 800.

Oft sind mehrere Glieder einer erbkranken Sippe in derselben Anstalt untergebracht.

Vier schwachsinnige Geschwister. Zusammen 74 Jahre Anstaltsbehandlung – Großvater und Vater waren ausschweifend und Alkoholiker. Bisherige Kosten RM 86 000. Die Mutter hat zehn Kinder geboren.

Die Ausgaben für Erbkranke betragen jährlich 1,2 Milliarden Reichsmark. Für die Verwaltung im Reich, Ländern und Gemeinden werden nur 713 Millionen Mark ausgegeben.

Allein die Anstaltsbehandlung der Schwerstkranken kostete jährlich 112 Millionen Reichsmark.

Eineiige Zwillinge. Schwachsinnig. Vater Betrüger. Mutter nervös und Trinkerin. Hochgradig schwachsinnige Geschwister.

Bisherige Kosten RM 13 800. Eltern: arbeitsscheu und Landstreicher.

Oft sind mit ererbten Geisteskrankheiten körperliche Gebrechen verbunden.

Blödes, taubstummes Mädchen. In seiner Sippe vier weitere Fälle von Taubstummheit.

Schwachsinnig und taubstumm. Großeltern beide taubstumm.

Geschwister. Taubstumm und schwachsinnig. Bisherige Kosten RM 10 700.

Irrsinnig und blind.

Irrsinnig und gelähmt. Zeitlebens ans Bett gefesselt!

Von einer Verkennung der Naturgesetze und falscher Einstellung zum Christentum zeuge es, daß selbst Schwerverbrecher nicht bestraft, sondern in einer Anstalt »verwahrt« wurden, wenn man geistige Minderwertigkeit feststellen konnte.

37jähriger Betrüger.

Sittlichkeitsverbrecher.

Dieser »Geisteskranke« ermordete auf raffinierte Weise mit Hilfe seiner Schwester deren Ehemann.

Dieser 28jährige Mörder stammt aus berüchtigter Schwerverbrecherfamilie. Drei Brüder sind ebenfalls Verbrecher.

Schwerverbrecher aus belasteter Sippe. Vorbestraft wegen Zuhälterei und Sittlichkeitsverbrechens. Mehrfacher Raub- und Lustmörder. Seit 29 Jahren in einer Irrenanstalt.

30jähriger Schwachsinniger. 12mal vorbestraft wegen Notzuchtverbrechens, Diebstahls und Unterschlagung.

Dieser oft vorbestrafte Alkoholiker befindet sich seit 28 Jahren in Anstalten.

Während eines Ausgangs beging er einen Mord und machte einen Mordversuch.

44jähriger Epileptiker.

Mehrfacher Lustmörder – Hochstapler.

Ausländer. Gewalttätiger Verbrecher.

Nicht jeder geistig oder körperlich Behinderte ist erbkrank, aber jedes – auch scheinbar gesunde – Glied einer erbkranken Sippe kann Träger und Vererber des kranken Erbgutes sein.

Die meisten seiner Nachkommen enden in Irrenanstalten – oder Zuchthäusern.

Unehelich geborener Idiot. Seit 22 Jahren in der Anstalt. Bisherige Kosten RM 24 200.

Die Summe, die bisher für diesen lebensuntüchtigen Irren gezahlt wurde, hätte 40 armen kinderreichen Familien als Eigenkapital zu einer Siedlung verholfen.

In halbverfallenen Hütten und dumpfen Hinterhäusern brachte man gesunde Familien unter, aber für Irre, die völlig stumpf sind für ihre Umgebung, baute man Paläste.

Dürfen wir die kommenden Geschlechter mit solchem Erbe belasten?

Die Verhütung erbkranken Nachwuchses ist ein sittliches Gebot. Sie bedeutet praktische Nächstenliebe und höchste Achtung vor den gottgegebenen Naturgesetzen.

Der Bauer, der das Überwuchern des Unkrautes verhindert, fördert das Wertvolle.

Soll es so weitergehen?

Soll durch Leichtsinn und Schuld immer neues Elend gezeugt werden?

Nein! Nein! Niemals!

Darum führen wir die Sterilisation dieser Erbkranken durch.

Ihr Leid darf sich nicht im Körper ihrer Nachkommen verewigen! Sonst geht unser herrliches Volk und seine Kultur zugrunde![2]

Das Rassenpolitische Amt hat einschließlich *Erbkrank* fünf 16mm-Stummfilme produziert. Die Titel der Filme lauten: *Sünden der Väter* (1935); *Abseits vom Wege* (1935); *Erbkrank* (1936); *Alles Leben ist Kampf* (1937); *Was du ererbt* (Jahr unbekannt). Diese Filme adaptierten Propagandatechniken, die bei einer Handvoll in den 20er Jahren entstandenen psychiatrischen Filmen angewandt worden waren. Ziel dieser psychiatrischen Filme war es, die institutionelle Psychiatrie einem Publikum gegenüber zu rechtfertigen, das durch den kriegsbedingten Hungertod von Patienten und den therapeutischen Mißbrauch von Soldaten, die unter einer Kriegsneurose litten, befremdet war.[3] Die Nazis übernahmen von diesen Filmen die Betonung der ästhetisch attraktiven Gestaltung der Heil- und Pflegeanstalten sowie der angeblich qualitativ guten psychiatrischen Behandlung. Ihr originärer Beitrag bestand in einer filmischen Umsetzung von Propagandatechniken, die man bereits in Zeitungen und Zeitschriften wie *Neues Volk* und *Volk und Rasse* angewendet hatte. Die starre Kontrastierung des rassischen Paradigmas mit seinem Gegenteil; eine Armee von Untauglichen, die die gesunden »Volksgenossen« an den Rand drängen; Dorftrottel oder affenähnliche »Kreaturen«, die für die breiten, gottgefälligen Schultern des »deutschen« Arbeiters eine Last darstellen; heruntergekommene, alkoholisierte Frauen, aus deren abgenutzten Lenden ganze Horden von Trinkern, Mördern, Prostituierten und Landstreichern hervorgehen.[4] Auf Fotografien und Zeichnungen folgten Diapositive, die wiederum von Filmen mit immer ausgefeilteren Techniken (mit Ton, Interviews, Sketchen, Grafiken, Montagetechniken, Musik und so weiter) verdrängt wurden. Allein der technische Aufwand dieser Filme erforderte die Beteiligung der kommerziellen Filmstudios und der zuständigen Abteilung im Reichspropagandaministerium.

Opfer der Vergangenheit war ein Tonfilm, der auf Befehl Hitlers in Koproduktion von Rassenpolitischem Amt und Reichspropagandaministerium realisiert wurde. *Opfer* entstand zwischen Februar und Juni 1936 und war insgesamt eine etwas professionellere und ausgefeiltere Arbeit als *Erbkrank*.[5] Die Premiere fand im März 1937 in Berlin statt und mußte auf Empfehlung Hitlers anschließend in allen deutschen Lichtspieltheatern gezeigt werden. Der Film ist die raffiniertere Version seines Vorgängers und breitet das ganze Spektrum sozialdarwinistischen Denkens und Handelns aus.

Er beginnt mit Bildern von tiefhängenden Wolken, Gebirgen, stürmischen Seen und reißenden Flüssen. Unter Begleitung einer fast wagnerianischen Musik, die sich von dunklen Wirbeln hin zu helleren Tönen bewegt, sieht man Holzfäller, Fährleute und Arbeiter im Kampf mit den feindlichen Elementen. Innerhalb weniger Sekunden schwenkt der Film von Wolken, Wellen und den Körpern verschwitzter Arbeiter hin zu dem Bild eines Rothirsches auf einer Lichtung, um schließlich im Hof einer

»luxuriösen«, »palastartigen« psychiatrischen Anstalt anzukommen. Der Kommentar glättet diese im Grunde lächerlichen Übergänge:

> Alle Lebewesen dieser Erde liegen in einem ständigen Ringen mit den Kräften der Umwelt. Nur der Mensch macht Elemente seinem Leben dienstbar. Wo uns das Schicksal auch hinstellt, welchen Platz wir ausfüllen müssen, immer nur wird der Starke auf Dauer bestehen. Alles Lebensschwache geht in der Natur unfehlbar zugrunde. Wir Menschen haben gegen dieses Gesetz der natürlichen Auslese in den letzten Jahrzehnten furchtbar gesündigt. Wir haben unwertes Leben nicht nur erhalten, wir haben auch Vermehrung gewährt. Die Nachkommen dieser Kranken sehen so aus!

Der Film stützt sich auf die Propaganda der Psychiatrielobby in der Weimarer Republik und legt eine weit größere Betonung auf den Faktor Therapie, als es bei seinem Vorläufer der Fall war:

> Eine moderne Irrenanstalt ist kein Gefängnis. Die Häuser liegen meist inmitten großer, sonniger Gärten. Leichte und harmlose Kranke beschäftigt man mit Garten- und Feldarbeiten unter ständiger Aufsicht geschulter Wärter. Man vertraut ihnen sogar Handwerkszeug an, selbstverständlich nach langer Beobachtung. Alle Kranken werden täglich in die großen Anlagen der Anstalt in Licht und Luft geführt. Kranke in Erregungszuständen läßt man ruhig austoben und sorgt nur dafür, daß Verletzungen vermieden werden. Der Kranke kann kein Unheil ausrichten, denn er wird vom Pfleger ständig beobachtet, der im geeigneten Augenblick rasch zugreifen kann. ... Zweimal am Tage überzeugt sich der Anstaltsarzt vom Befinden seiner Patienten. Auf vier bis fünf Patienten kommt eine Pflegeperson und auf zweihundert Patienten ein Arzt. Bei dieser sorgsamen Pflege, für die nur gesunde und kräftige Menschen geeignet sind, erreichen viele Kranke ein hohes Alter. Viele Tausende kostet diese Lebensdauer an Volksvermögen. Schwere, oft widerliche Arbeit müssen gesunde Menschen leisten, damit das Leben dieser unschuldigen Opfer nach Möglichkeit erleichtert wird.[6]

Opfer verwendet die damals unübliche Technik des direkten Interviews, um die geistige Verwirrung der Patienten zu vermitteln und die Praktiken der institutionellen Psychiatrie zu demonstrieren. Man sieht die Patienten in freundlicher Umgebung im Freien, vertieft in Gespräche mit ihren Ärzten. Die Gesprächspartner der Patienten verhalten sich entweder schroff und aggressiv oder bewußt einschmeichelnd. Eine pummelige, schwarzhaarige Frau dient als Beispiel dafür, daß eine Patientin »selbst in der Krankheit durch Wort und Gebärde ihre Rasse erkennen läßt«, d. h., es handelte sich um eine Jüdin. Halb der Kamera, halb dem Arzt zugewandt, der hinter ihr steht, sinniert die Frau keineswegs unnatürlich vor sich hin, beantwortet die Fragen des Arztes auf eine fast humorvolle Weise, was schließlich in ihrer Bemerkung gipfelt: »Warum interessiert Sie denn das, sind doch Privatangelegenheiten. Sehr interessant, erzählen Sie mir doch einmal was aus Ihrem Leben!« Jede Anspielung – auf einen Dr. Marx in Frankfurt – und jede Geste – Hände an der Hüfte, den Kopf leicht nach hinten geworfen – dient dazu, die »jüdische« Gewitztheit der Frau hervorzukehren. Dieses Motiv wird wenig später erneut aufgegriffen und verallgemeinert: »Das jüdische Volk stellt einen besonders hohen Prozentsatz an Geisteskranken. Auch für ihre Unterbringung und Pflege wird gesorgt, auch für sie müssen gesunde, deutsche Volksgenossen arbeiten, sie füttern und trockenlegen.«[7] Stark am Vorbild des Anschauungsmaterials aus *Volk und Rasse* orientiert, kontrastiert der Film unmittelbar das gesunde »arische« Krankenpflegepersonal mit den physischen Anomalitäten der Patienten:

> Es ist erschütternd, wenn man eine junge, gesunde Pflegerin neben einem solchen armen Wesen sieht. Zu dieser Krankenpflege gehört eine Selbstüberwindung, die geradezu heroisch ist. Nur ganz gesunde und kräftige Mädchen werden zu Pflegerinnen herangebildet. Zur Erhöhung der Widerstandsfähigkeit bei dem schweren Dienst treiben die Schülerinnen der staatlichen Schwesternschule täglich zweimal Sport und werden wissenschaftlich und weltanschaulich zu Helferinnen der Ärzteschaft herangebildet.[8]

Die als »Hüter der Volks- und Erbgesundheit« beschriebenen Ärzte werden in ihrer präventiven Rolle präsentiert, indem man in einer nachgestellten Szene sieht, wie ein junges Paar von einem Arzt eine genetische Beratung erhält. Ein allgemeines Gespräch über die Verantwortung, die mit der Ehe einhergeht, mündet in der Frage nach der Verantwortung für das Erbkollektiv:

DOKTOR: Und darum ist es wichtig, daß man seine Körperverfassung und seine Erbgesundheit prüfen läßt und daß man nachforscht, ob des Erbgut der Vorfahren wert ist, daß man es weitergibt.
BRAUT: Ja, deshalb bin ich ja auch mit meinem Bräutigam zu Ihnen gekommen.
DOKTOR: Sehen Sie, und in einem solchen Fall soll der Arzt nicht der Heilende sein, sondern ein Freund, ein Berater, der Sie vor mancher Schuld, die Sie vielleicht, vielleicht unbewußt auf sich laden können, bewahren kann.
BRAUT: Herr Doktor, Sie haben eigentlich einen wunderbaren Beruf!
DOKTOR: Denken Sie?
BRAUT: Ja.
DOKTOR: Dann haben wir uns ja prächtig verstanden, nicht! So, nun wollen wir uns mal Ihre Papiere ansehen.[9]

Jedes abfällige Lächeln im Publikum angesichts dieses absurden Wortwechsels wird zunächst ermuntert, allein um es dann um so entschlossener durch die Figur eines »altmodischen« Mannes zu konterkarieren, der eine solche Beratung für überflüssig hält. Sein vertraulicher Umgang mit dem Verlobten der Frau im Wartezimmer weicht plötzlich gewissen Selbstzweifeln, als er schließlich mit dem Arzt allein ist.

Durch kommentierende Untertitel wie »Das deutsche Volk kennt kaum das volle Ausmaß dieses Elends« oder durch Filmtechniken, wie dem Blick durchs Schlüsselloch in die Zellen geschlossener Abteilungen oder durch die Gitter psychiatrischer Gefängnisse, wird beim Publikum ein lüsternes Interesse geweckt. Und schließlich bereiten weitere Szenen menschlichen Leidens auf die Schlußbotschaft des Filmes vor:

Solche armen Wesen sollen in Zukunft nicht mehr neben unseren gesunden Kindern leben. Die Unfruchtbarmachung ist ein leichter, chirurgischer Eingriff, ist ein humanes Mittel, durch das die Nation vor grenzenlosem Elend bewahrt wird. Niemals sollen die unschuldigen Opfer für die Sünden der Vergangenheit büßen, aber jeder stolze und ehrliche Mensch wird verstehen, wenn wir verhindern, daß diese Sünden zur endlosen Kette werden. In den letzten siebzig Jahren hat sich unser Volk um 50% vermehrt, während die Zahl der Erbkranken in gleichem Zeitraum um 450% gestiegen ist. Wenn diese Entwicklung so weiterliefe, würde schon in fünfzig Jahren auf vier gesunde Menschen ein Erbkranker kommen. Ein endloser Zug des Grauens würde in die Nation hineinmarschieren, maßloses Elend über ein wertvolles Volk kommen, das dann mit Riesenschritten seinem Ende entgegeginge. Das Gesetz zur Verhütung erbkranken Nachwuchses ist daher niemals ein Eingriff in göttliche Rechte, sondern es ist die Wiederherstellung eines Naturgesetzes, das der Mensch in falscher Humanität durchbrach.[10]

Um die Zuschauer in Anbetracht dieser Thematik gewissermaßen nicht allzu deprimiert zurückzulassen, endet der Film mit einem aufmunternden Blick auf eine starke und gesunde nationale Gemeinschaft, bestehend aus Hitlerjugend und dem Bund Deutscher Mädchen, Athleten und Turnern, den verschiedenen Teilen der Wehrmacht, der SS und schließlich einem strahlenden Führer, Hitler, inmitten seiner Gefolgsleute auf dem Nürnberger Parteitag des Jahres 1936.

Welche Techniken und inhaltlichen Aspekte sind diesen Propagandafilmen über Erbgesundheit aus den 30er Jahren gemeinsam? Am stärksten fällt ins Auge, daß diese Filme eine krude sozialdarwinistische Sicht des Lebens propagieren, ganz im Sinne eines ständigen Kampfes ums Überleben inmitten einer feindlich gesinnten natürlichen Umgebung. Abgesehen von tosenden Wellen und dunklen Wolken bedienen sich diese Filme naturgeschichtlicher Aufnahmen von Tieren, die sich gegenseitig jagen oder töten. Ein junger Laborassistent, der gemeinsam mit einer Gruppe von Wissenschaftlern naturgeschichtliches Filmmaterial sichtet, kommentiert in dem Dokumentarfilm *Das Erbe* an einer Stelle:

Unter diesen Tieren hält die Natur ihre unerbittliche Auslese. Der kranke Vogel fällt der Katze zum Opfer. Der schwächliche Hase wird vom Verfolger erwischt. Selbst unter gleichen Artgenossen finden Kämpfe statt, dem der Schwächere zum Opfer fällt. Manche Vogelmutter merzt sogar rein instinktmäßig schlecht entwickelte Junge aus.[11]

Schließlich begreift es sogar die naive Assistentin, so daß auch bei ihr der professorale Groschen fällt und sie zu der Einsicht kommt: »Dann treiben die Tiere also eine regelrechte Rassenpolitik?« Unverblümt dient die Präsentation von Professoren und Ärzten dazu, dieser düstern Botschaft eine Aura von Autorität und unbezweifelbarer wissenschaftlicher Logik zu verleihen. Damit das Publikum die Professoren nicht mit den in anderen Kinofilmen allgegenwärtigen »verrückten Professoren« verwechselt, werden sie in den Drehbüchern und Filmszenen als allwissende, weltzugewandte Männer mit gradlinigem Blick und fester Hand dargestellt.[12] Der Anspruch dieser Filme auf wissenschaftliche Objektivität wird von Appellen begleitet, die Unmut hervorrufen sollen und auf gemeinsame Vorurteile anspielen. Wir haben bereits gesehen, wie die Filmemacher die Verhältnisse in den angeblich luxuriösen Heilanstalten den armseligen Lebensumständen vieler einfacher Deutscher gegenüberstellen. Ständig schildern diese Filme die langfristigen Kosten für die Pflege der Patienten und betonen, diese Beträge könnten besser für Wohnprojekte zugunsten sozial Benachteiligter eingesetzt werden – eine Argumentation, die insbesondere auf eine Resonanz bei den unteren Schichten abzielte.[13] Auf einer weniger unmittelbar materialistischen Ebene unterstreichen diese Filme zudem die Verschwendung jugendlicher Energie und idealistischer Hingabe auf seiten des Pflegepersonals in den Heil- und Pflegeanstalten.

Wie aber gelingt es diesen Filmen, ihr Hauptanliegen den Zuschauern nahezubringen, namentlich die Kranken zu entwürdigen und eine normale menschliche Sympathie auszuschalten? Wie bereits oben erwähnt, zeigt man, wie die Patienten ihr Essen versabbern, sich auf unnatürliche Weise bewegen und unnormal sprechen. Die Filmemacher hoben die Anomalitäten durch eine entsprechende Kameraperspektive oder bestimmte Beleuchtungstechniken hervor, indem sie beispielsweise ein Gesicht von unten belichteten, um dessen Deformation deutlicher hervortreten zu lassen.[14] Über diese offensichtlichen Techniken hinaus wurden unkommentierte Überblendungen eingesetzt, um instinktive Sympathien mit den Gestörten und Gequälten zu untergraben. Beispielsweise präsentierte man Bilder körperlich behinderter Menschen zusammen mit Bildern geistig Kranker, die dann wiederum durch Aufnahmen gewöhnlicher Krimineller ersetzt wurden. Die Wände zwischen einer Heil- und Pflegeanstalt und einem Gefängnis wurden auf suggestive Weise durchlässig. Der populäre Unmut über ein angeblich liberales Rechts- und Strafsystem wurde zusätzlich angefacht, indem man suggerierte, daß kriminelle Straftäter ihrer Bestrafung letztlich entgingen: Psychiater erklärten, daß die Straftäter vermindert zurechnungsfähig seien und viele von ihnen am Tag ihrer Entlassung in die Freiheit gelangen, allein um noch abscheulichere Straftaten begehen zu können.[15] Erneut rangierten dabei Sexualstraftäter, Räuber und Mörder an erster Stelle. Welcher Zusammenhang allerdings zwischen diesen Subjekten und den blinden beziehungsweise behinderten Kindern bestünde, bleibt freilich im dunkeln. Alle diese disparaten Kategorien von Menschen wurden ohne weitergehende Erklärung unter die eine Rubrik »erbkrank« subsumiert.

Am heimtückischsten sind diese Filme jedoch in der Hinsicht, daß sie den Kranken ihre menschlichen Attribute raubten und herkömmliche moralische Grundsätze systematisch außer Kraft setzten. Abgesehen von dem allgegenwärtigen Begriff »erbkrank«, wurden die in diesen Filmen gezeigten Menschen in den Untertiteln und Kommentaren beständig als »Wesen«, »Kreaturen«, »Existenzen«, »Idioten«, »lebensunwertes Leben«, »Karikaturen menschlicher Gestalt und menschlichen Geistes« etc. tituliert. In einigen dieser Filme siedelte man sie ausdrücklich auf einer erheblich niedrigeren Stufe als Tiere an, denen ausnahmslos mehr Zuneigung und Gefühl entgegengebracht wurde, insbesondere wenn sie – wie die gezeigten reinrassigen Jagdhunde oder Rennpferde – den Sinn und Nutzen selektiver Zucht illustrieren sollten.[16]

Sympathie für vollblütige Tiere ist eine Sache; ein närrischer Umgang mit Haustieren, die alleinstehenden Frauen als Kinderersatz dienen, ist freilich etwas anderes. Der Film *Was du ererbt* enthält eine bizarre Schmährede gegen weibliche Hundebesitzer und klagt sie an, ihre mütterlichen Instinkte an die vierbeinigen Stammgäste von Hundesalons zu verschwenden. In den Untertiteln werden solche städtischen Kultursnobs strengstens ermahnt: »Übertriebene Liebe zum Tier ist Entartung. Sie erhöht das Tier nicht, sondern erniedrigt den Menschen!«[17] In ein, zwei Filmen werden Menschen ausdrücklich mit Tieren auf eine Stufe gestellt, insbesondere in *Erbkrank*, wo ein kahlköpfiger Jugendlicher gezeigt wird, der eine Handvoll Gras ißt.

Des weiteren wird die menschliche Individualität durch einen gnadenlosen Kollektivismus in Frage gestellt, indem man das Individuum auf ein bloßes Glied in der erbbiologischen Kette der Generationen reduziert, wertvoll allein aufgrund seiner genetischen Eigenschaften, die es zur künftigen Entwicklung der Gattung beiträgt. Zukunft wird dabei mit der Fähigkeit des Kollektivs gleichgesetzt, sich im Krieg erfolgreich gegen andere Nationen zu behaupten. Die entindividualisierten Geisteskranken werden durch die entindividualisierten kollektiven Massen der militärischen und nationalsozialistischen Formationen ersetzt. Ehe und Fortpflanzung sind ebenfalls entindividualisiert (und ent-erotisiert) und werden statt dessen zu einer Pflicht im Dienste der alles überragenden nationalen Gemeinschaft. Die Entmenschlichung der in diesen Filmen dargestellten Personen würde freilich wirkungslos bleiben, erlaubte man

dem Zuschauer, seine überkommenen moralischen Normen und vor-na-
tionalsozialistischen Werte beizubehalten. Daher wird in diesen Filmen
auf hinterhältige Weise die Sprache der Barmherzigkeit, Moral und Religion verwendet, allein um sie noch wirkungsvoller zu unterminieren. Die
Menschheit, so wird gezeigt, »versündigt« sich gegen das »Gesetz der
natürlichen Auslese«, denn Fürsorge und soziales Handeln verhindern
die Selektion. Die Sterilisation wird zu einer »moralischen Verpflichtung« und zum Ausdruck praktischer »Nächstenliebe« stilisiert. Die
christliche Lehre sei bislang »mißverstanden« worden; wissenschaftliche
Eingriffe dienten lediglich dazu, die Gesetze des Schöpfers »wieder in
Kraft zu setzen«. Die angeblich »natürliche« Ordnung müsse gegenüber
einer »falsch verstandenen Humanität« den Vorrang gewinnen. Der
Liberalismus gilt als eine neue und vorübergehende Verirrung. Der Hedonismus und ein ungezwungener Umgang mit der Fortpflanzungs-
fähigkeit werden von diesen modernen Puritanern durch und durch
verdammt. Diese begrifflichen Taschenspielertricks samt dem (sicher
wirkungsvolleren) Appell an weitverbreitete Vorurteile dürften bei den
Zuschauern zumindest für ein gewisses Maß an moralischer Verwirrung,
für ein paar Risse in der konventionellen Moral gesorgt haben. Die stän-
dige Betonung der »Naturgesetze« und der Erbbiologie diente ebenfalls
dazu, ein gewisses Gefühl der Ohnmacht und Hilflosigkeit in Anbetracht von Problemen zu verbreiten, die nach einer »Endlösung« zu verlangen schienen. Eine Gruppe von Zuschauerinnen einer NS-Frauen-
schaft verließ den Film *Erbkrank* angesichts dessen, was sie dort gesehen
hatten, mit blankem Entsetzen, aber auch in der Überzeugung, daß
»doch nicht geholfen werden kann«, zumindest nicht auf einer individuellen – im Gegensatz zur staatlichen – Ebene.[18] Diese Filme hatten es
nicht nötig, die Zuschauer zu aktiven Aposteln der Zwangssterilisation
zu machen; in Anbetracht eines »Problems«, dessen Dimensionen bewußt so sehr dramatisiert wurden, daß sie das Fassungsvermögen und
die Entschlossenheit eines einzelnen überstiegen, brauchte man lediglich
die Mehrheit der Zuschauer in einen empörten, hilflosen und moralisch
verwirrten Zustand zu versetzen. Sicher, wir können nicht mehr heraus-
finden, inwiefern diese Filme ihre unmittelbaren Ziele erreichten, denn
die Tatsache, daß den Zuschauern nach Betrachten dieser Filme das Entsetzen im Gesicht stand, läßt sich gelinde gesagt höchst unterschiedlich interpretieren. Aber sowenig man die Wirkungen der Propaganda
überschätzen darf, so sollte man doch keinesfalls deren Fähigkeit unter-
schätzen, ein moralisches Vakuum zu schaffen – und das ist etwas ganz

anderes als die bloße Verstärkung vorhandener Vorurteile bei einem Teil des Publikums.

Diese Dokumentarfilme wurden von den Organisatoren des »Euthanasie«-Programms auch dazu eingesetzt, die an der Euthanasie Beteiligten mit dem Vorgang der Massentötung vertraut zu machen. Der Bauarbeiter Kurt Franz erinnerte sich, daß er vor seinem Einsatz in Hadamar einen Film ansehen mußte, in dem Psychiatriepatienten zu sehen waren, »die man kaum als menschlich beschreiben kann«. Dieser Film sei so schockierend gewesen, daß er »sein Gesicht abwenden mußte«.[19] Einem anderen Neuling, Hermann Schweninger, zeigte man ebenfalls einen Film, der eine »Ansammlung von Phantasiegebilden« zu enthalten schien. Schweninger war ein Veteran des Freikorps Epp und verdiente sich anschließend seinen Lebensunterhalt in der Filmindustrie, als Reiseführer und Lastwagenfahrer. Brack, der sich bei einem Skiurlaub mit Schweninger angefreundet hatte, engagierte ihn dann als Strohmann für die Gemeinnützige Krankentransport GmbH und versicherte ihm, er könne später auch Filme machen.[20] Diese Filme waren als abschließende Rechtfertigung des »Euthanasie«-Programms gedacht und sollten den Charakter wissenschaftlicher Dokumentarfilme erhalten. Bis es soweit sein sollte, wurde er in den Südwesten geschickt, um dort den Transport von Patienten in das Vernichtungszentrum Grafeneck zu organisieren. Diese Erfahrung genügte offenbar, um ihn von der Redlichkeit einer Politik zu überzeugen, zu deren Helfershelfer er geworden war. Nachdem man Schweninger im Herbst 1940 nach Berlin zurückbeordert hatte, beauftrage ihn Nitsche, mehrere Heil- und Pflegeanstalten aufzusuchen, um Filmmaterial zur Verwendung in Dokumentarfilmen zu sammeln, für die Nitsche bereits ein provisorisches Drehbuch entworfen hatte.[21]

Dieses Drehbuch enthielt einesteils eine Selbstrechtfertigung der Psychiatrie und zielte zugleich darauf ab, die in der Bevölkerung herrschende Besorgnis zu zerstreuen, indem man den Eindruck eines überaus gründlichen Ausleseprozesses im Rahmen der Aktion T 4 erwecken wollte. Im ersten Teil des Films sollten die Kosten für die Pflege und Versorgung der Geisteskranken auf eine Weise dargelegt werden, wie es bereits in früheren Dokumentarfilmen des Rassenpolitischen Amts der Fall war. Anhand einer Landkarte sollte sowohl die Anzahl der Heilanstalten sowie deren Größe verdeutlicht werden. Die im Film dann tatsächlich gezeigten Anstalten wurden nach ästhetischen Gesichtspunkten ausgewählt: »Bilder besonders schöner, auch baulich und ästhetisch wertvoller Anstalten, wie z. B. Sonnenstein, Hubertusburg – eine schöne, imposante

Schloßanlage – Werneck bei Würzburg (Schloßbau wohl von Balthasar Neumann), Leubus in Schlesien.«[22] Statistiken zeigten die starke Zunahme an Anstalten seit 1880, die Zahl der Patienten sowie den Umfang ihrer medizinischen Versorgung. Der zweite Teil des Drehbuches sah vor, das Ausmaß des menschlichen Leidens in diesen Institutionen darzustellen. Dabei wollte man sich nicht allein auf das Leid der Schizophrenen, Idioten, Epileptiker oder von Patienten im Zustand der Paralyse beschränken – auch wenn das Drehbuch einige konkrete Beispiele dieser und anderer Krankheiten vorsah –, sondern darüber hinaus die »seelische Belastung« demonstrieren, die diese Patienten ihren Verwandten »aufbürden«. In einem dritten Teil wollte Nitsche auf die Prävention – Sterilisation und Eheberatung – und die aktive Therapie eingehen, wobei einige Vorher-nachher-Szenen von Patienten, die medikamentös oder mit Psychotherapie behandelt wurden, geplant waren. Dieser psychiatrischen Momentaufnahme sollten in einem abschließenden Teil des Films Bilder der »Unheilbaren und Lebensunwerten« folgen, die eine Schwermut ausstrahlen hätten, wie man sie sonst nur von den Gemälden Goyas kennt. Darüber hinaus sollte der Film über den Prozentanteil an Langzeitpatienten informieren, einschließlich jenes kleinen Teils, der arbeitsfähig war. Daran anschließend würde es um die finanziellen Ausgaben und um den personellen Aufwand gehen, der zur Pflege dieser »Ballastnaturen« benötigt wurde. Diese Szenen ebneten den Weg für einen detaillierten Blick auf den Ausleseprozeß, beginnend mit der Registrierung mittels der Meldebögen in den Anstalten selbst – d. h. der Ermittlung des »sozialen Werts« eines Patienten – bis hin zu den entscheidenden Selektionsvorgängen, wie sie von T 4 durchgeführt wurden. Enden sollte der Film mit einer Darstellung vom »Ablauf der Aktion«.[23]

Nitsche verständigte sich mit seinem Kollegen Heyde über das statistische Material, das im Film verwendet werden sollte. Die Landesregierungen wurden aufgefordert, Informationen über die geographische Lage der Anstalten sowie deren Instandhaltungskosten zu liefern. In einem Gespräch mit Nitsche erinnerte Carl Schneider an bereits existierende Filme, die von psychiatrischen Patienten handelten und für das gegenwärtig geplante Projekt eine beispielhafte Vorbildfunktion einnehmen könnten. Hans Hefelmann sandte Notizen an Heyde, in denen er u. a. auf »die Idiotenanstalt in Kramsach, Tirol« hinwies, in der sich »70 idiotische Kinder« befänden, die »besonders beispielhaftes Filmmaterial liefern könnten«.[24] Nitsche erteilte Schweninger ausführliche Anweisungen und forderte ihn auf, beispielsweise Kinder in unmittelbarer Nähe zu Erwachsenen oder geistig zurückgebliebene Patienten vor dem Hintergrund von Landschaftsgärten zu filmen.

Ausgerüstet mit dem Drehbuch und mancherlei Hinweisen, brachen Schweninger und ein Produzent der Tobis-Film-Gruppe zu einer Tour durch 20 bis 30 Heil- und Pflegeanstalten auf, um geeignete Drehorte zu finden. Abgesehen von der schwierigen Suche nach »luxuriösen« Anstalten, scheint man die Reiseroute immer wieder spontan geändert zu haben, da man des öfteren überraschende Hinweise auf noch erschreckendere Fälle menschlichen Leidens erhielt. Als es dann tatsächlich zu den Drehaufnahmen kam, mußten sich Schweninger, Stoppler und die gesamte Crew beeilen, um noch rechtzeitig in den Anstalten einzutreffen, bevor die zu filmenden Patienten in den Gaskammern verschwunden wären. Es gilt als gesichert, daß die Truppe am 1. und 2. November 1940 in der pädiatrischen Abteilung von Eglfing-Haar und anschließend in der psychiatrischen Abteilung des Kaiser-Wilhelm-Instituts in München Filmaufnahmen machte.[25] Über einen beträchtlich langen Zeitraum hinweg drehte Schweninger mehr als 10 000 Meter Filmmaterial (zumeist mit Ton), das anschließend in verschiedenen Filmformaten bearbeitet werden konnte.

Die Hauptprojekte, die aus diesem Material hervorgingen, waren zum einen der pädagogische Film *Dasein ohne Leben* und zum anderen die wissenschaftliche Dokumentation *Geisteskrank*. Beide Filme handelten explizit von medizinisch induziertem Mord, wobei in einem der Filme der tatsächliche Ausleseprozeß bis hin zur Ermordung kaltblütig in jedem Detail dargestellt wurde. *Dasein ohne Leben* wurde vermutlich im Laufe des Jahres 1941 fertiggestellt und zusammen mit dem von Schweninger gefilmten und thematisch grob geordneten Rohmaterial am 10. März 1942 einem ausgewählten Publikum präsentiert.[26] Bis vor kurzem kannte man das gesamte Material nur in Form verschiedener Drehbuchentwürfe, die Filme selbst waren verschwunden. Acht der 23 Filmrollen, die Schweninger für diese Filme gedreht hat, wurden vollständig mit Ton 1989/90 von mir in Potsdam wiederentdeckt.[27]

Das Drehbuch für *Dasein ohne Leben* ist in zwei unterschiedlichen Varianten erhalten geblieben, von denen eine eher fragmentarischen Charakter hat, versehen mit handschriftlichen Alternativüberlegungen von Nitsche. Die erste Version enthält bezeichnenderweise die Vorlesung eines Professor Kämpfer, die dieser vor Studenten hielt, obgleich im Drehbuch rasch darauf hingewiesen wird, daß diese Vorlesung von einer »Menschheitsfrage« handelt, »die uns alle angeht«. Der Professor, der laut

Skript »kluge, gütige Augen« hat und ganz und gar nicht wie ein »weltfremder Buchgelehrter« wirkt, beginnt mit einem groben Überblick der Geschichte und Praxis der institutionellen Psychiatrie. Mit Hilfe von Montagetechniken werden »dämonisch irre Gesichter« beschworen, über die es aus dem Munde des Professors heißt: »Ein Dasein ohne Leben. Das sind Erkenntnisse einer heute hochentwickelten Psychiatrie und Erbforschung.« Was folgt, ist eine kurze Geschichte der psychiatrischen Disziplin, die sich schnell von den Irrenhäusern des 18. Jahrhunderts hin zu den Leistungen Emil Kraeplins (1856–1926) bewegt, einem der Gründungsväter der psychiatrischen Krankheitslehre. Die Zuschauer werden fortlaufend mit Statistiken bombardiert, die das bloße Ausmaß an psychiatrischer Versorgung in der Gegenwart wiedergeben, was in gelegentlichen Randbemerkungen als völlig sinnlos abgetan wird: »Wie gut gemeint: die Kranken sollen sich an der ersten Frühlingssonne freuen! [Die Szene verläßt den Park von Werneck und schwenkt über in den Garten der unruhigen Frauenabteilung in Lohr.] Aber das Verhalten der stumpfen oder unruhigen Frauen zeigt keinen Rapport zur Umwelt.«[28]

Danach erläutert der Professor die in manchen Fällen hilfreichen Wirkungen der Arbeitstherapie beziehungsweise anderer direkter Therapieformen: Gartenarbeit und Kartoffelschälen, Insulin- und Elektroschocks. Während sich zwei Studenten für einen kurzen Augenblick durch den Blick auf ein an der Wand hängendes, düsteres Gemälde von Goya, das das Innere eines Irrenhauses darstellt, ablenken lassen, kehrt der Professor zur Thematik des hohen Prozentanteils an »unheilbaren« Patienten zurück. Interviews mit einigen dieser »Unglücklichen« müssen dazu herhalten, den Grad ihres Wahnsinns zu veranschaulichen. Zu den Interviewten gehört eine Frau, die vom »Geschmack eines ermordeten Kopfes« erzählt, Szenen, die zu dem in Potsdam entdeckten Filmmaterial gehören und in denen man sieht, wie sie von ihrer Wahnvorstellung berichtet, nämlich daß sie ihren ermordeten Kopf zuerst gesehen und dann geschmeckt habe. In freizügiger Anlehnung an einige der Themen, die in den früheren Filmen des Rassenpolitischen Amts behandelt wurden, rühmt der Professor die »Seelengröße« der Krankenpflegerinnen und -pfleger, die bereit seien, sich freiwillig »in einem solchen Haus des Jammers gleichsam lebendig zu begraben«. Selbstverständlich sei es »unnatürlich und im Sinne einer höheren Sittlichkeit untragbar, wenn ganze Generationen junger, gesunder Menschen in der Pflege und Bewahrung unheilbar Irrer und Idioten dahinaltern«. Welchen Sinn mache es, fragt der Professor, diese »Kreaturen« am Leben zu erhalten? Freimütig gibt er seine Gefühle zum besten und spricht davon, wie »herzzerreißend« es sei, hirngeschädigte und behinderte Kinder zu sehen, und fragt sich, »Was soll aus diesen unschuldigen Opfern werden?«, wobei klar ist, daß er die einzig denkbare Antwort kennt. Ein »gnädiges Schicksal« wird beschworen, das diese »bedauernswerten Geschöpfe« aus ihrem »Dasein ohne Leben ... befreit«. Verbunden mit einem Appell an die »Menschlichkeit« verweist der Professor auf das Gesetz zur Verhütung erbkranken Nachwuchses, bevor er abschließend ein persönliches Schlußwort spricht. Sollte er selbst jemals in eine Verfassung geraten, so führt er aus, wie es auf jene im Film gezeigten Menschen zutreffe, er würde »lieber sterben«, ja, tatsächlich »wäre ich jedem dankbar, der mir helfen würde, zu sterben«. Jeder gesunde Mensch, ja sogar jeder unheilbare Patient und Idiot sei in diesem Punkt mit ihm einer Meinung. Begleitet von einem musikalischen Furioso steigert sich der Professor, dessen Stirn und Augen nun den gesamten Bildschirm ausfüllen, in eine leidenschaftlich selbstgerechte Ekstase, die durchtränkt ist von dem Willen zur Vernichtung:

> Ist es nicht die Pflicht derer, die es angeht, den Unmündigen – und das sind die Vollidioten und unheilbar Geisteskranken – zu ihrem Recht zu verhelfen?
> Ist es nicht heilige Forderung der Barmherzigkeit:
> Erlöst, die ihr nicht heilen könnt!
> Diese Frage richtete der Direktor einer großen Irrenanstalt an die Eltern seiner unheilbaren Pfleglinge.
> 73 % antworteten mit »Ja«.
> Eine Mutter schrieb: »Nicht fragen – handeln!« [Dieses Zitat ist auf der Leinwand buchstäblich eingebrannt].[29]

Die zweite Version von *Dasein ohne Leben* ist eine weniger ausgearbeitete Fassung der ersten Teile eines anderen Drehbuchs, das nicht mehr vorhanden ist. Beginnend mit einem bukolischen Sonnenaufgang, schwenkt die Kamera sanft durch Wälder, entlang eines Viadukts und einer Autobahn hin zu einer Fabrik mit arbeitenden Menschen. In unheilvollem Tonfall verkündet ein Kommentar: »Das Schicksal des Einzelnen ist nur klein und unbedeutend. Das Schicksal der Nation ist entscheidend.« Dem Einblick in Büros und in das Atelier eines Bildhauers folgen im Skript einige Ausführungen über Gesundheit und Krankheit, die in dem ernüchternden Gedanken münden: »Die Kranken sind menschliche Wesen im Exil. Sie verdienen unser Mitleid. Sie verdienen noch mehr. Sie verdienen

Gnade. Die Natur war schon immer unbarmherziger als die zivilisierte Menschheit, denn sie handelt gemäß unentrinnbarer Gesetze! Sie entscheidet, daß der Schwache dem Starken unterliegt, daß alles Schwache und Kranke ausgemerzt und vernichtet wird! Das ist ein heiliges Gebot. Und dieses Gebot hat es schon immer gegeben.« Bilder »entarteter« moderner Kunst verschmelzen mit Aufnahmen von Psychiatriepatienten, die die Leinwand immer mehr ausfüllen. Die Kranken, so wird uns gesagt, stehen »außerhalb der Gemeinschaft«, bemitleidenswerte Wesen, die unserer Pflege bedürfen, »sofern es möglich ist, ihnen zu helfen«.[30]

Nitsches Korrekturen stellen die dritte und letzte schriftliche Quelle zu *Dasein ohne Leben* dar. Nitsche versuchte die schwierige Aufgabe zu bewältigen, den therapeutischen Nutzen der modernen Psychiatrie darzustellen und dabei gleichzeitig das Faktum der Unheilbarkeit zu betonen – eine Art neurologische Variante der Quadratur des Kreises. Des weiteren kam es ihm sehr darauf an, zu erklären, daß die Kranken für die Gemeinschaft sowohl eine Last als auch eine Gefahr darstellten. Die moderne Psychiatrie, erklärte er, könne schwierigen Patienten mit Hilfe der Arbeitstherapie helfen, während die Behandlung mit Insulin und Elektroschocks in solchen Fällen zum Erfolg führe, bei denen man die Krankheit in einem frühzeitigen Stadium entdeckt habe. Ohne sich lange mit Fakten, Zahlen oder Prozenten aufzuhalten, behauptete Nitsche, daß »eingestandenermaßen diese neuen Heilungsformen in vielen Fällen versagen«. Die Heil- und Pflegeanstalten seien voll mit unheilbaren Fällen, deren Symptome noch nicht einmal durch einen verschwenderischen Einsatz medizinischer Hilfe unterdrückt werden könnten. Das alles sei eine undankbare Sisyphusarbeit. Der Rest von Nitsches Verbesserungsvorschlägen beschäftigte sich schließlich mit den Ursachen verschiedener Geisteskrankheiten.[31]

Der zweite in Angriff genommene Dokumentarfilm, für den Schweninger und Nitsche verantwortlich zeichneten, war der wissenschaftliche Dokumentarfilm *Geisteskrank*, dessen Drehbuch vom 25. Oktober 1942 aus der Feder Schweningers in zwei Versionen erhalten ist, nämlich in einer für das breite Publikum und einer anderen für akademische Zuschauer. Für diesen Film standen 23 Filmrollen Material zur Verfügung sowie vier Reserverollen, von denen zwei Rollen Interviews mit Professoren in Heidelberg (Schneider) und München (Nitsche selbst) enthielten. *Geisteskrank* beginnt mit einer Geschichte der Geisteskrankheit, die ihren Höhepunkt in den Erfolgen der zeitgenössischen Psychiatrie findet. Anhand all der bereits dargestellten Beispiele betont der Film die Kosten der psychiatrischen Pflege (mit Hilfe von Grafiken) und das Problem der Unheilbarkeit. Schweninger versucht den Balanceakt Nitsches zwischen einer Darstellung der Erfolge moderner Therapie und dem Wunsch, die »hoffnungslosen Fälle« auszulöschen, nachzuahmen:

Es ist aber völlig unmöglich, Beschädigungen des Gehirns zu beheben oder vererbliche Krankheitsanlagen zu beseitigen. Aber es gelingt in vielen Fällen, besonders, wenn der Erkrankte rechtzeitig der spezialärztlichen Behandlung zugeführt wird, die Patienten von den äußeren Symptomen der Krankheiten zu befreien. Diese Aufnahmen, die vor, während und nach der Behandlung gemacht wurden, zeigen, wie gewaltig die Heilerfolge sind. So können viele in das freie Leben zurückkehren und ihrem Beruf wieder nachgehen. Ein großer Teil dieser Kranken aber ist unheilbar und muß zeitlebens in Anstalten verbleiben.[32]

Diesem Argument wird zusätzlich noch eine fatalistische Note verliehen:

Unheilbar geisteskrank! – Wohl das schrecklichste Los, das Menschen treffen kann, denn sie können weder gesunden noch sterben! Sie müssen in ihrem hoffnungslosen Zustand ein grauenvolles, oft viele Jahrzehnte langes Dasein verbringen, das durch sorgsame Pflege und ärztliche Betreuung vielfach noch verlängert wird. Sie müssen in einem Dasein weitervegetieren, das mit Sinn und Würde menschlichen Lebens nichts mehr gemein hat![33]

Mit einem direkten Angriff auf bislang gültige Grundsätze werden die Karten der neuen Moral offen auf den Tisch gelegt:

Ja, sie müssen! Weil die übersteigerten Menschlichkeitsbestrebungen des Humanismus vor 200 Jahren und wirklichkeitsfremde Religion eine ärztliche Moral entstehen ließen, die bis heute Gültigkeit behalten hat, und die es dem Arzt zur Aufgabe und Pflicht macht, das Leben jedes Menschen unter allen Umständen und in jedem Fall zu erhalten, auch wenn es längst Sinn und Merkmale menschlichen Lebens verloren hat.[34]

Dieser Text wurde mit Bildern aus Schweningers Repertoire unterlegt, Bilder jener Frauen, die ihre ermordeten Köpfe verspeisen, Nahaufnah-

men von Gesichtern enzephalitischer Kinder oder von Erwachsenen mit
Down-Syndrom etc. Diese Bilder wurden eingesetzt, um für das Vorgehen des nationalsozialistischen Staates bzw. von T4 ein »unwiderlegba-
res« Argument zu liefern. Eine stark entschärfte Version dieser Maßnahmen, deren wissenschaftlicher Charakter wiederholt als gesichert betont
wurde, sah dann etwa folgendermaßen aus:

[Montage und trickmäßige Darstellung der Erfassung und Begut-
achtung.]
Es wurde eine Organisation ins Leben gerufen, durch die zunächst,
erstmalig in Deutschland, eine zentrale Erfassung aller in Anstalten
befindlichen Geisteskranken erfolgte.
Aus Fachärzten zusammengesetzte Gutachterkommissionen über-
prüfen sodann die bereits bestehenden Krankheitsgeschichten und
Diagnosen und stellten die Unheilbaren fest, die im Rahmen dieser
Maßnahmen ihrer Erlösung durch den Tod zugeführt werden sollen.
Unklare oder Zweifelsfälle wurden von Obergutachtern überprüft.
[Aufnahmen von Grafeneck und Hartheim.]
Die auf diese Weise einwandfrei als unheilbar festgestellten Kran-
ken wurden dann in eigens dazu eingerichtete, eigene Anstalten
verbracht.
[Ankunft und Ausladen von Kranken.]
[Arzt geht durch das Krankenzimmer.]
In diesen Sonderanstalten werden die eingelieferten Kranken durch
den Anstaltsarzt einer eingehenden Beobachtung unter gleichzeiti-
ger Überprüfung der Krankheitsgeschichten und Diagnosen unter-
zogen, um jede Möglichkeit eines Irrtums oder einer Fehlentschei-
dung durch die Gutachter zu verhindern.
[Untersuchungskommission.]
So kommt der Tag, an dem die Erlösung des Kranken zur Durchführung gelangt. Vor einer Untersuchungskommission unter Leitung des Anstaltsarztes werden nochmals die Personalien und der
medizinische Befund des Patienten überprüft und festgestellt.
[Fotografieren.]
Für Archiv-Zwecke werden fotografische Aufnahmen des Kranken
hergestellt.
[Gasraum.]
[Als Zwischenschnitte Aufdrehen des Hahns, Gasometer, Beobachtung durch den Arzt.]

In einem hermetisch abgeschlossenen Raum wird dann der Patient der Einwirkung von Kohlenoxydgas ausgesetzt.

Das einströmende Gas ist völlig geruchlos und beraubt den Kranken zunächst des Beurteilungsvermögens und dann des Bewußtseins.

Vom Patienten gänzlich unbemerkt, ohne Qual und Kampf tritt der erlösende Tod ein.

[Vorher – Nachher.]

Das von unheilbarer Geisteskrankheit und unmenschlichem Dasein verzerrte und gequälte Gesicht eines Unglücklichen ist vom Frieden eines sanften Todes geglättet, der endlich Hilfe brachte, die Erlösung![35]

Die Wirklichkeit, die sich hinter diesem Text verbarg, beschrieb Schweninger im Oktober 1970 wie folgt:

> Bei der Vergasung in Sonnenstein hatte ich nur die einzige Gelegenheit, durch das Beobachtungsfenster zu filmen. Die Kranken wurden in einen Raum geführt, der wie ein großer Baderaum aussah. Der Arzt verschloß die Türen und drehte den Hahn auf […] Es sah aus, als ob die Kranken allmählich einschliefen. Manche fielen um und manche sackten in sich zusammen. Es dauerte nicht lange. Ich glaube, daß auch einmal eine Aufnahme von einer Vergasung im Bett gemacht wurde. Soweit ich mich erinnern kann, handelte es sich dabei um einen ganz schweren Fall.[36]

Der untergründig rumorende Widerstand gegen das reale »Euthanasie«-Programm führte schließlich zu einem verstärkten Interesse an inszenierten Filmen statt an Dokumentarfilmen. Die Rechtfertigung, die dem Drehbuch eines dieser inszenierten Filme voranstand, lautete:

> Unsere Aufgabe war es, ein Drehbuch für einen Film über Euthanasie zu schreiben, über die Auslöschung unwerten Lebens. Aufgrund der Umstände waren wir von der Notwendigkeit überzeugt, jeglichen Anschein von Propaganda zu vermeiden und alles zu unterlassen, was man böswillig als eine unmittelbar vom Staat ausgehende Bedrohung hätte auslegen können. In unserem Film sind wir dem Diktat des Herzens in der Überzeugung gefolgt, dem Diktat des Gesetzes dadurch den Weg zu ebnen.[37]

Diese inszenierten Filme verfolgten demnach zwei Ziele: Sie sollten künftigen Gesetzesänderungen bezüglich des »Gnadentods« den Weg bahnen und die Realität eines staatlich verordneten Massenmords geistig und körperlich Behinderter in eine sentimentale Wolke individueller ethischer Dilemmata einhüllen. Entgegen späterer Behauptungen Viktor Bracks war keineswegs beabsichtigt, eine Diskussion über die nationalsozialistische Politik in Gang zu bringen, sondern vielmehr die in der Bevölkerung herrschende Unruhe in eine Diskussion umzulenken, die sich mit dem Handeln von Menschen im Rahmen von – alles in allem – Seifenopern beschäftigte. Drei detaillierte Drehbücher dieser Art sind erhalten geblieben, die mutmaßlich alle aus der Feder des umtriebigen Hermann Schweninger stammen.

Der erste Film, *Drei Menschen*, trug als Motto ein Diktum Nietzsches: »Was verursacht mehr Leiden in der Welt als die Dummheit des Mitleids?«. Die in Thüringen beziehungsweise Schwaben in den Jahren 1931 und 1932 angesiedelte Geschichte handelt von einem Psychiater namens Dr. Hans Gontard, der in eine Schauspielerin namens Maria Hansen verliebt ist. Ihre konventionell platonische Beziehung gerät in Bedrängnis durch die Ankunft von Gontards Jugendfreund, einem dynamischen und erfolgreichen Schauspieler namens Michael Haas, der gemeinsam mit Maria in den Rollen von Romeo und Julia auftreten soll. Michael versucht, aus der Dreierfreundschaft eine Zweierliebschaft zwischen ihm und Maria zu machen. Er nähert sich Maria, indem er bei einem Badeausflug absichtlich Gontards Badehose verlegt, so daß der unglückselige Psychiater gezwungen ist, am Strande sitzend den beiden anderen beim Schwimmen zuzusehen. Vom Baden nach Hause zurückgekehrt, findet sie an Michaels musikalischem Lieblingsstück – dem zweiten Satz von Beethovens fünfter Symphonie – mehr Gefallen als an jenem Gontards – dem ersten Satz derselben Symphonie. Nachdem Michael dergestalt Maria rasch erobert hat, sichert er sich einen langfristigen Arbeitsvertrag vor Ort. Der liebeskranke Psychiater sucht unterdessen in seiner Firma Trost bei seinem Vorgesetzten Professor Nitsche (!), einem »Meister des Lebens«. Es stellt sich heraus, daß Nitsche einst Michaels Vater, einen Industriellen, der Selbstmord beging, behandelt und degenerative Schizophrenie bei ihm diagnostiziert hatte. Nitsche weiht Gontard in die medizinischen Krankenberichte der Familie Haas ein und erinnert sich daran, daß auch mit Michaels Großvater »irgend etwas nicht stimmte«. Die genetische Horrorstory wird mit dem Hinweis vervollständigt, daß Michaels Onkel ein schwachsinniges Kind gezeugt hat. Daher müsse

Michael »erblich schwer belastet sein, selbst wenn er äußerlich einen voll-kommen gesunden Eindruck macht und großen Erfolg in seinem Beruf genießt«. Gontard konfrontiert daraufhin Michael mit diesen Erkennt-nissen just in dem Augenblick, als dieser kommt, um die geplante Hoch-zeit mit Maria zu verkünden; Gontard rät Michael, sich doch lieber der Kunst zu widmen als an seine eigene Fortpflanzung zu denken. Ver-ständlicherweise unterstellt Michael Gontard zunächst unlautere Motive. Er zweifelt am Wahrheitsgehalt der Krankenberichte, die er als Produkt »ärztlicher Einbildungen« bezeichnet, hervorgerufen durch den beruf-lich bedingten Umgang des Arztes mit Wahnsinnigen. »Das Schicksal«, so heißt es im Skript, »nimmt seinen Lauf.«

Obwohl Gontard Michael für eine wandelnde genetische Zeitbombe hält, wird er von dem Paar zum Taufpaten ihres ersten Kindes erkoren. Dann verlassen Michael und Maria zunächst die Stadt für eine ausge-dehnte Theatertournee. Nach ihrer Rückkehr sehen sie sich allmählich zu der Erkenntnis gezwungen, daß ihr acht Monate altes Baby keinerlei nor-male menschliche Verhaltensweisen an den Tag legt. Rasch ist Gontard zur Stelle und bestärkt Michaels schlimmste Befürchtungen hinsichtlich der Gesundheit seines Sohnes und schlägt vor, noch weitere vier Monate abzuwarten, um zu sehen, ob sich die vorläufige Diagnose bestätigt. Während dieser Zeit unternimmt Michael immer verzweifeltere Versu-che, irgendeine Reaktion bei seinem Kind hervorzurufen. Er verkleidet sich als Clown, hüpft mit einem durchs ganze Haus schallenden, wahn-sinnigen Gelächter vor dem Kinderbett auf und ab. Nitsche bestätigt Gontards Diagnose: Das Kind sei unwiderruflich unterbemittelt. Ein dunkler Schleier legt sich über das Elternhaus, und das bedrückende Schweigen aus dem Kinderzimmer macht sich in allen Räumen breit. Er-mutigt von einer Tante, die dem Urteil des Psychiaters mißtraut, versucht Michael während der Weihnachtszeit erneut, sein Kind zu stimulieren. Die Eltern singen ihm gemeinsam Weihnachtslieder vor, und Michael läßt den Stern von Bethlehem vor den Augen seines Sohnes baumeln. Nach-dem ihnen bewußt wird, daß dies alles keinerlei Wirkung zeitigt, ergreift Michael den Weihnachtsbaum, hält ihn hoch über seinen Kopf und wirft den durch die brennenden Weihnachtskerzen selbst entflammten Baum quer durch den Raum. In einem weiteren Gespräch mit Nitsche bittet Michael schließlich den Professor, seinem Sohn das Leben zu nehmen. Nitsche lehnt ab, »denn für mich bedeutet ein Arzt zu sein, zu helfen«. Michael entgegnet darauf:

»Und wem helfen Sie mit Ihrem Mitleid, mit der Gnade Ihrer Anstalt…? Helfen Sie den unheilbar Kranken…? Helfen Sie den Eltern, den Verwandten?« Er blickt aus dem Fenster und sieht: »Die
Natur hilft sich selbst.« Er wendet sich zurück in das Zimmer und
schließt: »Aber wir Menschen benutzen die Wissenschaft, um das
Leiden zu verlängern, wo wir doch die Wissenschaft nutzen könnten, um Erlösung zu bewirken.«[38]

Nitsches kühler Kommentar spricht zugleich eines der Schlüsselthemen
des Films an: »Die Weisungen des Gefühls mögen auf ihrer Seite sein, die
des Gesetzes sind es nicht.«
    Michael und Maria setzten ihre berufliche Kariere fort, offenbar fest-
gelegt auf die Rollen von Romeo und Julia. Während einer der Auf-
führungen des Stückes schleicht sich Michael zwischen zwei Szenen aus
dem Theater heraus und fährt im Kostüm in sein Haus. Dort tötet er seinen Sohn. Anschließend kehrt er ins Theater zurück und spielt das Stück
zu Ende. Als Maria nach Hause kommt, sitzt Gontard am Klavier und
spielt Beethoven. Die drei setzen sich um das Kaminfeuer, wo Michael
wie von Sinnen Selbstgespräche über das Wesen des Feuers führt. Die
Szene wechselt in schnellem Tempo zwischen dem Kaminfeuer und
Rückblenden hin und her, in deren Mittelpunkt die ernsten Ausführungen Nitsches über die erbbiologische Geschichte der Familie Haas stehen. Schlußendlich gesteht Michael: »Ich habe unser Kind getötet.«
Durch menschenleere Straßen wandernd, verläßt er die Stadt. In blasses
Mondlicht getaucht, strahlt sein Gesicht eine ungewöhnliche Ruhe aus;
»auf seinem schweren Weg« ist er »begleitet und geführt … von den ir-
disch wundervollen Klängen Beethovens«.
    Schweningers zweiter Versuch trug den Titel *Der Vorarbeiter*.[39] Ein In-
dustrievorarbeiter hat mit seinem ältesten Sohn große Pläne. Dieser hat
jedoch einen schrecklichen Unfall, der ihm einen dauerhaften Gehirn-
schaden einbringt. Die Ärzte stimmen darin überein, es wäre besser für
ihn gewesen, wenn er gestorben wäre. Die quälende Frage, ob er seinen
Sohn einer Heil- und Pflegeanstalt anvertrauen soll, ziehen Gesundheit,
Arbeitskraft und geistige Verfassung des Vaters zunehmend in Mitleidenschaft. Schließlich entscheidet er sich für die Unterbringung seines
Sohnes in einer Anstalt. Ein Besuch der Anstalt überzeugt ihn jedoch davon, daß es für seinen Sohn in der Tat besser wäre, wenn er stürbe. (Dies
war vermutlich das Stichwort, um einige dokumentarische Filmaufnahmen von Patienten in Heilanstalten einzufügen.) Der Arzt teilt diesen

Gedanken und hält ihn für gerechtfertigt, fühlt sich aber an die Vorgaben des (veralteten) Gesetzes gebunden. Auch die Arbeitskollegen des Vorarbeiters sprechen sich für einen »Gnadentod« aus und beklagen sich über Gesetze, die dem »Leben und der Natur fremd« sind. Daraufhin holt der Vorarbeiter seinen Sohn aus der Anstalt zurück und tötet ihn. Anschließend stellt er sich den Behörden. Seine Frau ist über die Tat ihres Mannes entsetzt und beschließt, sich von ihm scheiden zu lassen. Der »Führer« der Fabrik engagiert einen berühmten Rechtsanwalt, der den Fall dazu nutzt, um für ein neues Gesetz zu werben, das die »Euthanasie« erlaubt. Schließlich befindet ein »verständnisvolles« Richtergremium, daß »es heute unmöglich ist, die Tötung solch unglücklicher Kreaturen als Mord zu verurteilen, wenn es morgen schon in irgendeiner Form durch ein neues Gesetz erlaubt, ja, sogar geboten sein könnte«. Der Vorarbeiter wird zu einer Mindeststrafe von zwei Monaten Gefängnis verurteilt und versöhnt sich wieder mit seiner Frau, die seine »ehrenvollen Motive« schließlich anerkennt. Zu guter Letzt wird der Vorarbeiter noch befördert.

Beträchtlich kürzer als *Drei Menschen*, unterscheidet sich dieses Drehbuch ganz entscheidend von seinem Vorgänger. Ein schrecklicher Unfall war sicher ein passenderer Anlaß, um eine Debatte in Gang zu bringen, als die dubiose und teilweise parteiische Diagnose einer Erbkrankheit, wie es in *Drei Menschen* der Fall war. Auch war der Protagonist im *Vorarbeiter* eine plausiblere Figur, mit der sich das Publikum durchaus besser identifizieren konnte als mit Michael Haas in *Drei Menschen*. Die Gegner der »Euthanasie« konnten sich (zeitweise) mit der Mutter identifizieren, zumindest bis zum Punkt ihrer Bekehrung. Und ein Gerichtsdrama stellte eine gute Möglichkeit dar, um die ethischen und rechtlichen Argumente vorzutragen. Trotz dieser vielversprechenden Aspekte blieben die Charaktere hoffnungslos eindimensional, und es fehlt dem Film an jeglichen romantischen Elementen, wie sie in *Drei Menschen* zumindest sporadisch auftauchen. Wolfgang Liebeneiner, der bereits als Regisseur für einen Film über »Euthanasie« vorgesehen war, konnte sich erfolgreich davor drücken, beim *Vorarbeiter* Regie zu führen.

Unterdessen war Schweninger auf Helmuth Ungers Roman »Sendung und Gewissen«, erstmals 1936 veröffentlicht, aufmerksam geworden. Unger, von Beruf Augenarzt, war Autor von gut 50 Werken, darunter wissenschaftliche Bücher, Theaterstücke und Romane. Seit 1939 wirkte er als Gutachter am »Euthanasie«-Programm mit.[40] Mit einem Bein stand er bereits in der Filmbranche, denn 1939 hatte Tobis Film sein Buch über Robert Koch als Vorlage für einen gleichnamigen Film benutzt. Schweninger wollte Ungers erfolgreichen Briefroman in ein Drehbuch unter dem Titel *Ich klage an* umarbeiten.[41] Der Hauptunterschied zwischen Drehbuch und Vorlage lag schlicht darin, daß Schweninger sich von der Form des Briefromans verabschiedete und ein verheiratetes Paar als Handlungsträger einbaute.

Handlungsort von *Ich klage an* war ein Landgut in Brandenburg, das sich im Besitz von Baron und Baronin von Passow befand. Eines Tages sucht Baronin Lena Professor Terstegen auf, den Chefarzt des örtlichen Krankenhauses, und bittet ihn um Strychnin, um ihren alten, blinden und lahmen Hund Caesar einschläfern zu können. Anwesend ist auch ein Mitarbeiter Terstegens, der das Gespräch mit verfolgt. Der Professor ist der Meinung, eine Kugel sei ein weit würdevollerer Tod für einen solch treuen Freund, woraufhin Lena beschließt, den alten Caesar zu erschießen. Behilflich ist ihr bei dieser Aufgabe ein alter Fischer namens Wollanke, der sich fragt:

> WOLLANKE: Warum tut dies der Herr und Meister nicht selbst? Das ist keine Aufgabe für eine Frau!
> LENA: Ah, Wollanke, er hat für Tiere nichts übrig und hat lange schon vergessen, was der Hund einst für ihn tat.
> WOLLANKE (sanft): Er hat auch viele andere Dinge vergessen.
> LENA: Was meinen Sie?
> WOLLANKE: Ich meine bloß, daß auch Sie selbst schon lange nicht mehr glücklich gewesen sind.
> LENA: Wenn man einen Mann liebt, möchte man für ihn alles sein, aber er braucht mich nicht. Er nimmt mich nicht einmal mehr wahr. Der Hund und vielleicht auch ich sind nutzlose Gegenstände geworden.
> WOLLANKE: Ich wollte Sie nicht aufregen.
> LENA: Nein, Wollanke, das haben Sie nicht.[42]

Die Andeutungen, daß es mit der Ehe der Passows nicht zum besten bestellt ist, werden durch Szenen bestätigt, in denen das ungehobelte Verhalten des betrunkenen Barons dominiert. Eines Tages stürzt der Baron während einer Jagd vom Pferd. Man holt Terstegen, um den bewußtlosen Baron zu untersuchen. Seine Prognose lautet, entweder werde der Patient nach einigen Tagen sterben oder, noch schlimmer, am Leben bleiben

»wie ein gefühlloses Biest. Nein, viel schlimmer noch. Es ist die Hölle. Täglich, stündlich, nein, jede Minute … Er wird nur noch ein menschliches Wrack sein. Er wird Sie nicht wiedererkennen, seine Umgebung und seine Freunde nicht, noch wird er irgendeine Freude am Leben haben. Er mag mit seinen Augen noch sehen können, aber er wird nichts erkennen. Er mag noch hören, aber er wird nichts verstehen. Wenn Sie meine Meinung wissen wollen, ich wäre lieber tot als so zu leben, als eine Last für andere, insbesondere für diejenigen, die ich am meisten liebe. Er wird ständig Aufmerksamkeit brauchen, wird aber niemals in der Lage sein, seine Dankbarkeit auszudrücken. Es ist ein so sinnloses Leben, daß man die Erlösung durch den Tod als ein Geschenk und als einen Akt der Gnade betrachten würde.«[43]

Während die Baronin über dieses grausame Schicksal nachdenkt, erinnert sie sich an eine Situation, aus der sie den Wunsch des Barons zu sterben herauslesen zu können glaubt:

»Und wenn Sie ihn kennen würden, wüßten Sie, daß ein Mann wie er niemals so daliegen und vegetieren könnte. Er kann kein Krüppel sein, weder körperlich noch geistig. Er war nie ein Schwächling, und nur Schwächlinge bitten den Himmel um Gnade. Er hatte nur eine Sehnsucht: holt mir einen Arzt, der den Mut hat, mir ein Mittel zu geben, damit ich schmerzlos in den Tod schlafen kann.«

Terstegen beschließt, dem Baron zu »helfen«. Der (komatöse) Baron erholt sich ein letztes Mal – was eher verwirrend wirkt – und sagt seiner Frau, er hasse sie und habe niemals behauptet, daß er ihre Hilfe beim Sterben wünsche. Ein Diener wird zufällig Zeuge dieses Zornausbruchs. Schließlich stirbt der Baron. Um einer Anklage zuvorzukommen, die aufgrund der Tatsache wahrscheinlich erscheint, daß das Gespräch am Krankenbett im Dorf als Gerücht die Runde macht, teilt Terstegen seinem Assistenten Lang mit, er sei im Begriff, Selbstanzeige zu erstatten: »Ich werde mich selbst anklagen! Ich klage an!« Dem (sympathischen) Staatsanwalt kommt er sogar noch entgegen, indem er ihm Papiere übergibt, aus denen hervorgeht, daß er auch in Dutzenden von anderen Fällen ähnlich gehandelt habe: »Gewiß habe ich gegen den Buchstaben des Gesetzes verstoßen. Aber in meinen Augen gibt es etwas, das höher steht als der Buchstabe des Gesetzes. Es gibt moralische

Notwendigkeiten, denen man mehr verpflichtet ist als gegenüber den Forderungen der Anwälte.«

Einmal mehr ist es der alte Fischer (und zum volkstümlichen Philosophen gewordene) Wollanke, der am Stammtisch in der Dorfschänke, wo man heftigst über die ethischen Fragen in diesem Fall diskutiert, eine ungeschminkt sozialdarwinistische Sichtweise vertritt:

> »Ich habe nie darüber nachgedacht, ob man den Menschen erlauben oder nicht erlauben sollte zu sterben. Aber was für ein Tier rechtens ist, muß auch für einen Menschen rechtens sein. In der Natur, in der ich jetzt seit siebzig Jahren lebe, gibt es ein unbarmherziges Gesetz. Alles Schwache wird vom Starken überwältigt und zerstört. Alles Schwache stirbt und alles Starke bleibt am Leben.[44]

Der Fall landet schließlich vor Gericht, und sämtliche Aspekte kommen mehrfach zur Sprache, sowohl in Terstegens Zelle bei Gesprächen mit seinem Anwalt als auch in den Diskussionen der Richter und Beisitzer, wobei einige der Letztgenannten keinen Hehl daraus machen, daß sie es lieber mit einem Mord oder Raub zu tun hätten, »wüßte man dann doch wenigstens, wo man dran ist«. Während des Gerichtsverfahrens wird jedes nur denkbare Argument zur Rechtfertigung des »Gnadentods« angeführt. In anderen Ländern – Illinois, Dänemark, England – sei die »Euthanasie« bereits eingeführt beziehungsweise man diskutiere über sie. Der Staatsanwalt präsentiert Terstegens Dossier, was einen der Juroren zu der spontanen Bemerkung veranlaßt: »Das ist ja ein richtiger Massenmörder. Das hätte ich nie für möglich gehalten.« Terstegen hatte mit der Tötung von Patienten begonnen, so erfahren wir, nachdem er nicht in der Lage gewesen war, seiner krebskranken Mutter zu »helfen«. In Rückblenden lernt man Terstegens Kindheit in bescheidenen Verhältnissen der Arbeiterklasse sowie seine selbstlose Mutter kennen, die jeden Pfennig spart, um ihrem Sohn den Besuch einer Universität zu ermöglichen. Seine penible Einhaltung ethischer Konventionen hatte zur Folge, daß die Mutter unter schrecklichen Schmerzen sterben mußte. Seine nächste Konfrontation mit dem Problem der »Euthanasie« erlebte er dann während des Krieges in Frankreich, als man seinen alten Schulfreund Thom, nahezu in Stücke geschossen, in Terstegens Feldlazarett brachte. Nachdem sie sich an gemeinsame Spiele aus den Zeiten ihrer Kindheit erinnerten – Räuber und Gendarm, Indianer und Cowboy –, beschließt Terstegen, ihn von seinem Leid zu befreien:

THOM (lachend) [!]: Kann ich jetzt schlafen?

TERSTEGEN: Ja, mein Freund.

THOM: Haben wir unsere Stellung gehalten?

TERSTEGEN: Wir haben sogar Gefangene gemacht.

THOM: Das mußt du Hilde schreiben.

TERSTEGEN: Ja.

THOM: Und alles Liebe von mir! Schreibe, daß alles in Ordnung ist.[45]

Terstegens immer fanatischer werdender Bericht über seine Praxis der »Euthanasie« beginnt bei den Zuhörern im Gerichtssaal Wirkung zu zeigen. Der Gerichtssaal wird als Forum mißbraucht, um dieser Idee ein menschliches Antlitz zu verleihen. Die Möglichkeit, daß dem Professor eventuell auch ein Fehler hätte unterlaufen können – ein Gedanke, der vom vorsitzenden Richter versuchsweise ins Spiel gebracht wurde –, wird mit der Plattitüde »Irren ist menschlich, und Ärzte sind auch nur Menschen« entkräftet. Lenas Bitte um Strychnin entpuppt sich als Mißverständnis – ging es doch um ihren Hund Caesar und nicht um ihren Mann –, und sie bestätigt, dem Professor vom Sterbewunsch des Barons erzählt zu haben. Den plötzlichen Sinneswandel des Barons spielt Terstegen herunter, indem er ihn der Wirkung seiner (tödlichen) Morphindosis zuschreibt. Die während des Prozesses verhandelten Aspekte werden ein weiteres Mal von den Juroren diskutiert, die schließlich zu der Entscheidung kommen, den Professor freizusprechen. Nach dem Prozeß besucht Lina von Passow Terstegen. Trotz seines Freispruchs zeigt sich der Professor vom Ausgang des Verfahrens enttäuscht: »Ich hätte lieber den Kampf für das Recht auf den Gnadentod zu Ende gekämpft. Vielleicht wird es jetzt ein Jüngerer tun, jemand mit noch mehr Hingebung. Wenn er siegt, werden wir etwas Kostbares erhalten, denn alles ist gut, das dem Wohle der Menschheit dient. Verstehen Sie mich?« Das Drehbuch endet mit einer Szene, in der man vor dem Hintergrund eines in Abendlicht getauchten Tannenwaldes Wollanke beim Angeln sieht, über dessen Kopf Falken kreisen. Jeder symbolische Zusammenhang zwischen den Falken und Terstegen war zweifellos unbeabsichtigt.

Ähnlich seinem Vorgänger war auch dieses Drehbuch unbrauchbar. Die armselige Verfassung der Passowschen Ehe hätte bei jedem Zuschauer Mißtrauen hervorgerufen. Terstegen, von dem es im Drehbuch heißt, er bekenne sich zur Tötung von vier oder fünf Menschen, während in der Romanvorlage von 50 Menschen die Rede ist, scheint nichtsdestotrotz allzu schnell nach Kugeln und Morphium zu greifen. Der Staatsanwalt ist praktisch auf seiner Seite, und die Figur von Terstegens Assistent Lang wird nicht als Vehikel genutzt, um Argumente gegen die »Euthanasie« vorzubringen. Der Wunsch des Barons zu sterben, wird nur indirekt aus zweiter Hand vermittelt, während sein späterer Ruf nach Leben eher ein Ausdruck seines alkoholbedingten Hedonismus zu sein scheint. Ebenso wie seine Vorläufer ist *Ich klage an* langweilig und offenbar die Arbeit eines Mannes, dem es an jeglichem Gespür für Dramatik und Emotionen fehlte.

Gleichwohl enthielten diese Drehbücher bestimmte Ideen und Themen, die lediglich einer handwerklich besseren Bearbeitung bedurften, als es Schweninger und seinen akademischen Kollegen möglich war. Die KdF entschied, einen Profi hinzuzuziehen, den aufstrebenden Regisseur der Tobis Wolfgang Liebeneiner. Liebeneiner führte sich Ungers Material – vermutlich in der Fassung Schweningers – zu Gemüte und kam zu dem Schluß, er könne etwas damit anfangen. Viktor Brack willigte ein und schlug vor, zusammen mit Hefelmann und dem realen Nitsche über die ganze Thematik der »Euthanasie« zu diskutieren. Liebeneiner verbrachte eine ganze Nacht mit einem ausgewiesenen Neurologen, um eine Krankheit zu finden, die dem im Film darzustellenden moralischen Konflikt angemessen wäre.[46] Gleichzeitig entwickelte der Chefdramaturg von Tobis, Harald Bratt, einen knappen Handlungsentwurf, der wie folgt aussah:

> Zwei Ärzte lieben eine Frau. Sie heiratet den einen der beiden. Als sie an Multiple Sklerose erkrankt, bittet sie einen der beiden, sie zu töten. Er weist sie zurück. Daraufhin fragt sie den anderen, der ihrer Bitte entspricht. Es kommt zu einem Prozeß, in dem der Fall verhandelt wird.

Diese Skizze wurde von den Autoren Georg Fraser und Eberhard Frowein zu einem Drehbuch ausgearbeitet, das Brack und Liebeneiner anschließend überarbeiteten, wobei insbesondere Liebeneiner eine beinahe wagnerianische Besessenheit an den Tag legte, jegliche Spur eines anderen Autors aus seinem »Gesamtkunstwerk« zu tilgen. Das Ergebnis war der Film *Ich klage an*, den er am 21. März 1941 zu drehen begann.[47] Die Dreharbeiten dauerten etwa zwei Monate. Der Inhalt des Filmes wurde in der Zeitschrift *Illustrierter Filmkurier* wie folgt beschrieben:

Professor Heyt und seine junge Frau Hanna leben in glücklichster Ehe. Der Professor hat sich aus ganz einfachen Verhältnissen zu der Stellung eines Wissenschaftlers heraufgearbeitet, die es ihm nun auch gestattet, die äußeren Lebensbedingungen angenehmer zu gestalten. Ein festlicher Abend anläßlich der Berufung des Professors zum Leiter eines weltberühmten wissenschaftlichen Instituts soll das Glück der Eheleute bekräftigen. Während eines kleinen Hauskonzerts muß Hanna, die junge Frau, das Klavierspiel plötzlich aufgeben – die linke Hand versagt ihr den Dienst. Als die Lähmung in den nächsten Tagen nicht nachläßt, läßt der Professor Hanna von Dr. Lang, dem Freund des Hauses, untersuchen. Mit Hilfe des Augenspiegels stellt Dr. Lang die unrettbar zu Verfall und Tod führende Krankheit Multiple Sklerose bei Hanna fest. Der Zustand der jungen Frau verschlimmert sich zusehends. Professor Heyt sieht nun seine große Aufgabe darin, den Erreger der Krankheit zu finden. Die Arbeit führt ihn zu anderen, bedeutenden wissenschaftlichen Ergebnissen. Das Ergebnis, das Hanna retten könnte, findet er nicht. Es scheint mit der jungen Frau zu Ende zu gehen. Sie leidet, unrettbar verloren, unsägliche Qualen. Da greift der Professor zum Äußersten. Der lindernde Trank, den er ihr reicht, bringt ihr den Tod. »Oh, Thomas, wäre dies doch der Tod!« sagt sie, und er antwortet mit einer Stimme, die alle Liebe, aber auch alle Verantwortung in sich birgt: »Ja, Hanna, es ist der Tod!«. Als sie nun hinüberschläft, leuchtet tiefe Dankbarkeit aus ihren Augen. – Schwere Vorwürfe werden gegen den Professor erhoben; es kommt zu einer Gerichtsverhandlung, zu der Anklage wegen »Tötung auf Verlangen«. Sein Freund Dr. Lang, der erst seine Tat verdammte und entschieden gegen ihn war, hat sich – als er in einer Heilanstalt das namenlose Unglück sah, das ihm der Anstaltsarzt vor Augen führte – nun zum Verteidiger Professor Heyts gemacht. Das Gericht und die Geschworenen sind bemüht, einen Freispruch herbeizuführen. Bisher hat Professor Heyt geschwiegen. Aber jetzt, als er sieht, daß die Anklage gegen ihn fallengelassen werden soll, jetzt klagt er an. Nach seiner flammenden Anklagerede bittet Professor Heyt um das Urteil.[48]

Ich klage an war hervorragend belichtet und zeichnete sich durch eine ebenso geschmeidige wie begnadete Kameraarbeit aus. Die eingängige und bewegende Musik stammte aus der Feder des seinerzeit führenden und beliebten Komponisten Norbert Schultze. Haupt- und Nebenrollen waren mit Schauspielern besetzt, die den deutschen Kinogängern wohl bekannt waren: Paul Hartmann, Matthias Wiemann, Heidemarie Hatheyer, Charlotte Thiele, Albert Florath und so weiter. Hartmann präsentiert Heyt als Verkörperung von Hingabe und Integrität – mit entsprechend anschaulichen Beispielen seiner Zärtlichkeit für seine flatterhafte Frau –, während Wiemann Lang als einen gewissenhaften und sympathischen Arzt darstellt, der sich wie einst Christus unter die Erniedrigten und Leidenden begibt. Gleichwohl versteht es keiner der Hauptdarsteller, mit jener elektrisierenden Leinwandpräsenz und bedächtigen Genialität zu glänzen, wie sie Ingrid Bergman oder Spencer Tracy auszeichnen, die man sich beide durchaus in ähnlichen Rollen vorstellen könnte: *Ich klage an* mußte wohl oder übel mit einer weniger talentierten Besetzung auskommen. Trotz der ausgeprägten Dramatik der Geschichte wirkt der Film letztlich unterkühlt und läßt einen merkwürdig unberührt zurück, selbst wenn man nichts über seine Hintergründe und von seiner Vorgeschichte weiß.

Im wesentlichen ist der Film eine populäre Genremischung aus Dreiecksbeziehung, Ärzte- und Gerichtsdrama.[49] Mit Hilfe dieser drei Elemente wird die schwache Argumentation zugunsten der »Euthanasie« transportiert. Mehrere Bestandteile wurden aus den drei von Schweninger entworfenen Drehbüchern kurzerhand übernommen. Die Dreiecksbeziehung ist eine Variante von Gontard, Maria und Michael Haas aus *Drei Menschen*. Heyt ist eine drastisch entschärfte Kopie von Terstegen; Lang eine ausgearbeitete Version von Terstegens Assistent. Die Gerichtsszenen wurden unmittelbar dem auf Ungers Buch basierenden Drehbuch entliehen.

Ich klage an beginnt mit Bildern, die einen Eindruck von der heilen bürgerlichen Welt vermitteln, in der die Heyts glücklich leben: Er ist soeben befördert worden, was gerade gemeinsam mit Freunden und Kollegen gefeiert wird. Hier und da werden ein paar Hinweise eingestreut, die darauf hindeuten, daß mit Hanna irgend etwas nicht stimmt. Zunächst glaubt Hanna, sie sei schwanger. In einer der wenigen originär dramatischen Momente des Films besucht sie Lang, dem allmählich klar wird, daß das für ihn unzugängliche Objekt seiner Begierde an Multipler Sklerose leidet. Dies, so erfahren wir, komme einem »Todesurteil« gleich. Der Film verfolgt sodann Hannas körperlichen und geistigen Verfall. Die einstmals lebenslustige junge Frau ist schließlich an Stuhl und Bett gebunden und vermag nicht einmal mehr so einfache Aufgaben zu bewältigen wie das Schmieren eines Butterbrots. Dunkle Schatten legen sich über ihre angespannten Gesichtszüge. Die Szenen von Hannas physischem Verfall wechseln sich mit anderen Bildern ab, in denen man Heyts verzweifelte Suche nach Heilungsmöglichkeiten sieht. Ohne Erfolg. Gleichwohl liefern die Szenen im Labor die Gelegenheit, den alten Caesar, jenen blinden Jagdhund aus der ersten Fassung dieser Geschichte, in Form einer Laborversuchsmaus wiederzubeleben. Heyt und seine Kollegen lähmen absichtlich eine Maus, um an ihr Hannas Krankheit nachzubilden. Ein junger Laborassistent empfindet jedoch Mitleid mit der Maus und »befreit« sie von ihrem Leid mittels einer überdosierten Injektion. Dieser Szene, die bewußt impliziert, daß das, was man für eine Maus tut, auch für einen Menschen getan werden kann, folgt unmittelbar ein Schnitt, der uns in Hannas Krankenzimmer bringt. (Die Szene mit der Maus wurde von Viktor Brack eingebracht). Hanna selbst ahnt den Verlust ihrer menschlichen Eigenschaften voraus: Sie ist im Begriff, bald schon »keine Person mehr [zu sein] – nur noch ein Stück Fleisch, eine Qual für Thomas«. Lang, an den sich dieser verzweifelte Ausbruch Hannas richtet, verweigert ihr unerbittlich den Wunsch, sie zu töten. Die gleiche Bitte richtet Hanna, die inzwischen vorausahnt, bald schon »taub, blind und idiotisch« zu sein, auch an ihren Ehemann: »Versprich mir, Thomas, daß du mich erlösen wirst, bevor dies geschieht.« Just zu dem Zeitpunkt, als Heyt mit seiner Arbeit im Labor in eine Sackgasse gerät, setzen bei seiner Frau akute und quälende Atemprobleme ein. Während Lang traurig auf dem Klavier spielt, verabreicht Heyt seiner Frau eine tödliche Spritze. In einer gut dreiminütigen Szene gibt Hanna ihrer Erleichterung Ausdruck, daß nun bald alles vorbei ist; ein letztes Mal versichert sich das Paar gegenseitig seiner unsterblichen Liebe. Glitzernde Tränen auf weißen Bettlaken werden mit Langs trauriger Melodie unterlegt. Die Stimmung ändert sich abrupt, als Lang hereinstürmt und seinen Freund des Mordes bezichtigt.

Der Rest des Filmes wird zum einen vom Geschehen im Gerichtssaal bestimmt, wo sich Heyt der Anklage stellen muß, und zum anderen von der Art und Weise, wie Lang mit dem Fall Trude Günther umgeht, einem Kind, dem er einst das Leben rettete und das nun »blind, taub und idiotisch« ist, sich also genau in jener Verfassung befindet, die die verstorbene Hanna für sich vorausgesehen hatte. Die Eltern des Mädchens, die Lang einst für die Rettung ihres Kindes dankbar waren, zeigen sich nun zutiefst verbittert: »Ja, Sie haben sie wirklich wunderbar geheilt, Herr Doktor. Anstatt einer solch armen Kreatur zu erlauben, in Frieden zu sterben.«

Lang besucht Trude in einer Heil- und Pflegeanstalt. Offenbar setzte sich Liebeneiner gegenüber Brack durch, der wünschte, einige Bilder realer Patienten im Film unterzubringen, und entschied sich statt dessen für eine 15 Sekunden lange Großaufnahme von Langs erstarrtem Gesicht am Eingang der pädiatrischen Abteilung, eine Szene, die zugleich Langs Wandlung vom Gegner zum Anhänger der »Euthanasie« erklären soll. Lang kehrt in den Gerichtssaal zurück, nun entschlossen, zugunsten Heyts auszusagen.

Unterdessen hören die Richter und Juroren im Gericht die Aussagen verschiedener Zeugen. Der Verdacht, bei Lang seien niedrige Beweggründe am Werk gewesen, wird durch das eingehende Verhör von Hannas Bruder und des Dieners in Heyts Haus zerstreut sowie von den mehrfach aus dem Munde des Richters vorgetragenen Hinweisen auf Heyts unzweifelhafte humanistische und berufliche Lauterkeit. Heyts Liebe zu seiner Frau wird durch die Aussage seines Lehrers und Vorgesetzten Professor Schluter in Erinnerung gerufen, der es auch wagt, an den bestehenden Gesetzen offen Kritik zu üben; es wird sogar ein Pastor vorgeführt, der Hannas Todeswunsch und dessen Erfüllung durch ihren Ehemann die Absolution erteilt. Die Geschworenenszenen, die vor allen anderen Szenen gedreht wurden und für die sich Reichsleiter Bouhler besonders stark interessierte, waren so angelegt, daß ein breites Spektrum an Meinungen über die zur Debatte stehenden ethischen Fragen entfaltet werden konnte. Obwohl dabei ein naiver Christ, der recht oberflächlich gegen die »Euthanasie« argumentiert, und ein Invalide auftreten, der die in der Bevölkerung herrschenden Ängste formuliert, stellt sich insgesamt der Konsens ein, daß die bestehende Gesetzgebung geändert werden müsse. Dieser Konsens wurde nicht von dem eher kühl und akademisch wirkenden Schullehrer Schönbrunn formuliert – der im Grunde den tatsächlichen *modus operandi* von T 4 skizzierte –, sondern von einem offenbar akkurat redenden Major a. D. namens Döring, der praktisch alle jene Vorurteile zur Sprache bringt, die von der nationalsozialistischen Propaganda bislang kräftig gefördert wurden. Im Drehbuch liest sich diese Szene wie folgt:

> HUMMEL DER APOTHEKER: Aber das war doch eine gute Tat, die bloß der armen Frau das Ende nicht ganz so qualvoll machen sollte.
> STUDIENRAT SCHÖNBRUNN: Euthanasie, wie der Lateiner sagt. (Knewels, Scheu und Griebelmayer lachen)

SCHÖNBRUNN: -sia, -sia – von thanatos – »Tod«, griechisch … Sehen Sie, meine Herren, bei den alten Griechen und Römern war das erlaubt.

DR. SCHEU (zu Griebelmayer): Körperverletzung würde ich nie annehmen, denn darauf ging doch seine Absicht bestimmt nicht hinaus.

KNEWELS (zu Scheu): Sie würden freisprechen?

SCHEU: Ja, unbedingt!

KNEWELS: Na, ich weiß nicht. Der Fall hat soviel Staub aufgewirbelt, da könnten sich noch mehr Ärzte finden, die ihre Kranken umbringen.

BAUER ZIERNICKE: Das wäre eine schwere Sünde.

SCHÖNBRUNN: Meine Herren, wenn Sie mich fragen, dann muß Professor Heyt gerade darum freigesprochen werden, weil er ein Exempel für alle Ärzte ist. Ich weiß, daß ich da einen heiklen Punkt berühre, aber es ist gleichzeitig ein sehr starrer Punkt in unseren moralischen und sozialen Anschauungen.

HUMMEL: Ich weiß nicht … wenn man das einfach erlaubt – würden denn da die Menschen überhaupt noch zu Ärzten gehen?

SCHÖNBRUNN: »Einfach erlaubt?« Man müßte …

ROLFS: Ja, sagen Sie, wenn ich nun – und ich habe mein ganzes Leben Invalidenmarken geklebt – und nun werde ich eines Tages siech, dann bringen Sie mich einfach um?

SCHÖNBRUNN: Aber um Gottes willen! … Die wichtigste Voraussetzung wäre doch immer, daß es der Kranke will!

ROLFS: Das will doch mancher für einen Augenblick.

HUMMEL: Wenn nun einer geisteskrank ist, der will ja manchmal …

SCHÖNBRUNN: Ja, wenn einer verrückt ist oder schwermütig oder sonst keinen freien Willen mehr hat, da muß eben der Staat die Verantwortung übernehmen! Überhaupt dürfte das doch kein Arzt nach freiem Ermessen machen. Man müßte Kommissionen einsetzen aus Ärzten und Juristen, richtige Gerichtshöfe – aber man kann doch nicht länger zusehen, wie sich Tausende von Menschen, die in früheren Zeiten längst eines sanften Todes gestorben wären, sich heutzutage unter furchtbarsten Schmerzen jahrelang quälen müssen, bloß weil die Ärzte es fertigkriegen, ihr elendes Leben künstlich zu verlängern.

ZIERNICKE: Gott will es. Er schickt das Leid, damit die Menschen seinem Kreuze nachfolgen und zu ewiger Seligkeit gelangen.

MAJOR DÖRING: Mein lieber Herr Zienecke... Ihr Christentum in allen Ehren... Ich bin selbst nicht ganz frei davon – aber für so grausam möchte ich den lieben Gott doch nicht halten.

REHFELD DER WILDHÜTER: Meine Herren, wenn wir Förster ein Tier angeschossen haben und es quält sich noch herum, dann geben wir ihm eine Gnadenkugel, und wer das nicht tut, der ist ein roher Kerl und kein ehrlicher Waidmann.

ROLFS: Aber das sind doch Tiere!

REHFELD: Ne, nee, lassen Sie mal, der Mensch ist manchmal auch so ein angeschossenes Tier.

GRIEBELMAYER DER VORSITZENDE RICHTER: Meine Herren, es ist zwar für einen Juristen außerordentlich interessant, was Sie da erörtern, aber so einfach doch wieder nicht. Wenn der Herr Studienrat dort recht behalten soll, daß man dem einzelnen das Recht zur Tötung nimmt, um es dem Staat zu übertragen – wie es ja bei allen Todesfragen geschieht – dann müßte man für dieses »medizinische Gericht« – will ich mal sagen – natürlich Gesetze erlassen.

SCHÖNBRUNN: Die alten Römer hatten dieses Gesetz – das war aber auch eine heroische Zeit.

DR. SCHEU: Fünf deutsche Staaten hatten dieses Gesetz noch im vorigen Jahrhundert.

MAJOR DÖRING: Unsere Vorfahren waren eben in vieler Beziehung vernünftiger als wir. Nehmen Sie es mir nicht übel, meine Herren, aber wenn man Hunderttausende von Ärzten, Schwestern und Pflegern einsetzt und riesige Gebäude mit Laboratorien, Medikamenten und was weiß ich einrichtet, bloß um ein paar armselige Kreaturen am Leben zu erhalten, die entweder zu verrückt sind, um etwas vom Leben zu haben, oder gemeingefährlich, oder überhaupt wie die Tiere – und das in einer Zeit, wo man nicht genug Räume und Leute und Mittel hat, um die Gesunden gesund zu erhalten und die Mütter und ihre neugeborenen Kinder zu versorgen – das ist doch der hanebüchenste Quatsch! Der Staat hat einfach die Pflicht, zunächst einmal für die Leute zu sorgen, die überhaupt der Staat sind – für die Arbeitenden nämlich –, und was die betrifft, die gern sterben wollen, weil sie mal gesund waren und es nun nicht mehr aushalten können – da meine ich, daß der Staat, der von uns eine Pflicht zu sterben fordert, uns auch ein

Recht zu sterben einräumen müßte ... Ich bin ein alter Soldat, und weiß was ich sage.

SCHÖNBRUNN (begeistert): Wie der Dichter Lessing sagt: »Sollte die Freiheit zu sterben, die uns die Götter in allen Umständen des Lebens gelassen haben – solle dies ein Mensch dem anderen verkümmern (verwehren) können?«

KNEWELS: Wo hat Lessing das gesagt?

SCHÖNBRUNN: Im *Philotas*.

GRIEBELMAYER: Meine Herren, was der alte Lessing da in seinem dichterischen Überschwang von sich gegeben hat, das ist natürlich für unsere Gesetze nicht verbindlich, und die lauten nun mal – vorläufig wenigstens – anders.

MAJOR DÖRING: Wir werden als Geschworene selbstverständlich nach den Gesetzen urteilen. Aber entschuldigen Sie, wenn ich das sage – um die Menschen von richtigem und würdigem Handeln abzuhalten, dazu sind die Gesetze nicht da, und wenn sie das tun, dann müssen sie eben geändert werden.[50]

Schließlich betritt Lang die Bühne des Gerichtssaals, um zugunsten seines Freundes Zeugnis abzulegen. Bevor er jedoch zu Wort kommt, bricht Heyt sein Schweigen und beginnt zu reden:

Hier stehe ich, Karl Thomas Heyt, und bekenne, daß ich meine Frau, die unheilbar krank war, auf ihren Wunsch erlöst habe. Hier stehe ich, der Angeklagte und ich klage an.
Ich klage die Vollstrecker überwundener Anschauungen und überholter Gesetze an. Es geht hier nicht um mich, sondern um die Hunderttausende hoffnungslos Leidender, deren Leben wir gegen die Natur verlängern müssen und deren Qualen wir ins Widernatürliche steigern ... und es geht um jene Millionen von Gesunden, denen kein Schutz vor Krankheit zuteil werden kann, weil alles, was dazu notwendig wäre, verbraucht werden muß, um Wesen am Leben zu erhalten, deren Tod für sie eine Erlösung und für die Menschheit die Befreiung einer Last wäre ... und nun, meine Herren Richter und Geschworenen, bitte ich Sie um Ihr Urteil![51]

Was unterscheidet *Ich klage an* von den älteren Dokumentarfilmen und Drehbuchmanuskripten? Welches sind seine hervorstechenden Merkmale? Was wissen wir über die Wirkung des Films bei seinen außerordentlich vielen Zuschauern? Anders als die vormaligen Dokumentarfilme bleibt *Ich klage an* fast ganz frei von Anspielungen auf den unmittelbar politischen Kontext. Es gibt keinerlei Hinweise auf den Nationalsozialismus, es tauchen keine Kolonnen uniformierter SS-Männer auf. Sieht man von der Tatsache ab, daß die Richter auf ihren Roben nationalsozialistische Embleme tragen und der Beratungsraum der Jury mit einer relativ unscheinbaren Hitlerbüste geschmückt ist, dann hätte der Film ebensogut in den 50er oder frühen 30er Jahren spielen können. Möglicherweise ist es gerade die ausgeprägte Normalität des Films – er gleicht jedem anderen guten Melodram –, die seinen heimtückischen Charakter ausmacht. In gewisser Hinsicht ähnelt er dem Film *Die zwölf Geschworenen*, allerdings ohne die schauspielerische Präsenz eines Henry Fonda und ohne das Regietalent eines Sidney Lumet. Im Gegensatz zu den früheren Dokumentarfilmen des Rassenpolitischen Amts wird in *Ich klage an* kein direkter Versuch unternommen, die Kranken zu entpersonalisieren, es sei denn durch die Kranken oder deren Verwandten selbst. Eine schreckliche, individuelle Tragödie mündet in ein allgemeines Plädoyer für die Sterbehilfe, gefolgt von einem ähnlich allgemeinen Aufruf zur Sanktionierung der »Euthanasie«. Durch eine Reihe von hinterlistigen Übergängen wird der Wunsch, Hanna Heyts Leiden zu beenden, auf »Hunderttausende« von »Wesen« übertragen, die angeblich eine Belastung für sämtliche medizinische Ressourcen darstellten. Dies ist die Stoßrichtung jener Parallelgeschichte, die sich im Film zwischen Hanna und dem behinderten Kind Trude abspielt. In anderen Worten, zwei voneinander getrennte Fragen werden bewußt miteinander vermischt: freiwillige und unfreiwillige »Euthanasie«. Wir sehen, wie Hanna darum bittet, sterben zu dürfen; Trudes Schicksal hingegen wird von ihren Eltern besiegelt. (Und die Maus wurde schlicht getötet.) Hannas Tod wird als eine Art »Erlösung« oder »Befreiung« von einem schrecklichen Leid präsentiert: Sie schläft einfach friedlich ein. Im Augenblick ihres Todes gewinnt sie ihren ehemals strahlenden Glanz wieder zurück. Der Tod wird hier zu einem ästhetischen Ereignis. Die Maus oder Hanna zu töten wird fast zu einem Mittel stilisiert, eine verlorengegangene Perfektion wiederherzustellen. Wie alle seine Vorbilder und Varianten handelt *Ich klage an* in der Tat von der Unfähigkeit, Krankheit und Unvollkommenheit zu tolerieren beziehungsweise solchen Menschen einen Platz einzuräumen und sie als wertvoll anzusehen, die außerhalb einer eng definierten Norm stehen, welche grundlegend durch rassische Reinheit, körperliche Fitneß, soziale Konformität und produktive Leistungsfähigkeit definiert ist.

Was die Resonanz des Films betrifft, so durften sich alle Beteiligten über anerkennendes Schulterklopfen freuen. Liebeneiner wurde Chefproduzent bei der Ufa (einer nationalsozialistischen Filmgesellschaft) und mit dem Titel eines Professors versehen. Außerdem erhielt er die immense Summe von 30 000 Reichsmark aus Finanzquellen, die unter Goebbels' Kontrolle standen. Sogar auf der Biennale in Venedig erhielt der Film eine Auszeichnung. Abgesehen von einer gefügigen Presse, die angewiesen wurde, in ihren Rezensionen den Begriff »Euthanasie« nicht zu benutzen, genoß der Film eine ungeheure Popularität; bis Januar 1945 wurde er von 15,3 Millionen Menschen gesehen. In Berlin lief er 150 Tage lang im Capitol; innerhalb von drei Wochen strömten 40 000 Menschen in das Karlsruher Alhambra, um den Film zu sehen; 275 000 Menschen sahen *Ich klage an* in München.[52]

Die Zuschauerzahlen allein sagen freilich noch nichts über die Reaktionen aus. Daß der Film jedoch in der Tat äußerst populär war, belegt ein Bericht vom 15. Januar 1942:

> Wie aus allen vorliegenden Berichten hervorgeht, hat der Film »Ich klage an« im ganzen Reichsgebiet stärkste Beachtung gefunden. Allgemein ist festzustellen, daß der Film durch eine sehr starke Mundpropaganda in der Bevölkerung empfohlen und besprochen wurde. Kennzeichnend für das Aufsehen, das dieser Film in der Bevölkerung erregte, ist, daß er vielfach in Städten, wo er noch nicht aufgeführt war, bereits, auch in der einfacheren Bevölkerung, als Film geschildert wurde, den man sich unbedingt ansehen müsse. Die schauspielerischen Leistungen wurden allgemein begeistert anerkannt, der Inhalt des Films hat sehr stark zum Nachdenken angeregt und lebhafte Diskussionen ausgelöst.[53]

Berichte regionaler Parteileitungen bestätigten, daß der Film einen tiefen Eindruck hinterlassen und beachtliche Diskussionen ausgelöst habe. Die Gauleitung im Osten Hannovers berichtete am 10. Januar 1942, die Menschen hätten die Botschaft des Films nahezu einmütig begrüßt, und »wenn ein Gesetz zu diesem Problem kommen würde, würde der weitaus größte Teil der Bevölkerung es ohne weiteres verstehen, zumal es in der Bevölkerung bekannt geworden ist, daß entsprechende Maßnahmen schon durchgeführt wurden«. Gleichwohl heißt es in dem Bericht auch, daß die Wirkung des Films fast augenblicklich und vollständig durch Galens Predigt zunichte gemacht worden sei.[54] Ein späterer Bericht des SD in Lüneburg war noch analytischer. Insbesondere junge Menschen schienen bei Fällen chronischer Krankheit eine Euthanasie zu befürworten. Ein Beamter vertrat die Meinung, solche Maßnahmen würden Arbeitskräfte freisetzen, die bislang in der Krankenpflege gebunden seien, was wiederum der ganzen Gemeinschaft zugute käme.[55] Die meisten Leute glaubten, bei dem Film handele es sich um Propaganda, die einer Gesetzesänderung den Weg ebnen solle; »Wohl unter diesem Eindruck, aber auch aus gesundem Empfinden heraus, macht sich eine allgemeine Zustimmung bemerkbar«. Ein Anwalt äußerte, er halte es für unmöglich, ein Verfahren zu entwickeln, das frei von Fehlern und Mißbrauch wäre. Frauen, die der gebildeten Mittelklasse angehörten, seien von einem altmodischen Liberalismus befallen, der auf der Achtung individueller Rechte oder auf religiösen Gefühlen basiere. Solche Werte wurden in dem Bericht abfällig als »Bildungs-Überbleibsel einer vergangenen Epoche« bezeichnet. Einige Ärzte in Lüneburg waren auf den Film ebenfalls nicht gut zu sprechen. Ein junger Arzt äußerte die Meinung, es sei eine ärztliche Pflicht, die Menschen am Leben zu erhalten; was freilich diesen Arzt und seine Kollegen betraf, so verstanden sie die Ursachen tödlicher Krankheiten gewiß besser einzuschätzen: Unter Verweis auf das Beispiel Robert Kochs bemerkte er, »solche Patienten zu töten wäre das Ende der Wissenschaft«.[56] Offenbar brauchte man im Falle psychiatrischer Langzeitpatienten nicht so gewissenhaft zu sein.

In Kärnten beobachtete man die Menschen in besorgtem Schweigen die Kinos verlassen. Ihre unmittelbare Reaktion bestand darin, daß sie der Botschaft des Films zustimmten. Bezeichnenderweise – und dies zeigt die Schwierigkeit dieser Art von Beweisführung – bedurfte es nur ein wenig weiteren Nachdenkens und ein paar gegenteiliger Argumente, und schon änderten die Menschen ihre ursprüngliche Meinung. Erneut hieß es, Ärzte und Intellektuelle stünden dem Film ablehnend gegenüber, während ihm die »breite Masse« zustimme. Die ablehnende Haltung von Teilen der römisch-katholischen Kirche schlug sich in einem Pastoralschreiben des Bischofs Konrad von Passau nieder, das einem Bericht der Parteiführung der bayrischen Ostmark angefügt war. Der Bischof stellte ausdrücklich einen Zusammenhang zwischen dem Film und den »sträflichen Bemühungen« her, die »Euthanasie« tatsächlich durchzuführen, wovon er erst kürzlich gerüchteweise gehört habe. Er fühlte sich verpflichtet, die christliche Morallehre genauestens darzulegen und zugleich an die universale Überzeugung von der Heiligkeit des menschlichen Lebens zu erinnern, wie sie bei zivilisierten Völkern anzutreffen sei. Der

Mensch dürfe töten, wenn er unmittelbar angegriffen werde, im Krieg beispielsweise oder im Zusammenhang mit dem staatlichen Monopol der Todesstrafe, aber »weitere Ausnahmen gibt es nicht und wird es nie geben«. Keine irdische Macht habe das Recht, das Fünfte Gebot zu ändern. Unheilbar kranke Menschen zu töten sei ein Verstoß gegen Paragraph 211 des Strafgesetzbuches; und gemeinschaftliches Töten stelle nach Paragraph 216 ein Vergehen dar, das mit mindestens drei Jahren Gefängnis zu ahnden sei. So lauteten die Gesetze des Landes. Im Lichte dieser Tatsachen ermahnte der Bischof seine Schäfchen, sich nicht von falschen Sentimentalitäten, wie sie derzeit auf den Kinoleinwänden verbreitet würden, verleiten zu lassen.

Eine im Januar 1942 vom SD vorgenommene, detaillierte Zusammenstellung solcher lokaler Berichte lieferte eine genaue Aufschlüsselung der Zuschauerreaktionen nach Alter, konfessioneller Zugehörigkeit, sozialer Herkunft und Berufszugehörigkeit.[57] Obwohl der Rapport die bereits auf lokaler Ebene beobachteten Trends im wesentlichen bestätigte, gab es einige charakteristische Unterschiede, insbesondere was die Sichtweise praktizierender Ärzte betraf. Offenbar stimmte die Mehrheit der Bevölkerung »der Tendenz des Filmes grundsätzlich [zu], wenn auch mit Vorbehalten..., daß man schwerleidende Menschen, für die es keine Heilung mehr gibt, auf einem durch Gesetze vorgezeichneten Wege einem rascheren Tode zuführen möge«. Obwohl viele religiös denkende Menschen diesem angeblichen Konsens zustimmten – was sich, wie hervorgehoben werden muß, nicht auf die unterschwellige Botschaft des Films bezog –, sei »die Stellungnahme der Kirche sowohl der katholischen als auch der evangelischen... meist völlig ablehnend«. Priester hätten ihre Gemeinden ermahnt, sich den Film nicht anzusehen, da es »sich um einen Hetzfilm gegen die katholische Kirche oder einen Propagandafilm des Staates [handelt], in dem die Ermordung erblich Belasteter gerechtfertigt« werde. Gleichwohl hatte der Film sogar in diesen Kreisen einen Meinungsstreit zwischen jenen entfacht, die den Film als unverblümtes Plädoyer für »Mord« ablehnten, und jenen, die bereit waren, die freiwillige »Euthanasie« zu akzeptieren, vorausgesetzt sie würde einvernehmlich und zuverlässig durchgeführt. Die vorliegenden Kommentare zu dem Film lassen vermuten, daß die Zuschauer ihn als eine staatliche Erwiderung auf die Vorwürfe von Bischof Galen betrachteten. Andere wiederum fürchteten eine Entwicklung hin zu einer geradezu inflationären Klassifizierung von Menschen, die hinter jeglicher Form staatlich sanktionierter »Euthanasie« stecke: »Wenn solche Gesetze erst einmal eingeführt sind, dann werden die Regierenden leicht Persönlichkeiten, die sich mißliebig gemacht haben, aus irgendeinem Grunde durch eine Kommission für unheilbar erklären lassen, und dann werden sie beseitigt.« Die protestantische Geistlichkeit sei im Vergleich zu ihren römisch-katholischen Partnern eher bereit, der Obrigkeit mehr Spielraum zu gewähren: »Sache des Staates wird es sein, den Mißbrauch auszuschließen, die Verantwortung auf sich zu nehmen und die liebevolle Ausführung am qualvoll Unheilbaren zu sichern.«

Auch unter Medizinern und Rechtsgelehrten waren die Meinungen gespalten. Jüngere Ärzte, insbesondere solche ohne religiöse Bindung, standen der Aussage des Films insgesamt positiv gegenüber. Ältere Ärzte verwiesen hingegen auf diagnostische Probleme, auf die Möglichkeit einer Genesung selbst bei scheinbar unheilbaren Patienten und darauf, daß insbesondere bei schwerkranken und älteren Menschen das Urteilsvermögen sinke und Stimmungsschwankungen an der Tagesordnung seien. Einige Ärzte, die den Film mit den T-4-Gutachtern in Verbindung brachten, meinten, die Kommissionen würden die Ärzte, die die einzelnen Patienten untersuchten, einer enormen psychischen Belastung aussetzen. Offenbar glaubten viele Ärzte, es sei das beste, alles beim alten zu lassen, d. h., der einzelne Arzt solle weiterhin auf Grundlage seines eigenen professionellen Urteils und auf informelle Weise betroffenen Menschen helfen, möglichst schmerzlos zu sterben. Die Anwälte wiederum waren daran interessiert, die gegenwärtige medizinische Praxis auf eine feste juristische Grundlage zu stellen, obwohl ihnen bewußt war, daß dies in Anbetracht der ungeheuren Spannweite an Einzelfällen einer Sisyphusarbeit gleichkäme. Allein über die Angehörigen der Arbeiterklasse konnte festgestellt werden, daß diese dem Film gegenüber durchwegs positiv eingestellt seien; und dies weitgehend aufgrund der pragmatischen Überlegung, daß sie am wenigsten in der Lage seien, die finanzielle Belastung für eine langwierige medizinische Versorgung zu tragen.

Auch wenn es nur eine Minderheit war, die den Film ablehnte, so gab es doch auch in den Reihen der Mehrheit, die der Botschaft des Films angeblich zustimmte, erhebliche Vorbehalte. Die Diagnose »unheilbar« sollte von einer medizinischen Kommission in Abstimmung mit dem Hausarzt getroffen werden. Die »Euthanasie« müsse freiwillig sein oder bei »schwachsinnigen Patienten« – ein Krankheitsbild, das im Film nicht erwähnt wurde (!) – mit dem ausdrücklichen Einverständnis der Angehörigen geschehen. Es sei unbedingt erforderlich, daß solche Entscheidungen nicht dem Urteil eines einzelnen überlassen blieben und die Tötung selbst allein Sache der Ärzte sei. Der Bericht schloß mit den Worten: »Zusammenfassend ergibt sich aus dem zahlreich vorliegenden Material, daß im allgemeinen die Durchführung der Euthanasie bejaht wird, wenn ein Ausschuß von mehreren Ärzten unter gleichzeitiger Einwilligung des unheilbar Erkrankten und seiner Angehörigen entscheidet.«[58]

Was diejenigen Deutschen dachten, die an Multipler Sklerose litten, dazu äußert sich der Bericht nicht; ihre Meinung war auch nicht gefragt.

7. Im Reich des Bösen:
Von der »Aktion 14f13« nach Triest

Die personellen und operativen Kontakte zwischen SS und T 4 waren von vielfältiger Art, auch wenn die SS-Führung stets darauf bedacht war, im Zusammenhang mit dem »Euthanasie«-Programm im Hintergrund zu bleiben. Manchmal jedoch kamen die SS-Größen aus ihrer Deckung heraus. Als die Stimmung in der Bevölkerung von Grafeneck und Umgebung ins Negative umschlug, war es Himmler, der an Brack schrieb und ihn anwies, die Aktionen in diesem Vernichtungszentrum einzustellen. Er schlug vor, Brack solle die im letzten Kapitel behandelten Filme vorführen, um die in der Bevölkerung herrschenden Ängste einzudämmen.[1] Anfang 1941 begann der Reichsführer-SS alte Versprechen einzufordern. Insbesondere erkundigte er sich bei Bouhler, wie es um die Effektivität der Gasanlagen von T 4 bei der Beseitigung von »Ballast-Existenzen« in den Konzentrationslagern der ersten und zweiten Generation bestellt sei.[2] Sieht man von den täglichen und mittlerweile gewohnheitsmäßig durchgeführten Folterungen und Hinrichtungen einzelner ab, gab es in den Konzentrationslagern keine Vorrichtungen zum Massenmord. Infolge gemeinsamer Absprachen kam es zur sogenannten »Aktion 14f13«, eine Bezeichnung, die auf ein Kürzel zurückgeht, das für die Inspektion der Konzentrationslager benutzt wurde, gefolgt von einem Code, der die Todesart des »kranken« Häftlings angab. Andere Codes lauteten beispielsweise »14f5«, was bedeutete »auf der Flucht erschossen«, oder »14f6« für Selbstmord und »14f7« für einen natürlichen Tod.[3]

Die SS traf in den Lagern unter den »kranken« Häftlingen eine Vorauswahl, der auch viele Personen zum Opfer fielen, die der SS schlicht auf die Nerven gingen. So wie es bei der gesamten »Endlösung« praktiziert werden sollte, wurden auch hier die Opfer getäuscht und in falscher Sicherheit gewogen, indem man ihnen stets einen kleinen Hoffnungsschimmer ließ. So ermunterte man kränkelnde Gefangene in Mauthausen, sich für die Verlegung in ein »Sanatorium« nach Dachau zu melden.[4] In Auschwitz sagte man ihnen, sie würden in ein »Erholungslager« namens Sonnenstein gebracht.[5] Diese »kranken« Gefangenen wurden dann anschließend von mobilen Kommissionen, bestehend aus T-4-Ärzten, begutachtet (oder besser: »selektiert«). Unmittelbare Folge dieser Vorgänge war der

Tod von 15 000 bis 20 000 Gefangenen in den Gaskammern von Bernburg, Hartheim und Sonnenstein.[6]

Ab April 1941 waren nachfolgend genannte T-4-Ärzte und -Professoren an solchen Selektionen beteiligt: Werner Heyde, Paul Nitsche, Friedrich Mennecke, Horst Schumann, Kurt Schmalenbach, Otto Hebold, Rudolf Lonhauer, Robert Müller, Theodor Steinmeyer, Gerhard Wischer, Viktor Ratka und Hans-Bodo Gorgass.[7] Sie begannen mit ihrer Arbeit in Sachsenhausen und gingen von dort weiter nach Buchenwald, Auschwitz und Mauthausen. Eine erste Gruppe von 2500 Opfern wurde aus den Reihen der »Asozialen« rekrutiert. Es ist wichtig, an dieser Stelle die nichtmedizinischen Kriterien zu betonen, nach denen die Ärzte vorgingen. Man kann dies anhand der Tatsache nachweisen, daß andere Gefangene, die in der Krankenstation des Lagers Buchenwald arbeiteten, im Anschluß an die Ermordung der Opfer ein medizinisches Handbuch erhielten, mit dessen Hilfe sie nach geeigneten Todesursachen suchen und diese dann in die Totenscheine ihrer ermordeten Kameraden eintragen sollten.[8]

Ab September 1941, dem Zeitpunkt, als die »Aktion T 4« vorübergehend eingestellt wurde, besuchte diese Ärztekommission die Lager Dachau, Mauthausen, Ravensbrück, Buchenwald, Flossenbürg sowie Neuengamme und selektierte über 12 000 Opfer.[9] Zu jener Zeit wählten sie nicht nur »asoziale« oder »kranke« Häftlinge aus, sondern auch Kriminelle, Juden und politische Gefangene, vermutlich um die noch zusätzlich zur Verfügung stehende Vergasungskapazität der T-4-Anlagen voll auszunutzen. Dieses erweiterte Vorgehen hielt die Organisation am Laufen. Einmal mehr muß hervorgehoben werden, daß die Ärzte Selektionskriterien anwendeten, die keinerlei medizinische Relevanz hatten. Freilich war das für diese Ärzte nichts Neues. Eines der Kriterien, das bereits zur Erfassung und Vernichtung von Patienten im Rahmen der T-4-Aktion benutzt wurde, war »Rasse«: Die Zugehörigkeit zur jüdischen »Rasse« machte alle anderen medizinischen Kriterien überflüssig.[10]

Wir wissen sehr viel über die Selektions-Reisen im Rahmen der »Aktion 14f13«, weil Mennecke die Angewohnheit hatte, fast täglich an seine Frau Eva zu schreiben, sobald die beiden auch nur vorübergehend voneinander getrennt waren. Über die Jahre hinweg waren es über 2000 Briefe. Seine Frau, die als seine Laborassistentin und Sekretärin arbeitete, diente ihm dabei lediglich als Projektionsfläche, um jene Gedanken und Eindrücke aufzunehmen, die er der Nachwelt zu hinterlassen gedachte. Er lebte in der »größten aller Zeiten« und glaubte an die Redensart »Wer schreibt, der bleibt«.[11] Der Sohn eines sozialdemokratischen Steinmetzen hatte seine medizinischen Ambitionen wegen der Inflation aufschieben müssen und arbeitete im Handelsgewerbe, bis er 1927/28 sein Medizinstudium wiederaufnehmen konnte. 1932 trat er der NSDAP sowie der SS bei und wurde zwei Jahre später als Arzt approbiert. Sein Verstand war sicher nicht der hellste, hatte er doch sein Examen wiederholen und gut ein Dutzend Bewerbungen schreiben müssen, bevor er eine Praktikumstelle als Arzt in der chirurgischen Gynäkologie erhielt, einem Gebiet, das er dann später zugunsten der Psychiatrie aufgab. Wie wir bereits in Kapitel 1.2 gesehen haben, wurde Mennecke schließlich als Assistenzarzt nach Eichberg im Rheingau berufen, zu dessen Direktor er dann im Januar 1939 aufstieg.[12] Dr. Wilhelm Hinsen, dem er zunächst zugeteilt wurde und den er später als Direktor verdrängte, erinnerte sich an seine ersten Eindrücke von Mennecke. Auf den ersten Blick habe Mennecke einen reifen (er war lediglich etwas älter als seine Kollegen) und keineswegs unsympathischen Eindruck gemacht. Allmählich wurde Hinsen jedoch klar, daß er es mit jemandem zu tun hatte, dessen Kenntnisse »eher breit als tief« waren und der mit gewaltigen Problemen in seinem Gefühlshaushalt zu kämpfen hatte.[13]

Menneckes Briefe an seine Frau, in fetten Buchstaben und extrovertierter Handschrift regelrecht hingehauen, sind voller überdrehter Infantilismen (»Mein liebstes Puttli-Muttilein«, »Mein liebstes Herzli-Putt«, »Liebste Mutti«, »Liebes Evchen«, »Mein liebstes Muuuu-Puttilein«, um nur ein paar der weniger peinlichen Formulierungen zu zitieren) und mit einem piratenhaften »Ahoichen« unterschrieben. Eva Mennecke wiederum nannte ihren Ehemann »Pa«; ohne Zweifel war er es, der die Hosen anhatte. Geradezu zwanghaft mußte er seine Frau an seinen alltäglichen Verrichtungen teilhaben lassen, denn er konnte sich weder waschen, rasieren noch auf die Toilette gehen, ohne diese Ereignisse seiner Partnerin mitzuteilen. Und ebenso mußte er bis ins Detail wiedergeben, was er jeden Tag aß oder trank und zu welchem Spottpreis es das Essen in der Kantine in Buchenwald gab: »Suppe, gekochtes Rindfleisch, Rotkohl, Salzkartoffeln, Apfelkompott – zu 1,50 Reichsmark!«[14] Außerdem präsentierte er sich auch als eine Art Weinkenner.

Da es sich bei diesem Mann um einen durch und durch entsetzlichen Menschen handelte – tyrannisch, schwatzhaft und gefräßig sind ein paar der weniger gewichtigen Untugenden, die einem unmittelbar in den Sinn kommen –, wollen wir abschließend einen seiner hektischen Tage genauer betrachten. Untergebracht im »Hotel Elefant« in Weimar stand der Herr

Doktor um sieben Uhr in der Frühe auf (»Bim-bim-bim: 7 Uhr!! Aufge-standen! Recht herzlichen guten Morgen, Muttili! Küßchen! Du schlum-merst noch, gelt? Nun ran – rasieren! Ahoi! 7.30 Uhr Fertig, auch schon mit Sch…, und nun auf in den neuen Tag. Heut Abend schreib ich weiter. Küßli's! Ahoi!!!«)[15] Um 19.50 kehrte er von einem langen Tag zurück: »Wieder daheim, mein Mausli! Der erste Arbeitstag in Buchenwald ist beendet.« In den dazwischenliegenden Stunden hatte er ein Treffen mit der höchsten Lagerleitung (als ehrgeiziger Sohn der Arbeiterklasse war er äußerst sensibel, was Uniform, Auszeichnung und Titel seines Gegen-übers betraf) und sich durch Papierkram gekämpft, der über Leben und Tod jener entschied, die er mit Vorliebe als »Portion Arier« bezeich-nete. Nach dem Mittagessen machte er sich daran, 105 »Pat« – Patienten – zu »untersuchen« (seine Anführungszeichen!), um sich anschließend 1200 Juden zu widmen, bei denen er lediglich die Haftgründe im Feld »Diagnose« niederschrieb. Gegen fünf Uhr nachmittags aß er zusammen mit seinem Kollegen Schmalenbach Abendbrot, kalte Platte mit Cervelat-wurst, Brot und Butter sowie Kaffee. Dann nahmen ihn seine SS-Freunde im Auto mit zurück nach Weimar, wo er lieber seine Wäsche bügelte und stopfte, anstatt eine Komödie im Theater anzusehen. Er las und hörte Ra-dio in seinem Zimmer und dachte über seine zukünftige Arbeit in Ra-vensbrück und Groß-Rosen nach. Müde geworden schloß er seinen Be-richt: »So, mein liebstes Muttchen, nun bekommst du wieder sooooooo viele, liebe Küßchens und wirst in herzlicher Vorfreude auf dein Kom-men ganz, ganz feste gedrückt, Du kleine Maus – von Deinem treuen Pa«.[16] Man muß dies mehrmals lesen, um sich zu vergegenwärtigen, daß Mennecke im Laufe dieses Tages Menschen für den Gang in die Gaskam-mer abgefertigt hatte und daß seine Frau im Begriff war, ihn zu besuchen, um seine Leistungsfähigkeit zu bewundern und seiner großen Bedeutung zu huldigen. Freilich war dies keineswegs ungewöhnlich, denn auch Pro-fessor Nitsche holte seine Frau und seine Tochter zu sich nach Dachau.[17] Diese Männer führten kein »Doppelleben«, das zwischen »Arbeit« und häuslichem Frieden aufgespalten gewesen wäre; sie integrierten ihre »Ar-beit« in ihr Privatleben beziehungsweise nahmen – aufgeblasen von ihrer eigenen Wichtigkeit – ihre Familien mit an ihren »Arbeitsplatz«.

Was seine Arbeit betraf, hielt Mennecke seine Frau auf dem laufenden und nannte regelmäßig die »Zahlen«, die er und seine Kollegen abgear-beitet hatten. Der Selektionsprozeß wurde regelrecht zu einer Art Wett-bewerb. So berichtete er am 29. November 1941, Schmalenbach habe 89 »gemacht«, er selbst 470 und Dr. Müller 403.[18] Noch weitere 1038 lagen vor ihm. Obwohl er sich durch Zahlen und Abkürzungen wie »Pats« oder »Portionen« von seinem »Menschenmaterial« distanzierte, ließ er seinen unerschöpflichen Vorurteilen freien Lauf, indem er auf die Rückseite der Lagerausweisbilder seiner Opfer entsprechende Anmerkungen schrieb. Die dabei benutzten Euphemismen (oder »Verleugnungen«, wie es die Psychologen nennen) waren Alternativ- und keine Ersatzbegriffe für seinen tiefsitzenden Haß. Man achte darauf, daß alle im folgenden genannten Personen obligatorisch den »jüdischen« Namen Sara trugen:

Dora Sara S. verheiratete Jüdin. Zweimal verurteilt wegen Abtreibung. 4 Jahre Gefängnis. Volksparasit.

Emilie Sara H. Rassenschande am laufenden Band. Im Lager: unglaublich frech.

Marlies Sara M. Unverheiratete jüdische Hausangestellte in Göttingen. Fortgesetzte Rassenschande mit deutschen Soldaten (war als Schülerin in England). Im Lager: zahlreiche Lagerstrafen wegen Frechheit, Faulheit.

Ida Sara S. Geschiedene Jüdin. Fortlaufende Rassenschande mit verheirateten deutschen Männern.

Felizia Sara N. Obdachlose jüdische Dirne, macht sich an Frontsoldaten heran. Wiederholt geschlechtskrank. Vorbestraft: Sondergericht Kattowitz Gewerbsunzucht.[19]

Insofern sich diese Männer tatsächlich die Mühe machten, jeden einzelnen Gefangenen zu untersuchen (wie wir gesehen haben, verließ sich Mennecke mitunter auf die Strafakten), bedeutete dies konkret, daß sie Hunderte von Männern und Frauen mit flüchtigen Blicken taxierten, während diese einfach an ihnen vorbeimarschierten. Diejenigen Personen, die den angelegten Kriterien – die mit Menneckes psychiatrischem Hintergrund in keinerlei Zusammenhang standen – nicht entsprachen, wurden ausgesondert und ermordet – in gewisser Hinsicht bereits eine Vorwegnahme der »Selektion« an den Rampen der Vernichtungslager.

Wir können diese Prozedur aus der Perspektive vieler ehemaliger Konzentrationslagerhäftlinge nachverfolgen, die das Glück hatten, von diesen Selektionen nicht unmittelbar betroffen gewesen zu sein. Sie beobachteten und überlieferten der Nachwelt, was sie sahen. Karl K. war zwischen Oktober 1937 und August 1944 Häftling in Dachau. Im Herbst 1941 sollte er einige Unterlagen aus der politischen Abteilung zu Block 29 tragen. Die Häftlinge, über die die Akten gingen, wurden dann vier in zivil gekleideten Männern präsentiert, die auf Stühlen in Block 29 saßen und ein paar oberflächliche Fragen stellten. Der Wortführer dieser Gruppe teilte den ausgesonderten und in der linken Hälfte des Raumes versammelten Personen mit, man werde sie in ein anderes Lager mit besseren Bedingungen verlegen. Bei dem Wortführer handelte es sich um Werner Heyde, der Rest bestand aus T-4-Ärzten. Kurz danach wurden die Häftlinge abtransportiert; etwas später traf dann ihre persönliche Habe wieder im Lager ein.[20] Der ehemalige Häftling Hans H. erinnerte sich an Mennecke und seine Kollegen, wie sie nach dem abendlichen Zählappell hinter ein paar Tischen saßen. Kranke oder arbeitsunfähige Häftlinge sollten sich in eine Liste eintragen, um in ein Sanatorium verlegt zu werden. Etwa 200 bis 300 Häftlinge waren hiervon betroffen. Da diese Zahl zu niedrig war, führten die Ärzte und die SS einige zusätzliche Selektionen unter den »Muselmännern« durch, jenen Häftlingen also, die sich in einer fürchterlichen physischen Verfassung befanden. Zehn Tage später wurden zunächst 700 dieser Häftlinge auf Lastwagen verladen und acht Tage später noch einmal weitere 650 Häftlinge. Ihre Kleidung traf nach ein paar Tagen wieder im Lager ein. Hans H. las in einer Zeitung die Todesanzeige seines Freundes, der sich wegen einer Verletzung an der Hand freiwillig bei den Ärzten gemeldet hatte.[21]

Gefangene, denen bewußt war, was bei solchen Gelegenheiten vor sich ging, gaben Kameraden, die Brillen oder zum Zeichen einer teilweisen Sehbehinderung Armbänder trugen, den Rat, diese abzunehmen und möglichst selbstsicher in aufrechter Haltung an den Ärzten vorbeizumarschieren.[22] Andere wiederum betrachteten es als böses Vorzeichen, daß man die zum Transport vorgesehenen Häftlinge aufforderte, ihre Prothesen, Brillen und Bruchbänder zurückzulassen.[23] Während den T-4-Ärzten daran gelegen war, die Opferkategorien immer weiter zu fassen, waren die zentralen Machthaber der SS, unter deren Kontrolle die Lager standen, eher daran interessiert, den Abgang an Gefangenen einzuschränken, um selbst noch aus den kranken Häftlingen den letzten Tropfen Arbeitskraft herauszupressen. In einem Rundschreiben des SS Wirtschafts- und Verwaltungshauptamts an alle Lagerkommandanten vom 27. April 1943 hieß es:

Der Reichsführer-SS und Chef der Deutschen Polizei hat angeordnet, daß künftig nur geisteskranke Gefangene für die Aktion 14f13 von den dazu ernannten Ärztekommissionen ausgesondert werden können.

Alle anderen arbeitsunfähigen Gefangenen (Tuberkulose-Kranke, bettlägerige Invaliden u.s.w.) sind ausdrücklich von dieser Aktion ausgeschlossen. Bettlägerigen Invaliden ist eine passende Arbeit zu geben, die sie im Bett verrichten können.

Dem Befehl des Reichsführers-SS ist in Zukunft strikt Folge zu leisten. In diesem Zusammenhang eingereichte Gesuche für Benzin werden daher eingestellt.[24]

Diese Selektionen in den Konzentrationslagern fanden zeitgleich mit dem deutschen Einmarsch in die Sowjetunion statt, einem rassischen Krieg, der bis aufs äußerste geführt werden sollte. Bekanntermaßen wurden die verschiedenen Invasionstruppen von Einsatzgruppen begleitet, die sich aus SS, SD, Gestapo und verschiedenen Polizeikräften unter Führung der Höheren SS- und Polizeiführer zusammensetzten und die Aufgabe hatten, politisch und rassisch Unerwünschte zu ermorden – womit im Prinzip niemand anderes als Juden gemeint waren, setzten die Nazis doch »Judentum« mit Bolschewismus gleich. Die regelmäßigen Berichte dieser Einheiten wurden häufig mit dem Hinweis ergänzt, man habe auch »Asoziale« ermordet, d. h. Zigeuner und geisteskranke Patienten. Aus sowjetischen Quellen gehen die Einzelheiten recht genau hervor. Einsatzgruppe A, bestehend aus über 1000 Mann, operierte in den ehemals baltischen Staaten und in der Ukraine. Die Patienten psychiatrischer Anstalten wurden von ihnen vergiftet, dem Hungertod ausgesetzt oder erschossen. Einsatzgruppe B, die im Süden von Smolensk zugange war, wandte eine Vielzahl von Techniken an, um etwa die Patienten der Psychiatrischen Klinik in Lotoschinsk zu töten. Einige wurden vergast, andere vergiftet. Einige starben an Hunger, andere wurden der Kälte bis zum Eintritt des Todes ausgesetzt, während wieder andere von berittenen Angehörigen der Einsatzgruppe zu Tode gejagt wurden. Etwa 700 Patienten wurden ermordet.[25] Diese Methoden wurden von Angesicht zu Angesicht ausgeführt und blieben daher für einige der beteiligten Männer nicht ohne belastende Folgen für ihre Psyche. Chronischer Alkoholismus und nervöse Erschöpfung gehörten etwa dazu. Als Himmler im August 1941 persönlich Zeuge der Erschießung von einigen hundert Häftlingen des Gefängnisses in Minsk war, gab er dem Leiter der Einsatzgruppe B, Arthur Nebe, die Anweisung, doch weniger brutale Methoden zu entwickeln.[26] Nebe versammelte daraufhin einige Experten des Kriminaltechnischen Instituts, unter ihnen auch Albert Widmann, und schickte sie in Lastwagen, die mit Sprengstoff und Gasschläuchen beladen waren, auf den Weg nach Rußland. Nachdem dieser Trupp an einem Samstag abend in Minsk eingetroffen war, brachen die Männer am folgenden Sonntag morgen zu einem außerhalb der Stadt gelegenen Wald auf, wo sich zwei hölzerne Unterstände befanden. Sie stopften die Unterstände mit 250 kg Sprengstoff voll und verbanden die Sprengkapsel mit einem elektrischen Kolben. Etwa 20 geisteskranke Patienten, die man zu diesem Zweck herangeschafft hatte, wurden in die Unterstände gesperrt. Der erste Versuch, sie in die Luft zu sprengen, mißlang, so daß Nebe und seine Mannschaft weitere 100 kg Sprengstoff hinzufügten und die verletzten und völlig orientierungslosen umherirrenden Opfer des ersten verpfuschten Versuchs erneut in den Unterständen einschlossen. Der zweite Versuch war so »erfolgreich«, daß jüdische Häftlinge den ganzen darauffolgenden Tag damit beschäftigt waren, die auf Bäumen und im Unterholz versprengten Körperteile der Opfer einzusammeln.

Nebe und seine Männer begaben sich unterdessen zur nächsten Anstalt nach Mogilew, wo sie an den Auspuff eines Autos einen Schlauch anschlossen, den sie in ein aus Ziegelsteinen erbautes Labor innerhalb der Anstalt einführten. Man schloß einige Patienten in diesen Raum ein, und der Fahrer des Wagens, Bauer, ließ den Motor an. Nachdem Nebe sah, daß dies immer noch nicht schnell genug funktionierte, tauschte er den Personenwagen gegen einen Lastwagen aus. Dies führte dazu, daß die Patienten innerhalb von acht Minuten starben. Vermutlich telefonierte Nebe anschließend mit Himmler, um ihn über das Ergebnis dieser beiden Methoden in Kenntnis zu setzen.[27]

Zusammen mit den Einsatzgruppen C und D fuhren die beiden Einheiten das gesamte Jahr 1941 hindurch bis gegen Ende 1942 mit der Ermordung von Psychiatriepatienten fort. Zu den technisch weiterentwickelten Tötungseinrichtungen gehörten nun mobile Gaswagen, in deren Fahrerkabinen sich Gasbehälter befanden, sowie Lastwagen, deren Auspuffgase in das Innere des Wagens geleitet wurden. Jede dieser Verfeinerungen wurde als rein technisches Problem behandelt, bewußt losgelöst von dem eigentlichen Einsatzzweck des »Produkts«. Parallel zur Massenermordung der sowjetischen Juden fielen diese Einheiten systematisch über die Psychiatrien sowie Heil- und Pflegeanstalten her und hinterließen eine breite Schneise der Zerstörung und Vernichtung. Sie arbeiteten schnell und mit tödlicher Effizienz und betrachteten sich selbst als Gärtner, die nichts anderes taten, als Rosen von Blattläusen zu befreien, oder aber hielten sich für strenge Kolonialherren, die eine minderwertige Rasse auslöschten. Bedauerlicherweise spielt dieser letztgenannte Aspekt in vielen wissenschaftlichen Untersuchungen, die sich mit den theoretischen Ursprüngen dieses Rückfalls in die Barbarei beschäftigen, nur eine untergeordnete Rolle.[28] Niemand kennt die exakte Zahl der Opfer unter diesen Patienten, urteilt man aber auf Grundlage sowjetischer Quellen, dürften es vermutlich über 10 000 Menschen gewesen sein.

Etwa zur gleichen Zeit, als sich Herbert Lange mit seinem Team samt dreier Gaswagen, die Viktor Brack zur Verfügung gestellt hatte, in Kulmhof einnistete, traf ein Untergebener von Reichskommissar Hinrich Lohse im Baltikum ein, um dort ebenfalls mit Brack über die Bereitstellung von Fachleuten (der Chemiker Kallmeyer) und »Brackschen Hilfsmitteln«, d. h. Vergasungsapparaturen, zu verhandeln.[29] Laut Brack war es 1941 »ein offenes Geheimnis«, daß Deutschlands Machthaber die gesamte jüdische Bevölkerung Deutschlands und der besetzten Gebiete vernichten wollten.[30] Mit Einwilligung Eichmanns wurden die in Riga und Minsk errichteten Lager nun einer anderen Zweckbestimmung zugeführt, d. h., sie sollten nicht mehr der Unterbringung sowjetischer Gefangener dienen, sondern der Ermordung jener Juden des Reichs, die als arbeitsunfähig galten. Im Winter brach eine weitere Gruppe von 20 bis 30 Personen des T-4-Personals aus Hadamar, Hartheim und Sonnenstein nach Minsk auf, um eine andere »streng geheime« Mission zu erfüllen. Brack selbst führte die Gruppe an.[31] Sie fuhren nach Berlin, wo sie zunächst ihre SS-Uniformen und Soldbücher gegen Kleidung aus den Beständen der Organisation Todt austauschten.[32]

In jenem Winter war es in Rußland besonders kalt, die Eisenbahngleise waren überfroren, und die verwundeten Soldaten von der Front in Smolensk mußten in Krankenhäuser in der Gegend um Minsk transportiert werden.[33] Zu diesem Zweck brachte T 4 Transportbusse in diese Gegend. Zu den Ärzten, die nach Minsk gingen, gehörten Eberl, Schmalenbach, Schumann und Ullrich, die Krankenpfleger und -pflegerinnen Pauline K. und Paul R. Niemand weiß genau, warum exakt diese Personen für diese Mission ausgewählt wurden, auch wenn es einen indirekten Hinweis gibt, nämlich das Eingeständnis Pauline K.s, verwundeten Soldaten tödliche Injektionen verabreicht zu haben.[34] Die Tatsache, daß alle Überlebenden dieser Mission dazu tendierten, deren Sinn und Zweck tunlichst im unklaren zu lassen, legt den Verdacht nahe, daß es hier um das denkbar äußerste Tabu ging, nämlich die Ermordung verwundeter Soldaten, die den eigenen Truppen angehörten. Warum sonst hätte Brack für diese Mission verantwortlich sein sollen? Warum sonst hätte diese Mission den Stempel »streng geheim« erhalten sollen? Und warum sonst hätte man exakt diese Gruppe von Personen auswählen sollen?

Während Langs Einheit in Kulmhof damit begann, 145 000 Juden zu ermorden, fing man im Osten Polens mit dem Bau der ersten drei Vernichtungslager an. Hierbei handelte es sich um Belzec, Sobibor und Treblinka, Lager, die zur Ermordung der polnischen Ghettobewohner errichtet wurden. Die Vorgänge dort fanden unter dem Decknamen »Aktion Reinhard« statt, weshalb sie im einzelnen mit den Kürzeln R1, R2 und R3 versehen wurden.[35]

Diese Lager bestanden aus recht einfachen – und daher nach Ende der Operationen leicht zu zerstörenden – Baracken für die SS und das ukrainische Wachpersonal, Hütten für die Gruppen arbeitender Häftlinge, einschließlich z. B. der »Goldjuden«, sowie eines trichterförmigen Wegs, der direkt in die Gaskammern führte. Ihr einziger Zweck bestand darin, so viele Menschen so schnell und so reibungslos wie möglich zu töten. Die Befehlsgewalt lag in den Händen des ehemaligen Maurers und nun SS-Brigadeführers Odilo Globocnik in Lublin. Globocnik entwarf die Richtlinien dieser Arbeit mit Blick auf künftige Lagerkommandanten wie etwa Franz Stangl, während er auf der Bank eines Parks saß, der sein Hauptquartier umgab. An einem »wunderschönen warmen Frühlingstag« studierten die beiden eifrig die Pläne für das Vernichtungslager Sobibor.[36]

Das 92 Mann zählende, ehemalige T-4-Personal, das Brack auf Befehl Bouhlers an Globocnik zum Zwecke des industrialisierten Massenmordes an Juden ausgeliehen hatte, wurde von Christian Wirth befehligt, jenem Stuttgarter Kriminalbeamten, auf den wir bereits in Hartheim mehrfach gestoßen sind. Wirth hatte sogar unter den »Brennern« von Hartheim den Ruf, »eine Bestie« zu sein.[37] Diejenigen, die noch nicht der SS angehörten, erhielten in Trawnicki eine Schnelleinführung in das mörderische Wesen der Organisation. Das T-4-Personal stand nach wie vor auf der Gehaltsliste der SS, und Kurierwagen aus Berlin versorgten die Kameraden im Osten regelmäßig mit Zigaretten und Alkohol.[38] Die ganze Operation finanzierte sich insoweit von selbst, als Wirth dafür sorgte, daß die Wertgegenstände der ermordeten Juden zurück zu T 4 nach Berlin geschickt wurden.[39] Ganze Koffer voll brachten die T-4-Kuriere dorthin, worüber die SS nicht eben froh war.[40]

Die Gruppe, die Globocnik von T4 zur Unterstützung geschickt wurde, bestand aus abgebrühten Psychopathen. Diese Männer waren nicht erst allmählich brutal geworden. Ihr Werdegang war – ähnlich dem von Rudolf Höß in Auschwitz – von Beginn an durch Brutalität gekennzeichnet, auch wenn es sich bei ihnen (im Gegensatz zu Höß) oftmals um ehemalige Polizisten und nicht um vorbestrafte Mörder handelte. Noch wichtiger, auch sie waren Experten in Sachen Camouflage und vorsätzlicher Täuschung. Ähnlich Brack wollte auch Globocnik die Arbeit so verdeckt und zügig wie möglich erledigt sehen, damit man nicht eines Tages »mitten drin steckenbleibt«.[41]

Die engen Verflechtungen zwischen T4 und der »Endlösung« lassen sich leicht aufzeigen. Josef Oberhauser, SS-Unteroffizier, hatte bereits in Grafeneck, Brandenburg und Bernburg gearbeitet, bevor er für Belzec ausgewählt wurde.[42] Menneckes Fahrer, Erich Bauer, erhielt von Allers eine brandneue Walther Automatik, bevor er von Charlottenburg nach Lublin und weiter nach Sobibor aufbrach.[43] Bracks Fahrer, Lorenz Hackenholt, ein weiterer T-4-Veteran, ging nach Belzec, um eine Dieselmaschine zu bedienen, die mit einer Gaskammer verbunden war; die Gaskammer nannte er »die Hackenholt-Stiftung«, einer jener ebenso typischen wie widerlichen Versuche, die Arbeit durch schwarzen Humor aufzuhellen. Franz Stangl aus Hartheim war für die Konstruktion und den reibungslosen Ablauf in Sobibor zuständig. Als er nach Treblinka wechselte, um dort das Kommando zu übernehmen, wurde er von einem anderen Ex-Kollegen aus Hartheim, Franz Reichleitner, ersetzt; in Treblinka trat Stangl die Nachfolge von Dr. Irmfried Eberl an, dem Arzt aus Bernburg.[44] Stangl wurde nach Treblinka geschickt, um gewissen Praktiken Einhalt zu gebieten, wie etwa dem Brauch, nackte Jüdinnen zum Vergnügen von Eberl und seinen Leuten auf den Tischen tanzen zu lassen. Stangl stand solch schäbigen Exzessen eher zurückhaltend gegenüber, da sie seiner Meinung nach nur der Hauptaufgabe, ganze Wagenladungen von Menschen innerhalb einer Stunde nach deren Ankunft zu töten, im Wege standen.

In diesen drei Lagern wurden schätzungsweise ermordet:
Belzec (März – Dezember 1942) 550 000 Männer, Frauen und Kinder
Sobibor (April – Juni 1942 und Oktober 1942 – Oktober 1943) 200 000 Männer, Frauen und Kinder
Treblinka (Juli 1942 – Oktober 1943) 750 000 Männer, Frauen und Kinder[45]

Nachdem mehr als 1,5 Millionen Menschen in diesen drei Lagern ermordet worden waren (andere ehemalige T-4-Leute wie etwa Dr. Horst Schumann waren in Auschwitz ähnlich aktiv), wies die Abschlußbilanz einen immensen Profit aus, den man aus dem enormen Blutzoll geschlagen hatte. Die im Dezember 1943 vorgenommene Endabrechnung summierte sich auf Millionen von Einzelbeträgen in unterschiedlichsten Fremdwährungen: von US-Dollars über Dinare, Dukaten, Kronen, peruanisches Pfund bis hin zu Zlotys; 15 883 Gold- oder Diamantringe (mit einem Marktwert von 23 824 500 Reichsmark); über 9000 Damenarmbanduhren; 29 391 Brillen; 627 Sonnenbrillen; 41 silberne Zigarettenetuis; Operngläser; Puderdosen; 230 Thermometer sowie 6943 reparaturbedürftige Wecker. Die Zeit war stehengeblieben, für die Uhren wie für ihre Besitzer. Keiner von ihnen würde jemals wieder die Operngläser, Puderdosen oder Sonnenbrillen benötigen. 1901 Wagenladungen voll Kleidung, Handtücher und Bettwäsche in einem Gesamtwert von 26 000 000 Reichsmark wurden abtransportiert. All diese Dinge hatten einst Menschen gehört, die allein oder samt ihrer Familien, im Dunkel gewaltiger Gaskammern, ermordet worden waren. Deutsche Amtsträger waren um diese Gaskammern herumgeschlendert, hatten ihr Ohr an die Wand angelegt und anschließend bemerkt: »Wie in der Synagoge«. Insgesamt wurde eine Summe in Höhe von 199 047 983 Reichsmark an die Reichsbank, das Wirtschaftsministerium und das SS-Wirtschafts-Verwaltungshauptamt überwiesen.[46] Die »Umsiedlung«, so hieß es, sei »erledigt und abgeschlossen«. Nach einem Besuch Himmlers in Lublin am 12. Februar 1943 wurden mehrere Männer von T 4, die sich an der »Aktion Reinhard« beteiligt hatten, befördert, einschließlich Wirth, Hering, Reichleitner, Stangl und Oberhauser.[47] In dieser verkehrten Welt konnten Psychopathen durch Massenmord Karriere machen.

Im Herbst 1943 wurden viele der T-4-Mörder, die an der »Aktion Reinhard« beteiligt gewesen waren, in den Süden nach Istrien an die Dalmatinische Küste geschickt, um ein Zwischenlager für italienische Juden auf dem Weg nach Auschwitz zu kontrollieren und italienische oder jugoslawische Partisanen zu töten, was nichts anderes hieß, als praktisch jeden zu töten, auf den auch nur der leiseste Verdacht fiel, mit diesen Kreisen in Verbindung zu stehen. Da dieser letzte Vernichtungsexzeß an der Dalmatinischen Küste weniger bekannt ist als die »Aktion Reinhard«, werde ich etwas ausführlicher darauf eingehen.

Der allgegenwärtige Odilo Globocnik und Christian Wirth waren für die etwa 50 Veteranen der »Aktion Reinhard« (Franz, Gley, Hackenholt,

Lambert, Oberhauser, Stangl, Unverhau u. a.) verantwortlich und wurden an die Dalmatinische Küste entsandt. Unter Verwendung derselben Verschlüsselungen, die schon in Polen benutzt wurden, errichteten sie drei Lager: R1 in einer Vorstadt von Triest namens San Saba; R2 in Fiume; und R3 in Udine. Laut Dietrich Allers, dem Nachfolger Wirths, der 1944 in einen Hinterhalt italienischer Partisanen geriet und getötet wurde, bestand die Aufgabe darin, ein Netzwerk aus Bunkern zu errichten und die Eisenbahnstrecken zu bewachen.[48] Überraschenderweise übernimmt Gitta Sereny Stangls verharmlosende Darstellung dessen, was die Männer der »Aktion Reinhard« in Italien angeblich getan haben, indem sie seine Version, man habe »Partisanenbekämpfung« betrieben, kommentarlos wiedergibt.[49] In Wirklichkeit handelte es sich um weit mehr, nämlich die Folterung und Ermordung von etwa 5000 Italienern und Jugoslawen. Die Männer von T4 richteten sich in einem ehemaligen Reislagerhaus namens Risiera ein. Sie hatten einen Gaswagen bei sich, und Erwin Lambert – dem wir zuletzt begegneten, als er Löcher in die Gasleitungen in Hadamar bohrte – kam in den Süden, um ein holzbetriebenes Krematorium zu bauen, das bis zu zwölf Leichen in einem Durchgang verbrennen konnte.

Zu den Aufgaben der Gruppe gehörte es, die Deportation der italienischen Juden zu beschleunigen, geisteskranke jüdische Patienten der Anstalten in Triest und Venedig zu töten sowie Personen zu verhören und hinzurichten, die willkürlich als »Partisanen« bezeichnet wurden.[50] Zu den gefolterten »Partisanen« gehörte eine Frau, die beim Malen deutschfeindlicher Wandschmierereien erwischt worden war, die sie anfertigte, nachdem sie gesehen hatte, wie deutsche Truppen drei junge Mädchen, ihre Mütter, Schwestern und andere mutmaßliche Widerstandskämpfer erschossen hatten. Die »Risiera« wurde als zentrales Mehrzweckgebäude benutzt, so zur Lagerung gestohlener Güter, als Gefängnis, Geheimgericht, Deportationszentrum und als Ort von Folterungen und Hinrichtungen. Die Opfer kratzten ihre wichtigsten Lebensdaten in die Wände ihrer Zellen. Die nachfolgende Inschrift handelt von einer Familie, deren letztes noch lebendes Mitglied von der Deportation ihres Ehemanns und ihrer Kinder berichtet:

Gefangengenommen am 21. September 1944 – Venedig. Ehemann: Aldo S., geboren am 19. Dezember 1894, deportiert am 12. Oktober. Frau: Giannina S., geboren am 24. Mai 1896. Kinder: Ugo S., geboren am 6. Januar 1925; Paolo S., geboren am 24. Mai 1927; Elena S., geboren am 30. März 1930.
Möge Gott meine Familie beschützen – DIE MUTTER.

Ugo, Paolo und Elena wurden am 11. Januar 1945 nach Deutschland gebracht – DIE MUTTER

6. Januar 1945, Ugos Geburtstag – DIE MUTTER

Möge Gott meine Kinder und meinen Ehemann beschützen, ich habe Angst – GIANNINA BORGIGNON S.[51]

Bei der Frau handelte es sich um die »arische« Ehefrau eines italienischen Juden. Aus rassenideologischen Gründen von der Sicherheitspolizei wieder entlassen, hatte sie den Fehler begangen, um die Rückgabe von 30 000 Lire zu bitten, die man ihr abgenommen hatte.[52]

In der Risiera kam der Tod wie ein Dieb in der Nacht, begleitet von lauter Musik, die aus den Lautsprechern plärrte. Er kam in Gestalt eines ukrainischen Wachmanns, der eine Keule schwang oder die Opfer mit seinen bloßen Händen erwürgte. War das Opfer schmächtig genug, wurde es zu Tode getrampelt. Der Gestank verbrennender Körper legte sich schwer auf die umgebende Stadt. Zu jenen, die in der Risiera ermordet wurden, gehörten: ein geisteskranker Jude, den man für eine Deportation nach Auschwitz als nicht genügend transportfähig ansah, und man vermutlich fürchtete, er könne den reibungslosen Ablauf der Deportationen durcheinanderbringen; zwei Häftlinge, die das Pech hatten, ihre Zelle mit zwei anderen Gefangenen zu teilen, die während eines Luftalarms geflüchtet waren; fünf Juden, die fälschlicherweise beschuldigt wurden, fünf Goldmünzen in einer Toilette versteckt zu haben; ein Mann, der es versäumte hatte, zur Arbeit für die Organisation Todt zu erscheinen und so weiter.[53] Wie wir im letzten Kapitel sehen werden, tauchten die Männer, die für diese Morde verantwortlich waren, stillschweigend im Zug der heimkehrenden deutschen Soldaten unter oder flüchteten in entlegene Gebiete. Zunächst müssen wir uns jedoch wieder dem »Euthanasie«-Programm zuwenden, das trotz Hitlers Befehl, die Massenvergasungen teilweise einzustellen, fortgeführt wurde.

8. »Mittelalterlich« oder modern?
Die »Euthanasie«-Programme von 1941 – 1945

Die Einstellung der Massenvergasungen geistig und körperlich Behinderter bedeutete nicht das Ende der »Euthanasie«-Morde. Vielmehr waren eine Reihe staatlicher Heil- und Pflegeanstalten jetzt noch zusätzlich involviert, einschließlich jener sechs Anstalten, in denen bisher Patienten vergast wurden. In all diesen Anstalten verabreichte man Medikamente in tödlichen Dosierungen und führte absichtlich den Hungertod herbei. Da T 4 immer noch Patienten begutachtete, transportierte und große Mengen Sedativa zur Verfügung stellte, die zur tödlichen Überdosierung eingesetzt wurden, können wir nach wie vor von einem zentral geplanten Morden sprechen, auch wenn dies im Vergleich zur ursprünglichen »Aktion T 4« dezentraler durchgeführt wurde. Auch die »Kinder-Euthanasie« wurde bis zum Ende des Krieges fortgesetzt.[1]

Mit Nachdruck sei betont, daß man über all diese Tötungsmethoden bereits lange vor ihrer tatsächlichen Einführung nachgedacht hatte. Diese Maßnahmen fielen nicht vom Himmel etwa als Reaktion auf unvorhergesehene Kriegsumstände; sie wurden lange im voraus von Menschen in Betracht gezogen, die entsprechende Präzedenzfälle aus der Vergangenheit kannten und sehr genau wußten, was sie taten. Die Entwicklung war weder spontan noch »reaktiv«. Vielmehr waren die Erinnerungen an die Zustände in den Heil- und Pflegeanstalten während des Ersten Weltkrieges in den Köpfen jener noch frisch, die eine Politik des absichtlich herbeigeführten Hungertods nach 1939 verfolgten. Direktor Pfannmüller von Eglfing-Haar beklagte anläßlich einer Zusammenkunft seiner Ärzte im September 1939, in der Zeit des Ersten Weltkriegs habe man bettlägerige Patienten ausreichend ernährt, während arbeitende Patienten an Unterernährung gestorben seien. Die nationalsozialistische Regierung werde hingegen Maßnahmen ergreifen, um ähnliche »Irrtümer« zu vermeiden. Die Patienten seien dahingehend zu untersuchen, ob man noch mit ihrer Genesung rechnen könne oder ob sie als nicht mehr »sozial nützlich« einzustufen sind.[2]

Am 1. November 1939 erstellte Pfannmüller in Reaktion auf einen Sachverständigenbericht der bayerischen Regierung zur Kostenreduzierung eine detaillierte Denkschrift über wirtschaftliche Maßnahmen in den Heil- und Pflegeanstalten. Verärgert über die Unwissenheit der Laien, entschloß sich Pfannmüller, nun selbst drastische ökonomische Empfehlungen zu formulieren, die hinsichtlich der Kostenfrage seinen eigenen, anomalen therapeutischen Kriterien entsprachen. Natürlich sei es die »selbstverständliche« Pflicht eines jeden nationalsozialistischen Anstaltsdirektors, die Kosten für den Unterhalt seiner Patienten »herunterzuschrauben«. Die Anstalten brächen unter einer Last »asozialer«, alter oder kranker Patienten zusammen, die eines großen Pflegaufwandes bedürften und hohe Kosten für Sedativa verursachten.[3] In Anbetracht gestiegener Patientenzahlen (2692 im Januar 1937; 3005 im November 1939) sei es unmöglich, die chronisch Kranken und Alten an Fürsorgeeinrichtungen in der Region abzuschieben, wie dies seitens der in solchen Dingen völlig unkundigen Sachverständigen vorgeschlagen worden sei. Als ein »bekenntnisloser und überzeugter nationalsozialistischer Anstaltsdirektor« – nebenbei bemerkte er, alle Korrespondenz möge doch bitte künftig an »den Direktor« adressiert sein und nicht an ein anonymes »Direktorat« – trage er nunmehr seine eigenen finanzwirtschaftlichen Überlegungen vor. »Was die medizinische Versorgung von unwertem Leben betrifft«, sei es an der Zeit, »die letzte Konsequenz im Sinne einer Ausrottung zu ziehen«.[4] Zwei Gruppen von Patienten kämen dabei in Frage: »vollkommen idiotische, durch und durch asoziale, vollständig abhängige, chronische Fälle« sowie in Schutzhaft befindliche »kriminelle, unsoziale Elemente«, von denen die Anstalten »belastet und randvoll« seien.[5] Man müsse darüber diskutieren, ob man diese Leute »unter primitivsten Bedingungen« erhalten oder ob man »sie ausrotten« solle. Er schätzte, daß 35 Prozent seiner Patienten (1000 Menschen) in eine dieser beiden Kategorien falle. Er empfinde es als völlig unverständlich, wenn junge, gesunde Männer an der Front stürben, während in den Heil- und Pflegeanstalten »lebende Leichen« versorgt würden.[6] Wie wir gesehen haben, lag die ursprüngliche Strategie der »Aktion T 4« in der Tat darin, bestimmte Kategorien von Patienten »auszurotten«.

Am Beispiel des Falls Walter D. können wir sehen, wie Pfannmüller mit den »Asozialen« umging. Walter D. war ein Berufsverbrecher, der im Gefängnis Stadelheim wegen Betrugs und Erpressung einsaß. Er hatte 17 weitere Vorstrafen. Im Mai 1940 ordnete der Oberstaatsanwalt von München die Verlegung Walter D.s von Stadelheim nach Eglfing-Haar an. (D. war im August 1939 aus dem Stadelheimer Gefängnis geflohen, und der Gefängnisdirektor lehnte seine neuerliche Unterbringung ab).[7] Pfannmüller nahm Walter D. auf, änderte aber seine Meinung, nachdem D. erneut geflüchtet war. Er sei, so betonte er, für eine Heil- und Pflegeanstalt verantwortlich und führe kein Gefängnis mit maximalem Sicherheitsstandard. Er sehe nicht ein, Patienten zu verlegen, um Platz für solche »Schurken« und »notorische Kriminelle« wie Walter D. zu schaffen. Letzterer sei in der Lage, die Verrückten zu Revolten und Meutereien anzustacheln; man solle ihn besser in einer Institution unterbringen, in der man bei Fluchtversuchen gnadenlos von der Schußwaffe Gebrauch mache. Pfannmüller hatte zweifellos Angst vor Walter D., der ihm geschrieben und mit dem Tod gedroht hatte, als er auf freiem Fuß war. Hätten die Behörden denn vergessen, daß D. bei seiner letzten Ergreifung im Besitz eines Revolvers gewesen sei? Fast als sei es ihm jetzt zum Schluß erst eingefallen, bemerkte Pfannmüller noch, es gebe doch »eine besondere Stelle im Reich, die anzugeben ich nicht berechtigt bin«, die »meine Ansicht über den Fall D. in allen Einzelheiten billigt«.[8] Er meinte T 4.

Infolge der teilweisen Einstellung von Massenvergasungen wurde die »Ausrottung« mit Hilfe jener »primitivsten Bedingungen« erreicht, von denen Pfannmüller in seiner Antwort an die Sachverständigen gesprochen hatte. Am 17. November 1942 kamen die Direktoren aller bayerischen Heil- und Pflegeanstalten zu einer Konferenz im Innenministerium unter Vorsitz von Walter »Bubi« Schultze zusammen. Dieser erklärte, da die Massenvergasungen eingestellt seien, liege es nun an den Anstalten, »selbst etwas zu unternehmen«.[9] Zur Diskussion stand, ob die Anstaltsdirektoren bereit seien, für bestimmte Kategorien von Patienten eine »Sonderkost« einzuführen. Die Wortführer in dieser Diskussion waren Pfannmüller und Valentin Faltlhauser von Kaufbeuren-Irsee. Das war keineswegs überraschend, denn beide Männer setzten in ihren Anstalten bereits »Sonderkost« ein. Faltlhauser hatte im August in Irsee und im Oktober 1942 in Kaufbeuren eine »E-Kost« eingeführt, also bereits vor der Konferenz in München.[10] Und Pfannmüller prahlte offen gegenüber anderen Konferenzteilnehmern damit, daß »er einmal einer Pflegerin ein Stück Brot entrissen habe, das diese einem Kranken habe geben wollen«.[11]

Faltlhauser empfahl in seinem Beitrag zwei alternative Diäten, eine für arbeitende Patienten und eine für jene, die nicht arbeiteten. Letztere sollten kein Brot, kein Fett, Fleisch oder Kohlehydrate erhalten, sondern statt dessen in Wasser gekochtes Gemüse. Das hieß 50 bis 100 g Rüben pro Tag. Laut einem Konferenzteilnehmer sagte Faltlhauser, er sei zunächst ein Gegner der »Euthanasie« gewesen, habe dann aber seine Meinung geändert: »Nachdem die Abtransporte abgeschafft seien, würde man die Sache durch allmähliches Aushungern der Kranken fortsetzen können. Es sollte für die nicht-arbeitsfähigen Kranken und aussichtslosen Fälle eine völlig fettlose Kost so z. B. in Wasser gekochtes Gemüse gereicht werden. Die Wirkung sollte ein langsamer nach Ablauf von etwa 3 Monaten eintretender Tod sein.«[12] Faltlhauser hatte ein paar Wochenspeisepläne aus Kaufbeuren-Irsee mitgebracht, um zu demonstrieren, was ihm vorschwebte. Einer dieser Pläne enthielt nichts anderes als Kartoffeln, Kraut und Rüben.[13]

Auf Drängen der Konferenzteilnehmer schrieb Walter »Bubi« Schultze am 30. November 1942 an die verschiedenen Landesregierungen einen Brief, in dem er die Einführung von Diäten in den Anstalten ankündigte, die sich von den bisherigen drastisch unterscheiden sollten:

> Hinsichtlich der Lebensmittelversorgung in Kriegszeiten und der Verfassung von arbeitsfähigen Anstaltspatienten können wir die Tatsache nicht mehr länger rechtfertigen, allen Insassen einer Anstalt die gleichen Rationen zuzuteilen, ohne zu berücksichtigen, ob sie einerseits eine produktive Arbeit leisten oder in Therapie sind oder ob sie sich andererseits einfach nur in der Anstalt befinden, ohne eine Arbeit zu leisten, die diesen Namen verdient.
>
> Es wird daher mit sofortiger Wirkung angeordnet, daß diejenigen Anstaltsinsassen, die einer produktiven Arbeit nachgehen oder eine Therapie erhalten oder darüber hinaus erziehungsfähige Kinder oder Kriegsversehrte sind sowie an Alterspsychose leidende Personen – sowohl in qualitativer wie quantitativer Hinsicht – besser zu ernähren sind als die übrigen Insassen.
>
> Mit Bezug auf die Konferenz der Anstaltsdirektoren, die am 17. November 1942 im Innenministerium stattgefunden hat. Die Anstaltsdirektoren haben sofort entsprechende Maßnahmen zu ergreifen.[14]

In Eglfing-Haar wurden die Patienten, denen man »Sonderkost« verabreichte (ein Begriff, der an die »Sonderbehandlung« in den Konzentrationslagern erinnert), in zwei Häuser aufgeteilt: die Häuser Nummer 22 und 23. Diese wurden als »Hungerhäuser« bekannt.[15] Die Strategie der Hungerkost wurde rücksichtslos verfolgt. Pfannmüller suchte drei- bis viermal die Küchen in Eglfing-Haar auf, um die »Nahrung« nach unerlaubten Proteinzusätzen zu untersuchen, und bestand auf regelmäßigen Gewichtskontrollen der betroffenen Patienten. Er sprach nicht lange um den heißen Brei herum und erklärte beispielsweise einem der Pfleger, er habe »das lebensunwerte Leben, das den Staat belaste, auf fettlose Kost gesetzt, damit es sich auflöse«.[16] Einzelne Angehörige des Pflege- und Aushilfspersonals, insbesondere der Koch, versuchten ihr Bestes, um Pfannmüllers Strategie zu unterlaufen. Bei den Gewichtskontrollen sagte man Pfannmüller, der Auskunft verlangte, warum bestimmte Patienten nicht bereits weniger wögen, die Betroffenen hätten eine Menge Wasser in ihrem Körper eingelagert.[17] Höflich bestritt der Koch Pfannmüllers Kompetenz, zwischen fettlosem und mit Fett versehenem Haferschleim zu unterscheiden, oder er wartete, bis Pfannmüller gegangen war, um sodann etwas Nahrhaftes in die Kochtöpfe zu geben. Den Patienten, die dieser Hungerkost ausgesetzt waren, blieben kaum andere »Überlebensstrategien«, als sich etwa an Kochrezepte einst gegessener Speisen zu erinnern oder von Lebensmittel- und Delikateßläden zu träumen. Jedesmal, wenn der Priester in den beiden Häusern zu Besuch war, kamen ihm Scharen schreiender Patienten entgegen: »Herr Pfarrer, ein Stück Brot bitte!« Sie alle litten an Unterernährung.[18] Zwischen 1943 und 1945 starben in diesen beiden »Hungerhäusern« 429 Patienten.[19]

In Kaufbeuren-Irsee führte Faltlhauser eine »Grundkost« ein, wie sie aus den oben erwähnten »Speiseplänen« hervorgeht. In Dienstbesprechungen wurden für unterschiedliche Kategorien von Patienten verschiedene Diäten entwickelt. Diejenigen, die um vier Uhr morgens mit ihrer Arbeit auf den Bauernhöfen der Anstalt begannen, erhielten zweimal am Tag eine Mahlzeit sowie eine zusätzliche Ration Brot. Dann gab es die »Normalkost« und die »Grundkost« beziehungsweise »E-Kost«.[20] Letztere erhielten alle Patienten, die in Haus MII in Irsee untergebracht waren.[21] Laut dem Priester, der die Beerdigungen vorzunehmen hatte, führte die rapide steigende Sterberate dazu, daß die Anstaltsleitung das Glockengeläut verbat, damit nicht die Menschen in der Umgebung aufgrund der vielen Todesfälle in der Anstalt Verdacht schöpften.[22] Er beerdigte bis zu sechs, sieben Menschen pro Nachmittag.[23]

Das bewußte Herbeiführen des Hungertods wurde in allen Anstalten quer durch Deutschland praktiziert. Im August 1942 trafen erneut Krankentransporte in Hadamar ein. Von den 4817 Patienten, die zwischen August 1942 und März 1945 aus verschiedenen Teilen Deutschlands hierher verlegt wurden, starben 4422 Patienten. Die höchste Belegungsquote der Anstalt lag bei etwa 500 Patienten, einschließlich etwa 200 arbeitender Patienten in Schnepfenhausen. Laut Augenzeugen mußten Neuankömmlinge aufgrund der Überbelegung oft auf Strohsäcken im Flur liegen.[24] Unmittelbar nach ihrer Ankunft wurden die Patienten nach Geschlecht und Arbeitsfähigkeit eingeteilt. Wer arbeitete, bekam zu essen;

wer nicht arbeitete, erhielt dreimal in der Woche Brennesselsuppe – und starb.[25] Einige Patienten schrieben verzweifelte Bittbriefe um Nahrung an ihre Verwandten. Als sich Angehörige bei Wahlmann beschwerten, erklärte dieser ebenso zynisch wie gönnerhaft, geisteskranke Patienten führten ein »einförmiges« Leben und wüßten daher von nichts anderem als vom Essen zu schreiben. Ein ständiges Hungergefühl sei selbst in gewöhnlichen Zeiten völlig normal; die Angehörigen sollten doch bitte schön mehr Verständnis für die Notwendigkeit aufbringen, daß »die Ernährung der Soldaten und des schaffenden Volkes im Vordergrund stehen muß«.[26]

Einige der Angeklagten, denen man nach dem Krieg vorwarf, bewußt den Hungertod von Patienten herbeigeführt zu haben, versuchten sich mit dem Hinweis auf kriegsbedingte Lebensmittelkürzungen zu rechtfertigen. Faltlhauser verfolgte beispielsweise diese Verteidigungsstrategie. Allerdings machte dies wenig Eindruck. Das Beispiel von Eichberg, wo Mennecke und Schmidt ebenfalls eine als »B-Kost« bezeichnete Hungerkost eingeführt hatten, zeigt, daß es keinerlei kriegsbedingte Lebensmittelkürzungen gab. Eichberg liegt im Rheingau, einer der fruchtbarsten Gegenden Deutschlands. In dem hier untersuchten Zeitraum war die Anstalt im Besitz zahlreicher Weinberge und bewirtschaftete einen ergiebigen Bauernhof in Wacholderhof. Aber selbst Patienten, die für ihre Unterbringung in der Anstalt selbst bezahlen mußten, sahen sich genötigt, verzweifelte Bettelbriefe um Nahrung an ihre Ärzte zu schreiben.[27]

Die Gründe, warum Patienten inmitten des Überflusses vor Hunger starben, waren zum einen die, daß Mennecke und Schmidt dies so wollten, und zum anderen, daß Bernotat die beachtlichen landwirtschaftlichen Güter und Weinbauerträge an jene verteilte, die sie seiner Ansicht nach mehr verdient hatten. So lieferte man beispielsweise Vieh an ein nationalsozialistisches Wohlfahrtsheim in Hofheim, an ein Gau-Erholungsheim in Schlangenbad, eine Mädchenschule in Tiefenthal und ein Sanatorium in Mammolshöhe. Der Wein ging an Bernotats eigene Leute in Wiesbaden.[28] Beträchtliche Mengen an Lebensmitteln wurden auch in ein SS-Lazarett umdirigiert.[29] Exakt das gleiche spielte sich auch in der psychiatrischen Besserungsanstalt Kalmenhof bei Idstein ab, dessen 1000 ha großes Grundstück in einem Vorort von Gassenbach mehr als genug Ertrag abwarf. Allerdings wurden gewaltige Mengen an Fleisch, Milch und Butter an Bernotat, Direktor Gassmann und sein Personal verschoben. Daher erhielten die im Kalmenhof untergebrachten Perso-

275

nen zwischen August 1941 und Februar 1943 weniger als 20 000 Halbliter Milch statt der vorgesehenen 37 997. Auf die gleiche Weise gingen im selben Zeitraum 1674,4 kg Fleisch und 75 Zentner Butter und Margarine pro Jahr »verloren«.[30]

Natürlich mangelte es auch den Ärzten, die für den massenhaften Hungertod sorgten, selbst an nichts. Im Sommer 1942 nahm Mennecke an einer psychiatrischen Fortbildung in Heidelberg teil.[31] Er verbrachte mehrere Tage damit, Elektroschocks zu verschreiben und sich gemeinsam mit Carl Schneider zu vergnügen, mit dem er einen Handel abschloß, demzufolge er ihn mit Gehirnen für seine Klinik versorgen wolle, wenn er nur genug »Empfehlungen« zur »Euthanasie« ausspreche. Schneider zeigte sich zudem an Menneckes Experimenten in den Konzentrationslagern »sehr interessiert« und deutete gemeinsame Projekte in der Zukunft an.[32] Nachts trank Mennecke reichlich Wein und »staunte« über die Gelehrsamkeit von Schneiders Büchern. Tagsüber trottete er unterwürfig dem Herrn Professor hinterher und durfte ihn – in einem weißen Arztkittel gekleidet – bisweilen bei einem Spaziergang entlang der vielen Hügel Heidelbergs begleiten. Sie schienen ein merkwürdiges Paar abzugeben: Schneider reichlich schick und ansehnlich, Mennecke übergewichtig und äußerlich eher abstoßend.

In Briefen an seine Frau teilte Mennecke einige Beobachtungen über seine Kollegen mit (wobei er sorgfältig jede noch so kleine Gefälligkeit, die ihm der »große« Mann erwies, notierte), einschließlich u. a. der Tatsache, daß Gorgass die Gewohnheit hatte, die Lagerräume in Idstein zu stürmen auf der Suche nach »großen Mengen von Fleisch«.[33] In Anbetracht des von allen Beteiligten geübten Wetteiferns um Gefräßigkeit war diese Bemerkung zweifellos ein Beispiel dafür, wie ein Esel den anderen Langohr nennt.

Den Hungertod eines Menschen herbeizuführen war ein relativ langwieriger Prozeß. Der Verlauf wurde durch die Gabe tödlicher Dosen von Sedativa beschleunigt, die man dem Essen und den Getränken beimischte, oder aber es wurde eine tödliche Injektion verabreicht. Die Ärzte inspizierten die eintreffenden Transporte, streiften durch die Abteilungen und führten Dienstbesprechungen mit den Oberschwestern und Pflegern durch, die ausdrücklich dem Zweck dienten, geeignete Opfer zu selektieren. Dr. Adolf Wahlmann hielt in Hadamar täglich gegen 9.00 Uhr eine Besprechung mit dem Leitungspersonal ab, das mit eigenen Bemerkungen und Beobachtungen bezüglich möglicher Opfer zum Gelingen der Besprechung beitrug. Dies war der Ort, an dem Wahlmann die

Entscheidung zur Tötung von Patienten traf – vorausgesetzt, sie waren nicht bereits bei ihrer Ankunft von T4 zur Vernichtung bestimmt worden, was das Schicksal der meisten war, die nach Hadamar verlegt wurden. Anschließend erteilte Wahlmann der Oberschwester oder einem Pfleger die entsprechenden Instruktionen, die dann auf einem namentlich gekennzeichneten Zettel an die nächsten zuständigen Untergebenen weitergereicht wurden.[34] Jede Abteilung verfügte über einen stets gut bestückten Medikamentenschrank, wofür Bernotat oder T4 in Berlin sorgten.[35] Die Krankenschwestern und Pfleger, einschließlich Pauline K. und Paul R., mischten acht bis zehn Beruhigungstabletten wie beispielsweise Luminal, Veronal oder Trianol in die Abendgetränke, was bei den betroffenen Patienten in der Regel spätestens bei Tagesanbruch zum Atemstillstand führte. War die Person noch immer am Leben, wurde ihr eine tödliche Injektion von 1–2 cm^3 Morphium Scopolamine verabreicht.[36]

Bislang ist man davon ausgegangen, daß während dieser zweiten Phase der »Euthanasie« Menschen getötet wurden, die man als nicht arbeitsfähig eingestuft hatte. Grob verallgemeinert trifft dies gewiß auch zu. Dennoch ist diese Sichtweise etwas zu starr. Auch jene, die auf den Bauernhöfen oder in den Küchen arbeiteten, konnten einmal krank werden, in ihrer Produktivität nachlassen, Fluchtversuche unternehmen, zu viel reden oder schlicht und ergreifend dem Personal durch Frechheiten oder kleinere Verfehlungen auf die Nerven fallen. In einem institutionellen Klima, in dem Tyrannen das Sagen hatten, konnte jede dieser Kleinigkeiten das Todesurteil bedeuten. Keiner konnte sich in Gegenwart dieser beflissenen Helfer in Sicherheit wähnen.

So beispielsweise auch nicht ein 15jähriger, aus einer »Zigeuner«-Familie stammender Junge namens L., der in Kaufbeuren ermordet wurde. L. war ein kleiner Gauner und Dieb, aber das Anstaltspersonal schien ihm gleichwohl gewogen zu sein, denn man brachte ihn in einer Arbeitseinheit unter, um sein Leben zu retten.[37] Als L. trotz einer ernsthaften Ermahnung erneut einen Diebstahl beging, gab Faltlhauser den Befehl, ihn zu töten. Dies erwies sich freilich als schwierig. L. war alles andere als auf den Kopf gefallen und wußte, was in der Anstalt vor sich ging; so gab er einmal einem Pfleger, den er mochte, eine Fotografie von sich mit der Inschrift »Zur Erinnerung«. Er fügte hinzu, er werde wohl nicht mehr lange am Leben sein.[38] L. weigerte sich, Kaffee zu trinken, weil er wußte, daß man ihn mit Luminal versetzte. Allerdings fiel auf, daß er sich sehr davor fürchtete, sich in der pädiatrischen Abteilung mit Typhus anzustecken. Diese Angst machte man sich nun zunutze. Faltlhauser vertraute das Problem der umtriebigen Pauline K. an (d. h. einer professionellen Mörderin, die einzig zu diesem Zweck nach Kaufbeuren geholt wurde). Um ein Uhr morgens ging sie zu L. und teilte ihm mit, er werde gegen Typhus geimpft. Sie gab ihm zwei Injektionen. Im Laufe der Nacht lief sein Gesicht hellrot an, und er begann, schwer zu stöhnen. Aus seinem Mund trat Schaum aus. Obwohl L. bislang in einer sehr robusten gesundheitlichen Verfassung gewesen war, starb er am folgenden Morgen.[39]

Alfred S. arbeitete auf dem zu Hadamar gehörigen Gut in Schnepfenhausen. Im Oktober 1942 heißt es in seinem Krankenbericht, er sei »unangenehm« und habe »in der Stadt Dinge aus der Anstalt« erzählt. Am 2. Dezember wurde er in die Anstalt zurückbeordert, weil er erneut zuviel herumgeredet hatte. Drei Tage später war er tot. Das gleiche Schicksal traf jeden, der es wagte, sich über die Zustände in der Anstalt zu beschweren.[40] Mitunter genügte es bereits, daß jemand vom Pflegepersonal ein Auge auf die Uhr, ein schönes Kleid oder ein Paar guter Schuhe eines Patienten geworfen hatte, um deren Besitzer zur Befriedigung der eigenen Habgier zu töten.[41]

Patienten, die einen Fluchtversuch unternommen hatten, wurden korrekt behandelt, es sei denn, sie hatten Außenstehenden über das Leben und Sterben in Hadamar etwas erzählt. Dies führte in der Regel über kurz oder lang zum Tod, zumeist aufgrund einer »Lungenentzündung«. Selmar S. war zum Zeitpunkt der nachfolgenden Eintragungen in seiner Krankenakte 18 Jahre alt:

> 31.8.1942 seit einigen Tagen bei der Kolonne. Nach dem Hofgut verlegt.
> 9.9.1942 fleißig und sehr geschickt. Entweicht heute. War in Hundsangen. Wurde von der Polizei festgehalten. 8 Tage zu Bett.
> 17.9.1942 arbeitet wieder auf dem Hofgut.
> 24.1.1943 nach wie vor auf dem Hofgut beschäftigt. Über sein Verhalten kommen keine Klagen.
> 9.6.1943 seit längerer Zeit in der Schreinerei. Half bei dem... [unlesbar] und war recht zuverlässig. Im Mai oder April entwich er, wurde aber sofort wieder gebracht. Ist heute wieder entwichen. Bekam von einer angestellten Frau 20 Mark und Lebensmittelkarten zum Einkauf. Vom Stadtausgang nicht zurückgekehrt.
> 20.6.1943 wurde gestern in Neudorf bei Wiesbaden geholt, heute unverändert. Drohte wieder zu entweichen und würde dann aus

der Anstalt erzählen. Er habe auf der Polizei Angaben über die Anstalt gemacht. Bleibt zu Bett.

30.6.1943 erkrankte an Pneumonie, heute exitus an Pneumonie.[42]

Im Kalmenhof bei Idstein, wo man heranwachsende Jungen mit einem Ochsenziemer verprügelte, mit einer Suppenkelle auf den Mund schlug oder sie für kleinere Vergehen 500 Kniebeugen machen ließ (obwohl die Hausordnung ausdrücklich jede Form körperlicher Bestrafung verbot), wurde jeder, der einen Diebstahl beging oder Anweisungen nicht befolgte, kurzerhand ermordet. Dies galt auch für jene, die durch ständiges Bettnässen dem Personal lästig wurden.[43]

Personen, die aufgrund verminderter Zurechnungsfähigkeit nach Paragraph 42b des 1933/34 erlassenen »Gesetzes gegen gefährliche Gewohnheitsverbrecher und über Maßregeln zur Sicherung und Besserung« in eine Anstalt eingewiesen wurden, gehörten ebenfalls zu den Opfern der ersten und zweiten Phase des »Euthanasie«-Programms, wie die Kategorie »kriminelle Geisteskranke« auf Meldebogen 1 beweist. Obwohl sich die nationalsozialistischen Propagandafilme stets über Mörder und Vergewaltiger ausließen, befanden sich unter den 42b-Insassen in Hadamar lediglich harmlose Diebe (Fahrrad-, Handtaschendiebe etc.), Ärzte, die Abtreibungen vorgenommen hatten, Homosexuelle und »Perverse« (ein Mann, der seine Hand auf den Rock einer Frau gelegt hatte) sowie einige politische Straftäter.[44]

Sowohl der Typus von Personen, die man ermordete, als auch das Ausmaß der fortgesetzten Beteiligung von T4 können am Beispiel einiger Kleinkrimineller gezeigt werden, die als Patienten in Eichberg waren. Friedrich K. wurde 1907 in Mannheim geboren. Er war taubstumm, seit er im Alter von drei, vier Jahren an Masern erkrankt war.[45] Von 1915 bis 1923 lebte er in einer Einrichtung für Taubstumme. Er wollte gerne Kfz-Mechaniker werden, schaffte es aber nur hier und da zu Gelegenheitsjobs, unterbrochen von langen Perioden der Arbeitslosigkeit. Ab 1928 arbeitete er in einer Gießerei in Mannheim und anschließend als Hilfsarbeiter in Frankfurt, wo er im März 1942 ohne ersichtlichen Grund seine Arbeit niederlegte und verschwand. In einem Hotel in Heidelberg wurde er schließlich aufgegriffen. Das unerlaubte Verlassen seines Arbeitsplatzes führt zu einer viermonatigen Haftstrafe, die er in einem Gefängnis in Wiesbaden verbüßte. Seine Vergangenheit begann ihn einzuholen, und seine Vita kursierte innerhalb der Bürokratie immer auffälliger hin und her. Er hatte elf weitere Vorstrafen wegen Diebstahls, Vertragsbruchs,

Bettelei und Betrug.[46] Bemühungen der Frankfurter Kriminalpolizei, ihn in ein Konzentrationslager einzuweisen, wurden vom Hauptquartier in Berlin mit der Begründung abgelehnt, die Lager seien für Taubstumme nicht zuständig. Statt dessen wurde K. nach Eichberg zu Mennecke geschickt, natürlich ohne irgendeine Art richterlichen Beschlusses.[47]

Menneckes Gespräche mit ihm fanden in schriftlicher Form statt, da Friedrich K.s Artikulationsversuche unverständlich und seine Fähigkeit, von den Lippen abzulesen, sehr beschränkt waren. Man stellte ihm eine Reihe alberner Fragen über Bismarck, Luther und Goethe, mit denen er durchwegs nichts anzufangen wußte; aber immerhin konnte er einen vernünftigen Grund nennen, warum er von seiner Arbeitsstelle geflohen war, nämlich weil er mit einem Stundenlohn von 67 Pfennigen alles andere als einverstanden war. Seit 1930 wehte ihm ein rauher Wind ins Gesicht, denn es »mangelte ihm an Erfahrung und er war taubstumm«. Er war zu verzweifelt, um arbeiten zu können, und versprach, »in Zukunft ein anderer, besserer Mann« zu werden. Er wollte nach Hause, eine Arbeit suchen und heiraten. Aber eine Zukunft hatte er freilich nicht. Obgleich Mennecke K. als »willig, ordentlich, gut, fleißig und still« beschrieb, lautete die »Diagnose«: »taubstumm, etwas schwach, asozialer Psychopath«. Kurz nach diesem Interview reiste Mennecke nach Heidelberg ab. Obwohl er die Abende damit verbrachte, »zwei große Stücke Bratwurst, zusammen 200 gr. Gewicht, Bratkartoffeln und Blumenkohl« zu verdrücken, fand er noch genügend Zeit, Friedrich K. zu vernichten. Er bat seine Frau Eva, sie möge sich erkundigen, ob Dr. Schmidt einen Brief betreffend Friedrich K. nach Berlin geschickt habe.[48] Am 15. Juli 1942 übermittelte Dr. Schmidt die »Diagnose« an T4 in Berlin mit der wenig hilfreichen Zusatzbemerkung, es bestünde keine Aussicht auf Besserung.[49] Er wollte »die Genehmigung zum Handeln«. Die bekam er offenbar, denn am 29. September 1942 schrieb er an Friedrich K.s Onkel und teilte ihm mit, sein Neffe sei am Tag zuvor »von seinem unheilbaren Leiden erlöst« worden.[50] Die Todesursache lautete auf »Lungenentzündung und Herzversagen; taubstummer Psychopath«.[51] Vermutlich war es eher das letztere denn das zuvor Genannte, was ihn ins Grab brachte.

Eine andere Kleinkriminelle, die in Eichberg einen »sanften Tod« erlitt, war die Polin Marianna D. Sie war unverheiratet, hatte vier Kinder und war ins »Altreich« gekommen, um Arbeit zu finden. Im Juli 1941 stahl ihr ältester Sohn Zygmunt einige Uhren und eine Eisenpresse aus dem Geschäft eines Juden, den man »umgesiedelt« hatte. Auch Verlierer können ihren Hunger nicht mit Moral stillen. Seine Mutter versteckte das

Diebesgut unter der Diele. Ihr deutscher Untermieter hatte ihr gesagt, man könne ungestraft Dinge von Juden entwenden. Das war freilich ein Irrtum, denn deren Besitz beanspruchte der Staat für sich. Sie erhielt eine viermonatige Haftstrafe wegen Beihilfe und Begünstigung. Im Gefängnis drehte sie durch. Als man sie daraufhin nach Eichberg überstellte, prüfte Mennecke ihre Intelligenz. Hindenburg war »ein Russe« und Pilsudski, »war das nicht einer von denen, die in Polen etwas zu sagen hatten, ein Herrscher?«. Ihr Bemühen, in gebrochenem Deutsch geistreiche Bemerkungen zu machen, sollte sich als schwerwiegender Fehler herausstellen. Danach befragt, was der Unterschied zwischen einem Spiegel und einem Fenster sei, antwortete sie: »Das ist doch klar, das müssen Sie doch selbst wissen, was ein Spiegel ist.« Allmählich brach ihre anfänglich zuversichtliche Kühnheit in sich zusammen, und sie gestand, Angst zu haben. Im Mai heißt es in ihrem Krankenbericht, sie spucke und schreie; sie mache sich selbst krank, da sie glaubte, man habe sie vergiftet. Möglicherweise stimmte das. Am 13. Juni 1942 unterrichtete Mennecke ihre Schwester, daß Marianna D. am Tag zuvor verstorben sei, Todesursache »Herzversagen-Schizophrenie«.[52]

Freilich begnügte sich T 4 nicht nur mit Personen, die formal als »Gewohnheitsverbrecher« oder »kriminelle Geisteskranke« bezeichnet wurden. Andere Paragraphen (namentlich 42c und 42d) des Gesetzes gegen Gewohnheitsverbrecher (!) dienten dazu, Trinker und Landstreicher in Entziehungskliniken beziehungsweise in eines der 26 Reichsarbeitshäuser einzuweisen. Die Besitzer von Nachtasylen und Wohnheimen waren im Zuge der 1938 von der SS durchgeführten »Aktion Arbeitsscheu Reich« weitgehend in den Konzentrationslagern verschwunden.[53]

Kurz nach Weihnachten 1941 fiel eine hochrangig besetzte Mannschaft einem Schwarm Aasvögeln gleich in das Arbeitshaus Rummelsberg in Berlin ein. Paul Nitsche hatte die Besucher äußerst sorgfältig ausgewählt.[54] Es handelte sich um eine Reihe nationalsozialistischer Experten in Sachen »Asozialer«: Linden, Heinze und Hefelmann als Vertreter des Innenministeriums und von T 4; Professor Heinrich Wilhelm Kranz aus Gießen, einer der führenden Forscher auf dem Gebiet der »Asozialen«, und Dr. Robert Ritter, der führende Experte in Sachen »Zigeuner« sowie »Kriminalbiologe« im Hauptquartier der Kriminalpolizei.[55] Die Zusammensetzung dieses Teams ist ein Beleg für die Kooperation auf höchster Ebene, wenn es um die Durchführung der nationalsozialistischen Rassepolitik ging. Immer war jemand vor Ort, um Opfer ausfindig zu machen, die in irgendeine der Opferkategorien paßten, mochte es ein »Asozialer«,

Krimineller, Verrückter oder »Rassefremder« gewesen sein. Sie mochten von unterschiedlichen Ausgangspunkten kommen, aber hier, bei den Insassen eines Arbeitshauses, waren sie sich alle einig. In Anwendung einer neuen Form der Registrierung von »Gemeinschaftsfremden« führten die Rasseexperten Selektionen durch, Seite an Seite mit den T-4-Männern, die ihre künftigen Opfer in Augenschein nahmen. Die Gutachter kamen einstimmig überein, 314 Insassen zu töten, waren sich aber in weiteren 765 Fällen uneinig.[56] Möglicherweise aus Gründen, die mit den Kriegswirren und der wachsenden Konkurrenz zur SS in Zusammenhang standen, gelang es T4 nicht, diese Leute in ihre Hände zu bekommen. Gemäß der Strategie »Vernichtung durch Arbeit« wurden die Rummelsburger Insassen statt dessen in das Lager Sachsenhausen gebracht.[57]

Viele der auf den vorangegangenen Seiten beschriebenen Mordtaten wurden von Frauen durchgeführt. Unter ihnen waren Ärztinnen wie Mathilde Weber, die eine Spezialabteilung für Pädiatrie im Kalmenhof leitete, oder aber auch buchstäblich Hunderte von Krankenschwestern. Während der zweiten Phase der »Euthanasie« handelte es sich bei den Opfern keineswegs um vollkommen Fremde, die man in einen Bus verfrachtete und daraus wieder entlud, um sie innerhalb einer Stunde von einem Gorgass oder Ullrich in den Kellern vergasen zu lassen, sondern – zumindest für eine gewisse Zeit – um Patienten, mit denen man eine Art Beziehung aufbauen konnte. Sicher, weder half man ihnen noch behandelte man sie – was überhaupt nur selten der Fall war –, aber man sorgte doch dafür, den Betrieb gewissermaßen am Laufen zu halten. Während dieser Phase fand das Morden nicht *en masse* und aus der Ferne statt, sondern durch Pflegerinnen und Pfleger, die ihren Opfern tödliche Injektionen verabreichten oder ihnen geflissentlich Getränke in die Hand drückten, die mit Drogen vermischt waren.

Die Frage, warum aus diesen »Helfern« Mörder wurden, birgt keine großartigen psychologischen Geheimnisse in sich, hat man sich erst einmal von den überkommenen Stereotypen verabschiedet, die man für gewöhnlich mit dem medizinischen Berufsstand verbindet. Untersucht man die Lebensgeschichte der entsprechenden Personen, wird man erkennen, daß es sich oft um verbitterte, frustrierte, desillusionierte, müde, unterbezahlte und mindergeachtete Leute handelte. Hinzu kommt die übliche Problematik patriarchaler Machtstrukturen, von der freilich auch jene patriarchalen Ärzte betroffen waren, die in Wirklichkeit »Matriarchen« waren.

Die meisten dieser Frauen waren lange schon als Krankenschwestern tätig gewesen und mithin in gewisser Weise an das Leiden anderer Menschen gewöhnt. Ein gewisses Ausmaß an Desensibilisierung gehörte unvermeidlich zum Job dazu, insbesondere wenn man schon von Haus aus nicht besonders sensibel war. Zweifellos war es frustrierend, mit Menschen umzugehen, die mitunter schwierig oder unsauber waren. Es lag in der Natur der Sache, daß einige Psychiatriepatienten kaum in der Lage waren, einfachsten Anweisungen Folge zu leisten oder sich frei von Aggressionen und zusammenhängend auszudrücken. Die Betten waren eingenäßt, Boden und Wände mit Exkrementen verschmiert. Dies stand auf fatale Weise in Widerspruch zu den Ansprüchen einer Profession, die sich von Beginn an Sauberkeit und Ordnung auf ihre Fahnen geschrieben hatte. Werte, die auch in der Gesellschaft insgesamt von wesentlicher Bedeutung waren. So wurden aus den Patienten bzw. Opfern schließlich Aggressoren. Rasch verhärtete sich die Stimmung auf beiden Seiten, wie es aus den häufigen Berichten über wachsende Brutalität hervorgeht, insbesondere in Situationen, wenn die Patienten gebadet wurden und mithin in besonderer Weise physisch verletzbar waren. Aufgrund der Kosteneinsparungen und der bewußten Überbelegung der Heil- und Pflegeanstalten hatten sich die Bedingungen seit Mitte der 30er Jahre zusehends verschlechtert, was die Patienten schließlich in einen physischen Zustand versetzte, der sie dem Bild, das die nationalsozialistische Propaganda von ihnen zeichnete, immer mehr anglich. Hinzu kommt die Tatsache, daß eine unbekannte Zahl an Verwandten dem Pflegepersonal unmißverständlich zu verstehen gab, man wünsche den Tod des Patienten. Nicht wenige verinnerlichten und generalisierten diese Botschaft.

Viele der hier vorgestellten Frauen waren keine abgehärteten Killer, wenngleich einige es zweifellos waren. Mitunter nagten die Aufgaben, die sie durchzuführen hatten, schwer an ihren überkommenen religiösen oder moralischen Prinzipien, wenn auch nie bis zu dem Punkt, daß sie gegangen wären oder ihr Tun unterlassen hätten. Es ist wichtig, sich daran zu erinnern, daß es möglich war, die Ausübung dieser Arbeiten zu verweigern; nur für den Fall, daß man gegen die Schweigepflicht verstieß, waren Sanktionen vorgesehen. Auch konnte man krank oder schwanger werden oder auf einer Versetzung bestehen (und nicht bloß darum bitten). Die nachfolgend porträtierten Frauen zogen nichts von alledem in Erwägung.

Irmgard Huber wurde 1901 als eines von zehn Kindern geboren. Nach ihrem Schulabschluß arbeitete sie als Hausangestellte, bevor sie in Gabersee eine Ausbildung zur Psychiatrieschwester begann. Nach ihrer Qualifizierung verabschiedete sie sich aus dem staatlichen Dienst, um sich auf die Suche nach einem Ehemann zu begeben. Nachdem ihr diesbezüglich kein Erfolg beschieden war, bewarb sie sich 1932 in Hadamar und kehrte aus Sorge um ihre Alterssicherung in den Staatsdienst zurück. 1934 ging sie eine aussichtslose Liebesaffäre mit dem acht Jahre jüngeren Alfons Klein ein, der zum Büropersonal Hadamars gehörte. Klein lebte getrennt von seiner Frau und befand sich in einer unglücklichen Lage; rasch legte Huber »den kurzen Weg vom Mitleid zur Liebe« zurück und unterstützte Klein mit regelmäßigen Almosen aus ihrer Lohntüte. Die beiden machten nicht gerade den Eindruck eines gut zusammenpassenden Paares. Klein war mager, groß und reptilartig, Huber unscheinbar, untersetzt und pummelig. 1940 gehörte sie zu jenem Teil des Personals, der in Hadamar zurückblieb, um bei der Durchführung der »Aktion T 4« mitzuwirken. Klein wurde zum Verwaltungschef befördert, ließ sich von seiner Frau scheiden und heiratete erneut, allerdings nicht Frau Huber. Huber, die in der Küche arbeitete und sich vom »Berliner« Personal fernhielt, bewahrte sich die Fiktion, daß sie mit den Morden in den Kellern der Anstalt nichts zu schaffen habe. Während der zweiten Phase der »Euthanasie«-Morde wurde sie zur Oberschwester befördert. Eine kleine Überraschung, denn es gab andere, besser qualifizierte Kandidaten für diesen Posten. Ihre Vorgesetzten spekulierten freilich darauf, daß ihre unerwiderte Liebe zu Klein und mithin ihre vollkommene Hörigkeit sich als stärker erweisen würden als ihre religiöse Überzeugung.

Obwohl sie unter den Vorgängen in Hadamar »litt« und obwohl sie wußte, »daß man nicht töten darf«, wurde Huber zu einem funktionierenden Rädchen im Getriebe der Vernichtungsmaschinerie. Sie klagte, sie könne nachts kaum schlafen, und bat Bernotat und Klein um ihre Versetzung; Bernotat erwiderte, er habe keinen Ersatz zur Verfügung und sie solle sich ein Beispiel an den Frontsoldaten nehmen.[58] Sie wandte verschiedene Verleugnungs- und Verdrängungsstrategien an, um sich von ihrem Tun zu distanzieren, insbesondere hinsichtlich ihrer Teilnahme an den morgendlichen Sitzungen Wahlmanns und der Weitergabe seiner Anweisungen an nachgeordnete Pfleger, bestimmte Patienten zu töten. Wahlmann fällte die wesentlichen Entscheidungen; die von auswärts stammenden »Berliner« Schwestern erledigten die Dreckarbeit. Huber gab den Kindern Spielzeug und den hungernden »Fremdarbeitern« zu essen. Handelte es sich bei letzteren um Katholiken, organisierte sie eine Messe.[59] Der Ortspriester bezeugte, daß sie verzweifelt die Anstalt zu verlassen suchte.[60] Sie betrachtete sich selbst als ein passives Gefäß, das schlicht die Anweisungen des Arztes an seine Untergebenen aufnahm und weiterleitete. Ein paar Beispiele vereinzelter Wohltätigkeit vermochten die alltäglich praktizierten Unmenschlichkeiten offenbar aufzuwiegen.

Irmgard Hubers ältere Kollegin Margarete Borkowski arbeitete von 1924 bis 1939 in Hadamar an der Umerziehung jugendlicher »Psychopathen« und wechselte anschließend nach Herborn. Dort sah sie, wie Patienten nach Hadamar abtransportiert wurden, was sie für »völlig falsch« hielt.[61] Dann arbeitete sie zwischen Juli 1941 und Januar 1942 im Kalmenhof bei Idstein, ging von dort nach Weilmünster und kehrte schließlich im Januar 1943 wieder nach Hadamar zurück. Hier arbeitete sie in der Kinderstation, wo die Morde von den Berliner Schwestern unter Aufsicht von Oberschwester Käthe Hakbarth durchgeführt wurden. Hatte letztere einen freien Tag oder Nachtdienst, mußte Borkowski die Tötungen vornehmen. Sie empfand die Überdosierungen bei »etwa fünfzig« Kindern als »schrecklich«, aber es sei doch ein Befehl gewesen, gegen den sie nichts hätte unternehmen können. Als sie sich bei ihrem Vorgesetzten beschwerte, habe sie dessen Antwort, die Opfer seien sorgfältig ausgewählt, beruhigt. Ihre Kommentare zu einzelnen Opfern, einschließlich einer Gruppe von »Mischlingskindern«, enthielten mehrere Formulierungen des Mitleids, etwa hinsichtlich der Tatsache, daß die Kinder in Lumpen gekleidet waren, Schuhe ohne Sohlen trugen und Hunger litten; oder sie sagte von bestimmten Kindern, sie seien intelligent, gut erzogen, unauffällig, machten einen glücklichen Eindruck trotz der verheerenden Umstände. Jeder Kommentar endete allerdings mit der Bemerkung: »wurde ebenfalls getötet«.[62]

Eine junge Frau namens Lydia T., die seit 1941 in Hadamar war, kehrte nach Ende der von der Organisation Todt in Minsk durchgeführten Operation Anfang 1942 erneut nach Hadamar zurück. Bis August war sie mit der Reinigung der leeren Stationen beschäftigt, um sie für die erste Welle von Transporten der zweiten Phase vorzubereiten. Eines Tages kam schließlich Klein zu ihr und sagte: »Jetzt ist es an der Zeit, daß du mit der Arbeit anfängst.« Eine Oberschwester händigte ihr eine Namensliste aus mit der Anweisung, den entsprechenden Patienten acht bis zehn Tabletten zu geben. Sollten die Betroffenen nicht kurz danach sterben, sei es ihre Aufgabe, ihnen eine tödliche Injektion zu verabreichen. Genau wie ihre Kolleginnen fand auch sie diese Arbeit entsetzlich und äußerte gegenüber Klein, sie wolle damit aufhören. Er antwortete ihr darauf: »Du faule Kuh, wenn du das tust, bist du als nächstes dran.«[63]

In Eglfing-Haar waren drei Frauen für die täglichen Ermordungen in der pädiatrischen Abteilung zuständig. Zwischen November 1940 und Mai 1945 töteten sie 332 Kinder. Bevor die drei mit ihrer Arbeit in der Klinik begonnen hatten, mußten sie eine Erklärung unterschreiben, in der sie sich verpflichteten, allen Anweisungen Folge zu leisten und über alles Stillschweigen zu bewahren, andernfalls sie mit der Todesstrafe zu rechnen hätten. Letzteres war pure Einbildung, denn zum einen waren die Frauen Freiwillige und zum anderen ist kein einziger Fall überliefert, in dem jemand bestraft worden wäre, weil er sich weigerte, solche Tötungen auszuführen.[64] (Auch wenn dies zugestandenermaßen die Frauen zu jenem Zeitpunkt nicht wissen konnten.) Jeden Morgen standen sie gegen 5.00 Uhr in der Frühe auf, um dann etwa zwei Stunden später Luminal zu verteilen. Pfannmüller teilte ihnen mit, welches Kind zu töten sei. Die Oberschwester Emma D. gab die Anweisungen und die nötigen Sedativa an die ihr unterstellten Schwestern Emma L. und Maria S. weiter. Die unter Zehnjährigen erhielten zwei Dosen Luminal pro Tag, ältere Kinder bis zu drei.[65] Alle drei Frauen waren davon überzeugt, daß die Ermordung dieser Kinder angemessen sei. In ihren Augen waren die Kinder »bedauernswerte Geschöpfe, die man nur als Kreaturen bezeichnen kann«.[66] Sie zu töten sei für die Kinder eine Erlösung gewesen, ersparte man ihnen doch auf diese Weise viel Leid im späteren Leben. Dennoch fühlten sich die Frauen bei dem, was sie taten, offensichtlich nicht wohl. Emma D. ging es jedesmal entsetzlich, wenn sie eines der Kinder töten mußte, und sie bat wiederholt darum, mit einer anderen Aufgabe betraut zu werden. Sie fühlte sich schuldig, weil sie für ihre Arbeit in der Klinik zusätzliche Vergünstigungen und mehr Lohn erhielt. Der Anstaltskaplan berichtete, sie habe aus religiösen Gründen mit der Arbeit in der Anstalt aufhören wollen, sich aber schrecklich vor Pfannmüller gefürchtet, der zu jener Zeit als »eine wichtige Persönlichkeit« galt, die in Verbindung mit der KdF stand.[67]

Kehren wir abschließend noch einmal zu Pauline K. zurück, die – wie wir in Kapitel 2 gesehen haben – mit Erfolg in Grafeneck, Hadamar, Bernburg und Kaufbeuren-Irsee gearbeitet hat. Im Jahre 1944 bat Faltlhauser das Innenministerium um Personal, das in der Lage sei, die »Euthanasie« durchzuführen. Viele der Schwestern seines eigenen Personals waren Angehörige eines religiösen Ordens und wurden daher als nicht tauglich für diese Aufgabe angesehen. (Was diese Schwestern freilich nicht daran hinderte, Tür an Tür mit Mördern zu leben und gemeinsam mit ihnen zu arbeiten.) Allzeit im Hintergrund bereit, schickte T4 ihm Pauline K., die tatsächlich schon einmal in Kaufbeuren war, also die einen der Busse der Gemeinnützigen Kranken Transport GmbH begleitet hatte, um Patienten von dort nach Grafeneck abzuholen.[68] Pauline K. kam mehrmals in der Woche mit Faltlhauser in dessen Büro zusammen. Bei ihrer ersten Begegnung teilte Faltlhauser ihr mit, welche Patienten zu töten seien, und fragte sie, ob sie diese Aufgabe allein erledigen könne. Ja, das könne sie, lautete ihre Antwort, schließlich habe sie gleiches in Hadamar getan.[69]

Pauline K. war für eine eigene Abteilung mit 45 bis 50 Betten verantwortlich. Im Laufe von 48 Wochen starben hier 256 Frauen und einige Männer. Eine nach dem Krieg angefertigte Grafik zeigt die stark ansteigende Kurve der Todesrate just nach ihrer Ankunft, die nur dann abfiel, wenn Pauline K. in Urlaub war. Diese Tatsache wurde von Schwester Gualberta bestätigt, die bezeugte, daß K. im September 1944 für vier Wochen in Urlaub ging und es in der Zeit ihrer Abwesenheit zu fast keinem Todesfall kam.[70] Als sie zurückkehrte, nahmen die Dinge rasch wieder ihren üblichen Lauf. Viele der von ihr ermordeten Opfer wurden allein deshalb getötet, weil sie Fremde waren oder die Krätze hatten. Andere Schwestern, die in Vertretung Pauline K.s Nachtdienst leisteten, verließen am Morgen ihre Patienten in gesunder Verfassung, um sie bei ihrer Rückkehr am Abend des gleichen Tages in kritischem Zustand vorzufinden, mit Spuren von Puder um ihren Mund oder vereinzelten Tablettenresten unterhalb des Halses. Auf Nachfrage bei Pauline K. antwortete diese, die Patienten hätten wohl eine schwache Lunge oder ein schwaches Herz.[71] Einige der religiösen Schwestern machten es sich zur Gewohnheit, bestimmte Patienten zu verstecken, damit Faltlhauser sie nicht in die Station von Pauline K. verlegen könne.[72] Sie wußten, daß sie sehr gefährlich war.

Wir wissen nicht, ob es besonders komplexe psychologische Prozesse waren, die es Pauline K. erlaubten, von einer Anstalt zur nächsten zu reisen und vier Jahre lang praktisch jeden Tag kaltblütig Patienten zu ermorden. Ihre eigenen Aussagen nach dem Krieg, die sie mit geschlossenen Augen während des Prozesses gegen Faltlhauser machte, waren nüchtern und zeugten von wenig Nachdenklichkeit. Es gab einige wenige Anzeichen von Reue, und sie sprach von dem Versuch, eine andere Aufgabe zugewiesen zu bekommen. Warum auch hätte sie sich die Mühe machen sollen, mehr über ihre seelische und geistige Verfassung zu offenbaren? Sie wurde 1948 zu einer Haftstrafe von drei Jahren und vier Monaten wegen einer »unbekannten« Zahl an Morden verurteilt und ein Jahr später auf Bewährung entlassen. Während einer ihrer wenigen blitzartigen Momente der Selbsterkenntnis erwähnte sie, daß sich in ihrem Innern ein Kampf zwischen ihren religiösen Überzeugungen und den »Naturgesetzen« abgespielt habe, Gesetze, denen sie bereitwillig zur Geltung verhalf, wann immer es nötig war.

Ihre ehemalige Hauswirtin in Irsee vermochte etwas mehr Licht in das dunkle Innenleben einer Massenmörderin zu bringen als Pauline K. selbst. Bei jedem Gewitter wurde Pauline K. offenbar »kreideweiß« im Gesicht. Ihre Hauswirtin hatte eine perverse Freude daran, wenn diese ansonsten zuversichtliche und freundliche Frau zu einem armseligen Wrack zusammenschrumpfte. Obgleich Pauline K. niemals auch nur ein Wort über ihre Arbeit in der Anstalt verloren hatte, scheinen die Gewitterstürme in ihr Erinnerungen an den Winter in Rußland geweckt zu haben. Möglicherweise waren es diejenigen an die Verletzbarkeit des Menschen in Anbetracht elementarer Naturgewalten, die eine Spur von Schuldgefühlen in ihr auslösten. Sie sagte, sie bedaure es, deutschen Soldaten im Lazarett tödliche Injektionen verabreicht zu haben. Nach dem Warum befragt, habe sie geantwortet, sie sei dafür gut bezahlt worden. Die Opfer seien nicht schwer verletzt, aber verrückt gewesen.[73]

Die Morde während der zweiten Phase der »Euthanasie« beschränkten sich nicht allein auf deutsche Psychiatriepatienten. Bekanntermaßen befanden sich einige Millionen von »Fremdarbeitern« in Deutschland, die in Landwirtschaft und Industrie zwangsweise eingesetzt wurden. 1944 war einer von fünf Arbeitern in Deutschland ein Fremder: Entweder handelte es sich um Freiwillige, Kriegsgefangene oder schlicht junge Leute, die man mitten auf der Straße, in Kirchen, Zügen und Kinos aufgegriffen und entführt hatte. Ihre Anwesenheit hatte (u.a.) zur Folge, daß man nicht in dem Maße gezwungen war, Frauen zu mobilisieren, wie es in den demokratischen Feindländern der Fall war; zudem ermöglichte es gewöhnlichen Deutschen, in höherstehende Positionen aufzusteigen. Die Fremdarbeiter standen vor Ort praktisch kostenlos zur Verfügung. Ihr Einsatz bedurfte keiner Sicherheitsvorkehrungen, sie mußten auch sonntags arbeiten und bekamen keine Überstunden bezahlt; man konnte ihnen buchstäblich befehlen, wann genau sie zu essen und wann genau sie auf die Toilette zu gehen hatten; und man konnte sie in »Arbeitslager« der SS schicken, wenn sie nachlässig arbeiteten oder Ärger machten. Für gewöhnlich hatte dies dann einen Krankenhausaufenthalt zur Folge.

Die Zwangsarbeiter wurden gemäß ihrer »rassischen« Herkunft unterschiedlich behandelt, wobei die »Ostarbeiter« auf der untersten Stufe der Rassenhierarchie standen. Viele dieser Menschen waren hoffnungslos krank oder wurden schlicht schwanger (denn es gab viele junge Frauen unter ihnen). Da sie einzig und allein zum Arbeiten in Deutschland waren, wurde vor 1943 jeder, der erkrankte, schwanger wurde oder einen Nervenzusammenbruch erlitt, vom Regime wieder zurück in sein Herkunftsland abgeschoben. Die betroffenen Personen wurden in speziellen Lagern konzentriert: Im Falle Hessens befanden sich diese in Kelsterbach, Friedewald und Pfaffenwald.[74] Später führten der Frontverlauf, die Überlastung des Transportwesens und die negativen Auswirkungen der Repatriierung auf freiwillige Anwerbungen zu einer veränderten Politik.[75] Schwangere Frauen, die als »rassisch« unerwünscht galten, wurden zur Abtreibung gezwungen; war es dafür bereits zu spät, ließ man ihre Neugeborenen verhungern oder verabreichte ihnen eine Todesspritze. Allein in Kelsterbach starben zwischen 1943 und 1945 68 Kinder unter drei Jahren.[76]

Mit dem Problem erwachsener ausländischer Psychiatriepatienten ging man wie folgt um. In jeder Region wurde eine bestimmte Heil- und Pflegeanstalt dazu auserkoren, jene Zwangsarbeiter aufzunehmen, für die nach Ansicht der bei den Arbeitsämtern tätigen Ärzte keine Aussicht auf Genesung innerhalb eines zugebilligten Zeitraums von sechs Wochen bestand. Es gab elf solcher »Sammelzentren«, einschließlich Hadamar und Kaufbeuren. Die Kosten für die Selektion, Überführung und den »Unterhalt« der diesen Zentren zugewiesenen Patienten wurden von der Zentralverrechnungsstelle Heil- und Pflegeanstalten in Linz bestritten, in anderen Worten von Hans-Joachim »Millionen« Beckers T-4-Abteilung in Berlin. Die Beteiligung von T4 deutet an, daß es für die Zwangsarbeiter nur eine Alternative gab: Tod oder Genesung.

Jeder, der selbst in Friedenszeiten in zivilisierten Ländern auf Reisen ist und fern der Heimat erkrankt, weiß, welch beängstigende Erfahrung dies sein kann. Wenn wir krank sind, haben die meisten von uns das Bedürfnis, sich hinzulegen, ins eigene Bett zu gehen und von der eigenen Familie umhegt und getröstet zu werden. In einem fremden Land psychisch zu erkranken, dessen Sprache man nicht spricht, in dem man keine Freunde und Familie hat und wo man offiziell als Untermensch und daher als vollkommen entbehrlich betrachtet wird, ist eine Erfahrung, die den meisten von uns glücklicherweise erspart geblieben ist.

Kranke Zwangsarbeiter, die nach Eichberg kamen, trugen an ihrem Leib meist nicht mehr als ihre verlumpten, dreckigen und verlausten Kleider, die auf der Stelle verbrannt werden mußten.[77] Ihre gesamte Habe bestand allein aus den Lumpen, die sie anhatten.[78] In den Anstalten lagen sie – der Landessprache nicht mächtig – schweigend in ihren Betten, standen in Ecken herum oder schrien und tobten auf russisch.[79] Sie konnten kein Deutsch, und somit gab es keine Möglichkeit, irgend etwas über ihre Krankengeschichte in Erfahrung zu bringen, mit Ausnahme einiger weniger Anhaltspunkte, die man durch Kopfnicken und Zeichensprache ermittelte. Auch der Versuch, sie schriftlich etwas formulieren zu lassen, schlug fehl, da viele von ihnen ungebildet oder Analphabeten waren.[80] Klinisch depressiv oder »schizophren« lagen sie in katatonischer Erstarrung da oder aber verfielen in einigen Fällen derart der Raserei, daß sie starben. Was Eichberg betrifft, sollte man die angeführten Todesursachen kaum für bare Münze nehmen, denn es ist sehr viel wahrscheinlicher, daß man sie schlicht ermordete. In Eichberg fand jede dieser eingewiesenen Personen innerhalb von ein oder zwei Monaten nach ihrer Einlieferung den Tod. In einem Brief von Dr. Walter Schmidt an das Arbeitsamt in Frankfurt am Main, in dem es um eine russische Frau ging, wird in brutaler Klarheit deutlich, warum dies so war:

> Obengenannte ist eine geisteskranke Russin, die für eine Anstellung in Deutschland nicht mehr taugt. Auch können wir nicht absehen, ob sie in naher Zukunft noch einmal arbeitsfähig sein wird; sie fällt hier lediglich unseren Behörden zur Last.[81]

Am 10. Juli 1943 war sie für niemanden mehr eine »Last«.[82]

Während des ersten Hadamarer Gerichtsverfahrens, in dem es ausschließlich um Verbrechen gegen 400 aus dem Ausland stammende Personen ging, beschrieb Margarete Borkowski die Ankunft einer »Ladung« Russen und Polen im Juli beziehungsweise Anfang August 1944. Verhört wurde sie von Leon Jaworski, dem Anklagevertreter (und späteren Staatsanwalt im Watergate-Fall; weitere Details zu seinem Werdegang etwas weiter unten zu Beginn von Kapitel 9). Jaworski hatte die todtraurigen Räume mit ihren leeren Eisenbetten gesehen, die dem kalten Wind, der durch die scheibenlosen Fenster pfiff, ausgesetzt waren. Sorgfältig darauf bedacht, seinen angestauten Zorn unter Kontrolle zu halten, nötigte er jeden der Angeklagten, akribisch genau alle Einzelheiten des Tötungsprozesses wiederzugeben:

> JAWORSKI: Waren Sie zu dieser Zeit für die ankommenden Transporte in der Anstalt verantwortlich?
> BOROWSKI: Ja, ich hatte Nachtdienst, der um 7 Uhr begann. Die Ladung kam gegen 10 Uhr an.

JAWORSKI: Wurden in der Abteilung, in der Sie arbeiteten, irgendwelche Vorbereitungen für das Eintreffen dieser Arbeiter getroffen?

BOROWSKI: Die kleinen Räume im hinteren Teil des Gebäudes waren gereinigt worden, bevor ich meinen Dienst antrat.

JAWORSKI: Haben Sie irgendwelche Personen gesehen, die man die Treppen heraufführte, um in diese Räume zu gelangen?

BOROWSKI: Ja.

JAWORSKI: Männer, Frauen oder Kinder?

BOROWSKI: Etwa vierzehn oder fünfzehn Frauen und zwei Kinder.

JAWORSKI: Sahen sie die Oberschwester Huber bei dieser Gelegenheit?

BOROWSKI: Ja, sie lief hin und her und sah nach dem Rechten.

JAWORSKI: Was, wenn überhaupt, geschah mit diesen Frauen, nachdem sie in ihren Räumen waren?

BOROWSKI: Sie waren teilweise entkleidet; einige zogen sich selbst aus, anderen halfen wir, sich auszuziehen, und dann brachten wir sie ins Bett.

JAWORSKI: Wie alt waren die beiden Kinder?

BOROWSKI: Zwischen einem und vier Jahren.

JAWORSKI: Was geschah mit diesen kleinen Kindern?

BOROWSKI: Die Kinder erhielten ebenfalls eine Spritze.

JAWORSKI: Wurden die kleinen Kinder genauso wie die Erwachsenen ins Bett gebracht, bevor dies geschah?

BOROWSKI: Ja.

JAWORSKI: Sahen Sie Alfons Klein bei dieser Gelegenheit?

BOROWSKI: Ja.

JAWORSKI: Was machte er?

BOROWSKI: Er lief einfach auf der Station herum, um zu sehen, ob alles in Ordnung war.

JAWORSKI: Und haben Sie bei dieser Gelegenheit auch Philipp Blum gesehen?

BOROWSKI: Ja, er lief zunächst auch in der Abteilung herum.

JAWORSKI: Was war der Grund dafür, daß er herumlief?

BOROWSKI: Er lief eben einfach herum.

JAWORSKI: Nachdem diese Frauen und die beiden kleinen Kinder zu Bett gebracht wurden, kam da noch irgendwer sonst in diese Räume?

BOROWSKI: Ja, Heinrich Ruoff.

JAWORSKI: Hatte er irgendeine Ausrüstung bei sich, als er eintrat?
BOROWSKI: Ja, eine Spritze.
JAWORSKI: Haben Sie gehört, ob er irgend etwas zu den Personen in den Schlafräumen sagte, als er hineinging?
BOROWSKI: Herr Ruoff sprach sehr freundlich mit ihnen und sagte ihnen, daß sie eine Schutzimpfung gegen ansteckende Krankheiten erhielten.
JAWORSKI: Haben Sie gesehen, daß Heinrich Ruoff diese angebliche Schutzimpfung vornahm?
BOROWSKI: Nein.
JAWORSKI: Haben die Patienten diese Schutzimpfung überlebt?
BOROWSKI: Nein.
JAWORSKI: Was geschah mit diesen Frauen und jenen zwei kleinen Kindern?
BOROWSKI: Sie bekamen auch eine Spritze, und dann fielen sie langsam in Schlaf.
JAWORSKI: In den ewigen Schlaf?
BOROWSKI: Ja.[83]

Kranke Zwangsarbeiter waren freilich nur eine unter mehreren Gruppen von Menschen, die während der zweiten Phase des »Euthanasie«-Programms getötet wurden. In Hadamar gehörten zu den Opfern auch Soldaten, die aufgrund psychischer Probleme ausgemustert worden waren, sowie fünf junge ausländische Freiwillige der Waffen-SS (aus Ungarn, Holland, Spanien und Jugoslawien), die desertiert oder durchgedreht waren.[84]

Die zunehmend schlimmeren Luftangriffe der Alliierten auf deutsche Städte führten auf lokaler, regionaler und nationaler Ebene zu entsprechenden Vorkehrungen für den Fall von Massenkatastrophen. Im März 1941 begannen Städte wie beispielsweise Hamburg, die Insassen von Heil- und Pflegeanstalten, Krankenhäusern und Altenheimen in außerhalb liegende Einrichtungen zu verlegen, wo oft nur eine minimale Pflege gewährleistet werden konnte.[85] Diese Maßnahmen waren eine panische Reaktion auf Zustände, die man nicht vorhergesehen hatte. Dadurch wurde unweigerlich ein weiterer Schub auf der Abwärtsspirale innerhalb der Institutionenhierarchie ausgelöst, ganz nach dem Motto »Den Letzten beißen die Hunde«. Der Zusammenhang mit dem »Euthanasie«-Programm ist in diesem Fall komplex, keineswegs unumstritten und resultierte in erster Line aus einer wichtigen Personalentscheidung.

Im Juli 1942 ernannte Hitler Professor Karl Brandt – einen der maß-geblichen Architekten des »Euthanasie«-Programms – zum General-kommissar für das Sanitäts- und Gesundheitswesen. Zu den Aufgaben, die mit diesem Posten verbunden waren, gehörte es, die Bedürfnisse des zivilen und des militärischen Gesundheitswesens zu koordinieren. Eines der dringlichsten Probleme bestand in der Bereitstellung von Notfallbet-ten für den Fall, daß die Krankenhäuser durch Bombenangriffe zerstört würden. Obwohl schon die »Aktion T 4« zu einer Dezimierung der Zahl chronischer Psychiatriepatienten geführt hatte, waren zusätzlich noch Zehntausende von Psychiatriebetten zweckentfremdet worden. Statistiken aus dem Jahre 1942 belegen, daß 93 521 Psychiatriebetten einem anderen Zweck zugeführt wurden: 31 058 Betten gingen an die Militärhospitäler und -lazarette, 6348 an die nationalsozialistischen Fürsorgeinstitutionen, 8577 an Wohnheime für Repatriierte, 7170 an die SS, 650 an die Adolf-Hit-ler-Schulen und so weiter.[86] Brandt entwickelte gemeinsam mit Linden ein System, demzufolge die psychiatrischen Anstalten insofern ihre Funktion aufrechterhalten sollten, als daß die Patienten die Betten warm hielten und das Personal weiter beschäftigt wurde. Kam es in den Städten zu Katastrophen, wurden die Anstaltsinsassen auf verschiedene Heime und Anstalten in ungefährdete Gebiete verlegt. Wenn diese wiederum voll belegt waren, schickte man diejenigen Patienten, die man als am ent-behrlichsten betrachtete, nach Hadamar oder Meseritz-Obrawalde und tötete sie dort.[87] Rekapitulieren wir diesen Ablauf noch einmal: Bomben fielen, Krankenhäuser gingen in Flammen auf und Psychiatriepatienten, die nach den wirtschaftlichen Gesichtspunkten der Anstalten als wertlos galten, wurden in den Tod geschickt. Es handelte sich um eine Art Ket-tenreaktion, bei der man den Tod jener, die man für am entbehrlichsten hielt, mit einkalkulierte. Am 24. Juli 1943 begannen beispielsweise die Al-liierten mit der gegen Hamburg gerichteten »Operation Gomorrah«, die im Ergebnis etwa 44 000 Menschen das Leben kostete und die Zerstörung praktisch aller Krankenhäuser zur Folge hatte. Zwischen dem 22. Juni und 7. August wurden 349 geisteskranke Frauen von Hamburg nach Ha-damar transportiert. Etwa 20 Prozent von ihnen waren erst während des Feuersturms, der die Stadt verwüstete, wahnsinnig geworden und des-halb in die Anstalt in Langenhorn überführt worden.

Eine von ihnen war Minna H. Geboren im Jahre 1894, lebte sie seit 1920 in Hamburg, heiratete einen Witwer mit drei Kindern und schenkte selbst noch zwei weiteren das Leben. Minna H.s Ehemann, ein Eisen-bahner, konnte für die Familie im Haus einer Wohngenossenschaft in der

Dennerstraße eine Unterkunft besorgen. Viele der dortigen Bewohner waren wie auch die Familie von Minna H. Anhänger der SPD oder der kommunistischen Partei. Mitte der 30er Jahre zogen zunehmend jüdische Familien, die zumeist Opfer des Rassismus waren und sozial abstiegen, in die Wohnungen ein. Nach der »Reichskristallnacht« zog auch in den Block, in dem Minna H. wohnte, eine jüdische Familie ein. Obwohl dies sehr gefährlich war, freundeten sich die beiden Familien an. Als die jüdische Familie emigrieren mußte, half Familie H. ihren jüdischen Nachbarn bei der Entsorgung ihrer Möbel. Dies führte zu einem Verhör durch die Gestapo und in der Folge zu einer depressiven Verfassung bei Minnah H., weshalb sie zeitweise in die Kliniken Hamburg-Eppendorf und Langenhorn kam. 1943 mußte sie erneut zurück nach Langenhorn gehen. Die Luftangriffe hatten Todesängste in ihr hervorgerufen, und sie weigerte sich, in den Schutzkeller hinunterzugehen. Am 29. Juli wurde sie zusammen mit 50 anderen Frauen nach Hadamar überführt; der Familie wurde lediglich mitgeteilt, man habe sie in eine andere Anstalt verlegt. Der Grund für Minna H.s Verlegung war, daß sie als »Unruhestifterin« galt, d. h., sie hatte um Fingerhüte für sich und andere Patienten gebeten, da sie von ihrer Aufgabe, Putzlappen mit Nadel, Faden und Garn zu umsäumen, blutige Finger bekommen hatten.[88] Ungeachtet dessen befand sie sich im Frühjahr 1943, als ihr Sohn Helmut H. sie in Langenhorn besuchte, in einer guten physischen Verfassung. Als sich die Familie später nach ihrem Verbleiben erkundigte, teilte man ihnen am 16. Mai 1944 mit, Minna H. sei am 6. März an einer »Grippe« gestorben.

Hält man sich die vorausgegangenen Kapitel vor Augen, wird sich jeder ein Bild von den desolaten Zuständen machen können, die in den Heil- und Pflegeanstalten Deutschlands in den Jahren zwischen 1941 und 1945 herrschten. Bei intelligenten und sensiblen Beobachtern von außen wie etwa Leon Jaworski, der Ende 1945 durch die öden Krankenstationen ging, in den Medizinschränken herumstöberte und die Todesregister las, stellte sich nach Einblick in diese Verhältnisse eine tiefe Mutlosigkeit ein. Im August 1945 schrieb Dr. Elisabeth V. ihre Eindrücke von Eichberg nieder, wo sie die vorausgegangenen drei Jahre gearbeitet hatte. Ich möchte ihren Bericht an dieser Stelle ausführlich zitieren, denn einige Historiker neigen dazu – fasziniert von einer nachrangigen wissenschaftlichen Erkenntnis, die seit kurzem eine gewisse Konjunktur hat –, die »modernisierenden« Rechtfertigungen der T-4-Psychiater für die »Euthanasie« unkommentiert wiederzugeben, während sie es unterlassen, die »mittelalterlichen« Bedingungen, die diese Psychiater in Wirklichkeit schufen, zu erwähnen [89] Jede Diskussion über »Modernisierung« muß allerdings im Lichte solcher Zeugenaussagen und Beweise betrachtet werden, wie sie aus den Worten von Dr. V. hervorgehen:

Als ich im Jahre 1942 nach ca. 3jähriger Unterbrechung wieder in einer Landesheilanstalt ärztlichen Dienst begann, mußte ich feststellen, daß in der erwähnten Zeitspanne die Entwicklung der psychiatrischen Anstaltsbehandlung weiter bergab gegangen war. Schon ca. 1937 oder 38 hatten wir Weilmünsterer Ärzte durch mündliche Berichte von dem sogenannten »Bunker« in der Landesheilanstalt Eichberg gehört, der zur langfristigen Verwahrung geisteskranker Krimineller dienen sollte. Unsere Kritik an dem Rückfall in die Psychiatrie des Mittelalters war erheblich gewesen. Ich empfand aber ihre vollste Berechtigung, als ich in den ersten Tagen meines Hierseins dieses Gewahrsam sah, das aus einem Massenbunker und 2 vollkommen dunklen Einzelbunkern bestand. Gesundheitliche Schädigungen und hygienische Mängel konnten unmöglich bei längerem Verbleib in diesen Räumen ausbleiben, zumal, wie ich später hörte, nicht jeder Kranke seine eigene Decke in Besitz behielt, sondern abends irgendeine der Decken ausgehändigt bekam, wobei außer acht blieb, daß mit Ungeziefer behaftete Kranke dabei waren. Während meiner hiesigen Zeit diente der »Bunker« nicht mehr dem ursprünglichen Zweck, d. h. der Verwahrung krimineller Kranker, sondern wurde mit Kranken gefüllt, deren Auswahl nach keiner mir ersichtlichen klaren Linie erfolgte. Der damalige Oberarzt und spätre Anstaltsleiter Dr. Schmidt verfuhr dabei sehr willkürlich und hielt sich dabei nicht frei von affektiven momentanen Regungen. Besonders lehnte ich mich bei zeitweiligen Vertretungen auf der Männerseite dagegen auf, daß Kranke ohne ärztliche Anordnung durch das Pflegepersonal im »Bunker« isoliert wurden, und brachte diesen Punkt auch in der Konferenz zur Sprache.
Die sogenannten »Bunker« auf der Frauenseite waren in hygienischer Hinsicht noch schlechter. Es waren zwei einfache Kellerräume, der eine ganz dunkel, der andere mit einem kleinen Oberlicht. Einer dieser Keller soll sehr feucht gewesen sein, dafür war der im Winter ungeheizt, in beiden sollen die Kranken durch Ratten belästigt worden sein. Mit dem »Bunker«-Aufenthalt war meist ein mehr oder weniger langer Nahrungsentzug verbunden. Diese letz-

tere Maßnahme war jedoch auf der Frauenseite meist illusorisch, da freigehende Kranke der Anstalt, meist Männer, Gelegenheit fanden, den im Keller befindlichen Mädchen Eßware zuzustecken. In einem Fall kam es sogar vor, daß die im »Bunker« befindliche Kranke von einem männlichen Kranken nachts sexuell belästigt, wahrscheinlich sogar mißbraucht wurde...

Ein neues Bild für mich boten auch die sogenannten Durchgangsabteilungen im Frauenbau. Dort waren solche weibliche Kranke untergebracht, die der »Aktion« zum Opfer fallen sollten, aber durch deren plötzliches Aufhören hier gewissermaßen hängengeblieben waren. Diese Stationen waren stark überfüllt, die Kranken hatten zum großen Teil kein Bett, sondern schliefen auf Strohsäcken auf dem Boden. Soweit ich mich erinnere, waren damals Aufenthaltsräume in diesen Abteilungen nicht vorhanden. Im krassen Gegensatz zu der hohen Patientenzahl stand die geringe Zahl des Pflegepersonals. Es wurde oft darüber geklagt, daß eine Schwester öfters mit 80–90 Kranken allein auf der Station war. Dementsprechend war natürlich die Betreuung der Kranken und deren Zustand. Die meisten waren körperlich reduziert bis an die Grenze der Skelettierung. Dies war wohl die Folge davon, daß das Essen qualitativ und quantitativ vollkommen unzureichend war, wobei zu beachten ist, daß damals (1942/43) noch relativ gute Zuteilungen für die Bevölkerung bestanden. Sonderfütterungen waren verboten durch den damaligen Anstaltsleiter Dr. Mennecke, wie man sie zu geben pflegt bei stuporösen oder stark depressiven Geisteskranken, die die selbständige Nahrungsaufnahme verweigern. Während der Mahlzeiten waren die Kranken natürlich sich selbst überlassen, so daß den krankhaften asozialen diebischen Trieben einzelner die Schwachen, Hilflosen und Apathischen ausgesetzt waren und so um ihre Nahrung kamen. Da durch die hohe Belegungszahl die Kapazität der Anstalt auf jedem Gebiet weit überschritten war, fehlte es an ausreichender Bett- und Leibwäsche, wovon die Folge war, daß einerseits viele Kranke nackt umherliefen und sich Erkältungskrankheiten zuzogen und andererseits eine Fülle von Hautkrankheiten und Schmierinfektionen auftraten, deren Verbreitung natürlich bei der mehr als dichten Belegung im schnellsten Tempo vor sich ging. Besonders befremdete mich, daß die Kranken aus auswärtigen Anstalten eine mit Tintenstift geschriebene mehrstellige Zahl auf dem Rücken bzw. auf dem Oberarm trugen. Über die Bedeutung dieser Zahl konnte ich nichts Rechtes erfahren. Natürlich konnte ich kombinieren, daß sie etwas mit der beabsichtigten Verlegung nach Hadamar zu tun hatte...

Von der »Aktion«, die damals bereits abgeschlossen war, hat man hier nichts mehr gehört. Nur wurde noch oft über das Problem der Tötung Geisteskranker gesprochen, das man fälschlicherweise mit dem Problem der Euthanasie verwechselte. Bei Anschaffung des Elektroschock-Apparates warf der damalige Anstaltsleiter Dr. Mennecke die Frage auf, ob man nicht mit hohen Dosen von elektrischem Strom, durch das Gehirn geleitet, eine Tötung bewirken könne. Er richtete auch eine sogenannte pflegerlose Abteilung ein, um zu sehen, wie lange Geisteskranke im Endzustand noch ohne fremde Hilfe und Betreuung vegetieren könnten. Die Anregung hierzu schien er in Heidelberg gefunden zu haben, denn er beschäftigte sich damit und richtete auch die eben erwähnte Abteilung ein, kurze Zeit nachdem er für mehrere Wochen zur Fortbildung an der Heidelberger psychiatrischen Klinik unter Prof. Dr. Carl Schneider gewesen war...

Wir bekamen hin und wieder geisteskranke Ostarbeiterinnen eingeliefert. Einige von ihnen kamen auf die Krankenabteilung, wurden dort von mir untersucht und wie alle anderen Geisteskranke betreut und behandelt. Es ist aber auch vereinzelt vorgekommen, daß ich diese geisteskranken Ostarbeiterinnen gar nicht zu Gesicht bekam. Dr. Schmidt äußerte – ich weiß nicht, ob spontan oder auf eine Frage meinerseits –, daß wir eine Sonderabteilung für geisteskranke Ostarbeiterinnen hätten, die mich nichts anginge. Aus der ganzen Situation und auch aus Äußerungen der Oberschwester mußte ich schließen, daß das Leben dieser kranken Frauen vorzeitig durch Eingriff beendet wurde, wenn nicht durch Dr. Schmidts eigene Hand, so doch durch seine Anordnungen. Eines Tages führe ich über diesen Punkt eine Unterhaltung mit Dr. Schmidt, deren Ausgangspunkt mir jetzt nicht mehr erinnerlich ist. Auf jeden Fall vertrat ich ihm gegenüber ganz entschieden die Meinung, daß man geisteskranke Ausländer als Arzt genau so zu behandeln habe wie geisteskranke Deutsche, wie ja auch der Arzt im Felde seine Sorge sowohl den Deutschen wie auch den feindlichen Verwundeten leiht. Er jedoch vertrat entschieden die Meinung, daß in Deutschland kein Platz für geisteskranke Ausländer, speziell Russen, sei und daß er als Soldat handle, wenn er daraus die Konsequenzen ziehe. Ich konnte mich dieser Auffassung nicht anschließen und wendete ein, daß ein Soldat mit der Waffe in der Hand einem bewaffneten Menschen gegenüber auftrete, daß aber für einen Arzt eine ganz andere Verhaltensweise das einzig Vertretbare sei. Dr. Schmidt brach dann die Unterhaltung ab mit dem Bemerken, ich sei eben eine Frau und fühle als solche und daß ich ihn daher in dieser Angelegenheit nie verstehen könne.[90]

Wir sollten uns das vollkommen klar vor Augen halten, was Dr. V. hier beschreibt. Man beließ die Patienten in erbärmlichen und unmenschlichen Zuständen, einschließlich der Tatsache, daß sie vom nichtmedizinischen Personal in rattenverseuchte Bunker gesteckt wurden. Viele von ihnen verhungerten; viele von ihnen wurden aus keinem anderen Grund als dem ihrer »Rassezugehörigkeit« ermordet. Ärzte hielten sich für Soldaten und wurden von einflußreichen Gelehrten ermutigt, bestmögliche Methoden zu entwickeln, um Menschen in den Hungertod zu treiben oder sie mittels »moderner« Therapien durch Stromschläge zu ermorden. Wie Dr. V. sagte, die Psychiatrie war zu den schlimmsten Exzessen längst vergangener Zeiten zurückgekehrt.

Wie wir weiter oben sahen, bedrohte das »Euthanasie«-Programm die gesamte institutionelle Grundlage der Psychiatrie. Gut ein Drittel aller zur Verfügung stehenden Psychiatriebetten samt der Patienten, die einst in ihnen lagen, gingen im Laufe von zwei Jahren verloren. Darüber hinaus wurde nun ein ganzer Berufsstand, der sich noch nie einer besonderen öffentlichen Wertschätzung erfreuen durfte, aus Sicht der Öffentlichkeit in Verbindung mit dem Massenmord gebracht. Im Juli 1942 führte Nitsche unter verschiedenen regionalen Heil- und Pflegeanstalten eine Umfrage durch, in deren Rahmen um Vorschläge gebeten wurden, wie die Psychiatrie ihr von Mißtrauen und Furcht bestimmtes Bild in der Öffentlichkeit überwinden könne. In mehreren Antworten wurde die Empfehlung ausgesprochen, die Heil- und Pflegeanstalten in krankenhausähnliche Einrichtungen umzugestalten mit einer stärkeren Betonung auf dem Aspekt der Behandlung als dem der Aufbewahrung.[91] Zu diesem Zweck brachten eine Reihe ausgezeichneter T-4-Psychiater Pläne in Umlauf, die Überlegungen zu einer künftigen Psychiatriereform enthielten. Nitsche selbst sprach von einer »Renaissance« der Psychiatrie und gewann Bouhler für die Idee, die durch das »Euthanasie«-Programm eingesparten Gelder für eine therapiezentrierte Reform der Psychiatrie zu investieren. Allers versetzte diesen wirklichkeitsfernen Ideen jedoch dadurch den Todesstoß, daß er Bouhler mitteilte, es seien keine überschüssigen Gelder vorhanden.[92] Sogar bereits praktizierte neue Therapien wie beispielsweise die Insulinschocktherapie wurden ausgesetzt, da Linden den Gebrauch von Insulin für nichtdiabetische Zwecke untersagt hatte. Schneider und einige andere hatten zwei Observations- und Forschungsabteilungen in Brandenburg-Görden und Wiesloch eingerichtet. Diejenigen in der KdF, die für diese Kliniken die Abrechnungen vornahmen, sahen in solchen Aktivitäten jedoch lediglich einen Beschwichtigungsversuch, mit dessen Hilfe die Herren Professoren ihr schlechtes Gewissen hinsichtlich des »Euthanasie«-Programms beruhigten, indem sie forschungsrelevantes »Material« produzierten.[93] Man sollte berufliche Motivationen nie für bare Münze nehmen. Anderenfalls läuft man Gefahr, gequälte Rechtfertigungsversuche des »Euthanasie«-Programms unkritisch ins Licht einer lediglich vermeintlichen Modernisierung zu rücken.

Nitsche, de Crinis, Schneider, Heinze, Rüdin und andere produzierten verschiedene Memoranden, in denen sie die Zukunft ihrer Disziplin skizzierten. Hauptakteur in diesem Zusammenhang war vermutlich Schneider, der 1941 in einer Rede vor dem Verband deutscher Neurologen und Psychiater darüber gesprochen hatte, wie sich die Psychiatrie in Fragen der Eugenik an die nationalsozialistische Politik anpassen und sich dem öffnen könne, was er bedrohlich und indirekt mit »andere Maßnahmen« umschrieb. Schneiders Rede war eine Art *pièce justificative* im Interesse »vieler gewöhnlicher, sogar intelligenter... Volksgenossen«, die bereits der Meinung waren, die Psychiatrie sei nutzlos. Ja, es gebe »sogar« offizielle Stellen, die für die Finanzierung der psychiatrischen Institutionen verantwortlich und der ketzerischen Ansicht seien, die Psychiatrie sei »überflüssig« geworden.[94] Was folgte, war eine Art Präventivschlag gegen diese »schlummernden Gefahren«. Die eugenischen Maßnahmen des Staates seien langfristig ausgerichtet. Es würde Jahrhunderte dauern, um alle endogenen Psychosen auszurotten; in jedem Fall würden Zufall, Umwelt und Mutation weiter dafür sorgen, daß es sowohl zu endogen wie auch exogen bedingten Schäden kommen werde. An diesem Punkt mit der psychiatrischen Forschung aufzuhören käme einer einseitigen Abrüstung oder Preisgabe waffentechnischer Weiterentwicklungen gleich, allein weil man die vage Hoffnung auf einen globalen Frieden habe. Diese Metaphern waren ebenso bezeichnend wie bedrückend.[95] Dort, wo eine Bedrohung sichtbar werde, »braucht man eine wissenschaftlich begründete Verteidigung und die dazu notwendigen akademischen Institute, Forscher und Personen, die in Verteidigungsfragen über praktische Erfahrungen verfügen«. Man könne sich nicht allein deshalb der Bakteriologen entledigen, nur weil man bestimmte Epidemiekrankheiten erfolgreich ausgerottet habe. Nun, in der Regel bedienen sich Akademiker einer solchen Sprache, wenn sie das Gefühl haben, ihre Existenz stehe auf dem Spiel.

Viele von Schneiders Ideen tauchten in dem gemeinsam produzierten Memorandum der »Euthanasie«-Psychiater wieder auf. Was hier wirklich interessant ist, ist nicht so sehr das übliche und eigennützige Bekenntnis zum Reformidealismus der 20er oder aber zu den »modernen« Therapietechniken der 30er Jahre, sondern vielmehr der Versuch, die in der Öffentlichkeit und in Fachkreisen weitverbreitete Geringschätzung der Psychiatrie als Disziplin (die aus der Verwicklung mit der nationalsozialistischen Politik in Sachen Eugenik und der unwissenschaftlichen und beklagenswerten Natur des psychiatrischen Unternehmens insgesamt resultierte) zu bekämpfen, verbunden mit dem kaum verheimlichten Bemühen, die Finanzierung der eigenen armseligen »Forschungsaktivitäten« sicherzustellen. Dies war alles andere als ein »idealistisches« Unterfangen; hier war schlicht und ergreifend eine Gruppe von zutiefst amoralischen Menschen am Werk, die mit allen Mitteln um ihre Pfründe kämpften. Als ein alarmierendes Zeichen konnte gelten, daß junge Psychiater bereits zuhauf die Flucht aus ihrem Beruf angetreten hatten.[96]

Zu Beginn der Reformvorschläge standen eine Reihe organisatorischer Veränderungen, deren Hauptprofiteure freilich die Autoren selbst gewesen wären. Das gesamte Anstaltssystem sollte einer zentralen psychiatrischen Kontrollinstanz unterstellt werden; damit hoffte man, der bei den Wirtschaftsverwaltern der Heil- und Pflegeanstalten – Personen wie etwa Großmann oder Klein – im Laufe des Krieges offenbar gewordenen Tendenz, den medizinischen Berufsstand an den Rand zu drängen, entgegenwirken zu können.[97] Die Anstalten sollten mit den universitären Forschungszentren eng verbunden sein, um diese gewissermaßen mit Rohmaterial versorgen zu können (Punkt 4 und 5 der Vorschläge). Zweckentfremdete Anstalten sollten wieder ihre ursprüngliche Aufgabenstellung zurückerhalten. Um den üblichen Zwängen bei der Verteilung akademischer Besitzstände und der Forderung nach »Relevanz« gerecht zu werden, sollten die Heil- und Pflegeanstalten eng mit Einrichtungen zusammenarbeiten, die sich mit der Jugend oder der »Kriminalbiologie« beschäftigten (Punkt 10). Als Professoren war ihnen daran gelegen, fortlaufend Weiterbildungskurse (die sie selbst anbieten würden) für die Anstaltsärzte in dieses neue System zu integrieren (Punkt 11 und 13). Da sie sich ihres miserablen Images wohl bewußt waren, bestanden sie zwangsläufig darauf, daß jede öffentliche Diffamierung ihres Berufsstandes künftig zu ächten sei (Punkt 17).

Nitsches Briefwechsel mit Schneider und anderen illustriert jene Art von »Forschung«, die aus der engen Verbindung von Heil- und Pflegeanstalten mit den universitären Forschungszentren hervorgehen sollte. Im Kern ging es Schneider darum, die Gehirne von »Euthanasie«-Opfern in die Hände zu bekommen. Er sandte entsprechende Wunschlisten an Nitsche und forderte – vermutlich in der Überzeugung, daß Abnormalitäten aus wissenschaftlicher Sicht am ergiebigsten seien – die Gehirne von Kleinwüchsigen, Zwillingen und von Personen an, die an Idiotie und unter seltenen neurologischen Abnormalitäten litten.[98] Nitsche wiederum schickte ihm Kopien der Meldebögen, damit Schneider sich das gewünschte »Material« aussuchen konnte.[99] Schneider wurde von seinen Kollegen und ehemaligen Schülern auf geeignete Fälle aufmerksam gemacht, so etwa von Dr. Hebold, der ihm am 26. Oktober 1942 mitteilte, er habe drei schwachsinnige Personen im Katharinenhof entdeckt sowie einen »Schwachsinnigen, dessen sämtliche Finger nur bis zum ersten Glied reichten«.[100] Schneider war äußerst pedantisch, wenn es um seine Gehirne ging, und so bestand er darauf, daß sie ihm lieber per Kurier überbracht und nicht als Frachtgut per Post zugeschickt werden sollten.[101] Schneiders renommierter Kollege, Professor Julius Hallervorden vom Kaiser Wilhelm Institut für Neurologie, brachte es auf ähnliche Weise zu einer Sammlung von über 600 Gehirnen, die von Personen stammten, welche von seinem Freund Heinze in Brandenburg Görden ermordet worden waren (und denen Hallervorden teilweise selbst das Gehirn entnommen hatte).[102] Nachdem die T-4-Psychiater die Zahl der Anstaltsinsassen dezimiert und ein einstmals hinreichendes Psychiatriesystem in einen absolut desolaten, »mittelalterlichen« Zustand rückversetzt hatten, wurde ihnen beinahe zu spät bewußt, daß sie selbst bald arbeitslos sein würden, und so versuchten sie, zu retten, was zu retten war, indem sie dazu übergingen, an ihren noch verbliebenen Opfern äußerst makabre Experimente durchzuführen. Die »Modernität« dieses

301

verspäteten Unterfangens, den Massenmord zu rechtfertigen, ist dabei tatsächlich noch nicht einmal dessen hervorstechendstes Kennzeichen – es sei denn, man fühlt sich bei nichtrationalen Erklärungen für diese Art menschlichen Verhaltens unbehaglich. Dann mögen freilich »Modernisierungs«theorien besonders geeignet erscheinen, just ein solches Unbehagen auszuräumen.

9. Wie aus Professor Heyde Dr. Sawade wurde

In diesem Buch haben wir uns wiederholt mit der Innenansicht nach
außen abgeschlossener Welten beschäftigt, um sowohl die institutionellen
Wirkungsmechanismen als auch die inneren Nöte und Qualen der Betroffenen zu beleuchten. Darüber hinaus konnte auch einiges über das
Verhältnis zwischen den Anstalten und der Gesellschaft insgesamt in Erfahrung gebracht werden. Über den einzelnen Heil- und Pflegeanstalten
thronte die verdeckt operierende Bürokratie von KdF und T4. Nicht zuletzt animiert von den pseudoprofessoralen Allüren einiger ihrer hohen
Tiere, entwickelte man dort einen eigenen Stil, der sich unter anderem in
hausinternen Witzen und in Spitznamen niederschlug (die Bedienung in
der Kantine, eine ehemalige Tänzerin, wurde »Terpsichore« genannt, die
beiden Beckers mit »Rot« beziehungsweise »Millionen« attributiert).
Auch in den Todeslagern ergab sich eine Art institutioneller Kultur, ba-
sierend auf Tyrannei, Saufgelagen, rührseligen Liedchen über die Heimat
in Kärnten und einem besonders schwarzen Kasernenhumor. Nachfolgend wollen wir uns mit der Frage beschäftigen, wie diese Institutionen
auf Fremde wirkten, um sodann zu einer abschließenden Bewertung zu
gelangen. Wie wirkten diese Orte und Menschen auf rechtschaffene Leute
aus Brooklyn, Leningrad, London oder Texas? Und wie sah schließlich
das Schicksal jener Männer und Frauen aus, die Tausende von Menschen
ermordet hatten?

Im Frühjahr 1945 wurden Gerichtsmediziner der Roten Armee in die
Heil- und Pflegeanstalt Obrawalde entsandt, um den verstörenden Be-
richten nachzugehen, die man von den Truppen erhalten hatte, die dort
als erste eingetroffen waren. Die Gerichtsmediziner führten mit zehn
Überlebenden Interviews durch. Diese bezeugten, daß über mehrere
Jahre hinweg täglich zwischen 30 und 50 Patienten umgebracht wurden.
Bei der Durchsuchung der Anstaltsgebäude fanden die Russen große
Mengen an Morphium und Scopolamine, Spritzen und einen Lagerraum
voller Kleidung und Hunderter von Schuhpaaren. Sie entdeckten ein
Krematorium sowie eine halb fertiggestellte Gaskammer. Der Ort erin-

nerte sie an Mauthausen; der Unterschied lag lediglich in der Größe. Auf dem Friedhof befanden sich mehrere Massengräber; eines der Gräber, das die Russen im Rahmen forensischer Untersuchungen öffneten, enthielt etwa 1000 Leichen, die in vier bis fünf Schichten übereinanderlagen.

Die russischen Ermittler arbeiteten sich durch das Todesregister und kamen zu der Erkenntnis, daß in den drei zurückliegenden Jahren 18 232 Menschen in Obrawalde zu Tode gekommen waren. Beispielsweise waren von den 3948 Neuaufnahmen im Jahre 1944 3814 beziehungsweise 97 Prozent zum Zeitpunkt des Eintreffens der Russen tot. Nicht einmal eine Cholera, so der Kommentar der Russen, oder eine unter noch schlechteren hygienischen Verhältnissen ausgebrochene Seuche hätte zu solch hohen Todesraten führen können.[1] Die angegebenen Todesursachen wiederholten sich auffällig und waren wenig plausibel: »Angina«, »Erschöpfung« und so weiter. Noch lebende Patienten – wie etwa ein Zahnarzt, der vorübergehend als Anstaltsdirektor fungierte – sagten aus, daß sie ihr Überleben allein speziellen Fähigkeiten verdankten. Hätte der Zahnarzt nicht in weiser Voraussicht darum gebeten, einige seiner Instrumente von zu Hause mitnehmen zu dürfen, wäre er nun ebenfalls tot gewesen. Das Überleben hing ebensosehr vom Zufall ab wie auch von den inneren Reserven. Die Russen setzten ihre Arbeit fort, machten sich allmählich mit dem schrecklichen Lagerjargon vertraut – »Todeszimmer« und »Todesspritzen« – und verhörten das medizinische Personal, das für die Ermordung von »über 1500 Menschen« verantwortlich war. Sie exhumierten 42 Leichen im Alter zwischen zwei und 60 Jahren. Die Hälfte der Leichen wiesen Injektionsstiche auf, und in 95 Prozent der Fälle konnte man in den Organen Spuren von Morphium und Scopolamine nachweisen. Fotografien, die während der Exhumierung gemacht wurden, erinnern an Pompeji: die expressionistische Version eines klassischen Frieses. Die Menschen waren unweigerlich in jener Haltung erstarrt, in der sie zufällig ins Grab gefallen waren, bekleidet mit Hemd oder Weste, teilweise mit Schlamm verdreckt. Da sich unter den Opfern nur sehr wenige russische Kriegsgefangene befanden, beschlossen die Russen, die Aktion abzubrechen.

In Westdeutschland traf Major Herman Bolker, ein der US-Armee angehöriger Pathologe vom Krebsinstitut Brooklyn, am 2. April 1945 in Hadamar ein. Ein fürchterlicher Film ohne Ton unter dem Titel *Murder Mills Hadamar*,[2] den ein Kamerateam der US-Armee drehte, zeigt den jungen Bolker, wie er zwölf kurz zuvor auf dem Friedhof oberhalb der

Anstalt ausgegrabene Leichen untersucht, wobei ebenfalls zu sehen ist, wie diejenigen, die die Leichen in Rücken- und Bauchlage wenden, mit einer Hand ein Taschentuch vor ihre Nase halten. Eine Gruppe kampferprobter US-Soldaten beobachtet das ganze Schauspiel mit düsterem Blick. Bolker führte eine vollständige Autopsie an sechs der exhumierten Leichen durch, von denen man annahm, es handelte sich nicht um deutsche Patienten, da sie an ihren Zehen keine hölzernen Namenschilder trugen. Vier dieser Leichen zeigten Anzeichen von Tuberkulose. Bolker entdeckte Schachteln, die Ampullen mit Morphium-Hydrochlorat enthielten und mit dem Vermerk »Vor Gebrauch schütteln« sowie »Gift« beschriftet waren.[3] Einige der Körper wiesen eindeutige Zeichen einer Morphiumvergiftung auf, insbesondere Pupillen mit nadelstichgroßen Punkten.

Andere Abschnitte desselben Films zeigen, wie das Hadamarer Personal in Jeeps im amerikanischen Verhörzentrum in Wiesbaden eintreffen. Leon Jaworski, ein 36jähriger Anwalt aus Texas mit polnischer Abstammung, gehörte zur offiziellen Gruppe der amerikanischen Anklagevertreter innerhalb der US-Armee. Seine militärische Karriere als Anwalt hatte mit der Anklage von Nazi-Gefangenen begonnen, die in Internierungslagern wie Camp Chaffee in Arkansas ideologisch unzuverlässige Kameraden ermordet hatten. Weihnachten 1944 flog er nach Paris, wo er damit begann, Beweise für Kriegsverbrechen zu sammeln. Sein erster Fall hatte mit einer Gruppe von Zivilisten zu tun, die sechs Insassen eines in Rüsselsheim abgestürzten amerikanischen Bombers zu Tode geprügelt hatten. Anschließend ging Jaworski nach Hadamar, wo man bereits damit angefangen hatte, im Fall der Ermordung von 400 Menschen ausländischer Herkunft zu ermitteln. Es gibt mehrere Fotografien, auf denen zu sehen ist, wie die Angeklagten von amerikanischen Ermittlern, die für Kriegsverbrechen zuständig waren, verhört wurden. Mit ihren geschorenen Köpfen und unrasierten Gesichtern machen die Angeklagten einen recht verrohten Eindruck; einigen sieht man an, daß sie geschlagen wurden; eine vielleicht verständliche Reaktion von Angehörigen der US-Kampftruppen in Anbetracht der ungebrochenen Arroganz der Angeklagten sowie der Schwere ihrer Verbrechen.[4]

Dieses Gerichtsverfahren ist wegen einer Reihe von juristischen Besonderheiten interessant. Nicht zuletzt zählt hierzu die Tatsache, daß sowohl die Angeklagten als auch deren Opfer Zivilisten waren, letztere gar Angehörige ausländischer Nationen.[5] Die Rechtsgrundlage, deutsche Zivilisten vor Gericht zu stellen, war teilweise durch den Rüsselsheim-

Fall geschaffen worden. Aus Gründen der rechtlichen Zuständigkeit überließ man die Anklage wegen des Todes von über 10 000 deutschen Zivilisten den wieder neu zu schaffenden deutschen Behörden. Im Rückblick auf eine lange und außerordentlich erfolgreiche Karriere schrieb Jaworski:

> Von allen Erfahrungen, die ich im Zusammenhang mit Kriegsverbrecherprozessen gemacht habe, gehört Hadamar zweifellos zu den deprimierendsten. Ich war schlicht nicht in der Lage, die drastischen Veränderungen, die sich in einem Menschen während einiger weniger Jahre vollziehen konnten, zu verstehen... Als ich mein Abschlußplädoyer vor Gericht hielt, spürte ich kalten Zorn, ein Gefühl, das ich niemals zuvor und niemals mehr danach empfunden habe:
> »Halten wir inne und denken darüber nach, welche Art von Verfahren, ganz im Gegensatz zur Fairneß dieses Verfahrens hier, die Angeklagten jenen unglücklichen Menschen zuteil werden ließen, die zwischen dem Juli 1944 und April 1945 vor ihren Augen in Hadamar verschwanden. Da traf eine Person nach der anderen ein, müde, schweren Herzens, einige sehr krank. Aber sie kamen in dem Glauben, am Horizont den Anbruch besserer Zeiten sehen zu können. Und welche Art Verfahren wurde ihnen zuteil, welche Art Anhörung, welche Chance wurde ihnen an diesem Ort gegeben, an dem sie ein wenig Trost zu finden hofften? ... Man führte sie in die Hallen des Todes. Man versprach ihnen, sie mit Medikamenten gegen ihre Leiden zu versorgen. Welch boshafte Täuschung, welch schreckliche Lüge, welch üble und verruchte Sache ist es doch, in einem Menschen, der bereits leidet und eine schwere Last mit sich trägt, die Hoffnung auf ein paar herzerwärmende Sonnenstrahlen zu wecken. Ja, man gab ihnen Medikamente, Gift, das ihre Herzen zum Stillstand brachte und ihre Augen auf immer verschloß. Auf welche Weise wurde mit ihnen verfahren? Todesstille wurde ihnen verordnet. Ihre Körper wurden in einen kahlen Keller getragen. Wahllos warf man sie in ein Massengrab, begraben ohne einen kirchlichen Segen. Das ist im Kern die Art von Verfahren, die die Angeklagten jenen zuteil werden ließen, die einst vor ihren Gerichtsschranken gestanden hatten.«[6]

Sieben Tage lang, beginnend am 8. Oktober, hielt Jaworski den Angeklagten jeden Schritt vor Augen, den sie bei der Ermordung von 400 polnischen und russischen Zwangsarbeitern zurückgelegt hatten. In gewisser Weise war dieser Versuch, langsam und hartnäckig das bloße Faktum der Schuld eines jeden einzelnen zu entschlüsseln, eine weitaus ergiebigere Anklagestrategie als die später von westdeutschen Gerichten geübte Praxis, die sich viel intensiver mit der Motivation und dem Gesamteindruck der Angeklagten, dem politischen Kontext und der internen Politik einer jeden Institution im einzelnen beschäftigte. Jaworskis Technik ließ wenig Raum für derartige Ablenkungsmanöver.

Das Urteil des US-Militärgerichts lautete auf Todesstrafen für Alfons Klein und zwei besonders sadistische Pfleger, Heinrich Ruoff und Karl Willig, eine lebenslange Haftstrafe für Adolf Wahlmann, 35 Jahre Schwerstarbeit für Adolf Merkle, 30 Jahre Haft für Philipp Blum und 25 Jahre für Irmgard Huber.[7]

Klein, Ruoff und Willig wurden in rascher Abfolge am frühen Nachmittag des 14. März 1946 im Gefängnis von Bruchsal erhängt. Recht und Gesetz – verkörpert in Gestalt des Henkers und zweier kräftiger amerikanischer Militärpolizisten – fertigten die drei Männer kühl und mechanisch ab. Die exakt dokumentierten Wortwechsel zwischen den Verurteilten und einer Gruppe von amerikanischen Offizieren waren banal und oberflächlich, wobei zwei der Verurteilten Anzeichen äußerster Nervosität zeigten, als der vorsitzende amerikanische Major das Urteil zur Hinrichtung vorlas und übersetzte. Willigs letzte Worte, bevor alles vor seinen Augen im Dunkel versank, lauteten: »Ich tat meine Pflicht als ein deutscher Beamter. Gott ist mein Zeuge.«[8]

Einige wenige Personen, die an den hier geschilderten Vorgängen beteiligt waren, beschlossen noch vor der Kapitulation des Regimes beziehungsweise kurz nach ihrer Gefangennahme durch die Alliierten, ihrem Leben selbst ein Ende zu setzen. Philipp Bouhler und Herbert Linden (die beiden bürokratischen Architekten des »Euthanasie«-Programms), Max de Crinis und Carl Schneider begingen 1945 Selbstmord. Odilo Globocnik, der organisatorische Geist hinter der »Aktion Reinhard«, folgte dem Beispiel seines Reichsführers-SS und vergiftete sich kurz nach der Gefangennahme durch die Briten. Irmfried Eberl, der 37 Jahre alte Arzt von Bernburg und erste Kommandant von Treblinka, wurde von deutschen Behörden verhaftet und ins Gefängnis gesteckt. Der Versuch, seine wahre Identität zu verleugnen, wurde von der Mitgefangenen Pauline K. zunichte gemacht, die beim Anblick eines ihr vorgelegten Fotos ausrief:

»Das ist Dr. Eberl!« Als er kurz darauf eines Morgens nicht aus seiner Zelle kam, fand man ihn an einem Heizungsrohr erhängt vor. Eberl und Bodo Gorgass waren während der vier Jahre nach Ende des Krieges die einzigen T-4-Ärzte und Gasexperten (insgesamt gab es 14), die in Haft kamen beziehungsweise vor Gericht landeten.[9] Andere folgten ihnen erst Mitte der 60er beziehungsweise Ende der 80er Jahre auf die Anklagebank.

Karl Brandt und Viktor Brack gehörten im Sommer 1947 zu den 23 Angeklagten im Nürnberger Ärzteprozeß, jenem lobenswerten und umfassenden Versuch der Amerikaner, nicht nur für das Verbrechen der »Euthanasie« Rechenschaft zu verlangen, sondern auch für den gesamten Komplex der »medizinischen« und »wissenschaftlichen« Experimente, die – nimmt man sie zur Kenntnis – einem den Magen umdrehen.[10] 133 Tage lang hörte das Gericht die Aussagen der Angeklagten und der 32 Zeugen. Zu diesen gehörten auch Friedrich Mennecke und Hermann Pfannmüller. Letzterer vergaß mitunter, wo er war und zu wem er sprach, und erklärte: »Ich bin ein Arzt, der einem Richter gegenübersteht, und unsere Sichtweisen unterscheiden sich völlig voneinander.« Dieser Versuch, sich einen Schonraum beruflicher Exklusivität zu schaffen, hinterließ freilich wenig Eindruck bei den Anklägern:

Einen Augenblick, Doktor. Einen Augenblick. Ich stelle hier die Fragen und Sie antworten. Wenn Sie die Frage nicht beantworten wollen, werden sie freundlich sagen »Ich verweigere eine Antwort auf die Frage«. Entweder beantworten Sie die Frage oder Sie beantworten sie nicht. Ich möchte keinerlei Spitzfindigkeiten von Ihnen hören.[11]

Mit Ironie und Understatement versuchte der Ankläger die Behauptung Pfannmüllers zu hinterfragen, er habe die Begutachtung von 2000 Patienten innerhalb von 20 Tagen gewissenhaft vorgenommen:

Nun, können Sie nicht verstehen, wie wichtig es für mich als Laien und für dieses Tribunal ist, daß Sie uns schlicht erklären, welche Zeit ein Psychiater und ein Mann mit Ihren Erfahrungen benötigt, diese Meldebögen zu bearbeiten, um zu entscheiden, ob es sich um einen Plus- oder Minus-Fall handelte. Verstehen Sie jetzt die Bedeutung meiner Frage, den Grund für meine Frage?[12]

Von allen Angeklagten, die uns hier interessieren, machte Brack die wohl aufschlußreichste Aussage. Ihn hatte man in Traunstein gefangengenommen und in ein Lager in Moosburg gesteckt. Er litt an Magenbeschwerden, und seine zwei Kinder hatten Tuberkulose.[13] Mehrere Tage lang erzählte er, wie es dazu gekommen war, daß er sich am »Euthanasie«-Programm beteiligt hatte. Während der Wirtschaftsdepression habe er für seinen Doktorvater als Chauffeur gearbeitet. Er habe ihn bei seinen Hausbesuchen begleitet und dabei beobachtet, wie sich »die Familie automatisch vom Patienten entfernt. Das soll nicht heißen, daß dies bösartig oder gefühllos vonstatten gegangen wäre, sondern daß die Verwandten oft einfach nicht in der Lage waren, mit der Dauer und dem Ausmaß der Krankheit umzugehen.«[14] Nachdem Hitler Brandt und Bouhler grünes Licht erteilt hatte, wurde Brack damit beauftragt, die organisatorische Abwicklung zu planen. Er habe sehr viel über die Thematik gelesen: Thomas Morus, Binding und Hoche, Unger. Zu guter Letzt habe er beschlossen, einige Anstalten selbst zu besuchen, da er auf diesem Gebiet keine Erfahrungen besaß. Er besuchte Buch und Brandenburg Görden:

Was ich dort sah, war fürchterlich. Selbst mir als Laien fällt es schwer, das zu beschreiben, aber ich kann mich deutlich an einige besonders schreckliche Fälle erinnern, denn da es die Ersten waren, die ich je in meinem Leben gesehen hatte, hinterließen sie einen bleibenden Eindruck bei mir. In der Einrichtung Buch sah ich eine ungefähr 38- bis 40jährige Frau, die ein dickes, grobes Hemd trug und in einer Art Käfig auf Holzspänen saß. Wenn man ihr näher kam, zeigte sie einem die Zähne und war völlig unfähig, irgendeinen Kontakt aufzunehmen. Sie aß wie ein Tier. Sie machte unanständige Dinge mit ihren Exkrementen. Sie benahm sich ständig obszön, konnte nicht sprechen, und eine Schwester erzählte mir, in diesem Zustand sei sie schon seit 18 oder 19 Jahren.

In der gleichen Einrichtung sah ich auch ein Kind. Es war ein Mädchen von drei oder vier Jahren. Sie bestand schlicht nur noch aus einem Rumpf. Das Kind hatte keine Arme, keine Beine, einen großen Kopf, gerötete Augen. Und trotz ihres Alters war sie immer noch nicht in der Lage, auch nur ein Wort zu sprechen. Es war ein schrecklicher Anblick – lediglich ein Körper mit einem Kopf und keinerlei Aussicht, daß aus dieser Kreatur jemals ein menschliches Wesen hervorgehen würde.[15]

Niemand im Gerichtssaal fragte Brack, ob diese schockierenden Fälle für die Opfer des »Euthanasie«-Programms repräsentativ waren. Wenn er Fragen seines Verteidigers beantwortete, begann er zu philosophieren:

> Das Leben einer unheilbaren Person hat für sie selbst und für ihre Verwandten allen Sinn verloren und besteht nur noch aus Schmerz und Elend. So wie die Seele in die helfende Hand des Priesters gehört, so bedarf der Leib der helfenden Hände des Arztes. Nur auf diese Weise kann einer kranken Person wirklich geholfen werden. In diesem Fall bedeutet das freilich für den Arzt, daß seine Pflicht, insbesondere mit Blick auf das spirituelle Leben eines Menschen – es ist seine Pflicht, die Person aus ihrer unwürdigen Verfassung, ja, ich möchte fast sagen, aus ihrem Gefängnis zu befreien.[16]

Solchen in erhabenem Tonfall vorgetragenen Ausführungen folgten mehrere ernüchternde Befragungen durch den Staatsanwalt. Bracks Versuche, angebliche Hilfeleistungen für jüdische Personen in den Vordergrund zu spielen, oder seine Behauptung einer »widerwilligen« Beteiligung an der Endlösung wurden durch den Staatsanwalt erschüttert, indem dieser etwa auf Bracks erste Begegnung mit Eichmann hinwies (von dem er freilich erst nach dem Kriege gehört haben wollte) oder auf die personelle und technische Unterstützung, die er Globocnik bei der Durchführung der »Aktion Reinhard« gewährt hatte. Warum denn, so wurde gefragt (und blieb unbeantwortet), habe er 1944 geheime Telegramme mit der Anweisung zur sofortigen Zerstörung der Gebäude in Hartheim verschickt, wenn er doch davon überzeugt gewesen sei, sein Handeln sei legal und moralisch gerechtfertigt? Brack alias »Jennerwein« wurde zum Tode verurteilt und 1948 im Gefängnis von Landsberg hingerichtet.

Karl Brandt, der ebenfalls auf Mitleid als Motiv abhob und damit niedere ökonomische Beweggründe negierte, schlug im Zeugenstand einen selbstgerechteren Ton an:

> Ich fühle mich nicht schuldig. Ich bin davon überzeugt, daß ich für alles, was ich in diesem Zusammenhang getan habe, vor meinem Gewissen die Verantwortung übernehmen kann. Ich war von vollkommen menschlichen Gefühlen motiviert. Ich hatte niemals eine andere Absicht. Ich war niemals einer anderen Überzeugung, als daß diese armen, erbärmlichen Kreaturen – daß das leidvolle Leben dieser Kreaturen abgekürzt werden muß. Das einzige, was ich in

diesem Zusammenhang bereue, sind die äußeren Umstände, die dazu geführt haben, daß den Verwandten Schmerz zugefügt wurde. Aber ich bin davon überzeugt, daß diese Familien heute ihre Trauer überwunden haben und selbst spüren, daß ihre toten Verwandten vom Leid befreit wurden.[17]

Und was die medizinische Ethik betreffe, meinte er: »Man kann den Text des Hippokratischen Eides in jedes Büro hängen, aber keiner achtet darauf.«[18] Dieser »idealistische Mediziner« wurde ebenfalls zum Tode verurteilt. Als Brandt auf dem Weg zum Galgen zu einer weiteren eleganten Predigt ansetzte und von »Siegerjustiz« sprach, wurde er abrupt von seinem Henker unterbrochen, als dieser ihm kurzerhand die Kapuze über den Kopf stülpte.

Jegliches Gefühl der Genugtuung, das man in Anbetracht dieser Urteile empfinden mag, verfliegt jedoch rasch, verfolgt man das Schicksal jener Personen, die wir in diesem Buch kennengelernt haben, beziehungsweise derjenigen, die in anderen Verfahren vor Gericht standen und – in Anbetracht ihres Alters – buchstäblich zu lebenslangen Haftstrafen verurteilt wurden. Im Februar 1947 wurden 25 Angehörige des Hadamarer Personals, einschließlich Gorgass, Wahlmann, Irmgard Huber und Paul R., in Frankfurt am Main vor ein deutsches Gericht gestellt, wo sie sich wegen Massenmordes zu verantworten hatten. Das Urteil stützte sich auf die Aussagen der Angeklagten, die Zeugenaussagen von Verwandten der Opfer, einer Handvoll Überlebender sowie auf Dokumente, die die Angeklagten nicht mehr vernichten konnten. Anders als die Ankläger der US-Armee waren die deutschen Gerichte mehr an Motiven interessiert und zogen eine feine Linie zwischen Mord und Beihilfe zum Mord. Sowohl Gorgass als auch Wahlmann wurden wegen Mordes an »mindestens« 1900 Menschen zum Tode verurteilt, eine Strafe, die gnadenhalber in lebenslängliche Haft umgewandelt wurde. Wahlmann war bis 1953 in Haft; Gorgass wurde 1958 begnadigt und arbeitete anschließend in der pharmazeutischen Industrie. Die Begründung des damaligen hessischen Ministerpräsidenten Zinn für diese außergewöhnliche Entscheidung lautete, Gorgass sei »reumütig« und ein »physisch gebrochener« Mann. Anders als seine »ungefähr tausend« Opfer erfreut Gorgass sich noch immer irgendwo in Deutschland seines Lebens. Auch die Krankenpflegerinnen und -pfleger, die von den Amerikanern zu Gefängnisstrafen verurteilt worden waren, verbüßten später die ihnen von deutschen Gerichten für ganz andere Verbrechen verhängten Strafen nicht.[19]

Über einige der Personen, denen wir wiederholt begegnet sind, wurde ebenfalls vor deutschen Gerichten verhandelt. Hermann Pfannmüller, dessen Patienten einst reimten »Der Pfannmüller und das Hitlerreich, die bringen uns alle ins Himmelreich«,[20] erhielt im Jahre 1951 eine fünfjährige Haftstrafe. Ein paar der Briefe, die Pfannmüller während seiner Inhaftierung an seine Frau schickte, sind erhalten geblieben, einschließlich eines Briefes, in dem Theresa Pfannmüller schrieb: »Ja, ja, die verbrannten Frauen und Kinder, die Tausende Erfrorener, dann die heutigen Umsiedler, die in der Kälte daraufgehen, das ist alles menschlich und wenn einer solch lebende, verblödete Fleischklumpen, wie Du sie in der Anstalt hattest, einschläfert, dann ist das ein Staatsverbrechen.«[21] Einmal mehr, weder zum ersten noch zum letzten Mal, wurden die Leiden der Opfer relativiert.

Ein anderer, begeisterter Anhänger jener Methode, Patienten dem Hungertod auszuliefern, »Valo« Faltlhauser, wurde zu drei Jahren Gefängnis verurteilt, und zwar – wie es euphemistisch hieß – wegen »Beihilfe zum Totschlag« in »mindestens« 300 Fällen. Ein Jahr und vier Monate, die er in einem Internierungslager eingesessen hatte, wurden ihm auf die Strafe angerechnet.[22] Da Faltlhauser ein intelligenter Mann war (zusammen mit Gustav Kolb hatte er das Standardwerk über ambulante Pflege geschrieben) und nicht so ein grober Verbrechertyp wie Mennecke oder Pfannmüller, mag es recht lehrreich sein, einige seiner Argumente, die er zu seiner Verteidigung anführte, näher zu betrachten. Faltlhauser bezeichnete sich selbst als »ein Anhänger der Euthanasie« und berief sich auf Binding und Hoche, wobei er allerdings sorgfältig darauf achtete, den Eindruck zu vermeiden, er habe Menschen aus puren »Nützlichkeitserwägungen« getötet. Nein, behauptete er, »für mich war das entscheidende Motiv Mitleid«.[23] Seiner Ansicht nach war die »Euthanasie« nicht nur ein Mittel, todkranken Menschen einen relativ schmerzlosen Tod zu ermöglichen, sondern umfaßte auch »die Vernichtung wertlosen Lebens«. Für Faltlhauser war das Leben von Geisteskranken ein Synonym für Qual. Er habe die Verwandten mit diesem Problem nicht belastet, um ihnen einen »Gewissenskonflikt« zu ersparen. Und was die Opfer betreffe, nun, sie verfügten ja über keine selbständige Willenskraft, die er hätte mißachten können. In seiner eigenen Familie seien zwei Enkelkinder mit Anormalitäten zur Welt gekommen, und sein Vater hatte wegen neurologischer Beschwerden in eine Klinik gehen müssen. Nur jene, die Tag um Tag und Nacht um Nacht die gleiche Angst und Sorge erlebt hätten wie er, könnten »wirklich begreifen«, daß die Tötung dieser Menschen »das Gegenteil« eines Verbrechens gegen die Menschlichkeit sei. (Nichts von alledem hatte auch nur irgend etwas mit der Ermordung von Menschen wie jenem jungen »Zigeuner« L. zu tun, der – wie wir im vorangegangenen Kapitel sahen – »Willenskraft« im Überfluß besaß.)[24] Nur wenig von dem, was Faltlhauser zu sagen hatte, war in irgendeiner Weise erhellend. Ein protestantischer Pfarrer, Hans S., war da schon weitaus scharfsichtiger, als er bemerkte, »Dr. Faltlhauser schien mir ein typisches Beispiel dafür zu sein, was passiert, wenn sich ein Mensch von einem Prinzip verabschiedet und dann nicht mehr aufhören kann«.[25] Das war das eigentliche Hauptproblem.

Für Friedrich Mennecke endete der Eichberg-Prozeß mit der Todesstrafe, die er wegen der Ermordung von »mindestens« 2500 Menschen erhielt. Mennecke hatte 1943 nach seiner Auseinandersetzung mit Bernotat Eichberg unter zweifelhaften Umständen verlassen. Bernotat hatte Menneckes Plänen einer »Modernisierung« der therapeutischen Einrichtungen in der Anstalt widersprochen und sorgte für die sofortige Versetzung Menneckes an die Front. Das war schlicht und ergreifend ein weiterer Beleg dafür, in wessen Händen die Macht tatsächlich lag, wenn es um das Verhältnis zwischen Bürokraten und Fachleuten ging. In seiner unvergleichlich feigen Art schrieb Mennecke an seine Frau, er wolle Herzprobleme vortäuschen, um die Versetzung in ein Militärlazarett zu erwirken.[26] Während seiner Tätigkeit als Arzt hatte er freilich mit Soldaten, die ähnliche Simulierungsversuche unternahmen, kurzen Prozeß gemacht. Ironischerweise war er tatsächlich krank und litt an einer geschwollenen Schilddrüse – was eventuell eine Erklärung für seine auf Fotografien sichtbar hervorstehenden Augen ist – und nachfolgend an Tuberkulose. Für ihn endete der Krieg als Patient im Krankenhaus. Mennecke starb am 28. Januar 1947, noch vor seinem Rendezvous mit dem Henker, im Gefängnis von Butzbach, in dem er nach seiner Verhandlung einsaß. Sein plötzlicher Tod kurz nach einem Besuch seiner Frau Eva gab Anlaß zu allerlei Mutmaßungen.

Menneckes Vorgesetzter, Bernotat, änderte seinen Namen in »Otto Kalweit« und wurde Inhaber eines Tabakladens. Er starb unentdeckt im Jahre 1951 in Neuhof bei Fulda.[27] Sein bayrischer Kollege Walter »Bubi« Schultze wurde nach dem Krieg zu einer dreijährigen Haftstrafe (die er nie absaß) und 1960 infolge einer Berufung des Staatsanwaltes zu einer vierjährigen Haftstrafe in Zusammenhang mit der »Kindereuthanasie« verurteilt. Ludwig Sprauer, ehemals höchster Medizinalbeamter Badens, wurde 1948 von einem Freiburger Gericht zu einer lebenslangen Haftstrafe verurteilt. In einem Berufungsverfahren im Jahre 1950 reduzierte man die Strafe auf elf Jahre. Kurze Zeit später wurde Sprauer entlassen.[28] Das Schicksal von Menneckes Mitangeklagtem und Nachfolger in Eichberg, Walter Schmidt, ist lehrreich. Schmidt erhielt wegen Mordes an »mindestens« 70 Personen die Todesstrafe, die allerdings schon kurz danach in lebenslange Haft unter Schwerstarbeit umgewandelt wurde. Dank einer sorgfältig inszenierten Gnadenkampagne seiner Freunde, Verwandten und Rechtsanwälte wurde er 1953 nach sechsjähriger Haft aus dem Gefängnis entlassen. Schmidts Fürsprecher hatten zunächst auf die milderen Urteile verwiesen, die in anderen deutschen Gerichtsverfahren bei ähnlichen Vergehen verhängt worden waren. Zum zweiten organisierten sie eine von 250 Bürgern Hattenheims unterschriebene Petition, in der seine Rolle als Hausarzt der Bevölkerung vor Ort hervorgehoben wurde. Um seinen »Idealismus« zu beweisen, genügte offenbar die Tatsache, daß er während des Krieges kein Auto fuhr, sondern mit einem Fahrrad unterwegs war.[29] Weitere Petitionen folgten, und sogar der Zentralverband der Sterilisierten und Gesundheitsgeschädigten fühlte sich bemüßigt, zugunsten Schmidts Stellung zu beziehen.[30] Die Presse griff den Fall auf, wobei eine Illustrierte ihre Forderung nach Freilassung Schmidts groteskerweise mit der Überschrift »Ich klage an« versah. Die beigefügten Illustrationen zeigten u. a. ein Baby mit einem Wasserkopf (Untertitel: »War die politische Führung möglicherweise im Recht?«) sowie das Foto eines Mannes – angeblich Schmidt (in weißem Kittel und mit einem Klemmbrett) – bei dem dramatischen Versuch, einen der mutmaßlichen T-4-Busse aufzuhalten.[31] Eine besondere Geschmacklosigkeit leistete sich ein Wochenblatt, das behauptete, »Tausende« von Menschen müßten aufgrund von Schmidts Inhaftierung sterben. Schmidt – dessen Schicksal als eines der »größten Tragödien unserer Zeit« beschrieben wurde – habe nämlich ein Mittel gegen Multiple Sklerose, Kinderlähmung und Drüsenschwellungen entdeckt.[32] Angeblich habe er diese bahnbrechenden Entdeckungen während seines Aufenthaltes in einem Internierungslager gemacht; und angeblich habe ein Lahmer seine Krücken weggeworfen, nachdem ihm dieser Wissenschaftsjesus wieder zum Laufen verholfen hatte. In Wirklichkeit bestand seine Behandlung aus der nachgeahmten Methode eines verrückten Wiener Arztes aus der Zeit vor 1914, der eine Salbe, die er aus den Eierstöcken frisch geschlachteter Kühe gewann, auf Ohren, Rücken und Hals der Patienten einmassierte. Jegliche »Wirkung« darf getrost allein Schmidts Suggestionskraft zugeschrieben werden.[33] So absurd Schmidts Behauptungen auch sein mochten (wobei zu bedenken ist, welche Hoffnung er bei leichtgläubigen und verzweifelten Menschen damit weckte), sie veranlaßten die Behörden 1951, seine Strafe auf zehn Jahre zu reduzieren. Der weiter anhaltende Druck führte schließlich 1953 zu seiner Haftentlassung. Schmidt wurde mit dem Verbot ärztlicher Tätigkeit belegt, was ihn freilich nicht davon abhielt, trotzdem als Arzt zu arbeiten.

Öffentlicher Druck spielte auch in den Verfahren gegen das Personal der Idsteiner Besserungsanstalt eine Rolle. Im Januar 1947 waren zwei Ärzte, Mathilde Weber und Hermann Wesse, sowie der Direktor, Wilhelm Großmann, zum Tode verurteilt worden. Während das Urteil an Wesse vollstreckt wurde, hob man es bei Weber und Großmann in Berufungsverfahren auf. Eine der subtilen Erkenntnisse des Berufungsgerichts bestand darin, daß Großmanns Drohung, geisteskranke Kinder in »Engel« zu verwandeln, zwar von seiner »krassen Gefühlsroheit« gezeugt habe, aber nicht als vorsätzliche Tötungsabsicht zu interpretieren sei.[34] Systematische Schläge mit einem Ochsenziemer wurden damit gerechtfertigt, daß sie »kontrolliert« – d. h. nicht in rasendem Zorn – ausgeführt worden seien und eine Art Selbstverteidigung gegenüber »gefährlichen« Patienten dargestellt hätten, die an Schwachsinn litten. In einem Wiederaufnahmeverfahren gegen Großmann und Weber, in dem die Anklage auf Beihilfe zum Mord reduziert wurde, kam es zu Verurteilungen zu viereinhalb beziehungsweise dreieinhalb Jahren Gefängnis.[35] Diese bemerkenswerten Entscheidungen kamen nicht zuletzt unter dem Druck einer massiven Kampagne zustande, die von Idsteiner Bürgern zugunsten der Kindermörderin Weber betrieben wurde. Webers Ehemann war vor Ort ein angesehener praktischer Arzt. Bis zu diesem Zeitpunkt hatte Frau Weber nicht einen Tag im Gefängnis verbracht, da ihr angeblich angeschlagener Gesundheitszustand zu einer Haftverschonung führte. Nachdem sie in ihrem abschließenden Berufungsverfahren unterlag – sie besaß sogar die Frechheit, vom Staat zu verlangen, man solle ihr die Kosten für das Strafverfahren erlassen –, mußte sie am 11. Oktober 1954 ins Gefängnis gehen, wurde aber am 16. November auf Bewährung entlassen. Sie verbrachte also wegen »Beihilfe« zum Mord in 150 »erwiesenen« Fällen gerade einmal etwas mehr als einen Monat im Gefängnis.[36] Auch Großmann mußte kein Gefängnis von innen sehen. Der Magistrat stellte ihm das Zeugnis eines »korrekten und sauberen Lebenswandels« aus und meinte, seine Verurteilung »mag formell« zwar rechtmäßig gewesen sein, sei aber (schon wieder!) »menschlich tragisch«.[37] Als die Stadt Wiesbaden, die für den Kalmenhof verantwortlich war, im Jahre 1948 die Feierlichkeiten zum 80jährigen Bestehen des Kalmenhofs ausrichtete, wurde Idsteins nationalsozialistische Vergangenheit mit keiner Silbe erwähnt.

Bis zu diesem Punkt sind wir auf all diejenigen Personen eingegangen, die tatsächlich vor einem Gericht gestanden haben. Viele der Täter mußten diese Erfahrung erst sehr spät machen beziehungsweise brachten es fertig, sie ganz zu vermeiden.

Dr. Horst Schumann, zu dessen Karrierestationen Grafeneck, Sonnenstein und fürchterliche »experimentelle« Aktivitäten in Auschwitz gehörten, besaß die Unverfrorenheit, sich ganz offiziell in Gladbeck polizeilich zu melden, ungeachtet der Tatsache, daß sein Name wiederholt während des Nürnberger Ärzteprozesses im Zusammenhang mit grausamen »medizinischen« Experimenten genannt worden war. Seine Wandlung von einem Arzt, der in Auschwitz bei Sterilisationen mit Röntgenstrahlen experimentierte, hin zum Sportarzt und praktischen Arzt nach dem Krieg ging ziemlich reibungslos vonstatten. Schumann beging nur einmal einen Fehler, als er im Jahre 1951 eine Genehmigung zum Jagen und Fischen beantragte. Bei Routinenachforschungen in seinem Geburtsort stellte sich heraus, daß sein Name auf der Fahndungsliste stand. Es dauerte dann immer noch zwei Wochen, bis man erste Vorbereitungen traf, ihn zu verhaften. Da Schumann ein »geachteter« Bürger war, befragte die Polizei in Gladbeck zunächst mehrere Leute, die mit ihm in Kontakt standen und von denen schließlich einer Schumann den Hinweis gab, daß die lustlos operierende Polizei gewisse »Anstrengungen« unternehme, seiner habhaft zu werden. Als endlich zwei Polizisten vor seiner Tür auftauchten, war Schumann bereits auf dem Weg nach Japan und verschaffte sich beim deutschen Konsulat in Osaka die notwendigen Ausweisdokumente. Mitte der 50er Jahre geriet er in Ägypten, im Sudan und im Kongo, wo er eine Leprastation leitete, erneut in das Blickfeld der Behörden. Ein naiver Journalist publizierte einen Artikel über ihn in *Christ und Welt*, in dem er von Schmidt das Bild eines zweiten Albert Schweitzer malte. Als schließlich ein Auslieferungsantrag gestellt wurde, war Schmidt bereits in Nigeria und Ghana, wo er auf Herrn (und Frau) Kallmeyer traf, dem Gasexperten des ehemaligen kriminaltechnischen Instituts.[38] Schumann arbeitete in Ghana als Leiter eines Krankenhauses, bis der Sturz des dortigen Präsidenten Nkrumah im Jahre 1966 zu seiner Auslieferung nach Deutschland führte.

In der Zeit zwischen seiner Auslieferung und dem Beginn seines Prozesses vier Jahre später im September 1970 (!) beglückte Schumann seine

Mitgefangenen mit Artikeln in der Gefängniszeitung, in denen er der Frage nachging, ob »Schwarze wirklich eine Intelligenz haben«, und fand zudem Gelegenheit, sich für einen späteren Ausbruchversuch in den Besitz einer Sportpistole zu bringen. Nach einer Weile überlegte es sich Schumann anders und entschied, statt zu solch drastischen Maßnahmen zu greifen, sich lieber auf seine medizinischen Kenntnisse zu verlassen. Das sollte wirkungsvoller als jeder Fluchtversuch sein. Der erste Schritt bestand darin, irgendwie aus dem Gefängnis herauszukommen; zu diesem Zweck wollte er eine starke Blutung vortäuschen, um dann leichter aus einem Krankenhaus fliehen zu können. Sein Zellenkumpane, Hans-Joachim »Millionen« Becker, bezeugte später, daß Schumann sein eigenes Blut schluckte, um es dann auf dramatische Weise auszuspucken und dergestalt eine plötzliche Blutung zu simulieren. »Herr Dr. med.« Schumann – in Wirklichkeit war ihm der akademische Grad bereits 1961 aberkannt worden – wurde 1972 aus medizinischen Gründen (als Hauptsymptome wurden Kopfschmerzen und Schwindelgefühle genannt und nicht das Erbrechen von Blut) still und leise aus der Haft entlassen. Elf Jahre später starb er.[39]

Natürlich waren Ärzte per definitionem bestens gerüstet, bestimmte Gesundheitszustände vorzutäuschen, die einer Verzögerung oder unabsehbaren Verschiebung ihrer Verfahren dienten. Hans Hefelmann, einer der leitenden Bürokraten in der KdF, war von Hause aus Landwirtschaftsexperte. Im Januar 1945 übernahm er die Leitung eines Flüchtlingsheims in den Gebäuden der ehemaligen Heil- und Pflegeanstalt von Stadtroda. Er kannte dessen medizinischen Direktor, Kloos, da dieser eine der »pädiatrischen Kliniken« von T 4 geleitet hatte. Nach der Ankunft der Alliierten ließ sich Hefelmann zunächst in München, dann in Innsbruck und schließlich weit weg in Buenos Aires nieder. Er arbeitete als Fahrer für eine Käserei, in einer Brauerei, auf Baustellen, als Zimmermann und schließlich als Geschäftsführer eines deutschsprachigen Buchladens in Argentinien.[40] Im Jahre 1955 kehrte er in die Bundesrepublik zurück, lebte und führte ungestört ein Geschäft in Traunstein, das den Namen »Susi Bekleidung« trug, bis die Behörden im Zuge ihrer Fahndung nach überlebenden T-4-Bürokraten damit begannen, ihr bislang eher weitmaschiges Netz enger zu ziehen. Hefelmann floh nach Spanien, fühlte sich aufgrund des dortigen Klimas nicht wohl, kehrte nach Deutschland zurück und stellte sich den Behörden, die bis zu diesem Zeitpunkt (1960!) vergeblich nach ihm gesucht hatten. Sein Verfahren begann im Jahre 1964.

Bereits ein Jahr zuvor hatte man damit begonnen, seine Verhandlungsunfähigkeit herbeizuführen. Ein Arzt bestimmte die exakte Höhe der Armlehnen und die Dicke der Stuhlpolsterung, auf dem der Angeklagte Platz nehmen sollte, und legte den Zeitraum fest, während dem der kranke Rücken des Angeklagten nach längeren Sitzungsperioden behandelt werden mußte. Sein Freund Kloos, der es mittlerweile zum Direktor des niedersächsischen Landeskrankenhauses in Göttingen gebracht hatte, sandte Hefelmanns Rechtsanwalt sowie seinem Arzt einen Bericht über den Gesundheitszustand des Angeklagten, in dem er passenderweise auf Gedächtnisschwächen hinwies, die es Hefelmann nicht erlauben würden, an einem Gerichtsverfahren teilzunehmen. Ein vom Gericht bestellter Arzt bestätigte, Hefelmann leide an einer »nicht bekannten« Krankheit, die – ungeachtet der Tatsache, daß sie »unbekannt« war – vermutlich nicht zu heilen sei. Ein zweites, kritischeres Gutachten wurde schlicht ignoriert. Während das Verfahren in der Schwebe blieb, hatte Hefelmann lediglich dafür zu sorgen, daß die Flut ärztlicher Berichte nicht abriß. Als geringfügiges Zugeständnis an die Menschlichkeit entzog man ihm (der, man erinnere sich, für längere Zeiten nicht sitzen konnte und unter Konzentrationsschwächen litt) den Führerschein. Dies war die einzige Strafe, die man einem Mann auferlegte, der wegen des Mordes an 70 000 Erwachsenen und »mindestens« 3000 Kindern angeklagt war. Und natürlich hatte er keineswegs »nur noch zwei Jahre« zu leben (wie es in einem der Gutachten hieß), sondern war in den späten 80er Jahren immer noch sehr lebendig.[41]

Zu Hefelmanns Mitangeklagten im Frankfurter Prozeß gehörte Professor Werner Heyde. Vor seiner Ablösung durch Paul Nitsche war Heyde der ranghöchste Mediziner im Rahmen des »Euthanasie«-Programms. 1945 war Heyde nach Dänemark geflohen, wo er von den Briten aufgegriffen wurde und in Internierungshaft geriet. Anschließend lieferte man ihn an Deutschland aus, wo er als Zeuge sowohl im Hadamar-Prozeß als auch im Nürnberger Ärzteprozeß auftrat. Heyde, der unter Arrest stand, floh am 25. Juli 1947 durch einen Sprung von der Ladefläche eines amerikanischen Militärlastwagens, als dieser auf dem Weg ins Frankfurter Gefängnis Hammelsgasse durch seine Heimatstadt Würzburg fuhr. Vier Wochen lang bewegte er sich als Anhalter oder zu Fuß in nördliche Richtung nach Schleswig-Holstein, besorgte sich auf dem Schwarzmarkt falsche Papiere, die dann freundlicherweise von der britischen Besatzungsmacht anerkannt wurden. Laut diesen Papieren lag sein Geburtsort jenseits der Neiße, wodurch alle weiteren Nachforschungen als nutzlos erscheinen mußten. Als »Fritz Sawade« konnte er sich nun polizeilich melden. Er hatte nur einige wenige Veränderungen an seinen Haaren vorgenommen und trug eine andere Brille.

Nachdem »Sawade« zunächst als Gärtner gearbeitet hatte, bewarb er sich mit Erfolg um die Stelle eines Sportarztes in Flensburg. Daß er keine Approbation vorweisen konnte, schien niemandenen sonderlich zu stören in einer Region, in der es vor und nach 1945 von Nazis nur so wimmelte.[42] Durch gute Kontakte zu lokalen und regionalen Würdenträgern konnte der ehemalige T-4-Experte und »ärztliche« Gutachter bald schon erneut als Gutachter für das Oberversicherungsamt und als Gerichtssachverständiger arbeiten. »Sawade«, fleißig wie er war, produzierte etwa 7000 Gutachten. Er kaufte sich eine bescheidene Doppelhaushälfte und einen VW-Käfer. In einem Haus derselben Straße wohnte auch Werner Schlegelberger, ehemaliger Staatssekretär im Justizministerium. Heyde und seine Frau machten gemeinsam Urlaub im Ausland, ungeachtet der Tatsache, daß Frau Heyde seit 1951 Witwen- und Waisenrente für sich und ihre zwei »Waisenkinder« bezog. Die Grenzbehörden scheinen keinerlei Interesse an ihrem Mann gezeigt zu haben. Die Mehrheit des lokalen Establishments als auch die gesamte Fachschaft der medizinischen Fakultät der Universität Kiel wußten, daß »Sawade« in Wirklichkeit Heyde war. Dank Heydes Frau blieb einem gar nichts anderes übrig, als davon zu wissen. Im Laufe einer Feier für ortsansässige Akademiker zeigte sich Frau Heyde nämlich zunehmend von der Art und Weise irritiert, in der die Ehefrauen der anderen Professoren die Nase über sie rümpften, war sie doch nur die Frau eines Sportarztes. Ihr verletzter Stolz bewegte sie schließlich zu der lautstarken Bemerkung: »Sie wissen wohl gar nicht, wer ich bin? Ich bin nicht eine einfache Frau Doktor, sondern, damit Sie es wissen, die Frau Professor Heyde!«

Allerlei Gerede machte die Runde und führte zu manchen Animositäten unter den Kollegen, was wiederum zu Bemerkungen von Personen führte, die weit vom Ort des Geschehens entfernt waren: »Bei Ihnen dort oben in Schleswig hat sich doch unter dem Namen Dr. Sawade der Irrentöter Heyde versteckt.«[43] Vorsichtshalber ging Heyde nach Hamburg, um eventuelle Fluchtmöglichkeiten zu eruieren, und beauftragte darüber hinaus einen Rechtsanwalt, auf Berufskollegen, die ihm feindselig gesinnt waren, Druck auszuüben und sie zum Schweigen zu bringen. Seinem Niedergang waren schließlich einige Aspekte zu eigen, die das Ganze fast zu einer Farce werden ließen. Der Direktor der Universitätsklinik sah sich eines Tages genötigt, gegen einige lärmende Studenten in der Nachbarschaft juristisch vorzugehen. Im Laufe eines Gesprächs mit einem hochrangigen Beamten, der zur Schlichtung des Streites herbeigeeilt war, schimpfte der Professor über eine ganze Reihe von Dingen und ließ dabei auch die Bemerkung fallen, ein Flensburger Arzt schreibe unter falschem Namen offizielle Gutachten und Berichte. Nun begann die Suche nach »Sawades« Approbation, die es natürlich nicht gab. Kurz darauf setzte die Jagd nach dem Verbrecher ein, die zeitweilig zu scheitern drohte, da man vermutete, Heyde sei in seinem VW unterwegs, wo er doch in Wirklichkeit hinter dem Steuer eines Borgward-Isabella saß. Zu guter Letzt war es Heyde selbst, der sich den Behörden stellte.[44] Eine Fotografie zeigt ihn mit grimmigem Blick auf dem Rücksitz eines Polizeiautos.

Recht bequem in einem Gefängnis in Limburg untergebracht, erhielt er *Le Figaro*, den *Manchester Guardian*, die *Zeit*, Bücher, Riesling-Weine, Zigaretten und stand in telefonischem Kontakt zu seinem Anwalt. Nachdem er vergeblich Kreislaufprobleme und eine vorübergehende Blindheit vorzutäuschen versucht hatte, griff er zu verzweifelteren Strategien. Ein auserlesenes Team von Staatsanwälten unter der Leitung von Fritz Bauer hatte mehrere hundert Bände mit Beweismaterial und Zeugenaussagen zusammengetragen sowie eine 833 Seiten umfassende Anklageschrift verfaßt, in deren Mittelpunkt der Vorwurf stand, Heyde habe die Ermordung von »etwa 100 000 Menschen« organisiert. Heyde wurde bewußt, daß er diesmal nicht so leicht davonkommen würde. Er plante seine Flucht, doch das Unternehmen flog auf.[45] Als auch noch eine Illustrierte über einen korrupten Fluchthelfer die Einzelheiten des mißglückten Ausbruchsversuchs erfuhr und diese veröffentlichte, hegte Heyde Selbstmordgedanken. Vermutlich wurde er in seinem Vorhaben noch durch die Tatsache bestärkt, daß einer seiner Mitangeklagten – der T-4-Bürokrat Tillmann, der aus gesundheitlichen Gründen nicht in Untersuchungshaft war – am 12. Februar 1964 aus dem Fenster eines im achten Stockwerk befindlichen Gebäudes in Köln in den Tod gesprungen war. Heyde wurde unter noch strengere Bewachung gestellt. Als am Morgen des 13. Februar ein Mithäftling zu ihm kam, um seine Zelle zu putzen, fand er Heyde mit einem Gürtel am Heizungsrohr erhängt vor. In seinem Abschiedsbrief hieß es, er wolle sich nicht in einem »Schauprozeß« vorführen lassen und fühle sich weder juristisch noch moralisch in irgendeiner Hinsicht schuldig. In einer typischen Verkehrung der Rollen behauptete er, das deutsche Volk und er selbst würden von Bauer, einem ehemaligen KZ-Häftling, diffamiert. Heydes Familie fügte folgende Bemerkung in seine Todesanzeige ein: »Herr Prof. Dr. med. Werner Heyde ist nach einem bewegten

Leben im 62. Lebensjahr und nach langer, qualvoller Unfreiheit vor seinen himmlischen Richter getreten.«[46] Vielen seiner Professorenkollegen fiel ein Stein vom Herzen, wußte doch Heyde genug, um ihnen allen schwer zu schaden, was er, verbittert und rachsüchtig wie er war, gewiß auch getan hätte.

Abgesehen von Paul Nitsche, der 1948 in Dresden verurteilt und hingerichtet worden war, hatten die T-4-Professoren in der Tat keinerlei Anlaß, sich übermäßig große Sorgen zu machen. Hans Heinze wurde 1954 Direktor einer Klinik für Jugendpsychiatrie und geriet erst 1962 in das Blickfeld der Behörden. Sein vorgeblich schlechter Gesundheitszustand verhinderte bis zu seinem Tod 1983 eine Inhaftierung.[47] Sein Kollege im Reichsausschuß, Werner Catel, floh 1946 vor den Russen. Ein Jahr später war er Direktor der pädiatrischen Klinik in Mammolshain im Taunus. 1954 erhielt er eine Professur für Kinderheilkunde an der Universität von Kiel. Er veröffentlichte ein Buch, in dem er den »Gnadentod« behinderter Kleinkinder befürwortete. In einem überraschend wohlgefälligen Interview im *Spiegel* vom Jahre 1964 – Catel, so hieß es dort, sei ein Professor von »europäischem Rang« – bemühte er sich darum, seine Ansicht zur Kindestötung zu verteidigen. »Glauben Sie mir«, sagte er, »es ist in jedem Fall möglich, diese seelenlosen Wesen von werdenden Menschen zu unterscheiden.« Es sei Aufgabe der Ärzte, den Eltern die »Wahrheit« mitzuteilen, »nämlich, daß diesen Wesen nicht mehr zu helfen ist, daß es nie ein Mensch werden wird«. Diese Kinder seien »Wesen, die lediglich von Menschen gezeugt wurden«; »Monster«, deren Erscheinungsbild für das Scheitern vieler Ehen verantwortlich sei. Der Journalist versäumte es völlig, Catels bildhafte Sprache zu hinterfragen. Statistiken, die Catel vom Institut für Humangenetik in Münster erhalten hatte, besagten, daß es in Deutschland jährlich 25 000 geistig zurückgebliebene und 2000 schwer geschädigte »Opfer« im Kleinkindalter gäbe. Catel schlug bescheiden vor, seine »Euthanasie«-Maßnahmen auf drei Kategorien schwerer neurologischer Anormalitäten beschränken zu wollen. Dem neuen Zeitgeist machte er ein paar Zugeständnisse, indem er es einem Anwalt, einem Theologen und symbolisch einer Frau (»eine Mutter«) gestatten wollte, Teil desjenigen Gremiums zu sein, das eine endgültige Entscheidung zu treffen habe. Abschließend dankte der Journalist des Spiegel dem »Herrn Professor« für das Interview.[48]

Obwohl Catel 1960 aufgrund öffentlicher Empörung vorzeitig in den Ruhestand gehen mußte, hinterließ er in seinem Testament der Universität eine halbe Million DM, um mit diesem Geld einen »Werner Catel

Preis« auszuloben sowie eine Stiftung gleichen Namens zu gründen. Ein erneuter Aufschrei öffentlicher Empörung verhinderte es, daß die Universität dieses Geld annahm.

War Justitia bereits gegenüber diesen Professoren blind, so war sie es gegenüber den meisten T-4-Bürokraten nicht minder. In einem separaten Gerichtsverfahren, das im April 1967 begann, mußten sich vier ehemalige T-4-Beamte – Dietrich Allers, Gerhard Bohne, Adolf Kaufmann und Reinhold Vorberg – wegen der Organisation Zehntausender von Morden verantworten. Was dann allerdings tatsächlich geschah, war eine Art juristisches »Zehn kleine Negerlein«, wenngleich keiner dieser Männer einfach so verschwand oder starb. In Anbetracht der Untersuchungen gegen Werner Heyde hatte Bohne 1963 den Entschluß gefaßt, das Land zu verlassen. Zunächst führte er hauptsächlich Prostataprobleme ins Feld, um aus der Haft entlassen zu werden. Er lehnte es strikt ab, sich von ärztlichen Agenten einer »kommunistischen Justiz« (!) behandeln zu lassen, und bestand darauf, sich für ein Krankenhaus seiner Wahl zu entscheiden. Sein Rechtsanwalt, ein ehemaliger Kollege von Roland Freisler, argumentierte, der Angeklagte sei 60 Jahre alt und sehr krank, was eine Flucht äußerst unwahrscheinlich mache. Tatsächlich war Bohne krank, aber nur, weil ihm ein Mithäftling und Arzt eine Überdosis Koffein und Chinin verabreicht hatte. Bohne wurde aufgrund seines schlechten Gesundheitszustandes entlassen, sein Anwalt lieferte pflichtgemäß den Paß seines Klienten ab und versprach, Bohne in seinem eigenen Haus zu beaufsichtigen. Vier Monate später teilte derselbe Anwalt dem Staatsanwalt mit, sein Klient sei »ins Ausland« gegangen, obgleich er über keinen Paß verfügte, um sich gesundheitlich zu regenerieren. Wenig später wurde das Gericht durch ein verspätetes medizinisches Gutachten über Bohnes »Antriebsarmut« informiert, die ihn freilich nicht behindert hatte, sich nach Argentinien abzusetzen. Ungeachtet des Vorwurfs, für 15 000 Morde verantwortlich zu sein, war es offensichtlich recht einfach, das Land zu verlassen, nicht zuletzt, weil sowohl die Polizei als auch die Gefängnisbehörden es versäumt hatten, Bohne erkennungsdienstlich zu behandeln, d.h. man hatte ihm noch nicht einmal die Fingerabdrücke abgenommen.[49]

Bohne lebte in Argentinien unter dem Namen Kurt Adolf Rüdinger. Da die argentinische Polizei an seiner Identität Zweifel anmeldete, faßte er den Plan, nach Ägypten zu fliehen. Im November 1966 wurden seine Pläne jedoch vereitelt, und man führte ihn mit vorgehaltener Waffe in ein bereitstehendes Flugzeug, das ihn nach Deutschland brachte. Während des Fluges verbrachte er seine Zeit teilweise damit, zur Unterhaltung seiner beiden Begleitwachen von den Fluchtplänen zu erzählen, die sein Anwalt für ihn schmiede. Selbst einen Monat nach seiner Ankunft in Deutschland war Bohne weder in Haft noch dem Gericht vorgeführt worden, sondern befand sich im Krankenhaus. Die Ärzte bescheinigten ihm, er könne nicht mehr als vier Stunden pro Tag an einer Gerichtsverhandlung teilnehmen. Weitere ärztliche Gutachten führten zu einem Aufschub des Verfahrens, das dann schließlich im Juli 1966 gänzlich eingestellt wurde.[50]

Blieben noch die Mitangeklagten Allers, Kaufmann und Vorberg übrig. Kaufmann war für die Errichtung von sechs Vernichtungsanlagen im Rahmen der »Aktion T 4« verantwortlich. Nachdem er 1965 in Haft genommen wurde, führte er die angebliche Bettlägerigkeit seiner Frau ins Feld, um eine Haftverschonung zu bewirken, eine Taktik, die allerdings durch das Auffinden eines Briefes seiner Frau scheiterte, in dem sie ausführlich schilderte, wie sie während seiner Abwesenheit das gesamte Haus neu angestrichen habe. Das Gerichtsverfahren gegen ihn wurde mit der Begründung eingestellt, die mit einem Verfahren verbundene Aufregung könne zu einem Herzinfarkt führen.

Blieben noch Vorberg und Allers. Vorberg war 1947 aus dem gleichen Internierungslager geflüchtet, in dem auch sein Cousin Viktor Brack inhaftiert war. (Brack schreckte vor einer Flucht zurück, da er wenig Gefallen daran fand, von den Wachposten erschossen zu werden; er wurde später statt dessen erhängt.) Verschiedene Gelegenheitsarbeiten folgten, unter anderem eine Beschäftigung, die ihm von einem weiteren, bei einer Baufirma arbeitenden Cousin vermittelt wurde, der selbst aufgrund seiner Mitarbeit in einer chemischen Abteilung im Rahmen des Vier-Jahres-Plans unter Anklage stand. Die Behörden gelangten durch das Verhör eines anderen Verdächtigen in den Besitz dieser Informationen. Als die Polizei ihn schließlich festnehmen wollte, hatte Vorberg bereits das graue Bonn gegen die Sonne Barcelonas eingetauscht. Obwohl Generalstaatsanwalt Bauer nach einem Besuch in Madrid skeptisch blieb, ob das Franco-Regime Vorberg ausliefern würde, versuchte er über einen deutschen Bischof auf einen einflußreichen spanischen Mann der Kirche moralischen Druck auszuüben. Im März 1963 wurde Vorberg schließlich verhaftet und an Deutschland ausgeliefert. Obwohl er ein wenig korpulent war, gab es keinen Grund, weshalb er nicht verhandlungsfähig hätte sein sollen. Im Jahre 1968 wurde Reinhold Vorberg wegen der Organisation von über 70 000 Morden zu zehn Jahren Haft verurteilt. Als seine Berufung 1972 abgewiesen wurde, war er bereits ein freier Mann, da ihm die Zeit der Untersuchungshaft in Spanien und Deutschland auf die Verbüßung seiner Strafe angerechnet worden war.

Der letzte der Angeklagten, Dietrich Allers, dem wir zuletzt mit einer Reitpeitsche umherlaufend in Triest begegnet sind, war zunächst von den Briten inhaftiert und dann in ein Internierungslager in Neuengamme verlegt worden. Nachdem er 1947 entlassen wurde, ging Allers verschiedenen, recht schlichten Tätigkeiten nach, um sich dann rasch in die Position eines Managers hochzuarbeiten. 1948 wurde er von den Amerikanern festgenommen und den deutschen Behörden überstellt; diese setzten ihn kurz danach wieder auf freien Fuß. Bracks ehemaliger Rechtsanwalt aus T-4-Zeiten hatte bezeugt, daß Allers lediglich Bracks Bürobote gewesen sei. Allers ging nach Hamburg, arbeitete dort als Syndikus und Justitiar der Deutschen Werft und stand 1951 als Kandidat für die quasifaschistische »Sozialistische Reichspartei« zur Wahl. Er unterhielt regelmäßigen Kontakt zu Freunden wie Werner Blankenburg, alias »Werner Bieleke«, der 1957 friedlich in Stuttgart starb. Auch Blankenburg hatte in Stuttgart einen Kreis ehemaliger T-4-Leute um sich geschart, einschließlich Erwin Lambert – der nun Steine pflasterte, statt Gasrohre zu verlegen – und Frau Lamberts Gynäkologe, Dr. Aquilin Ullrich, auf den wir in Kürze noch ausführlicher zu sprechen kommen. Blankenburgs Beerdigung wurde zu einem regelrechten Alte-Kameraden-Treffen.[51]

Als ein Mann, der es erneut zu Macht und Einfluß gebracht hatte, konnte Allers einer Reihe von weiteren ehemaligen T-4-Angehörigen so manchen Gefallen erweisen, etwa indem er einem von ihnen aufgrund seiner exzellenten Kontakte zum zuständigen Hamburger Senator eine Stelle als Polizist verschaffte. Er beschrieb Hamburg als »eine Oase« für Leute wie ihn, hatte doch das hanseatische Oberlandesgericht allen Prozessen gegen Naziverbrecher einen Riegel vorgeschoben. 1968 jedoch wurde Allers im Zusammenhang mit dem »Euthanasie«-Programm schließlich zu acht Jahren Gefängnis verurteilt. Ähnlich wie im Falle Vorbergs brauchte auch Allers nur sehr wenig seiner Strafe absitzen, da man ihm die Zeit der Internierung kurz nach dem Krieg auf seine Strafe anrechnete.

Diese justitiellen Fehlurteile, die man ohne weiteres um zahlreiche weitere Beispiele ergänzen könnte, fielen mit einer behördlichen Gleichgültigkeit gegenüber den Zwangssterilisierten beziehungsweise den Hinterbliebenen der Ermordeten zusammen. 1960/61 hatte man Personen, die zwangssterilisiert wurden, von bundesdeutschen Entschädigungszahlungen mit der Begründung ausgeschlossen, daß die nationalsozialistische Eugenik-Gesetzgebung »geltendes Recht« gewesen sei und nicht als spezifisch nationalsozialistisch gelten könne. Vielmehr habe sich die damalige Gesetzgebung auf Maßnahmen gestützt, die bereits während der letzten Phase der Weimarer Republik ihren Anfang genommen hätten. Analog hierzu sind die Versuche zu sehen, auch den Sinti und Roma eine Entschädigung zu verweigern mit der Begründung, daß die gegen »Zigeuner« gerichteten Maßnahmen Bestandteil einer kontinuierlich geführten Kriminalitätsbekämpfung gewesen seien. Außerordentliche Forschungsanstrengungen, die seit den späten 60er Jahren zur Problematik nationalsozialistischer Verbrechen an Deutschen unternommen wurden, vermochten schließlich jenes durch den Nürnberger Prozeß vorgegebene Muster zu durchbrechen, demzufolge das Hauptaugenmerk auf den Verbrechen an Juden und Nicht-Deutschen lag. Im Jahre 1981 räumte die bundesdeutsche Regierung den Zwangssterilisierten eine einmalige Entschädigungssumme in einer Höhe von bis zu 5000 DM ein.[52] Dieser Höchstbetrag war lächerlich niedrig im Vergleich zu den Entschädigungssummen, die (beispielsweise) bei Verdienst- bzw. Lohnausfällen gezahlt wurden, um erst gar nicht von den enormen Summen zu sprechen, die man aus außenpolitischen Gründen und zum Zwecke der Wiedergutmachung an Israel zahlte. Darüber hinaus wurde die Zahlung davon abhängig gemacht, einen langen und sehr komplizierten Antrag zu stellen, und für den Fall, daß es gar um eine dauerhafte Erwerbsunfähigkeit ging, mußten die Betroffenen eine eingehende und mitunter traumatisch wirkende ärztliche Begutachtung über sich ergehen lassen.[53] Bei Personen, denen die Möglichkeit zur Fortpflanzung einst von Ärzten genommen wurde, löste dies naturgemäß äußerst bedrückende Erinnerungen an die Vergangenheit aus. Im Jahre 1984 sah sich das Parlament durch den Druck einer in Gütersloh ansässigen psychiatrischen Interessenvertretung zu der formellen Anerkennung genötigt, daß etwa 500 000 Familien Opfer von Zwangssterilisation beziehungsweise »Euthanasie« sind. Zwei Jahre später gründete Klara Nowak – die selbst zwangssterilisiert worden war – den »Bund der Euthanasie-Geschädigten und Zwangssterilisierten« (Schorenstr. 12, 32756 Detmold), eine Selbsthilfegruppe für jene, deren Leben durch die »Erbgesundheits«-Politik der Nazis ruiniert worden ist. Auf diese Weise wurde wenigstens ein Raum geschaffen, in dem ältere und oftmals sozial isolierte Menschen ihre äußerst schmerzhaften Erfahrungen miteinander teilen können, Erfahrungen, die für viele immer noch Grund zur Scham im zweifachen Sinne sind, nämlich zum einen dafür, daß sie über keine direkten Nachfahren verfügen, und zum zweiten, daß andere Menschen mitunter glauben, es »müsse mit ihnen irgend etwas nicht gestimmt haben«, da sie seinerzeit von solchen nationalsozialistischen Maßnahmen betroffen waren.[54] Leider gibt es keinerlei systematische akademische Anstrengungen, die psychologischen Leiden von Opfern der Nazi-Ärzte zu erforschen. Die aktiveren Mitglieder des Selbsthilfe-Bundes bemühen sich, jenen zu helfen, die isoliert und zurückgezogen leben, unfähig, menschliche Kontakte zu pflegen. Viele Mitglieder des Bundes engagieren sich außerordentlich stark und investieren sehr viel Energie, damit diese Ereignisse im öffentlichen Bewußtsein bleiben. Häufig treibt sie die Befürchtung an, daß diese Vorfälle nach ihrem Tod nur mehr zu einer historischen Fußnote verkommen.

Die überlebenden Verfolger und die ehemaligen Opfer leben freilich nicht auf verschiedenen Planeten. Viele der Opfer haben die Nachkriegsprozesse entweder als Beobachter oder als Nebenkläger mitverfolgt. In einigen wenigen Fällen ist es zu einem lockeren, informellen Kontakt zwischen Tätern und Opfern gekommen – wie etwa im Fall von Josef S., der heute als pensionierter Polizist in Mannheim lebt, und Paul R., dem ehemaligen Pfleger in Hadamar –, ein Kontakt, der aus dem Bedürfnis der Verwandten der Opfer resultierte, die Wahrheit über das Schicksal der ihrigen zu erfahren, eine Wahrheit, die ihnen durch offizielle Verleugnungsstrategien, unkooperative Archive und eine gleichgültige sowie theoriebesessene Historikerzunft bislang verweigert wurde. Zweifellos hilft es dem Verständnis und der Verarbeitung dieser Ereignisse, wenn man ein menschliches Antlitz damit verknüpfen kann.

Mitte der 60er Jahre nahm Josef S. an dem Gerichtsverfahren gegen Dr. Bunke, Endruweit und Ullrich teil. Alle drei waren praktizierende Ärzte; Bemühungen, ihnen die Approbation zu entziehen, scheiterten an Petitionen zu ihren Gunsten, die von Tausenden ihrer Patienten unterschrieben wurden. Alle drei wurden des Mordes (in Ullrichs Fall an »mindestens 1815« Opfern) für schuldig befunden, aber gleichwohl mit der Begründung freigesprochen, sie hätten nicht wissen können, daß ihr Tun illegal war, und seien dem Mißverständnis erlegen, ihren Opfern habe es an normaler menschlicher Willenskraft gefehlt. Beim Verlesen dieser Urteilsbegründung brach unter den Anhängern der Angeklagten frenetischer Beifall aus, und die drei Ärzte konnten sich kaum retten vor all den Händen, die ihnen zum Glückwunsch entgegengestreckt wurden. Josef S. weinte vor Zorn und schrie: »Ihr Mörder, ihr Verbrecher!«[55] Drei Jahre später hob das Berufungsgericht in Karlsruhe dieses

Urteil auf, doch es dauerte noch bis 1986, bis Josef S. die drei Ärzte vor Gericht wiedersehen sollte. Während der frühen 70er Jahre gab es einige Versuche, die drei zusammen mit Dr. Kurt Borm vor ein Gericht zu bringen, Bemühungen, die durch die Tatsache zunichte gemacht wurden, daß allen drei ursprünglich Angeklagten (angeblich) ein Herzinfarkt drohte, weshalb sie nicht in der Lage seien, ein solches Gerichtsverfahren unbeschadet zu überstehen. Freilich erklärte sie niemand für unfähig, weiterhin als Ärzte zu praktizieren. Urteilt man anhand dessen, was mit Borm, der nicht krank war, geschah, so hatten die drei anderen vom Gericht freilich wenig zu befürchten. Obwohl Borm im Jahre 1972 der Beihilfe zum Mord an »mindestens 6652« Psychiatriepatienten für schuldig befunden wurde, sah sich das Gericht nicht in der Lage, zweifelsfrei festzustellen, ob er sich der Unrechtmäßigkeit seines Tuns bewußt war. Eine Vielzahl an Prominenten, unter ihnen Joseph Beuys und die Schriftsteller Günter Grass und Heinrich Böll, nannten das Urteil skandalös.[56]

Im Jahre 1986 begann der vermutlich letzte große »Euthanasie«-Prozeß vor einem Gericht in Frankfurt am Main. Es dauerte lediglich einen Tag, bis Endruweit es fertiggebracht hatte, sich Verhandlungsunfähigkeit bescheinigen zu lassen. Übrig blieben Bunke und Ullrich, denen nach langen Gutachterstreitigkeiten bescheinigt wurde, lediglich für zwei bis drei Stunden pro Woche vor Gericht erscheinen zu können, was bedeutete, daß das Verfahren 1989 bereits seit 16 Monaten am Laufen war. Josef S. trat diesmal als Nebenkläger auf und war damit berechtigt, die meisten gerichtsrelevanten Dokumente einzusehen, auf die sich das Verfahren stützte. Sein nicht eben starkes Vertrauen in die deutsche Justiz wurde durch die vielsagenden rhetorischen Taktlosigkeiten der Rechtsanwälte auf eine harte Probe gestellt. Einer dieser Anwälte sprach von den Opfern als »Menschen, deren Leben inhaltslos war, ähnlich den Menschen in einem Traum, die man als ausgebrannte menschliche Hülsen bezeichnen« könne.[57] Als ein tiefreligiöser Mensch wurde Josef S. auch noch auf andere Weise verletzt, etwa durch Ullrichs beharrliches Bekenntnis während des Verfahrens: »Ich habe nichts zu bereuen, ich habe diese Patienten aus Liebe und Mitleid getötet.« Obwohl der katholische Ortspriester von Joseph S. sich 1941 geweigert hatte, die Asche seiner Mutter zu segnen und – da sie verbrannt worden war – ihr ein kirchliches Begräbnis zukommen zu lassen (auch das Angebot seiner Großmutter, die Asche in einem Korb zur Segnung in den Gottesdienst zu bringen, wurde zurückgewiesen), hatte die gleiche Kirche keinerlei Probleme damit, den

1939 demonstrativ aus opportunistischen Gründen aus der Kirche ausgetretenen Ullrich 1962 erneut als glaubenstreuen Sohn in ihren Reihen zu begrüßen. Versuche von Joseph S., eine Erklärung dafür zu erhalten, wie die Kirche es fertigbringen konnte, den (erklärtermaßen) reulosen Arzt wieder aufzunehmen und ihm spirituellen Beistand zu gewähren, blieben bislang ebenso erfolglos wie seine Bemühungen, Licht in die Tatsache zu bringen, warum einige Priester heimlich Briefe zugunsten Ullrichs an das Gericht geschrieben hatten. Joseph S.' Briefe in dieser Angelegenheit an seinen Bischof und an den Papst wurden nie beantwortet.[58] Dieses Verhalten der Kirche sowie ihr regelmäßiger seelsorgerlicher Beistand für Mörder im Nordirlandkonflikt wird einem Laien wohl immer ein unergründliches Mysterium bleiben. Um das Ganze noch schlimmer zu machen, gab der Ortspriester von Joseph S. ihm den wenig hilfreichen und unter diesen Umständen schlicht geschmacklosen Rat:»Machen Sie sich doch wegen dieser Ärzte nicht verrückt.«[59]

Am 28. Mai 1987 wurden Bunke und Ullrich schließlich wegen Beihilfe zum Mord an 11 000 beziehungsweise 4500 Menschen verurteilt. Sie erhielten eine vierjährige Haftstrafe, d. h. ein Jahr mehr, als es die Mindeststrafe im Fall der Beihilfe zum Mord an einer Person vorsieht. Im Dezember 1988 entschied der Bundesgerichtshof, da aufgrund der Tatsache, daß Bunke und Ullrich ihre Arbeit in den Vernichtungszentren während ihres Urlaubs hatten unterbrechen müssen, die Zahl ihrer Opfer »nur« 9200 beziehungsweise 2340 sein konnte, also 16 Prozent beziehungsweise 50 Prozent weniger als ursprünglich veranschlagt. Aus diesem Grunde wurde ihre Haftstrafe auf drei Jahre verringert. Fast 30 Jahre nach Beginn der Verfahren gegen die beiden mußten sie nun ins Gefängnis gehen. In Ullrichs Fall handelte es sich dabei um die Unterbringung im offenen Vollzug in der Nähe des Bodensees verbunden mit dem Recht auf Heimurlaub an den Wochenenden, nahezu unbegrenzten Besuchsrechten und – wie zuverlässig berichtet wurde – der Möglichkeit, Mithäftlinge ärztlich zu behandeln, obwohl ihm 1984 die Approbation entzogen worden war.[60] Zur Zeit [1994; Zeitpunkt der Drucklegung des Originals; Anm. d. Übers.] leben beide im Ruhestand in Celle beziehungsweise Stuttgart. Josef S. erfreut sich eines aktiven und reichhaltigen Lebens, überschattet von dem Gefühl, daß die Erinnerung an das Schicksal von Menschen wie dem seiner Mutter vergessen wird. Daneben blickt er mit bangen Gefühlen in die Zukunft eines vereinten Deutschlands.[61]

10. Aus der Geschichte lernen?
Die Singer-Debatte

Dieses kurze Nachwort möchte zeigen, wie andere Autoren mit demselben Thema umgegangen sind. Nachdem für kurze Zeit eine eher hektische Betriebsamkeit geherrscht hatte, wurde es still um das nationalsozialistische »Euthanasie«-Programm. Erst zu Beginn der 80er Jahre setzte eine intensive Erforschung des Gegenstandes ein. Nach einem Jahrzehnt mündeten diese Bestrebungen in die sogenannte Singer-»Debatte«, mit der dieses Kapitel schließen wird. Zunächst jedoch kehren wir zu jenem Schauplatz zurück, den die Alliierten im Jahre 1945 vorfanden.

Die erste Studie über das nationalsozialistische »Euthanasie«-Programm erschien bereits unmittelbar nach dem Ende des Zweiten Weltkrieges. Der amerikanische Psychiater und Major Leo Alexander war vom Combined Intelligence Objectives Sub-Committee [ungefähr: Unterausschuß für die vereinigten Geheimdienstziele; es handelte sich um eine Organisation, die aus Geheimdiensten verschiedener Länder bestand; Anm. d. Übers.] beauftragt worden, einen Bericht über die nationalsozialistischen Zwangssterilisierungen und die »Euthanasie«-Morde zu erstellen. Alexander trug eine beachtliche Menge an Dokumenten über die Heil- und Pflegeanstalt Eglfing-Haar zusammen und war sensibel genug, um auch solche Details wahrzunehmen wie etwa den variierenden Tonfall, in dem der Anstaltsdirektor, Hermann Pfannmüller, Briefe an die besorgten Verwandten abfaßte. Im Rahmen seines Berichtes schilderte Alexander auch seine unmittelbaren Eindrücke von den Psychiatern, die er bei gelegentlichen Begegnungen gewonnen hatte. So statteten er und ein Major Baruch am 9. Juni 1945 Dr. Wilhelm Möckel in Wiesloch einen Besuch ab, bei dem Möckel »offen den Eindruck eines verschreckten Mannes machte. Er war blaß, hatte Schweiß auf der Stirn und zitterte am ganzen Leib«. Als man ihm den Zweck des Besuches erklärte, griff Möckel sofort nach dem Telefonhörer, rief seine Tochter an und »sagte ihr in Deutsch, es sei nicht das, was er befürchtet habe und daher brauche sie nicht mehr länger in seiner Nähe zu bleiben«.[1]

Der Nürnberger Ärzteprozeß von 1946–1947 förderte reichhaltiges Material an Zeugenaussagen und Beweisen zutage, insbesondere was die abnormen medizinischen Experimente in den Konzentrationslagern betraf.[2] Alexander Mitscherlich, seinerzeit ein junger Dozent, nahm als Vertreter der damaligen Arbeitsgemeinschaft der Westdeutschen Ärztekammer an dem Verfahren teil. Keiner der älteren Medizinerkollegen wollte sich mit dieser Aufgabe belasten, und Mitscherlich war sich durchaus bewußt, daß seine Teilnahme am Prozeß ein vorzeitiges Ende seiner Karriere bedeuten könnte. Zusammen mit Fred Mielke gab er eine Broschüre, die viel feindselige Kritik auf sich zog, und schließlich einen Bericht heraus, der unter dem Titel *Wissenschaft ohne Menschlichkeit* in einer Auflage von 10 000 Stück ausschließlich unter den Mitgliedern der Ärztekammer verteilt wurde. Dieser Bericht fand in Medizinerkreisen keine Beachtung. Im Jahre 1960 wurde er schließlich unter dem Titel »Medizin ohne Menschlichkeit« in Buchform veröffentlicht.[3] Paradoxerweise verhalf dieses Buch der deutschen Medizinerschaft zu einem guten Ruf, konzentrierte sich der Bericht doch auf ein paar Dutzend abstruse Figuren, deren offensichtlich barbarisches Handeln losgelöst von der weniger spektakulären Kollaboration Tausender von Kollegen betrachtet werden konnte, von denen kein einziger je vor Gericht gestellt wurde.

Andere frühe Nachkriegsdebatten über die »Euthanasie« in Deutschland wurden beispielsweise durch ein Buch von Alice Platen-Hallermund ausgelöst oder von Walter Schmidts bemerkenswerter Studie über bayrische Heil- und Pflegeanstalten, die er 1945 verfaßt hatte, kurz nachdem er selbst infolge der Inhaftierung Hermann Pfannmüllers zum kommissarischen Direktor der Anstalt bestellt worden war. 1946 versuchte Schmidt seine Studie zu veröffentlichen, obgleich ihm Professoren von Rang und Namen zu verstehen gaben, er solle doch »kein Öl ins Feuer gießen«. Schließlich legte er sein Manuskript der medizinischen Fakultät an der Universität Hamburg vor; dort zirkulierte es zwei Jahre lang und verschwand dann in der Versenkung. Eine andere Version wurde schließlich im Jahre 1965 von einem religiösen Verlag publiziert, löste allerdings keine nennenswerte Resonanz aus.[4] Auch Alice Platen-Hallermunds knappes und recht scharfsinniges Buch fiel unmittelbar nach Erscheinen einer bedenklichen Vergessenheit anheim.[5] Während deutsche Wissenschaftler, insbesondere Historiker, das Thema völlig vernachlässigten, erschienen im Ausland einige bemerkenswerte Erinnerungen und Studien. Hierzu gehörten die Bücher von François Bayle, einem französischen Marinearzt, Earl Kintner und Leon Jaworski, dessen Erinnerungen wir bereits erwähnt haben. Die Bücher von Bayle, Kintner und Jaworski sind bis heute nicht ins Deutsche übersetzt worden.[6]

Abgesehen von einem außerordentlich großen Medieninteresse an der Verhaftung und dem Selbstmord von Werner Heyde und den umstrittenen Veröffentlichungen eines wieder zu Amt und Ehre gekommenen Werner Catel, erschien in den 60er Jahren praktisch keine Studie über die Zwangssterilisationen oder das »Euthanasie«-Programm. Eine Ausnahme bildete ein vorbildlicher Artikel aus der Feder des Psychiaters Klaus Dörner, der seitdem unablässig eine ganze Reihe weiterer Publikationen vorlegte, die sich in den Grenzbezirken von Geschichte und Reformpsychiatrie bewegen.[7] Während der 70er Jahre waren es zwei Historiker, Lothar Gruchmann und Karl Dietrich Erdmann, die eine Handvoll Artikel zum Thema verfaßten, einschließlich einer Arbeit Gruchmanns über Lothar Kreyssig.[8] Kirchenhistoriker begnügten sich damit, führende Kirchenpersönlichkeiten in eine weitgehend mythologisierte Geschichte des deutschen Widerstands zu integrieren, eine Sichtweise, die erstmals von dem Leipziger Historiker Kurt Nowak und seiner 1978 veröffentlichten, bedeutsamen Arbeit über die Kirchen und die »Euthanasie« angefochten wurde.[9] Nowaks Thesen wurden wiederum von anderen soliden Studien über einzelne Kleriker gestützt, wobei insbesondere Martin Höllens herausragendes Buch über Bischof Heinrich Wienken eine Erwähnung verdient.[10]

Als Ärzte, Psychiater und Medizinhistoriker unterschiedlicher Generationen in den frühen 80er Jahren damit begannen, die Vergangenheit ihres jeweiligen Berufsstandes aufzuarbeiten, beschleunigte sich die Entwicklung. Nun waren es zu viele, die sich mit diesem Thema beschäftigten, um von den etablierten Medizinerkreisen einfach ignoriert zu werden, wie dies bislang immer mit angeblichen Nestbeschmutzern geschehen war. Die Schlüsselpersonen in Westdeutschland sowie in geringerem Umfang auch in Ostdeutschland waren Gerhard Baader, Klaus Dörner, Christian Pross, Rolf Winau, Walter Wuttke und Achim Thom.[11]

Nichtsdestotrotz kam die erste umfassende und mit umfangreichen Dokumenten versehene Studie über die »Euthanasie« von einem freischaffenden Journalisten, nämlich Ernst Klee.[12] Was dieser studierte Theologe 1986 publizierte, stellt nach wie vor einen Standard dar, an dem sich jede Studie über die »Euthanasie« messen lassen muß, stützt sich doch Klees Arbeit auf eine gewaltige Anzahl von Dokumenten und zeichnet sich durch ein scharfes Journalistenauge für aufschlußreiche Details aus. Keine Arbeit, die davor oder danach geschrieben wurde, reicht an Klees Pionierleistung heran, wenngleich auch inzwischen eine ganze Reihe anderer Studien zur Abrundung des Bildes beigetragen haben. Während sich die Geschichtsprofessoren damit beschäftigten, Faschismustheorien oder undurchschaubare theoretische Erklärungen über die

Ursprünge des Holocaust miteinander auszutauschen, begannen Stadthistoriker, Studenten und Personen, die in Einrichtungen arbeiteten, die einst Teil des »Euthanasie«-Programms waren, mit der Publikation detaillierter Studien über bestimmte Regionen, Städte oder Institutionen. Dieses Engagement war zugleich auch als eine implizite Ablehnung der zumeist eher abstrakten und sterilen Arbeiten zu werten, wie sie aus den Universitäten hervorgingen.

Ebenso trifft dies auf freischaffende Historiker zu, die sich in lockeren Gruppen in Hamburg und Berlin zusammenfanden, einschließlich des Journalisten Götz Aly und des Psychiaters Karl-Heinz Roth. Zusammen mit anderen brachten sie eine Flut detaillierter Forschungen mit nicht selten zwingenden Schlußfolgerungen hervor, die sich mit dem bislang radikalsten Versuch, »die soziale Frage zu lösen«, beschäftigten, eine Formulierung, die freilich nicht unumstritten ist.[13] Selbst wenn man nicht mit deren allzu starker Gewichtung der »Expertokratie« einverstanden ist oder aber ihrer buchstäblichen Lesart von Behauptungen nationalsozialistischer Experten, die von sich sagten, sie hätten eine äußerst brutale Form der »Modernisierung« betrieben, nicht folgen mag, genügt schon allein die Intensität ihrer archivalischen Forschungen, um die meisten professionellen Historiker in Verlegenheit zu bringen.[14] Über die innerdisziplinäre Bedeutung der Arbeit Alys hinausgehend, hat sie unter anderem dazu geführt, daß der an deutschen Universitäten herrschenden Unsitte, Medizinstudenten mit Hilfe anatomischer Proben auszubilden, die von Opfern des »Euthanasie«-Programms stammten, ein Riegel vorgeschoben wurde und man damit begann, die Arbeit und das Leben von Persönlichkeiten wie etwa dem Gründungsvater der klinischen Psychiatrie in Deutschland, Karl Bonhoeffer, wesentlich kritischer zu betrachten.[15] Inzwischen werden wiederum einige dieser Arbeiten selbst – wenn auch nur am Rande – einer revisionistischen Kritik unterzogen.[16]

Historiker außerhalb Deutschlands neigten dazu, sich auf die Ursprünge jener Ideologien zu konzentrieren, denen diese Politik entwuchs. Junge britische und nordamerikanische Wissenschaftler wie etwa Proctor und Weindling haben die komplexen Stränge zu entwirren gesucht, die für den medizinisch motivierten Rassismus der Nazis verantwortlich sind. Dabei knüpften sie an eine Tradition an, die erstmals etwa von George Mosse in Amerika und Peter Pulzer in England etabliert wurde und die in der »strukturalistisch« dominierten akademischen Geschichtslandschaft in Deutschland während der 70er und 80er Jahre zeitweilig gänzlich aus der Mode geriet.[17] Insbesondere Weindling hat viele eingehende und sorgfältige Werke geschrieben, die die verschiedenen Richtungen innerhalb des eugenischen Denkens in Deutschland aufzeigen, wobei deutlich wird, auf welche Weise Gesundheit und Fruchtbarkeit mit deutschem Nationalismus einhergingen und wie der Nationalismus wiederum auf die Medizin rückwirkte. In seinem Werk legt er häufig Wert darauf, jene, die für die Zwangssterilisation eintraten, von den Antisemiten und den extremen, ethnozentrischen »nordischen« Rassisten zu unterscheiden, und weist gleichfalls darauf hin, daß die Befürwortung der Zwangssterilisation keineswegs zwangsläufig auch eine Befürwortung der »Euthanasie« bedeutete. Des weiteren verwies er darauf, daß derart sozialdarwinistische Manifestationen keineswegs auf die politische Rechte beschränkt blieben. Eine Arbeiterbewegung, die sich vom Lumpenproletariat feindselig distanzieren zu müssen glaubte, war mitunter ebenfalls für die Verlockungen dieser hochgradig interventionistischen Form eines säkularen wissenschaftlichen »Fortschritts« anfällig. Ähnlich dem deutschen Historiker Detlev Peukert hat auch Weindling die dünne Schicht untersucht, die zwischen dem aufkeimenden wilhelminischen und Weimarer Sozialstaat und verschiedenen, düsteren Formen eugenisch motivierter Sozialtechniken lag.[18] Leider haben sich diese intellektuell hoch ausgereiften Arbeiten nur wenig auf den Mainstream der akademischen Literatur über den Nationalsozialismus ausgewirkt, der immer noch von einer Agenda dominiert wird, wie sie einst von verschiedenen, 30 Jahre alten marxistischen Schulen etabliert wurde. Die wachsende studentische Indifferenz gegenüber solchen Fragen wird vielleicht zu einer Art akademischer Metamorphose führen, die den gegenwärtigen politischen Realitäten gerecht wird, insbesondere wenn man bedenkt, daß die britischen und amerikanischen Historiker der modernen deutschen Geschichte in ihrer politischen Einstellung pluralistischer sein werden, als das in den vergangenen Jahrzehnten der Fall gewesen war.

Einige der Themen, mit denen Weindling sich beschäftigte, wurden auch von deutschen Wissenschaftlern aufgegriffen, namentlich von Weingart, Kroll, Bayertz und Hans-Walter Schmuhl.[19] Obgleich die erste Hälfte von Schmuhls Buch eine wertvolle Diskussion der weit zurückreichenden Ursprünge des medizinisch intendierten Mordens der Nationalsozialisten enthält, hat das Buch kaum neue Erkenntnisse über das »Euthanasie«-Programm anzubieten und leidet an dem dogmatischen Versuch, das Thema in ein mittlerweile ermüdendes »strukturell-funktionalistisches« Korsett hineinzuzwängen. Insofern handelt es sich bei dieser Arbeit eher um eine eindimensionale Variante soziologischen

Theoretisierens als um eine forschungsgeleitete Studie über die Zwangssterilisation oder die »Euthanasie«. Was die Zwangssterilisation betrifft, so ist diese zum einen von Gisela Bock aus feministischer Perspektive sehr ausführlich und zum anderen im Rahmen einer Reihe von eingehenden lokalen Fallstudien behandelt worden.[20]

Robert Jay Liftons *Ärzte im Dritten Reich* ist von Kennern der Materie kaum ernst genommen worden, obwohl das Buch in der Presse eine beachtliche Aufmerksamkeit gefunden und Martin Amis zu dem Roman *Time's Arrow* inspiriert hat.[21] Bei Kaffee und Kuchen psychohistorische Ausführungen über den Massenmord anzustellen bleibt ein vergleichsweise schwacher Versuch, den Panzer der Selbstrechtfertigung zu durchbrechen, den sich seine Gesprächspartner für ihre schwierigen Begegnungen mit Staatsanwälten und Richtern zugelegt haben. Abgesehen von der mitunter geschmacklosen Art, in der Lifton sich selbst in diese Geschichte einbringt (ungeachtet der Dürftigkeit seiner Forschung ist die Liste seiner Danksagungen enorm) und mit der er aus dem Schauer keinen Hehl macht, der ihn in Gegenwart dieser hinterhältigen Verbrecher befiel, gaben die Rahmenbedingungen, unter denen er sich mit ihnen traf, diesen keinerlei Anlaß, in ihren bequemen Sesseln nervös zu werden. Die unheilvoll klingenden und beschwörenden Kapitelüberschriften – »Dopplung: der faustische Pakt«, um nur eine zu nennen, die noch am wenigsten prätentiös klingt – werden den Charakteren, von denen die Geschichte handelt, kaum gerecht. Wer bei Brandt, Catel oder Schneider »Idealismus« feststellt, übersieht sowohl deren Unfähigkeit, Mitleid zu empfinden (Empathie war unter deutschen Intellektuellen seit Nietzsches Zeiten generell keine gefragte Tugend), als auch ihre kaltschnäuzige und unbarmherzige Art und Weise, in der sie aus karrieresüchtigen, wirtschaftlichen oder politischen Motiven ihre eigenen Patienten vergasten oder verhungern ließen.

Abgesehen von einem anhaltenden Strom lokaler Studien, einschließlich solcher, die sich mit Österreich oder der ehemaligen DDR befassen, wurden auch eine ganze Reihe bemerkenswerter Filme und Fernsehdokumentationen über das »Euthanasie«-Programm produziert. Hierzu gehören die wertvolle Dokumentation des Österreichischen Rundfunks über Hartheim sowie einige tief bewegende Filmstudien von Hartmut Schoen über das Leben von Patienten, beispielsweise »Fritz. Die zweite Beachtung«, oder seine nüchterne ZDF-Dokumentation über den heutigen Alltag in Grafeneck. Channel 4 schließlich hat das Ergebnis meiner eigenen Bemühungen auf diesem Gebiet ausgestrahlt, namentlich »Selling Murder: The Killing Films of the Third Reich«, eine Analyse der Argumentationsstrategien, deren sich die Nazis in ihren propagandistischen »Euthanasie«-Filmen bedienten, um die Wirklichkeit der »Euthanasie« zu verschleiern.[22] Nur sehr wenig ist über das Leben und Sterben jener geforscht worden, die man ermordet hat – ein trauriges Indiz dafür, wie unser aller Denken und Handeln funktioniert. Die Autoren der seltenen Studien über Patienten neigen obendrein dazu, etwa mit Hilfe des Computers das Verhältnis von Epileptikern und Schizophrenen unter den Ermordeten zu berechnen, eine Herangehensweise, die ich als zutiefst deprimierend und ärgerlich empfinde. Eine auffällige Ausnahme stellt Ulrich Dapps bewegende Erzählung über das Leben und den Tod seiner Großmutter, Emma Zeller-Dapp, dar, ein Buch, das belegt, was man trotz dürftiger Quellenlage über die Konflikte und Spannungen innerhalb einer bestimmten Familie in Erfahrung bringen kann.[23]

Auch wenn der weiteren Entwicklung der »Euthanasie« über das Jahr 1945 hinaus wenig Aufmerksamkeit geschenkt wurde, gibt es doch eine Ausnahme, nämlich Ernst Klees Untersuchung der Deutschen Gesellschaft für Humanes Sterben, dem Äquivalent jener ansonsten meist im verborgenen wirkenden »Selbsthilfegruppen«, die denjenigen »helfen«, die sich unter nicht selten fragwürdigen Bedingungen selbst töten wollen. Die von solchen Gruppen mitunter provozierten Debatten verblassen freilich gegenüber jenem Sturm der Entrüstung, der in den letzten Jahren durch die Versuche des australischen Moralphilosophen Peter Singer ausgelöst wurde, für seine utilitaristisch orientierte »praktische Ethik« Gehör zu finden.

Singer lehrt »Bioethik« an der Monash University in Australien. Urteilt man anhand seiner Bücher, scheint er ein Mann von untadeligem, wenn auch berechenbarem, liberalem Ruf zu sein und über eine »korrekte« Einstellung zu Tieren, bürgerlichem Ungehorsam und der Dritten Welt zu verfügen. War er bislang vor allem für sein leidenschaftliches Eintreten zugunsten der Rechte von Tieren und seine Sorge um den Hunger in der Welt bekannt, so hat man ihn jüngst zunehmend damit in Verbindung gebracht, bestimmte Tiere und bestimmte Menschen auf eine Stufe zu stellen, wobei er die Idee der Personalität des Menschen neu zu definieren versuchte. Ein Beispiel seines Engagements war etwa der Vorschlag, die Tötung von Kleinkindern zu sanktionieren, die an Anenzephalie, schwerwiegenden Chromosomendefekten, schweren Formen des

Down-Syndroms oder spina bifida [Spaltwirbel; Anm. d. Übers.] leiden, sowie die freiwillige Euthanasie insgesamt zu erlauben.[24] In internationalen philosophischen Kreisen wurden und werden diese Ansichten jedoch keineswegs besonders kontrovers aufgenommen.

Im Jahre 1989 erhielt Singer eine Einladung nach Marburg, um dort im Rahmen eines hochrangigen Symposiums über »Bioengineering, Ethics, and Mental Disability« eine Rede zu halten. Singer nahm die Einladung an und erklärte sich zudem bereit, in Dortmund über die Frage zu sprechen – Singer hat eine Vorliebe für provokante Formulierungen – »Haben schwerbehinderte Neugeborene ein Recht auf Leben?« Schließlich wurde Singer vom Marburger Symposium wieder ausgeladen, und zwar mit der Begründung, es sei eine Sache, seine Ideen hinter verschlossenen Türen gemeinsam mit Akademikern zu diskutieren, eine andere aber, sie im Rahmen einer öffentlichen Vorlesung in Dortmund zu propagieren. In der Tat drohten Demonstrationen von Selbsthilfegruppen wie etwa der Krüppelbewegung von Franz Christoph sowie anderen heterogenen Gruppen, die gegen Gen- und Reproduktionstechniken kämpfen.[25] Daraufhin wurden beide Vorlesungen abgesagt. Eine Rede, die Singer schließlich in Saarbrücken auf Einladung von Professor Georg Meggle hielt, dem daran gelegen war, zu beweisen, daß man auch in Deutschland frei über Bioethik diskutieren könne, wurde fortwährend von Störern unterbrochen, die Singer daran hindern wollten, seine Sicht zur freiwilligen Euthanasie auszubreiten, und die ihn verwirrenderweise als Nazi beschimpften. Singer wies diesen (abwegigen) Vorwurf entschieden mit dem scheinbar unangreifbaren Hinweis zurück, daß drei seiner aus Österreich stammenden jüdischen Großeltern in Konzentrationslagern umgekommen seien. Der Ruf seiner Gegner »Singer raus!« erinnere ihn auf fatale Weise an den Ruf der Nazis »Juden raus!«.[26]

Von seinen Erfahrungen in Deutschland offensichtlich aus der Fassung gebracht, veröffentlichte Singer im Nachgang zwei scharfe Attacken gegen etwas, das er als »einen besonderen Ausdruck von Fanatismus in einigen Bereichen der deutschen Debatte über die Euthanasie« beschreibt, »der über das hinausgeht, was im Rahmen des normalen Widerstands gegen den Nationalsozialismus üblich ist und statt dessen scheinbar der gleichen Mentalität entspringt, die den Nationalsozialismus möglich gemacht hat«. Abgesehen von den Schwierigkeiten, sich bei Vorträgen Gehör zu verschaffen, behauptete Singer, man habe auch versucht, jene Professoren, die ihn eingeladen hatten, von ihren Ämtern mit der Begründung zu entbinden, sie würden die Verbreitung verfassungswidriger Ansichten unterstützen; des weiteren habe man sich fragwürdiger Methoden bedient, um die Berufung von Dozenten zu verhindern, die Spezialisten in Bioethik sind, und schließlich hätten sich Verlage einer unheilvollen Form der Selbstzensur ergeben, indem sie sich weigerten, Singers Buch *Muß dieses Kind am Leben bleiben?* zu verlegen.

Somit haben wir es mit zwei weiteren Debatten zu tun, außer jener, die Singer hinsichtlich der Kindstötung und Euthanasie anregen beziehungsweise provozieren wollte: Zum einen geht es um die Freiheit der Wissenschaften in Deutschland und zum anderen um die Frage, inwieweit Singers Sichtweise mit jenen der Nazis und deren geistigen Vorfahren eine gemeinsame Grundlage haben. Bevor wir auf diese Punkte eingehen, muß betont werden, daß erstens die gesamte Singer-Debatte im Vergleich zur Dimension der nationalsozialistischen »Euthanasie« nur von geringer Bedeutung ist und daß zweitens Singer und die Legion seiner Verleumder in Deutschland eine regelrechte kleine Bibliothek an Büchern und Artikeln in dieser Angelegenheit hervorgebracht haben. Singer selbst neigt dazu, die Ansichten seiner vielen Kritiker zu sehr in einen Topf zu werfen, wobei er für gewöhnlich die extremsten Äußerungen aufgreift, um den schematischen und hysterischen Charakter der Argumentation seiner Gegner zu demonstrieren. Lediglich deutsche Philosophen, die seinen Standpunkt teilen, hält er für in der Lage, eine rationale Diskussion über seine Thesen zu führen.[27] Wäre man ein Zyniker, man könnte meinen, Singer sei als englischsprachiger Philosoph schon allein deshalb glücklich und zufrieden, weil es ihm gelungen war, ein solch breites Interesse zu erregen, das in der Folge zu umfangreichen Artikeln und ganzen Fernsehsendungen führte.

Auch wenn es stimmen mag, daß eine Verbreitung von Singers Thesen etwa in England oder den Niederlanden auf nur wenige Schwierigkeiten stoßen würde, entspringt es doch bloßem Wunschdenken, wenn er glaubt, die Ängste hinsichtlich der Reproduktionsstechnologien blieben auf Deutschland beschränkt beziehungsweise auf die Linke innerhalb des politischen Spektrums, die sich selbst wiederum in dieser Sache in einer »konservativen« intellektuellen Position wiederfindet. Ebenso ist Deutschland keine Ausnahme, was den Versuch betrifft, das Recht von Personen zur Äußerung umstrittener Ansichten zu unterbinden. Vor einigen Jahren war die Universität von Oxford Schauplatz des Versuchs, den Historiker Ernst Nolte auszuladen; und wie jeder Leser der New York Review of Books (in der Singer sein »On Being Silenced in Germany« veröffentlichte) weiß, gibt es in den Vereinigten Staaten von Amerika ganze Universitäten und High-Schools, die unter der Kontrolle einer bürokratisch verankerten Gedanken-Polizei stehen, die in der Lage ist, Verhalten, Humor und Sprache zu zensieren. So beklagenswert diese Dinge auch sein mögen, es handelt sich hier um Probleme, die dem modernen Wissenschaftsbetrieb insgesamt zu eigen und keineswegs auf Deutschland begrenzt sind. Freilich werden dadurch solch unheilverkündende Ansichten, für die die freie Meinungsäußerung eine Form »repressiver Toleranz« darstellt, für alle, die an die Vitalität von Geist und Verstand glauben, um keinen Deut akzeptabler.[28]

Abgesehen von diesen insgesamt unschönen Zügen des modernen akademischen Lebens, bleibt die Frage, wie gerechtfertigt die Vorwürfe der zahlreichen deutschen Kritiker Singers sind, die eine Verbindung sehen zwischen seiner Spielart des Utilitarismus (der als denkerische Tradition in Deutschland fremd ist und mithin die eigentliche Quelle der Meinungsverschiedenheit sein könnte) und den Sichtweisen der Nazis. Eines der Schlüsselthemen in Singers Denken und in der Geschichte der Moralphilosophie überhaupt (mindestens seit Nietzsche) hat damit zu tun, daß unsere Einstellung zur Heiligkeit des Lebens dem Christentum entstammt und daher etwa den Griechen und Römern fremd gewesen sei. Singer bemerkt durchaus richtig:»Heute sind diese Lehren nicht mehr allgemein anerkannt, aber die moralische Haltung, die sie zur Folge hatten, paßt nur zu gut zu der tief verwurzelten westlichen Überzeugung von der Einzigartigkeit und den besonderen Vorrechten unserer Gattung und lebt deshalb fort.«[29]

Vor diesem Hintergrund lehnt er eine – wie er es nennt – an die Spezies gebundene Unterscheidung zwischen Personen und nicht-menschlichen Lebewesen ab. Unter Verweis auf die konzeptuellen Fähigkeiten von Schimpansen und Delphinen, durch die ihnen seiner Meinung nach eine»Personalität« zukommt, schreibt Singer:»Manche Angehörige anderer Gattungen sind Personen: manche Angehörigen unserer eigenen Gattung sind es nicht ... So scheint es, daß etwa die Tötung eines Schimpansen schlimmer ist als die Tötung eines schwer geistesgestörten Menschen, der keine Person ist.«[30] In anderen Worten formuliert, er spricht bestimmten Angehörigen unserer eigenen Spezies ab, über menschliche Eigenschaften zu verfügen. In der Konsequenz kommt er, wenn auch nicht mit Absicht, an den gleichen Punkt, an dem auch viele der geistigen Väter des nationalsozialistischen »Euthanasie«-Programms angelangt waren.

Auf die erstmals von Leo Alexander im Zusammenhang mit dem Nürnberger Ärzteprozeß erhobene Mahnung, auch das »Euthanasie«-Programm der Nazis sei aus »kleinen Anfängen« erwachsen (d. h. »Wehret den Anfängen«), antwortet Singer: »Die Nazis haben fürchterliche Verbrechen begangen; aber das bedeutet nicht, daß alles, was die Nazis taten, fürchterlich war. Wir können die Euthanasie nicht nur deshalb verdammen, weil die Nazis sie durchgeführt haben, ebensowenig wie wir den Bau von neuen Straßen aus diesem Grund verdammen könnten.«[31] Vollkommen korrekt weist Singer auf die ökonomischen und rassistischen Motive der Tötung von geistig und körperlich behinderten Menschen durch die Nazis sowie auf deren Zwangscharakter hin. Gleichwohl unterläßt es Singer – was für einen Professor der Philosophie doch sehr erstaunlich ist –, auf den gesamten philosophischen Hintergrund der nationalsozialistischen Politik in diesem Zusammenhang einzugehen, namentlich was die Schriften von Binding und Hoche sowie deren unterschiedliche Nachahmer betrifft. Es läßt sich also leicht erkennen, daß wir es hier mit dem Versuch zu tun haben, die vorherrschende Moral durch einen Rückbezug auf antike oder primitive Alternativen zu relativieren. Es soll neu definiert werden, was unter einer »Person« zu verstehen ist: Man setzt sie von einem »Wesen« oder einer »Kreatur« ab – also einem Menschen, dem man menschliche Eigenschaften abspricht. Hierzu setzt man wohl kalkuliert einige Analogien zum Tierreich ein. Vermutlich noch ärgerlicher als diese eher akademischen Aspekte ist Singers allzu optimistische Einschätzung, wie sich praktisch durchführen läßt, was ihm vor Augen schwebt: »Wenn Akte der Euthanasie nur von einem Mitglied der ärztlichen Zunft und unter Mitwirkung eines zweiten Arztes durchgeführt werden dürften, ist es unwahrscheinlich, daß sich die Neigung zum Töten in der Allgemeinheit unkontrolliert verbreiten würde.«[32] Auf viele Menschen wird dieses Szenario nicht gerade beruhigend wirken. Angesichts der Ungeheuerlichkeiten, die in diesem Buch beschrieben sind, laufen solche Vorstellungen doch auf etwas mehr als nur eine vorübergehend beunruhigende und etwas umfangreichere Fußnote hinaus.

Anmerkungen

1. Winterlandschaft: Psychiatriereform und Sparpolitik während der Weimarer Republik

1 Hans-Ludwig Siemen, Menschen blieben auf der Strecke ... Psychiatrie zwischen Reform und Nationalsozialismus, Gütersloh 1987, S. 29–30. Ansonsten bleibt diese Thematik praktisch unerforscht.

2 Heinz Faulstich, Von der Irrenfürsorge zur »Euthanasie«, Freiburg 1993, S. 77.

3 Georg Illberg, Die Sterblichkeit des Geisteskranken in den sächsischen Anstalten während des Krieges, in: Allgemeine Zeitschrift für Psychiatrie 78, 1922, S. 58.

4 Dr. Mathes, Die Entwicklungsstufen der badischen praktischen Anstaltspsychiatrie bis zur Eröffnung der Anstalt Emmendingen und deren 40jährige Tätigkeit, in: Allgemeine Zeitschrift für Psychiatrie 91, 1929, S. 349–350.

5 E. Bratz, Kann die Versorgung der Geisteskranken billiger gestaltet werden und wie?, in: Allgemeine Zeitschrift für Psychiatrie 98, 1932, S. 7.

6 Adolf Gross, Zeitgemäße Betrachtungen zum wirtschaftlichen Betrieb der Irrenanstalten, in: Allgemeine Zeitschrift für Psychiatrie 79, 1922, S. 62.

7 A. Richter, Über die Ernährungsverhältnisse in der Irrenanstalt Buch während des Krieges 1914/1918 und deren Folgen, in: Allgemeine Zeitschrift für Psychiatrie 75, 1919, S. 414 und bezüglich der Sterberaten in Berlin-Buch S. 417.

8 Karl Bonhoeffer, Eröffnungsrede vor dem Deutschen Verein für Psychiatrie, in: Allgemeine Zeitschrift für Psychiatrie 76, 1920/1921, S. 600.

9 Ursula Grell, Karl Bonhoeffer und die Rassenhygiene, in: Arbeitsgruppe zur Erforschung der Karl-Bonhoeffer-Nervenklinik (Hrsg.), Totgeschwiegen 1933–1945. Zur Geschichte der Wittenauer Heilstätten. Seit 1957 Karl-Bonhoeffer-Nervenklinik, 2. Aufl. Berlin 1989, S. 208–209; Martin Seidel und Klaus-Jürgen Neumarker, Karl Bonhoeffer und seine Stellung zur Sterilisierungsgesetzgebung, in: Ebda., S. 274ff.

10 Christoph Hoffmann, Der Inhalt des Begriffs »Euthanasie« im 19. Jahrhundert und seine Wandlung in der Zeit bis 1920, Dissertation Humboldt Universität Berlin, 1969, S. 33–35.

11 Ebda., S. 65.

12 Douglas Walton, Slippery Slope Arguments, Oxford 1992.

13 Hoffmann, Der Inhalt, S. 75; er zitiert hier C. W. Hufeland, Die Verhältnisse des Arztes, in: Journal der praktischen Ärzneykunde und Wundärzneykunst 23, 1806, S. 15–16.

14 Walter Schmuhl, Rassenhygiene, Nationalsozialismus, Euthanasie. Von der Verhütung zur Vernichtung »lebensunwerten Lebens« 1890–1945, Göttingen 1987, S. 109.

[15] Ernst Haeckel, Natürliche Schöpfungsgeschichte, Berlin 1868, S. 177. Angebliche Vorläufer in der Antike spielten eine zentrale Rolle in den Köpfen – und im Rahmen der Verteidigungsstrategie nach dem Krieg – all jener, die der »Euthanasie«-Morde bezichtigt wurden. Der Rückbezug auf die klassische Antike versetzte sie in die Lage, die wesentlich jüngere christliche Lehre von der Heiligkeit des menschlichen Lebens zu relativieren. Auch Hitler äußerte sich in *Mein Kampf* anerkennend zu dem, was er sich unter der Praxis der Spartaner, behinderte Kleinkinder zu töten, vorstellte. Eine Darstellung der weitaus komplexeren Wirklichkeit findet man bei: Martin Schmidt, Hephaistos lebt – Untersuchungen zur Frage der Behandlung behinderter Kinder in der Antike, in: Hephaistos. Kritische Zeitschrift zu Theorie und Praxis der Achäologie, Kunstwissenschaft und angrenzender Gebiete 5/6, 1983/1984, S. 133–161. Ich danke Götz Aly für diesen Hinweis.

[16] Roland Gerkan, Euthanasie, in: Das monistische Jahrhundert, ²1913, S. 172.

[17] Ebda., S. 173.

[18] Ebda., S. 170–171.

[19] Ebda., Epilog (R. Gerkan an W. Ostwald), S. 174.

[20] Ebda., S. 174.

[21] Wilhelm Borner, Euthanasie, in: Das monistische Jahrhundert 2, 1913, S. 251–254.

[22] Ebda., S. 339.

[23] Alfred Bozi, Euthanasie und Recht, in: Das monistische Jahrhundert 2, 1913, S. 579.

[24] M. Beer, Ein schöner Tod. Ein Wort zur Euthanasiefrage, Barmen 1914, S. 9.

[25] Die systematischste Analyse von Binding und Hoche findet man bei: Karl Heinz Hafner und Rolf Winau, Die Freigabe der Vernichtung lebensunwerten Lebens. Eine Untersuchung zu der Schrift von Karl Binding und Alfred Hoche, in: Medizinhistorisches Journal 9, 1974, S. 234; siehe auch Rolf Winau, Die Freigabe der Vernichtung »lebensunwerten Lebens«, in: J. Bleker/N. Jachertz (Hrsg.), Medizin im Dritten Reich, Köln 1989, S. 76–85; Michael Opielka, Psychiatrie in Deutschland auf dem Weg zur Vernichtung, in: Walter Wuttke (Hrsg.), Heilen und Vernichten im Nationalsozialismus, Gießen 1988, S. 127ff. Siehe auch Jürgen Schmidt, Darstellung, Analyse und Wertung der Euthanasiedebatte in der deutschen Psychiatrie von 1920–1933, Diss. Univ. Leipzig 1983; Schmidt diskutiert ausführlich die Reaktionen auf Binding und Hoches Traktat innerhalb der psychiatrischen Profession.

[26] Für eine einfühlsame Würdigung von Hoches Leben und Werk siehe: Eduard Seidler, Alfred Hoche (1865–1943). Versuch einer Standortbestimmung, in: Freiburger Universität Blätter 25, 1986, S. 75.

[27] Siehe: Roderich Wald, Deutsche Nervenärzte als Dichter und Denker II. Alfred Hoche, in: Psychiatrisch-Neurologische Wochenschrift 38, 1936, S. 104–107; hier findet man mehrere Beispiele von Hoches eher schwermütigen Gedichten.

28 Zum Beispiel: Robert Gaupp, Alfred Erich Hoche, in: Zeitschrift für die gesamte Neurologie und Psychiatrie 176, 1943, S. 1–6.
29 Seidler, Alfred Hoche, S. 75.
30 Karl Binding und Alfred Hoche, Die Freigabe der Vernichtung lebensunwerten Lebens. Ihr Maß und ihre Form, Leipzig 1920, S. 6.
31 Ebda., S. 16.
32 Ebda., S. 16–18.
33 Ebda., S. 27.
34 Ebda., S. 27.
35 Ebda., S. 28–29.
36 Ebda., S. 32.
37 Ebda., S. 33.
38 Ebda., S. 35–37.
39 Ebda., S. 40.
40 Ebda., S. 46–49.
41 Ebda., S. 57.
42 Ebda., S. 54.
43 Ebda., S. 59–60
44 Ebda., S. 62.
45 Robert Gaupp, Die Freigabe der Vernichtung lebensunwerten Lebens, in: Deutsche Strafrechts-Zeitung 7, 1920, S. 336–337.
46 K. Klee, Die Freigabe der Vernichtung lebensunwerten Lebens, in: Ärztliche Sachverständigen-Zeitung 27, 1921, S. 4.
47 Ebda., S. 6.
48 Stadtrat Borchardt, Die Freigabe der Vernichtung lebensunwerten Lebens, in: Deutsche Strafrechts-Zeitung 9, 1922, S. 208.
49 E. Mann, Die Erlösung der Menschheit vom Elend, Weimar 1922, S. 50ff.
50 F. Brennecke, Kritische Bemerkungen zu den Forderungen Binding-Hoches »Die Freigabe der Vernichtung lebensunwerten Lebens«, in: Psychiatrisch-Neurologische Wochenschrift 4, 1921, S. 7–9.
51 Waschkuhn, Die Freigabe der Vernichtung lebensunwerten Lebens, in: Psychiatrisch-Neurologische Wochenschrift 24, 1922, S. 217.
52 Schmuhl, Rassenhygiene, S. 121.
53 Ewald Meltzer, Das Problem der Abkürzung »lebensunwerten« Lebens, Halle 1925, S. 55 u. 63.
54 Ebda., S. viii.
55 Ebda., S. 102–103.
56 Ebda., S. 110.
57 Ebda., S. 50–53.
58 Ebda., S. 52.
59 Ebda., S. 51–52 u. S. 68.
60 Ebda., S. 87.
61 Ebda., S. 87.

[62] Ebda., S. 95–96.
[63] Ebda., S. 101.
[64] Ebda., S. 88.
[65] Ebda., S. 90 und S. 98–99.
[66] Ebda., S. 92.
[67] Ebda., S. 93.
[68] Ebda., S. 98.
[69] Schmidt,»Darstellung«, S. 36–37.
[70] Meltzer, Das Problem, S. 69; was das Schicksal von Meltzers ehemaligen Patienten betrifft (Meltzer selbst starb 1940) siehe: Jürgen Trögisch,»Bericht über die Euthanasie-Massnahmen im ›Katharinenhof‹ Grosshennersdorf«, in: Fröhlich Helfen 1, 1986, S. 40–42.
[71] Paul Weindling, Health, Race and German Politics between National Unification and Nazism 1870–1945, Cambridge 1989, S. 396.
[72] Die Konferenzprotokolle sind veröffentlicht worden in: Allgemeine Zeitschrift für Psychiatrie 79, 1923, S. 438.
[73] Ebda., S. 441.
[74] Christoph Sachße und Florian Tennstedt, Geschichte der Armenfürsorge in Deutschland, Bde. 1–3, Stuttgart 1980–1991, Bd. 1, S. 227–232.
[75] K. Nowak,»Euthanasie« und Sterilisation im»Dritten Reich«. Die Konfrontation der evangelischen und katholischen Kirche mit dem»Gesetz zur Verhütung erbkranken Nachwuchses« und der»Euthanasie«-Aktion, Göttingen 1978, [2]1984, S. 58–59.
[76] Meltzer, Das Problem, S. 76–77.
[77] Ebda., S. 78–79.
[78] Ebda., S. 82–85.
[79] Ebda., S. 77.
[80] Siemen, Menschen blieben auf der Strecke, S. 33. Eine faszinierende Studie über die deutschen Heilanstalten im 19. Jahrhundert liegt vor bei: Dirk Blasius, Der verwaltete Wahnsinn. Eine Sozialgeschichte des Irrenhauses, Frankfurt/M. 1980. Siehe auch die vergleichenden Beiträge von: Günter Herzog, Heilung, Erziehung, Sicherung. Englische und deutsche Irrenhäuser in der ersten Hälfte des 19. Jahrhunderts, in: Jürgen Kocka (Hrsg.), Bürgertum im 19. Jahrhundert. Deutschland im europäischen Vergleich, München 1988, Bd. 3, S. 418–446; sowie: Roy Porter, Madness and its Institutions, in: Andrew Wear (Ed.), Medicine in Society, Cambridge 1992, S. 277–301; eine schlichte Darstellung der architektonischen Entwicklung der Heil- und Pflegeanstalten in Deutschland findet man bei: Dieter Jetter, Grundzüge der Geschichte des Irrenhauses, Darmstadt 1981.
[81] Gross, Zeitgemäße Betrachtungen, S. 61.
[82] Ebda., S. 62–63.
[83] Zum Mißbrauch psychischer Kriegsopfer während des Ersten Weltkriegs siehe: Peter Riedesser und Axel Verderber, Aufrüstung der Seelen. Militärpsychiatrie

und Militärpsychologie in Deutschland und Amerika, Freiburg 1985, S. 11ff.;
eine wenig sympathische, zeitgenössische Darstellung der Pressure Groups für
eine Psychiatriereform im Deutschland der 20er Jahre findet man bei: Ernst
Rittershaus, Die Irrengesetzgebung in Deutschland, Berlin 1927, S. 25.

84 Siegfried Grubitzsch, Revolutions- und Rätezeit 1918/19 aus der Sicht Deutscher Psychiater, in: Psychologie & Gesellschaftskritik 1985, S. 35–38.
85 Gustav Kolb, Referat, in: Allgemeine Zeitschrift für Psychiatrie 76, 1920, S. 254ff. Siehe auch sein Aufsatz: Reform der Irrenfürsorge, in: Zeitschrift für die gesamte Neurologie und Psychiatrie 47, 1919, S. 137ff. Letztgenannter Aufsatz war ausdrücklich dazu gedacht, diejenigen Reformen, die von der (feindlichen) sozialdemokratischen Regierung wahrscheinlich zu erwarten waren, vorwegzunehmen (und ihnen zuvorzukommen).
86 Siemen, Menschen blieben auf der Strecke, S. 39.
87 Siehe die Diskussion in: Allgemeine Zeitschrift für Psychiatrie 83, 1926, S. 368.
88 B. Richarz, Heilen, Pflegen, Töten. Zur Alltagsgeschichte einer Heil- und Pflegeanstalt bis zum Ende des Nationalsozialismus, Göttingen 1987, S. 78.
89 Hans Roemer, Die sozialen Aufgaben des Irrenarztes in der Gegenwart, in: Psychiatrisch-Neurologische Wochenschrift 45, 1920, S. 343f. Hervorhebung im Original.
90 Valentin Faltlhauser, Erfahrungen des Erlanger Fürsorgearztes, in: Allgemeine Zeitschrift für Psychiatrie 80, 1925, S. 102. Was Faltlhausers Beteiligung am »Euthanasie«-Programm betrifft, siehe Kapitel 8.
91 Dr. Kuhne, Offene Fürsorge für entlassene Geisteskranke der Heil- und Pflegeanstalt Emmendingen, in: Allgemeine Zeitschrift für Psychiatrie 91, 1929, S. 356–357.
92 Faltlhauser, Erfahrungen, S. 104.
93 Ebda., S. 115.
94 Ebda., S. 112.
95 Kuhne, Offene Fürsorge, S. 359; Faltlhauser, Erfahrungen, S. 121.
96 Sachße und Tennstedt, Geschichte der Armenfürsorge, Bd. 2, S. 136–137.
97 Faltlhauser, Erfahrungen, S. 112; Kuhne, Offene Fürsorge, S. 361.
98 Faltlhauser, Erfahrungen, S. 109.
99 Ebda., S. 116–117.
100 Ebda., S. 108.
101 Dazu siehe vor allem: Karl-Heinz Roth, Erbbiologische Bestandsaufnahme – ein Aspekt »ausmerzender« Erfassung vor der Entfesselung des Zweiten Weltkrieges, in: Roth (Hrsg.), Erfassung zur Vernichtung. Von der Sozialhygiene zum »Gesetz über Sterbehilfe«, Berlin 1984, S. 59ff.
102 Helmut Hildebrandt, Offene Fürsorge und Psychische Hygiene in der Weimarer Republik: Die zwei Gesichter eines sozialpsychiatrischen Versuchs, in: Psychologie & Gesellschaftskritik 10, 1986, S. 21–22. Siehe auch: Roth, Erbbiologische Bestandsaufnahme, S. 57ff.
103 Siemen, Menschen blieben auf der Strecke, S. 63.

[104] Hermann Simon, Aktivere Krankenbehandlung in der Irrenanstalt, Teil 1, in: Allgemeine Zeitschrift für Psychiatrie 87, 1927, S. 98 und S. 104–105.
[105] Ebda., S. 100.
[106] Ebda., S. 106.
[107] Hermann Simon, Aktivere Krankenbehandlung in der Irrenanstalt, Teil 2, in: Allgemeine Zeitschrift für Psychiatrie 90, 1929, S. 90.
[108] Ebda., S. 95.
[109] Ebda., S. 103.
[110] Simon, Aktivere Krankenbehandlung, Teil 1, S. 103.
[111] Ebda., S. 114.
[112] Ebda., S. 121–123.
[113] Ebda., S. 128.
[114] Simon, Aktivere Krankenbehandlung, Teil 2, S. 256.
[115] Ebda., S. 267ff.
[116] Ebda., S. 114–115.
[117] M. Thumm, Milieugestaltung im Rahmen der aktiveren Therapie und ihre Auswirkungen auf freie Behandlung und offene Fürsorge, in: Allgemeine Zeitschrift für Psychiatrie 88, 1928, S. 65.
[118] Sachße und Tennstedt, Geschichte der Armenfürsorge, Bd. 3, S. 43–49. Eine exzellente Diskussion zu den Auswirkungen der Depression auf das psychiatrische Denken liegt vor bei: Hans-Ludwig Siemen, Reform und Radikalisierung. Veränderungen der Psychiatrie in der Weltwirtschaftskrise, in: Norbert Frei (Hrsg.), Medizin und Gesundheitspolitik in der NS-Zeit, München 1991, S. 191ff.
[119] Harold James, The German Slump. Politics and Economics 1924–1936, Oxford 1986; siehe auch: Weindling, Race and German Politics, S. 444.
[120] Achim Thom, Die Entwicklung der Psychiatrie und die Schicksale psychiatrisch Kranker sowie geistig Behinderter unter der Bedingung der faschistischen Diktatur, in: Medizin unterm Hakenkreuz, S. 130. Siehe auch die Schilderung des Falles der Mutter von Josef S. im nächsten Kapitel als ein Beispiel für die Auswirkungen der Wirtschaftsdepression bei chronisch kranken Familienmitgliedern.
[121] Bericht des Reichssparkommissars über die Heil- und Pflegeanstalten in Hessen, abgedruckt in: Psychiatrisch-Neurologische Wochenschrift 32, 1930, S. 137.
[122] Siemen, Menschen blieben auf der Strecke, S. 99–101.
[123] E. Bratz, Kann die Versorgung der Geisteskranken billiger gestaltet werden und wie?, S. 31–35.
[124] Sabine Damm und Norbert Emmerich, Die Irrenanstalt Dalldorf-Wittenau bis 1933, in: Arbeitsgruppe (Hrsg.), Totgeschwiegen 1933–1945, S. 41–42.
[125] Ebda., S. 37–38.
[126] Erich Friedländer, Eine Gefahr für die deutsche Irrenpflege, in: Allgemeine Zeitschrift für Psychiatrie 93, 1930, S. 197.

127 Erich Friedländer, Kann die Versorgung der Geisteskranken billiger gestaltet werden und wie?, in: Psychiatrisch-Neurologische Wochenschrift 34, 1932, S. 379f.

128 R. Carriere, Gründe der Überfüllung der Anstalten und Vorschläge zur Abhilfe – besonders der Freistaat Sachsen, in: Allgemeine Zeitschrift für Psychiatrie 94, 1931, S. 154.

129 Weindling, Health, Race and German Politics, S. 389–392.

130 Robert Gaupp, Die Unfruchtbarmachung geistig und sittlich Minderwertiger, in: Allgemeine Zeitschrift für Psychiatrie 83, 1926, S. 158 u. 176.

131 Ebda., S. 155.

132 Ebda., S. 159 u. 163.

133 Ebda., S. 175.

134 Ebda., S. 181.

135 Hans Luxenburger, Grundsätzliches zur kausalen Prophylaxe der erblichen Geisteskrankheiten, in: Zeitschrift für psychische Hygiene 2, 1929, S. 169.

136 Bratz, Kann die Versorgung, S. 26.

137 Bertold Kihn, Die Ausschaltung der Minderwertigen aus der Gesellschaft, in: Allgemeine Zeitschrift für Psychiatrie 98, 1932, S. 389.

138 Ebda., S. 391.

139 Ebda., S. 391.

140 Ebda., S. 392.

141 Ebda., S. 396.

142 Ebda., S. 401.

143 Ebda., S. 403–404.

144 Valentin Faltlhauser, Konferenzpapier, in: Allgemeine Zeitschrift für Psychiatrie 96, 1932, S. 371.

145 Ebda., Bumke, Konferenzpapier, S. 372.

146 Ebda., S. 373.

147 Ebda., S. 373.

148 Steve Jones, Die Botschaft der Gene. Evolution als Erblast und Chance, München 1993, S. 25.

149 Hans-Georg Güse und Norbert Schmacke, Psychiatrie zwischen bürgerlicher Revolution und Faschismus, Gießen 1974, Bd. 2, S. 361–363.

150 Luxenburger, Konferenzpapier, S. 374.

151 Ebda., S. 375.

152 Ernst Rüdin, Rede vor der Zweiten Deutschen Tagung für psychische Hygiene, in: Zeitschrift für psychische Hygiene 5, 1932, S. 68.

153 Ebda., Diskussionsbeitrag Luxenburger, S. 70.

154 Ebda., S. 74.

155 Nowak, »Euthanasie« und Sterilisation, S. 91–92. Siehe auch Nowaks Die Kirche und das »Gesetz zur Verhütung erbkranken Nachwuchses« vom 14. Juli 1933, in: J. Tuchel (Hrsg.), »Kein Recht auf Leben«. Beiträge und Dokumente zur Entrechtung und Vernichtung »lebensunwerten Lebens« im

347

Nationalsozialismus, Berlin 1984, S. 101–119; Sterilisation, Krankenmord und Innere Mission im »Dritten Reich«, in: Achim Thom und G. Cargaorodcev (Hrsg.), Medizin unterm Hakenkreuz, S. 167ff.

156 Hans Harmsen, Konferenzpapier, in: Zeitschrift für psychische Hygiene 5, 1932, S. 75; zu Harmsen siehe: Sabine Schleiermacher, Die Innere Mission und ihr bevölkerungspolitisches Programm, in: Heidrun Kaupen-Haas (Hrsg.), Der Griff nach der Bevölkerung. Aktualität und Kontinuität nazistischer Bevölkerungspolitik, Nördlingen 1986, S. 78ff.; siehe auch: Dies., Der Centralausschuß für Innere Mission und die Eugenik am Vorabend des »Dritten Reichs«, in: T. Strohm und J. Thierfelder (Hrsg.), Diakonie im »Dritten Reich«, Heidelberg 1990, S. 60–77.

157 Nowak, »Euthanasie« und Sterilisation, S. 110.

158 Ebda., S. 75.

159 Ebda., S. 108.

160 Struve, Konferenzpapier, in: Zeitschrift für psychische Hygiene 5, 1932, S. 77.

161 Weindling, Health, Race and German Politics, S. 523–524.

162 Zum Hintergrund des Gesetzes siehe vor allem: Gisela Bock, Zwangssterilisation im Nationalsozialismus. Studien zur Rassenpolitik und Frauenpolitik, Opladen 1986; siehe auch: Jeremy Noakes, Nazism and Eugenics: the Background to the Nazi Sterilisation Law of 14 July 1933, in: R. J. Bullen u. a. (Hrsg.), Ideas into Politics, London 1984, S. 75–94; Paul Weindling, Compulsory Sterilisation in National Socialist Germany, in: German History 5, 1987, S. 10–24; Christian Ganssmüller, Die Erbgesundheitspolitik des Dritten Reiches, Köln/Wien 1987.

2. Hoffnung und schwere Zeiten:
Die Heil- und Pflegeanstalten in den 30er Jahren

1   Hendrik Graf, Die Situation der Patienten und des Pflegepersonals der rheinischen Provinzial- Heil- und Pflegeanstalten in der Zeit des Nationalsozialismus, in: M. Leipert/R. Styrnal/W. Schwarzer (Hrsg.), Verlegt nach unbekannt. Sterilisation und Euthanasie in Galkhausen 1933–1945. Dokumente und Darstellungen zur Geschichte der rheinischen Provinzialverwaltung und des Landschaftsverbandes Rheinland, Köln 1987, S. 45.

2   BkH JB 1935, S. 23.

3   BkH JB 1936, S. 26–28.

4   Gerhard Schmidt, Selektion in der Heilanstalt 1939–1945, Frankfurt/M. 1983, S. 26.

5   BkH JB 1834, S. 28.

6   Wir besuchen Geisteskranke in ihren Anstalten. Erschütternde Eindrücke bei einer Pressefahrt nach Eglfing-Haar und Schönbrunn, in: Münchner Neueste Nachrichten, 23. 2. 1934, S. 15.

7   Lebendig und doch tot!, in: Münchner Zeitung, 23. 2. 1934, S. 6. Siehe auch: Bernhard Richarz, Heilen, Pflegen, Töten, S. 60.

8   Anonym, Die Lehre von Eglfing: Sterilisation ein Gebot der Humanität und Selbsterhaltung der Nation, in: Völkischer Beobachter, 23. 5. 1934.

9   Ein mutiger Schritt, in: Das Schwarze Korps, 11. 3. 1937, S. 18.

10 Zum Thema: Gnadentod, in: Das Schwarze Korps, 18. 3. 1937, S. 9.

11 J. Enge, Das Gesetz zur Verhütung erbkranken Nachwuchses in Laienbetrachtung und ärztliche Erfahrungen als Gutachter im Erbgesundheitsverfahren, in: Psychiatrisch-Neurologische Wochenschrift 39, 1937, S. 10.

12 Ernst Klee, »Euthanasie« im NS-Staat. Die »Vernichtung lebensunwerten Lebens«, Frankfurt/M. 1983, S. 76–77.

13 Staatsarchiv München (nachfolgend: StAM), Staatsanwaltschaft Nr. 17460 1/2, Verfahren gegen Hermann Pfannmüller, Bd. 1, Zeugenaussage von Dr. Karl Steichele, S. 7.

14 Ebda., einschließlich NO-863, Zeugenaussage von Ludwig Lehner. Siehe auch: A. Mitscherlich und F. Mielke (Hrsg.), Medizin ohne Menschlichkeit. Dokumente des Nürnberger Ärzteprozesses, Frankfurt/M. ²1978, S. 193.

15 Walter Wuttke, Medizin, Ärzte, Gesundheitspolitik, in: Otto Borst (Hrsg.), Das Dritte Reich in Baden und Württemberg, Stuttgart 1988, S. 229–230.

16 Fritz Ast, Der Ärztemangel in den Heilanstalten und Vorschläge zu dessen Behebung, insbesondere hinsichtlich der den Heilanstalten erwachsenden neuen Aufgaben, in: Zeitschrift für psychische Hygiene 9, 1936, S. 9.

17 HHStAW Abt. 461, Nr. 32442 (Eichberg-Prozeß), Bd. 4, S. 2 (Zeugenaussage Hinsen).

18 »Anstaltskosten müssen gesenkt werden«, Rede von Bernotat am 24. 9. 1937, in: Horst Dickel, »Die sind doch alle unheilbar«. Zwangssterilisation und

Tötung der »Minderwertigen« im Rheingau, 1934–1945, Wiesbaden 1988, S. 68–69.

19 Peter Chroust (Hrsg.), Friedrich Mennecke. Innenansichten eines medizinischen Täters im Nationalsozialismus. Eine Edition seiner Briefe 1935–1947, Hamburg 1988, Bd. 2, Nr. 246, S. 917–918.

20 HHStAW Abt. 461, Nr. 32442 (Eichberg-Prozeß), Bd. 2, S. 4 (Zeugenaussage Mennecke).

21 Dickel, »Die sind doch alle unheilbar«, S. 84.

22 HHStAW Abt. 461, Nr. 32442 (Eichberg-Prozeß), Bd. 4, S. 3 (Zeugenaussage Hinsen).

23 Heidi Schmidt von Blittersdorf, Dieter Debus und Birgit Kalkowsky, Die Geschichte der Anstalt Hadamar von 1933–1945 und ihre Funktion im Rahmen von T-4, in: Dorothee Roer und Dieter Henkel (Hrsg.), Psychiatrie im Faschismus. Die Anstalt Hadamar 1933–1945, Bonn 1986, S. 74.

24 Ebda., S. 74–75.

25 Peter Chroust u. a. (Hrsg.), »Soll nach Hadamar überführt werden«. Den Opfern der Euthanasiemorde 1939 bis 1945. Gedenkausstellung in Hadamar, Frankfurt/M. 1989, S. 25.

26 Manfred Klüppel, »Euthanasie« und Lebensvernichtung am Beispiel der Landesheilanstalten Haina und Merxhausen. Eine Chronik der Ereignisse 1933– 1945, Kassel ³1985, S. 17–18.

27 Dorothea Sick, »Euthanasie« im Nationalsozialismus am Beispiel des Kalmenhofs in Idstein im Taunus. Materialien zur Sozialarbeit und Sozialpolitik, Bd. 9, Frankfurt/M. ²1989, S. 32. Siehe auch: Martin Wisskirchen, Idiotenanstalt – Heilerziehungsanstalt – Lazarett. Die Entwicklung des Kalmenhofs 1888–1945, in: Christian Schrapper und Dieter Sengling (Hrsg.), Die Idee der Bildbarkeit. 100 Jahre sozialpädagogische Praxis in der Heilerziehungsanstalt Kalmenhof, Weinheim/München 1988, S. 120ff.

28 W. Möckel und E. Schweickert, Die wirtschaftlichen Aufgaben der Heil- und Pflegeanstalten im neuen Vierjahresplan, in: Psychiatrisch-Neurologische Wochenschrift 39, 1937, S. 425–428.

29 Klee, »Euthanasie« im NS-Staat, S. 67.

30 Manfred Klüppel, »Euthanasie« und Lebensvernichtung, S. 19–20; Klee, »Euthanasie«, S. 74.

31 Imperial War Museum, London, CIOSC File Nr. xxviii–50. Leo Alexander (Hrsg.), Public Mental Health Practices in Germany. Sterilization and Execution of Patients Suffering from Nervous or Mental Diseases, Appendix 6, S. 155ff.

32 Ebda., S. 169.

33 Sick, »Euthanasie«, S. 29.

34 HHStAW Abr. 461, Nr. 31526 (Idstein-Prozeß), Bd. 3, S. 31 (Zeugenaussage Emil Spornhauer). Siehe auch: Wisskirchen, Idiotenanstalt, S. 114–119.

[35] »Betriebsgrundsätze« und »Betriebsordnung«, abgedruckt in Sick, »Euthanasie«, S. 30–31.

[36] Helmut Sorg, »Euthanasie« in den evangelischen Heilanstalten in Württemberg im Dritten Reich, Magisterarbeit FU-Berlin 1987, S. 55–57. Ich danke Wolfgang Wippermann für eine Kopie dieser Arbeit.

[37] Hans Rößler, Die »Euthanasie«-Diskussion in Neuendettelsau 1937–1939, in: Zeitschrift für bayrische Kirchengeschichte 55, 1986, S. 199–208. Siehe auch: Ders., Ein neues Dokument zur »Euthanasie«-Diskussion in Neuendettelsau 1939, in: Zeitschrift für bayrische Kirchengeschichte 57, 1988, S. 87–91.

[38] HHStAW Abt. 461, Nr. 32442 (Eichberg-Prozeß); Chroust, Mennecke, Briefe, Bd. 1, S. 4–8; siehe auch: Peter Chroust, Friedrich Mennecke, in: Götz Aly u. a. (Hrsg.), Beiträge zur nationalsozialistischen Gesundheits- und Sozialpolitik, Berlin 1987, S. 67ff.; sowie: Peter Chroust, Ärzteschaft und »Euthanasie« – unter besonderer Berücksichtigung Friedrich Menneckes, in: Christina Vanja (Hrsg.), Euthanasie in Hadamar. Die nationalsozialistische Vernichtungspolitik in hessischen Anstalten, Kassel 1991, S. 123ff.

[39] Valtentin Faltlhauser, Jahresbericht der Kreis-Heil- und Pflegeanstalt Kaufbeuren-Irsee über das Jahr 1934, in: Psychiatrisch-Neurologische Wochenschrift 37, 1935, S. 372.

[40] Ast, Der Ärztemangel, S. 16.

[41] Richarz, Heilen, Pflegen, Töten, S. 46–47.

[42] BkH JB 1937, S. 4–6.

[43] Graf, Die Situation der Patienten, S. 43.

[44] Peter Delius, Das Ende von Strecknitz. Die Lübecker Heilanstalt und ihre Auflösung 1941. Ein Beitrag zur Sozialgeschichte der Psychiatrie im Nationalsozialismus, Kiel 1988, S. 39.

[45] Siehe beispielsweise: Antje Wettlaufer, Die Beteiligung von Schwestern und Pflegern an den Morden in Hadamar, in: D. Roer und D. Henkel (Hrsg.), Psychiatrie im Faschismus, S. 300–304. Das Standardwerk über die Krankenpflege in Deutschland während des Nationalsozialismus ist: Hilde Steppe (Hrsg.), Krankenpflege im Nationalsozialismus, Frankfurt/M. ⁵1989.

[46] Ebda., S. 303–304.

[47] Hilde Steppe, Mit Tränen in den Augen zogen wir die Spritzen auf…, in: dies. (Hrsg.), Krankenpflege im Nationalsozialismus, S. 140–141.

[48] HHStAW Abt. 461, Nr. 32061 (Hadamar-Prozeß), Bd. 7, S. 17; an dieser Stelle meinen Dank an Paul R., der mir in einer Reihe von Interviews zwischen 1991 und 1993 über seine Tätigkeiten in Hadamar Auskunft gab.

[49] Christian Ganssmüller, Die Erbgesundheitspolitik des Dritten Reiches, Köln u. a. 1987, S. 42–43.

[50] Gisela Bock, Sterilisationspolitik im Nationalsozialismus: die Planung einer heilen Gesellschaft durch Prävention, in: Klaus Dörner (Hrsg.), Fortschritte der Psychiatrie im Umgang mit Menschen. Wert und Verwertung des Menschen im 20. Jahrhundert, Rehburg-Loccum 1984, S. 88; siehe auch: Gisela

Bock, Zwangssterilisation im Nationalsozialismus, Opladen 1986, S. 238; was die Zahlenangabe von 400 000 betrifft: dies., Zwangssterilisation im Nationalsozialismus, in: Vanja (Hrsg.), Euthanasie in Hadamar, S. 69. Zur Zwangssterilisation siehe ebenfalls: Achim Thom, Die rassehygienischen Leitideen der faschistischen Gesundheitspolitik – die Zwangssterilisierungen als Beginn ihrer antihumanen Verwirklichung, in: Thom und Caregorodcev (Hrsg.), Medizin unterm Hakenkreuz, S. 65ff.

51 Dr. Matzner, Das Verfahren vor den Erbgesundheitsgerichten, in: Der Öffentliche Gesundheitsdienst 1, 1935–1936, S. 281–289.

52 Ebda., S. 286.

53 Hermann Nobbe, Das Gesetz zur Verhütung erbkranken Nachwuchses, Irrenanstalten, Außenfürsorge und Familienpflege, in: Psychiatrisch-Neurologische Wochenschrift 36, 1934, S. 473; Wilhelm Lange, Ergebnisse, Lehren und Wünsche, die sich aus der Jahresarbeit (1934) eines Erbgesundheitsgerichtes (Chemnitz) ergeben, in: Psychiatrisch-Neurologische Wochenschrift 37, 1935, S. 81–82.

54 Faltlhauser, Jahresbericht, S. 332.

55 »Merkblatt über die Unfruchtbarmachung«, Reichsgesetzblatt I, 1935, S. 1021.

56 Arthur Gütt, Ernst Rüdin und Falk Ruttke, Gesetz zur Verhütung erbkranken Nachwuchses vom 14. Juli 1933 mit Auszug aus dem Gesetz gegen gefährliche Gewohnheitsverbrecher und über Maßnahmen der Sicherung und Besserung vom 24. November 1933, München ²1936, S. 73.

57 »Gesetz zur Änderung des GveN vom 26. Juni 1935«, Reichsgesetzblatt I, 1935, S. 773.

58 Was die Operationstechniken betrifft siehe: Erich Lexer, Die Eingriffe zur Unfruchtbarmachung des Mannes und zur Entmannung, sowie: H. Eymer, Die Unfruchtbarmachung der Frau, in: Gütt, Rüdin und Ruttke, Gesetz zur Verhütung, S. 319ff. und 327ff.

59 BkH JB 1935, S. 18.

60 Faltlhauser, Jahresbericht, S. 335.

61 »Fünfte Verordnung zur Ausführung des Gesetzes zur Verhütung erbkranken Nachwuchses 25. Februar 1936«, Reichsgesetzblatt I, S. 122.

62 BkH JB 1935, S. 18.

63 BkH JB 1936, S. 17.

64 BkH JB 1933, S. 17.

65 Faltlhauser, Jahresbericht, S. 330.

66 Karl Hermann Heydecke, Unsere Erfahrungen über den Einfluß der Sterilisierung auf die psychische Gesamthaltung der Sterilisierten, in: Psychiatrisch-Neurologische Wochenschrift 38, 1936, S. 284–285; ähnliche Behauptungen bei: Karl Kolb, Postoperative psychische Reaktionen bei Sterilisierten in der Heilanstalt, in: Münchener Medizinische Wochenschrift 83, 1935, S. 1641–1642.

67 Interview mit Klara Nowak, Hadamar 1991.

68 Nützliche, wenn auch offensichtlich parteiische Äußerungen zu den Defiziten des Gesetzes findet man in psychiatrischen Zeitschriften und solchen, die sich mit Gesundheitsfragen beschäftigen; die entsprechenden Artikel sind von Ärzten verfaßt worden, die in den Erbgesundheitsgerichten arbeiteten; siehe beispielsweise: Straub, Die Verantwortung des Arztes als Mitglied des Erbgesundheitsgerichts, in: Psychiatrisch-Neurologische Wochenschrift 37, 1935, S. 68–69; Wilhelm Lange, Ergebnisse, Lehren und Wünsche; Dr. Neubelt, Einige Mitteilungen zur Durchführung des Gesetzes zur Verhütung erbkranken Nachwuchses, in: Der Öffentliche Gesundheitsdienst I, 1935–1936, S. 420–423; Falk Ruttke, Beispiele aus der Rechtsprechung zum Begriff der »schweren erblichen körperlichen Mißbildung«, in: ebda., S. 573–576; Erich Wirth, Erfordert bei der Erbbegutachtung die Diagnose der erblichen Taubheit unbedingt den Nachweis der erblichen Belastung?, in: Münchener Medizinische Wochenschrift 83, 1936, S. 1304ff.; O. Marchesani, Über erbliche Blindheit, in: Münchener Medizinische Wochenschrift 83, S. 1167–1171.

69 Zu den Gründen, warum die Bluterkrankheit nicht mit eingeschlossen wurde, siehe: C. H. Schröder, Beitrag zur Vererbung und Behandlung der Hämophilie, in: Münchener Medizinische Wochenschrift 83, 1935, S. 1281–1284; Schmuhl, Rassenhygiene, Nationalsozialismus, Euthanasie, S. 156. Der Stellenwert von Schmuhls fachkundiger Untersuchung der Literatur zum Thema »Euthanasie« – das Buch basiert praktisch allein auf Sekundärliteratur und verzichtet fast völlig auf das Studium von Archivquellen – wird weitgehend durch die Tatsache gemindert, daß er darauf beharrt, eine äußerst komplexe Thematik in ein durchschaubares und schlichtes »struktur-funktionalistisches« Korsett hineinzuzwängen.

70 »Begründung zum GveN vom 26. Juli 1933«, Nr. 172.

71 Kurt Kolle, Die Unfruchtbarmachung bei Alkoholismus, in: Allgemeine Zeitschrift für Psychiatrie 112, 1939, S. 401–402.

72 Hans-Georg Güse und Norbert Schmacke: Psychiatrie zwischen bürgerlicher Revolution und Faschismus, 2 Bde., Gießen 1974, S. 403–408.

73 Hellmuth Eckhardt, Die sog. angeborene Hüftverrenkung und das Gesetz zur Verhütung erbkranken Nachwuchses, in: Der Öffentliche Gesundheitsdienst I, 1935–1936, S. 321ff.

74 Ruttke, Beispiele aus der Rechtsprechung, S. 573ff.

75 Hans-Ullrich Brändle, Aufartung und Ausmerze. NS-Rassen- und Bevölkerungspolitik im Kräftefeld zwischen Wissenschaft, Partei und Staat am Beispiel des »angeborenen Schwachsinns«, in: Walter Wuttke (Hrsg.), Volk und Gesundheit. Heilen und Vernichten im Nationalsozialismus, Frankfurt/M. 1988, S. 154–156.

76 Enge, Das Gesetz zur Verhütung erbkranken Nachwuchses, S. 8.

77 Brändle, Aufartung und Ausmerze, S. 156–158.

78 Günter Liermann, Der Intelligenzprüfungsbogen nach Anlage 5a der ersten

Verordnung zur Durchführung des Gesetzes zur Verhütung erbkranken Nachwuchses in seiner Anwendung bei Jugendlichen in der Stadt Königsberg i. Pr. und dem Samland im Alter von 14–18 Jahren, in: Der Öffentliche Gesundheitsdienst I, 1935–1936, S. 244–254.

79 BkH JB 1934, S. 16.

80 Faltlhauser, Jahresbericht, S. 331–332.

81 BkH JB 1934, S. 21–22.

82 HHStAW Abr. 401/1 Nr. 12845 (Eichberg Verwaltungsakten); BkH JB 1938, S. 35.

83 BkH JB 1934, S. 16–17.

84 Zu Astel siehe: BDC, Akten über Karl Astel, insbesondere »Bericht über die Tätigkeit des Thür. Landesamtes für Rassewesen« (1933–1934); »Lebenslauf« (1934). Zu den Erbgesundheitsdatensammlungen siehe vor allem: Roth, »Erbbiologische Bestandsaufnahme«, S. 62–68; Paul Weindling, »Mustergau« Thüringen. Rassenhygiene zwischen Ideologie und Machtpolitik, in: Norbert Frei (Hrsg.), Medizin und Gesundheitspolitik, S. 84ff.

85 Norbert Emmerich, Die Wittenauer Heilstätten 1933–1945, in: Arbeitsgruppe zur Erforschung der Geschichte der Karl-Bonhoeffer-Nervenklinik (Hrsg.), Totgeschwiegen 1933–1945. Zur Geschichte der Wittenauer Heilstätten. Seit 1957 Karl-Bonhoeffer-Nervenklinik, Berlin ²1989, S. 82; Richarz, Heilen, Pflegen, Töten, S. 134–135; weitere Beispiele aus verschiedenen Anstalten bei: Bettina Winter, »Verlegt nach Hadamar«. Die Geschichte der NS-»Euthanasie«-Anstalt, Kassel 1991, S. 46.

86 Dr. Reich, Einiges über erbbiologische Ermittlungstätigkeit, in: Der Öffentliche Gesundheitsdienst I, 1935–1936, S. 130.

87 Hans Burkhardt, Was kann die psychiatrische offene Fürsorge für Erbforschung und Rassenhygiene leisten?, in: Psychiatrisch-Neurologische Wochenschrift 36, 1934, S. 242. Siehe auch: Karl Knab, Erbbiologische Bestandsaufnahme der Insassen der öffentlichen Heil- und Pflegeanstalten und offene Fürsorge für Geisteskranke, in: Psychiatrisch-Neurologische Wochenschrift 38, 1936, S. 211–212.

88 Faltlhauser, Jahresbericht, S. 346.

89 Ebda., S. 372.

90 Ebda., S. 372.

91 Burkhardt, Was kann die psychiatrisch offene Fürsorge, S. 342. Zur Manipulation von Volkszählungen insgesamt siehe: Götz Aly und Karl-Heinz Roth, Die restlose Erfassung. Volkszählen, Identifizieren, Aussondern im Nationalsozialismus, Berlin 1984.

92 Burkhardt, Was kann die psychiatrisch offene Fürsorge, S. 234.

93 Ebda., S. 235.

94 Reich, Einiges über erbbiologische Ermittlungstätigkeit, S. 130–132.

95 Details aus dem Urteil des Erbgesundheitsgerichts Krefeld, 19.8.1936, sind abgedruckt in: Leipert u. a. (Hrsg.), Verlegt nach unbekannt, Dok. 26, S. 142–144.

96 Ebda., S. 143.
97 Ebda., Dok. 31, Meldung der Städtischen Krankenanstalt Wuppertal-Barmen vom 23.7.1937, S. 149.
98 Urteil des Erbgesundheitsgerichts in Frankfurt am Main im Falle der Anna V. vom 26.11.1937, abgedruckt in: Winter,»Verlegt nach Hadamar«, S. 53.
99 Direktor der Landesheilanstalt Hadamar vor dem Erbgesundheitsgericht, Frankfurt am Main, 28.12.1937, abgedruckt in: Winter,»Verlegt nach Hadamar«, S. 54.
100 Urteil des Erbgesundheitsgerichts Frankfurt am Main im Falle der Anna V. vom 18.3.1938, abgedruckt in: Winter,»Verlegt nach Hadamar«, S. 50.
101 Erving Goffman, Asyle. Über die soziale Situation psychiatrischer Patienten und anderer Insassen, Frankfurt/M. 1974.
102 Richarz, Heilen, Pflegen, Töten, S. 53.
103 BkH JB 1933, S. 6–7.
104 BkH JB 1933, S. 34–37.
105 Archiv des Autors: Josef S.,»Mein Lebenslauf« (unveröffentlichtes Manuskript, datiert 30.5.1992), Bd. 1–2.
106 HHStAW Abt. 461, Nr. 32061 (Hadamar-Prozeß), Bd. 7, S. 153 (Zeugenaussage von Klara S.).
107 Berndt-Michael Becker, Der Zeitzeuge Fritz N., in: Arbeitsgruppe (Hrsg.), Totgeschwiegen, S. 177–183.
108 HHStAW Abt. 430/1, Nr. 11462, Krankenakte von Lina C., Bericht über ihre Aufnahme in Eichberg vom 10.4.1941.
109 Ebda.,»Meldebogen 1«, ohne Datum.
110 Ebda.,»Krankheitsverlauf«, Eintrag vom 5.4.1942.
111 HHStAW Abt. 430/1, Nr. 11472, Wilhelm B.,»Auszug aus den Strafprozeßakten der Staatsanwaltschaft bei dem Landgericht Wiesbaden über Wilhelm B.«, 24.11.1941, S. 1–3.
112 Ebda., Kopie des Totenscheins von Wilhelm B. vom 8.8.1942 und Brief an seine Frau vom 8.8.1942, in dem ihr mitgeteilt wird, daß Wilhelm B.»seiner unheilbaren Krankheit« erlegen ist.
113 StAM, RA 3761, Nr. 57693, Bezirksarzt der Hauptstadt der Bewegung,»Gutachten« über Maria Z. vom 3.3.1936; sowie Gestapo-Schriftsatz über Maria Z. vom 11.11.1940.
114 Richarz, Heilen, Pflegen, Töten, S. 59.
115 Horst Dickel, Alltag in einer Landesheilanstalt im Nationalsozialismus – das Beispiel Eichberg, in: Landeswohlfahrtsverband Hessen (Hrsg.), Euthanasie in Hadamar. Die nationalsozialistische Vernichtungspolitik in hessischen Anstalten, Kassel 1991, S. 106.
116 BkH JB 1932, S. 19.
117 BkH JB 1933, S. 19; 1936, S. 23.
118 Monika Daum, Arbeit und Zwang, das Leben der Hadamarer Patienten im Schatten des Todes, in: Roer und Henkel (Hrsg.), Psychiatrie im Faschismus,

S. 191.

[119] Dickel, Alltag in einer Landesheilanstalt im Nationalsozialismus, S. 108.
[120] HHStAW Abt. 461, Nr. 32442 (Eichberg-Prozeß), S. 18.
[121] HHStAW Abt. 461, Nr. 32442 (Eichberg-Prozeß), Bd. 2, Zeugenaussage von E. B. am 6.6.1946.
[122] Ebda., Zeugenaussage von L. H. am 29.6.1946.
[123] Ebda., Zeugenaussage von I. H. am 2.7.1946 und Zeugenaussage von Frau K. am 21.7.1946.
[124] Zur Behandlung mit dem »Packsack« siehe: Samine Damm und Norbert Emmerich, Die Irrenanstalt Dalldorf-Wittenau bis 1933, in: Arbeitsgruppe (Hrsg.), Totgeschwiegen, S. 23; Delius, Das Ende von Strecknitz, S. 37.
[125] Berndt-Michael Becker, Der Zeitzeuge Fritz N., in Arbeitsgruppe (Hrsg.), Totgeschwiegen, S. 178.
[126] BkH JB 1933, S. 17.
[127] BkH JB 1934, S. 26–27.
[128] HHStAW Abt. 430/1, Nr. 11002, Krankenakte von Paul S. Die biographischen Angaben sind dem Aufnahmedokument vom 25.2.1941 entnommen; Totenschein mit Datum des 7.7.1941.
[129] Ebda.; sämtliche Details entstammen der Krankenakte von Paul S., Erziehungs- und Pflegeanstalt Scheuern bei Nassau, die mit seiner Aufnahme am 1.10.1930 beginnt, als er vom Krüppelheim in Bad Kreuznach kam, wo er von 1921 bis 1930 gelebt hatte.
[130] Ebda., Eichberg »Aufnahmebefund«, S. 1.
[131] Ebda.; alle biographischen Details sind den datierten Einträgen der Krankenakte von Paul S. entnommen.
[132] Ebda., Eintrag vom 3.2.1941, Bericht von seiner Überführung nach Eichberg sowie Eintrag vom 8.7.1941, der über seinen Tod informiert.
[133] HHStAW Abt. 430/1, Nr. 11258, Krankenakte von Johanne B.; Totenschein vom 15.5.1941.
[134] Ebda., »Ärztliches Gutachten«, datiert vom 28.12.1931.
[135] Ebda., Johanne B.s Krankenakte aus der Provinzial-Heil- und Pflegeanstalt zu Hildesheim.
[136] Ebda., Eintrag vom 24.1.1933.
[137] Ebda., Eintrag vom 16.11.1936.
[138] Ebda., Eintrag vom 17.4.1941.
[139] Ebda., Eintrag vom 22.4.1941, Fortsetzung der Krankenakte Eichberg.
[140] Faltlhauser, Jahresbericht, S. 322–323.
[141] Richarz, Heilen, Pflegen, Töten, S. 73.
[142] BkH JB 1931, S. 17.
[143] Hans-Ludwig Siemen, Das Grauen ist vorprogrammiert. Psychiatrie zwischen Faschismus und Atomkrieg, Gütersloh 1987, S. 159; siehe auch: Siemen, Menschen blieben auf der Strecke, S. 152ff.
[144] Karl Knab, Was ist für die Anstaltspsychiatrie wichtiger: die medikamentose

Behandlung oder die Psychotherapie?, in: Psychiatrisch-Neurologische Wochenschrift 37, 1935, S. 367.

145 Faltlhauser, Jahresbericht, S. 321–323.

146 David Schöne und Dieter Schöne, Zur Entwicklung und klinischen Anwendung neuer somatischer Therapiemethoden der Psychiatrie in den 30er Jahren des 20. Jahrhunderts unter besonderer Berücksichtigung der Schocktherapien und deren Nutzung in den deutschen Heil- und Pflegeanstalten, Diss. Univ. Leipzig 1986, S. 15ff. Einen guten Überblick zu den Hauptströmungen der klinischen Psychiatrie während der 30er Jahre findet man bei: Thom, Die Entwicklung, insbes. S. 137–138 bezüglich der neuen somatischen Therapien.

147 Was den Behandlungsablauf betrifft siehe: Anton von Braunmühl, Insulinschockbehandlung der Schizophrenie, in: Münchener Medizinische Wochenschrift 84, 1937, S. 8ff. Beispiele für Komplikationen findet man bei: Marianne Feldhofen, Schwierigkeiten und Gefahren der Insulinschockbehandlung der Schizophrenie, in: Allgemeine Zeitschrift für Psychiatrie 105, 1937, S. 281ff. und: Richard Müller, Krampfbehandlung der Schizophrenie und Schenkelhalsfraktur, in: Münchener Medizinische Wochenschrift 86, 1939, S. 525–526.

148 Peter Hays, New Horizons in Psychiatry, Harmondsworth 1971, S. 114.

149 Anton von Braunmühl, Über die Insulinschockbehandlung, in: Psychiatrisch-Neurologische Wochenschrift 39, 1937, S. 156.

150 Ebda., S. 163.

151 BkH JB 1936, S. 21.

152 Hans Roemer, Die Praktische Einführung der Insulin- und Cardiazolbehandlung in den Heil- und Pflegeanstalten, in: Allgemeine Zeitschrift für Psychiatrie 107, 1938, S. 122.

153 L. Ziegelroth, Bericht über die Besichtigung der Insulinstation in der Heilanstalt Eglfing, in: Psychiatrisch-Neurologische Wochenschrift 39, 1937, S. 496–498.

154 Anton von Braunmühl, Über die Insulinschockbehandlung der Schizophrenie, S. 10.

155 BkH JB 1936, S. 18–19.

156 Anton von Braunmühl, Schocklinie und Hypoglykämielinie, in: Zeitschrift für die gesamte Neurologie und Psychiatrie 169, 1940, S. 413ff., insbesondere S. 417.

157 Braunmühl, Über die Insulinschockbehandlung, S. 162–163.

158 HHStAW Abt. 430/1, Nr. 10613, Krankenakte von Karl H. »Abschrift der Krankengeschichte aus der Nervenklinik der Stadt und Universität Frankfurt am Main«, mit Datum vom 8.5.1937.

159 Ebda., S. 4.

160 Ebda., S. 14.

161 Ebda., S. 15.

162 Ebda., S. 16.
163 Ebda., Eichberger Krankenakte von Karl H., Einträge zu Karl H.s Aufnahme und seinem Tod am 2.6.1940.
164 Siemen, Menschen blieben auf der Strecke, S. 156.
165 Richard Müller, Krampfbehandlung der Schizophrenie und Schenkelhalsfraktur, in: Münchener Medizinische Wochenschrift 86, 1939, S. 525–526; Anton von Braunmühl, Aus der Praxis der Krampftherapie, in: Allgemeine Zeitschrift für Psychiatrie 120, 1942, S. 146–157.
166 R. Carriere, Ein Jahr Cardiazolbehandlung auf der unruhigen Frauenabteilung, in: Allgemeine Zeitschrift für Psychiatrie 113, 1939, S. 347ff.
167 G. Ewald und S. Haddenbrock, Die Elektrokrampftherapie. Ihre Grundlagen und ihre Erfolge, in: Zeitschrift für die gesamte Neurologie und Psychiatrie 174, 1942, S. 639.
168 Anton von Braunmühl, Die kombinierte Schock-Krampfbehandlung, in: Zeitschrift für die gesamte Neurologie und Psychiatrie 164, 1938, S. 72–73.
169 Schmidt, Selektion in der Heilanstalt, S. 21.
170 IWM, CIOSC Akte Nr. xxviii-50, Bericht von Kleist über Herborn vom 24.3.1938, S. 169. Was Kleists Kommentar zu Bernotat betreffen siehe: HHStAW Abt. 461, NR. 32061, (Hadamar-Prozeß), Bd. 7, S. 13.

3. »Räder müssen rollen für den Sieg!«
Die Kinder-»Euthanasie« und die »Aktion T4«

1 Zentrale Stelle der Landesjustizverwaltungen, Ludwigsburg (nachfolgend ZSL), »Euthanasie« (alphabetisch geordnete Bände), Hea-Heq, Verhör von Richard von Hegener, 30.3.1960, S. 4–5.

2 Zur KdF als einem Beispiel für die Neigung der Nationalsozialisten, unter Umgehung normativer bürokratischer Dienstwege auf privilegierte Dienststellen auszuweichen, um dadurch die Realisierung politischer Programme zu beschleunigen, siehe vor allem: Jeremy Noakes, Philipp Bouhler und die Kanzlei des Führers der NSDAP, in: Dieter Rebentisch und Karl Teppe (Hrsg.), Verwaltung contra Menschenführung im Staat Hitlers, Göttingen 1986, S. 210.

3 BDC, Personalakten von Philipp Bouhler; Bundesarchiv Dokumentationszentrale (Berlin), Personalakte Philipp Bouhler.

4 Klee, »Euthanasie« im NS-Staat, S. 77–79.

5 HHStAW Abt. 631a/92, Hans Hefelmann, »Ergänzungen zum Problem der Euthanasie-Maßnahmen während des Hitler-Regimes«, 1961, S. 3.

6 Zu Brandts Hintergrund siehe seine BDC Personalakte; was Brandts eigene Darstellung betrifft sowie über seine Aufnahme im inneren Kreis Hitlers siehe: IWM Medical Trial, Case 1, US versus Karl Brandt et al., 1947, Bd. 5, S. 2301ff.

7 IWM Medical Trial, Case 1, US versus Karl Brandt et al., 1947, Bd. 6, S. 2396ff.

8 HHStAW Abr. 631a, Nr. 293, Verhör von Werner Catel am 15.5.1962, S. 21.

9 Ebda., S. 23–24.

10 Eine exzellente, wissenschaftlich anspruchsvolle Darstellung dieser älteren Debatten über den Nationalsozialismus findet man bei: Ian Kershaw, Der NS-Staat. Geschichtsinterpretationen und Kontroversen im Überblick, Reinbek 1988, S. 125ff. Neuere Richtungen, die von der Forschung seit den späten 70er Jahren eingeschlagen wurden, nachdem diese älteren Debatten ihren Höhepunkt bereits überschritten hatten, werden diskutiert und bewertet von: Michael Burleigh und Wolfgang Wippermann, The Racial State: Germany 1933–1945, Cambridge ²1992.

11 HHStAW Abt. 631a, NR. 301, Verhör von Hans Heinrich Lammers am 21.3. 1961, S. 2.

12 IWM Medical Trial, Case 1, vol. 6, S. 2397. Siehe auch: Mitscherlich und Mielke (Hrsg.), Medizin ohne Menschlichkeit, S. 237.

13 IWM Medical Trial, Case 1, vol. 6, S. 2396ff.

14 ZSL »Euthanasie«, Hea-Heq, Verhör von Richard von Hegener am 30.3. 1960, S. 5.

15 Einen weitgehend epigonalen Versuch, die komplizierten Zusammenhänge des »Euthanasie«-Programms in ein orthodoxes »strukturfunktionalistisches« Korsett zu zwängen, findet man bei: Schmuhl, Rassenhygiene.

16 Siehe die wichtige Studie von Karl-Heinz Roth und Götz Aly, Das »Gesetz über die Sterbehilfe bei unheilbar Kranken«. Protokolle der Diskussion über die Legalisierung der nationalsozialistischen Anstaltsmorde in den Jahren 1938–1941, in: Roth (Hrsg.), Erfassung zur Vernichtung, insbesondere S. 104–105.

17 NAW T-253, Rolle 44, Morell-Akten, Nr. 81. Ich bin Desmond King dankbar, daß er mir diesen Film zugänglich machte.

18 Ebda.; siehe auch: Roth und Aly, Das »Gesetz über die Sterbehilfe«, Dokument 2, S. 123–128.

19 Roth und Aly, Das »Gesetz über die Sterbehilfe«, S. 108.

20 Klee, »Euthanasie«, S. 80–81.

21 Was diese Details betrifft, siehe: HHStAW Abt. 631a, NR. 297, Verhör von Ernst Wentzler am 8.10.1963, S. 5 und S. 11.

22 Ebda., S. 10.

23 Ebda., S. 13–14.

24 Ebda., S. 15.

25 Ebda., Verhör von Hans Heinze, 5.4.1950, S. 2. Siehe auch: ZSL »Euthanasie«, Hea-Heq, dort die Verhöre von Heinze vom 24.2.1958, 10.3.1958, 31.3.1958, 22.4.1958, 2.5.1960, 22.2.1961, 27.9.1961 (S. 1–50), 9.11.1961 und 16.5.1962.

26 HHStAW Abt. 631a, NR. 293, Verhör von Werner Catel am 14.5.1962, S. 7–8.

27 Ebda., S. 7–8.

28 Klee, »Euthanasie«, S. 301; eine gute Zusammenfassung der Aktivitäten dieser Kliniken findet man bei: Hans Mausbach und Barbara Bromberger, Kinder als Opfer der NS-Medizin, unter besonderer Berücksichtigung der Kinderfachabteilungen in der Psychiatrie, in: Vanja (Hrsg.), Euthanasie in Hadamar, S. 145ff. Eine gute Detailstudie, die leider unter der verweigerten Einsichtnahme entsprechender Berichte im Landesarchiv Schleswig-Holstein zu leiden hatte, legte vor: Klaus Bästlein, Die »Kinderfachabteilung« Schleswig 1941 bis 1945, in: Arbeitskreis zur Erforschung des Nationalsozialismus in Schleswig Holstein (Hrsg.), Informationen zur Schleswig-Holsteinischen Zeitgeschichte 20, 1993, S. 16–45. Ich danke meinem ehemaligen Schüler Jürgen Jürgensen aus Kiel für diesen Hinweis. Siehe auch: Richarz, Heilen, Pflegen, Töten, S. 177ff.; Susanne Scholz und Reinhard Singer, Die Kinder in Hadamar, in: Roer und Henkel (Hrsg.), Psychiatrie im Faschismus, S. 214ff.; zur Untersuchung einzelner Kliniken: Andrea Berger und Thomas Oelschlager, »Ich habe sie eines natürlichen Todes sterben lassen«, in: Christian Schrapper und Dieter Sengling (Hrsg.), Die Idee der Bildbarkeit. 100 Jahre sozialpädagogischer Praxis in der Heilerziehungsanstalt Kalmenhof, Weinheim/München 1988, S. 310ff.

29 Siehe die Fotosammlung in: StAM, Staatsanwaltschaften Nr. 17460 1/2.

30 Was das Angebot einer kostenfreien »Behandlung« betrifft, siehe: HHStAW 631a, Nr. 364, der Amtsarzt zu Stefan H., datiert auf den 10.5.1941.

31 HHStAW Abt. 631a, Nr. 364, Reichsausschuß an das Gesundheitsamt Biberach vom 26. 2. 1941.

32 Ebda., Gesundheitsamt Biberach an den Reichsausschuß vom 17. 2. 1941.

33 Ebda., Nr. 366b, Vernehmung von Emma J. durch das Landespolizei-Kommissariat Ludwigsburg, einschließlich der Verweise auf Dokumente vom 12. 6. 1942.

34 Ebda., Nr. 364, der Amtsarzt an den Reichsausschuß am 10. 5. 1944; und Landespolizei Württemberg-Hohenzollern an das Amtsgericht Münsingen am 12. 6. 1948 samt einer Abschrift des Gesprächs mit der Mutter.

35 Ebda., Nr. 363, Vernehmung von Margarethe F. durch das Kriminal-Kommissariat Waldshut am 18. 4. 1962.

36 Bästlein, Die »Kinderfachabteilung«, S. 29.

37 Zum erstgenannten siehe: HHStAW Abt. 631a, Nr. 366a, Landespolizei Württemberg-Hohenzollern an das Amtsgericht Münsingen am 6. 6. 1948; zum letztgenannten siehe: ebda., NR. 364, Vernehmung des ehemaligen Bürgermeisters von Dietmanns am 9. 6. 1948 sowie Vernehmung von Paula W. am 21. 6. 1948, was die Rolle der NSV-»Gemeindeschwestern« betrifft.

38 Ebda., Landespolizei Württemberg-Hohenzollern, Vernehmung von Maria H. am 6. 6. 1948.

39 Ebda., Landespolizei Württemberg-Hohenzollern, Vernehmung von Alfons T. am 9. 6. 1948.

40 Bästlein, Die »Kinderfachabteilung«, S. 39.

41 Richarz, Heilen, Pflegen, Töten, S. 178.

42 StAM, Staatsanwaltschaften Nr. 19031, Prozeß von Emma D. et al., S. 10; Verhör von Emma L. über die Vorgehensweise.

43 Richarz, Heilen, Pflegen, Töten, S. 179.

44 Ähnliche Vorgehensweise in Kaufbeuren-Irsee, siehe: StAAug Staatsanwaltschaften Ks 1/49, Prozeß gegen Valentin Faltlhauser et al., Bd. 1, S. 43, Verhör von Faltlhauser am 21. 4. 1948.

45 StAM, Staatsanwaltschaften, Nr. 17460 1/2, Bd. 1, Zeugenaussage von Dr. Moritz S., 1949.

46 StAM, Staatsanwaltschaften Nr. 19031, Prozeß gegen Emma D., S. 17, Zeugenaussage von Dr. Franz S.

47 StAM, Staatsanwaltschaften Nr. 17460, 1/2, Bd. 2, S. 71, Zeugenaussage von Heinz H.

48 Ebda., S. 36, Zeugenaussage von Dr. Karl S.

49 Ebda., »Protokoll«, S. 10–12 für den Nachweis von »menschliche Hülsen«, und S. 7, was seine Haltung zur »Euthanasie« insgesamt betrifft.

50 IWM Medical Trial, Case 1, US versus Karl Brandt et al., vol. 4, S. 159 (NO-1313), Friedrich Hölzel zu Hermann Pfannmüller am 20. 8. 1940.

51 StAM, Staatsanwaltschaften Nr. 19031, Prozeß gegen Emma D. et al., S. 10, Verhör von Emma L.

52 Ebda., S. 8, Text des Eides, geschworen am 26. 4. 1941.

⁵³ Ebda., S. 10, Zeugenaussage von Emma L.; ebda., S. 11, Zeugenaussage von Mara S.

⁵⁴ Berger und Oelschlager, »Ich habe sie eines natürlichen Todes sterben lassen«, S. 312.

⁵⁵ Interview mit einem Augenzeugen – dem Totengräber, abgedruckt in: Sick, »Euthanasie« im Nationalsozialismus, S. 91.

⁵⁶ Ebda., S. 73, undatierter Standardbrief mit Großmanns Unterschrift.

⁵⁷ HHStAW Abt. 631a, NR. 366a, Landespolizei Württemberg an das Amtsgericht Münsingen am 6.6.1948.

⁵⁸ Ebda., Valentin Faltlhauser an Rosa E. am 3.11.1942.

⁵⁹ Ebda., Totenschein von Margot E. vom 8.11.1942.

⁶⁰ Ebda., Landespolizei Württemberg an das Amtsgericht Münsingen am 6.6.1948.

⁶¹ HHStAW Abt. 361a, Nr. 366b, der Direktor von Eichberg an Frau S. am 3.9.1941.

⁶² Ebda., der Direktor von Eichberg an Herr und Frau S. vom 14.11.1941.

⁶³ Ebda., Nr. 368, Zeugenaussage von Julie S. am 15.6.1948.

⁶⁴ Ebda., Nr. 364, der Direktor von Eichberg an den Bürgermeister von Oberjesingen am 29.9.1941.

⁶⁵ HHStAW Abt. 430/1, Krankenakte Nr. 10998, die alle oben erwähnten Materialien über Anna Maria R. enthalten.

⁶⁶ Klee, »Euthanasie«, S. 380.

⁶⁷ HHStAW Abt. 631a, Nr. 424, Krankenakte mit sämtlichem Material (einschließlich der Fotografien und Röntgenaufnahmen) über Horst L.

⁶⁸ Roth und Aly, Das »Gesetz über die Sterbehilfe«, S. 102.

⁶⁹ Siehe: Burleigh und Wippermann, The Racial State, Teil II; dort eine umfassende Diskussion der Zusammenhänge und Verbindungen zwischen den verschiedenen Gebieten, in denen eine Verfolgung stattfand. Welch unterschiedliche Fachkenntnisse »rassischer« Art man zusammentrug, um sie mit den verschiedenartigsten Insassen einer Anstalt in Beziehung setzen zu können, siehe den Abschnitt über das Arbeitshaus Rummelsburg in Kapitel 8.

⁷⁰ HHStAW Abt. 631a, NR. 79, »Anklageschrift« gegen Heyde, S. 55–56, enthält auch Lammers Zeugenaussage vom 7.2.1947 vor dem Nürnberger Militärtribunal.

⁷¹ Ebda., S. 180–181, Zeugenaussage von Hans Hefelmann vom 31.8.1961.

⁷² Mitscherlich und Mielke, Medizin ohne Menschlichkeit, S. 238ff.; Nowak, »Euthanasie« und Sterilisation im »Dritten Reich«, S. 79.

⁷³ HHStAW Abt. 631a, NR. 301, Zeugenaussage von Hans Heinrich Lammers am 21.3.1961, S. 4.

⁷⁴ Mitscherlich und Mielke, Medizin ohne Menschlichkeit, S. 238.

⁷⁵ Die Notiz ist abgedruckt in: Burleigh und Wippermann, The Racial State, S. 143.

⁷⁶ ZSL »Euthanasie«, Li-Lz, Zeugenaussage von Ilse L. am 16.6.1961, S. 3.

77 Nowak, »Euthanasie«, S. 80.

78 ZSL »Euthanasie«, La-Le, Verhör von Hans Heinrich Lammers am 18.7. 1960, S. 3. Mit anderen Worten, Hitlers Autorisierung erfüllte noch nicht einmal jene Bedingungen, die sich das Dritte Reich im Rahmen seiner diktatorischen Variante des deutschen Rechtspositivismus selbst gesetzt hatte und deren Einhaltung zur Umwandlung von Erlassen in Gesetze erforderlich gewesen wäre. Die Schutzbehauptungen in den Nachkriegsprozessen, das »Euthanasie«-Programm habe geltendem »Gesetz« entsprochen, entbehrte mithin faktisch jeder Grundlage.

79 ZSL »Euthanasie«, Heyde, Verhör von Werner Heyde am 22.12.1961, S. 22–36.

80 H. Hennermann, Werner Heyde und seine Würzburger Zeit, in: G. Nissen und G. Keil (Hrsg.), Psychiatrie auf dem Wege zur Wissenschaft. Psychiatriehistorisches Symposium anläßlich des 90. Jahrestages der Eröffnung der Psychiatrischen Klinik der Königlichen Universität Würzburg, Stuttgart 1985, S. 55–57.

81 ZSL »Euthanasie«, Heyde, Verhör von Werner Heyde am 22.12.1961, S. 39.

82 Ebda., Verhör von Werner Heyde am 22.9.1961, S. 62–66.

83 Ebda., S. 168.

84 Siehe die äußerst ertragreiche Studie über Schneider von: Christine Teller, Carl Schneider. Zur Biographie eines deutschen Wissenschaftlers, in: Geschichte und Gesellschaft 16, 1990, S. 465ff.

85 Peta Becker von Rose, Carl Schneider – wissenschaftlicher Schrittmacher der Euthanasie und Universitätspsychiater in Heidelberg 1933–1945, in: Gerrit Hohendorf und Achim Magull-Seltenreich (Hrsg.), Von der Heilkunde zur Massentötung. Medizin im Nationalsozialismus, Heidelberg 1990, S. 100.

86 Klaus Dörner, Klassische Texte – neu gelesen, S. 112ff.

87 Siehe: Hinrich Jasper, Maximinian de Crinis (1889–1945). Eine Studie zur Psychiatrie im Nationalsozialismus, Husum 1991, S. 30ff.; eine exzellente Studie über de Crinis' frühes Leben in Österreich und seine wissenschaftliche Arbeit, etwas enttäuschend jedoch die Darstellung seiner Aktivitäten im Rahmen des »Euthanasie«-Programms.

88 Ebda., S. 57–64.

89 Den Text der Vorlesung findet man bei: M. de Crinis, Die deutsche Psychiatrie, in: Psychiatrisch-Neurologische Wochenschrift 41, 1939, S. 1–5.

90 Jasper, Maximinian de Crinis, S. 101–102.

91 Ebda., S. 5–6.

92 Klee, »Euthanasie«, S. 87.

93 HHStAW Abt. 631a, Nr. 310a, Verhör von Albert Widmann am 19.5.1960, S. 2–3.

94 Ebda., S. 5–6.

95 Zu Grafeneck siehe: Otto Frey, Gedenkstätte Grafeneck, Grafeneck 1990; und: Karl Morlok, Wo bringt ihr uns hin? »Geheime Reichssache« Grafeneck, Stuttgart ²1990.

96 Morlok, Wo bringt ihr uns hin?, S. 7–10.
97 Ebda., S. 24ff. Die Beschreibung der örtlichen Gegebenheiten der T-4–Bauten stützen sich auf Ausstellungsexponate in dem heutigen Samaritanerheim (sowie auf eine Besichtigung vor Ort).
98 ZSL »Euthanasie«, Baa-Bh, Verhör von Hans-Joachim Becker am 22. 6. 1961, S. 5.
99 Götz Aly (Hrsg.), Aktion T 4 1939–1945. Die »Euthanasie«-Zentrale in der Tiergartenstr. 4, Berlin ²1989, S. 11–12.
100 BDC Personalakten von Viktor Brack; ZSL »Euthanasie«, Bra-Bz, NO-426, datiert vom 12. 10. 1946, S. 1–2; IWM Case 1, Medical Trial, US versus Brandt et al. (einschließlich Viktor Brack), vol. 15, S. 7413, dort Bracks detaillierte Darstellung seines Lebenslaufs.
101 ZSL »Euthanasie«, Maa-Me, Verhör von Hildegard M. vom 14. 10. 1965, S. 3.
102 ZSL »Euthanasie«, A, Verhör von Dietrich Allers vom 18. 8. 1949, S. 4.
103 ZSL »Euthanasie«, Schr-Schz, Verhör von Hermann Schweninger vom 9. 4. 1963, S. 1.
104 ZSL »Euthanasie«, A, Verhör von Dietrich Allers vom 28. 6. 1961, S. 2.
105 ZSL »Euthanasie«, Kaa-Ki, Verhör von Adolf Kaufmann vom 21. 7. 1965, S. 9; Li-Lz, Verhör von Robert Lorent vom 8. 1. 1962, S. 2 sowie Hefelmann, Verhör von Hans Hefelmann am 4. 1. 1961, S. 1, von Brack und Tillmann. Siehe A, Verhör von Dietrich Allers vom 7. 5. 1963, S. 3. und Bi-Bq, Verhör von Gerhard Bohne am 6. 12. 1960, S. 1, was das vielfältige personelle Beziehungsgeflecht betrifft. Diese Beispiele können beinahe endlos fortgeführt werden.
106 ZSL »Euthanasie«, Bi-Bq, Verhör von Gerhard Bohne vom 10. 4. 1961, S. 5–7.
107 ZSL »Euthanasie«, Maa-Me, Zeugenaussage von Hildegard M. vom 14. 10. 1945, S. 2.
108 ZSL »Euthanasie«, Maa-Me, Zeugenaussage von Kurt M. vom 3. 12. 1965, S. 7.
109 ZSL »Euthanasie«, A, Verhör von Dietrich Allers vom 2. 9. 1965, S. 4.
110 ZSL »Euthanasie«, Haa-Hd, Zeugenaussage von Hedwig H. vom 1. 3. 1966, S. 6.
111 ZSL »Euthanasie«, Li-Lz, Verhör von Robert Lorent vom 18. 10. 1965, S. 32.
112 ZSL »Euthanasie«, Na-Oz, Verhör von Josef Oberhauser vom 15. 6. 1960, S. 1 und vom 22. 7. 1960, S. 1.
113 ZSL »Euthanasie«, F, Verhör von Kurt Franz vom 5. 12. 1962, S. 2.
114 ZSL »Euthanasie«, Baa-Bh, Verhör von Erich Bauer vom 12. 12. 1960, S. 2 und vom 9. 1. 1962, S. 2.
115 ZSL »Euthanasie«, Haa-Hd, Zeugenaussage von Emil H. vom 3. 3. 1966, S. 2.
116 ZSL »Euthanasie«, Na-Oz, Zeugenaussage von Vincent N. vom 4. 9. 1945, S. 3.
117 ZSL »Euthanasie«, Bra-Bz, Verhör von Viktor Brack vom 21. 5. 1948, S. 2, in dem dieser Linden anschwärzte.
118 ZSL LG Freiburg, Urteil 1 Ks 5/1948, Ludwig Sprauer, S. 32.

[119] ZSL »Euthanasie«, Hefelmann, Verhör von Hans Hefelmann vom 7.11.1960, S. 19.

[120] ZSL »Euthanasie«, Ta-U, Verhör von Aquilin Ullrich vom 10.10.1962, S. 6–8.

[121] ZSL »Euthanasie«, Kaa-Ki, Verhör von Werner Kirchert vom 16.2.1960, S. 2–4.

[122] ZSL »Euthanasie«, Kaa-Ki, Verhör von Werner Kirchert vom 2.5.1960.

[123] Archiv des Autors, Generalstaatsanwaltschaft Frankfurt am Main v. Aquilin Ullrich und anderen, »Anklageschrift« vom 15.1.1965, S. 77–79. Beispiele dieser Formulare sind für gewöhnlich in den Anklageschriften der meisten im Zusammenhang mit der »Euthanasie« angeklagten Personen wiedergegeben.

[124] Ebda., »Merkblatt«, S. 78.

[125] Ebda., Reichsinnenministerium an den Oberpräsidenten von Hannover vom 26.7.1940.

[126] Ebda., S. 82.

[127] Klee, »Euthanasie«, S. 99.

[128] Ernst Klee (Hrsg.), Dokumente zur »Euthanasie«, Frankfurt/M. 1986, Nr. 29, S. 97f.

[129] StAM, Staatsanwaltschaften Nr. 17460 1/2, enthält NO-1130, Kopien von Empfangsbestätigungen der Pakete mit Formularen von Pfannmüller an Heyde, denen die im Text wiedergegebenen Daten entnommen sind.

[130] StAM, Staatsanwaltschaften NR. 17460 1/2, S. 23, Brief von Pfannmüller an Theresa Pfannmüller vom 22.4.1947.

[131] Siehe: IWM Case 1, Medial Trial, US versus Karl Brandt et al., vol. 15, S. 7319ff., was Pfannmüllers einschlägige Begegnung mit dem Staatsanwalt betrifft hinsichtlich seiner Geschwindigkeit, mit der er die Formulare bearbeitete.

[132] ZSL »Euthanasie«, W, Zeugenaussage von Klara W. vom 19.9.1962, S. 4.

[133] Siehe: Christina Vanja und Martin Vogt, Zu melden sind sämtliche Patienten…, in: Vanja (Hrsg.), Euthanasie in Hadamar, S. 29, hier Angaben zu den Honorarraten.

4. »Der Club der Psychopathen«

1 ZSL V 203, AR-Nr. 1101/1962 (LG Hannover 2Ks 2/1967), Urteil Kurt Eimann, S. 3.

2 ZSL V 203, AR-Nr. 452/1964, Prozeß gegen Dr. Kurt Bode, Bd. 1, Brief von Günter Grass an den Staatsanwalt vom 23.11.1965.

3 BDC, Personalakte von Kurt Eimann, Höherer SS- und Polizeiführer Danzig-Westpreußen,»Bericht über Aufstellung, Einsatz und Tätigkeit des SS-Wachsturmbann E« vom 9.1.1940, S. 1–3.

4 Klee,»Euthanasie«, S. 95.

5 ZSL V 203, AR-Nr. 1101/1962, Eimann Prozeß, S. 58–59, einschließlich der Zeugenaussage des ehemaligen Führers der SS-Einheit Baltisches Meer vom 9.1.1963.

6 ZSL V 203, AR-Nr. 1101/1962, Eimann Prozeß,»Lebenslauf«, S. 7. Nach seinem Einsatz in Polen ging Eimann als Soldat des II. SS-Panzerkorps in die Normandie und in die Ardennen; er erhielt das Eiserne Kreuz 1. und 2. Klasse. Nach kurzer Gefangenschaft arbeitete er als Bauarbeiter und anschließend als Handelsvertreter für Seife. 1968 erhielt er eine vierjährige Haftstrafe für seine Beteiligung an der Ermordung von 1200 Psychiatriepatienten.

7 ZSL V 203, AR-Nr. 1101/1962, Verhör von Kurt Eimann am 20.12.1968, S. 12.

8 Klee, Dokumente zur »Euthanasie«, Nr. 18, S. 70–71, Auszug aus dem Urteil gegen Kurt Eimann.

9 ZSL V 203, AR-NR. 1101/1962, Zeugenaussage von Kurt Eimann, S. 10–11.

10 BDC Personalakte von Kurt Eimann, Höherer SS- und Polizeiführer Danzig-Westpreußen,»Bericht«, S. 3.

11 ZSL 203 AR-Z 69/1959, Bd. 8, S. 15–17, Langes Biographie.

12 ZSL 203 AR-Z 69/1959, Vernehmung von Wilhelm Koppe, Bd. 4, S. 556.

13 ZSL »Euthanasie«, Re-Rz, Zeugenaussage von Dr. Hans-Hermann Renfranz vom 20.3.1963, S. 7.

14 BDC Personalakte von Herbert Lange, Brief von Wilhelm Koppe an den Höheren SS- und Polizeiführer Nordost, SS-Gruppenführer Sporrenberg vom 18.10.1940; Höherer SS- und Polizeiführer beim Reichskommissar für die besetzten norwegischen Gebiete (Rediess) an Karl Wolff, Datum vom 7.11.1940.

15 Klee,»Euthanasie«, S. 193.

16 Ian Kershaw, Improvised Genocide? The Final Solution in the Warthegau, in: Transactions of the Royal Historical Society 2, Reihe 6, 1992, S. 66–67.

17 Walter Grode, Deutsche »Euthanasie«-Politik in Polen während des Zweiten Weltkriegs, in: Psychiatrie & Gesellschaftskritik 16, 1992, S. 6; siehe auch: Z. Jaroszewski, Die Vernichtung psychisch Kranker unter deutscher Besatzung, in: Sozialpsychiatrische Informationen 12, 1982, S. 12.

18 HHStAW Abt. 631a, Nr. 1643, Z. Jaroszewski,»Das Schicksasl des psychia-

trischen Krankenhauses in Owinskie während des Krieges«, Bericht mit Datum vom 30.10.1945, S. 1–7.

[19] HHStAW 631a, Nr. 1643, »Biuletyn Glownej Komisji Badania Zbrodni Niemieckich w Polsce«, Warschau 1947, Bd. 3, S. 3.

[20] ZSL »Euthanasie«, Baa-Bh, Verhör von August Becker am 10.3.1960, S. 1.

[21] Was diese Details betrifft siehe: HHStAW Abt. 361a, Nr. 291, Verhör von August Becker am 20.6.1961, S. 4. Was die Beteiligung von Brack und Conti angeht siehe: Klee, »Euthanasie«, S. 110. Ein gutes, detailliertes Porträt von Conti findet man bei: Michael Kater, Doctor Leonardi Conti and his Nemesis: the Failure fo Centralized Medicine in the Third Reich, in: Central European History 18, 1985, S. 299–325.

[22] HHStAW Abt. 631a, Nr. 291, Verhör von August Becker am 4.4.1960, S. 5–6.

[23] Ebda.

[24] Zu Sprauer siehe: ZSL Urteil LG Freiburg Iks 5/1948, S. 15–16.

[25] Zu Mauthe siehe: ZSL IV 449, AR-Nr. 2811/1967, einschließlich des Urteils vom LG Tübingen KS 6/1949, S. 13–14, was seine Zuständigkeitsbereiche betrifft.

[26] HHStAW Abt. 631a, Nr. 335, Berichte über die Verhöre von Egon Stähle zwischen dem 6.11.1947 und dem 30.6.1948.

[27] StAM Staatsanwaltschaft Nr. 1905 1/2, Prozeß gegen Walter Schultze, Bd. 1, S. 23, hier sein »Lebenslauf«.

[28] Klee, »Euthanasie«, S. 47.

[29] Archiv des Autors, Generalstaatsanwaltschaft Frankfurt/M., »Anklageschrift« gegen Dr. Aquilin Ullrich et al., 15.1.1965, S. 24, Zeugenaussage von Professor Bohm.

[30] Ralf Seidel und Thorsten Suesse, Werkzeuge der Vernichtung. Zum Verhalten der Verwaltungsbeamten und Ärzte bei der »Euthanasie«, in: Norbert Frei (Hrsg.), Medizin und Gesundheitspolitik in der NS-Zeit, S. 254–257.

[31] Zu Creutz siehe den relativ freundlichen Bericht bei: Matthias Leipert, Die Beteiligung der Provinzial-Heil- und Pflegeanstalt Galkhausen an der Vernichtung psychisch Kranker und Behinderter im Nationalsozialismus, in: Leipert, Styrnal und W. Schwarzer (Hrsg.), Verlegt nach unbekannt, S. 28ff.; eine kritischere Sichtweise bei: Siemen, Das Grauen ist vorprogrammiert, S. 188–191.

[32] HHStAW Abt. 631a, Nr. 359, Zeugenaussage von Dr. Hans Koch am 3.3.1948.

[33] HHStAW Abt. 631a, NR. 353, Zeugenaussage von Dr. Josef Wrede im Prozeß gegen Egon Stähle am 10/11.12.1947, S. 2.

[34] ZSL »Euthanasie«, Re-Rz, Verhör von Johannes Recktenwald am 12.8.1947, S. 11.

[35] HHStAW Abt. 631a, Nr. 359, Zeugenaussage von Dr. Ritter im Mai 1948, S. 1.

[36] Ein Beispiel für die Versuche, die Registrierprozedur herauszuzögern, in diesem Fall von Dr. Ilsabe Gestering in der Anstalt Ursberg, schildert: Gernot

Römer, Die grauen Busse in Schwaben. Wie das Dritte Reich mit Geisteskranken und Schwangeren umging, Augsburg 1986, S. 80ff.

[37] ZSL »Euthanasie«, Pa-Ra, Zeugenaussage von Dr. Werner Philipps am 7.12. 1961; und »Euthanasie«, Na-Oz, Zeugenaussage von Adolf Nell, o. Dat., S. 2.

[38] Schmidt, Selektion in der Heilanstalt, S. 52.

[39] Ebda., S. 53.

[40] Römer, Die grauen Busse, S. 72–73.

[41] HHStAW Abt. 631a, Nr. 354, Direktor von Göppingen an den Innenminister von Württemberg am 21.12.1940.

[42] Ebda., Zeugenaussage von Dr. K. John vor der Spruchkammer Göppingen am 23.8.1946.

[43] Siehe das Memorandum, abgedruckt in: Klüppel, »Euthanasie« und Lebensvernichtung am Beispiel der Landesheilanstalten Haina und Merxhausen, S. 337–338.

[44] Helmut Sorg, »Euthanasie« in den evangelischen Heilanstalten in Württemberg im Dritten Reich, Magisterarbeit, FU Berlin 1987, S. 74–77.

[45] HHStAW Abt. 631a, Nr. 355, Landesfürsorgeanstalt Markgröningen an die Landesfürsorgebehörde Stuttgart am 2.9.1940.

[46] HHStAW Abt. 631a, NR. 355, Zeugenaussagen von Heinrich Scholder, Krankenschwester Maria S. und anderen am 15.4.1948.

[47] Beispiele in: HHStAW Abt. 631a, Nr. 359, Innenministerium Württemberg an die Pflegeanstalt Liebenau am 9.9.1940.

[48] Ebda., Zeugenaussage von Dr. Hugo Götz am 16.7.1948, S. 4–5.

[49] ZSL »Euthanasie«, Na-Oz, Zeugenaussage von Adolf Nell, o. Dat., S. 2.

[50] Sorg, »Euthanasie« in den evangelischen Heilanstalten, S. 90–91.

[51] So ausdrücklich Gebhard Ritter von Liebenau in: HHStAW Abt. 631a, Nr. 359, o. Dat., S. 10.

[52] ZSL »Euthanasie«, Ta-U, Zeugenaussage von Karl Todt am 10.1.1948, S. 1.

[53] Römer, Die grauen Busse, S. 70.

[54] ZSL »Euthanasie«, Na-Oz, Zeugenaussage von Adolf Nell, S. 4.

[55] HHStAW Abt. 631a Nr. 357, Brief von Ludwig Schlaich an P. Frick vom 5.11.1940. Siehe auch: Ludwig Schlaich, Vernichtung und Neuanfang. Das Schicksal der Heil- und Pflegeanstalt in Stetten i.R., Stuttgart 1946, S. 5.

[56] Klüppel, »Euthanasie« und Lebensvernichtung, S. 41.

[57] Römer, Die grauen Busse, S. 59.

[58] ZSL »Euthanasie«, Pa-Ra, Zeugenaussage von Anton Pfänder am 19.1.1959.

[59] HHStAW Abt. 631a, Nr. 359, Zeugenaussage von Walter M. am 3.2.1948 samt einer Kopie von Helen M.s letztem Brief an ihn.

[60] Ebda., Zeugenaussage von Paul Morstatt am 3.3.1948, S. 7.

[61] Sorg, »Euthanasie« in den evangelischen Heilanstalten, S. 89.

[62] Bettina Winter, Die Geschichte der NS-»Euthanasie«-Anstalt Hadamar, in: Winter (Hrsg.), Verlegt nach Hadamar, S. 79.

63 Siehe ebda., S. 87, eine Karte, aus der das Einzugsgebiet der Anstalt und der Ring an Zwischenstationen hervorgeht.

64 ZSL »Euthanasie«, Hu-Jz, Zeugenaussage von Michael H. am 19.12.1947.

65 Zeugenaussage des Benedikt H. vom 16.1.1966, abgedruckt in: Armin Trus, ... für die Gesundung des deutschen Volkskörpers. Von der Asylierung zur »Vernichtung lebensunwerten Lebens«, Gießen ²1991, Quellenabteilung 2.2.7 (keine Seitenangabe).

66 Winter, Die Geschichte der NS-»Euthanasie«-Anstalt Hadamar, S. 29ff.

67 Monika Daum, Arbeit und Zwang, das Leben der Hadamarer Patienten im Schatten des Todes, in: D. Roer und D. Henkel (Hrsg.), Psychiatrie im Faschismus. Die Anstalt Hadamar 1933–1945, Bonn 1986, S. 176–177.

68 HHStAW Abt. 461, Nr. 32061, Hadamar Prozeß, Bd. 2, Zeugenaussage von Fritz Scherwing am 3.3.1946. Da diese Prozeßberichte irrtümlicherweise mit falschen Seitenzahlen versehen wurden (und sich in einem fortgeschrittenen Zustand des Verfalls befinden), habe ich das Datum der Zeugenaussage vor Gericht angeführt. Jede Gerichtssitzung ist eindeutig datiert.

69 ZSL »Euthanasie«, Haa-Hd, Zeugenaussage von Emil H. am 3.3.1966, S. 3.

70 Heidi Schmidt von Blittersdorf, Dieter Debus und Birgit Kalkowsky, Die Geschichte der Anstalt Hadamar von 1933 bis 1945 und ihre Funktion im Rahmen von T 4, in: Roer und Henkel (Hrsg.), Psychiatrie und Faschismus, S. 58ff. Zu Hadamar siehe auch drei wichtige Ausstellungskataloge: Peter Chroust u. a. (Hrsg.), »Soll nach Hadamar überführt werden«. Den Opfern der Euthanasiemorde 1939 bis 1945, Frankfurt/M. 1989; Vanja (Hrsg.), Euthanasie in Hadamar; Winter (Hrsg.), Verlegt nach Hadamar. Ebenso konnte ich mich auf die immensen Kenntnisse stützen von: Trus, ... für die Gesundung des deutschen Volkskörpers. Gerhard Kneuker und W. Steglich, Begegnungen mit der Euthanasie in Hadamar, Rehberg-Loccum 1985, ist im wesentlichen eine Art gedruckter Psychotherapie von zwei Hadamarer Psychiatern und weniger eine ernsthafte Studie über die Anstalt selbst. Es bleibt zu hoffen, daß im Laufe der kommenden Jahre ähnlich umfangreiche Quellen über die nationalsozialistischen Vernichtungszentren auf dem Gebiet der ehemaligen DDR, insbesondere Brandenburg, Bernburg und Sonnenstein, zugänglich werden.

71 ZSL »Euthanasie«, Haa-Hd, Zeugenaussage von Emil H. am 3.3.1966, S. 3. Meine Darstellung des modus operandi stützt sich stark auf mehrere Interviews mit dem ehemaligen T-4-Pfleger Paul R., die ich zwischen 1991 und 1993 geführt habe.

72 Interview mit Paula S. in Hadamar im Jahre 1991; HHStAW Abt. 461, Nr. 32061, Hadamar Prozeß, Bd. 2, S. 9, Zeugenaussage von Else M. am 19.2. 1946.

73 ZSL »Euthanasie«, Na-Oz, Zeugenaussage von Fritz Neumann am 22.10. 1969, S. 2.

74 BDC Personalakten von Christian Wirth und Gottlieb Hering; zu den Zu-

sammenhängen zwischen dem »Euthanasie«-Programm und der »Aktion Reinhardt« siehe Teil III.

75 Ein Beispiel dieser Vorgehensweise: ZSL »Euthanasie«, Hea-Heq, Zeugenaussage von Elfriede H. am 9.5.1949, S. 1ff.
76 HHStAW Abt. 631a, Nr. 56, undatierte Liste in Frage kommender Todesursachen, einschließlich Meningitis (S. 13), Pneumonie (S. 56), Schlaganfall (S. 16).
77 Winter (Hrsg.), Verlegt nach Hadamar, S. 108.
78 HHStAW Abt. 461, Nr. 32061, Hadamar Prozeß, Bd. 7, Zeugenaussage von Bodo Gorgass am 24.2.1947, S. 4.
79 Ebda., S. 5.
80 Ebda., S. 1–2.
81 Ebda., S. 10.
82 Ebda., S. 37.
83 Ebda., S. 12.
84 Ebda., S. 13.
85 Ebda., S. 14.
86 Ebda., S. 17.
87 Eine kluge Sammlung von Beiträgen zu dieser Thematik bei: Hohendorf und Magull-Seltenreich (Hrsg.), Von der Heilkunde zur Massentötung.
88 Insbesondere Robert Jay Lifton, Ärzte im Dritten Reich, Stuttgart 1988. Dieses Buch wurde von den meisten deutschen Historikern des nationalsozialistischen »Euthanasie«-Programms nicht sehr ernst genommen, im Gegensatz zu Medizinerkreisen in England oder Amerika.
89 Antje Wettlaufer, Die Beteiligung von Schwestern und Pflegern an den Morden in Hadamar, in: Roer und Henkel (Hrsg.), Psychiatrie im Faschismus, S. 300–304. Siehe auch die wertvolle Sammlung von Beiträgen in: Hilde Steppe (Hrsg.), Krankenpflege im Nationalsozialismus, Frankfurt/M. ⁵1989.
90 Interview mit Paul R. am 12.9.1990.
91 Interview mit Paul R., 1991.
92 HHStAW Abt. 461, Nr. 32061, Hadamar Prozeß, Bd. 2, Zeugenaussage von Paul R. vom 6.3.1946.
93 Interview mit Paul R., 1991.
94 Interview mit Paul R., 1991.
95 HHStAW Abt. 461, Nr. 32061, Hadamar Prozeß, Bd. 2, Zeugenaussage von Paul R., S. 65.
96 Ebda., Paul R., S. 68–69.
97 Interview mit Paul R., 1991.
98 ZSL »Euthanasie«, Ka-Kz, Verhör von Pauline K. am 15.6.1948, S. 1–2.
99 ZSL »Euthanasie«, Ka-Kz, Verhör von Pauline K. am 24.10.1946, S. 1.
100 Antje Wettlaufer, Die Beteiligung, S. 319.
101 Winter, Verlegt nach Hadamar, S. 180.
102 Aly (Hrsg.), Aktion T 4, S. 17. Außer den oben erwähnten Arbeiten über

Hadamar gibt es noch einige wenige, kurze Studien über andere Vernichtungszentren. Hierzu gehören: Hugo Jensch, Euthanasie-Aktion »T 4«. Verbrechen in den Jahren 1940 und 1941 auf dem Sonnenstein in Pirna, Pirna (o. Dat.), sowie einige Informationsbroschüren, die von der Gedenkstätte Brandenburg erstellt wurden.

103 NAW T1021, Rolle 18, Hartheim Statistiken, S. 1–3.
104 Ebda., S. 4.
105 Ebda., S. 22.

5. »Gentlemen's Agreements«?
Reaktionen auf das »Euthanasie«-Programm

1 ZSL »Euthanasie«, A, Verhör von Dietrich Allers am 28. 6., S. 13.

2 ZSL »Euthanasie«, Li-Lz, Zeugenaussage von Ilse L. am 16. 6. 1961, S. 4.

3 Ebda., S. 7.

4 Klee, »Euthanasie«, S. 160.

5 HHStAW Abt. 631a, Nr. 1281, Kopie eines Briefes von Dr. W. Weskott an Egon Stähle vom 12. 7. 1940, S. 2.

6 BDC, 0.041 »Euthanasie«, Allgemeine Dokumentation, Gaustabsamtsleiter Sellmer an Hans Hefelmann am 25. 2. 1941.

7 ZSL »Euthanasie«, Maa-Me, Zeugenaussage von Robert M. vom 17. 11. 1947, S. 1. Eine einfühlsame Darstellung der Reaktionen innerhalb der Bevölkerung auf das »Euthanasie«-Programm hat vorgelegt: Kurt Nowak, Widerstand, Zustimmung, Hinnahme. Das Verhalten der Bevölkerung zur »Euthanasie«, in: Frei (Hrsg.), Medizin und Gesundheitspolitik in der NS-Zeit, S. 235–251.

8 BDC, 0.041, Allgemeine Dokumentation, Else von Löwes an Frau Walter Buch am 25. 11. 1940, S. 1–3.

9 Ebda., Walter Buch an Heinrich Himmler am 7. 12. 1940; und Heinrich Himmler an Walter Buch am 19. 12. 1940.

10 Ebda., Standartenführer Schiele an Obergruppenführer Jüttner am 22. 11., beiliegend »Planwirtschaftliche Maßnahmen in Heil- und Pflegeanstalten«, S. 1–5.

11 Ebda., Alice K. an das Innenministerium (Stuttgart) am 5. 11. 1940.

12 Interview mit Pastor Siegfried Birschel in Hadamar, 1991.

13 Was diese Beispiele betrifft siehe: BDC, 0.041 »Euthanasie«, Allgemeine Dokumentation, Bericht der Sicherheitspolizei von Franken, o. Dat.

14 BDC, 0.041 »Euthanasie«, Allgemeine Dokumentation, Marie K. an die Anstalt Sonnenstein am 27. 11. 1940.

15 Ebda., T 4 an den Gaustabsamtsleiter Sellmer, 1940.

16 Ebda., S. 6.

17 Klee, »Euthanasie«, S. 317.

18 HHStAW Abt. 731a, Nr. 60, Zeugenaussage Elsbeth R., o. Dat.

19 Ebda., Nr. 1155, Zeugenaussage Dr. Wilhelm F. vom 8. 6. 1946.

20 Nowak, Sterilisation, Krankenmord und Innere Mission im »Dritten Reich«, S. 167.

21 Nowak, »Euthanasie«, S. 133ff. Nowaks Buch bleibt die klügste Studie über die Kirchen und das »Euthanasie«-Programm.

22 Klee (Hrsg.), Dokumente zur »Euthanasie«, Nr. 59, »Denkschrift des Pastor Paul Gerhard Braune für Adolf Hitler«, 9. 7. 1940, S. 162.

23 Nowak, »Euthanasie«, S. 136–137.

24 Klee, Dokumente, Nr. 60, Landesbischof Theophil Wurm an den Reichsinnenminister am 19. 7. 1940, S. 166.

25 Ebda., S. 167.

26 Schmuhl, Rassenhygiene, S. 331–332.

27 Jörg Thierfelder, Karsten Jaspersens Kampf gegen die NS-Krankenmorde, in: T. Strohm und J. Thierfelder (Hrsg.), Diakonie im »Dritten Reich«, Heidelberg 1990, S. 229–253; Klee, Dokumente, Nr. 64, Brief von Pastor Fritz von Bodelschwingh an Innenminister Frick, 28. 9. 1940, S. 174.

28 Klee, Dokumente, Nr. 71a, Selektionskriterien von Dr. Gerhard Schorsch, 20. 1. 1941, S. 188–189.

29 NAW, T1021, Heidelberger Dokumente, Rolle 11, S. 126867, »Bericht über die Planungsbesichtigung der Anstalt für Epileptische Bethel« vom 20. 5. 1942.

30 Zu Kreyssig siehe vor allem: Lothar Gruchmann, Ein unbequemer Amtsrichter im Dritten Reich. Aus den Personalakten des Dr. Lothar Kreyssig, in: Vierteljahreshefte für Zeitgeschichte 32, 1984, S. 469, sowie Konrad Weiß, Lothar Kreyssig. Prophet der Versöhnung, Gerlingen 1998.

31 Klee, Dokumente, Nr. 73, Brief von Kreyssig an den Reichsjustizminister vom 8. 7. 1940, S. 201–204.

32 Lothar Gruchmann, Justiz im Dritten Reich 1933–1945. Anpassung und Unterwerfung in der Ära Gürtner, München 1988, S. 507; Gruchmanns Buch ist die maßgebliche Darstellung der nationalsozialistischen Rechtspolitik.

33 Klee, Dokumente, S. 199.

34 Ebda., Nr. 77, Generalstaatsanwalt Stuttgart an den Justizminister am 12. 10. 1940, S. 210–212.

35 Gruchmann, Justiz im Dritten Reich, S. 514ff.

36 Klee, Dokumente, Nr. 74, S. 207, Kreyssigs »Stellungnahme« vom 1. 3. 1963.

37 Gruchmann, Justiz im Dritten Reich, S. 511.

38 Klee, Dokumente, Nr. 74, S. 207.

39 Was die Details betrifft, siehe: Gruchmann, Ein unbequemer Amtsrichter, S. 471–472.

40 ZSL »Euthanasie«, Hefelmann, Verhör von Hans Hefelmann am 6. 9. 1960; »Euthanasie«, Pa-Ra, Verhör von Irmgard R. am 24. 8. 1961, S. 3.

41 Ebda.

42 Karl-Heinz Roth und Götz Aly, Das »Gesetz über die Sterbehilfe bei unheilbar Kranken«. Protokolle der Diskussion über die Legalisierung der nationalsozialistischen Anstaltsmorde in den Jahren 1938–1941, in: Karl-Heinz Roth (Hrsg.), Erfassung zur Vernichtung. Von der Sozialhygiene zum »Gesetz über Sterbehilfe«, Berlin 1984, S. 113–115.

43 ZSL »Euthanasie«, Hefelmann, Verhör von Hans Hefelmann am 14. 9. 1960, S. 35–36.

44 Roth und Aly, Das »Gesetz über die Sterbehilfe«, S. 130ff.

45 Ebda., S. 137.

46 NAW T-1021, Rolle 11, Heidelberger Dokumente, S. 126659ff.

47 Roth und Aly, Das »Gesetz über die Sterbehilfe«, S. 116.

48 Klee, Dokumente, Nr. 79, »Protokoll der Arbeitstagung der Oberlandes-

gerichtspräsidenten und Generalstaatsanwälte« vom 23. und 24.4.1941 in Berlin, S. 216–218.

49 HHStAW Abt. 631a, NR. 305, Verhör von Franz Schlegelberger am 4.5.1960, S. 4.

50 ZSL »Euthanasie«, Haa-He, Verhör von Franz Hagemann am 6.12.1961, Anlage, S. 2.

51 Klee, Dokumente, Nr. 80, Notizen von Dr. Alexander Bergmann über die Referate von Brack und Heyde am 23.4.1941, S. 219–220.

52 Martin Höllen, Katholische Kirche und NS-»Euthanasie«, in: Zeitschrift für Kirchengeschichte 91, 1980, S. 64; der zweite Brief ist abgedruckt in: Klee, Dokumente, Nr. 61, Erzbischof Conrad von Freising an Lammers am 1.8. 1940, S. 167–168. Zum Römisch-Katholischen Episkopat siehe auch: Martin Höllen, Episkopat und T 4, in: Aly (Hrsg.), Aktion T 4, S. 84–91; Kurt Nowak, Kirchlicher Widerstand gegen die »Euthanasie«, in: Vanja (Hrsg.), Euthanasie in Hadamar, S. 157–164. Studien über die Anstalten und Heime, die dem Netz römisch-katholischer Wohlfahrtsorganisationen angehörten, befinden sich in ihren Anfängen; siehe: Hans-Josef Wollasch, Caritas und Euthanasie im Dritten Reich, in: Wollasch (Hrsg.), Beiträge zur Geschichte der deutschen Caritas in der Zeit der Weltkriege, Freiburg 1978, S. 208ff., und: Carl Becker, Die Durchführung der Euthanasie in den katholischen caritativen Heimen für geistig Behinderte, in: Jahrbuch der Caritaswissenschaft, 1968, S. 104–119.

53 Höllen, Katholische Kirche, S. 66, Anmerkung 58.

54 Siehe: Gitta Sereny, Am Abgrund: Gespräche mit dem Henker, München 1995, S. 72ff.

55 ZSL »Euthanasie«, Haa-Hd, Verhör von Albert Hartl am 22.3.1966, S. 12.

56 Sereny, Am Abgrund, S. 71.

57 Höllen, Katholische Kirche, S. 59.

58 ZSL »Euthanasie«, Haa-Hd, Verhör von Albert Hartl am 22.3.1966, S. 5.

59 Ebda., 30.1.1061, S. 11–12.

60 Ebda., 7.12.1960, S. 21.

61 Ebda., 29.5.1961, S. 9.

62 Ebda., 30.1.1961, S. 11–12.

63 Höllen, Katholische Kirche, S. 78.

64 Klee, Dokumente, Nr. 68, Brief von Kardinal Faulhaber an Bischof Wienken vom 18.11.1940, S. 183–184.

65 ZSL »Euthanasie«, Hefelmann, Verhör von Hans Hefelmann am 7.12.1960, S. 22.

66 Klee, Dokumente, Nr. 69, päpstliches Verbot der direkten Tötung körperlich oder geistig Behinderter vom 2.12.1940.

67 Joachim Kuropka (Hrsg.), Clemens August Graf von Galen. Sein Leben und Wirken in Bildern und Dokumenten, Cloppenburg 1992, S. 54. Zu Galen siehe auch die ältere hagiographische Studie von: Heinrich Portmann, Kardi-

nal von Galen: Ein Gottesmann seiner Zeit, Munster 1961; sowie: Joachim Kuropka (Hrsg.), Clemens August Graf von Galen. Neue Forschungen zum Leben und Wirken des Bischofs von Münster, Münster 1992.

[68] Kuropka, Clemens August Graf von Galen, S. 112–133.

[69] Peter Löffler (Hrsg.), Clemens August Graf von Galen: Akten, Briefe und Predigten 1933–1946, Mainz 1988, Bd. 2, S. 543.

[70] Klee, Dokumente, S. 193.

[71] Löffler, Galen: Akten, Bd. 2, S. 878.

[72] Kuropka, Clemens August Graf von Galen, S. 212.

[73] H. Trevor-Roper (Hrsg.), Hitler's Table-Talk, Oxford 1988, S. 555.

[74] Interview mit Paula S. in Hadamar, 1991.

[75] Höllen, Katholische Kirche, S. 80.

[76] ZSL »Euthanasie«, Bra-Bz, NO-426, Zeugenaussage von Viktor Brack am 12.10.1946, S. 6.

[77] ZSL »Euthanasie«, Hefelmann, Verhör von Hans Hefelmann am 14.9.1960, S. 32.

[78] Klee, Dokumente, Nr. 98, Viktor Brack an Heinrich Himmler am 23.6.1942, S. 274–275.

6. Mord im Angebot:
Der Film als Mittel der Propaganda fürs Töten

1 Bundesarchiv Koblenz, *Erbkrank*, (1936).
2 *Erbkrank*. Mein Dank an Linden Burleigh für ihre Hilfe bei der Transkription der Untertitel.
3 Karl-Heinz Roth, Filmpropaganda für die Vernichtung der Geisteskranken und Behinderten im »Dritten Reich«, in: Götz Aly u. a. (Hrsg.), Reform und Gewissen. »Euthanasie« im Dienst des Fortschritts. Beiträge zur nationalsozialistischen Gesundheits- und Sozialpolitik, Berlin 1985, Bd. 2, S. 126.
4 Siehe: »Das furchtbare Erbe einer Trinkerin«, Ausstellungsplakat.
5 Ehemals Institut für den wissenschaftlichen Film der DDR (jetzt: Bundesarchiv, Filmarchiv Außenstelle Potsdam), *Opfer der Vergangenheit* (1937).
6 *Opfer*. Ich danke Linden Burleigh für ihre Hilfe bei der Transkription der Kommentare.
7 *Opfer*, Kommentar.
8 Ebda.
9 Ebda.
10 Ebda.
11 Institut für den wissenschaftlichen Film der DDR, *Das Erbe* (1935).
12 Siehe die Diskussion der T-4-Filme weiter unten.
13 Auch diese Technik wurde von bereits früher benutzten Grafiken der Nazis übernommen.
14 Ungeschnittenes Filmmaterial offenbart diese Technik in vollem Umfang, auch wenn man solche Teile vor einer Aufführung des Filmes gewiß herausgeschnitten hätte.
15 Ein solches Strafverständnis wird vor allem im Film *Opfer der Vergangenheit* deutlich, in dem der Kommentar sich über munter dreinschauende Bankräuber und eher düster blickende Mörder und Vergewaltiger ausläßt.
16 Siehe insbesondere *Das Erbe*, was die Verwendung von Tieren betrifft.
17 Institut für den wissenschaftlichen Film der DDR, *Was du ererbt...* (o. Dat.). In diesem Film wimmelt es von Babys.
18 Siehe vor allem: Karl Ludwig Rost, Sterilisation und Euthanasie im Film des »Dritten Reichs«. Nationalsozialistische Propaganda in ihrer Beziehung zu rassenhygienischen Maßnahmen des NS-Staates, Husum 1987, S. 82.
19 ZSL »Euthanasie«, F, Verhör von Kurt Franz im Dezember 1962, S. 9. Brack war für die Aufführung des Filmes verantwortlich.
20 ZSL »Euthanasie«, Sch–Schq, Hermann Schweningers Stellungnahme vom 2.10.1966, S. 5ff.
21 NAW T–1021, Heidelberger Dokumente, Rolle 12, S. 127270, Mai 1940.
22 Ebda.

23 Ebda., S. 127273, »Ausscheidung der Lebensunwerten«.
24 Ebda., S. 127173, Memo von Hefelmann für Heyde mit Datum 11.12.1940.
25 Rost, Sterilisation und Euthanasie, S. 130.
26 NAW T–1021, Heidelberger Dokumente, Rolle 12, S. 127353, Memo von Schneider mit Datum 13.3.1942. Abgesehen von Bemerkungen zur Filmmusik schlug Schneider vor, den Film einem geladenen Kreis gewöhnlicher Leute vorzuführen, einschließlich einiger Frauen, um die Reaktionen eines emotional aufgeschlosseneren Publikums auszutesten.
27 Die Filmrollen wurden irrtümlicherweise unter dem Titel »Erbgesetze« katalogisiert. Die Rollen enthalten eine Reihe bemerkenswerter Interviews mit Patienten, deren »offensichtlicher Wahn« – insbesondere eine Frau, die vom »Geschmack ihres ermordeten Kopfes« spricht – exakt zu jenen interviewten Personen paßt, die in den T-4-Drehbüchern erwähnt wurden.
28 NAW T–1021, Heidelberger Dokumente, Rolle 12, S. 127182ff., *Dasein ohne Leben.*
29 Ebda., S. 127194.
30 Ebda., S. 127176ff.
31 Ebda., S. 127333ff. Paul Nitsche, »Änderungsvorschläge zu diesem Film«.
32 Ebda., S. 127165, Hermann Schweninger, »Entwurf für den wissenschaftlichen Dokumentarfilm G. K.« mit Datum 29.10.1942.
33 Ebda., S. 127167.
34 Ebda., S. 127167–127168.
35 Ebda., S. 127170–127171.
36 Rost, Sterilisation und Euthanasie, S. 122–123.
37 NAW T–1021, Heidelberger Dokumente, Rolle 12, *Drei Menschen. Ein Film um das Gesetz des Herzens*, S. 724801.
38 Ebda., S. 124860ff.
39 NAW T–1021, Heidelberger Dokumente, Rolle 12, S. 127195–127204.
40 Unger wurde 1891 geboren. Einige seiner Bücher wurden – wie auch die Biographie von Robert Koch – verfilmt.
41 Hellmuth Unger, Sendung und Gewissen, Berlin 1926, (2. Aufl. 1942).
42 NAW T–1021, Heidelberger Dokumente, Rolle 12, *Ich klage an*, Drehbuchskript, S. 127274ff.
43 Ebda., 127291.
44 Ebda., S. 127309.
45 Ebda., S. 127322–127323.
46 Siehe: Rost, Sterilisation und Euthanasie, S. 166ff., für die beste Darstellung von *Ich klage an.*
47 Mein Dank an Ludwig Rost, daß er mir eine Kopie von Liebeneiners eigenem Arbeitsskript von *Ich klage an* zur Verfügung gestellt hat.
48 Illustrierter Filmkurier, Broschüre zu *Ich klage an* (o. Dat.).
49 British Film Institute Film Archive, *Ich klage an*; auf diese Filmkopie beziehen sich die hier gemachten Kommentare.

[50] Archiv des Autors, Wolfgang Liebeneiner, *Ich klage an*, »Geschworenenszene« (ohne Seitenangabe).

[51] Ebda., S. 274.

[52] Rost, Sterilisation und Euthanasie, S. 208ff.

[53] Siehe: Heinz Boberach (Hrsg.), Meldungen aus dem Reich. Die geheimen Lageberichte des Sicherheitsdienstes der SS (1938–1945), Herrsching 1984, Bd. 9, S. 3175–3178, Bericht vom 15. 1. 1942. Der Text befindet sich ebenfalls in: Erwin Leiser, Nazi Cinema, London 1974; Leisers Buch bleibt die beste, kurz gefaßte Studie über die nationalsozialistische Filmpropaganda.

[54] Rost, Sterilisation und Euthanasie, S. 212.

[55] Ebda., S. 212–213.

[56] Ebda., S. 213.

[57] Boberach, Meldungen aus dem Reich, Bd. 9, S. 3175–3178.

[58] Ebda., S. 3178.

7. Im Reich des Bösen:
Von der »Aktion 14f13« nach Triest

[1] BDC, Personalakte von Viktor Brack, enthält NO–O18, Heinrich Himmler an Viktor Brack, Datum vom 19.12.1940.

[2] Klee, »Euthanasie«, S. 345.

[3] HHStAW Abt. 631a, Nr 295, Zeugenaussage von Rudolf G. am 14.11.1960, S. 1. Studien über die »Aktion 14f13«: Walter Grode, Die »Sonderbehandlung 14f13« in den Konzentrationslagern des Dritten Reiches. Ein Beitrag zur Dynamik faschistischer Vernichtungspolitik, Frankfurt/M. 1987, und vom selben Autor »Euthanasie«-Ärzte in den NS-Konzentrationslagern. Verlauf und Entwicklung der »Sonderbehandlung 14f13«, in: Psychologie & Gesellschaftskritik 13, 1989, S. 73–86; Stanislaw Klodzinski, Die »Aktion 14f13«. Der Transport von 575 Häftlingen von Auschwitz in das »Sanatorium Dresden«, in: Aly (Hrsg.), Aktion T 4 1939–1945, Berlin 1987, S. 136–146.

[4] Klee, »Euthanasie«, S. 347.

[5] ZSL »Euthanasie«, F, Zeugenaussage von Wladyslaw F. am 12.3.1968, S. 1–2.

[6] Ein Bericht über die »Aktion 14f13« in Mauthausen/Hartheim findet man bei: Gordon J. Horowitz, In the Shadow of Death. Living Outside the Gates of Mauthausen, London 1989, S. 56ff.

[7] Grode, »Euthanasie«-Ärzte, S. 74–75.

[8] HHStAW Abt. 631a, Nr. 295, Zeugenaussage von Rudolf G. am 14.11.1960, S. 3.

[9] Grode, »Euthanasie«-Ärzte, S. 82.

[10] Lutz Raphael, Euthanasie und Judenvernichtung, in: Vanja (Hrsg.), Euthanasie in Hadamar, S. 79–81; zum Schicksal jüdischer Psychiatriepatienten siehe: Henry Friedlander, Jüdische Anstaltspatienten im NS-Deutschland, in: Aly (Hrsg.), Aktion T 4 1939–1945, Berlin 1987, S. 34ff.

[11] Chroust (Hrsg.), Mennecke, Briefe, Bd. 1, S. 10. Zu Mennecke siehe auch: Chroust, Ärzteschaft und »Euthanasie«, S. 123ff.

[12] Chroust, Ärzteschaft und »Euthanasie«, S. 128–129.

[13] HHStAW Abt. 461, Nr. 32442, Eichberg Prozeß, Zeugenaussage von Dr. Wilhelm Hinsen am 10.12.1946, S. 1.

[14] Chroust (Hrsg.), Mennecke, Briefe, Bd. 1, S. 243.

[15] Ebda., S. 242–243.

[16] Ebda., S. 245.

[17] Klee, »Euthanasie«, S. 349.

[18] Chroust (Hrsg.), Mennecke, Briefe, Bd. 1, S. 262.

[19] HHStAW Abt. 631a, Nr. 1319, Fotografien mit Kommentaren auf der Rückseite.

[20] Ebda., Nr. 300, Zeugenaussage von Karl K. am 27.8.1960.

[21] Ebda., Nr. 298, Zeugenaussage von Hans H. am 12.1.1960.

[22] Ebda., 21.9.1961.

23 ZSL, »Euthanasie«, Baa–Be, Zeugenaussage von Walter B. am 11.10.1963, S. 3.
24 IWM Case 1, Medical Trial, US versus Karl Brandt et al., Bd. 4, S. 7753, SS–WVHA an die Leiter der Konzentrationslager am 27.4.1943.
25 Angelika Ebbinghaus und Gerd Preissler (Hrsg.), Die Ermordung psychisch kranker Menschen in der Sowjetunion, in: Aly u. a. (Hrsg.), Reform und Gewissen, Bd. 1, S. 80–82.
26 Zu den Einsatzgruppen siehe das ausführliche Standardwerk von: Helmut Krausnick, Hitlers Einsatzgruppen. Die Truppen des Weltanschauungskrieges 1938–1942, Frankfurt/M. 1985.
27 Ebbinghaus und Preissler, Die Ermordung, S. 84–88; hinsichtlich der Morde in Mogilew siehe auch: ZSL »Euthanasie«, Scha–Schq, Verhör von Hans Scheidt am 6.4.1960, S. 2.
28 Für die Gärtner-Metapher: BBC TV Interview mit einem ehemaligen Dolmetscher für die Einsatzgruppen (BBC 1 »The People's Century?«, Folge »Master Race«). Andere bevorzugte Vergleiche entstammten der Bildersprache von Krankheit, Seuchen und Ungeziefer.
29 Gerald Fleming, Hitler and die Final Solution, Oxford 1986, S. 81–83; Raul Hilberg, Die Vernichtung der europäischen Juden, 2. überarb. Auflage Frankfurt/M. 1990, Bd. 2, S. 937ff. Siehe auch: Philippe Burrin, Hitler and die Jews, London 1994, hier zur jüngsten Diskussion um die Ursprünge der »Endlösung«.
30 ZSL »Euthanasie«, Bra–Bz, NO–426, Verhör von Viktor Brack am 12.10.1946, S. 7.
31 Chroust, Mennecke, Briefe, Bd. 1, 14.1.1942, S. 329.
32 HHStAW Abt. 631a, Nr. 309, Verhör von Hans Otto G. am 18.7.1961, S. 6.
33 ZSL, »Euthanasie«, Mi–Mz, Zeugenaussage von Dr. Adolf M. am 20.9.1962, S. 2.
34 StAAug, Staatsanwaltschaften Ks 1/49, Prozeß gegen Valentin Faltlhauser et al., Zeugenaussage von Heinrich Wolff am 20.5.1948, S. 8.
35 Zur »Aktion Reinhard« siehe: Raul Hilberg, »Aktion Reinhard«, in: Eberhard Jäckel and Jürgen Rohwer (Hrsg.), Der Mord an den Juden im Zweiten Weltkrieg, Frankfurt/M. 1987, S. 175ff.; Ernst Klee, Von der »T 4« zur Judenvernichtung, in: Aly (Hrsg.), Aktion T 4, S. 147ff.; Eugen Kogon u. a. (Hrsg.), Nationalsozialistische Massentötungen durch Giftgas, Frankfurt/M. 1986; und: Yitzhak Arad, Belzec, Sobihor, Treblinka: The Operation Reinhard Death Camps, Bloomington/Indiana 1987. Was weitere Aspekte des Holocaust betrifft, siehe die exzellente Synthese von: Michael Marrus, The Holocaust in History, London 1988.
36 Sereny, Am Abgrund, S. 117ff.
37 See ZSL »Euthanasie«, Na–Oz, Verhör von Josef Oberhauser am 4.2.1963, S. 6–7, was die Idee betrifft, das T-4-Personal an Globocnik »auszuleihen«.
38 ZSL »Euthanasie«, Ga–Go, Verhör von Heinrich Gley am 4.12.1962, S. 5.
39 ZSL »Euthanasie«, Li–Lz, Verhör von Robert Lorent am 18.10.1965, S. 28.

40 ZSL »Euthanasie«, Bi–Bq, Verhör von Kurt Bollender am 8. 7. 1965, S. 4.

41 BDC, SS–HO, Viktor Brack an Heinrich Himmler am 23. 6. 1942. In seiner Zeugenaussage im Nürnberger Ärzteprozeß betonte Brack des weiteren, Himmler sei besorgt gewesen, ob seine Männer die Arbeit so schnell wie möglich erledigten. 1924 hatte Höß eine zehnjährige Zuchthausstrafe erhalten, weil er einen politischen Gegner niedergeprügelt, ihm die Kehle durchgeschnitten und schließlich noch eine Kugel in den Kopf geschossen hatte; siehe: Martin Broszat (Hrsg.), *Kommandant in Auschwitz*, München 1987, S. 37, Anm. 1.

42 ZSL »Euthanasie«, Na–Oz, Verhör von Josef Oberhauser am 26. 2. 1960, S. 1.

43 ZSL »Euthanasie«, Baa–Bh, Verhör von Erich Bauer am 9. 1. 1962, S. 2.

44 Sereny, Am Abgrund, S. 156 und S. 184ff.

45 Diese »Statistiken« in: Hilberg, Die Vernichtung, Bd. 2, S. 956.

46 BDC, 0.401 »Euthanasie«, Globocniks »Bericht über die verwaltungsmäßige Abwicklung der Aktion Reinhardt«, mit detaillierten Berichten.

47 BDC, 0.401 »Euthanasie«, Reichsführer-SS (Adjutantur) an das SS-Personalhauptamt Berlin, 19. 8. 1943, enthält diese Beförderungsvorschläge.

48 ZSL »Euthanasie«, A, Verhör von Hans Dietrich Allers am 16. 5. 1963, S. 1–4.

49 Sereny, Am Abgrund, S. 289ff.

50 HHStAW Abt. 631a, Nr. 1318, Urteil des Gerichtes in Triest vom 29. 4. 1976, S. 11.

51 Carlo Schiffrer, La Risiera, Triest 1961, S.10, mit Fotografien der Graffiti auf den Zellenwänden und einem Grundriß des Lagerhauses aus der Zeit der Besetzung der Dalmatinischen Küste durch die Nationalsozialisten.

52 HHStAW Abt. 631a, Nr. 1318, Urteil, S. 4.

53 HHStAW Abt. 631a, Nr. 1318, Urteil, S. 3–5.

8. »Mittelalterlich« oder modern?

Die »Euthanasie«-Programme von 1941–1945

1 Heidi Schmidt von Blittersdorf, Dieter Debus und Birgit Kalkowsky, Die Geschichte der Anstalt Hadamar von 1933 bis 1945 und ihre Funktion im Rahmen von T 4, in: Roer und Henkel (Hrsg.), Psychiatrie im Faschismus, S. 102–103; zum »Kinder-Euthanasie«-Programm siehe: Reichsausschußkinder. Eine Dokumentation, in: Aly (Hrsg.), Aktion T 4, S. 121ff.

2 StAM, Staatsanwaltschaften Nr. 17460, Prozeß gegen Hermann Pfannmüller, Bd. 1, Zeugenaussage von Dr. Franz G., S. 7.

3 Ebda., Hermann Pfannmüller, »Stellungnahme des Direktors der Heil- und Pflegeanstalt Eglfing-Haar zum Bericht des Bayerischen Prüfungsverbandes öffentlicher Kassen, Prüfungsamt München, vom 23. November 1938«, November 1939, S. 5.

4 Ebda., S. 8.

5 Ebda., S. 9.

6 Ebda., S. 10.

7 StAM, RA 3761, Nr. 57693, Brief des Oberstaatsanwaltes an Pfannmüller vom 9.5.1940.

8 StAM, RA 3761 Nr. 57693, Brief von Pfannmüller an den Regierungspräsidenten von München am 30.5.1940.

9 StAAug, Staatsanwaltschaften Ks 1/49, Prozeß gegen Valentin Faltlhauser, Bd. 7, Zeugenaussage von Dr. Albert S. am 19.7.1949, S. 83.

10 Ebda., Zeugenaussage von Valentin Faltlhauser am 9.7.1949, S. 17.

11 StAM, Staatsanwaltschaften Nr. 17460, Prozeß gegen Hermann Pfannmüller, Bd. 1, Zeugenaussage von Dr. Josef Entres, S. 150ff.

12 Klee (Hrsg.), Dokumente zur Euthanasie, Nr. 102, »Hungerkost«, S. 286.

13 StAAug, Staatsanwaltschaften Ks 1/49, Prozeß von Valentin Faltlhauser, Bd. 1, »Wochen-Speisezettel der Heil- und Pflegeanstalt Kaufbeuren« vom November/Dezember 1942.

14 StAM, Staatsanwaltschaften Nr. 19051/2, Prozeß gegen Walter Schultze, Bd. 1.

15 StAM, Staatsanwaltschaften Nr. 17460, Prozeß gegen Hermann Pfannmüller, Bd. 1, Zeugenaussage des römisch-katholischen Priesters Josef Raedecker, S. 5.

16 Ebda., Zeugenaussage von Wilhelm M., S. 5.

17 Ebda., Zeugenaussage von Babette K., S. 86.

18 Ebda., Zeugenaussage von Pfarrer Josef Raedecker, S. 5.

19 Richarz, Heilen, Pflegen, Töten, S. 177.

20 StAAug, Staatsanwaltschaften Ks 1/49, Prozeß gegen Valentin Faltlhauser, Bd. 7, Zeugenaussagen von Georg Frick am 14.7.1949, S. 50.

21 Ebda., Bd. 2, Zeugenaussage von Willi B. am 24.9.1947, S. 2.

22 Ebda., Josef Wille, »Bericht über die Vorkommnisse in der Anstalt Irsee während der Hitlerregierung«, Datum vom 4.12.1946, S. 4.

23 Ebda., Bd. 7, Zeugenaussage von Josef Wille am 19.7.1949, S. 78.

24 HHStAW Abt. 461, Nr. 32061 (Hadamar Prozeß), Bd. 2, Zeugenaussage von Lydia T. am 8.3.1946.

25 Ebda., Bd. 7, Zeugenaussage von Adolf Wahlmann am 24.2.1947, S. 28.

26 Monika Daum, Arbeit und Zwang, das Leben der Hadamarer Patienten im Schatten des Todes, in: Roer und Henkel (Hrsg.), Psychiatrie und Faschismus, S. 208–209.

27 Dickel, »Die sind doch alle unheilbar«, S. 90, Elisabeth L. an Dr. Conrad am 25.5.1940.

28 HHStAW Abt. 461, Nr. 32442 (Eichberg Prozeß), Bd. 2, Zeugenaussage von Friedrich Mennecke am 3.5.1946, S. 30.

29 Dickel, »Die sind doch alle unheilbar«, S. 89, Lippert an Rödel am 15.1.1945.

30 HHStAW Abt. 461, Nr. 31526 (Idstein Prozeß), Bd. 1, Bericht des Staatsanwaltes in Frankfurt am Main über den stellvertretenden Direktor Wilhelm Großmann vom 21.1. 1945, S. 1–6.

31 NAW T-1021, Heidelberger Dokumente, Rolle 12, S. 127418, Carl Schneiders Zeugenaussage im Namen von Friedrich Mennecke am 18.7.1942.

32 Chroust (Hrsg.), Mennecke, Briefe, Bd. 1, Nr. 120, S. 356, Brief vom 15.6. 1942.

33 Ebda., Nr. 118, S. 348, Brief vom 9.6.1942.

34 HHStAW Abt. 461, Nr. 32061 (Hadamar Prozeß), Bd. 7, Zeugenaussage von Dr. Adolf Wahlmann am 24.2.1947, S. 27.

35 T-4-Rechnungen über die Auslieferung von Ampullen mit Morphium und Scopolamine im Januar 1944 siehe: NAW T-1021, Heidelberger Dokument; Rolle 12, S. 127895ff.

36 HHStAW Abt. 461, Nr. 32061 (Hadamar Prozeß), Bd. 7, Zeugenaussage von Irmgard Huber am 25.2.1947, S. 3; Zeugenaussage von B. am 25.2.1947, S. 9; Zeugenaussage von Lydia T. am 25.2.1947, S. 14; Zeugenaussage von Paul R. am 25.2.1947, S. 22; etc.

37 StAAug, Staatsanwaltschaften Ks 1/49, Bd. 2, Zeugenaussage von Max R. am 1.5.1947, S. 4.

38 Ebda.

39 Ebda.; siehe auch: Bd. 7, S. 46–47, dort mehrere Zeugenaussagen zum Tod von L.

40 Daum, Arbeit und Zwang, S. 197.

41 HHStAW Abt. 461, Nr. 32442 (Eichberg Prozeß), Bd. 3, Zeugenaussage von Friedrich J. am 12.9.1946, S. 4.

42 Daum, Arbeit und Zwang, S. 207.

43 Verbot der körperlichen Züchtigung: Haus-Ordnung der Heilerziehungsanstalt Kalmenhof zu Idstein i. Ts., Frankfurt 1925, S. 13, Abschnitt 4; HHStAW Abt. 461, Nr. 31526 (Idstein Prozeß), Bd. 1, Zeugenaussage von Karlheinz L. am 27.1.1947, S. 35; Verhör von Maria M. am 27.4.1945, S. 1–3.

44 Rainer Scheer, Die nach Paragraph 42b RStGB verurteilten Menschen in Hadamar, in: Roer und Henkel (Hrsg.), Psychiatrie im Faschismus, S. 246–247.
45 HHStAW Abt. 430/1, Nr. 11332, Krankenakte von Friedrich K., Eichberg, Fragebogen vom 29.7.1942. Was die Verfolgung der Taubstummen während des Dritten Reichs betrifft, siehe: Horst Biesold, Klagende Hände. Betroffenheit und Spätfolgen in bezug auf das Gesetz zur Verhütung erbkranken Nachwuchses, dargestellt am Beispiel der Taubstummen, Solms 1988.
46 HHStAW Abt. 430/1, Nr. 11332, Krankenakte von Friedrich K., undatierter autobiographischer Bericht.
47 Ebda., Kriminalpolizei Frankfurt an Dr. Friedrich Mennecke am 18.5.1942.
48 Chroust, Mennecke, Briefe, Bd. 1, Nr. 138, S. 434, Brief vom 7.7.1942.
49 HHStAW Abt. 430/1, Nr. 11332, Krankenakte von Friedrich K., Walter Schmidt an den Reichsausschuß am 15.7.1942.
50 Ebda., Friedrich Mennecke an Herrn S. am 29.9.1942.
51 Ebda., Notiz zur Todesursache.
52 HHStAW Abt. 430/1, Nr. 11440, Krankenakte von Marianna D. Einträge in der Krankenakte und Brief von Friedrich Mennecke an Josefa D. vom 13.6. 1942.
53 Burleigh und Wippermann, The Racial State, Kapitel 6, S. 172ff.
54 NAW T-1021, Heidelberger Dokumente, Rolle 12, S. 128269, Paul Nitsches handschriftliches aide-memoire für Hans Hefelmann, Datum vom 15.12. 1941, enthält die empfohlenen Namen.
55 Zu Robert Ritter siehe: Ute Brücker-Boroujerdi und Wolfgang Wippermann, Die Rassenhygienische und Erbbiologische Forschungsstelle im Reichsgesundheitsamt, in: Bundesgesundheitsblatt 32, 1989, S. 13–19; Reiner Gilsenbach, Wie Lolitschai zur Doktorwürde kam, in: Aly (Hrsg.), Feinderklärung und Prävention, Beiträge zur nationalsozialistischen Gesundheits- und Sozialpolitik, 1988, Bd.6, S. 101–152.
56 NAW T-1021, Heidelberger Dokumente, Rolle 12, S. 127494, Notizen von Paul Nitsche mit Datum des 16.2.1942.
57 Götz Aly, Medizin gegen Unbrauchbare, in: Aly u. a. (Hrsg.), Reform und Gewissen, Bd. 1, S. 45–55.
58 HHStAW Abt. 461, Nr. 32061 (Hadamar Prozeß), Bd. 7, Zeugenaussage von Irmgard Huber am 25.2.1947, S. 4.
59 Earl W. Kintner (Hrsg.), The Hadamar Trial, London/Edinburgh 1949. Es handelt sich hier um eine gekürzte Version des Verfahrens der Vereinigten Staaten von Amerika gegen Alfons Klein et al. Die vollständige Fassung findet man: NAW M-1078, Rollen 1–3.
60 Ebda., S. 159.
61 HHStAW Abt. 461, Nr. 32061, (Hadamar Prozeß), Bd. 7, Zeugenaussage von Margarete Borkowski am 25.2.1947, S. 8.
62 Ebda., S. 10–11.
63 Ebda., Zeugenaussage von Lydia T. am 25.2.1947, S. 15.

64 StAM, Staatsanwaltschaften Nr. 19031, Prozeß gegen Emma D. et al., Kopie des Eids, der am 26.4.1941 abgelegt wurde, S. 8.

65 Ebda., Zeugenaussage von Emma L., S. 10.

66 Ebda.

67 Ebda., Zeugenaussage von Josef R. am 21.7.1948, S. 38.

68 NAW T-1021, Heidelberger Dokumente, Rolle 12, S. 127963, Hans Dietrich Allers an Paul Nitsche am 15.1.1944. Enthält eine Liste »geeigneter« Personen, einschließlich Pauline K. (S. 127966).

69 StAAug, Staatsanwaltschaften Ks 1/49, Prozeß gegen Valentin Faltlhauser et al., Bd. 7, Zeugenaussage von Pauline K. am 20.7.1949, S. 95ff.

70 Ebda., Grafiken, die die monatliche Sterberate der Patienten darstellen: Bd. 2, Zeugenaussage von Schwester Gualberta vom 11.5.1948, S. 10.

71 Ebda., Bd. 7, Zeugenaussage von Schwester Berthilla am 19.7.1949, S. 85.

72 Ebda., Zeugenaussage von Heinrich W. am 18.7.1949, S. 66–68.

73 Ebda., Bd. 2, Zeugenaussage von Afra K. am 21.5.1948.

74 Mathias Hamann, Die Morde an polnischen und sowjetischen Zwangsarbeitern in deutschen Anstalten, in: Aly u. a. (Hrsg.), Beiträge zur nationalsozialistischen Gesundheits- und Sozialpolitik 1, ²1987, S. 123–124.

75 Volker Kaufmann und Klaus Schulmeyer, Die polnischen und sowjetischen Zwangsarbeiter in Hadamar, in: Roer and Henkel (Hrsg.), Psychiatrie im Faschismus, S. 257–260.

76 Hamann, Die Morde, S. 133–135.

77 HHStAW Abt. 430/1, Nr. 11598. Krankenakte von Wassil P., Brief des Direktors von Eichberg an das Arbeitsamt in Wiesbaden vom 24.2.1941.

78 Ebda., Nr. 11635, Krankenakte von Anna. P., einschließlich ihres »Nachlasses«.

79 Ebda., Nr. 31841, Krankenakte von Alexander M., Einträge vom 23.6.1943 und 19.7.1943. Nr. 11635, Krankenakte von Anna P., Eintrag vom 28.6.1943.

80 Ebda., Nr. 11671, Krankenakte von Anna B., Eintrag vom 8.4.1943; Nr. 11664, Krankenakte von Belowskowa M.

81 Ebda., Nr. 11664, Krankenakte von Belowskowa M., Brief von Walter Schmidt an das Arbeitsamt in Frankfurt am Main vom 15.6.1943.

82 Ebda., Eintrag vom 15.7.1943 »akuter Kreislaufkollaps mit Todesfolge«.

83 Kintner (Hrsg.), The Hadamar Trial, Sitzung am 9.10.1945, S. 35–36. Siehe auch: Leon Jaworski, Confession and Avoidance, S. 107ff.

84 Daum, Arbeit und Zwang, S. 184–186.

85 Peter von Rönn, Auf der Suche nach einem anderen Paradigma, in: Recht und Psychiatrie 9, 1991, S. 50–51.

86 NAW T-1021, Heidelberger Dokumente, Rolle 12, S. 126846ff., »Übersicht über die Verteilung der in Heil- und Pflegeanstalten nicht mehr für Geisteskranke verwendeten Betten«, mit Datum vom 10.10.1942.

87 Götz Aly, Die »Aktion Brandt« – Bombenkrieg, Bettenbedarf und »Euthanasie«, in: Aly (Hrsg.), Aktion T 4, S. 168ff.

[88] Interview mit Helmut H. in Hadamar, 1991. Ich bin Helmut H. auch für einen schriftlichen Bericht über diese Ereignisse und für Dokumente sowie Fotografien von seiner Mutter dankbar.

[89] Hans-Walter Schmuhl, Reformpsychiatrie und Massenmord, in: Michael Prinz and Rainer Zitelmann (Hrsg.), Nationalsozialismus und Modernisierung, Darmstadt 1991, S. 239ff. Meine Kritik an dieser Argumentation entspringt nicht moralischer Empörung, sondern der Tatsache, daß sie eine buchstäbliche, einseitige und unkritische Lesart der Quellen widerspiegelt; daß sie von der Unfähigkeit zeugt, eine umfassendere menschliche Wahrheit zu erkennen, die hinter einer dogmatisch vorgetragenen »Wahrheit« aufscheint; und nicht zuletzt muß eine solche Argumentation in Anbetracht eines so großen menschlichen Leidens schlicht als geschmacklos bezeichnet werden.

[90] HHStAW Abt. 461, Nr. 32442 (Eichberg Prozeß), Bd. 1, Elisabeth V.s »Bericht« vom 9.8.1945, S. 1–15.

[91] Zu den Reaktionen auf Nitsches Umfrage vom 11.7.1942 siehe: NAW T-1021, Heidelberger Dokumente, Rolle 12, S. 128159ff.

[92] ZSL, »Euthanasie«, A, Verhör von Hans Dietrich Allers am 28.6.1961, S. 12.

[93] ZSL, »Euthanasie«, Li–Lz, Verhör von Robert Lorent am 18.10.1965, S. 57.

[94] Bundesarchiv, Koblenz, R96 1/9 Carl Schneider, »Schlußbemerkungen«, 1941, S. 127587.

[95] Ebda., S. 127588–127589.

[96] BA R96 1/9, »Gedanken und Anregungen«, S. 126422ff.; auch: NAW T-1021, Heidelberger Dokumente, Rolle 12, S. 127702ff.

[97] Zu dieser Tendenz siehe: NAW T-1021, Heidelberger Dokumente, Rolle 12, Brief von Max de Crinis an Paul Nitsche vom 25.1.1943.

[98] Ebda., Brief von Carl Schneider an Paul Nitsche vom 1.10.1942.

[99] NAW T-1021, Heidelberger Dokumente, Rolle 12, S. 128038, Brief von Carl Schneider an Paul Nitsche vom 19.6.1943, dort Anforderung von Kopien der Meldebögen, und S. 128030, Nitsches Brief an Schneider vom Juli 1943.

[100] Ebda., S. 122835, Hebold an Schneider vom 26.10.1942.

[101] Ebda., S. 127876, »Nachtragsbericht« datiert vom 2.2.1944.

[102] Götz Aly, Forschen an Opfern. Das Kaiser-Wilhelm-Institut für Hirnforschung und die »T 4«, in: Aly (Hrsg.), Aktion T 4, S. 154ff. Siehe auch: Götz Aly, Der saubere und der schmutzige Fortschritt, in: Aly (Hrsg.), Beiträge zur nationalsozialistischen Gesundheits- und Sozialpolitik, Bd. 2, 1985, insbesondere S. 48ff.

1 Klee (Hrsg.), Dokumente zur Euthanasie, Nr. 114, »Erklärung des gerichtsmedizinischen Hauptexperten der 1. Weißrussischen Front über die Massenvernichtung der Patienten in Meseritz-Obrawalde«, S. 312.

2 NAW (Sound and Motion Picture Division), III ADC 3832–3833, »Murder Mills: Hadamar«, 1945.

3 NAW T-1078, Rollen 1–3 (Hadamar Prozeß), Rolle 1, 000616–617, Bolkers Bericht; und Rolle 2, ohne Seiten-/Spaltenangabe, Bolkers Aussage am 8.10. 1945. Siehe auch: Kintner (Hrsg.), The Hadamar Trial, S. 61–62.

4 Leon Jaworski, Confession and Avoidance. A Memoir, New York 1979, S. 98ff.

5 Die rechtlichen Auswirkungen des Prozesses auf internationaler Ebene behandelt sehr erhellend: Julie Masal, The Hadamar Trial, Diss. London School of Economics, 1993. Siehe auch: Heinz Boberach, Die strafrechtliche Verfolgung der Ermordung von Patienten in nassauischen Heil- und Pflegeanstalten nach 1945, in: Vanja (Hrsg.), »Euthanasie in Hadamar«, S. 165ff. Zu den Urteilen in deutschen Gerichtsverfahren nach dem Zweiten Weltkrieg siehe: Seminarium voor Strafrecht en Strafrechtspleging Van Hamel der Universiteit van Amsterdam (Hrsg.), Justiz und NS-Verbrechen. Sammlung deutscher Strafurteile wegen nationalsozialistischer Tötungsverbrechen 1945– 1966, Amsterdam 1968–1981, Bde. 1–50.

6 Jaworski, Confession and Avoidance, S. 112–113.

7 Kintner, Hadamar Trial, S. 247.

8 NAW T-1078, Hadamar Prozeß, Rolle 2, ohne Seitenzahl, Bericht über die Hinrichtungen durch Erhängen im Gefängnis von Bruchsal vom 14.3.1946.

9 Ernst Klee, Was sie taten – was sie wurden. Arne, Juristen und andere Beteiligte am Kranken- oder Judenmord, Frankfurt/M. 1988, S. 95.

10 Auszüge aus dem Verfahren bei: Mitscherlich und Mielke, Medizin ohne Menschlichkeit, sowie: Trials of War Criminals before the Nuremberg Military Tribunals, Nuremberg, October 1946 – April 1949, vol. 1, The Medical Case. Für die 25 Bände umfassenden vollständigen Abschriften des Verfahrens siehe die Anmerkung weiter unten.

11 IWM Case 1, Medical Trial US versus Karl Brandt et al., vol. 15, 9.5.1947, S. 7349. Abgesehen von den Erkenntnissen, die das Verfahren hinsichtlich des »Euthanasie«-Programms und der »medizinischen« Versuche eingebracht hat, sind diese Berichte auch insofern interessant, als sie den Erfindungsreichtum der verschiedenen Rechtsanwälte im Rahmen der Verteidigung ihrer Mandanten aufzeigen.

12 Ebda., S.7385.

13 Ebda., 12.5.1947, S. 7420.

14 Ebda., S. 7616.

15 Ebda., Bd. 16, 13.5.1947, S. 7567.

16 Ebda., S. 7637.

[17] Ebda., Bd. 6, 4. 2. 1947, S. 2349.
[18] Ebda., S. 2436.
[19] Chroust u. a. (Hrsg.), »Soll nach Hadamar überführt werden«, S. 111.
[20] StAM, Staatsanwaltschaften Nr. 17460, Prozeß gegen Hermann Pfannmüller, Bd. 2, Zeugenaussage von Josef Radecker am 24. 10. 1949, S. 50; Klee, Was sie taten, S. 310, Anm. 8.
[21] StAM, Staatsanwaltschaften Nr. 17460, Prozeß gegen Hermann Pfannmüller, Theresa Pfannmüllers Brief an Hermann Pfannmüller vom 21. 1. 1946.
[22] Staatsanwaltschaften Ks 1/49, Prozeß gegen Valentin Faltlhauser, Bd. 7, 30. 7. 1949, S. 156.
[23] Ebda., 7. 7. 1949, S. 6.
[24] Ebda., 7.-8. 7. 1949, S. 5–11.
[25] Ebda., Bd. 2, S. 11.
[26] Chroust (Hrsg.), Mennecke, Briefe, Bd. 1, S. 7.
[27] Dickel, »Die sind doch alle unheilbar«, S. 39.
[28] Klee, Was sie taten, S. 90.
[29] Dickel, »Die sind doch alle unheilbar«, S. 140.
[30] Ebda., S. 142.
[31] Abgedruckt in: Winter (Hrsg.), Verlegt nach Hadamar, S. 176–177.
[32] Ebda., S. 178.
[33] Dickel, »Die sind doch alle unheilbar«, S. 145.
[34] Klee, Was sie taten, S. 203.
[35] Ekkehard Maasz, Verschweigen, Vergessen, Erinnern. Vergangenheitsbewältigung in Idstein, in: Schrapper und Sengling (Hrsg.), Die Idee der Bildbarkeit, S. 341.
[36] Ebda., S. 346.
[37] Klee, Was sie taten, S. 205.
[38] Siehe: KZ-Arzt vor Ghanas Richtern, in: Die Zeit, Nr. 34, 19. 8. 1966, zum Auslieferungsverfahren.
[39] Klee, Was sie taten, S. 102–107.
[40] ZSL »Euthanasie«, Hefelmann, Verhör von Hans Hefelmann am 31. 8. 1960, S. 2ff.
[41] Klee, Was sie taten, S. 50–55.
[42] ZSL »Euthanasie«, Heyde, Verhör von Werner Heyde am 12. 10. 1961 – 22. 12. 1961, S. 1–227, zu seinem Leben nach dem Krieg siehe S. 56ff.
[43] Klee, Was sie taten, S. 24.
[44] Siehe: »NS-Verbrechen«, Der Spiegel, Nr. 8, 1964, S. 28ff., ausführlicher Bericht über die Demaskierung von Dr. Sawade.
[45] »Heyde kam nicht durch«, in: Revue, (o. Dat.), S. 105.
[46] Klee, Was sie taten, S. 50.
[47] Ebda., S. 138.
[48] »Aus Menschlichkeit töten?«, Interview mit Werner Catel, in: Der Spiegel, Nr. 8, S. 41ff.

49 Klee, Was sie taten, S. 45.
50 Ebda., S. 71–74.
51 ZSL »Euthanasie«, V, Zeugenaussage von Elly V. am 2. 4. 1963, S. 1–2.
52 Klaus Dörner, Entschädigung für die Opfer von Zwangssterilisation und Euthanasie, in: Vanja (Hrsg.), Euthanasie in Hadamar, S. 175ff. Für eine eingehende Parlamentsdebatte in diesen Fragen siehe: Deutscher Bundestag (Hrsg.), Wiedergutmachung und Entschädigung für nationalsozialistisches Unrecht, 24. 6. 1987.
53 Archiv des Autors. »Antrag auf laufende Beihilfen nach den Richtlinien der Bundesregierung über Härteleistung an Opfer von NS-Unrechtsmaßnahmen im Rahmen des Allgemeinen Kriegsfolgengesetzes vom 7. März 1988«.
54 Klara Nowak, Ich klage an, Detmold 1989.
55 Archiv des Autors, privater Brief von Josef S. vom 18. 10. 1989, S. 5.
56 Frankfurter Allgemeine Zeitung, 10. 6. 1974.
57 Archiv des Autors; formelle Beschwerde von Josef S. an das Landgericht Frankfurt/M. vom 16. 6. 1986.
58 Archiv des Autors, Brief von Josef S. vom 18. 10. 1989.
59 »Offiziell kein Thema«, in: Die Zeit, 19. 6. 1992.
60 Archiv des Autors, Josef S. an den Bundesjustizminister vom 13. 8. 1990, in dem er mehrere unbefriedigende Aspekte der Haftbedingungen aufführt.
61 Archiv des Autors, mehrere Briefe von Josef S. an den Autor im Zeitraum zwischen 1991 und 1993.

10. Aus der Geschichte lernen?
Die Singer-Debatte

1 IWM CIOSC Akte Nr. xxviii-50, Leo Alexander, »Public Mental Health Practices in Germany. Sterilisation and Execution of Patients Suffering from Nervous or Mental Diseases«, Combined Intelligence Objectives Sub-Committee, (o. Dat.). (Dieses Kapitel ist eine überarbeitete Fassung meines Aufsatzes »Euthanasie« in the Third Reich: Some Recent Literature, in: Social History of Medicine 4, 1991, S 317–318.

2 Siehe: IWM (ehemals PRO 646), Case 1, Medical Trial, US versus Karl Brandt et al., 1947, Bde. 1–25, Transkription des Gerichtsverfahrens.

3 Mitscherlich und Mielke, Medizin ohne Menschlichkeit.

4 Siehe Walter Schmidt, Selektion in der Heilanstalt 1939–1945, Stuttgart 1965, Frankfurt/M. 1983, S. 157ff. zur Geschichte des Buches.

5 Alice Platen-Hallermund, Die Tötung Geisteskranker in Deutschland. Aus der Deutschen Ärztekommission beim amerikanischen Militärgericht, Frankfurt/M. 1948.

6 F. Bayle, Croix gammée contre caducée. Les expériences humaines en Allemagne pendant la Deuxième Guerre Mondiale, Neustadt 1955; E. Kintner (Hrsg.), The Hadamar Trial; D. M. Fyfe (Hrsg.), War Grimes Trials, London 1949; Leon Jaworski, After Fifteen Years, Houston 1961.

7 K. Dörner, Nationalsozialismus und Lebensvernichtung, in: Vierteljahrshefte für Zeitgeschichte 15, 1967, S. 121–152.

8 Lothar Gruchmann, Euthanasie und Justiz im Dritten Reich, in: Vierteljahrshefte für Zeitgeschichte 20, 1972, S. 235–279; Karl Dietrich Erdmann, »Lebensunwertes Leben«. Totalitäre Lebensvernichtung und das Problem der Euthanasie«, in: Geschichte in Wissenschaft und Unterricht 4, 1975, S. 215–225.

9 Nowak, »Euthanasie« und Sterilisation im »Dritten Reich«.

10 Martin Höllen, Katholische Kirche und NS-»Euthanasie«.

11 G. Baader and U. Schultz (Hrsg.), Medizin und Nationalsozialismus. Tabuisierte Vergangenheit – ungebrochene Tradition?, Berlin 1980; W. Wuttke-Groneberg, Medizin im Nationalsozialismus. Ein Arbeitsbuch, Tübingen 1982; Thom und Caregorodcev (Hrsg.), Medizin unterm Hakenkreuz. In diesem Zusammenhang sollte man auch erwähnen: Benno Müller-Hill, Tödliche Wissenschaft. Die Aussonderung von Juden, Zigeunern und Geisteskranken 1933–1945, Hamburg 1984.

12 Klee, »Euthanasie«. Siehe auch seine Dokumentensammlung: Dokumente zur »Euthanasie«.

13 K. H. Roth (Hrsg.), Erfassung zur Vernichtung. Von der Sozialhygiene zum »Gesetz über Sterbehilfe«, Berlin 1984; Aly (Hrsg.), Aktion T 4; Aly u. a. (Hrsg.), Beiträge zur nationalsozialistischen Gesundheits- und Sozialpolitik Berlin 1985, bislang Bde. 1–11. Es gibt auch eine Reihe bedeutsamer Lokalstu-

dien wie beispielsweise: Angelika Ebbinghaus u. a. (Hrsg.), Heilen und Vernichten im Mustergau Hamburg, Hamburg 1984.

14 Einen nützlichen Überblick zur Kritik an einigen dieser Arbeiten: Wolfgang Schneider (Hrsg.), »Vernichtungspolitik. Eine Debatte über den Zusammenhang von Sozialpolitik und Genozid im nationalsozialistischen Deutschland, Hamburg 1991.

15 Arbeitsgruppe (Hrsg.) Totgeschwiegen 1933–1945.

16 Insbesondere: Peter von Rönn, Auf der Suche nach einem anderen Paradigma, in: Recht und Psychiatrie 9, 1991, S. 8–13.

17 G. Mosse, Towards the Final Solution. A History of European Racism, London 1978; P. Pulzer, Political Antisemitism in Germany and Austria, London 1968. Letztgenanntes Buch war insofern eine Pionierleistung, als daß es den Versuch unternahm, Wahlforschung und Psychologie mit einer eher deutschen Form der Ideengeschichte zu verbinden.

18 Paul Weindling, Health, Race and German Politics. Siehe auch: Robert Proctor, Racial Hygiene. Medicine under die Nazis, Cambridge (Mass.) 1988.

19 P. Weingart, J. Kroll and K. Bayertz, Rasse, Blut und Gene. Geschichte der Eugenik und Rassenhygiene in Deutschland, Frankfurt/M. 1988; Schmuhl, Rassenhygiene Nationalsozialismus, Euthanasie.

20 Gisela Bock, Zwangssterilisation und Nationalsozialismus. Studien zur Rassenpolitik und Frauenpolitik, Opladen 1986.

21 Robert Jay Lifton, Ärzte im Dritten Reich, Stuttgart 1988.

22 ORF »Leben und Sterben im Schloß«; Harmut Schön, »Fritz. Die zweite Beachtung«, sowie seine ZDF-Dokumentation über Grafeneck; Domino Films/Channel 4 »Selling Murder: The Killing Films of the Third Reich«, 1992.

23 H.-U. Dapp, Emma Z. Ein Opfer der Euthanasie, Stuttgart 1990.

24 Peter Singer, Silenced in Germany, in: New York Review of Books 38, 1991, S. 34ff. Siehe auch seinen Aufsatz: Bioethics and Academic Freedom, in: Bioethics 4, 1990, S. 33–34.

25 Franz Christoph, Tödlicher Zeitgeist. Notwehr gegen Euthanasie, Köln 1990.

26 Singer, Silenced in Germany, S. 40.

27 Den nachhaltigsten Versuch einer Verteidigung Singers lieferten: Rainer Hegselmann und Reinhard Merkel (Hrsg.), Zur Debatte über Euthanasie, Frankfurt/M. 1991; zu den wirkungsvollsten Kritikern von Singer gehört: Till Bastian (Hrsg.), Denken – Schreiben – Töten. Zur neuen »Euthanasie«-Diskussion, Stuttgart 1990, und: Theo Bruns, Ulla Penselin und Udo Sierck (Hrsg.), Tödliche Ethik. Beiträge gegen Eugenik und »Euthanasie«, Hamburg ²1993.

28 Bruns u. a., Tödliche Ethik, S. 15.

29 Singer, Praktische Ethik, Stuttgart 1984, S. 108.

30 Ebda., S. 134f. Singers Behauptung, eine gewisse Form der legalisierten Euthanasie stünde nicht in Analogie zur wirtschaftlich und rassistisch motivier-

ten Ermordung von »nutzlosen Mäulern« durch die Nazis, mag sich gut an-
hören. Besorgniserregend an seinem Buch sind allerdings die permanenten
und systematischen Versuche, bestimmten Menschen den Status einer »Person« abzuerkennen, wobei er »Personalität« ausschließlich an simplen konzeptuellen Funktionen festmacht beziehungsweise an der Fähigkeit, die eigene Zukunft zu antizipieren. Darüber hinaus beobachte ich etwas, das ich
als beängstigende Unempfindlichkeit im Umgang mit Sprache und Metaphern bezeichnen möchte, so etwa wenn er schreibt: »Angenommen wir
wenden den Test mit dem imaginären Leben auf das Leben des Unkrautes an,
das ich in meinem Garten jäten will. Ich muß mir dann einbilden, ein Leben
zu leben, das überhaupt keine bewußten Erlebnisse hat. Ein solches Leben ist
völlig leer; ich würde es nicht im mindesten bedauern, diese subjektiv un-
fruchtbare Form von Existenz zu vernichten. Dieser Test legt daher den Gedanken nahe, daß das Leben eines Wesens, das keine bewußten Erlebnisse
hat, über keinen Wert an sich verfügt.« (Praktische Ethik, S. 127f.)

31 Ebda., S. 210.
32 Ebda., S. 213.

Quellen- und Literaturverzeichnis

Die Bibliographie verzichtet auf die Nennung mancher im Text zitierten Werke, nennt aber andererseits einige einschlägige Quellen und Literaturtitel, die im Text nicht zitiert wurden.

ARCHIVALISCHE QUELLEN

1 Hessisches Hauptstaatsarchiv, Wiesbaden:

(a) 4Kls 7/47 Abr. 461 Nr. 32061, Hadamar Prozeß, Landgericht Frankfurt/M. 1947, Bände 1–50.

(b) Abt. 461 Nr. 31526, Kalmenhof Prozeß Idstein, Landgericht Frankfurt/M. 1947, Bände 1–30.

(c) 4a 1S 13/46 Frankfurt Abt. 461 Nr. 32442, Eichberg Prozeß, Landgericht Frankfurt/M. 1946, Bände 1–19.

(d) Abt. 463 Nr. 1154, Weilmünster Verhöre, Landgericht Frankfurt/M., Bände 1–7.

(e) Ks 3/63 Frankfurt Abt. 631a, Strafsache gegen Werner Heyde et al., Bände 1–433. Diese von einem Team engagierter deutscher Staatsanwälte unter Leitung des Generalstaatsanwaltes Fritz Bauer durchgeführte Untersuchung stellt den detailliertesten Versuch dar, die Aktivitäten einer der Hauptfiguren bei der Organisation und Durchführung des »Euthanasie«-Programms aufzudecken. Da Heyde aufgrund seiner homosexuellen Vergangenheit von T 4 1941/42 ausgeschlossen wurde, sind diese Berichte für den Zeitraum 1939–1941 höchst aufschlußreich, d. h. also hinsichtlich der »Kinder-Euthanasie«, der »Aktion T 4« und der »Aktion 14f13« in den Konzentrationslagern. Heyde beging Selbstmord, bevor man ihn vor Gericht stellen konnte.

(f) Abt. 430/1, Verwaltungs- und Krankenakte der ehemaligen Landesheilanstalt Eichberg mit den Nummern:
11044; 10985; 1111; 11144; 11168; 11109; 11063; 11112; 11113; 11053; 11094; 1213; 11062; 11093; 11469; 11456; 11455; 11426; 11407; 11405; 11475; 11474; 11471; 11470; 11475; 11404; 11354; 11371; 11378; 11498; 11497; 11496; 11454; 11453; 11408; 11409; 11396; 11403; 16141; 11475; 11002; 10989; 11102; 10949; 10851; 11152; 11104; 11047; 11155; 11186; 10852; 10998; 10969; 10894; 11000; 11013; 10878; 11110; 11051; 11100; 11101; 10975; 11156; 10967; 11024; 11108; 11114; 11125; 11257; 11258; 11243;

111231; 11253; 10930; 11221; 11019; 11247; 11084; 11036; 11268; 11139;; 10882; 10887; 11037; 11273; 10883; 11035; 10901; 11143; 10961; 11108; 11164; 11214; 11090; 11691; 11226; 10610; 10785; 10823; 10633; 10637; 10564; 11153; 10938; 10968; 11189; 11154; 11191; 11193; 10922; 11151; 10709; 10625; 10541; 10613; 10828; 10628; 10849; 10531; 11502; 11472; 11447; 11431; 11000; 11354; 11491; 11494; 11478; 11461; 11396; 11174; 10894; 10892; 10986; 10983; 11311; 11292; 11294; 11295; 11330; 11297; 11365; 11296; 11293; 11329; 11326; 11309; 11325; 11359; 11464; 11445; 11480; 11285; 11695; 11565; 11658; 11598; 11630; 11711; 11757; 11767; 11653; 11762; 11665; 11662; 11518; 11666; 11753; 11818; 11576; 11787; 11762; 11785; 11554; 11716; 11805; 11769; 11855; 11856; 11681; 11673; 11680; 11671; 11568; 11646; 11722; 11649; 11664; 11797; 11635; 11598; 11510; 11844; 11607; 11654; 11579; 11782; 31841; 11598; 11607; 11635; 11654; 11664; 11671; 11753; 11649; 11345; 12613; 12628; 12530; 12528; 12613; 12590; 12591; 12630; 12826; 12505; 12513; 12505; 12593; 12845; 12826; 12662.

2 National Archives, Washington DC:

(a) M-1078, Rollen 1–3, United States of America v. Alfons Klein et al. Berichte über den ersten Prozeß gegen Hadamarer Personal im Zusammenhang mit der Ermordung von etwa 400 ausländischen Personen.

(b) T-1021, Rollen 1–18, einschließlich der Heidelberger Dokumente, d. h. der Korrespondenz an und von Professor Paul Nitsche, dem Nachfolger Werner Heydes als medizinischer Leiter von T 4.; dieses Material wurde von der US Army Headquarters War Crimes Branch in Heidelberg ursprünglich im Zusammenhang mit dem Nürnberger Ärzteprozeß gesammelt. Nitsche selbst wurde nach einem gesonderten Prozeß in Dresden hingerichtet.

(c) T-253, Rollen 44, Morell-Akte.

3 Staatsarchiv München:

(a) Iks 10/49 Staatsanwaltschaft Nr. 17460 1/2, Prozeß gegen Dr. Hermann Pfannmüller.

(b) I KLs 158/48 Staatsanwaltschaft Nr. 19051, Prozeß gegen Professor Walter »Bubi« Schultze, Bände 1–4 und Sonderbände 1–3.

(c) Staatsanwaltschaft Nr. 19031, Prozeß gegen Emma D. et al.

(d) Akten der Regierung von Oberbayern: RA 3761 Gesundheitswesen Nr. 57686–

57693, »Beschwerden von Geisteskranken gegen Artikel 80 des P.Str.G.B.«
1933–1941.

(e) Landratsämter LRA Ebersberg Nr. 66550, Berchtesgaden Nr. 30015–30016.

4 Bezirkskrankenhaus Haar:

Jahresberichte der Heil- und Pflegeanstalt Eglfing-Haar 1930–1946.

5 Staatsarchiv Augsburg:

(a) (KS 1/49) Verfahren gegen Valentin Faltlhauser et al., Bde 1–7.
(b) Jahresberichte der Heil- und Pflegeanstalt Kaufbeuren-Irsee, 1933–1945.

6 Bundesarchiv Koblenz:

(a) R96 1 Reichsarbeitsgemeinschaft für Heil- und Pflegeanstalten
(b) Filmarchiv
  Sünden der Väter s/w 16 mm Stummfilm, 141 m.
  Das Erbe s/w 35 mm Tonfilm, 330 m.
  Erbkrank s/w 16 mm Stummfilm, 265 m.

7 Bundesarchiv, Außenstelle Potsdam-Babelsberg,
vormals Institut für den wissenschaftlichen Film (DDR):

Opfer der Vergangenheit s/w 35 mm Tonfilm, 726 m.
Was du ererbt… s/w 16 mm Stummfilm, 273 m.
Acht Rollen ungeschnittenen Filmmaterials mit Aufnahmen aus verschiedenen
Anstalten, enthält Szenen von »aktiven« und somatischen Therapien und Inter-
views mit Patienten.

8 Imperial War Museum, London:

(a) vormals PRO 646 Cas 1, Medical Trial, US versus Karl Brandt et al. 1947,
  volumes 1–25.

(b) CIOSC file Nr. xxviii-50, Leo Alexander, »Public Mental Health Practices in
  Germany. Sterilisation and Execution of Patients Suffering from Nervous or

Mental Diseases.« Combined Ingelligence Objectives Sub-Committee, o. Dat., enthält wichtige Dokumente aus Eglfing-Haar und die Berichte von Kleist über die Anstalten aus dem Jahre 1938.

9 Zentrale Stelle der Landesjustizverwaltungen, Ludwigsburg:

(a) »Euthanasie« A–Wi–Z, ca. 30 Bände alphabetisch geordneter Akten mit Verhören und beeideten Zeugenaussagen aus allen großen »Euthanasie«-Prozessen zwischen 1946 und 1970. Einzelbände gibt es über die fortlaufenden Verhöre von Dietrich Allers, Hans Hefelmann und Werner Heyde.

(b) 9 AR-Z 340/1956, Ermittlungssache Werner Blankenburg, Bände 1–15.

(c) 203 AR-Z 69/59, Ermittlungssache Wilhelm Koppe und Gustav Laabs, Kulmhof und Soldau, Bände 1–9.

(d) 203 AR-Nr. 452/1964, Ermittlungssache Dr. Kurt Bode, Danzig, Bände 1–4.

(e) V 203–AR Nr. 1101/1962, Ermittlungssache Kurt Eimann, Georg Ebracht, Danzig-Neustadt.

(f) Urteil LG Freiburg 1 Ks 5/1948, Ludwig Sprauer und Josef Schreck.

(g) Urteil LG Düsseldorf 8 Kls 8/1948, Walter Creutz et al.

(h) Urteil LG Tübingen Ks 6/1949, Otto Mauthe, Max Eyrich et al.

(i) 439 AR-251/1962, Ermittlungssache Professor Berthold Kihn.

(j) VI 449 AR 2497/1966, Dr. Hilde Wernicke et al.

10 Berlin Document Center:

(a) Personalakten von:
Karl Astel
Viktor Brack
Karl Brandt
Philipp Bouhler
Bodo Gorgass
Werner Heyde
Gottlieb Hering
Paul Nitsche

Hermann Pfannmüller
Franz Stangl
Christian Wirth

(b) Allgemeine Dokumentation der »Euthanasie« und SS-Berichte.

11 British Film Institute, London:

Ich klage an 1941, 35 mm Tonfilm, 3340 m.

12 Privatarchive:

(a) Elvira M. Krankenakte.
(b) Josef S. Dokumente zu dem Prozeß gegen Aquilin Ullrich et al.; private Korrespondenz; Korrespondenz mit Rechtsanwälten und Regierungsbehörden 1986–1990.

(c) Klara Nowak Krankenakte und Dokumente über den Bund der Zwangssterilisierten und »Euthanasie«geschädigten.

(d) Helmut Heinze Dokumente über die Ermordung seiner Mutter.

13 Interviewaufnahmen:

Klara Nowak, Detmold 1991
Josef S., Oggersheim und Hadamar 1991–1993
Paul R., W. und Hadamar 1990–1993
Elvira M., Lübeck und Hadamar 1991
Paula S., Hadamar 1991
Siegfried Birschel, Hadamar 1991
Helmut Heinze, Hamburg und Hadamar 1991

Bibliographien

Beck, Christoph: Sozialdarwinismus, Rassenhygiene, Zwangssterilisation und Vernichtung »lebensunwerten« Lebens. Eine Bibliographie zum Umgang mit behinderten Menschen im »Dritten Reich« – und heute, Bonn 1992.

Koch, Gerhard: Euthanasie, Sterbehilfe. Eine dokumentierte Bibliographie, Erlangen ²1990.

GEDRUCKTE QUELLEN

Ast, Fritz: Die Problematik der Sparmaßnahmen in der Geisteskrankenfürsorge, in: Allgemeine Zeitschrift für Psychiatrie 100, 1933, S. 235–266.

Ders.: Sterilisierung und Anstaltsbestände, in: Psychiatrisch-Neurologische Wochenschrift 35, 1933, S. 539–540.

Ders.: Der Ärztemangel in den Heilanstalten und Vorschläge zu dessen Behebung, insbesondere hinsichtlich der in den Heilstätten, in: Zeitschrift für Psychische Hygiene 9, 1936, S. 8–20.

Ders.: Erfahrungen über den Nachweis der Schizophrenie im Erbgesundheitsgerichtsverfahren, in: Allgemeine Zeitschrift für Psychiatrie 112, 1939, S. 360–390.

Bauer, Elisabeth: Mittel zur Bekämpfung der Komplikationen bei der Insulinschock- und Elektrokrampfbehandlung, in: Psychiatrisch-Neurologische Wochenschrift 45, 1943, S. 140–142.

Baumann, Friedrich und Rein, Oskar: Zur Reform der Irrenfürsorge, in: Allgemeine Zeitschrift für Psychiatrie 76, 1920/21, S. 122–124.

Becker, Karl: Erfahrungen bei der Durchführung des Sterilisierungsgesetzes in der Heil- und Pflegeanstalt Langenhagen bei Hannover, in: Psychiatrisch-Neurologische Wochenschrift 37, 1935, S. 277–279.

Behmsen, Dr.: Zur Frage der Unfruchtbarmachung bei Alkoholismus, in: Psychiatrisch-Neurologische Wochenschrift 36, 1934, S. 282–283.

Bender, Wilhelm: Arbeitstherapie, besonders bei alten Schizophrenen, in: Allgemeine Zeitschrift für Psychiatrie 87, 1927, S.402–409.

Berg, Dr.: Zur Krise der Offenen Fürsorge, in: Psychiatrisch-Neurologische Wochenschrift 34, 1932, S. 548–549.

Berterermann, Helmuth: Zur Frage der Unfruchtbarmachung wegen Schwachsinns, in: Münchener Medizinische Wochenschrift 85, 1938, S. 1135–1136.

Binding, Karl und Hoche, Alfred: Die Freigabe der Vernichtung lebensunwerten Lebens. Ihr Maß und ihre Form, Leipzig 1920.

Bingel, A.: Über die psychischen und chirurgischen Komplikationen des Elektrokrampfes, in: Allgemeine Zeitschrift für Psychiatrie 115, 1940, S. 325–343.

Ders. und Meggendorfer, F.: Über die ersten deutschen Versuche einer Elektrokrampfbehandlung der Geisteskrankheiten, in: Psychiatrisch-Neurologische Wochenschrift 42, 1940, S. 41–43.

Blume, Gustav: Über die Einrichtung psychiatrischer Krankheitsgeschichten, in: Allgemeine Zeitschrift für Psychiatrie 99, 1933, S. 84–97.

Borchardt, Stadtrat: Die Freigabe der Vernichtung lebensunwerten Lebens, in: Deutsche Strafrechts-Zeitung 9, 1922, S. 206–210.

Borner, Wilhelm: Euthanasie, in: Das monistische Jahrhundert 2, 1913, S. 249–254.

Bozi, Alfred: Euthanasie und Recht, in: Das monistische Jahrhundert 2, 1913, S. 576–580.

Bratz, E.: Kann die Versorgung der Geisteskranken billiger gestaltet werden und wie?, in: Allgemeine Zeitschrift für Psychiatrie 98, 1932, S. 1–40.

Braune, A.: Euthanasie und Arzt, in: Das monistische Jahrhundert 2, 1913, S. 871–873.

Braunmühl, Anton von: Über die Insulinschockbehandlung der Schizophrenie, in: Psychiatrisch-Neurologische Wochenschrift 39, 1937, S. 156– 163.

Ders.: Die Insulinschockbehandlung der Schizophrenie, in: Münchener Medizinische Wochenschrift 84, 1937, S. 8–11.

Ders.: Das »Azoman« bei der Krampfbehandlung der Schizophrenie, in: Psychiatrisch-Neurologische Wochenschrift 40, 1938, S. 515–519.

Ders: Die kombinierte Schock-Krampfbehandlung der Schizophrenie am Beispiel der »Blockmethode«, in: Zeitschrift für die gesamte Neurologie und Psychiatrie 164, 1938, S. 69–92.

Ders: Schocklinie und Hypoglykämielinie, in: Zeitschrift für die gesamte Neurologie und Psychiatrie 169, 1940, S. 413–436.

Ders: Einige grundsätzliche Bemerkungen zur Schock- und Krampfbehandlung der Psychosen, in: Allgemeine Zeitschrift für Psychiatrie 118, 1941, S. 67–79.

Ders.: Fünf Jahre Schock- und Krampfbehandlung in Eglfing-Haar, in: Archiv für Psychiatrie 114, 1941, S. 410–440.

Ders.: Aus der Praxis der Krampftherapie, in: Allgemeine Zeitschrift für Psychiatrie 120, 1942, S. 146–157.

Bresler, J.: Deutsche Erbforschung in größter materieller Not!, in: Psychiatrisch-Neurologische Wochenschrift 36, 1934, S. 625–634.

Ders.: Die Zehn wichtigsten Kulturaufgaben der Anstalten für Geisteskranke, in: Psychiatrisch-Neurologische Wochenschrift 37, 1935, S. 409–417.

Ders.: Insulin in der Psychiatrie, in: Psychiatrisch-Neurologische Wochenschrift 39, 1937, S. 14–15.

Ders.: Wirtschaftstüchtigkeit unserer Anstalten, in: Psychiatrisch-Neurologische Wochenschrift 44, 1942, S. 25–27 und 35–37.

Buchner, Otto: Erfahrungen bei über 1.500 Elektroschockfällen, in: Psychiatrisch-Neurologische Wochenschrift 44, 1942, S. 97–100.

Bufe, E.: Zur Krise der Familienpflege, in: Psychiatrisch-Neurologische Wochenschrift 34, 1932, S. 545–547.

Burkhardt, Hans: Was kann die psychiatrische Offene Fürsorge für Erbforschung und Rassenhygiene leisten?, in: Psychiatrisch-Neurologische Wochenschrift 36, 1934, S. 232–236.

Busse, Walter: Erbbiologische Arbeit an Heil- und Pflegeanstalten, in: Psychiatrisch-Neurologische Wochenschrift 37, 1935, S. 207–211.

Carriere, R.: Sparmaßnahmen und Anstaltsniveau, in: Psychiatrisch-Neurologische Wochenschrift 32, 1932, S. 329–331.

Ders.: Ein Jahr Cardiazolbehandlung auf der unruhigen Frauenabteilung, in: Allgemeine Zeitschrift für Psychiatrie 113, 1939, S. 347–354.

Chroust, Peter (Hrsg.): Friedrich Mennecke. Innenansichten eines medizinischen Täters im Nationalsozialismus. Eine Edition seiner Briefe 1935–1947, Hamburg 1988, Bde. 1 und 2.

Creutz, W.: Die Ausbildung des Pflegepersonals für Geisteskranke, in: Zeitschrift für psychische Hygiene 12, 1939, S. 95–119.

Crinis, Max de: Die deutsche Psychiatrie, in: Psychiatrisch-Neurologische Wochenschrift 41, 1939, S. 1–5.

Demme, H.: Die Stellung der Epilepsie im Rahmen des Gesetzes zur Verhütung erbkranken Nachwuchses, in: Münchener Medizinische Wochenschrift 28, 1935, S. 1567–1571.

Donalies, Gustav: Der »Fall« Jan H., in: Psychiatrisch-Neurologische Wochenschrift 44, 1942, S. 76–78.

Ebbinghaus, Angelika und Preissler, Gerd: Die Ermordung psychisch kranker Menschen in der Sowjetunion, in: Aly, Götz u. a. (Hrsg.): Beiträge zur nationalsozialistischen Gesundheits- und Sozialpolitik, Berlin ²1987, Bd. 1, S. 75–107.

Eckhardt, Hellmut: Die sog. angeborene Hüftverrenkung und das Gesetz zur Verhütung erbkranken Nachwuchses, in: Der Öffentliche Gesundheitsdienst 1, 1935–1936, S. 321–328.

Enge, J.: Wirtschaftliche und soziale Lage des Irrenpflegepersonals, in: Allgemeine Zeitschrift für Psychiatrie 75, 1919, S. 373–387.

Ders.: Die erweiterte Heilanstalt Strecknitz–Lübeck, in: Psychiatrisch-Neurologische Wochenschrift 33, 1931, S. 1–5.

Ders.: Fehlschlüsse und Irrtümer bei Sparmaßnahmen, in: Psychiatrisch-Neurologische Wochenschrift 34, 1932, S. 569–572.

Ders.: Erfolge psychiatrischer Aufklärungsarbeit, in: Psychiatrisch-Neurologische Wochenschrift 34, 1933, S. 307–310.

Ders.: Klinisch-diagnostische Richtlinien für die Praxis der Durchführung des Gesetzes zur Verhütung erbkranken Nachwuchses, in: Psychiatrisch-Neurologische Wochenschrift 37, 1935, S. 622–626.

Ders.: Das Gesetz zur Verhütung erbkranken Nachwuchses in Laienbetrachtung und ärztliche Erfahrungen als Gutachter im Erbgesundheitsverfahren, in: Psychiatrisch-Neurologische Wochenschrift 39, 1937, S. 8–13.

Ders.: Die Zukunft der Psychiatrie, in: Psychiatrisch-Neurologische Wochenschrift 44, 1942, S. 425–428.

Ernst, Konrad: Von der Bedeutung der Irrenanstalten, in: Psychiatrisch-Neurologische Wochenschrift 41, 1939, S. 251–252.

Ewald, Gottfried: Zur Theorie der Schizophrenie und der Insulinschockbehandlung, in: Allgemeine Zeitschrift für Psychiatrie 110, 1939, S. 153–170.

Ewald, G. und Haddenbruck, S.: Die Elektrokrampftherapie. Ihre Grundlagen und ihre Erfolge, in: Zeitschrift für die gesamte Neurologie und Psychiatrie 174, 1942, S. 635–669.

Faltlhauser Valentin: Erfahrungen des Erlanger Fürsorgearztes, in: Allgemeine Zeitschrift für Psychiatrie 80, 1925, S. 102–125.

Ders.: Die wirtschaftliche Unentbehrlichkeit und die wirtschaftliche Gestaltung der offenen Geisteskrankenfürsorge der Gegenwart unter besonderer Berücksichtigung der Fürsorge in der Stadt, in: Zeitschrift für psychische Hygiene 5, 1932, S. 84–98.

Ders.: Irrenanstalten und nationalsozialistische Bevölkerungspolitik, in: Psychiatrisch-Neurologische Wochenschrift 41, 1939, S. 179–183.

Feldhofen, Marianne: Schwierigkeiten und Gefahren der Insulinschockbehandlung der Schizophrenie, in: Allgemeine Zeitschrift für Psychiatrie 105, 1937, S. 281–298.

Fischer, Max: Erblichkeitsforschung an den Heil- und Pflegeanstalten für Geisteskranke, in: Psychiatrisch-Neurologische Wochenschrift 33, 1931, S. 268–271.

Ders.: Das Sterilisierungsgesetz, in: Psychiatrisch-Neurologische Wochenschrift 35, 1933, S. 484–487.

Ders.: Adolf Hitler und die Rassenhygiene, in: Psychiatrisch-Neurologische Wochenschrift 41, 1939, S. 177–178.

Flinker, R.: Zur Frage des Wirkungsmechanismus bei der Insulin-, Cardiazol- und Dauerschlafbehandlung der Schizophrenie, in: Allgemeine Zeitschrift für Psychiatrie 109, 1938, S. 111–115.

Franke, Gerhard: Gedanken über eine wirksamere Handhabung der ausmerzenden Erbpflege, in: Psychiatrisch-Neurologische Wochenschrift 44, 1942, S. 305–307.

Friedländer, A. A.: Psychiatrie und »öffentliche Meinung«, in: Psychiatrisch-Neurologische Wochenschrift 34, 1933, S. 301–307.

Friedländer, Erich: Eine Gefahr für die deutsche Irrenpflege, in: Allgemeine Zeitschrift für Psychiatrie 93, 1930, S. 194–205.

Ders.: Neue Wege der Irrenfürsorge?, in: Psychiatrisch-Neurologische Wochenschrift 33, 1931, S. 327–329.

Ders.: Kann die Versorgung der Geisteskranken billiger gestaltet werden und wie?, in: Psychiatrisch-Neurologische Wochenschrift 34, 1932, S. 373–381.

Friedlaender, Karl: Insulin-Schockbehandlung der Schizophrenie, in: Psychiatrisch-Neurologische Wochenschrift 38, 1936, S. 520.

Friese, G.: Erbkrankheit, Begabung und Unfruchtbarmachung, in: Der Öffentliche Gesundheitsdienst 1, 1935–1936, S. 899–903.

Fumarola, G.: Eine neue Methode der Krampfbehandlung in der Psychiatrie: Der Elektroschock, in: Psychiatrisch-Neurologische Wochenschrift 41, 1939, S. 87–88.

Gaupp, R.: Die Freigabe der Vernichtung lebensunwerten Lebens, in: Deutsche Strafrechts-Zeitung 7, 1920, S. 332–338.

Ders.: Referat, Die Unfruchtbarmachung geistig und sittlich Minderwertiger. Jahresversammlung des Deutschen Vereins für Psychiatrie am 1. und 2. September 1925 in Kassel, in: Allgemeine Zeitschrift für Psychiatrie 83, 1926, S. 371–390.

Ders.: Alfred Erich Hoche, in: Zeitschrift für die gesamte Neurologie und Psychiatrie 176, 1943, S. 1–6.

Geiler, Walter: Erfahrungen mit der Insulinbehandlung der Schizophrenie nach Sakel, in: Psychiatrisch-Neurologische Wochenschrift 38, 1936, S. 528–633.

Gerhardt, Margarethe: Ergebnisse und Beobachtungen bei der Cardiazol-Krampfbehandlung von Schizophrenien und anderen Psychosen, in: Allgemeine Zeitschrift für Psychiatrie 109, 1938, S. 141–162.

Gerkan, Roland: Euthanasie, in: Das monistische Jahrhundert 2, 1913, S. 169–173.

Glatzel, F.: Unsere bisherigen Erfahrungen mit dem Sterilisierungsgesetz, in: Psychiatrisch-Neurologische Wochenschrift 36, 1934, S. 236–240.

Gross, Adolf: Zeitgemäße Betrachtungen zum wirtschaftlichen Betrieb der Irrenanstalten, in: Allgemeine Zeitschrift für Psychiatrie 79, 1922, S. 60–74.

Gütt, Arthur: Der öffentliche Gesundheitsdienst im Dritten Reich, in: Der Öffentliche Gesundheitsdienst 1, 1935–1936, S. 84–94.

Gütt, Arthur, Rüdin, Ernst and Ruttke, Falk: Gesetz zur Verhütung erbkranken Nachwuchses vom 14. Juli 1933 mit Auszug aus dem Gesetz gegen gefährliche Gewohnheitsverbrecher und über Maßnahmen der Sicherung und Besserung vom 24. November 1933, München [2]1936.

Häfner, Wilhelm: Zur Frage der sogenannten eugenischen Sterilisation beim vererbten Schwachsinn, in: Psychiatrisch-Neurologische Wochenschrift 34, 1932, S. 315–320.

Harmsen, Hans: Die Durchführung des Gesetzes zur Verhütung erbkranken Nachwuchses in den Anstalten der Inneren Mission, in: Zeitschrift für psychische Hygiene 9, 1936, S. 20–22.

Ders.: Ewald Meltzer, in: Psychiatrisch-Neurologische Wochenschrift 38, 1936, S. 613–615.

Harrasser, A.: Konstitution und Rasse bei oberbayrischen endogenen Psychotikern, in: Zeitschrift für die gesamte Neurologie und Psychiatrie 158, 1937, S. 471–480.

Henle, F.: Euthanasie, in: Das monistische Jahrhundert 2, 1913, S. 309ff.

Hermkes, Karl: Schulunterricht im Rahmen der Anstaltsbehandlung, in: Allgemeine Zeitschrift für Psychiatrie 103, 1935, S. 26–36.

Heydecke, Karl Hermann: Unsere Erfahrungen über den Einfluß der Sterilisierung auf die psychische Gesamthaltung der Sterilisierten, in: Psychiatrisch-Neurologische Wochenschrift 38, 1936, S. 283–286.

Hildenbrand, G.: Monismus und sittliches Bewußtsein, in: Das monistische Jahrhundert 2, 1913, S. 491–496.

Hirschmann, Johannes: Über Insulinbehandlung bei Schizophrenie, in: Psychiatrisch-Neurologische Wochenschrift 39, 1937, S. 13–14.

Hoffmann, Hans: Allgemeines zur Durchführung des Gesetzes zur Verhütung erbkranken Nachwuchses, in: Der Öffentliche Gesundheitsdienst 3, 1937, S. 49–70.

Holthaus, B.: Die erbbiologische Bestandsaufnahme in den Heilanstalten Westfalens, in: Zeitschrift für psychische Hygiene 11, 1938, S. 49–57.

Horn, Walter: Untersuchungen und Beobachtungen an geisteskranken Juden, in: Allgemeine Zeitschrift für Psychiatrie 117, 1941, S. 167–180.

Hürten, Ferdinand: Die ersten Hundert auf Grund des Gesetzes vom 24. November 1933 in der westfälischen Provinzial-Heilanstalt Eickelborn untergebrachten geistig abnormen Rechtsbrecher, in: Allgemeine Zeitschrift für Psychiatrie 106, 1937, S. 255–338.

Ders.: Die erbbiologische Bestandsaufnahme in den Provinzial-Heilanstalten, in: Psychiatrisch-Neurologische Wochenschrift 39, 1937, S. 135–139.

Illberg, Georg: Die Sterblichkeit der Geisteskranken in den sächsischen Anstalten während des Krieges, in: Allgemeine Zeitschrift für Psychiatrie 78, 1922, S. 58–63.

Kaminski, Joachim: Die Heil- und Pflegeanstalten im Vierjahresplan, in: Psychiatrisch-Neurologische Wochenschrift 41, 1939, S. 68–72.

Kehrer, F.: Zur Frage der Kann-Vorschrift des §1 des Gesetzes, in: Psychiatrisch-Neurologische Wochenschrift 36, 1934, S. 301–302.

Kihn, B.: Die Ausschaltung der Minderwertigen aus der Gesellschaft, in: Allgemeine Zeitschrift für Psychiatrie 98, 1932, S. 387–404.

Kintner, Earl W. (Hrsg.): The Hadamar Trial, London und Edinburgh 1949.

Kirchhof, Johannes: Bedeutung und Formgebung des Films in Neurologie und Psychiatrie, in: Psychiatrisch-Neurologische Wochenschrift 45, 1943, S. 181–185.

Klee, Ernst (Hrsg.): Dokumente zur »Euthanasie«, Frankfurt/M. 1986.

Klee, K.: Die Freigabe der Vernichtung lebensunwerten Lebens, in: Ärztliche Sachverständigen-Zeitung 27, 1921, S. 1–7.

Kleist, Karl: Die gegenwärtigen Strömungen in der Psychiatrie, in: Allgemeine Zeitschrift für Psychiatrie 82, 1925, S. 1–41.

Klinkenberg, K.: Zur Frage der Unfruchtbarmachung geistig Minderwertiger insbesondere nach eugenischen Gesichtspunkten, in: Allgemeine Zeitschrift für Psychiatrie 87, 1927, S. 410–438.

Knab, Karl: Ein Beitrag zum Problem der Familienpflege als billigste Versorgungsart chronisch Geisteskranker und asozialer psychischer Grenzzustände, in: Psychiatrisch-Neurologische Wochenschrift 32, 1930, S. 467–473.

Ders.: Entwicklungsstand der Tapiauer Familienpflege, in: Allgemeine Zeitschrift für Psychiatrie 96, 1932, S. 339–347.

Ders.: Die Auswirkung des Sterilisierungsgesetzes in der Heil- und Pflegeanstalt Tapiau, in: Psychiatrisch-Neurologische Wochenschrift 36, 1934, S. 268–269.

Ders.: Sind Familienpflege und pflegelose Abteilungen veraltet und verfehlte Einrichtungen in der öffentlichen Geisteskrankenversorgung?, in: Psychiatrisch-Neurologische Wochenschrift 36, 1934, S. 505–508.

Ders.: Die Bedeutung der Familienpflege im deutschen Geisteskrankenversorgungssystem, in: Psychiatrisch-Neurologische Wochenschrift 37, 1935, S. 265–269.

Ders.: Was ist für die Anstaltspsychiatrie wichtiger: die medikamentöse Behandlung oder die Psychotherapie?, in: Psychiatrisch-Neurologische Wochenschrift 37, 1935, S. 365–367.

Ders.: Erbbiologische Bestandsaufnahme der Insassen der öffentlichen Heil- und Pflegeanstalten und offene Fürsorge für Geisteskranke, in: Psychiatrisch-Neurologische Wochenschrift 38, 1936, S. 210–212.

Kolb, Gustav: Reform der Irrenfürsorge, in: Zeitschrift für die gesamte Neurologie und Psychiatrie 47, 1919, S. 137–172.

Ders.: Was wir in der Anstalt Erlangen erreicht haben, in: Psychiatrisch-Neurologische Wochenschrift 33, 1931, S. 571–572.

Kolb, Karl: Postoperative psychische Reaktionen bei Sterilisierten in der Heilanstalt, in: Münchener Medizinische Wochenschrift 28, 1935, S. 1641–1642.

Kolle, Kurt: Die Unfruchtbarmachung bei Alkoholismus, in: Allgemeine Zeitschrift für Psychiatrie 112, 1939, S. 397–404.

Kraepelin, Emil: Ziele und Wege der psychiatrischen Forschung, in: Zeitschrift für die gesamte Neurologie und Psychiatrie 42, 1918, S. 169–205.

Kuhne, Dr.: Offene Fürsorge für entlassene Geisteskranke der Heil- und Pflegeanstalt Emmendingen, in: Allgemeine Zeitschrift für Psychiatrie 91, 1929, S. 355–368.

Kuhne, K.: Beköstigung, Bekleidung und Wäsche in der Landesheilanstalt, in: Psychiatrisch-Neurologische Wochenschrift 38, 1936, S. 529–533.

Kuppers, E.: Die Schockbehandlung des manisch-depressiven Irreseins, in: Allgemeine Zeitschrift für Psychiatrie 112, 1939, S. 436–445.

Lange, Wilhelm: Ergebnisse, Lehren und Wünsche, die sich aus der Jahresarbeit 1934 eines Erbgesundheitsgerichtes Chemnitz ergeben, in: Psychiatrisch-Neurologische Wochenschrift 37, 1935, S. 75–82.

Lemme, Hansjoachim: Die Rechtsprechung in Erbgesundheitsgerichtssachen, in: Der Öffentliche Gesundheitsdienst 1, 1935–1936, S. 789–797.

Liermann, Gunter: Der Intelligenzprüfungsbogen nach Anlage 5a der ersten Verordnung zur Durchführung des Gesetzes zur Verhütung erbkranken

Nachwuchses in seiner Anwendung bei Jugendlichen in der Stadt Königsberg i. Pr. und dem Samland im Alter von 14–18 Jahren, in: Der Öffentliche Gesundheitsdienst 1, 1935–1936, S. 244–254.

Liers, Hans: Die Verwendung der Heil- und Pflegeanstalt Kreuzburg OS. als Arbeitsanstalt, in: Psychiatrisch-Neurologische Wochenschrift 41, 1939, S. 394–396.

Linden, H.: Die weltanschaulichen und wissenschaftlichen Grundlagen des Gesetzes zur Verhütung erbkranken Nachwuchses, in: Der Öffentliche Gesundheitsdienst 3, 1937, S. 808–820.

Loew, H.: Das Verhalten der Körpergewichte von Geisteskranken während der Kriegszeit, in: Allgemeine Zeitschrift für Psychiatrie 78, 1922, S. 1–57.

Luxenburger, Hans: Grundsätzliches zur kausalen Prophylaxe der erblichen Geisteskrankheiten, in: Zeitschrift für psychische Hygiene 2, 1929, S. 164–172.

Ders.: Die praktische Mitarbeit der Heil- und Pflegeanstalten in der psychiatrischen Erblichkeitsforschung, in: Psychiatrisch-Neurologische Wochenschrift 32, 1930, S. 406–410.

Ders.: Die praktische Mitarbeit der Heil- und Pflegeanstalten in der psychiatrischen Erblichkeitsforschung, in: Allgemeine Zeitschrift für Psychiatrie 93, 1930, S. 349–352.

Marchesani, O.: Über erbliche Blindheit, in: Münchener Medizinische Wochenschrift 83, 1936, S. 1167–1171.

Mathes, Dr.: Die Entwicklungsstufen der badischen praktischen Anstaltspsychiatrie bis zur Eröffnung der Anstalt Emmendingen und deren 40jährige Tätigkeit, in: Allgemeine Zeitschrift für Psychiatrie 91, 1929, S. 337–355.

Matzner, Dr.: Das Verfahren vor den Erbgesundheitsgerichten, in: Der Öffentliche Gesundheitsdienst 1, 1935–1936, S. 281–289.

Meduna, Ladislaus von: Die Konvulsionstherapie der Schizophrenie, in: Psychiatrisch-Neurologische Wochenschrift 37, 1935, S. 317–319.

Ders.: Die Bedeutung des epileptischen Anfalls in der Insulin- und Cardiazolbehandlung der Schizophrenie, in: Psychiatrisch-Neurologische Wochenschrift 39, 1937, S. 331–334.

Ders.: Die Konvulsionstherapie der Schizophrenie, in: Psychiatrisch-Neurologische Wochenschrift 41, 1939, S. 165–169.

Meltzer, Ewald: Das Problem der Abkürzung »lebensunwerten« Lebens, Halle 1925.

Ders.: Die Frage des unwerten Lebens Vita non iam vitalis und die Jetztzeit, in: Psychiatrisch-Neurologische Wochenschrift 34, 1932, S. 584–591.

Ders.: Fünf-Jahresbericht über die Anstalt der Inneren Mission »Katharinenhof«, Großhennersdorf Sa., in: Psychiatrisch-Neurologische Wochenschrift 41, 1939, S. 359–362 und 372–374.

Meyer, E.: Neue und alte Strömungen in der praktischen Psychiatrie, in: Allgemeine Zeitschrift für Psychiatrie 83, 1926, S. 191–200.

Möckel, W. und Schweickert, E.: Die wirtschaftlichen Aufgaben der Heil- und Pflegeanstalten im neuen Vierjahresplan, in: Psychiatrisch-Neurologische Wochenschrift 39, 1937, S. 425–428.

Ders.: Die Aufgaben der Heil- und Pflegeanstalten im Vierjahresplan und in der Kriegswirtschaft, in: Allgemeine Zeitschrift für Psychiatrie 113, 1939, S. 373–386.

Ders.: Die Behandlung der Kranken in der Heil- und Pflegeanstalt Wiesloch Baden im Jahre 1939, in: Psychiatrisch-Neurologische Wochenschrift 42, 1940, S. 77–79 und S. 449–451.

Ders.: Die Krankenbehandlung in der Heil- und Pflegeanstalt Wiesloch Baden, in: Psychiatrisch-Neurologische Wochenschrift 44, 1942, S. 45–46.

Ders.: Anstaltskost und Vitamine, in: Psychiatrisch-Neurologische Wochenschrift 44, 1942, S. 257–261.

Müller, Richard: Krampfbehandlung der Schizophrenie und Schenkelhalsfraktur, in: Münchener Medizinische Wochenschrift 89, 1939, S. 525–526.

Neubelt, Dr.: Einige Mitteilungen zur Durchführung des Gesetzes zur Verhütung erbkranken Nachwuchses, in: Der Öffentliche Gesundheitsdienst 1, 1935–1936, S. 420–423.

Neukamp, Franz: Zum Problem des Gnadentodes oder der Sterbehilfe, in: Zeitschrift für psychische Hygiene 10, 1937, S. 161–167.

Nieper, Ferdinand: Über Maßnahmen und bisherige Erfahrungen bei der Durchführung des Erbgesundheitsgesetzes an den Wahrendorffschen Privat Heil- und Pflegeanstalten Ilten, in: Psychiatrisch-Neurologische Wochenschrift 36, 1934, S. 454–456.

Nobbe, Hermann: Das Gesetz zur Verhütung erbkranken Nachwuchses, Irrenanstalten, Außenfürsorge und Familienpflege, in: Psychiatrisch-Neurologische Wochenschrift 36, 1934, S. 471–474.

Ortleb, Dr.: Mangel der Anstaltsbehandlung und Vorschläge zur Abhilfe, in: Allgemeine Zeitschrift für Psychiatrie 83, 1926, S. 118–126.

Ostwald, Wilhelm: Euthanasie, in: Das monistische Jahrhundert 2, 1913, S. 337–341.

Ders.: Wissenschaftliche oder Gefühlsethik?, in: Das monistische Jahrhundert 2, 1913, S. 173–174.

Overhamm, G.: Zur Technik der Intelligenzprüfung bei der Begutachtung Schwachsinniger, in: Psychiatrisch-Neurologische Wochenschrift 38, 1936, S. 643–648.

Panse, Friedrich: Einrichtungen für die erbbiologische und sonstige Auswertung der Wittenauer Krankheitsgeschichten, in: Allgemeine Zeitschrift für Psychiatrie 99, 1933, S. 98–102.

Papst, Pius: Herrn Obermedizinalrat Dr. Fritz Ast, in: Psychiatrisch-Neurologische Wochenschrift 34, 1932, S. 469–471.

Reich, Dr.: Einiges über erbbiologische Ermittlungstätigkeit, in: Der Öffentliche Gesundheitsdienst 1, 1935–1936, S. 129–132.

Repkewitz, Dr.: Die Offene Geisteskrankenfürsorge im Rahmen der Sparmaßnahmen, in: Psychiatrisch-Neurologische Wochenschrift 34, 1933, S. 433–437.

Richter, A.: Über die Ernährungsverhältnisse in der Irrenanstalt Buch während des Krieges 1914/18 und deren Folgen, in: Allgemeine Zeitschrift für Psychiatrie 75, 1919, S. 407–423.

Roemer, Hans: Zur beruflichen Ausbildung des Pflegepersonals, in: Allgemeine Zeitschrift für Psychiatrie 85, 1927, S. 16–34.

Ders.: Der Stand der offenen Fürsorge und Geisteskrankenfürsorge in Baden, in: Allgemeine Zeitschrift für Psychiatrie 88, 1928, S. 460–468.

Ders.: Die Sparprogramme für die offene Gesundheitsfürsorge und die offene Geisteskrankenfürsorge, in: Zeitschrift für psychische Hygiene 5, 1932, S. 47–50.

Ders.: Die Leistungen der psychiatrischen Kliniken und der öffentlichen Heil- und Pflegeanstalten bei der Durchführung des Gesetzes zur Verhütung erbkranken Nachwuchses im ersten Jahr des Vollzuges 1934, in: Zeitschrift für psychische Hygiene 9, 1936, S. 47–52.

Ders.: Zur Durchführung der erbbiologischen Bestandsaufnahme in den Heil- und Pflegeanstalten, in: Zeitschrift für psychische Hygiene 9, 1936, S. 110–120.

Ders.: Die praktische Einführung der Insulin- und Cardiazolbehandlung in den Heil- und Pflegeanstalten, in: Allgemeine Zeitschrift für Psychiatrie 107, 1938, S. 121–128.

Rohden, von: Über die rassenhygienischen Aufgaben des Anstaltspsychiaters, in: Psychiatrisch-Neurologische Wochenschrift 35, 1933, S. 473–479.

Rüdin, Ernst: Bedingungen und Rolle der Eugenik in der Prophylaxe der Geistesstörungen, in: Zeitschrift für psychische Hygiene 10, 1937, S. 99–108.

Ders.: Die empirische Erbprognose, die Zwillingsmethode und die Sippenforschung in ihrer Bedeutung für die psychiatrische Erbforschung und für die Psychiatrie überhaupt, in: Allgemeine Zeitschrift für Psychiatrie 107, 1938, S. 3–20.

Ders.: Bedeutung der Forschung und Mitarbeit von Neurologen und Psychiatern im nationalsozialistischen Staat, in: Zeitschrift für die gesamte Neurologie und Psychiatrie 165, 1939, S. 7–17.

Ruttke, Falk: Beispiele aus der Rechtsprechung zum Begriff der »schweren erblichen körperlichen Mißbildung«, in: Der Öffentliche Gesundheitsdienst 1, 1935–1936, S. 573–576.

Sack: Die Heil- und Pflegeanstalten, ihre wirtschaftlichen, finanziellen und sonstigen Verhältnisse, in: Psychiatrisch-Neurologische Wochenschrift 40, 1938, S. 245–248 and 256–259.

Salm, Heinrich: Zur Frage der Sterilisierung Geisteskranker, in: Münchener Medizinische Wochenschrift 28, 1935, S. 947–948.

Ders.: Behandlung und Verpflegung der Kranken in der Schwäbischen Kreis-

Heil- und Pflegeanstalt Kaufbeuren-Irsee im Jahre 1937, in: Psychiatrisch-Neurologische Wochenschrift 40, 1938, S. 420–422 und S. 429–432.

Ders.: Das Schicksal von 133 in den Jahren 1928 bis 1930 zum ersten Mal in Anstaltsbehandlung getretenen Schizophrenen, in: Psychiatrisch-Neurologische Wochenschrift 40, 1939, S. 197–199.

Ders.: Erfahrungen mit Neospiran und Azoman bei der Krampfbehandlung von Schizophrenen, in: Psychiatrisch-Neurologische Wochenschrift 41, 1939, S. 469–472.

Ders.: Die Therapie in der Heil- und Pflegeanstalt Kaufbeuren Schwaben im Jahre 1938, in: Psychiatrisch-Neurologische Wochenschrift 42, 1940, S. 1–4.

Schlaich, Ludwig: Vernichtung und Neuanfang. Das Schicksal der Heil- und Pflegeanstalten in Stetten i. R., Stuttgart 1946.

Schlenke, Walburga: Bericht über zweieinhalbjährige Elektroschockbehandlung, in: Psychiatrisch-Neurologische Wochenschrift 45, 1943, S. 162–167.

Schlotmann, W.: Insulin- und Cardiazolbehandlung in der Landes-Heil- und Pflegeanstalt Alzey, in: Psychiatrisch-Neurologische Wochenschrift 40, 1938, S. 189–190.

Schmidt, Heinrich: Tätigkeitsbericht der Außenfürsorgestelle für Geisteskranke an der Heil- und Pflegeanstalt Klingenmünster, Pfalz, während des Kalenderjahres 1929, S. 577–582.

Schmidt, Dr.: Aus der Praxis eines Erbgesundheitsobergerichts, in: Psychiatrisch-Neurologische Wochenschrift 37, 1935, S. 328–330.

Schmieder, Fritz: Über Krampfschäden bei der Cardiazolbehandlung, in: Allgemeine Zeitschrift für Psychiatrie 113, 1939, S. 341–346.

Schnidtmann, Moritz: Fürsorgeerziehung und Rassenhygiene, in: Psychiatrisch-Neurologische Wochenschrift 35, 1933, S. 587–590.

Schottky, Johannes: Psychiatrische und kriminalbiologische Fragen bei der Unterbringung in einer Heil- oder Pflegeanstalt nach §42b und c des Strafgesetzbuches, in: Allgemeine Zeitschrift für Psychiatrie 117, 1941, S. 287–355.

Schröder, C. H.: Beitrag zur Vererbung und Behandlung der Hämophilie, in: Münchener Medizinische Wochenschrift 28, 1935, S. 1281–1284.

Schuch, H.: Ist die Aufhebung oder Einschränkung der offenen psychiatrischen Fürsorge eine wirksame Sparmaßnahme?, in: Zeitschrift für psychische Hygiene 5, 1932, S. 35–47.

Schulz, Dr.: Die erbbiologische Arbeit an der Heil- und Pflegeanstalt Kaufbeuren, Schwaben im Jahre 1938, in: Psychiatrisch-Neurologische Wochenschrift 42, 1940, S. 55–57.

Schulze, Paul: Über Anstaltsartefakte bei Geisteskranken und ihre Beseitigung, in: Psychiatrisch-Neurologische Wochenschrift 32, 1930, S. 541–546.

Seidel, J.: Kernfragen der Euthanasie, in: Das monistische Jahrhundert 2, 1913, S. 580–584.

Sereny, Gitta: Am Abgrund: Gespräche mit dem Henker, München 1995.

Simon, Hermann: Aktivere Krankenbehandlung in der Irrenanstalt, in: Teil 1,

Allgemeine Zeitschrift für Psychiatrie 87, 1927, S. 97–145 und Teil II, Allgemeine Zeitschrift für Psychiatrie 90, 1929, S. 69–121 und 245–309.

Simon, Martin: Ein halbes Jahrhundert Familienpflege der Anstalt Ilten, in: Psychiatrisch-Neurologische Wochenschrift 36, 1934, S. 451–454.

Stark, E.: Zur Nachbehandlung Sterilisierter, in: Münchener Medizinische Wochenschrift 28, 1935, S. 134–135.

Steinwaller, Bruno: 2 Jahre Erbgesundheitsgesetz – 1 1/2 Jahre Erbgesundheitsgerichtsbarkeit, in: Psychiatrisch-Neurologische Wochenschrift 37, 1935, S. 325–328.

Ders.: Das finnische Erbgesundheitsgesetz von 1935, in: Allgemeine Zeitschrift für Psychiatrie 104, 1936, S. 251–252.

Ders.: Zur Frage der Sterilisierung in England, in: Allgemeine Zeitschrift für Psychiatrie 104, 1936, S. 252–253.

Ders.: Über den Stand der Gesundheitsgesetzgebung anderer Länder, in: Allgemeine Zeitschrift für Psychiatrie 104, 1936, S. 412–413.

Ders.: Geplante polnische Erbgesundheitsgesetzgebung, in: Allgemeine Zeitschrift für Psychiatrie 104, 1936, S. 413–415.

Ders.: Geplante Zulassung der Sterbehilfe in England, in: Allgemeine Zeitschrift für Psychiatrie 104, 1936, S. 415.

Ders.: Mexikanische Erb- und Geistesgesundheitspflege, in: Allgemeine Zeitschrift für Psychiatrie 106, 1937, S. 251–254.

Stemmler, W.: Die Unfruchtbarmachung Geisteskranker, Schwachsinniger und Verbrecher aus Anlage unter Erhaltung der Keimdrüsen Vasektomie und Salpingektomie, in: Allgemeine Zeitschrift für Psychiatrie 80, 1925, S. 437–467.

Ders.: Die erbbiologische Bestandsaufnahme, in: Allgemeine Zeitschrift für Psychiatrie 106, 1937, S. 84–9o.

Stoerring, W.: Prüfungsmethoden intellektueller Minderbegabung, in: Psychiatrisch-Neurologische Wochenschrift 41, 1939, S. 47–53.

Strassmann, F.: Erhaltung oder Vernichtung lebensunwerten Lebens, in: Die Medizinische Welt 31, 1929, S. 500–502.

Straub, Dr.: Landesamt für Erbgesundheitspflege in Kiel, in: Psychiatrisch-Neurologische Wochenschrift 35, 1933, S. 367–368.

Ders.: Die Verantwortung des Arztes als Mitglied des Erbgesundheitsgerichts, in: Psychiatrisch-Neurologische Wochenschrift 37, 1935, S. 68–69.

Titius: Zum Ausbau der Arbeitstherapie, in: Psychiatrisch-Neurologische Wochenschrift 32, 1930, S. 426–427.

Wald, Roderich: Deutsche Nervenärzte als Dichter und Denker, in: Psychiatrisch-Neurologische Wochenschrift 38, 1936, S. 104–107.

Weygandt, W.: Hysterie als Erbkrankheit, in: Zeitschrift für die gesamte Neurologie und Psychiatrie 155, 1936, S. 758–782.

Ders.: Talentierte Schwachsinnige und ihre erbgesetzliche Bedeutung, in: Zeitschrift für die gesamte Neurologie und Psychiatrie 161, 1938, S. 532–535.

Wickel: Übersicht über Entwicklung und Stand der Aus- und Fortbildung des Pflegepersonals in den Krankenanstalten für Geisteskranke, in: Zeitschrift für psychische Hygiene 9, 1936, S. 64–82.

Willige, Hans: Geschichte, Entwicklung und gegenwärtiger Stand der Dr. Ferdinand Wahrendorffschen Heil- und Pflegeanstalten in Ilten, in: Psychiatrisch-Neurologische Wochenschrift 36, 1934, S. 445–451.

Wirth, Erich: Erfordert bei der Erbbegutachtung die Diagnose der erblichen Taubheit unbedingt den Nachweis der erblichen Belastung?, in: Münchener Medizinische Wochenschrift 83, 1936, S. 1304–1306.

Wolfsdorf, Eugen: Euthanasie und Monismus, in: Das monistische Jahrhundert 2, 1913, S. 305–311.

Wuth, Otto: Die medikamentöse Therapie der Psychosen, in: Allgemeine Zeitschrift für Psychiatrie 94, 1931, S. 1–78.

Ziegelroth, L.: Bericht über die Besichtigung der Insulinstation in der Heilanstalt Eglfing, in: Psychiatrisch-Neurologische Wochenschrift 39, 1937, S. 496–498.

LITERATUR

Ackerknecht, E. H.: Kurze Geschichte der Psychiatrie, Stuttgart [3]1985.

Aly, Götz: Anstaltsmord und Katastrophenmedizin 1943–1945. Die Aktion Brandt, in: Dörner, K. (Hrsg.), Fortschritte der Psychiatrie im Umgang mit Menschen, Rehburg-Loccum 1984, S. 33–55.

Ders.: Der Mord an behinderten Kindern zwischen 1939 und 1945, in: Ebbinghaus A., Roth, K.-H. und Kaupen-Haas, H. (Hrsg.), Heilen und Vernichten im Mustergau Hamburg, Hamburg 1984, S. 147–155.

Ders.: Der saubere und der schmutzige Fortschritt, in: Aly, G. u. a., »Reform und Gewissen« – »Euthanasie« im Dienst des Fortschritts. Beiträge zur nationalsozialistischen Gesundheits- und Sozialpolitik, Bd. 2, Berlin 1985, S. 9–78.

Ders. (Hrsg.): Aktion T 4 1939–1945. Die »Euthanasie«-Zentrale in der Tiergartenstraße 4, Berlin [2]1989.

Ders. und Susanne Heim: Vordenker der Vernichtung. Auschwitz und die deutschen Pläne für eine neue europäische Ordnung, Hamburg 1991.

Ders.: Tuberkulose und »Euthanasie«, in: Pfeiffer, Jürgen (Hrsg.), Menschenverachtung und Opportunismus. Zur Medizin im Dritten Reich, Tübingen 1992, S. 131–146.

Annas, George und Grodin, Michael (Hrsg.), The Nazi Doctors and the Nuremberg Code, New York 1992.

Arbeitsgruppe zur Erforschung der Geschichte der Karl-Bonhoeffer-Nervenklinik (Hrsg.): Totgeschwiegen 1933–1945. Zur Geschichte der Wittenauer Heilstätten. Seit 1957 Karl-Bonhoeffer-Nervenklinik, Berlin [2]1989.

Baader, Gerhard und Schultz, Ullrich (Hrsg.): Medizin und Nationalsozia-

lismus, Tabuisierte Vergangenheit – ungebrochene Tradition?, Frankfurt/M.
1987.

Dies.: Rassenhygiene und Eugenik, in: Bleker, Johanna und Jachertz, Norbert
(Hrsg.), Medizin im Dritten Reich, Köln 1989, S. 22–29.

Bach, Otto: Zur Zwangssterilisierungspraxis in der Zeit des Faschismus im Bereich der Gesundheitsämter Leipzig und Grimma, in: Thom, Achim und
Spur, Horst (Hrsg.), Medizin im Faschismus. Symposium über das Schicksal
der Medizin in der Zeit des Faschismus in Deutschland 1933–1945, Berlin
1985, S. 157–161.

Baier, Lothar: Töten als heilen: Ärzte im Dritten Reich, in: Merkur 4, 1989, 4,
S. 275–291.

Barham, Peter: Schizophrenia and Human Value. Chronic Schizophrenia,
Science and Society, Oxford 1984.

Bastian, Till: Von der Eugenik zur Euthanasie, Bad Wörishofen 1981.

Ders. (Hrsg.): Denken–Schreiben–Töten. Zur neuen »Euthanasie«-Diskussion,
Stuttgart 1990.

Bästlein, Klaus: Die »Kinderfachabteilung« Schleswig 1941 bis 1945, in: Arbeitskreis zur Erforschung des Nationalsozialismus in Schleswig-Holstein
(Hrsg.), Informationen zur Schleswig–Holsteinischen Zeitgeschichte 20,
1993, S. 16–45.

Bäumer, Anne: NS-Biologie, Stuttgart 1990.

Becker, Carl: Die Durchführung der Euthanasie in den katholischen caritativen
Heimen für geistig Behinderte, Jahrbuch der Caritaswissenschaft 1968,
S. 104–119.

Behr, Heinrich: »Euthanasie« und das Marienstift 1933–1945, in: Fröhlich Helfen 1, 1986, S. 38–40.

Biesold, Horst: Klagende Hände. Betroffenheit und Spätfolgen in bezug auf das
Gesetz zur Verhütung erbkranken Nachwuchses dargestellt am Beispiel der
»Taubstummen«, Solms 1988.

Blasius, Dirk: Der verwaltete Wahnsinn. Eine Sozialgeschichte des Irrenhauses,
Frankfurt/M. 1980.

Ders.: Psychiatrischer Alltag im Nationalsozialismus, in: Peukert, Detlev und
Reulecke, Jürgen (Hrsg.), Die Reihen fast geschlossen, Wuppertal 1981,
S. 367–380.

Ders.: Die Ordnung der Gesellschaft. Zum historischen Stellenwert der NS-
Psychiatrie, in: Dörner, K. (Hrsg.), Fortschritte der Psychiatrie im Umgang
mit Menschen, Rehburg-Loccum 1984, S. 11–22.

Ders.: The Asylum in Germany before 1860, in: Spierenburg, P. (Hrsg.), The
Emergence of Carceral Institutions. Prisons, Galleys and Lunatic Asylums,
Rotterdam 1984, S. 148–164.

Ders.: Umgang mit Unheilbaren. Studien zur Sozialgeschichte der Psychiatrie
Bonn 1986.

Ders.: Das Ende der Humanität. Psychiatrie und Krankenmord in der NS-Zeit, in: Walter H. Pehle (Hrsg.), Der historische Ort des Nationalsozialismus, Frankfurt/M. 1990, S. 47–70.

Ders.: Die »Maskerade des Bösen«. Psychiatrische Forschung in der NS–Zeit, in: Frei, Norbert (Hrsg.), Medizin und Gesundheitspolitik in der NS-Zeit, München 1991, S. 265–285.

Bloch, Sidney und Chodoff, Paul (Hrsg.): Psychiatric Ethics, Oxford ²1991.

Bock, Gisela: Sterilisationspolitik im Nationalsozialismus: die Planung einer heilen Gesellschaft durch Prävention, in: Dörner, K. (Hrsg.), Fortschritte der Psychiatrie im Umgang mit Menschen, Rehburg-Loccum 1984, S. 88– 104.

Dies.: Zwangssterilisation im Nationalsozialismus. Studien zur Rassenpolitik und Frauenpolitik, Opladen 1986.

Dies.: Zwangssterilisation im Nationalsozialismus, in: Christine Vanja (Hrsg.), Euthanasie in Hadamar. Die nationalsozialistische Vernichtungspolitik in hessischen Anstalten, Kassel 1991, S. 69–78.

Boland, Karl und Kowolik, Dagmar: Heillose Zeiten. Zur lokalen Sozial- und Gesundheitspolitik in Mönchengladbach und Rheydt von der Zeit der Wirtschaftskrise 1928 bis in die ersten Jahre der NS-Herrschaft, Mönchengladbach 1991.

Bromberger, Barbara und Mausbacher, Hans: Feinde des Lebens. NS-Verbrechen an Kindern, Köln 1987.

Bruns, Theo, Penselin, Ulla und Sierck, Udo (Hrsg.): Tödliche Ethik. Beiträge gegen Eugenik und »Euthanasie«, Hamburg ²1993.

Bund der »Euthanasie«-Geschädigten und Zwangssterilisierten e.V. (Hrsg.): Ich klage an. Tatsachen und Erlebnisberichte der »Euthanasie«geschädigten und Zwangssterilisierten, Detmold 1989.

Burleigh, Michael: Euthanasia and the Cinema in the Third Reich, in: History Today 40, 1990, S. 11–16.

Ders.: »Euthanasia« in the Third Reich: Some Recent Literature, in: Social History of Medicine, 1991, S. 317–328.

Ders.: Racism as Social Policy: The Nazi »Euthanasia« Programme 1939–1945, in: Ethnic and Racial Studies 14, 1991, S. 453–473.

Ders.: Eugenic Utopias and the Genetic Present, in: Totalitarian Movements and Political Religion 1, Nr. 1, 2000, S. 56–77.

Ders.: Die Zeit des Nationalsozialismus, Frankfurt/M. 2000.

Ders. und Wippermann, Wolfgang: Hilfloser Historismus. Warum die deutsche Geschichtswissenschaft bei der Erforschung der Euthanasie versagt hat, in: Rost, K. L., Bastian, T. und Bonhoeffer, K. (Hrsg.): Thema: Behinderte. Wege zu einer sozial verpflichteten Medizin, Stuttgart 1991, S. 11–23.

Ders. und Wippermann, Wolfgang: The Racial State: Germany 1933–1945, Cambridge ²1992.

Burrin, Philippe: Hitler und die Juden, Frankfurt/M. 1993.

Christoph, Franz: Tödlicher Zeitgeist. Notwehr gegen Euthanasie, Köln 1990.

Chroust, Peter: Ärzteschaft und »Euthanasie« – unter besonderer Berücksichtigung Friedrich Mennicken; im Landeswohlfahrtsverband Hessen (Hrsg.), Euthanasie in Hadamar. Die nationalsozialistische Vernichtungspolitik in hessischen Anstalten, Kassel 1991, S. 123–133.

Cohen, Cynthia: »Quality of Life« and the Analogy with the Nazis, in: Journal of Medicine and Philosophy 8, 1983, S. 113–135.

Cocks, Geoffrey: Psychotherapy in the Third Reich. The Göring Institute, New York 1985.

Ders.: Repressing, Remembering, Working Through: German Psychiatry, Psychotherapy, Psychoanalysis, and the »Missed Resistance« in the Third Reich, in: Journal of Modern History 64, 1992, Supplement, S. 204–216.

Damm, Sabine und Emmerich, Norbert: Die Irrensanstalt Dalldorf-Wittenau bis 1933, in: Arbeitsgruppe zur Erforschung der Geschichte der Karl-Bonhoeffer-Nervenklinik (Hrsg.), Totgeschwiegen 1933–1945, 2. bearb. Aufl., Berlin 1989, S. 11–47.

Dapp, Hans-Ulrich: Emma Z. Ein Opfer der Euthanasie, Stuttgart 1990.

Daub, Ute: »Krankenhaus-Sonderlage Aktion Brandt in Koppern im Taunus« – Die letzte Phase der »Euthanasie« in Frankfurt am Main, in: Psychologie & Gesellschaftskritik 16, 1992, S. 39–67.

Daum, Monika: Arbeit und Zwang, das Leben der Hadamarer Patienten im Schatten des Todes, in: Roer, D. und Henkel, D. (Hrsg.): Psychiatrie im Faschismus. Die Anstalt Hadamar 1933–1945, Bonn 1986, S. 173–213.

Delius, Peter: Das Ende von Strecknitz. Die Lübecker Heilanstalt und ihre Auflösung 1941. Ein Beitrag zur Sozialgeschichte der Psychiatrie im Nationalsozialismus, Kiel 1988.

Dickel, Horst: »Die sind doch alle unheilbar«. Zwangssterilisation und Tötung der »Minderwertigen« im Rheingau 1934–1945, Wiesbaden 1988.

Ders.: Alltag in einer Landesheilanstalt im Nationalsozialismus – Das Beispiel Eichberg, in: Landeswohlfahrtsverband Hessen (Hrsg.), Euthanasie in Hadamar. Die nationalsozialistische Vernichtungspolitik in hessischen Anstalten, Kassel 1991, S. 105–113.

Dörner, Klaus: Nationalsozialismus und Lebensvernichtung, Vierteljahrshefte für Zeitgeschichte 15, 1967, S. 121–152.

Ders.: NS-Euthanasie: Zur Normalisierung des therapeutischen Tötens, in: Dörner, K. (Hrsg.), Fortschritte der Psychiatrie im Umgang mit Menschen, Rehburg-Loccum 1984, S. 105–116.

Ders. (Hrsg.): Der Krieg gegen die psychisch Kranken, Frankfurt/M. [2]1989.

Ders.: Bürger und Irre. Zur Sozialgeschichte und Wissenschaftssoziologie der Psychiatrie, Frankfurt/M. 1984.

Ders.: Tödliches Mitleid – Zur Frage der Unerträglichkeit des Lebens, Gütersloh [2]1989.

Ders.: Anstaltsalltag in der Psychiatrie und NS-Euthanasie, in: Bleker, Johanna und Jachertz, Norbert (Hrsg.), Medizin im Dritten Reich, Köln 1989, S. 94–102.

Ders.: Entschädigung für die Opfer von Zwangssterilisationen und Euthanasie, in: Christine Vanja (Hrsg.), Euthanasie in Hadamar. Die nationalsozialistische Vernichtungspolitik in hessischen Anstalten 1933–1945, Kassel 1991, S. 175–178.

Ders. und Plog, Ursula: Irren ist Menschlich. Lehrbuch der Psychiatrie/Psychotherapie, Bonn 1986.

Dressen, Willi: L'élimination des malades mentaux, in: Bedarida, Francois (Hrsg.), La Politique nazi d'extermination, Paris 1989, S. 245–256.

Dworkin, Ronald: Die Grenzen des Lebens. Abtreibung, Euthanasie und persönliche Freiheit, Reinbek bei Hamburg 1994.

Ebbinghaus, Angelika (Hrsg.): Opfer und Täterinnen. Frauenbiographien des Nationalsozialismus, Nördlingen 1987.

Emmerich, Marianne und Frei, Norbert: Krankenmorde in den Wittenauer Heilstätten, in: Arbeitsgruppe zur Erforschung der Geschichte der Karl-Bonhoeffer-Nervenklinik (Hrsg.), Totgeschwiegen 1933–1945. Zur Geschichte der Wittenauer Heilstätten, Berlin [2]1989, S. 185–189.

Erdmann, Karl Dietrich: »Lebensunwertes Leben«. Totalitäre Lebensvernichtung und das Problem der Euthanasie, in: Geschichte in Wissenschaft und Unterricht 4, 1975, S. 215–225.

Fallend, K., Handlbauer, B. and Kienreich, W. (Hrsg.): Der Einmarsch in die Psyche. Psychoanalyse, Psychologie und Psychiatrie im Nationalsozialismus und die Folgen, Wien 1989.

Finzen, Asmus: Auf dem Dienstweg. Die Verstrickung einer Anstalt in der Tötung psychisch Kranker, Rehburg-Loccum 1984.

Foucault, Michel: Wahnsinn und Gesellschaft. Eine Geschichte des Wahns im Zeitalter der Vernunft, Frankfurt/M. 1995.

Ders.: Die Geburt der Klinik. Eine Archäologie des ärztlichen Blicks, Frankfurt/M. 1993.

Frei, Norbert (Hrsg.): Medizin und Gesundheitspolitik in der NS-Zeit, München 1991.

Frewer, Andreas und Eickhoff, Clemens (Hrsg.): »Euthanasie« und die aktuelle Sterbehilfe-Debatte, Frankfurt/M./New York 2000.

Frey, Otto: Gedenkstätte Grafeneck, Grafeneck 1990.

Friedlander, Henry: Jüdische Anstaltspatienten im NS-Deutschland, in: Aly, G. (Hrsg.), Aktion T 4 1939–1945, Berlin 1987, S. 34–44.

Ganssmüller, Christian: Die Erbgesundheitspolitik des Dritten Reiches, Köln/Wien 1987.

Glover, Jonathan: Causing Death and Saving Lives, London 1977.

Ders. (Hrsg.): Utilitarianism and its Critics, London/New York 1990.

Göbel, Peter und Thormann, Helmut: Verlegt – vernichtet – vergessen? Leidenswege von Menschen aus Hephata im Dritten Reich. Eine Dokumentation, Schwalmstadt 1985.

Goffman, Erving: Asyle. Über die soziale Situation psychiatrischer Patienten und anderer Insassen, Frankfurt/M. 1995.

Gould, Stephen Jay: Ever Since Darwin. Reflections in Natural History, London 1978.

Ders.: Der falsch vermessene Mensch, Frankfurt/M. ²1994.

Graf, Hendrik: Die Situation der Patienten und des Pflegepersonals der rheinischen Provinzial- Heil- und Pflegeanstalten in der Zeit des Nationalsozialismus, in: Leipert, M., Styrnal, R. und Schwarzer, W. (Hrsg.), Verlegt nach unbekannt. Sterilisation und Euthanasie in Galkhausen 1933–1945. Dokumente und Darstellungen zur Geschichte der Rheinischen Provinzialverwaltung und des Landschaftsverbandes Rheinland, Köln 1987, Bd. 1, S. 39–52.

Grell, Ursula: Karl Bonhoeffer und die Rassenhygiene, in: Arbeitsgruppe zur Erforschung der Geschichte der Karl-Bonhoeffer-Nervenklinik (Hrsg.), Totgeschwiegen 1933–1945, Berlin ²1989, S. 207–218.

Grode, Walter: Die »Sonderbehandlung 14f13« in den Konzentrationslagern des Dritten Reiches. Ein Beitrag zur Dynamik faschistischer Vernichtungspolitik, Frankfurt/M. 1987.

Ders.: »Euthanasie«-Ärzte in den NS-Konzentrationslagern. Verlauf und Entwicklung der »Sonderbehandlung 14f13«, in: Psychologie & Gesellschaftskritik 13, 1989, S. 73–86.

Ders.: Deutsche »Euthanasie«-Politik in Polen während des Zweiten Weltkriegs, in: Psychologie & Gesellschaftskritik 16, 1992, S. 5–13.

Grubitzsch, Siegfried: Revolutions- und Rätezeit 1918/19 aus der Sicht deutscher Psychiater, in: Psychologie & Gesellschaftskritik 9, 1985, S. 23–47.

Gruchmann, Lothar: Euthanasie und Justiz im Dritten Reich, in: Vierteljahrshefte für Zeitgeschichte 20, 1972, S. 235–279.

Ders.: Ein unbequemer Amtsrichter im Dritten Reich. Aus den Personalakten des Dr. Lothar Kreyssig, in: Vierteljahrshefte für Zeitgeschichte 32, 1984, S. 463–488.

Ders.: Justiz im Dritten Reich 1933–1940 – Anpassung und Unterwerfung in der Ära Gürtner, München 1988.

Güse, Hans-Georg und Schmacke, Norbert: Psychiatrie zwischen bürgerlicher Revolution und Faschismus, Gießen 1974, 2 Bde.

Hafner, Karl Heinz und Winau, Rolf: »Die Freigabe der Vernichtung lebensunwerten Lebens«. Eine Untersuchung zu der Schrift von Karl Binding und Alfred Hoche, in: Medizinhistorisches Journal 9, 1974, S. 227–254.

Hamann, Matthias: Die Ermordung psychisch kranker polnischer und sowjetischer Zwangsarbeiter, in: Aly, Götz (Hrsg.), Aktion T 4, Berlin 1987, S. 161–166.

Ders., Chroust, Peter u. a. (Hrsg.): »Soll nach Hadamar überführt werden«. Den Opfern der Euthanasiemorde 1939 bis 1945, Frankfurt/M. 1989.

Ders.: Die Morde an polnischen und sowjetischen Zwangsarbeitern in deutschen Anstalten, in: Aly, Götz u. a. (Hrsg.), Beiträge zur nationalsozialistischen Gesundheits- und Sozialpolitik, Berlin ²1987, Bd. 1, S. 121–187.

Hartel, Christiana: Transporte in den Tod, in: Arbeitsgruppe zur Erforschung der Geschichte der Karl-Bonhoeffer-Nervenklinik (Hrsg.), Totgeschwiegen 1933–1945, Berlin ²1989, S. 191–206.

Hegselmann, Rainer und Merkel, Reinhard (Hrsg.): Zur Debatte über Euthanasie, Frankfurt/M. 1991.

Hennermann, H.: Werner Heyde und seine Würzburger Zeit, in: Nissen, Gerhardt und Keil, Gundolf (Hrsg.), Psychiatrie auf dem Wege zur Wissenschaft. Psychiatrie-historisches Symposium anläßlich des 90. Jahrestages der Eröffnung der »Psychiatrischen Klinik der Königlichen Universität Würzburg«, Stuttgart 1985, S. 55–61.

Hentschel, Völker: Geschichte der deutschen Sozialpolitik 1880–1980, Frankfurt/M. 1983.

Herzog, Günter: Gründerjahre der Psychiatrie, in: Dörner, K. (Hrsg.), Fortschritte der Psychiatrie im Umgang mit Menschen, Rehburg-Loccum 1984, S. 64–76.

Ders.: Heilung, Erziehung, Sicherung. Englische und deutsche Irrenhäuser in der ersten Hälfte des 19. Jahrhunderts, in: Kocka, Jürgen (Hrsg.), Bürgertum im 19. Jahrhundert. Deutschland im europäischen Vergleich, München 1988, Bd. 3, S. 418–446.

Hildebrandt, Helmut: Offene Fürsorge und Psychische Hygiene in der Weimarer Republik: die zwei Gesichter eines sozialpsychiatrischen Versuchs, in: Psychologie & Gesellschaftskritik 10, 1986, S. 7–31.

Ders.: Das Bild der Psychiatrie zwischen 1880 und 1910: »Überwachen und Strafen« oder Gesundheits- und sozialpolitische Degeneration?, in: Psychologie & Gesellschaftskritik 11, 1987, S. 21–44.

Hochmuth, Anneliese (Hrsg.): Bethel in den Jahren 1939–1943. Eine Dokumentation zur Vernichtung lebensunwerten Lebens, Bielefeld 1979.

Hoffmann, Christoph: Der Inhalt des Begriffes »Euthanasie« im 19. Jahrhundert und seine Wandlung in der Zeit bis 1920, Med. Diss. Berlin (Humboldt Univ.) 1969.

Hohendorf, Gerrit und Magull-Seltenreich, Achim (Hrsg.): Von der Heilkunde zur Massentötung. Medizin im Nationalsozialismus, Heidelberg 1990.

Höllen, Martin: Katholische Kirche und NS-»Euthanasie«, in: Zeitschrift für Kirchengeschichte 91, 1980, S. 53–82.

Floser, Cornelia und Weber-Diekmann: Zwangssterilisation an Hadamarer Anstaltsinsassen, in: Roer, D. und Henkel, D. (Hrsg.), Psychiatrie im Faschismus. Die Anstalt Hadamar 1933 bis 1945, Bonn 1986, S. 121–172.

Huhn, Marianne: Psychiatrie im Nationalsozialismus am Beispiel der Wittenauer Heilstätten, in: Aly, Götz (Hrsg.), Aktion T 4, Berlin 1987, S. 183–197.

James, Harold: Deutschland in der Weltwirtschaftskrise: 1924–1936, Stuttgart 1988.

Jaroszewski, Zdzislaw: Die Vernichtung psychisch Kranker unter deutscher Besatzung, in: Sozialpsychiatrische Informationen 12, 1982, S. 6–17.

Jasper, Hinrich: Maximinian de Crinis 1889–1945. Eine Studie zur Psychiatrie im Nationalsozialismus, in: Winau, Rolf und Müller-Dietz, Heinz (Hrsg.), Abhandlungen zur Geschichte der Medizin und der Naturwissenschaften, Heft 63, Husum 1991.

Jensch, Hugo: Euthanasie-Aktion T 4. Verbrechen in den Jahren 1940 und 1941 auf dem Sonnenstein in Pirna, Pirna 1990.

Jetter, Dieter: Grundzüge der Geschichte des Irrenhauses, Darmstadt 1981.

Jodelet, Denise: Madness und Social Representations, Hemel Hempstead 1991.

Jones, Steve: Die Botschaft der Gene. Evolution als Erblast und Chance, München 1993.

Kater, Michael H.: Ärzte als Hitlers Helfer, Hamburg 2000.

Ders.: Doctor Leonardo Conti and his Nemesis: the Failure of Centralized Medicine in the Third Reich, in: Central European History 18, 1985, S. 299–325.

Kelly, Alfred: The Descent of Darwin. The Popularization of Darwinism in Germany, 1860–1914, Chapel Hill 1981.

Klaus, Barbara und Brilla, Gunter: Politik in Biologiebüchern, in: Poggeler, Franz (Hrsg.), Politik im Schulbuch, Bonn 1985, S. 144–191 und S. 445–479.

Klee, Ernst: »Euthanasie« im NS-Staat. Die »Vernichtung lebensunwerten Lebens«, Frankfurt/M. 1983.

Ders.: Was sie taten – was sie wurden. Ärzte, Juristen und andere Beteiligte am Kranken- und Judenmord, Frankfurt/M. 1986.

Ders.: Von der »T 4« zur Judenvernichtung. Die »Aktion Reinhardt« in den Vernichtungslagern Belzec, Sobibor und Treblinka, in: Aly, Götz (Hrsg.): Aktion T 4, Berlin 1987, S. 147–152.

Ders.: »Den Hahn aufzudrehen war ja keine große Sache.« Vergasungsärzte während der NS-Zeit und danach, in: Dachauer Hefte 4, 1988, S. 1–21.

Ders. (Hrsg.): »Schöne Zeiten«. Judenmord aus der Sicht der Täter und Gaffer, Frankfurt/M. 1988.

Ders.: »Die SA Jesu Christi«. Die Kirche im Banne Hitlers, Frankfurt/M. 1989.

Ders.: »Durch Zyankali erlöst«. Sterbehilfe und Euthanasie heute, Frankfurt/M. 1990.

Ders.: Persilscheine und falsche Pässe. Wie die Kirchen den Nazis halfen, Frankfurt/M. 1992.

Ders.: Die »Euthanasie« als Vorstufe zur Judenvernichtung, in: Pfeiffer, Jürgen (Hrsg.): Menschenverachtung und Opportunismus. Zur Medizin im Dritten Reich, Tübingen 1992, S. 147–156.

Ders. und Dressen, Willy: Nationalsozialistische Gesundheits- und Rassenpolitik, in: Benz, Wolfgang (Hrsg.), Sozialisation und Traumatisierung. Kinder in der Zeit des Nationalsozialismus, Frankfurt/M. 1992, S. 103–116.

Klodzinski, Stanislaw: Die »Aktion 14f13«. Der Transport von 575 Häftlingen von Auschwitz in das »Sanatorium Dresden«, in: Aly, G. (Hrsg.), Aktion T 4 1939–1945, Berlin 1987, S. 136–146.

Klüppel, Manfred: »Euthanasie« und Lebensvernichtung 1933–1945 – Auswirkungen auf die Landesheilanstalten Haina und Merxhausen, in: Heinemeyer, Walter und Punder, Tilman (Hrsg.), 450 Jahre Psychiatrie in Hessen. Veröffentlichungen der Historischen Kommission für Hessen, Marburg 1983, Bd. 47, S. 321–348.

Ders.: »Euthanasie« und Lebensvernichtung am Beispiel der Landesheilanstalten Haina und Merxhausen. Eine Chronik der Ereignisse 1933–1945, Kassel ³1985.

Kneuker, Gerd und Steglich, Wulf: Begegnungen mit der Euthanasie in Hadamar, Rehburg-Loccum 1985.

Koch, Gerhard: Euthanasie, Sterbehilfe. Eine dokumentierte Bibliographie, Erlangen ²1990.

Koonz, Claudia: Ethical Dilemmas and Nazi Eugenics: Single-Issue Dissent in Religious Contexts, in: Journal of Modern History 64, 1992, Supplement, S. 8–31.

Kottow, M. H.: Euthanasia after the Holocaust – Is it possible?: A Report from the Federal Republic of Germany, in: Bioethics 2, 1988, S. 58–69.

Krüger, Martina: Kinderfachabteilung Wiesengrund. Die Tötung behinderte Kinder in Wittenau, in: Arbeitsgruppe zur Erforschung der Geschichte der Karl-Bonhoeffer-Nervenklinik (Hrsg.), Totgeschwiegen 1933–1945, 2. überarb. Aufl., Berlin 1989, S. 151–176.

Kuhse, Helga: Die Heiligkeit des Lebens in der Medizin: eine philosophische Kritik, Erlangen 1994.

Kuropka, Joachim (Hrsg.): Clemens August Graf von Galen. Neue Forschungen zum Leben und Wirken des Bischofs von Münster, Cloppenburg 1992.

Ders. (Hrsg.): Clemens August Graf von Galen. Sein Leben und Wirken in Bildern und Dokumenten, Cloppenburg 1992.

Landeswohlfahrtsverband Hessen (Hrsg.): Mensch achte den Menschen. Frühe Texte über die Euthanasieverbrechen der Nationalsozialisten in Hessen, Kassel ²1987.

Ders. (Hrsg.): Psychiatrie im Nationalsozialismus, Kassel 1989.

Ders. (Hrsg.): Euthanasie in Hadamar – Die nationalsozialistische Vernichtungspolitik in hessischen Anstalten, Kassel 1991.

Ders. (Hrsg.): »Verlegt nach Hadamar«. Die Geschichte einer NS-»Euthanasie«-Anstalt, Kassel 1991.

Leipert, Matthias, Styrnal, Rudolf und Schwarzer, Winfried (Hrsg.): Verlegt nach unbekannt. Sterilisation und Euthanasie in Galkhausen 1933–1945. Dokumente und Darstellung zur Geschichte der Rheinischen Provinzialverwaltung und des Landschaftsverbandes Rheinland, Bd. 1, Köln 1987.

Leiser, Erwin: Nazi Cinema, London 1974.

Lifton, Robert Jay: Ärzte im Dritten Reich, Stuttgart ²1996.

Mader, Ernst: Das erzwungene Sterben von Patienten der Heil- und Pflegeanstalt Kaufbeuren-Irsee zwischen 1940 und 1945, Blöcktach 1982.

McFarland-Icke, Bronwyn Rebekah: Nurses in Nazi Germany. Moral Choice in History, Princeton 1999.

Meier, Kurt: Kreuz und Hakenkreuz. Die evangelische Kirche im Dritten Reich, München 1992.

Meixner, Michael und Schwerdtner, Hans-Bodo: Das »Gesetz zur Verhütung erbkranken Nachwuchses«, seine wissenschaftlichen und politischen Voraussetzungen und Folgewirkungen, in: Thom, Achim und Spur, Horst (Hrsg.), Medizin im Faschismus. Symposium über das Schicksal der Medizin in der Zeit des Faschismus in Deutschland 1933–1945, Berlin 1985, S. 152–156.

Menges, Jan: »Euthanasie« in het derde Rjjk, Haarlem 1972.

Mildner, Karl-Heinz: Die Arbeitstherapie unter besonderer Berücksichtigung ihrer Entwicklung im Psychiatrischen Krankenhaus Haina, in: Heinemeyer, Walter und Punder, Tilman (Hrsg.), 450 Jahre Psychiatrie in Hessen. Veröffentlichungen der Historischen Kommission für Hessen, Marburg 1983, Bd. 47, S. 375–381.

Mitscherlich, Alexander und Mielke, Fred (Hrsg.): Medizin ohne Menschlichkeit. Dokumente des Nürnberger Ärzteprozesses, Frankfurt/M. ²1978.

Morlok, Karl: Wo bringt ihr uns hin? »Geheime Reichssache« Grafeneck, Stuttgart ²1990.

Müller-Hill, Benno: Tödliche Wissenschaft: die Aussonderung von Juden, Zigeunern und Geisteskranken 1933–1945, Reinbek bei Hamburg 1984.

Müller-Kuppers, Manfred: Kinderpsychiatrie und Euthanasie – Staatlich angeordnete und sanktionierte Kindesmißhandlung und Kindestötung zwischen 1933 und 1945, in: Martinius, Joest und Frank, Reiner (Hrsg.), Vernachlässigung, Mißbrauch und Mißhandlung von Kindern. Erkennen, Bewußtmachen, Helfen, Bern 1990, S. 103–119.

Noakes, Jeremy: Nazism und Eugenics: The Background to the Nazi Sterilisation Law of 14 July 1933, in: R. J. Bullen u. a. (Hrsg.): Ideas into Politics, London 1984, S. 75–94.

Ders.: Philipp Bouhler und die Kanzlei des Führers der NSDAP, in: Rebentisch, Dieter und Teppe, Karl (Hrsg.), Verwaltung contra Menschenführung im Staat Hitlers, Göttingen 1989, S. 209–236.

Ders.: Social Outcasts in the Third Reich, in: Bessel, Richard (Hrsg.), Life in the Third Reich, Oxford 1987, S. 83–96.

Nowak, Kurt: »Euthanasie« und Sterilisation im »Dritten Reich«. Die Konfrontation der evangelischen und katholischen Kirche mit dem »Gesetz zur Verhütung Erbkranken Nachwuchses« und der »Euthanasie«-Aktion, Göttingen ²1984.

Ders.: Die Kirche und das »Gesetz zur Verhütung erbkranken Nachwuchses« vom 14. Juli 1933, in: Tuchel, Johannes (Hrsg.), »Kein Recht auf Leben«. Beiträge und Dokumente zur Entrechtung und Vernichtung »lebensunwerten Lebens« im Nationalsozialismus, Berlin 1984, S. 101–119.

Ders.: Stimmen aus evangelischer Theologie und Kirche zur Vernichtung »lebensunwerten Lebens«, in: Fröhlich Helfen 1, 1986, S. 32–38.

Ders.: Sterilisation, Krankenmord und Innere Mission im »Dritten Reich«, in: Thom, A. und Caregorodcev, G. I. (Hrsg.), Medizin unterm Hakenkreuz, Ost-Berlin 1989, S. 167–179.

Ders.: Widerstand, Zustimmung, Hinnahme. Das Verhalten der Bevölkerung zur »Euthanasie«, in: Frei, Norbert (Hrsg.), Medizin und Gesundheitspolitik in der NS-Zeit, München 1991, S. 235–251.

Oosthuizen, G. C., Shapiro, H. A. und Strauss, H. A. (Hrsg.): Euthanasia, Cape Town 1978.

Orth, Linda: Die Transportkinder aus Bonn, Köln 1989.

Pagel, Karl: Das Wirken von Pastor Paul Braune und sein Widerstand im Heim »Gottesschutz« in Erkner, in: Fröhlich Helfen 1, 1986, S. 45–51.

Pfürtner, Stephen H. u. a.: Ethik in der europäischen Geschichte, Stuttgart 1988, Bd. 2, Reformation und Neuzeit.

Pick, Daniel: Faces of Degeneration. A European Disorder c. 1848–c. 1918, Cambridge 1989.

Pine, Lisa: Nazi Family Policy 1933–1945, Oxford/New York 1997.

Platen-Hallermund, Alice: Die Tötung Geisteskranker in Deutschland, Frankfurt/M. 1948.

Porter, Roy: A Social History of Madness. Stories of the Insane, London 1987.

Ders.: Mind-Forg'd Manacles. A History of Madness in England from the Restoration to the Regency, London 1987.

Ders.: Madness und its Institutions, in: Wear, Andrew (Hrsg.), Medicine in Society, Cambridge 1992, S. 277–301.

Portmann, Heinrich: Kardinal von Galen. Ein Gottesmann seiner Zeit, Münster 1961.

Proctor, Robert: Racial Hygiene. Medicine under the Nazis, Cambridge, Mass. 1988.

Richarz, Bernhard: Heilen, Pflegen, Töten. Zur Alltagsgeschichte einer Heil- und Pflegeanstalt bis zum Ende des Nationalsozialismus, Göttingen 1987.

Riedesser, Peter und Verderber, Axel: Aufrüstung der Seelen. Militärpsychiatrie und Militärpsychologie in Deutschland und Amerika, Freiburg 1985.

Römer, Gernot: Die grauen Busse in Schwaben. Wie das Dritte Reich mit Geisteskranken und Schwangeren umging, Augsburg 1986.

Rönn, Peter von: Zum indirekten Nachweis von Tötungsaktivitäten während der zweiten Phase der NS-»Euthanasie«, in: Recht und Psychiatrie 9, 1991, S. 8–13.

Ders.: Auf der Suche nach einem anderen Paradigma, in: Recht und Psychiatrie 9, 1991, S. 50–56.

Ders. u. a.: Wege in den Tod. Hamburgs Anstalt Langenhorn und die Euthanasie in der Zeit des Nationalsozialismus, Hamburg 1993.

Roer, Dorothee und Henkel, Dieter (Hrsg.): Psychiatrie im Faschismus. Die Anstalt Hadamar 1933–1945, Bonn 1986.

Rößler, Hans. Die »Euthanasie«-Diskussion in Neuendettelsau 1937–1939, in: Zeitschrift für bayerische Kirchengeschichte 55, 1986, S. 199–208.

Ders.: Ein neues Dokument zur »Euthanasie«-Diskussion in Neuendettelsau 1939, in: Zeitschrift für bayerische Kirchengeschichte 57, 1988, S. 87–91.

Rost, Karl Ludwig: Sterilisation und Euthanasie im Film des »Dritten Reiches«. Nationalsozialistische Propaganda in ihrer Beziehung zu rassenhygienischen Maßnahmen des NS-Staates, Husum 1987.

Roth, Karl-Heinz (Hrsg.): Erfassung zur Vernichtung. Von der Sozialhygiene zum »Gesetz über Sterbehilfe«, Berlin 1984.

Ders.: »Erbbiologische Bestandsaufnahme« – ein Aspekt »ausmerzender« Erfassung vor der Entfesselung des Zweiten Weltkrieges, in: Roth, Karl-Heinz (Hrsg.), Erfassung zur Vernichtung. Von der Sozialhygiene zum »Gesetz über Sterbehilfe«, Berlin 1984, S. 57–100.

Ders.: Filmpropaganda für die Vernichtung der Geisteskranken und Behinderten im »Dritten Reich«, in: Aly, G. u. a. (Hrsg.), Reform und Gewissen. »Euthanasie« im Dienst des Fortschritts. Beiträge zur nationalsozialistischen Gesundheits- und Sozialpolitik, Bd. 2, Berlin 1985, S. 125–193.

Ders.: »Ich klage an« – Aus der Entstehungsgeschichte eines Propaganda-Films«, in Aly, Götz (Hrsg.), Aktion T 4, Berlin 1987, S. 93–116.

Ders. und Aly, Götz: Das »Gesetz über die Sterbehilfe bei unheilbar Kranken«. Protokolle der Diskussion über die Legalisierung der nationalsozialistischen Anstaltsmorde in den Jahren 1938–1941, in: Roth, Karl-Heinz (Hrsg.), Erfassung zur Vernichtung. Von der Sozialhygiene zum »Gesetz über Sterbehilfe«, Berlin 1984, S. 101–179.

Rothmaler, Christiane: Zwangssterilisationen nach dem »Gesetz zur Verhütung erbkranken Nachwuchses«, in: Bleker, Johanna und Jachertz, Norbert (Hrsg.), Medizin im Dritten Reich, Köln 1989, S. 68–75.

Rückleben, Hermann: Deportation und Tötung von Geisteskranken aus den badischen Anstalten der Inneren Mission Kork und Mosbach, Karlsruhe 1981.

Rudnick, Martin: Behinderte in Nationalsozialismus. Von der Ausgrenzung und der Zwangssterilisation zur »Euthanasie«, Weinheim/Basel 1985.

Ders. (Hrsg.): Aussondern – Sterilisation – Liquidieren, Berlin 1990.

Sachße, Christoph und Tennstedt, Florian: Geschichte der Armenfürsorge in Deutschland, Bde. 1–3, Stuttgart 1980–1992.

Scheer, Rainer: Die nach Paragraph 42b RStGB verurteilten Menschen in Hadamar, in: Roer, D. und Henkel, D. (Hrsg.), Psychiatrie im Faschismus. Die Anstalt Hadamar 1933 bis 1945, Bonn 1986, S. 237–255.

Schleiermacher, Sabine: Die Innere Mission und ihr bevölkerungspolitisches Programm, in: Kaupen-Haas, Heidrun (Hrsg.), Der Griff nach der Bevölkerung: Aktualität und Kontinuität nazistischer Bevölkerungspolitik, Nördlingen 1986, S. 73–89.

Dies.: Der Centralausschuß für die innere Mission und die Eugenik am Vorabend des »Dritten Reichs«, in: Strohm, Theodor und Thierfelder, Jörg (Hrsg.), Diakonie im »Dritten Reich«, Heidelberg 1990, S. 60–77.

Dies.: Die Innere Mission zwischen Initiative und Anwendung sozialpolitischer Maßnahmen in den 30er Jahren, in: Büttner, M., Krolzick, U. und Waschkies, H.-J. (Hrsg.), Religion and Environment. Proceedings of the Symposium of the XVIIIth International Congress of History of Science at Hamburg-Munich, Bochum 1990, S. 225–235.

Schleunes, Karl: Nationalsozialistische Entschlußbildung und die Aktion T 4, in: Jäckel, Eberhard und Rohwer, Jürgen (Hrsg.), Der Mord an den Juden im Zweiten Weltkrieg, Frankfurt/M. 1987, S. 70–83.

Schmidt, Gerhard: Selektion in der Heilanstalt 1939–1945, Frankfurt/M. 1983.

Schmidt, Jürgen: Darstellung, Analyse und Wertung der Euthanasiedebatte in der deutschen Psychiatrie von 1920–1933, Med. Diss. Univ. Leipzig 1983.

Schmidt, Martin: Hephaistos lebt – Untersuchungen zur Frage der Behandlung behinderter Kinder in der Antike, in: Hephaistos. Kritische Zeitschrift zu Theorie und Praxis der Archäologie, Kunstwissenschaft und angrenzender Gebiete 5/6, 1983/1984, S. 133–161.

Schmuhl, Walter: Rassenhygiene, Nationalsozialismus, Euthanasie. Von der Verhütung zur Vernichtung »lebensunwerten Lebens« 1890–1945, Göttingen 1987.

Ders.: Die Selbstverständlichkeit des Tötens. Psychiater im Nationalsozialismus, in: Geschichte und Gesellschaft 16, 1990, S. 411–439.

Ders.: Reformpsychiatrie und Massenmord, in: Prinz, Michael und Zitelmann, Rainer (Hrsg.): Nationalsozialismus und Modernisierung, Darmstadt 1991, S. 239–266.

Schneider, Wolfgang (Hrsg.): Vernichtungspolitik. Eine Debatte über den Zusammenhang von Sozialpolitik und Genozid im nationalsozialistischen Deutschland, Hamburg 1991.

Scholz, Susanne und Singer, Reinhard: Die Kinder in Hadamar, in: Roer, D. und Henkel, D. (Hrsg.), Psychiatrie im Faschismus. Die Anstalt Hadamar 1933 bis 1945, Bonn 1986, S. 214–236.

Schöne, David und Schön, Dieter: Zur Entwicklung und klinischen Anwendung neuer somatischer Therapiemethoden der Psychiatrie in den 30er Jahren des 20. Jahrhunderts unter besonderer Berücksichtigung der Schocktherapien und deren Nutzung in den deutschen Heil- und Pflegeanstalten, Med. Diss. Univ. Leipzig 1987.

Schonhagen, Benigna: Tübingen unterm Hakenkreuz. Eine Universitätsstadt in der Zeit des Nationalsozialismus (Beiträge zur Tübinger Geschichte, Bd. 4), Stuttgart 1991.

Schrapper, Christian und Sengling, Dieter (Hrsg.): Die Idee der Bildbarkeit. 100 Jahre sozialpädagogischer Praxis in der Heilerziehungsanstalt Kalmenhof, Weinheim und München 1988.

Schreiber, Bernhard: The Men Behind Hitler, London 1972.

Schultz, Ulrich: Dichtkunst, Heilkunst, Forschung. Der Kinderarzt Werner Catel, in: Aly, Götz (Hrsg.), Reform und Gewissen. »Euthanasie« im Dienst des Fortschritts, Berlin 1985, S. 107–124.

Schulze, Dietmar: Zur Geschichte der Landes-Heil- und Pflegeanstalt Bernburg/Anhaltischen Nervenklinik in der Zeit von 1934 bis 1945, Diss. Martin-Luther-Univ. Halle–Wittenberg 1993.

Schwann, Hannelore und Wilke, Joachim: Zur Frage der Zwangssterilisierung bei ererbter Taubheit, in: Thom, Achim und Spur, Horst (Hrsg.), Medizin im Faschismus. Symposium über das Schicksal der Medizin in der Zeit des Faschismus in Deutschland, Berlin 1985, S. 162–166.

Schwartz, Michael: Sozialistische Eugenik. Eugenische Sozialtechnologien in Debatten und Politik der deutschen Sozialdemokratie 1890–1933, Bonn 1995.

Ders.: »Euthanasie«. Debatten in Deutschland 1895–1945, in: Vierteljahrshefte für Zeitgeschichte 46, 1998, S. 617–665.

Seibert, Horst: Hitlers T-4-Aktion und die Innere Mission, in: Pastoraltheologie 79, 1990, S. 399–417.

Seidler, Eduard: Alfred Hoche 1865–1943. Versuch einer Standortbestimmung, in: Freiburger Universitätblätter 25, 1986, S. 65–75.

Sick, Dorothea: »Euthanasie« im Nationalsozialismus am Beispiel des Kalmenhofs in Idstein im Taunus. Materialien zur Sozialarbeit und Sozialpolitik, Bd. 9, Frankfurt/M. ²1983.

Siemen, Hans-Ludwig: Das Grauen ist vorprogrammiert. Psychiatrie zwischen Faschismus und Atomkrieg, Gießen 1982.

Ders.: Menschen blieben auf der Strecke. Psychiatrie zwischen Reform und Nationalsozialismus, Gütersloh 1987.

Ders.: Reform und Radikalisierung. Veränderungen der Psychiatrie in der Weltwirtschaftskrise, in: Frei, Norbert (Hrsg.), Medizin und Gesundheitspolitik in der NS-Zeit, München 1991, S. 191–200.

Simon-Pelanda, Hans: Medizin und Trinkerfürsorge, in: Dachauer Hefte 4, 1988, S. 215–224.

Singer, Peter: Praktische Ethik, Stuttgart 1984.

Ders. (Hrsg.): Applied Ethics. Oxford Readings in Philosophy, Oxford 1986.

Ders.: Bioethics und Academic Freedom, in: Bioethics 4, 1990, S. 33–44.

Ders. (Hrsg.): A Companion to Ethics, Oxford 1991.

Sorg, Helmut: »Euthanasie« in den evangelischen Heilanstalten in Württemberg im Dritten Reich, Diss. FU Berlin 1987.

Steinfels, Peter und Levine, Carol (Hrsg.): Biomedical Ethics and the Shadow of Nazism. A Conference on the Proper Use of the Nazi Analogy in Ethical Debate, The Hastings Center Special Supplement 1976.

Steppe, Hilde (Hrsg.): Krankenpflege im Nationalsozialismus, Frankfurt/M. ⁵1989.

Steurer, Leopold: Ein vergessenes Kapitel Südtiroler Geschichte. Die Umsiedlung und Vernichtung der Südtiroler Geisteskranken im Rahmen des nationalsozialistischen Euthanasieprogramms, Bozen 1982.

Stöffler, Friedrich: Die »Euthanasie« und die Haltung der Bischöfe in hessischen Raum 1940–1945, in: Archiv für mittelrheinische Kirchengeschichte, 1961, S. 13.

Stolz, Peter: Die Rolle der Irrenanstalten im Faschisierungsprozeß der deutschen Psychiatrie, in: Recht und Psychiatrie 2, 1983, S. 65–70.

Sueße, Thorsten und Meyer, Heinrich: Abtransport der »Lebensunwerten«. Die Konfrontation niedersächsischer Anstalten mit der NS-»Euthanasie«, Hannover 1988.

Teller, Christine: Die »aktivere Heilbehandlung« der 20er und 30er Jahre: z. B. Hermann Simon und Carl Schneider, in: Dörner, K. (Hrsg.), Fortschritte der Psychiatrie im Umgang mit Menschen, Rehburg-Loccum 1985, S. 77–87.

Dies.: Carl Schneider. Zur Biographie eines deutschen Wissenschaftlers, in: Geschichte und Gesellschaft 16, 1990, S. 464–478.

Teppe, Karl: Massenmord auf dem Dienstweg. Hitlers »Euthanasie«-Erlaß und seine Durchführung in den Westfälischen Provinzialheilanstalten, Münster 1989.

Thierfelder, Jörg: Karsten Jespersens Kampf gegen die NS-Krankenmorde, in: Strohm, T. und Thierfelder, J. (Hrsg.), Diakonie im »Dritten Reich«, Heidelberg 1990, S. 229–235.

Thom, Achim: Die Durchsetzung des faschistischen Herrschaftsanspruches in der Medizin und der Aufbau eines zentralistisch organisierten Medizinalwesens, in: Thom, A. und Caregorodcev, G. I. (Hrsg.), Medizin unterm Hakenkreuz, Ost-Berlin 1989, S. 35–62.

Ders.: Die rassenhygienischen Leitideen der faschistischen Gesundheitspolitik – die Zwangssterilisierungen als Beginn ihrer antihumanen Verwirklichung, in: Thom, A. und Caregorodcev, G. I. (Hrsg.), Medizin unterm Hakenkreuz, Ost-Berlin 1989, S. 63–90.

Ders.: Die Entwicklung der Psychiatrie und die Schicksale psychisch Kranker sowie geistig Behinderter unter der Bedingung der faschistischen Diktatur, in: Thom, A. und Caregorodcev, G. I. (Hrsg.), Medizin unterm Hakenkreuz, Ost-Berlin 1989, S. 127–165.

Ders.: Kriegsopfer der Psychiatrie. Das Beispiel der Heil- und Pflegeanstalten Sachsens, in: Frei, Norbert (Hrsg.), Medizin und Gesundheitspolitik in der NS-Zeit, München 1991, S. 201–216.

Ders. und Caregorodcev, Genadij Ivanovic (Hrsg.): Medizin unterm Hakenkreuz, Ost-Berlin 1989.

Trögisch, Jürgen: Bericht über Euthanasie-Maßnahmen im »Katherinenhof« Großhennersdorf, in: Fröhlich Helfen 1, 1986, S. 40–43.

Turney, Jon: Frankenstein's Footsteps. Science, Genetics, and Popular Culture, New Haven 1998.

Vanja, Christine, (Hrsg.): Euthanasie in Hadamar. Die nationalsozialistische Vernichtungspolitik in hessischen Anstalten, Kassel 1991.

Walter, Bernd: Anstaltsleben als Schicksal. Die nationalsozialistische Erb- und Rassenpflege an Psychiatrie-Patienten, in: Frei, Norbert (Hrsg.), Medizin und Gesundheitspolitik in der NS-Zeit, München 1991, S. 217–233.

Weindling, Paul: Soziale Hygiene: Eugenik und medizinische Praxis – Der Fall Alfred Grotjahn, in: Jahrbuch für kritische Medizin 10, 1984, S. 6–20.

Ders.: Weimar Eugenics: The Kaiser Wilhelm Institute for Anthropology, Human Heredity und Eugenics in Social Context, in: Annals of Science 42, 1985, S. 303–318.

Ders.: Medicine und Modernization: The Social History of German Health und Medicine, in: History of Science 24, 1986, S. 277–301.

Ders.: Compulsory Sterilisation in National Socialist Germany, in: German History 5, 1987, S. 10–24.

Ders.: Die Verbreitung rassenhygienischen/eugenischen Gedankengutes in bürgerlichen und sozialistischen Kreisen in der Weimarer Republik, in: Medizin-historisches Journal 22, 1987, S. 352–368.

Ders.: The Medical Profession, Social Hygiene and the Birth Rate in Germany, 1914–18, in: Wall und Winter (Hrsg.), The Upheaval of War, Cambridge 1988, S. 417–437.

Ders.: Referat, in: Medizin im Nationalsozialismus. Kolloquien des Institus für Zeitgeschichte, München 1988, S. 28–33.

Ders.: Health, Race und German Politics between National Unification and Nazism 1870–1945, Cambridge 1989.

Ders.: The »Sonderweg« of German Eugenics: Nationalism und Scientific Internationalism, in: British Journal of the History of Science 22, 1989, S. 321–333.

Ders.: Psychiatry und the Holocaust, in: Psychological Medicine 22, 1992, S. 1–3.

Ders.: »Mustergau« Thüringen. Rassenhygiene zwischen Ideologie und Machtpolitik, in: Frei, Norbert (Hrsg.), Medizin und Gesundheitspolitik in der NS–Zeit, München 1991, S. 84ff.

Ders.: Bourgeois Values, Doctors und the State: The Professionalization of Medicine in Germany 1848–1933, in: Blackhourn, David und Evans, Richard (Hrsg.), The German Bourgeoisie. Essays on the Social History of the German Middle Glass from the Late Eighteenth to the Early Twentieth Century, London 1991, S. 198–223.

Weingart, P., Kroll, J. und Bayertz, K.: Rasse, Blut und Gene. Geschichte der Eugenik und Rassenhygiene in Deutschland, Frankfurt/M. 1988.

Werner, Wolfgang: Rheinprovinz und die Tötungsanstalt Hadamar, in: Vanja, Christine (Hrsg.), Euthanasie in Hadamar. Die nationalsozialistische Vernichtungspolitik in hessischen Anstalten, Kassel 1991, S. 135–143.

Wettlaufer, Antje: Die Beteiligung von Schwestern und Pflegern an den Morden in Hadamar, in: Roer, D. und Henkel, D. (Hrsg.), Psychiatrie im Faschismus. Die Anstalt Hadamar 1933–1945, Bonn 1986, S. 283–330.

Winau, Rolf: Die Freigabe der Vernichtung »lebensunwerten Lebens«: Euthanasie – Wandlung eines Begriffes, in: Bleker, Johanna und Jachertz, Norbert (Hrsg.), Medizin im Dritten Reich, Köln 1989, S. 76–85.

Winter, Bettina: Hadamar als T-4-Anstalt 1941–1945, in: Vanja, Christine (Hrsg.), Euthanasie in Hadamar. Die nationalsozialistische Vernichtungspolitik in hessischen Anstalten, Kassel 1991, S. 91–104.

Wollasch, Hans-Josef: Caritas und Euthanasie im Dritten Reich, in: Beiträge zur Geschichte der deutschen Caritas in der Zeit der Weltkriege, Freiburg 1978, S. 208–225.

Wuttke, Walter: Heilen und Vernichten. Ärzte und Medizin im Nationalsozialismus, in: Leipert, M., Styrnal, R. und Schwarzer, W. (Hrsg.), Verlegt nach unbekannt. Sterilisation und Euthanasie in Galkhausen 1933–1945, Dokumente und Darstellungen zur Geschichte der Rheinischen Provinzialverwaltung und des Landschaftsverbandes Rheinland, Köln 1987, Bd. 1, S. 12–21.

Ders.: Medizin, Ärzte, Gesundheitspolitik, in: Borst, Otto (Hrsg.), Das Dritte Reich in Baden und Württemberg, Stuttgart 1988, Bd. 1, S. 211–235.

Ders.: Ideologien der NS-Medizin, in: Pfeiffer, Jürgen (Hrsg.), Menschenverachtung und Opportunismus. Zur Medizin im Dritten Reich, Tübingen 1992, S. 157–171.

Ders. (Hrsg.): Medizin im Nationalsozialismus. Ein Arbeitsbuch, Tübingen 1980.

Zehethofer, Florian: Das Euthanasieproblem im Dritten Reich am Beispiel Schloß Hartheim, in: Oberösterreichische Heimatblätter 32, 1978, S. 46–62.

Die Originalausgabe erschien unter dem Titel »Death and Deliverance.
Euthanasia in Germany 1900–1945« im Verlag Cambridge University Press.

Redaktion der deutschen Ausgabe: Thomas Göthel

Alle Rechte für die deutsche Ausgabe:
Copyright © Pendo Verlag GmbH
Zürich 2002
Umschlaggestaltung: Charlotte Löbner, Mainz
Umschlagfoto: dpa
Gesetzt aus der Stempel Garamond Roman 9,8 pt
Satz: Satz für Satz, Barbara Reischmann, Leutkirch
Druck und Bindung: Bercker Graphische Betriebe, Kevelaer
Printed in Germany
ISBN 3-85842-485-4

Das Frauenlager von Ravensbrück

Jack G. Morrison
Ravensbrück
Das Leben
in einem Konzentrationslager
für Frauen 1939-1945
Aus dem Amerikanischen
von Susanne Klockmann
368 Seiten / geb. mit SU
€ 24,90 / sFr 44,–
ISBN 3-85842-486-2

Das Stammlager Ravensbrück, 90 km nördlich von Berlin, war das einzige KZ ausschließlich für Frauen. Morrison zeichnet ein umfassendes Bild vom täglichen Leben in diesem Frauenlager. Er analysiert die verschiedenen Häftlingsgruppen und deren soziale Dynamik, die Lebensbedingungen zwischen Zwangsarbeit und drohender Deportation. Der Autor beschreibt alle Aspekte des Lebens im Schatten des drohenden Todes: Hunger, Schmutz, Krankheiten, Strafen, aber auch die Beziehungen der Gefangenen untereinander und die verschiedenen kulturellen Aktivitäten, die die Frauen aller Pein und Trotz entfalteten, und schließlich die Befreiung durch die Rote Armee. Eine sehr lesbare Darstellung mit eindrucksvollen Zeichnungen von Häftlingen, die zahlreiche Berichte Überlebender einbezieht.

Forchstraße 40 CH - 8032 Zürich
Fon 0041 / 1 / 389 70 - 30
Fax 0041 / 1 / 389 70 - 35